# Versammlungsleitung in der Publikumsaktiengesellschaft

## Eine Untersuchung unter besonderer Berücksichtigung des digitalen Wandels von Hauptversammlungen



Inaugural-Dissertation

zur

Erlangung der Doktorwürde

einer Hohen Rechtswissenschaftlichen Fakultät

der Universität zu Köln

vorgelegt von

Jan Michael Danelzik

aus: Bonn

| | |
|---|---|
| Referent: | Prof. Dr. Barbara Grunewald |
| Korreferent: | Prof. Dr. Dr. h.c. Barbara Dauner-Lieb |
| Tag der mündlichen Prüfung: | 13. September 2022 |

JAN MICHAEL DANELZIK

# Versammlungsleitung in der Publikumsaktiengesellschaft

Schriften zum Wirtschaftsrecht

Band 345

# Versammlungsleitung in der Publikumsaktiengesellschaft

## Eine Untersuchung unter besonderer Berücksichtigung des digitalen Wandels von Hauptversammlungen

Von

Jan Michael Danelzik

Duncker & Humblot · Berlin

Die Rechtswissenschaftliche Fakultät der Universität zu Köln hat diese Arbeit im Jahre 2022 als Dissertation angenommen.

Bibliografische Information der Deutschen Nationalbibliothek

Die Deutsche Nationalbibliothek verzeichnet diese Publikation in der Deutschen Nationalbibliografie; detaillierte bibliografische Daten sind im Internet über http://dnb.d-nb.de abrufbar.


Satz: 3w+p GmbH, Rimpar
Druck: CPI books GmbH, Leck
Printed in Germany

ISSN 0582-026X
ISBN 978-3-428-18813-0 (Print)
ISBN 978-3-428-58813-8 (E-Book)

Gedruckt auf alterungsbeständigem (säurefreiem) Papier
entsprechend ISO 9706 ♾

Internet: http://www.duncker-humblot.de

# Vorwort

Die vorliegende Arbeit wurde im Jahr 2022 von der Rechtswissenschaftlichen Fakultät der Universität zu Köln als Dissertation angenommen. Literatur, Rechtsprechung und Gesetzgebungsentwicklung konnten bis Mitte April 2022 berücksichtigt werden.

Mein herzlicher Dank gilt zunächst meiner Doktormutter Frau Prof. Dr. Barbara Grunewald, die auch den Anstoß zu diesem Thema gegeben hat. Für die zügige Erstellung des Zweitgutachtens bedanke ich mich bei Frau Prof. Dr. Dr. h.c. Barbara Dauner-Lieb.

In besonderer Dankbarkeit verbunden bin ich meinem Vater Dr. Wilhelm Danelzik sowie Dr. Marc Philip Kubitza, die mir mit wertvollen Anregungen und Ratschlägen zur Seite gestanden haben.

Meinen Eltern, die mich während meiner gesamten akademischen Ausbildung und darüber hinaus vorbehaltlos unterstützt haben, ist diese Arbeit gewidmet.

Düsseldorf, im Dezember 2022 *Jan Michael Danelzik*

# Inhaltsübersicht

## 2. Kapitel

## Die Leitung der Hauptversammlung 69



## 3. Kapitel

## Das Haftungsregime der Versammlungsleitung 315

# Inhaltsverzeichnis

*4. Kapitel*

**Auswirkungen der digitalen Transformation von Hauptversammlungen auf die Versammlungsleitung** 393

# Abkürzungsverzeichnis

| | |
|---|---|
| a. A. | andere Ansicht/anderer Ansicht |
| ABl. EU | Amtsblatt der Europäischen Union |
| Abs. | Absatz |
| a. F. | alte Fassung |
| AG | Aktiengesellschaft; Die Aktiengesellschaft (Zeitschrift); Amtsgericht |
| AG-Report | Sonderteil der Zeitschrift Die Aktiengesellschaft |
| AktG | Aktiengesetz |
| Aktionärsrechte-RL | Richtlinie 2007/36/EG des Europäischen Parlaments und des Rates vom 11. Juli 2007 über die Ausübung bestimmter Rechte von Aktionären in börsennotierten Gesellschaften |
| Alt. | Alternative |
| Anh. | Anhang |
| Anm. | Anmerkung |
| Art. | Artikel |
| ARUG I | Gesetz zur Umsetzung der Aktionärsrechterichtlinie |
| ARUG II | Gesetz zur Umsetzung der zweiten Aktionärsrechterichtlinie |
| Aufl. | Auflage |
| BaFin | Bundesanstalt für Finanzdienstleistungsaufsicht |
| BayObLG | Bayerisches Oberstes Landesgericht |
| BB | Betriebs-Berater |
| Bd. | Band |
| BeckRS | Beck-Rechtsprechung |
| BegrReGE | Begründung zum Regierungsentwurf |
| Beschl. | Beschluss |
| BeurkG | Beurkundungsgesetz |
| BGB | Bürgerliches Gesetzbuch |
| BGBl. | Bundesgesetzblatt |
| BGH | Bundesgerichtshof |
| BKR | Zeitschrift für Bank- und Kapitalmarktrecht |
| BMJ | Bundesministerium der Justiz |
| BNotO | Bundesnotarordnung |
| BOARD | Zeitschrift für Aufsichtsräte in Deutschland |
| bspw. | beispielsweise |
| BT-Drucks. | Bundestags-Drucksache |
| BVerfG | Bundesverfassungsgericht |
| BVI | Bundesverband Investment und Asset Management e. V. |
| bzw. | beziehungsweise |
| COVID-19-Gesetz | Gesetz zur Abmilderung der Folgen der COVID-19-Pandemie im Zivil-, Insolvenz- und Strafverfahrensrecht |

| | |
|---|---|
| D&O | Directors and Officers (Directors' and Officers' Liability Insurance) |
| DAI | Deutsches Aktieninstitut e. V. |
| DAX | Deutscher Aktienindex |
| DB | Der Betrieb |
| DCGK | Deutscher Corporate Governance Kodex in der Fassung vom 16. Dezember 2019 |
| ders. | derselbe/demselben/denselben |
| d. h. | das heißt |
| dies. | dieselbe/dieselben |
| Diss. | Dissertation |
| DNotI | Deutsches Notarinstitut |
| DNotZ | Deutsche Notarzeitschrift |
| Dr. | Doktor |
| DStR | Deutsches Steuerrecht (Zeitschrift) |
| DSW | Deutsche Schutzvereinigung für Wertpapierbesitz e. V. |
| DVFA | Deutsche Vereinigung für Finanzanalyse und Asset Management e. V. |
| DZWIR | Deutsche Zeitschrift für Wirtschafts- und Insolvenzrecht |
| entspr. | entsprechende/r |
| EU | Europäische Union |
| EWiR | Entscheidungen zum Wirtschaftsrecht |
| f. | folgende |
| FAZ | Frankfurter Allgemeine Zeitung |
| ff. | folgende (Mehrzahl) |
| Fn. | Fußnote |
| Frhr. | Freiherr |
| FS | Festschrift |
| GesR | Gesellschaftsrecht |
| GG | Grundgesetz |
| GmbH | Gesellschaft mit beschränkter Haftung |
| GmbHG | Gesetz betreffend die Gesellschaften mit beschränkter Haftung |
| GmbHR | GmbH-Rundschau |
| GWR | Gesellschafts- und Wirtschaftsrecht (Zeitschrift) |
| Habil. | Habilitationsschrift |
| Hdb. | Handbuch |
| HGB | Handelsgesetzbuch |
| Hinweisbeschl. | Hinweisbeschluss |
| Hrsg. | Herausgeber |
| Hs. | Halbsatz |
| HV | Hauptversammlung |
| IfSG | Infektionsschutzgesetz |
| i. H. v. | in Höhe von |
| i. S. d. | im Sinne der/im Sinne des |
| i. S. v. | im Sinne von |
| i. V. m. | in Verbindung mit |
| i. w. S. | im weiteren Sinne |
| JW | Juristische Wochenschrift |

| | |
|---|---|
| JZ | JuristenZeitung |
| Kap. | Kapitel |
| KG | Kammergericht |
| Komm. | Kommentar |
| LG | Landgericht |
| lit. | litera |
| LZ | Leipziger Zeitschrift für Handels-, Konkurs- und Versicherungsrecht |
| MDAX | Mid-Cap-DAX (Deutscher Aktienindex) |
| m. w. N. | mit weiteren Nachweisen |
| NaStraG | Gesetz zur Namensaktie und zur Erleichterung der Stimmrechtsausübung |
| NJW | Neue Juristische Wochenschrift |
| NJW-RR | NJW-Rechtsprechungs-Report Zivilrecht |
| Nr. | Nummer |
| NZG | Neue Zeitschrift für Gesellschaftsrecht |
| OLG | Oberlandesgericht |
| Prof. | Professor/in |
| RefE | Referentenentwurf |
| RefE für die virtuelle HV | Referentenentwurf für die virtuelle Hauptversammlung vom 9. Februar 2022 |
| RegE | Regierungsentwurf |
| RG | Reichsgericht |
| RGZ | Entscheidungen des Reichsgerichts in Zivilsachen |
| Richtlinie 2007/36/EG | Richtlinie 2007/36/EG des Europäischen Parlaments und des Rates vom 11. Juli 2007 über die Ausübung bestimmter Rechte von Aktionären in börsennotierten Gesellschaften |
| Rn. | Randnummer |
| RNotZ | Rheinische Notarzeitschrift |
| Rspr. | Rechtsprechung |
| S. | Seite |
| SDAX | Small-Cap-DAX (Deutscher Aktienindex) |
| sog. | sogenannte/sogenannter/sogenannten |
| TecDax | Technology DAX (Deutscher Aktienindex) |
| teilw. | teilweise |
| TransPuG | Gesetz zur weiteren Reform des Aktien- und Bilanzrechts, zu Transparenz und Publizität |
| u. | und |
| u. a. | unter anderem |
| UMAG | Gesetz zur Unternehmensintegrität und Modernisierung des Anfechtungsrechts |
| Unterabs. | Unterabsatz |
| Urt. | Urteil |
| v. | vom |
| Var. | Variante |
| VersG | Versammlungsgesetz |
| vgl. | vergleiche |

| | |
|---|---|
| VGR | Wissenschaftliche Vereinigung für Unternehmens- und Gesellschaftsrecht e. V. |
| Vorb. | Vorbemerkung |
| WiB | Wirtschaftsrechtliche Beratung (Zeitschrift) |
| WM | Wertpapier-Mitteilungen |
| WPg | Die Wirtschaftsprüfung (Zeitschrift) |
| WpHG | Wertpapierhandelsgesetz |
| WpÜG | Wertpapiererwerbs- und Übernahmegesetz |
| z. B. | zum Beispiel |
| ZfPW | Zeitschrift für die gesamte Privatrechtswissenschaft |
| ZGR | Zeitschrift für Unternehmens- und Gesellschaftsrecht |
| ZHR | Zeitschrift für das gesamte Handelsrecht und Wirtschaftsrecht |
| Ziff. | Ziffer |
| ZInsO | Zeitschrift für das gesamte Insolvenzrecht |
| ZIP | Zeitschrift für Wirtschaftsrecht |
| zit. | zitiert als |
| zugl. | zugleich |
| zust. | zustimmend |

# Einführung

## I. Themenaufriss

Die Leitung der Hauptversammlung einer deutschen Aktiengesellschaft ist eine anspruchsvolle Aufgabe. Dies gilt in besonderem Maße für die Hauptversammlungen von Publikumsaktiengesellschaften, bei denen die Teilnehmeranzahl schnell auf mehrere Tausend emporschnellen kann.[1] Dies macht es nicht nur regelmäßig notwendig die Versammlung auf unterschiedliche Räume aufzuteilen.[2] Durch die Partizipation querulierender Aktionäre kann sich auch die Generaldebatte als wesentlicher Bestandteil der Hauptversammlung substanziell in die Länge ziehen. Bei Publikumsaktiengesellschaften kann dies in Einzelfällen zu einer Erstreckung der Hauptversammlung auf zwei Tage mit jeweils bis zu 14 Stunden Dauer führen.[3] Wesenstypisch für die Hauptversammlungspraxis in Deutschland sind zudem ein hoher Formalisierungsgrad sowie lange und engagiert geführte Debatten, im Rahmen derer es auch nicht selten zu persönlichen und lautstarken Anfeindungen gegen die Verwaltungen der Gesellschaften kommt. Insbesondere bei ausländischen Investoren stößt die bisweilen „raue" Gangart und die zeitliche Ausdehnung deutscher Hauptversammlungen nicht selten auf Unverständnis, was angesichts einer zunehmenden Internationalisierung deutscher Aktionärsstrukturen zusätzliches Konfliktpotential in die Versammlungen hineintragen kann.[4]

Grundsätzlich bedarf jede Hauptversammlung einer ordnenden Instanz. Es ist dies die Aufgabe der Versammlungsleitung, die durch den Versammlungsleiter wahrgenommen wird. Besondere Bedeutung erlangt dabei die Fähigkeit des Versammlungsleiters, die Hauptversammlung sachlich und besonnen zu moderieren, gleichzeitig aber auch notwendige Ordnungsmaßnahmen und spontane Leitungsentscheidungen mit Augenmaß zu treffen. Der Versammlungsleiter bewegt sich in Ausübung seiner Funktion in einem stetigen Spannungsverhältnis

---

[1] *Noack*, DB 2020, 658; zum 1.1.2021 belief sich die Anzahl der in Deutschland vorhandenen Aktiengesellschaften auf rund 14.000, siehe *Kornblum*, GmbHR 2021, 681 (682); laut der Fünften Jährlichen Information der Bundesregierung über die Entwicklung des Frauen- und Männeranteils an Führungsebenen und in Gremien der Privatwirtschaft und des öffentlichen Dienstes, S. 116 verfügten 458 Unternehmen zum Stichtag des 7.10.2020 über eine Börsennotierung.

[2] *Noack*, DB 2020, 658 (660).

[3] *Reul/Zetsche*, AG 2007, 561 (566), die darauf hinweisen, dass gerade bei kritischen Hauptversammlungen regelmäßig mit mehreren Hundert Aktionärsfragen und Dutzenden von Widersprüchen sowie Niederschriften mit dreistelliger Seitenanzahl zu rechnen ist.

[4] *Redeke*, AG 2022, 98 (105); *Butzke*, HV AG, A. Rn. 11.

zwischen der ihm originär obliegenden Pflicht zur Gewährleistung eines reibungslosen und effizienten Ablaufs der Versammlung einerseits sowie der Einhaltung der seinen Kompetenzbereich begrenzenden rechtlichen Vorgaben andererseits. Fehler im Zusammenhang mit der Versammlungsleitung können die Anfechtbarkeit oder Nichtigkeit von Hauptversammlungsbeschlüssen nach sich ziehen. Dies wiederum kann die Umsetzung bedeutender unternehmerischer Entscheidungen lähmen oder gar vollends zunichtemachen und dadurch erhebliche wirtschaftlichen Schäden für die Gesellschaft, Aktionäre und auch Gläubiger zur Folge haben. Für den Versammlungsleiter besteht das Risiko, dass er für die wirtschaftlichen Folgewirkungen von Rechtsverstößen, die im Zusammenhang mit der Leitung der Versammlung stehen, persönlich haftbar gemacht wird. Zudem resultieren neue Herausforderungen für den Versammlungsleiter aus der fortschreitenden Digitalisierung von Hauptversammlungen. Der digitale Wandel der Hauptversammlung hat durch die temporär geltende Notfallgesetzgebung im Zuge der COVID-19-Pandemie („*Gesetz zur Abmilderung der Folgen der COVID-19-Pandemie im Zivil-, Insolvenz- und Strafverfahrensrecht*“[5] vom 27. März 2020) (im Folgenden: „*COVID-19-Gesetz*“) eine neue Dynamik erfahren und in der Vorlage eines Referentenentwurfs zur Einführung einer aktienrechtlich verankerten und verstetigten virtuellen Hauptversammlungsform (im Folgenden: „*RefE für die virtuelle HV*“)[6] seinen (vorläufigen) Höhepunkt erreicht.

Um die Aufgabe der Versammlungsleitung ordnungsgemäß zu erfüllen, bedarf der Versammlungsleiter eines klar definierten Kompetenzkataloges, der es ihm einerseits ermöglicht, seinen Pflichten unter Ausschluss oder zumindest größtmöglicher Minimierung eines eigenen Haftungsrisikos und bei gleichzeitiger Wahrung der Aktionärsrechte nachzukommen, der aber andererseits auch dem Postulat der Gesellschaft nach einer effizienten und rechtssicheren Abwicklung der Hauptversammlung Rechnung trägt. Den Handlungen des Versammlungsleiters kommt vor diesem Hintergrund in Bezug auf die Aktionäre eine Wirkung in mehrfacher Hinsicht zu. Zum einen können Leitungs- und Ordnungsmaßnahmen in das Teilnahmerecht der Aktionäre eingreifen. Zum anderen dienen diese Maßnahmen aber auch der Aufrechterhaltung der inneren Ordnung der Hauptversammlung und ermöglichen dadurch erst die effektive Ausübung des den Aktionären zustehenden Teilnahmerechts.

Die vorliegende Untersuchung verfolgt vor diesem Hintergrund ein zweifaches Ziel. Zum einen soll sie die mit der Leitung von Hauptversammlungen von Publikumsaktiengesellschaften verbundenen wesentlichen rechtlichen Problembereiche darstellen und kritisch würdigen sowie Lösungskonzepte auf mehreren Ebenen aufzeigen. Zum anderen soll mit Blick auf jüngst erfolgte und geplante Gesetzesänderungen, insbesondere das COVID-19-Gesetz und den vorgelegten

---

[5] BGBl. 2020 Teil I Nr. 14, 569.

[6] RefE des BMJ – Entwurf eines Gesetzes zur Einführung virtueller Hauptversammlungen von Aktiengesellschaften v. 9.2.2022.

RefE für die virtuelle HV, durch die Behandlung daraus resultierender neuer rechtlicher Fragestellungen einem Aktualisierungsbedarf des Themenkomplexes der Versammlungsleitung nachgegangen werden. Dabei wird ein besonderer Untersuchungsfokus auf die Frage gelegt, inwieweit mit der Durchführung virtueller Hauptversammlungen Chancen und Risiken speziell für die Versammlungsleitung verbunden sind.

Die Untersuchung fokussiert im Schwerpunkt auf die Hauptversammlung einer Publikumsaktiengesellschaft, da in deren Kontext die zu behandelnden Rechtsfragen, einschließlich der Untersuchung virtueller Versammlungsformen sowie deren Auswirkungen auf die Versammlungsleitung, von besonderer Bedeutung sind.

## II. Gang der Untersuchung

Die Untersuchung gliedert sich in fünf Kapitel.

Im ersten Kapitel wird der allgemeine Wirkbereich der Versammlungsleitung abgesteckt und zu diesem Zweck ein Überblick über die Funktion der Hauptversammlung und die an ihr mitwirkenden Teilnehmer gegeben. Dabei wird auch auf den wachsenden Einfluss digitaler Medien eingegangen, wobei insbesondere die durch die COVID-Notfallgesetzgebung eingeführten und die durch den RefE für die virtuelle HV in Aussicht genommenen gesetzlichen Änderungen überblicksartig dargestellt werden.

Das zweite Kapitel widmet sich der Versammlungsleitung als solcher. Ausgehend von einer Darstellung der gesetzlichen Grundlagen, werden sodann die Person und die Rechtsstellung des Versammlungsleiters im Detail beleuchtet. Dazu werden die Rechte und Pflichten des Versammlungsleiters im Einzelnen untersucht und jeweils auch in Beziehung zu den durch die COVID-Notfallgesetzgebung und den RefE für die virtuelle HV bewirkten bzw. geplanten veränderten rechtlichen und faktischen Rahmenbedingungen einer virtuellen Hauptversammlung gesetzt.

Das dritte Kapitel untersucht vor dem Hintergrund der im Zusammenhang mit der Versammlungsleitung stehenden möglichen Pflichtverletzungen die daraus resultierenden Haftungsrisiken für den Versammlungsleiter. Dabei wird auch der Frage nachgegangen, ob und inwieweit aufgrund der mit dem Regelungsregimes der COVID-Notfallgesetzgebung und des RefE für die virtuelle HV verbundenen Digitalisierung und Technisierung von Hauptversammlungen neue Haftungsrisiken entstehen können oder bestehende Haftungsrisiken reduziert werden.

Das vierte Kapitel beleuchtet die möglichen Auswirkungen der digitalen Transformation von Hauptversammlungen und im Speziellen des COVID-19-Gesetzes und des RefE für die virtuelle HV auf die Versammlungsleitung. Dazu wird untersucht, welche neuen rechtlichen Fragestellungen und praktischen Herausforderungen sich für den Versammlungsleiter infolge des Einsatzes neuer Technologien und einer daraus resultierenden Digitalisierung von Hauptversammlungen ergeben.

Davon ausgehend werden sodann rechtliche Leitlinien für die Versammlungsleitung in der virtuellen Hauptversammlung de lege ferenda formuliert.

Im abschließenden fünften Kapitel werden die aufgrund der Untersuchung gewonnenen Erkenntnisse zusammenfassend dargestellt.

*1. Kapitel*

# Die Hauptversammlung als Betätigungsfeld des Versammlungsleiters

Die Ausführungen dieses Kapitels sollen einleitend als Grundlage für die Untersuchung des Rechtsinstituts der Versammlungsleitung einen Überblick über Funktion und Stellung der Hauptversammlung sowie über die an ihr mitwirkenden Teilnehmer geben.

## A. Funktion der Hauptversammlung

Die Hauptversammlung bildet die „Arbeitsgrundlage" der Versammlungsleitung. Sie ist das Organ der Aktiengesellschaft, in dem die Aktionäre ihre wichtigsten Mitgliedschaftsrechte ausüben (§ 118 Abs. 1 Satz 1 AktG).[1] Außerhalb der Hauptversammlung stehen den Aktionären Rechte in den Angelegenheiten der Gesellschaft nur in bestimmten, durch das Gesetz ausdrücklich geregelten Fällen zu.[2] Die Hauptversammlung dient auch der Unterrichtung und Information der Aktionäre, damit diese ihre Mitgliedschaftsrechte sachgerecht ausüben können.[3] Sie ist auch der Ort, an dem die Willensbildung in der Gesellschaft im Wege von Beschlussfassungen erfolgt.[4] An dieser wirkt der einzelne Aktionär durch Ausübung seines Rede- und Fragerechts sowie seines Stimmrechts mit (§§ 131, 133 ff. AktG).[5]

---

[1] Siehe auch *K. Schmidt*, GesR, S. 837, der insoweit vom Sitz der Aktionärsdemokratie spricht.

[2] So etwa die Geltendmachung der Nichtigkeit und die Anfechtung von Hauptversammlungsbeschlüssen gemäß §§ 241 ff. AktG, die Erzwingung von Sonderprüfungen gemäß § 142 Abs. 2 AktG, die Geltendmachung von Ersatzansprüchen gemäß § 147 Abs. 1 AktG sowie die Einberufung der Hauptversammlung auf Verlangen einer Aktionärsminderheit gemäß § 122 Abs. 1 Satz 1 AktG.

[3] Siehe etwa § 176 Abs. 1 Satz 1 AktG zur Vorlage- und Erläuterungspflicht des Vorstands bezüglich der Unterlagen zur Rechnungslegung; einschränkend *Marsch-Barner/von der Linden*, in: Marsch-Barner/Schäfer, Hdb. börsennotierte AG, § 33 Rn. 2, der darauf hinweist, dass nach § 175 Abs. 2 AktG alle wesentlichen Informationen in der Regel bereits in den schriftlichen Unterlagen (Jahresabschluss, Lagebericht etc.) enthalten sind und somit den Aktionären bereits vor der Hauptversammlung bekannt sind.

[4] *Heckschen/Hilser*, ZIP 2022, 461 (462 f.); *Mülbert*, in: Großkomm. AktG, Vor § 118 Rn. 29 f.

[5] *Ek*, Praxisleitfaden HV, 1. Teil § 1 Rn. 1.

Neben ihrer Funktion als Kommunikationsforum und zentrale Plattform für die Aktionäre zur Geltendmachung ihrer Mitgliedschaftsrechte kommt der Hauptversammlung bei Publikumsaktiengesellschaften auch insoweit eine große Bedeutung zu, als sie der Unternehmensführung die Möglichkeit eröffnet, das Unternehmen der Öffentlichkeit zu präsentieren.[6] Vorstand und Versammlungsleiter geben Presse und Medienvertretern zu diesem Zweck daher in der Regel die Gelegenheit zur Teilnahme an der Hauptversammlung.[7]

## B. Stellung der Hauptversammlung im Organgefüge der Aktiengesellschaft

Die Hauptversammlung ist ebenso wie Vorstand und Aufsichtsrat ein Organ der Aktiengesellschaft.[8] Der Systematik des Aktiengesetzes liegt eine eindeutige Trennung der Kompetenzbereiche dieser drei Organe zugrunde. Während dem Vorstand nach § 76 Abs. 1 AktG die Leitung der Gesellschaft als eigenverantwortliche Aufgabe zugewiesen ist, fungiert der Aufsichtsrat gegenüber der Geschäftsleitung gemäß § 111 Abs. 1 AktG als Überwachungsorgan.[9] Die Hauptversammlung ist von dem Kompetenzbereich der Geschäftsführung grundsätzlich ausgeschlossen.[10] Zu folgern ist dies aus §§ 111 Abs. 4 Satz 3, 119 Abs. 2 AktG, wonach eine Entscheidung der Hauptversammlung über Fragen der Geschäftsleitung nur dann in Betracht kommt, wenn der Vorstand dies verlangt.

Nach inzwischen herrschender Auffassung ist die Hauptversammlung ebenso wie der Aufsichtsrat und der Vorstand als ein ständiges Organ der Gesellschaft zu qualifizieren.[11] Zwar tritt die Hauptversammlung nur in den gesetzlich festgelegten Fällen als ordentliche oder außerordentliche Hauptversammlung zusammen.[12] Zutreffend geht die inzwischen ganz herrschende Auffassung jedoch von einem dualen Hauptversammlungsbegriff aus; danach ist zu unterscheiden zwischen der Hauptversammlung als Rechtsgebilde, durch das die Aktionäre für die Aktiengesellschaft

---

[6] *Reichert*, in: Beck'sches Hdb. AG, § 5 Rn. 3.

[7] *Butzke*, HV AG, C. Rn. 32; als ein Gegenbeispiel zu dieser üblichen Praxis kann etwa der Rüstungskonzern Rheinmetall AG angeführt werden, der sämtliche Medienvertreter von seiner im Mai 2020 abgehaltenen virtuellen Hauptversammlung ausgeschlossen hat.

[8] Zur Organqualität des Versammlungsleiters siehe unten 2. Kapitel D. IV. (S. 122 ff.).

[9] Ausführlich zur Überwachungsfunktion des Aufsichtsrats *Lutter*, ZHR (159) 1995, 287 (290 ff.).

[10] *Fleischer*, in: Spindler/Stilz, BeckOGK AktG, § 76 Rn. 7; *J. Koch*, AktG, § 76 Rn. 2.

[11] *Kubis*, in: MünchKomm. AktG, § 118 Rn. 11; *Spindler*, in: K. Schmidt/Lutter, AktG, § 118 Rn. 11; *Bungert*, in: MünchHdb. GesR AG, § 35 Rn. 8; *Mülbert*, in: Großkomm. AktG, Vor § 118 Rn. 25; *Drinhausen*, in: Hölters, AktG, § 118 Rn. 10; a. A. noch *Semler*, in: MünchHdb. GesR AG (3. Aufl.), § 34 Rn. 7.

[12] Siehe §§ 175 ff. AktG (ordentliche Hauptversammlung) und §§ 92 Abs. 1, 121 Abs. 1 Var. 2, 122 Abs. 1 Satz 1 AktG (außerordentliche Hauptversammlung).

willensbildend tätig werden (Hauptversammlung im organschaftlichen Sinne), und der tatsächlichen Versammlung, zu der die Aktionäre zwecks Ausübung ihres Stimmrechts und sonstiger versammlungsgebundener Rechte zusammenkommen.[13] Während die Hauptversammlung zwar in ihrer Eigenschaft als tatsächliche Versammlung nicht als ständiges Organ qualifiziert werden kann, besteht sie als Rechtsgebilde in organschaftlicher Hinsicht dauerhaft.[14]

Die hierarchische Stellung der Hauptversammlung innerhalb des Organgefüges der Aktiengesellschaft hat sich mit der Zeit gewandelt. Die Generalversammlung als Vorläuferin der heutigen Hauptversammlung war in ihrem konstitutiven Status noch als oberstes Organ der Aktiengesellschaft allgemein anerkannt.[15] Im Zuge der Aktienrechtsreform von 1937 wurde ihr Zuständigkeitsbereich jedoch auf die in Gesetz und Satzung genannten Funktionen verengt und dadurch der Status als oberstes Organ aufgehoben.[16] Die damit einhergehende strukturelle Neukonzipierung der Hauptversammlung wurde durch das Aktiengesetz von 1965 im Grundsatz aufrechterhalten.[17] Danach verfügt die Aktiengesellschaft über keine hierarchische Organstruktur.[18] Aus dogmatischer Sicht ist die Hauptversammlung Vorstand und Aufsichtsrat demnach nicht übergeordnet, sondern steht auf gleicher Stufe neben diesen.[19]

Der Hauptversammlung obliegen bestimmte Grundlagenentscheidungen in der Gesellschaft. Gemäß § 119 Abs. 1 AktG beschließt sie u. a. über die Bestellung der Mitglieder des Aufsichtsrats, die Verwendung des Bilanzgewinns, die Entlastung der Mitglieder von Vorstand und Aufsichtsrat, Satzungsänderungen sowie Maßnahmen der Kapitalbeschaffung und Kapitalherabsetzung, auf deren Grundlage die Mittel aufgebracht werden, die der Vorstand zur Verwirklichung seiner unternehmerischen Entscheidungen benötigt. Zudem ist die Hauptversammlung gemäß §§ 119 Abs. 1 Nr. 1, 101 Abs. 1, 103 Abs. 1 AktG für die Wahl und Abberufung der Anteilseig-

---

[13] *Mülbert*, in: Großkomm. AktG, Vor § 118 Rn. 25; *Spindler*, in: K. Schmidt/Lutter, AktG, § 118 Rn. 6; *Kubis*, in: MünchKomm. AktG, § 118 Rn. 11; *Reger*, in: Bürgers/Körber/Lieder, AktG, § 118 Rn. 1; *J. Koch*, AktG, § 118 Rn. 6; *Bungert*, in: MünchHdb. GesR AG, § 35 Rn. 8.

[14] Auf diese gebotene Differenzierung hinweisend *J. Koch*, AktG, § 118 Rn. 6; ebenso *Spindler*, in: K. Schmidt/Lutter, AktG, § 118 Rn. 11; *Bungert*, in: MünchHdb. GesR AG, § 35 Rn. 8.

[15] Für eine Skizzierung der geschichtlichen Entwicklung des Organs Hauptversammlung siehe *von Rechenberg*, Die Hauptversammlung als oberstes Organ der Aktiengesellschaft, S. 17 ff. und *Pielke*, Die virtuelle HV, S. 27 ff.

[16] *Kuhnt*, in: FS Lieberknecht, S. 45.

[17] *Kuhnt*, in: FS Lieberknecht, S. 45 (46).

[18] *J. Koch*, AktG, § 118 Rn. 4; *Mertens/Cahn*, in: KölnKomm. AktG, Vorb. § 76 Rn. 1; *Mülbert*, in: Großkomm. AktG, Vor § 118 Rn. 43.

[19] Siehe BVerfG, Beschl. v. 20. 9. 1999 – 1 BvR 636/95, NJW 2000, 349 (350) – „Wenger/Daimler-Benz AG"; *Spindler*, in: K. Schmidt/Lutter, AktG, § 119 Rn. 1; kritisch aber *Kuhnt*, in: FS Lieberknecht, S. 45 (46), der u. a. auf die durch die Judikatur im Zuge der „Holzmüller"-Rechtsprechung vollzogenen Kompetenzausweitungen der Hauptversammlung und die daraus resultierende gesteigerte Bedeutung der Hauptversammlung verweist.

nervertreter im Aufsichtsrat zuständig. Sie kann zwar weder dem Aufsichtsrat noch den von diesem bestellten Vorstandsmitgliedern (§ 84 Abs. 1 AktG) Weisungen erteilen.[20] Gepaart mit der Möglichkeit, dem Vorstand das Vertrauen zu entziehen (§ 84 Abs. 4 Satz 2 Var. 3 AktG), vermittelt ihr die Wahl- und Abberufungskompetenz jedoch einen nicht unerheblichen mittelbaren Einfluss auch auf die Geschäftsleitung.[21] Darüber hinaus stehen der Hauptversammlung bei bestimmten Geschäftsführungsmaßnahmen von besonderer Tragweite zusätzliche ungeschriebene Entscheidungsbefugnisse zu.[22] Der Kompetenzbereich der Hauptversammlung wurde jüngst zudem durch das am 1. Januar 2020 in Kraft getretene „*Gesetz zur Umsetzung der zweiten Aktionärsrechterichtlinie*“ (im Folgenden: *ARUG II*)[23] nochmals gestärkt, indem die traditionell beim Aufsichtsrat angesiedelte Vergütungskompetenz aufgeweicht und in Form des neu eingeführten (für den Aufsichtsrat indes unverbindlichen) Votums zum Vergütungssystem und zum Vergütungsbericht betreffend die Vorstandsmitglieder (§ 120a AktG) zumindest partiell in Richtung Hauptversammlung verschoben wurde.[24] Auch wenn die beschriebene Kompetenzarithmetik eine dogmatische Verortung der Hauptversammlung als oberstes Organ nicht rechtfertigt[25], so zeigt sie doch deutlich auf, dass die Hauptversammlung innerhalb des Organgefüges der Aktiengesellschaft über bedeutsame Steuerungs- und Einflusspotentiale verfügt.[26] Daraus ergibt sich zugleich die besondere Bedeutung, die einer ordnungsgemäßen Leitung der Hauptversammlung beizumessen ist.

## C. Arten von Versammlungen

Zu unterscheiden ist zwischen verschiedenen Arten von Versammlungen. Grundsätzlich bedarf jede Form der Versammlung in der Aktiengesellschaft auch einer Versammlungsleitung.

---

[20] *Seibt*, in: K. Schmidt/Lutter, AktG, § 76 Rn. 34.

[21] Einschränkend *Butzke*, HV AG, A. Rn. 7, der darauf hinweist, dass der Einfluss der Hauptversammlung auf die Geschäftsführung durch ihre nur punktuelle Handlungsfähigkeit begrenzt wird.

[22] Zu den ungeschriebenen Zuständigkeiten der Hauptversammlung hinsichtlich sog. Grundlagenentscheidungen siehe *Bungert*, in: MünchHdb. GesR AG, § 35 Rn. 56 ff.; *Reichert*, in: Beck'sches Hdb. AG, § 5 Rn. 25 ff.; *Marsch-Barner/von der Linden*, in: Marsch-Barner/Schäfer, Hdb. börsennotierte AG, § 33 Rn. 41 ff.

[23] BGBl. 2019 Teil I Nr. 50, 2637; vgl. zu den einzelnen Regelungsinhalten *Zetsche*, AG 2020, 1 ff.

[24] *J. Koch*, AktG, § 120a Rn. 1.

[25] Siehe *Bungert*, in: MünchHdb. GesR AG, § 35 Rn. 5; *Redeke*, AG 2022, 98 (99); *U. H. Schneider/Burgard*, in: FS Beusch, S. 783 (785); im Ergebnis ebenso *von Rechenberg*, S. 165 f.; a. A. *Reichert*, in: Beck'sches Hdb. AG, § 5 Rn. 2.

[26] Siehe zum Einfluss der Hauptversammlung in großen Publikumsaktiengesellschaften *Frizen*, DB 1981, 277 ff.

## I. Ordentliche und außerordentliche Hauptversammlung

Die ordentliche Hauptversammlung muss in den ersten acht Monaten eines jeden Geschäftsjahres stattfinden (§ 175 Abs. 1 Satz 2 AktG). Sie dient u.a. der Vorlage des Jahresabschlusses gegenüber den Aktionären sowie der Beschlussfassung über Gewinnverwendung und Entlastung von Vorstand und Aufsichtsrat (§§ 120 Abs. 1 Satz 1, 175 Abs. 1 Satz 1 AktG). Darüber hinaus gehört die Wahl des Abschlussprüfers für das laufende Geschäftsjahr (§ 119 Abs. 1 Nr. 5 AktG i.V.m. §§ 316, 318 HGB) zu den regelmäßigen Beschlussgegenständen der ordentlichen Hauptversammlung.

Eine außerordentliche Hauptversammlung wird hingegen immer nur dann einberufen, wenn andere als die jährlich wiederkehrenden Tagesordnungspunkte behandelt werden sollen und ein Abwarten bis zur nächsten ordentlichen Hauptversammlung nicht möglich oder zweckmäßig ist.[27] Das Gesetz sieht bestimmte Fälle vor, in denen der Vorstand zur Einberufung einer außerordentlichen Hauptversammlung verpflichtet ist, etwa dann, wenn das Wohl der Gesellschaft dies erfordert (§ 121 Abs. 1 Var. 2 AktG) oder eine Aktionärsminderheit dies verlangt (§ 122 Abs. 1 Satz 1 AktG). Daneben ist der Vorstand aber auch berechtigt jederzeit eine außerordentliche Hauptversammlung einzuberufen, wenn er dies für geboten hält.[28] Bei Publikumsaktiengesellschaften sind Organisation und Durchführung von Hauptversammlungen mit einem nicht unerheblichen finanziellen und personellen Aufwand verbunden, so dass ein besonderes Interesse seitens der Gesellschaft daran besteht in der jährlich stattfindenden ordentlichen Hauptversammlung den Beschluss- und Informationserfordernissen einmalig und in vollem Umfang Rechnung zu tragen.[29]

## II. Vollversammlung

Jede Hauptversammlung kann als sog. Vollversammlung stattfinden. Dazu ist erforderlich, dass sämtliche Aktionäre einer Gesellschaft entweder persönlich erscheinen oder sich wirksam vertreten lassen.[30] § 121 Abs. 6 AktG bestimmt, dass eine solche Vollversammlung auch ohne Einhaltung der Vorschriften über ihre Einberufung Beschlüsse fassen kann, sofern kein Aktionär widerspricht. Die Vollversammlung ist demzufolge bei fehlendem Widerspruch von Seiten des Aktiona-

---

[27] *Ek*, Praxisleitfaden HV, 1. Teil § 2 Rn. 21; *Reichert*, in: ArbeitsHdb. HV, § 1 Rn. 15.

[28] *Ziemons*, in: K. Schmidt/Lutter, AktG, § 121 Rn. 13; *Bungert*, in: MünchHdb. GesR AG, § 36 Rn. 6.

[29] *Butzke*, HV AG, B. Rn. 1.

[30] *Ek*, Praxisleitfaden HV, 1. Teil § 2 Rn. 22; siehe auch *Danwerth*, AG 2020, 776, wonach die erste Saison der virtuellen Hauptversammlung nach dem COVID-19-Gesetz im Jahr 2020 aus 315 ordentlichen und elf außerordentlichen Hauptversammlungen bestand.

riats mit einer ordnungsgemäß einberufenen Hauptversammlung in jedweder Hinsicht gleichzusetzen.[31]

### III. Gesonderte Versammlung

Nach Maßgabe von § 138 AktG können satzungsmäßige oder gesetzlich vorgeschriebene Sonderbeschlüsse (§§ 179 Abs. 3 Satz 2, 296 Abs. 2 AktG) im Rahmen der Hauptversammlung oder in einer Sonderversammlung gefasst werden.[32] Dabei steht dem Einberufenden grundsätzlich das Wahlrecht zwischen beiden Versammlungsformen zu.[33] Hat der Vorstand die Hauptversammlung einberufen, kann diese Entscheidung daher nicht vom Versammlungsleiter getroffen werden.[34]

Für die Einberufung einer gesonderten Versammlung, die Teilnahme an ihr sowie für das Auskunftsrecht gelten nach § 138 Satz 2 AktG die Bestimmungen für die Hauptversammlung sinngemäß. In der Praxis ist es daher üblich, die gesonderte Versammlung im Anschluss an die Hauptversammlung abzuhalten, da auf diese Weise die Bekanntmachung bezüglich der Einberufung der Sonderversammlung zusammen mit der Einberufung der Hauptversammlung erfolgen kann.[35] Ungeachtet dessen bleibt die gesonderte Versammlung in ihrer Rechtsqualität jedoch stets eine unabhängige Versammlung.[36]

## D. Die Hauptversammlung im digitalen Wandel

Die digitale Transformation der Hauptversammlungslandschaft verändert nicht zuletzt auch die „Arbeitsgrundlage" der Versammlungsleitung. Ausgehend von dem aktienrechtlichen Grundprinzip der Präsenzversammlung soll daher nachstehend ein Überblick über die bereits geltenden oder geplanten gesetzlichen Möglichkeiten zur Integration digitaler und technologischer Instrumentarien in die Hauptversammlung

---

[31] *J. Koch*, AktG, § 121 Rn. 19; *Butzke*, HV AG, B. Rn. 186.

[32] In Abweichung dazu schreibt § 141 Abs. 3 Satz 1 AktG die gesonderte Versammlung als Versammlungsform jedoch zwingend vor, wenn über die Aufhebung oder Beschlussfassung des Dividendenvorzugs von Vorzugsaktien ohne Stimmrecht oder über die Ausgabe weiterer Vorzugsaktien durch die Vorzugsaktionäre Beschluss zu fassen ist; gleiches gilt nach Maßgabe von § 138 Satz 3 AktG, wenn Aktionäre die Einberufung einer gesonderten Versammlung verlangen, die mit Anteilen an der Abstimmung über den Sonderbeschluss teilnehmen, die zusammen zehn Prozent der stimmberechtigten Anteile erreichen.

[33] *Austmann*, in: MünchHdb. GesR AG, § 40 Rn. 67.

[34] *Arnold*, in: MünchKomm. AktG, § 138 Rn. 22.

[35] *Butzke*, HV AG, B. Rn. 184.

[36] *G. Bezzenberger/T. Bezzenberger*, in: Großkomm. AktG, § 138 Rn. 31; *Arnold*, in: MünchKomm. AktG, § 138 Rn. 26.

gegeben werden. Dabei werden insbesondere auch die durch das COVID-19-Gesetz eingeführten Regelungen sowie der RefE für die virtuelle HV berücksichtigt.

## I. Die Präsenzversammlung

Nach ganz herrschender Meinung geht das Aktiengesetz konzeptionell von einer Hauptversammlung an einem physischen Ort aus.[37] Normative Anknüpfungspunkte, an denen das aktienrechtliche Grundprinzip einer Präsenzversammlung zum Ausdruck gelangt, sind insbesondere § 118 Abs. 1 Satz 1 AktG („*in der Hauptversammlung*") sowie § 121 Abs. 3, 5 AktG, wonach die Hauptversammlung grundsätzlich am „*Sitz der Gesellschaft*" stattzufinden hat und dieser in der Einberufung zu bezeichnen ist. Um dem gesetzlich vorgegebenen Modell einer Präsenzversammlung zu entsprechen, ist es erforderlich, dass die wesentlichen Funktionsträger an dem physischen Ort der Gesellschaft anwesend sind.[38] In der Konsequenz besteht damit zumindest für die Verwaltungsmitglieder, den Notar sowie den Versammlungsleiter eine grundsätzliche Präsenzpflicht.[39] Aus der gesetzlich vorgesehenen Möglichkeit, die Teilnahme der Aufsichtsratsmitglieder im Wege der Ton- und Bildübertragung auf Grundlage einer satzungsmäßigen Bestimmung zuzulassen (§ 118 Abs. 3 Satz 2 AktG), lässt sich hingegen folgern, dass eine zwingende Präsenzpflicht für die Aufsichtsratsmitglieder nicht besteht.[40]

## II. Die Präsenzversammlung mit elektronischer Teilnahmemöglichkeit („Hybrid-HV")

### 1. Gesetzlicher Entstehungsprozess

Einen ersten Schritt hin zu einer Digitalisierung der Hauptversammlung vollzog der Gesetzgeber bereits durch das am 19. Juli 2002 erlassene und am 26. Juli 2002 in Kraft getretene „*Gesetz zur weiteren Reform des Aktien- und Bilanzrechts, zu Transparenz und Publizität*" (im Folgenden: *TransPuG*).[41] Im Rahmen des TransPuG wurde der seinerzeitige § 118 Abs. 2 Satz 2 AktG (entspricht nunmehr § 118 Abs. 3

---

[37] *Drinhausen*, in: Hölters, AktG, § 118 Rn. 15; *Mülbert*, in: Großkomm. AktG, § 118 Rn. 99; *J. Koch*, AktG, § 118 Rn. 10; *Schindler/Schaffner*, Virtuelle Beschlussfassung, § 2 Rn. 200; *Kubis*, in: MünchKomm. AktG, § 118 Rn. 17; *Heckschen/Hilser*, ZIP 2022, 461; *Riegger*, ZHR (165) 2001, 204 (209); *Kort*, NZG 2007, 653; a. A. *Hasselbach/Schumacher*, ZGR 2000, 258 (260 f.); *Pielke*, Die virtuelle HV, S. 144.

[38] *Mülbert*, in: Großkomm. AktG, § 118 Rn. 99; *Spindler*, in: K. Schmidt/Lutter, AktG, § 118 Rn. 52; *Kubis*, in: MünchKomm. AktG, § 118 Rn. 17.

[39] *Reger*, in: Bürgers/Körber/Lieder, AktG, § 118 Rn. 5a; *Spindler*, in: K. Schmidt/Lutter, AktG, § 118 Rn. 38, 41, 46 f.

[40] *Spindler*, in: K. Schmidt/Lutter, AktG, § 118 Rn. 42.

[41] BGBl. 2002 Teil I Nr. 50, 2681.

Satz 2 AktG) eingefügt, wonach auf Grundlage satzungsmäßiger Bestimmungen eine Teilnahme der Aufsichtsratsmitglieder im Wege der Bild- und Tonübertragung erfolgen kann. Mit der im Juli 2007 erlassenen Aktionärsrechte-Richtlinie (im Folgenden: *Richtlinie 2007/36/EG*)[42] hat der europäische Gesetzgeber zudem die Möglichkeit einer Teilnahme der Aktionäre auf elektronischem Weg geschaffen (Art. 8 der Richtlinie 2007/36/EG). Die Umsetzung der Richtlinie 2007/36/EG in deutsches Recht erfolgte durch das am 30. Juli 2009 erlassene und am 1. September 2009 in Kraft getretene „*Gesetz zur Umsetzung der Aktionärsrechterichtlinie*" (im Folgenden: *ARUG I*).[43] Im Rahmen des ARUG I hat der Gesetzgeber das Modell einer Präsenzversammlung mit der für die Aktionäre geschaffenen Möglichkeit einer elektronischen Teilnahme und Rechtsausübung, einer Stimmrechtsausübung ohne Teilnahme im Wege (elektronischer) Briefwahl sowie der Bild- und Tonübertragung der Versammlung (im Folgenden: „*Hybrid-HV*") eingeführt und in § 118 Abs. 1 Satz 2, Abs. 2, Abs. 4 AktG gesetzlich kodifiziert.

### 2. Auswirkungen auf die Rechtsstellung der Aktionäre

Die Regelungen zur Hybrid-HV ermöglichen bereits die Durchführung einer virtuellen Hauptversammlung, da nach Maßgabe von § 118 Abs. 1 Satz 2 AktG theoretisch auch sämtliche Aktionäre elektronisch teilnehmen können, sofern die Satzung dies zulässt.[44] Gleichwohl ist die Hybrid-HV qualitativ als Präsenzversammlung einzuordnen.[45] Folgern lässt sich dies zum einen aus der Gesetzesbegründung zum ARUG I, wonach es dem Gesetzgeber ausdrücklich nicht um die Einführung einer virtuellen Hauptversammlung ging und die Präsenzhauptversammlung weiterhin als Basis gedacht war.[46] Zum anderen lässt sich dies aus dem Wortlaut des § 118 Abs. 1 Satz 2 AktG ableiten, wonach zwar eine physische Präsenz der Aktionäre entbehrlich ist, nicht jedoch das Bestehen eines physischen Versammlungsortes oder die physische Präsenz von Vorstand oder Versammlungsleiter.[47] Demzufolge wurde das aktienrechtliche Grundkonzept der Präsenzversammlung durch das ARUG I nicht aufgehoben, vielmehr hat der Gesetzgeber mit der elektronischen Teilnahme und der Stimmabgabe zusätzliche digitale und technische Gestaltungsmöglichkeiten für die Durchführung der Hauptversammlung er-

---

[42] Richtlinie 2007/36/EG des Europäischen Parlaments und des Rates vom 11. Juli 2007 über die Ausübung bestimmter Rechte von Aktionären in börsennotierten Gesellschaften, Amtsblatt der Europäischen Union, L 184/17.

[43] BGBl. 2009 Teil I Nr. 50, 2479.

[44] Siehe BegrRegE ARUG BT-Drucks. 16/11642, 26; siehe auch *von Holten/Bauerfeind*, AG 2015, 489 (491), wonach die in der Satzung getroffenen Regelungen hinsichtlich der elektronischen Teilnahme sowohl für den Versammlungsleiter als auch für den Vorstand verbindlich sind.

[45] Siehe nur *Reger*, in: Bürgers/Körber/Lieder, AktG, § 118 Rn. 5a.

[46] Siehe BegrRegE ARUG BT-Drucks. 16/11642, 26.

[47] *Drinhausen*, in: Hölters, AktG, § 118 Rn 15; *Wicke*, in: Spindler/Stilz, BeckOGK AktG, § 129 Rn. 42; *Kubis*, in: MünchKomm. AktG, § 119 Rn. 108.

möglichen wollen. Aus diesem Grund bleibt das Recht der Aktionäre auf physische Teilnahme am Versammlungsort auch im Kontext einer Hybrid-HV gewahrt.[48] Dadurch, dass im Rahmen der Hybrid-HV grundsätzlich auch eine elektronische Zuschaltung sämtlicher Aktionäre möglich ist, hatte sich der Gesetzgeber mit dem ARUG I dem Konzept einer virtuellen Hauptversammlung jedoch bereits stark angenähert.[49]

Aus Sicht der Aktionäre ergibt sich im Kontext der Hybrid-HV die nachteilige Besonderheit, dass § 118 Abs. 1 Satz 2 AktG relativ weitreichende Einschränkungen der Rechte des elektronisch teilnehmenden Aktionärs erlaubt.[50] So kann die Gesellschaft die Ausübung nur einzelner Rechte auf elektronischem Wege (etwa nur des Stimmrechts) vorsehen oder auch die elektronisch ausübbaren Rechte in einem nur beschränkten Umfang einräumen (z. B. Fragerecht ohne Recht auf Antwort oder Stimmrecht ohne Recht zur Onlineabgabe eines Widerspruchs zur Niederschrift).[51] Die Rechtfertigung für diese Schlechterstellung des elektronisch teilnehmenden Aktionärs ist darin zu sehen, dass diesem stets auch die Möglichkeit verbleibt, an der Präsenzversammlung teilzunehmen, um dort seine Rechte in vollem Umfang auszuüben.[52]

### 3. Geringer Verbreitungsgrad der Hybrid-HV

Von den mit der Schaffung der Hybrid-HV verbundenen zusätzlichen Gestaltungsmöglichkeiten haben Publikumsaktiengesellschaften in der Praxis nur vereinzelt Gebrauch gemacht, wobei die Entscheidung über die konkrete Ausschöpfung des gesetzlich eingeräumten Spielraums in der Regel dem Vorstand überlassen und nicht in der Satzung selbst getroffen wird.[53] Während sich die elektronische Stimmabgabe kombiniert mit einem Live-Stream der Hauptversammlung schon vor Inkrafttreten des COVID-19-Gesetzes in der Praxis der Hauptversammlungen als Standard etabliert hatte, wurde die Geltendmachung des Frage- und Rederechts auf

---

[48] *Kubis*, in: MünchKomm. AktG, § 118 Rn. 17; *Hoffmann*, in: Spindler/Stilz, BeckOGK AktG, § 118 Rn. 54; *J. Koch*, AktG, § 118 Rn. 10; *Liebscher*, in: Henssler/Strohn, GesR, § 118 AktG Rn. 10.

[49] So ausdrücklich BegrRegE ARUG BT-Drucks. 16/11642, 26; ebenso *Kubis*, in: MünchKomm. AktG, § 118 Rn. 17.

[50] *Schäfer*, NZG 2020, 481 (482); *Hoffmann*, in: Spindler/Stilz, BeckOGK AktG, § 118 Rn. 47; *Hippeli*, DZWIR 2020, 263 (268); *J. Koch*, AktG, § 118 Rn. 12; *Kubis*, in: MünchKomm. AktG, § 118 Rn. 86; siehe zu den Gestaltungsmöglichkeiten für eine teilweise Rechtseinräumung *Kersting*, NZG 2010, 130 (131 ff.).

[51] Siehe BegrRegE ARUG BT-Drucks. 16/11642, 26; darüber hinaus stehen bestimmte „in" der Versammlung auszuübende Rechte (z. B. der Antrag zur Abstimmung über Wahlvorschläge von Aktionären nach § 137 AktG) nur den elektronisch teilnehmenden Aktionären und nicht den Briefwählern zu, da letztere nach § 118 Abs. 2 Satz 1 AktG nicht als Teilnehmer der Versammlung zu qualifizieren sind.

[52] Siehe *Tröger*, BB 2020, 1091 (1095).

[53] *Wettich*, WPg 2020, 535 (536).

elektronischem Wege von den Gesellschaften so gut wie gar nicht zugelassen.[54] Der primäre Grund dafür, dass sich das durch § 118 Abs. 1 Satz 2 AktG ermöglichte elektronische Frage- und Rederecht in der Praxis kaum durchzusetzen vermochte, ist in den fehlenden Kostenvorteilen und ausbleibenden Effizienzsteigerungseffekten für die Gesellschaften zu sehen. Den Aktionären steht wie gezeigt auch im Rahmen der Hybrid-HV ein unentziehbares Recht auf physische Teilnahme zu, so dass die Gesellschaften in der Konsequenz jedem Aktionär unabhängig von der Einräumung eines elektronischen Frage- und Rederechts auch eine Präsenzteilnahme ermöglichen müssen.[55] Dieser Verpflichtung kann die Gesellschaft aber nur dann nachkommen, wenn der gewählte Versammlungsort jedenfalls potentiell sämtlichen Aktionären Platz bieten kann. Sofern der Versammlungsleiter einzelnen Aktionären im Rahmen der Hybrid-HV einen Zugang zum physischen Hauptversammlungsort infolge unzureichender räumlicher Kapazitäten verwehren muss, würde dies nach Maßgabe von § 245 Nr. 2 Var. 1 AktG die Anfechtbarkeit sämtlicher Versammlungsbeschlüsse nach sich ziehen.[56] Vor diesem Hintergrund kann auch die mit der Schaffung der Hybrid-HV vom Gesetzgeber bezweckte Effizienzsteigerung und Kostenersparnis schwerlich realisiert werden.[57] Die Ermöglichung einer optionalen elektronischen Teilnahme gemäß § 118 Abs. 1 Satz 2 AktG wirkt sich tendenziell sogar kostenerhöhend für die Gesellschaft aus, da die mit ihrer technischen Einrichtung verbundenen Kosten zusätzlich neben die aus der Organisation der Präsenzversammlung resultierenden Aufwendungen (insbesondere für die Anmietung der Räumlichkeiten und die Verpflegung der Aktionäre) treten.

Auch ganz grundsätzlich stieß eine elektronische Teilnahme der Aktionäre in der Praxis auf breite Skepsis. So bestand bei den Unternehmen die Sorge, dass die Einrichtung einer technischen Kommunikationsplattform einen zusätzlichen Nährboden für querulierende Aktionäre, etwa in Form unsachlicher Redebeiträge oder irrationaler Stimmrechtsausübungen, bieten könnte und es infolgedessen zu einer Potenzierung des Anfechtungsrisikos oder zur Bildung von Zufallsmehrheiten kommt.[58] Es wurde insbesondere die Gefahr gesehen, dass eine elektronische Teil-

---

[54] *Wettich*, WPg 2020, 535 (536); siehe auch *Danwerth*, NZG 2020, 586 (587), wonach lediglich die Beiersdorf AG, die Singulus Technologies AG sowie die Nordex SE (Stand: 3.5. 2020), ihren Aktionären eine elektronische Teilnahme ermöglichen.

[55] Siehe nur *Hoffmann*, in: Spindler/Stilz, BeckOGK AktG, § 118 Rn. 54 m. w. N.

[56] *Reichert/Balke*, in: ArbeitsHdb. HV, § 4 Rn. 165; *Kubis*, in: MünchKomm. AktG, § 118 Rn. 76; siehe auch OLG Frankfurt a. M., Beschl. v. 16. 2. 2007 – 5 W 43/06, NZG 2007, 310 (311), wonach eine Anfechtbarkeit sämtlicher Beschlüsse auch aus der Nichtzulassung eines Aktionärs folgt, sofern dieser sich weigert, sich einer quantitativ oder qualitativ überzogenen Sicherheitskontrolle zu unterziehen.

[57] *von Holten/Bauerfeind*, AG 2018, 729 (737 f.); *Quass*, NZG 2021, 261 (263); ebenso *Teichmann*, ZfPW 2019, 247 (263).

[58] Siehe *von Holten/Bauerfeind*, AG 2018, 729 (731); *Riegger*, ZHR (165) 2001, 204 (217); *Hüther*, Aktionärsbeteiligung und Internet, S. 298; angesichts der Regelung in § 243 Abs. 3 Nr. 1 AktG, wonach eine Anfechtung grundsätzlich nicht auf eine durch technische Störungen verursachte Verletzung von Rechten zurückgeführt werden kann, wenn der Gesellschaft nicht

nahme zu einer Senkung der Hemmschwelle für unsachliche Beiträge und Fragen führt und die Online-Plattform gezielt für Störungsaktionen missbraucht wird.[59] Als nachteilig galten auch potentielle Probleme bei der Identifizierung von elektronisch teilnehmenden ausländischen Aktionären.[60] Den Kritikern ist zuzugestehen, dass eine Online-Plattform einen komfortablen Zugang zur Hauptversammlung für jeden Aktionär ermöglicht und damit auch die Gefahr steigt, dass diese ein neues und leicht zugängliches Einfallstor für querulierende Aktionäre bietet. Die Frage, ob sich eine elektronische Teilnahme der Aktionäre in der Praxis nachhaltig etablieren kann, hängt damit auch entscheidend davon ab, ob und inwieweit ein daraus resultierendes erhöhtes Störungspotential vom Versammlungsleiter verlässlich unterbunden werden kann.

Die vorstehend skizzierten Vorbehalte der Gesellschaften sowie die gegenüber dem Präsenzaktionär abgeschwächte Rechtsposition des elektronisch teilnehmenden Aktionärs sind im Wesentlichen ursächlich dafür, dass sich die elektronische Geltendmachung des Frage- und Rederechts und damit auch das gesetzliche Modell der Hybrid-HV insgesamt in der Praxis bislang nicht durchsetzen konnte.[61]

## III. Die virtuelle Hauptversammlung nach dem COVID-19-Gesetz („Corona-HV“)

### 1. Pandemiebedingte Notwendigkeit zur Einführung eines virtuellen Hauptversammlungsmodells

Im Hinblick auf die zu Beginn des Jahres 2020 mit akuter Dynamik eingesetzte Corona-Pandemie stellte sich die im Rahmen der Hybrid-HV mögliche elektronische Teilnahme der Aktionäre zwar grundsätzlich als ein probates Mittel dar, um behördlichen Kontaktbeschränkungen und Abstandsregelungen in Krisenzeiten Rechnung zu tragen.[62] Das Modell der Hybrid-HV hätte insoweit jedoch keine durchschlagende Abhilfe geschaffen und wäre mit den verschiedenen behördlichen

---

Vorsatz oder grobe Fahrlässigkeit vorzuwerfen ist, ist diese Sorge vor zusätzlichen technisch bedingten Anfechtungsrisiken jedoch zu relativieren, siehe auch *Lieder*, in: FS Vetter, S. 419 (436 f.).

[59] *Hüther*, Aktionärsbeteiligung und Internet, S. 298; *Habersack*, ZHR (165) 2001, 172 (196); *Simons/Hauser*, NZG 2020, 1406 (1409).

[60] *Pielke*, Die virtuelle HV, S. 157 f.; *von Holten/Bauerfeind*, AG 2018, 729 (737 f.); siehe zu dem Problemkreis der Identifikation von Aktionären auch *Noack*, NZG 2017, 561 ff.

[61] *Dubovitskaya*, NZG 2020, 647 (649); ebenso *Teichmann*, ZfPW 2019, 247 (261 f.), der als weiteren Grund für den geringen Verbreitungsgrad der elektronischen Teilnahme ausmacht, dass Großaktionäre keine Bereitschaft haben, einer nach § 118 Abs. 1 Satz 2 AktG erforderlichen Satzungsänderung zuzustimmen, da aufgrund der daraus folgenden erleichterten elektronischen Teilnahme von Aktionären die Mehrheitsverhältnisse auf künftigen Hauptversammlungen gefährdet werden könnten.

[62] *Danwerth*, NZG 2020, 586 f.

Kontaktbeschränkungen und sonstigen infektionsschutzbezogenen Vorgaben nicht in Einklang zu bringen gewesen, da es sich auch bei der Hybrid-HV in qualitativer Hinsicht um eine Präsenzversammlung mit einem korrelierenden Anwesenheitsrecht der Aktionäre handelt.[63]

Vor diesem Hintergrund hat der Bundestag daher im Eilverfahren und einstimmig am 27. März 2020 das COVID-19-Gesetz verabschiedet und damit – wenngleich auch zunächst nur temporär – nach Maßgabe von Art. 2, § 1 Abs. 2 COVID-19-Gesetz ein virtuelles Hauptversammlungsmodell aus der Taufe gehoben (im Folgenden: „*Corona-HV*"). Der Bundesrat stimmte dem Gesetz noch am gleichen Tag einstimmig zu[64] und bereits am Folgetag, dem 28. März 2020, trat der die Aktiengesellschaften betreffende Regelungsteil des COVID-19-Gesetzes in Kraft (Art. 6 Abs. 2 COVID-19-Gesetz).

## 2. Zeitlicher und sachlicher Anwendungsbereich des COVID-19-Gesetzes

Das COVID-19-Gesetz sah zunächst in Bezug auf Hauptversammlungen von Aktiengesellschaften eine Geltungsdauer bis zum 31. Dezember 2020 vor mit der Option einer Verlängerung bis zum 31. Dezember 2021 (Art. 2, §§ 7 Abs. 1, 8 Abs. 1 COVID-19-Gesetz). Mit der am 20. Oktober 2020 erlassenen und am 29. Oktober 2020 in Kraft getretenen „*Verordnung zur Verlängerung von Maßnahmen im Gesellschafts-, Genossenschafts-, Vereins- und Stiftungsrecht zur Bekämpfung der Auswirkungen der COVID-19-Pandemie*"[65] hat der Gesetzgeber von dieser Möglichkeit Gebrauch gemacht und den zeitlichen Anwendungsbereich des u. a. auch die Aktiengesellschaften betreffenden Regelungsteils des Gesetzes (Art. 2, § 1 COVID-19-Gesetz) bis zum 31. Dezember 2021 verlängert.[66] Die weitere Entwicklung der pandemischen Lage hat den Gesetzgeber im Folgenden dazu veranlasst kurz vor dem Ende der Legislaturperiode in einer Sondersitzung am 7. September 2021 eine erneute Verlängerung der Geltungsdauer der die Hauptversammlungen von Aktiengesellschaften betreffenden Regelungen des COVID-19-Gesetzes bis zum 31. August 2022 zu beschließen. Diese neuerliche Verlängerung ist als Teil des Aufbauhilfegesetzes 2021 (Art. 15) am 15. September 2021 in Kraft getreten.[67] Weitere

[63] *Wettich*, WPg 2020, 535 (536).

[64] BR-Drucks. 153/20 (B).

[65] BGBl. 2020 Teil I Nr. 48, 2258.

[66] Diese zeitliche Erstreckung wurde im weiteren Verlauf durch das „*Gesetz zur weiteren Verkürzung des Restschuldbefreiungsverfahrens und zur Anpassung pandemiebedingter Vorschriften im Gesellschafts-, Genossenschafts-, Vereins- und Stiftungsrecht sowie im Miet- und Pachtrecht*" vom 22. Dezember 2020 (BGBl. 2020 Teil I Nr. 67, 3328), welches insoweit die Verordnung vom 20. Oktober 2020 verdrängt hat, aufrechterhalten.

[67] BGBl. 2021 Teil I Nr. 63, 4147; vgl. zur Ermessensentscheidung des Vorstands und Aufsichtsrats, ob bis Ende August 2022 eine physische Hauptversammlung abgehalten werden

materiell-rechtliche Änderungen in Bezug auf die Corona-HV waren mit dieser neuerlichen Verlängerung des Geltungszeitraums des COVID-19-Gesetzes indes nicht verbunden.[68]

Der Anwendungsbereich des COVID-19-Gesetzes ist grundsätzlich für alle Aktiengesellschaften (unabhängig von einer etwaigen Börsennotierung) und für sämtliche Beschlussgegenstände, einschließlich ungeschriebener „Holzmüller/Gelatine"-Maßnahmen, eröffnet.[69] Art. 2, § 1 COVID-19-Gesetz erfasst sowohl ordentliche als auch außerordentliche Hauptversammlungen.[70] Auch wenn die gesonderte Versammlung als weitere Versammlungsart in der Regierungsbegründung keine ausdrückliche Erwähnung findet, so ergibt sich aus den dem COVID-19-Gesetz zugrundeliegenden gesetzgeberischen Infektionsschutzerwägungen die zwingende Notwendigkeit, dass auch insoweit die Regelungen des COVID-19-Gesetzes Anwendung finden müssen. Ein rechtlicher Gleichlauf ist auch deswegen geboten und konsequent, weil das Aktienrecht auch im Übrigen eine entsprechende Anwendung der hauptversammlungsrelevanten Regelungen auf die gesonderte Versammlung anordnet (§ 138 Satz 2 AktG).

### 3. Das aktienrechtliche Regelungsregime des COVID-19-Gesetzes

Das mit dem Erlass des COVID-19-Gesetzes verfolgte gesetzgeberische Anliegen bestand darin, Aspekte des Infektionsschutzes auf der einen Seite und die Gewährleistung von Sicherheit und Handlungsfähigkeit der Unternehmen auf der anderen Seite in einen schonenden Ausgleich zu bringen.[71] Rechtstechnisch umgesetzt hat der Gesetzgeber dies durch die Einführung einer Vielzahl aktienrechtlicher Erleichterungen, die gleichzeitig die Geburtsstunde des Modells einer virtuellen Hauptversammlung markieren.

#### *a) Gesetzliche Änderungen in Bezug auf die Hybrid-HV*

Nach Maßgabe von Art. 2, § 1 Abs. 1 COVID-19-Gesetz kann der Vorstand abweichend von § 118 Abs. 1 Satz 2, Abs. 2, Abs. 3 Satz 2, Abs. 4 AktG auch ohne

---

kann, *Simons/Hauser*, NZG 2021, 1340 (1341 f.); *Danwerth*, AG 2021, R283 f.; *Stelmaszcyk*, DNotZ 2021, 930 (938 f.).

[68] *Pospiech/Schiller*, NJW-Spezial 2021, 719.

[69] *Heckschen/Hilser*, ZIP 2022, 461 (469); *Noack/Zetsche*, AG 2020, 265 (267); *Simons/Hauser*, NZG 2020, 488 (489); siehe dazu auch BGH, Beschl. v. 5.10.2021 – II ZB 7/21, ZIP 2021, 2276 ff.

[70] Siehe BegrRegE COVID-19-Gesetz BT-Drucks. 19/18110, 26; *Wettich*, WPg 2020, 535 (536); *Schindler/Schaffner*, Virtuelle Beschlussfassung, § 2 Rn. 195.

[71] Siehe auch BegrRegE COVID-19-Gesetz BT-Drucks. 19/18110, 5, wonach die Zielstellung des Gesetzes darin liegt, *„die betroffenen Unternehmen verschiedener Rechtsformen in die Lage zu versetzen, auch bei weiterhin bestehenden Beschränkungen der Versammlungsmöglichkeiten erforderliche Beschlüsse zu fassen und handlungsfähig zu bleiben …"*.

Satzungsermächtigung die elektronische Teilnahme der Aktionäre, die elektronische Briefwahl, die Teilnahme des Aufsichtsrats im Wege der Bild- und Tonübertragung sowie die Zulassung der Bild- und Tonübertragung der Versammlung vorsehen. Diese Erleichterungen ändern jedoch nichts an der grundsätzlichen Rechtsqualität der Hybrid-HV. So bleibt auch unter Geltung von Art. 2, § 1 Abs. 1 COVID-19-Gesetz die Verpflichtung bestehen, eine Präsenzversammlung durchzuführen.[72] Dieser Sichtweise wurde teilweise unter Verweis auf die Gesetzesbegründung widersprochen und dafür plädiert, die elektronische Teilnahme nach § 118 Abs. 1 Satz 2 AktG im Anwendungsbereich des COVID-19-Gesetzes abweichend vom bisherigen dogmatischen Verständnis dieser Norm nicht als bloße ergänzende Online-Teilnahme, sondern als Teilnahme ohne physische Präsenz zu qualifizieren.[73] Diesem Einwand ist zuzugestehen, dass die Gesetzesbegründung des COVID-19-Gesetzes auf die Entscheidung des Vorstands über die elektronische Teilnahme der Aktionäre an der Hauptversammlung „*ohne physische Präsenz*" abhebt.[74] Die Tatsache, dass die Gesetzesbegründung gleichzeitig auch § 118 Abs. 1 Satz 2 AktG in Bezug nimmt, macht aber deutlich, dass der Gesetzgeber den Regelungsgehalt der Norm und damit auch die Rechtsqualität der Hybrid-HV an sich nicht verändern wollte, sondern vielmehr für die Gesellschaften eine Erleichterung schaffen wollte, um von den gesetzlichen Möglichkeiten der elektronischen Teilnahme Gebrauch zu machen. Auch die Abgrenzung zu der neu geschaffenen Möglichkeit einer virtuellen Hauptversammlung nach Art. 2, § 1 Abs. 2 COVID-19-Gesetz spricht für diese Auslegung. Der dortige explizite Gesetzeswortlaut stellt klar, dass die Versammlung „*ohne physische Präsenz der Aktionäre oder ihrer Bevollmächtigten*" nur unter den dort näher bezeichneten einschränkenden Voraussetzungen durchgeführt werden kann. Art. 2, § 1 Abs. 1 COVID-19-Gesetz enthält derartige Einschränkungen aber gerade nicht, so dass es bei der Prämisse bleiben muss, dass die elektronische Teilnahme in Übereinstimmung mit dem Regelungsgehalt des § 118 Abs. 1 Satz 2 AktG lediglich eine zusätzliche Option darstellt, die das zwingende Erfordernis eines Präsenzversammlungsortes auch im Geltungsbereich des COVID-19-Gesetzes nicht beseitigt.[75]

#### *b) Die Corona-HV*

##### aa) Gesetzliche Voraussetzungen

Vor Inkrafttreten des COVID-19-Gesetzes lag dem Begriff der virtuellen Hauptversammlung das Verständnis einer Versammlung ohne jedweden physischen

[72] *Schäfer*, NZG 2020, 481 (482).

[73] So *Dubovitskaya*, NZG 2020, 647 (650).

[74] BegrRegE BT-Drucks. 19/18110, 26.

[75] So auch *Schäfer*, NZG 2020, 481 (482 f.).

Raum mit einem Versammlungsort im Cyberspace zugrunde.[76] Kennzeichnend für eine virtuelle Hauptversammlung ist nach diesem Begriffsverständnis, dass der Versammlungsleiter und alle übrigen Teilnehmer nicht mehr an einem Ort physisch präsent sind, sondern sich ausschließlich im Wege einer elektronischen Teilnahme zusammenfinden.[77] Ein solches Versammlungsmodell war dem Aktienrecht bislang fremd, da selbst die Hybrid-HV zwingend über einen physischen Versammlungsort verfügen muss.[78] Um auch in der sich dynamisch zuspitzenden Pandemiesituation die Handlungsfähigkeit der Unternehmen zu bewahren und die Durchführbarkeit von Hauptversammlungen trotz der aufgrund des Infektionsrisikos für Zusammenkünfte geltenden behördlichen Beschränkungen weiterhin zu ermöglichen, hat der Gesetzgeber mit dem im Eilverfahren beschlossenen COVID-19-Gesetz eine bislang beispiellose Abkehr von dem aktienrechtlich tradierten Prinzip der Präsenzversammlung bei gleichzeitiger Hinwendung zu einer nahezu vollständig im Cyberspace stattfindenden Versammlungsform vollzogen.

Nach Art. 2, § 1 Abs. 2 COVID-19-Gesetz wurde dem Vorstand ermöglicht, darüber zu entscheiden die Hauptversammlung ohne physische Präsenz der Aktionäre oder ihrer Bevollmächtigten als virtuelle Hauptversammlung abzuhalten. Die Entscheidung über die Durchführung einer Corona-HV liegt danach im Ermessen des Vorstands.[79] Eine Übertragung dieser Entscheidungsbefugnis auf den Versammlungsleiter ist nicht vorgesehen. Wie sich der Gesetzesbegründung zum Aufbauhilfegesetz 2021 betreffend die Verlängerung des COVID-19-Gesetzes zum 31. August 2022 entnehmen lässt, soll nach dem Willen des Gesetzgebers von den Möglichkeiten der Corona-HV nur dann Gebrauch gemacht werden, wenn dies im Hinblick auf die Entwicklung des Pandemiegeschehens und unter Berücksichtigung der Teilnehmerzahl der jeweiligen Versammlung erforderlich erscheint.[80] Eine Corona-HV kann im Jahr 2022 daher vom Vorstand nicht ohne weiteres angeordnet werden. Er muss bei seiner Ermessensentscheidung insbesondere den Impffortschritt und die Zahl der Neuinfektionen berücksichtigen.[81] Mit Blick auf die bisherige Dynamik des Pandemiegeschehens und das starke Prognoseelement wird von einer

[76] Siehe BegrRegE ARUG BT-Drucks. 16/11642, 26; ebenso *Riegger*, ZHR (165) 2001, 204 (216).

[77] *Drinhausen*, in: Hölters, AktG, § 118 Rn. 15; *Kubis*, in: MünchKomm. AktG, § 118 Rn. 17.

[78] Siehe ausführlich dazu bereits oben unter 1. Kapitel D. II. 2. (S. 40 f.).

[79] Zu den rechtlichen Parametern der diesbezüglichen unternehmerischen Ermessensentscheidung des Vorstands nach § 93 Abs. 1 Satz 2 AktG siehe *Lieder*, ZIP 2021, 161 (162 ff.); *Eichten/Weinmann*, DStR 2020, 2314 f.; *Simons/Hauser*, NZG 2020, 1406 (1408); vgl. dazu auch LG München I, Beschl. v. 26.5.2020 – 5 HK O 6378/20, ZIP 2020, 1241 (1242).

[80] Siehe BT-Drucks. 19/32275, 30.

[81] So hat sich etwa die Deutsche Telekom AG für das Jahr 2022 für eine Präsenzversammlung und gegen das virtuelle Hauptversammlungsformat entschieden, siehe Einladung zur Hauptversammlung am 7. April 2022 (abrufbar unter https://www.telekom.com/de/investor-relations/aktie/hauptversammlung).

Überschreitung der Ermessensgrenze jedoch nur sehr zurückhaltend und im Ergebnis nur bei einer evident unvertretbaren Entscheidung auszugehen sein.[82]

Mindestvoraussetzung für die Durchführung der Corona-HV ist nach Maßgabe von Art. 2, § 1 Abs. 2 Nr. 1–4 COVID-19-Gesetz, dass die gesamte Hauptversammlung in Bild und Ton übertragen wird und den Aktionären die elektronische Stimmrechtsausübung (Briefwahl oder elektronische Kommunikation), Vollmachtserteilung sowie eine Widerspruchsmöglichkeit eingeräumt wird. Das COVID-19-Gesetz enthält daneben aber auch eine Vielzahl von rechtspraktischen Erleichterungen, die dem Ziel dienen, den Verwaltungen und damit letztlich auch den Versammlungsleitern der Gesellschaften zusätzliche Flexibilität und Gestaltungsspielräume bei der Administration von Hauptversammlungen zu ermöglichen. Diese Erleichterungen beziehen sich auf Terminfragen, aber auch auf das hauptversammlungsrelevante Fristenregime. So konnte der Vorstand in den Jahren 2020 und 2021 in Abweichung von § 175 Abs. 1 Satz 2 AktG, wonach die Hauptversammlung in den ersten acht Monaten des Geschäftsjahres stattzufinden hat, gemäß Art. 2, § 1 Abs. 5, 6 COVID-19-Gesetz mit Zustimmung des Aufsichtsrats entscheiden, dass die Hauptversammlung „*innerhalb*" des Geschäftsjahres, also erst im letzten Monat des dritten oder im vierten Quartal stattfindet.[83] Für das Jahr 2022 gilt aufgrund der zeitlich limitierten Verlängerung der Geltungsdauer des COVID-19-Gesetzes indes die Prämisse, dass die Hauptversammlung bis zum 31. August 2022 nicht nur einberufen, sondern auch vollständig absolviert sein muss, um die Erleichterungen des COVID-19-Gesetzes in Anspruch nehmen zu können.[84] Die Entscheidung des Vorstands hinsichtlich der Inanspruchnahme der durch das COVID-19-Gesetz geschaffenen Erleichterungen bedarf gemäß Art 2, § 1 Abs. 6 COVID-19-Gesetz der Zustimmung des Aufsichtsrats.

Wie sich aus der Gesetzesbegründung ergibt, wird nicht verlangt, dass die Übertragung technisch ungestört abläuft und bei jedem Aktionär ankommt.[85] Insoweit konsequent lässt Art. 2, § 1 Abs. 7 COVID-19-Gesetz die Anfechtbarkeit von Beschlüssen aufgrund technischer Störungen nur bei nachgewiesenem Vorsatz der Gesellschaft zu, was einem faktischen Ausschluss der Anfechtbarkeit gleichkommt, da der Nachweis eines vorsätzlichen Handelns der Gesellschaft in der Praxis kaum zu führen sein wird. Darüber hinaus kann der Vorstand entscheiden, dass die Übertragung auf die angemeldeten Aktionäre beschränkt wird, was aufgrund der mit einer öffentlichen Übertragung potentiell verbundenen grundrechtlichen und daten-

---

[82] Siehe auch *Mayer/Jenne/Miller*, BB 2021, 899 (905), wonach die Corona-HV jedenfalls solange das Mittel der Wahl bleibt, solange sich ein Gesundheitsrisiko für die Teilnehmer nicht völlig ausschließen lässt.

[83] *Vetter/Tielmann*, NJW 2020, 1175.

[84] *Stelmaszcyk*, DNotZ 2021, 930 (932 f.).

[85] BegrRegE COVID-19-Gesetz BT-Drucks. 19/18110, 26.

schutzrechtlichen Probleme empfohlen wird und in der Praxis bislang überwiegend auch so gehandhabt wurde.[86]

### bb) Schwächung der Aktionärsrechte

Der in der am 28. März 2020 in Kraft getretenen Ursprungsfassung des COVID-19-Gesetzes enthaltene Art. 2, § 1 Abs. 2 Nr. 3 sah in Bezug auf das Fragerecht der Aktionäre lediglich die Gewährung einer Fragemöglichkeit verpflichtend vor, mit der jedoch kein aktionärsseitiges Recht auf Antwort verbunden war.[87] Ebenfalls konnte der Vorstand nach pflichtgemäßen Ermessen entscheiden, ob und wie er Fragen der Aktionäre beantwortet und verfügen, dass Fragen ins Vorfeld der Versammlung verlagert werden und spätestens zwei Tage vor der Versammlung im Wege elektronischer Kommunikation einzureichen sind (Art. 2, § 1 Abs. 2 Satz 2 COVID-19-Gesetz). Gegen diese substanzielle Einschränkung des in § 131 AktG kodifizierten Fragerechts der Aktionäre hat sich in der Folge (erwartbarer) Widerstand aus den Reihen der Aktionäre und diverser Verbände erhoben.[88]

In Reaktion hierauf und vor dem Hintergrund der überwiegend positiven Erfahrungswerte der Unternehmen im Umgang mit der Corona-HV im Jahr 2020,[89] hat sich der Gesetzgeber im Vorgriff auf die Hauptversammlungssaison 2021 kurzerhand zu einer Stärkung der Aktionärsrechte entschlossen. Im Zuge des „*Gesetzes zur weiteren Verkürzung des Restschuldbefreiungsverfahrens und zur Anpassung pandemiebedingter Vorschriften im Gesellschafts-, Genossenschafts-, Vereins- und Stiftungsrecht sowie im Miet- und Pachtrecht*“ vom 22. Dezember 2020[90] hat er die Fragemöglichkeit zu einem Fragerecht fortentwickelt (Art. 11 Nr. 1 a)) und damit das Vorstandsermessen insoweit begrenzt, als es sich nicht mehr auf das „Ob“ einer Fragebeantwortung bezieht, sondern nur noch auf das „Wie“ der Beantwortung. Überdies wurde die im Vorstandsermessen stehende Frist für die Einreichung von

---

[86] *Bücker/Kulenkamp/Simon/Seibt/von Bonin*, DB 2020, 775 (778 f.); *Kruchen*, DZWIR 2020, 431 (457).

[87] BegrRegE COVID-19-Gesetz BT-Drucks. 19/18110, 26.

[88] Siehe nur die Stellungnahme der DVFA v. 4. 9. 2020 (abrufbar unter https://www.dvfa.de/fileadmin/downloads/Verband/Kommissionen/Governance_Stewardship/DVFA-Stellungnahme-HV-Saison-2020.pdf) sowie die Pressemitteilung der DSW v. 24. 3. 2020 (abrufbar unter https://www.dsw-info.de/presse/archiv-pressemitteilungen/pressemitteilungen-2020/online-hv-nur-in-begruendeten-ausnahmefaellen/); vgl. auch Handelsblatt v. 12. 6. 2020 (abrufbar unter: https://www.handelsblatt.com/25897832.html); FAZ v. 15. 12. 2020 (abrufbar unter https://www.faz.net/aktuell/finanzen/was-aktionaere-an-online-hauptversammlungen-stoert-17103107.html).

[89] Siehe zu dem seitens der Praxis gezogenen positiven Gesamtfazit *Seibt/Danwerth*, NZG 2020, 1241 (1244 f.); *Herrler*, DNotZ 2020, 468 (504); siehe auch den Bericht des Ausschusses für Recht und Verbraucherschutz (BT-Drucks. 19/25322, 22), wonach die Unternehmen in den in 2020 abgehaltenen Hauptversammlungen die notwendigen Kapazitäten hatten, um die gestellten Fragen im Regelfall auch tatsächlich beantworten zu können.

[90] BGBl. 2020 Teil I Nr. 67, 3328.

Fragen im Vorfeld der Hauptversammlung um einen Tag verlängert, so dass Fragen fortan bis spätestens einen Tag vor der Versammlung im Wege elektronischer Kommunikation einzureichen waren (Art. 11 Nr. 1 b)). Nach zutreffender Auffassung bedürfen sowohl die allgemeinen Grundsätze der Fragenbeantwortung[91] als auch die Entscheidung des Vorstands, dass Fragen bis spätestens einen Tag vor der Hauptversammlung einzureichen sind, nach Art. 2, § 1 Abs. 6 COVID-19-Gesetz der Zustimmung des Aufsichtsrats.[92] Als weitere Änderung hat der Gesetzgeber eingeführt, dass Anträge und Wahlanträge nach §§ 126, 127 AktG als in der Hauptversammlung gestellt gelten, sofern der jeweilige Aktionär ordnungsgemäß und legitimiert zur Hauptversammlung angemeldet ist (Art. 11 Nr. 1 b)).[93]

Ungeachtet dieser nachträglichen gesetzgeberischen Abmilderung ermöglicht es das COVID-19-Gesetz nach wie vor das Rede-, Frage- und Antragsrecht der Aktionäre in der laufenden Versammlung zur Gänze auszuschließen, sofern die Hauptversammlung nach Maßgabe von Art. 2, § 1 Abs. 2 Nr. 2 COVID-19-Gesetz nicht mit elektronischer Teilnahme, sondern nur mit (elektronischer) Briefwahl durchgeführt wird.[94]

---

[91] In Bezug auf die Einschränkung des Fragerechts gemäß Art. 2, § 1 Abs. 2 Satz 2 Hs. 1 COVID-19-Gesetz wäre ein Zustimmungsvorbehalt hinsichtlich jeder einzelnen Frage unpraktikabel; eine derartige Auslegung kommt jedenfalls in Bezug auf das „Ob" der Fragebeantwortung nach der aktuellen Fassung des COVID-19-Gesetzes, wonach der Vorstand grundsätzlich jede Frage zu beantworten hat, ohnehin nicht (mehr) in Betracht; richtigerweise ist der Zustimmungsvorbehalt aber auch nicht auf das konkrete „Wie" jeder einzelnen Fragebeantwortung zu beziehen, da dies einen überbordenden administrativen Aufwand nach sich ziehen würde; so auch *Simons/Hauser*, NZG 2020, 488 (497); siehe auch *Noack/Zetsche*, AG 2020, 265 (272), wonach dem Aufsichtsrat zwar keine Prüfungspflicht in Bezug auf jede einzelne Fragenbeantwortung zukommt, wohl aber in Bezug auf die Recht- und Zweckmäßigkeit der ermessensleitenden Grundsätze des Vorstands zur Beantwortung der Fragen.

[92] *Dubovitskaya*, NZG 2020, 647 (651).

[93] Mit gleichem Gesetz ebenso nachträglich ergänzt wurde Art. 2, § 1 Abs. 2 Satz 3 COVID-19-Gesetz, wonach Anträge oder Wahlvorschläge von Aktionären (§§ 126, 127 AktG) in der virtuellen Hauptversammlung nunmehr so zu behandeln sind, als würden sie in dieser (nochmals) gestellt. Das Anliegen des Gesetzgebers bestand insoweit darin eine von vielen Unternehmen in den Hauptversammlungen des Jahres 2020 praktizierte Vorgehensweise, für die sich der Begriff „Fiktionslösung" eingebürgert hat, in die gesetzliche Regelung zu übernehmen. Unternehmen haben sich dieser Vorgehensweise bedient, um dem Umstand Rechnung zu tragen, dass eine nach allgemeiner Meinung erforderliche (nochmalige) Antragstellung „in" der Versammlung nicht möglich ist, wenn den elektronisch teilnehmenden Aktionären (§ 118 Absatz 1 Satz 2 AktG) kein Antragsrecht gewährt wird, oder den Aktionären, wie bei den Hauptversammlungen in 2020 weit überwiegend praktiziert, die einzuräumende Stimmrechtsausübung lediglich im Wege der Briefwahl ermöglicht wird, siehe Bericht des Ausschusses für Recht und Verbraucherschutz BT-Drucks. 19/25322, 22.

[94] Siehe BegrRegE COVID-19-Gesetz BT-Drucks. 19/18110, 26.

### cc) Fortbestand einer Rumpfpräsenzversammlung

Auch wenn dem COVID-19-Gesetz zu der Frage, ob es bei der Corona-HV nach wie vor eines Präsenzortes bedarf, nichts zu entnehmen ist, so sprechen rechtliche wie auch praktische Überlegungen dafür, dass ein Rumpfpräsenzort auch im Geltungsbereich des COVID-19-Gesetzes zwingend erforderlich ist. Die Gesetzesmaterialien rekurrieren auf einen Stimmrechtsvertreter *„vor Ort"* sowie auf den *„Aufenthaltsort des Versammlungsleiters"*.[95] Auch wenn ein physischer Versammlungsort keine explizite Erwähnung findet, so legen die vorstehenden Formulierungen doch nahe, dass der Gesetzgeber auch für die Corona-HV von einem physischen Präsenzort ausgeht. Es stellt sich in dem Zusammenhang die Frage, ob die formelle Bindung an den gesetzlichen oder satzungsmäßigen Versammlungsort (§ 121 Abs. 5 Satz 1 AktG) weiterhin Bestand hat und damit auch die Verpflichtung fortbesteht, den Rumpfpräsenzort in der Einberufung gemäß § 121 Abs. 3 Satz 1 AktG zu benennen.[96] Insoweit ist zunächst festzustellen, dass das COVID-19-Gesetz die Gesellschaften nicht von den ortsbezogenen Anforderungen des Aktiengesetzes befreit.[97] Daraus kann zunächst einmal gefolgert werden, dass der Rumpfpräsenzort der Corona-HV in der Praxis dem gesetzlichen Ort, also dem Sitz der Gesellschaft, oder dem satzungsmäßigen Ort zu entsprechen hat. Vor dem Hintergrund des Zwecks der Ortsbezeichnung in Satzung und Einberufung, namentlich den Aktionären gegenüber die Möglichkeit der Teilnahme transparent zu gestalten, ergeben sich jedoch Zweifel, ob dieser Zweck bei einer virtuellen Hauptversammlung überhaupt erreicht werden kann. Denn wesentliches Merkmal der virtuellen Hauptversammlung ist ja gerade, dass eine physische Teilnahme nicht möglich ist, so dass bei Nichtbezeichnung des Ortes auch kein Verstoß gegen das Transparenzgebot begründet wird.[98] Im Interesse einer Vermeidung von Nichtigkeitsrisiken (§ 241 Nr. 1 AktG i. V. m. § 121 Abs. 3 Satz 1 AktG) und Anfechtungsrisiken (§ 243 Abs. 1 AktG) sollte sich die Gesellschaft jedoch vorsorglich an den satzungsmäßigen Versammlungsort halten und diesen auch in der Einberufung benennen.[99] Dabei sollte klar-

---

[95] BegrRegE COVID-19-Gesetz BT-Drucks. 19/18110, 26.

[96] Für eine Wahrung der satzungsmäßigen Vorgaben in Bezug auf den Versammlungsort *Bücker/Kulenkamp/Simon/Seibt/von Bonin*, DB 2020, 775 (778); ablehnend *Götze/Roßkopf*, DB 2020, 768 (770); *Noack/Zetsche*, AG 2020, 265 (267); *Simons/Hauser*, NZG 2020, 488 (490 f.); zur möglichen Zuständigkeit des Versammlungsleiters für die Einberufung siehe unten 2. Kapitel F. III. 1. a) (S. 178 ff.).

[97] *Vetter/Tielmann*, NJW 2020, 1175 (1177); *Dubovitskaya*, NZG 2020, 647 (648).

[98] Ebenso *Simons/Hauser*, NZG 2020, 488 (490 f.); *Noack/Zetsche*, AG 2020, 265 (267).

[99] Vgl. exemplarisch etwa die HV-Einladungen der BASF SE (abrufbar unter https://www.basf.com/global/de/investors/calendar-and-publications/annual-shareholders-meeting/annual-shareholders-meeting-2021.html), der BMW AG (abrufbar unter https://www.bmwgroup.com/content/dam/grpw/websites/bmwgroup_com/ir/downloads/de/2021/hv/Einberufung_HV_2021.pdf) sowie der Deutschen Post AG (abrufbar unter https://www.dpdhl.com/content/dam/dpdhl/de/investors/veranstaltungen/hauptversammlung/2021/DPDHL-Einberufung-Tagesordnung-Hauptversammlung-2021.pdf).

stellend auch darauf hingewiesen werden, dass eine physische Präsenzteilnahme vor Ort nicht möglich ist.[100]

Bei dem Rumpfpräsenzort handelt es sich gleichzeitig um den „*Aufenthaltsort des Versammlungsleiters*" im Sinne der Gesetzesbegründung[101], woraus zu folgern ist, dass es in jedem Fall eines physisch anwesenden Versammlungsleiters bedarf.[102] Auch wenn die Gesetzesbegründung zum COVID-19-Gesetz lediglich davon spricht, dass der Notar am Ort des Versammlungsleiters zugegen sein „*soll*", so ist die Anwesenheit des Notars vor Ort ebenfalls zwingend, da das deutsche Recht (bislang) keine Online-Beurkundungen kennt.[103] Zutreffend wird bezogen auf die Anwesenheit der Organmitglieder im Kontext der Corona-HV eine großzügige Handhabung der Vorschrift des § 118 Abs. 3 Satz 1 AktG, wonach die Mitglieder des Vorstands und des Aufsichtsrats an der Hauptversammlung teilnehmen sollen, befürwortet und lediglich die physische Präsenz der Vorsitzenden des Vorstands und des Aufsichtsrats als zwingend notwendig erachtet, wohingegen für die übrigen Vorstands- und Aufsichtsratsmitglieder eine virtuelle Zuschaltung ausreichen soll.[104] Auch für den Abschlussprüfer genügt grundsätzlich eine virtuelle Anwesenheit; da der Abschlussprüfer gegenüber den Aktionären nach § 176 Abs. 2 Satz 3 AktG nicht auskunftspflichtig ist, gilt dies auch für den seltenen Fall der Feststellung des Jahresabschlusses durch die Hauptversammlung gemäß §§ 173, 176 Abs. 2 Satz 1 AktG, in dem das Gesetz grundsätzlich eine Anwesenheitspflicht des Abschlussprüfers vorsieht.[105]

---

[100] *Dubovitskaya*, NZG 2020, 647 (648); *Noack/Zetsche*, AG 2020, 265 (267); siehe dazu auch den Formulierungsvorschlag bei *Höreth*, in: ArbeitsHdb. HV, § 7a Rn. 41 f.; gegen die Anwendung von § 241 Nr. 1 AktG in diesem Fall aber *Schäfer*, NZG 2020, 481 (483); vgl. dazu auch die statistische Auswertung bei *Danwerth*, AG 2021, 613 (616 f.).

[101] Siehe BegrRegE COVID-19-Gesetz BT-Drucks. 19/18110, 26.

[102] Ebenso *Wettich*, WPg 2020, 535 (537); *Zetsche*, in: KölnKomm. AktG, Anh. § 119 Rn. 193; *Höreth*, in: ArbeitsHdb. HV, § 7a Rn. 53.

[103] *Dubovitskaya*, NZG 2020, 647 (649); *Stelmaszcyk*, DNotZ 2021, 930 (943); *Vetter/Tielmann*, NJW 2020, 1175 (1177); *Bücker/Kulenkamp/Simon/Seibt/von Bonin*, DB 2020, 775 (781); im Ergebnis ebenso *Hauschild/Zetsche*, AG 2020, 557 (560).

[104] *Noack/Zetsche*, AG 2020, 265 (268); *Götze/Roßkopf*, DB 2020, 768 (770); *Dubovitskaya*, NZG 2020, 647 (649); für eine physische Präsenz sämtlicher Vorstands- und Aufsichtsratsmitglieder aber wohl *Vetter/Tielmann*, NJW 2020, 1175 (1177).

[105] So *Vetter/Tielmann*, NJW 2020, 1175 (1177); *Reger*, in: Bürgers/Körber/Lieder, AktG, § 118 Rn. 11h; einschränkend *Tröger*, BB 2020, 1091 (1093), der eine physische Präsenz unter Hinweis darauf bejaht, dass der Abschlussprüfer zur Befriedigung des Informationsbedürfnisses der Aktionäre den anwesenden Vorstand unterstützen soll, wobei eine Präsenzpflicht aber nur dann bestehen soll, wenn während der virtuellen Hauptversammlung ad hoc-Interventionen der Aktionäre möglich sind.

## IV. Die virtuelle Hauptversammlung nach dem Referentenentwurf des BMJ vom 9. Februar 2022 („virtuelle HV-RefE“)

Die überwiegend positiven Erfahrungswerte im praktischen Umgang mit der Corona-HV in den Hauptversammlungssaisons 2020 und 2021[106] haben den entscheidenden Anstoß für die geplante Einführung eines dauerhaften virtuellen Hauptversammlungsmodells gegeben. Die angedachten rechtlichen Grundlagen dieser neuen im AktG verankerten virtuellen Hauptversammlung (im Folgenden: „*virtuelle HV-RefE*“) hat der Gesetzgeber in dem RefE für die virtuelle HV vom 9. Februar 2022 präsentiert.[107]

Der RefE für die virtuelle HV sieht die Einführung eines neuen § 118a AktG vor. Nach § 118a Abs. 1 Satz 1 AktG-RefE kann die Satzung die Einberufung einer virtuellen Hauptversammlung ohne physische Präsenz der Aktionäre oder ihrer Bevollmächtigten entweder selbst vorsehen oder den Vorstand dazu ermächtigen.[108] In Abgrenzung zur Corona-HV bedarf es keiner Zustimmung durch den Aufsichtsrat mehr.[109] Die virtuelle HV-RefE tritt als zusätzliche Option für alle Aktiengesellschaften unabhängig von einer Börsennotierung neben die weiterhin mögliche „reinsortige“ Präsenzversammlung und die Hybrid-HV.[110] Im Folgenden werden die wesentlichen Regelungsgrundlagen des RefE für die virtuelle HV im Überblick dargestellt.

### 1. Wesentliche Kernelemente der virtuellen HV-RefE

Der RefE für die virtuelle HV greift die wesentlichen konzeptionellen Merkmale der Corona-HV auf. Ebenso wie die Corona-HV (Art. 2, § 1 Abs. 2 Satz 1 COVID-19-Gesetz) ist auch die virtuelle HV-RefE nach § 118a Abs. 1 Satz 1 AktG-RefE definiert als eine „*Versammlung ohne physische Präsenz der Aktionäre oder ihrer Bevollmächtigten am Ort der Hauptversammlung*“. Auch die virtuelle HV-RefE geht von einem Rumpfpräsenzort aus, an dem sich Vorstand, Versammlungsleiter und Notar obligatorisch einzufinden haben (§§ 118a Abs. 2 Nr. 1 u. 3, § 130 Abs. 1a

---

[106] Siehe dazu ausführlich unten unter 4. Kapitel B. I. (S. 396 ff.).

[107] RefE des BMJ – Entwurf eines Gesetzes zur Einführung virtueller Hauptversammlungen von Aktiengesellschaften v. 9. 2. 2022; siehe dazu auch *Mutter*, AG 2022, R57 f.

[108] Sowohl für die unmittelbare Satzungsregelung als auch für die Ermächtigung des Vorstands gilt nach § 118a Abs. 5 Nr. 1 u. 2 AktG-RefE eine Geltungsdauer von maximal fünf Jahren, so dass eine regelmäßige Erneuerung der Legitimation durch die Hauptversammlung notwendig ist.

[109] Eine Ausnahme besteht nach der Übergangsvorschrift des Art. 3 des RefE für die virtuelle HV nur für Hauptversammlungen, die bis einschließlich 31. August 2023 einberufen werden, so dass der Vorstand nach Außerkrafttreten des COVID-19-Gesetzes die Möglichkeit hat, im Fall der Fortsetzung der pandemischen Lage im Jahr 2023 eine virtuelle Hauptversammlung auch ohne Satzungsermächtigung durchzuführen.

[110] Siehe RefE des BMJ – Entwurf eines Gesetzes zur Einführung virtueller Hauptversammlungen von Aktiengesellschaften v. 9. 2. 2022, S. 14, 21 f.

AktG-RefE). Für Mitglieder des Aufsichtsrats ist die physische Anwesenheit nach Maßgabe von § 118a Abs. 2 Nr. 2 AktG-RefE i. V. m. § 118 Abs. 3 Satz 2 AktG nicht verpflichtend. Die Teilnahme des Stimmrechtsvertreters der Gesellschaft ist weiterhin nur optional möglich (§ 118a Abs. 2 Satz 2 AktG-RefE). Für den Abschlussprüfer ist eine Klarstellung nunmehr dahingehend erfolgt, dass dessen physische Anwesenheit nach § 118a Abs. 2 Nr. 4 AktG-RefE nur dann obligatorisch ist, wenn die Hauptversammlung den Jahresabschluss feststellt oder über die Billigung des Konzernabschlusses verhandelt (§§ 176 Abs. 2 Satz 1 und 2 AktG, 173 AktG).

In Parallele zur Corona-HV gilt auch für die virtuelle HV-RefE, dass diese nach § 118a Abs. 1 Satz 2 Nr. 1, 2 AktG-RefE in Gänze in Bild und Ton übertragen werden muss und den Aktionären die Stimmrechtsausübung durch elektronische Teilnahme oder elektronische Briefwahl sowie (in jedem Fall) mit Vollmachtserteilung ermöglicht werden muss.[111] Eine Sichtbarkeit der Aktionäre ist im Rahmen der Übertragung indes nicht erforderlich.[112] Eine elektronische Teilnahme im Sinne einer Zwei-Wege-Direktverbindung während der Versammlung kann zwar nicht wie im Fall der Corona-HV vollständig ausgeschlossen werden, sie ist aber gleichwohl lediglich bei der Gewährung des Rederechts verpflichtend vorgesehen.[113]

### 2. Weiterentwicklung der Regelungsgrundlagen des COVID-19-Gesetzes

Die Einberufung der virtuellen HV-RefE ist an verschiedene Voraussetzungen geknüpft, die der Gesetzgeber in § 118a Abs. 1 Satz 2 Nr. 1 – 8 AktG-RefE definiert hat. Die Anforderungen an eine virtuelle Hauptversammlung sind gegenüber den Regelungen der Corona-HV deutlich verschärft worden. Der Gesetzgeber hat sich hier erwartungsgemäß von Aspekten des Aktionärsschutzes leiten lassen.[114] Im Folgenden werden die wesentlichen regelungstechnischen Modifikationen im Überblick dargestellt.

---

[111] RefE des BMJ – Entwurf eines Gesetzes zur Einführung virtueller Hauptversammlungen von Aktiengesellschaften v. 9. 2. 2022, S. 23.

[112] RefE des BMJ – Entwurf eines Gesetzes zur Einführung virtueller Hauptversammlungen von Aktiengesellschaften v. 9. 2. 2022, S. 22; dies begegnet keinen rechtlichen Bedenken, da die Sichtbarkeit der Aktionäre keine Voraussetzung für eine funktionierende Willensbildung ist, siehe *Pielke*, Die virtuelle HV, S. 135 f.; kritisch insoweit aber *Heckschen/Hilser*, ZIP 2022, 670 (674 f.).

[113] Siehe RefE des BMJ – Entwurf eines Gesetzes zur Einführung virtueller Hauptversammlungen von Aktiengesellschaften v. 9. 2. 2022, S. 14., wonach in weiten Teilen keine Zwei-Wege-Direktverbindung vorgeschrieben ist.

[114] RefE des BMJ – Entwurf eines Gesetzes zur Einführung virtueller Hauptversammlungen von Aktiengesellschaften v. 9. 2. 2022, S. 13.

### *a) Stärkung des Rederechts*

Das Rederecht hat im Vergleich zur Corona-HV eine signifikante Aufwertung erfahren. Anders als im Kontext der Corona-HV, in deren Rahmen eine Einreichung vorheriger Stellungnahmen und eine Redemöglichkeit in der Versammlung nur auf freiwilliger Basis möglich war, sieht der RefE für die virtuelle HV nunmehr vor, dass den Aktionären verpflichtend das Recht eingeräumt wird im Vorfeld der Hauptversammlung Stellungnahmen zu den Gegenständen der Tagesordnung einzureichen; darüber hinaus ist in der Hauptversammlung eine Redemöglichkeit im Wege der Videokommunikation zu eröffnen (§ 118a Abs. 1 Satz 2 Nr. 7 i. V. m. § 130a Abs. 4–8 AktG-RefE). Weder das Recht auf Einreichung von Stellungnahmen noch die Redemöglichkeit in der Hauptversammlung bestehen indes einschränkungslos. Stellungnahmen müssen spätestens vier Tage vor der Versammlung eingereicht werden (§ 130a Abs. 2 AktG-RefE). Zudem kann der Umfang der Stellungnahmen in der Einberufung begrenzt werden. Das Rederecht in der Hauptversammlung steht unter dem Vorbehalt eines Anmeldeerfordernisses und kann zudem auf ordnungsgemäß angemeldete Aktionäre beschränkt werden. Darüber hinaus kann in der Einberufung ein angemessener Gesamtzeitraum für die Redebeiträge sämtlicher Aktionäre und eine angemessene Gesamtanzahl der zuzulassenden Redebeiträge festgelegt werden (§ 130a Abs. 4 AktG-RefE). Die angemeldeten Redebeiträge sind gemäß § 130a Abs. 6 Satz 1 AktG-RefE nach der Reihenfolge des Eingangs der Anmeldung bei der Gesellschaft zuzulassen.[115]

### *b) Neuausrichtung des Fragerechts*

Den Aktionären wird nach § 118a Abs. 1 Satz 2 Nr. 4 AktG-RefE i. V. m. § 131 AktG ein grundsätzlich vollwertiges Auskunftsrecht im Wege elektronischer Kommunikation eingeräumt. Die Ausübung des Fragerechts kann jedoch nach Maßgabe von § 131 Abs. 1a bis 1d AktG-RefE teilweise in das Vorfeld der Versammlung verlagert werden. Der Vorstand kann nach pflichtgemäßem Ermessen und ohne Zustimmungsvorbehalt des Aufsichtsrats vorgeben, dass Fragen bis spätestens vier Tage vor der Hauptversammlung im Wege elektronischer Kommunikation einzureichen sind. Zudem kann in der Einberufung der Umfang der Einreichung von Fragen beschränkt werden. Der RefE für die virtuelle HV hat sich insoweit von den Erfahrungswerten im Zusammenhang mit der Durchführung der Corona-HV leiten lassen, die nicht nur eine Entzerrung der Hauptversammlung, sondern auch eine Steigerung bei der Qualität der Fragenbeantwortung belegt haben.[116] Im Unterschied

[115] Kritisch gegenüber einer rein zeitlichen Priorisierung *Drinhausen/Keinath*, BB 2022, 451 (457).

[116] RefE des BMJ – Entwurf eines Gesetzes zur Einführung virtueller Hauptversammlungen von Aktiengesellschaften v. 9. 2. 2022, S. 35; ebenso *Bungert/Rieckers*, DB 2022, 581 (583); kritisch hinsichtlich der Qualität und des Umfangs der Fragenbeantwortung aber die Stellungnahme der DSW zum RefE für die virtuelle HV v. 11. 3. 2022, S. 5 f. (abrufbar unter https://www.dsw-info.de/publikationen/stellungnahmen/deutschland/).

zur Corona-HV haben die Aktionäre jedoch nach § 131 Abs. 1d AktG-RefE ein obligatorisches Nachfragerecht in der Hauptversammlung, das aber unter dem Vorbehalt eines sachlichen Zusammenhangs mit den vorab eingereichten Fragen steht. Darüber hinaus besteht nach § 131 Abs. 1c AktG-RefE anders als bei der Corona-HV eine Pflicht der Gesellschaft, die Fragen vor der Versammlung den Aktionären zugänglich zu machen. Weder Fragen noch Nachfragen können indes im Rahmen eines Live-Redebeitrags gestellt werden (§ 130a Abs. 7 Satz 1 AktG-RefE).

#### *c) Einführung einer neuen Fiktionslösung im Zusammenhang mit Gegenanträgen und Wahlvorschlägen*

Nach § 126 Abs. 4 AktG-RefE können Gegenanträge (und damit nach Maßgabe von § 127 Satz 1 AktG auch Wahlvorschläge) nur noch vor der Hauptversammlung gestellt werden, sofern eine Antragstellung in der Hauptversammlung nicht ausdrücklich in der Einberufung gestattet wird. Die Gegenanträge und Wahlvorschläge gelten als im Zeitpunkt der Zugänglichmachung gestellt mit der Folge, dass ab diesem Zeitpunkt auch über sie abgestimmt werden kann (§ 126 Abs. 4 Satz 2 AktG-RefE). Der RefE für die virtuelle HV legt damit sowohl den aktienrechtlichen Mündlichkeitsgrundsatz als auch die dem COVID-19-Gesetz zugrundeliegende Fiktionslösung ad acta. Offen lässt der RefE für die virtuelle HV, wie mit Tagesordnungsergänzungsverlangen nach § 122 Abs. 2 AktG umzugehen ist. Richtigerweise ist davon auszugehen, dass die vorgesehene Fiktionswirkung entsprechende Anwendung finden muss. Dies folgt daraus, dass es sich bei dem Ergänzungserlangen um ein Recht der Aktionärsminderheit handelt, das nach Maßgabe von § 122 Abs. 2 Satz 1 AktG i. V. m. § 124 Abs. 1 AktG auch zwingend bekannt zu machen ist.[117]

#### *d) Wiederherstellung der Antragsberechtigung während der Versammlung*

Eine weitere Stärkung der Rechtsposition der Aktionäre im Vergleich zur Corona-HV ergibt sich aus der Wiederherstellung der Antragsberechtigung während der Versammlung. Im Kontext der Corona-HV sind Antragstellungen während der laufenden Versammlung ausgeschlossen, sofern die elektronische Teilnahme nicht seitens der Gesellschaft ermöglicht wird. § 118a Abs. 1 Satz 2 Nr. 3 AktG-RefE sieht hingegen nunmehr vor, dass die Aktionäre die Möglichkeit haben müssen sämtliche versammlungsgebundene Anträge, die keine Gegenanträge nach § 126 AktG sind, in der Versammlung zu stellen.[118] Dazu gehören insbesondere auch Anträge auf Abwahl

---

[117] So auch *Quass*, NZG 2021, 261 (269) bezogen auf die Fiktionslösung des COVID-19-Gesetzes.

[118] RefE des BMJ – Entwurf eines Gesetzes zur Einführung virtueller Hauptversammlungen von Aktiengesellschaften v. 9.2.2022, S. 24.

des Versammlungsleiters.[119] Nach § 130a Abs. 7 Satz 2 AktG-RefE ist die Antragstellung während eines Live-Redebeitrags jedoch ausgeschlossen.[120]

### *e) Verlagerung der Informationsversorgung in das Vorfeld der Versammlung*

Ein Anliegen des RefE für die virtuelle HV besteht darin, die Informationsversorgung der Aktionäre in das Vorfeld der Versammlung zu verlagern, um der ebenfalls vorgesehenen teilweisen Vorverlagerung des Rede- und Fragerechts Rechnung zu tragen.[121] Im Anwendungsbereich des COVID-19-Gesetzes hat sich bislang nur eine überschaubare Anzahl von Unternehmen trotz entsprechender Forderungen in der Literatur mit einer (freiwilligen) Vorabveröffentlichung des Vorstandsberichts anfreunden können.[122] Der RefE für die virtuelle HV erhebt die Vorabveröffentlichung des Vorstandsberichts nunmehr zur Pflicht. Nach Maßgabe von § 118a Abs. 1 Satz 2 Nr. 5 AktG-RefE ist der Vorstandsbericht oder dessen wesentlicher Inhalt zwingend sechs Tage vor der Versammlung den Aktionären zugänglich zu machen.

### *f) Anfechtungsbeschränkung im Zusammenhang mit technischen Störungen*

Der RefE für die virtuelle HV ist darauf angelegt die Gesellschaften vor erhöhten Anfechtungsrisiken infolge der technischen Umsetzung der virtuellen Hauptversammlung zu schützen. Es soll dadurch eine rechtssichere Implementierung und Handhabung des neuen Versammlungsmodells in der Praxis gewährleistet werden.[123] Zwar wurde der im COVID-19-Gesetz enthaltene weitgehende Ausschluss des Anfechtungsrechts nicht übernommen. Vorgesehen ist aber eine Ausweitung der in § 243 Abs. 3 AktG enthaltenen Anfechtungsbeschränkung bei technischen Störungen auf Vorsatz und grobe Fahrlässigkeit, wobei in der Satzung auch ein strengerer Haftungsmaßstab festgelegt werden kann (§ 243 Abs. 3 Satz 2 Hs. 2 AktG-RefE). Von einem vorsätzlichen oder grob fahrlässigen Fehlverhalten soll nach dem RefE für die virtuelle HV zudem dann nicht auszugehen sein, wenn – so wie dies in der Praxis fast ausnahmslos der Fall ist – ein professioneller Dienstleister mit der

---

[119] So ausdrücklich RefE des BMJ – Entwurf eines Gesetzes zur Einführung virtueller Hauptversammlungen von Aktiengesellschaften v. 9.2.2022, S. 24; siehe auch *Drinhausen/Keinath*, BB 2022, 451 (454).

[120] Gleiches gilt nach Maßgabe von § 130a Abs. 7 Satz 3 AktG-RefE auch für Gegenanträge und Wahlvorschläge, sofern deren Stellung in der Versammlung nicht nach § 126 Abs. 4 Satz 3 AktG-RefE in der Einberufung gestattet wurde.

[121] RefE des BMJ – Entwurf eines Gesetzes zur Einführung virtueller Hauptversammlungen von Aktiengesellschaften v. 9.2.2022, S. 24.

[122] *Simons/Hauser*, NZG 2021, 1340 (1343).

[123] RefE des BMJ – Entwurf eines Gesetzes zur Einführung virtueller Hauptversammlungen von Aktiengesellschaften v. 9.2.2022, S. 38 f.

technischen Durchführung der Hauptversammlung beauftragt wird.[124] Darüber hinaus kann sich die Gesellschaft nach § 130a Abs. 6 Satz 2 AktG-RefE in der Einberufung vorbehalten, die Funktionsfähigkeit der Videokommunikation zwischen Aktionär und Gesellschaft am Tag vor der Versammlung zu überprüfen und zugelassene Redebeiträge zurückzuweisen, sofern die Funktionsfähigkeit nicht sichergestellt ist.

## V. Zwischenfazit

Das COVID-19-Gesetz hat das virtuelle Hauptversammlungsmodell pandemiebedingt in die breite Landschaft der Aktiengesellschaften eingeführt. Der Praxis wurde damit gezwungenermaßen die Möglichkeit eröffnet, das Modell einer virtuellen Hauptversammlung ohne signifikante Rechtsrisiken auszutesten. So bitter der Anlass hierfür auch gewesen sein mag, so sehr lag darin auch eine historische Chance, die Vor- und Nachteile einer virtuellen Hauptversammlung und deren Implikationen für die Gesellschaft im Allgemeinen und die Versammlungsleitung im Speziellen einem rechtspraktischen Lackmustest zu unterziehen.

Die überwiegend positiven Erfahrungswerte im Umgang mit der Corona-HV haben in der Folge Eingang in die rechtspolitische Diskussion um eine langfristige digitale Transformation der Hauptversammlung gefunden und zu einer wachsenden Befürwortung des virtuellen Hauptversammlungsmodells geführt. Dies hat nicht zuletzt auch seinen Niederschlag im Koalitionsvertrag der Ampelregierung gefunden, in dem die Einführung einer dauerhaften Online-Hauptversammlung angekündigt wurde.[125] Das BMJ hat dieser Ankündigung nunmehr Taten folgen lassen und einen Referentenentwurf für eine aktienrechtlich verankerte virtuelle Hauptversammlung vorgelegt. Erwartungsgemäß sieht der RefE für die virtuelle HV eine deutliche Stärkung der Aktionärsrechte vor. Weitere wesentliche Zielstellungen des RefE für die virtuelle HV sind die Verlagerung von Entscheidungs- und Informationsprozessen in das Vorfeld der Hauptversammlung zwecks Entzerrung des Versammlungsablaufs sowie die Schaffung einer Anfechtungsresistenz im Zusammenhang mit technischen Störungen.

Bezogen auf den Versammlungsleiter ist vor dem Hintergrund des sich beschleunigenden digitalen Wandels der Hauptversammlung im Folgenden zu untersuchen, inwieweit die Virtualisierung der Hauptversammlungsprozesse auch auf dessen Funktionsauftrag und die damit verbundenen Rechte und Pflichten einwirkt.

---

[124] RefE des BMJ – Entwurf eines Gesetzes zur Einführung virtueller Hauptversammlungen von Aktiengesellschaften v. 9. 2. 2022, S. 39.

[125] Siehe Koalitionsvertrag 2021–2025 zwischen der Sozialdemokratischen Partei Deutschlands (SPD), BÜNDNIS 90 / DIE GRÜNEN und den Freien Demokraten (FDP), S. 112.

# E. Die Akteure der Hauptversammlung und deren Bedeutung für die Versammlungsleitung

Von Bedeutung für die Stellung des Versammlungsleiters und dessen Rechte und Pflichten sind auch die – neben dem Versammlungsleiter – an der Hauptversammlung mitwirkenden weiteren Personen. Nachstehend wird ein Überblick über diese Hauptversammlungsakteure und die rechtlichen Grundlagen ihrer Beteiligung gegeben.

## I. Vorstand

Gemäß § 118 Abs. 3 Satz 1 AktG sollen Mitglieder des Vorstands an der Hauptversammlung teilnehmen. Daraus ergibt sich – ungeachtet dessen, dass der Gesetzgeber davon Abstand genommen hat den Wortlaut „*müssen*" zu wählen[126] – nach allgemeiner Auffassung sowohl ein Recht der Vorstandsmitglieder auf Teilnahme, als auch eine echte, grundsätzlich nur durch persönliche Anwesenheit in der Hauptversammlung erfüllbare Teilnahmepflicht.[127] Im Rahmen der Corona-HV ist die Anwesenheitspflicht nach herrschender Auffassung insoweit eingeschränkt, als dass nur den Vorsitzenden des Vorstands eine physische Präsenzpflicht trifft, wohingegen für die übrigen Vorstandsmitglieder eine elektronische Teilnahme ausreicht.[128] Für die virtuelle HV-RefE gilt hingegen nach § 118a Abs. 2 Nr. 1 AktG-RefE wieder eine uneingeschränkte physische Teilnahmepflicht für den Gesamtvorstand. Wie sich den Gesetzesunterlagen zum TransPuG entnehmen lässt, soll die Verletzung der Teilnahmepflicht nach dem Willen des Gesetzgebers jedoch keine beschlussrechtlichen Konsequenzen nach sich ziehen, insbesondere keine Anfechtbarkeit von Hauptversammlungsbeschlüssen aufgrund einer Verletzung des Gesetzes i. S. v. § 243 Abs. 1 AktG begründen können, wohl aber eine Schadensersatzpflicht nach § 93 Abs. 2 AktG sowie unter Umständen auch eine Abberufung aus wichtigem Grund nach § 84 Abs. 4 AktG.[129] Vor diesem Hintergrund liegt die Annahme nahe, dass der Gesetzgeber der Wortwahl „*sollen*" gegenüber „*müssen*" deshalb den Vorrang eingeräumt hat, um keinen unnötigen Nährboden für eine Diskussion über eine beschlussrechtliche Relevanz des Verstoßes gegen die Teilnahmepflicht zu schaffen.

---

[126] Die Änderung des Wortlautes von „*dürfen*" zu „*sollen*" erfolgte ausweislich der Begründung zum AktG 1965 (vgl. BT-Drucks. 3/1915, 147) deshalb, weil es dem Gesetzgeber unzureichend erschien, „*für die Mitglieder der Verwaltung nur ein Teilnahmerecht vorzusehen und damit die Teilnahme mehr oder weniger in ihr pflichtgemäßes Ermessen zu stellen*".

[127] Siehe BT-Drucks. 14/8769, 19; ebenso *Spindler*, in: K. Schmidt/Lutter, AktG, § 118 Rn. 38; *Kubis*, in: MünchKomm. AktG, § 118 Rn. 110; *J. Koch*, AktG, § 118 Rn. 21; *Mülbert*, in: Großkomm. AktG, § 118 Rn. 48.

[128] Siehe oben unter 1. Kapitel D. III. 3. b) cc) (S. 52).

[129] BT-Drucks. 14/8769, 19; *Hoffmann*, in: Spindler/Stilz, BeckOGK AktG, § 118 Rn. 31 ff.

Nach allgemeiner Auffassung im Schrifttum soll ein Verstoß gegen die Teilnahmepflicht dann ausscheiden, wenn ein wichtiger Hinderungsgrund in der Person des betreffenden Vorstandsmitglieds vorliegt.[130] Ein solcher wichtiger Hinderungsgrund kann etwa in einer Erkrankung des Vorstandsmitglieds oder aber auch in einem Todesfall oder einer lebensbedrohlichen Erkrankung im engsten Familienkreis bestehen.[131] Im Kontext der zu Beginn der Hauptversammlungssaison 2020 ausgebrochenen Corona-Pandemie ist richtigerweise davon auszugehen, dass ein Verstoß gegen die Teilnahmepflicht auch dann ausscheidet, wenn das betreffende Vorstandsmitglied aufgrund von rechtlichen Gründen – wie bspw. bei einem behördlichen Reiseverbot oder einer behördlich angeordneten Quarantäne – oder aus faktischen Gründen – wie bspw. im Fall der Einschränkung oder gar Stilllegung des Flugverkehrs – an einer physischen Teilnahme gehindert ist.[132]

Wie bereits ausgeführt lässt die Abwesenheit eines Vorstandsmitglieds die Wirksamkeit von Hauptversammlungsbeschlüssen grundsätzlich unberührt und vermag in der Regel auch keine Anfechtbarkeit zu begründen. Eine Anfechtbarkeit wäre allenfalls denkbar, wenn eine aktionärsseitig begehrte Auskunft nach § 131 AktG infolge der Abwesenheit des für die Beantwortung zuständigen Vorstandsmitglieds nicht erteilt werden kann.[133] Erfolg kann eine Anfechtung bei einer derartigen Fallgestaltung aber grundsätzlich nur dann haben, wenn das betreffende Vorstandsmitglied unentschuldigt fehlt. Um das Risiko für ein solches Anfechtungsszenario zu minimieren, sollten Vorstand und Versammlungsleiter notwendige Vorkehrungen treffen, damit das fehlende Vorstandsmitglied etwaiges Spezialwissen im Vorfeld dem übrigen Vorstand zukommen lässt und darüber hinaus während der Hauptversammlung notfalls kontaktiert werden kann (etwa via Telefon, E-Mail oder Chatfunktion), so dass im Ergebnis die Auskunftsfähigkeit des Vorstands sichergestellt ist.[134] Es gilt überdies das allgemeine rechtliche Korrektiv, dass die Reichweite der Auskunftspflicht des Vorstands bei nicht angekündigten Fragen von vornherein begrenzt ist, sofern eine sachgerechte Beantwortung eine Vorbereitung anhand von Unterlagen zwingend erfordert.[135] Der Gesetzgeber verweist zwar in der Gesetzesbegründung zum TransPuG explizit auf die Möglichkeit einer Schadensersatzpflicht als Folge der Abwesenheit eines Vorstandsmitglieds.[136] Sofern seitens der Versammlungsleitung und des Vorstands die vorstehend skizzierten Prämissen beachtet werden, wird aber selbst im Falle des unentschuldigten Fehlens eines Vorstandsmitglieds eine auf die Verletzung der Auskunftspflicht gemäß § 131 AktG

---

[130] *Kubis*, in: MünchKomm. AktG, § 118 Rn. 110 m. w. N.

[131] *Spindler*, in: K. Schmidt/Lutter, AktG, § 118 Rn. 41; *Mülbert*, in: Großkomm. AktG, § 118 Rn. 55.

[132] *Unmuth*, NZG 2020, 448 (449).

[133] *Hoffmann-Becking*, in: MünchHdb. GesR AG, § 37 Rn. 1; *Kubis*, in: MünchKomm. AktG, § 118 Rn. 111.

[134] *Unmuth*, NZG 2020, 448 (449).

[135] BGH, Urt. v. 7.4.1960 – II ZR 143/58, NJW 1960, 1150 (1152 f.).

[136] Siehe BT-Drucks. 14/8769, 19.

gestützte Anfechtung im Ergebnis erfolglos bleiben und mangels Schadens in der Konsequenz auch kein Raum für eine mögliche Schadensersatzpflicht des abwesenden Vorstandsmitglieds gegenüber der Gesellschaft sein.[137] Sofern ein entschuldigender Grund für das Fernbleiben vorliegt, ist der Versammlungsleiter aus Transparenzgründen gehalten dies einleitend gegenüber den Aktionären zu kommunizieren. Die Sicherstellung einer klaren Informationslage durch den Versammlungsleiter beugt zudem Reputationsschäden und Vertrauensverlusten in Bezug auf die Person des absenten Vorstandsmitglieds vor.

Als weitere potentielle Rechtsfolge im Falle eines pflichtwidrigen Fernbleibens eines Vorstandsmitglieds kommt auch dessen Abberufung aufgrund einer groben Pflichtverletzung oder eines Vertrauensentzugs durch die Hauptversammlung nach Maßgabe von § 84 Abs. 4 AktG in Betracht.[138] Eine die Abberufung rechtfertigende grobe Pflichtverletzung wird allgemein jedoch nur für die Fälle anerkannt, in denen der Pflichtenverstoß so schwer wiegt, dass sich eine Fortführung des Amtes durch das pflichtwidrig fehlende Vorstandsmitglied für die Gesellschaft als unzumutbar darstellt.[139] Wie aufgezeigt, wird selbst ein pflichtwidriges Fernbleiben bei entsprechenden Vorkehrungen regelmäßig keine beschlussrechtlichen Konsequenzen und damit auch keinen Schaden der Gesellschaft nach sich ziehen. Es wäre vor diesem Hintergrund wertungswidersprüchlich, wenn eine Abberufung aus wichtigem Grund allein auf ein singuläres pflichtwidriges Fernbleiben von der Hauptversammlung gestützt werden könnte.[140] Etwas anderes kann aber dann gelten, wenn ein Vorstandsmitglied mehrfach über einen längeren Zeitraum pflichtwidrig gegen die Teilnahmepflicht verstößt mit der Folge, dass das Vertrauen der Aktionäre in die Verlässlichkeit der Amtsführung insgesamt nachhaltig beschädigt wird.

Wie im Rahmen der weiteren Untersuchung aufzuzeigen sein wird, ergibt sich zwischen Vorstand und Versammlungsleitung auf verschiedenen Ebenen ein erhöhter Abstimmungsbedarf. Dies kann das Vorfeld der Hauptversammlung ebenso wie die laufende Hauptversammlung betreffen. Der Vorstand kann darüber hinaus auch Adressat von Ordnungsmaßnahmen des Versammlungsleiters sein.

## II. Aufsichtsrat

Ebenso wie für Mitglieder des Vorstands leitet sich auch für Mitglieder des Aufsichtsrats aus § 118 Abs. 3 Satz 1 AktG ein Recht auf Teilnahme sowie eine

---

[137] *Unmuth*, NZG 2020, 448 (449).

[138] BT-Drucks. 14/8769, 19; siehe auch *Spindler*, in: K. Schmidt/Lutter, AktG, § 118 Rn. 44.

[139] *Habersack*, in: MünchKomm. AktG, § 103 Rn. 39; *J. Koch*, AktG, § 84 Rn. 53.

[140] Siehe auch *Unmuth*, NZG 2020, 448 (449), der zu Recht darauf hinweist, dass weitere erschwerende Umstände hinzutreten müssen.

damit korrelierende echte Teilnahmepflicht ab.[141] Im Kontext der Corona-HV wird ebenso wie beim Vorstand nur die physische Anwesenheit des Aufsichtsratsvorsitzenden verlangt und im Übrigen eine elektronische Teilnahme für ausreichend erachtet.[142] Nach dem RefE für die virtuelle HV gilt nach Maßgabe von § 118a Abs. 2 Nr. 2 AktG-RefE wieder die Rechtslage vor Inkrafttreten des COVID-19-Gesetzes, so dass eine physische Anwesenheit der Aufsichtsratsvorsitzenden nur dann verzichtbar ist, wenn die Satzung nach § 118 Abs. 3 Satz 2 AktG eine elektronische Teilnahme gestattet. In der Regelung des § 118 Abs. 3 Satz 2 AktG kommt eine gesetzgeberische Wertungsentscheidung dahin zum Ausdruck, dass eine Verpflichtung zur körperlichen Anwesenheit in der Hauptversammlung zwar für Vorstandsmitglieder zu fordern ist, für Aufsichtsratsmitglieder jedoch nicht als zwingend erforderlich erachtet wird.[143] Nach § 118 Abs. 3 Satz 2 AktG können daher bestimmte Fallgestaltungen vorgesehen werden, in denen Mitglieder des Aufsichtsrats im Wege der Bild- und Tonübertragung an der Hauptversammlung teilnehmen dürfen. Begründet wird die Möglichkeit einer elektronischen Teilnahme für den Aufsichtsrat primär damit, dass sich für den Aufsichtsrat in der Hauptversammlung ein im Vergleich zum Vorstand messbar geringeres praktisches Bedürfnis für eine physische Teilnahme ergibt.[144] Während die Vorstandsmitglieder für die Auskunftserteilung zuständig sind, ist die Rolle und Funktion des Aufsichtsrats in der Hauptversammlung eher von Passivität gekennzeichnet, sofern nicht eines seiner Mitglieder als Versammlungsleiter handelt oder der Vorstand zur Erfüllung des Informationsbedürfnisses der Aktionäre auf das Wissen des Aufsichtsrats in der Versammlung angewiesen ist.[145] Allein das Interesse der Aktionäre, sich im Hinblick auf die Entlastung von Aufsichtsratsmitgliedern auch ein persönliches Bild von deren Auftreten zu machen, rechtfertigt es nach der Wertung des Gesetzgebers nicht dem Aufsichtsrat eine ähnlich strenge Präsenzpflicht wie dem Vorstand aufzuerlegen.[146] Dabei stellt der Gesetzgeber aber klar, dass die Satzung keine Generalfreistellung von der Präsenzpflicht vorsehen kann, sondern die Aufsichtsratsmitglieder stets nur für im Einzelnen zu präzisierende Ausnahmefälle von der Anwesenheitspflicht befreien und eine Teilnahme auf elektronischem Wege erlauben kann.[147]

In Bezug auf Aufsichtsratsmitglieder ist bei der Frage des Verstoßes gegen eine Teilnahmepflicht auch ganz grundsätzlich ein im Vergleich zu Vorstandsmitgliedern großzügigerer Maßstab anzulegen.[148] Der Grund hierfür ist im Einklang mit der Gesetzesbegründung zum TransPuG auch wieder darin zu sehen, dass die Zustän-

---

[141] *Kubis*, in: MünchKomm. AktG, § 118 Rn. 108.

[142] Siehe oben unter 1. Kapitel D. III. 3. b) cc) (S. 52).

[143] BT-Drucks. 14/8769, 19.

[144] Siehe BT-Drucks. 14/8769, 19.

[145] Siehe BT-Drucks. 14/8769, 19.

[146] Siehe BT-Drucks. 14/8769, 19.

[147] Siehe BT-Drucks. 14/8769, 19.

[148] *Hoffmann*, in: Spindler/Stilz, BeckOGK AktG, § 118 Rn. 30 m.w.N.

digkeit für die Auskunftserteilung in der Hauptversammlung allein beim Vorstand, nicht jedoch beim Aufsichtsrat liegt.[149] Konsequenz dessen ist, dass Aufsichtsratsmitglieder weitergehend auch dann nicht gegen die Teilnahmepflicht verstoßen, wenn sie aufgrund einer terminlichen Kollision im Zusammenhang mit ihrer hauptberuflichen Tätigkeit an einer Teilnahme gehindert sind.[150] Während Vorstandsmitglieder nur aus persönlichen Gründen fehlen können, können Aufsichtsratsmitglieder eine fehlende Teilnahme an der Hauptversammlung demzufolge sowohl mit persönlichen als auch mit dienstlichen Gründen entschuldigen. Die Aktionäre können aus einem Fehlen des Aufsichtsratsmitglieds auch keine (mittelbare) Verletzung der Auskunftspflicht gemäß § 131 AktG ableiten, da Adressat dieser Auskunftsverpflichtung allein der Vorstand ist.[151] Demnach vermag die Abwesenheit eines Aufsichtsratsmitglieds auch weder die Nichtigkeit eines Hauptversammlungsbeschlusses noch einen Anfechtungsgrund zu begründen.[152] In Bezug auf eine gerichtliche Abberufung aus wichtigem Grund gemäß § 103 Abs. 3 Satz 1 AktG gelten die für die Vorstandsmitglieder entwickelten Beurteilungsmaßstäbe entsprechend, d.h. eine Abberufung kommt insoweit nur in Betracht, wenn sich die Fortführung des Amtes durch das pflichtwidrig fehlende Aufsichtsratsmitglied für die Gesellschaft als unzumutbar darstellt.[153]

Ebenso wie im Falle des Fehlens eines Vorstandsmitgliedes ist der Versammlungsleiter im Interesse einer sorgsamen Versammlungsführung gehalten zu Beginn der Hauptversammlung den Aktionären gegenüber eine kurze Erklärung abzugeben, die entweder die elektronische Teilnahme oder das gänzliche Fehlen des betreffenden Aufsichtsratsmitglieds verständlich begründet.

## III. Notar

Nach § 130 Abs. 1 Satz 1 AktG i.V.m. § 3 Abs. 2 AktG ist jeder Beschluss der Hauptversammlung einer börsennotierten Aktiengesellschaft durch eine über die Verhandlung notariell aufgenommene Niederschrift zu beurkunden. Bei nichtbörsennotierten Aktiengesellschaften reicht hingegen gemäß § 130 Abs. 1 Satz 3 AktG eine privatschriftliche Niederschrift aus, soweit keine Beschlüsse gefasst werden, für

[149] *J. Koch*, AktG, § 131 Rn. 7.

[150] *Hoffmann*, in: Spindler/Stilz, BeckOGK AktG, § 118 Rn. 30; *Kubis*, in: MünchKomm. AktG, § 118 Rn. 110; großzügiger *Unmuth*, NZG 2020, 448 (449), der sich nicht auf eine Kollision mit einer Haupttätigkeit verengt, sondern allgemein anderweitige dienstliche Verpflichtungen als hinreichenden Hinderungsgrund gelten lässt.

[151] OLG Celle, Urt. v. 24.11.2004 – 9 U 119/04, AG 2005, 438 (440).

[152] *Hoffmann*, in: Spindler/Stilz, BeckOGK AktG, § 118 Rn. 31.

[153] Vgl. zur Abberufung eines Aufsichtsratsmitglieds aufgrund ethischen Fehlverhaltens OLG Karlsruhe, Beschl. v. 1.3.2022 – 1 W 85/21 (Wx), ZIP 2022, 527 ff.; nach § 103 Abs. 1 Satz 1, 3 AktG können Aufsichtsratsmitglieder auch ohne wichtigen Grund mit einer Drei-Viertel-Mehrheit abberufen werden, sofern die Satzung nicht das Vorliegen eines wichtigen Grundes verlangt.

die das Gesetz eine Drei-Viertel- oder größere Mehrheit bestimmt.[154] Bei geplant beschlusslosen Hauptversammlungen bedarf es weder einer notariellen Protokollierung noch einer privatschriftlichen Niederschrift.[155] Die fehlende notarielle Beurkundung eines Hauptversammlungsbeschlusses führt zur Nichtigkeit des Beschlusses nach § 241 Nr. 2 AktG, wobei jedoch die Möglichkeit einer Heilung nach Maßgabe von § 242 Abs. 1 AktG durch Eintragung in das Handelsregister besteht.

Die Teilnahmepflicht und das korrelierende Teilnahmerecht des Notars finden ihre rechtliche Grundlage in dem Geschäftsbesorgungsvertrag (§ 675 BGB), der der Beauftragung des Notars durch den Vorstand zugrunde liegt.[156] Eine uneingeschränkte physische Präsenzpflicht des Notars gilt nicht nur für die Präsenzversammlung und die Hybrid-HV, sondern auch im Kontext der Corona-HV und der virtuellen HV-RefE (§ 130 Abs. 1a AktG-RefE).[157] Gleichwohl ist der Notar, anders als etwa die Aktionäre, kein Teilnehmer im rechtlichen Sinne.[158]

Aufgrund der sich teilweise überlagernden Pflichtenkreise zwischen Versammlungsleiter und Notar ergibt sich auch zwischen diesen beiden Funktionsträgern ein erhöhter Abstimmungsbedarf.[159]

## IV. Aktionäre und Bevollmächtigte

Den Aktionären steht ein aus ihrer Aktionärsstellung fließendes genuines Teilnahmerecht zu. Dieses Teilnahmerecht ermöglicht es den Aktionären, sich an der Hauptversammlung aktiv zu beteiligen und ihre Rechte auszuüben (§ 118 Abs. 1

---

[154] Nach BGH, Urt. v. 19.5.2015 – II ZR 176/14, NZG 2015, 867 (868), kann entgegen der bislang herrschenden Auffassung bei nichtbörsennotierten Gesellschaften eine Aufteilung der Niederschrift in notariell beurkundete und vom Aufsichtsratsvorsitzenden unterzeichnete Abschnitte erfolgen; zust. *Harnos*, AG 2015, 732 (736 f.); a. A. OLG Jena, Urt. v. 16.4.2014 – 2 U 608/13, AG 2015, 275 (276); *Herrler*, in: Grigoleit, AktG, § 130 Rn. 33; *Zimmermann*, in: Seibert/Kliem/Schüppen, Hdb. d. kl. AG, S. 244 Rn. 4.322; ablehnend auch *Hoffmann-Becking*, ZIP 1995, 1 (7).

[155] *Terbrack/Lohr*, in: Heidel, AktienR u. KapitalmarktR, § 130 AktG Rn. 9; *Hoffmann-Becking*, in: MünchHdb. GesR AG, § 41 Rn. 5; der Fall einer geplant beschlusslosen Hauptversammlung kann etwa dann vorliegen, wenn der Vorstand ausschließlich gemäß § 92 Abs. 1 AktG den Verlust der Hälfte des Grundkapitals anzuzeigen hat, siehe dazu *Faßbender*, RNotZ 2009, 425 (429), der aus Beweisgründen aber auch für die geplant beschlusslose Hauptversammlung zu der Anwesenheit eines Notars rät.

[156] *Hoffmann-Becking*, NZG 2017, 281 (287); einschränkend aber *Butzke*, HV AG, C. Rn. 29 und *Mülbert*, in: Großkomm. AktG, § 118 Rn. 91, die zwar von einer Teilnahmepflicht, nicht jedoch von einem eigenen Teilnahmerecht des Notars ausgehen; abweichend *Reinicke*, Rechtsstellung des Vorsitzenden einer HV, S. 136 f., der in Bezug auf den Notar nicht von einem Teilnahmerecht, sondern von einem bloßen Anwesenheitsrecht spricht.

[157] Siehe oben unter 1. Kapitel D. III. 3. b) cc) (S. 52).

[158] Siehe *Dürr/Kuthe/Sickinger*, ZIP 2022, 363 (365).

[159] Siehe zur Abgrenzung der Kompetenzsphären von Notar und Versammlungsleiter ausführlich unten unter 2. Kapitel F. IV. 11. (S. 303 ff.).

Satz 1 AktG). Dazu gehören insbesondere das Frage- und Rederecht (§ 131 AktG), das Stimmrecht (§§ 133 ff. AktG) sowie das Recht, Beschlüsse der Hauptversammlung durch Erhebung einer Anfechtungs- oder Nichtigkeitsklage einer gerichtlichen Überprüfung zuzuführen (§§ 246, 249 AktG). Aktionäre können persönlich an der Hauptversammlung teilnehmen oder sich in der Hauptversammlung durch eine von Ihnen bevollmächtigte Person vertreten lassen. In Bezug auf die Ausübung des Stimmrechts greifen viele Aktionäre auf ihre Kreditinstitute als Stimmrechtsvertreter zurück (§ 135 AktG), die ihr Teilnahmerecht wiederum aus der Bevollmächtigung durch die Aktionäre ableiten.[160] Ein Recht auf physische Präsenz besteht nur im Fall der Präsenzversammlung und der Hybrid-HV, nicht hingegen im Kontext der Corona-HV und der virtuellen HV-RefE.

Für die Versammlungsleitung stellt sich bei allen Versammlungsformen die zentrale Herausforderung einerseits die Ausübung der Aktionärsrechte in dem gesetzlich gebotenen Rahmen zu ermöglichen, andererseits aber auch der Zielvorgabe einer effizienten und zügigen Abwicklung der Hauptversammlung zur Durchsetzung zu verhelfen.

### V. Stimmrechtsvertreter der Gesellschaft

Die meisten börsennotierten Aktiengesellschaften bestellen einen weisungsgebundenen Stimmrechtsvertreter der Gesellschaft (sog. proxy voter), der als Sammelstelle für die per Vollmacht abgegebenen Stimmrechte der Aktionäre fungiert.[161] Eine Pflicht der Gesellschaft zur Bereitstellung eines proxy voters lässt sich weder dem Aktiengesetz noch dem COVID-19-Gesetz entnehmen.[162] Auch der RefE für die virtuelle HV stellt den Einsatz eines proxy voters in das Ermessen der Gesellschaft (§ 118a Abs. 2 Satz 2 AktG-RefE).[163] § 134 Abs. 3 Satz 5 AktG als einzige (von § 118a Abs. 2 Satz 2 AktG-RefE nunmehr in Bezug genommene) Bestimmung des Aktiengesetzes betreffend den Stimmrechtsvertreter der Gesellschaft regelt lediglich für den Fall, dass die Gesellschaft proxy voting anbietet, entsprechende Vorhaltefristen für Vollmachtserteilungen und verweist im Übrigen auf die Regelungen zur Stimmrechtsausübung durch Intermediäre. Die Gesellschaft kann auch externe Dienstleister wie etwa Intermediäre, Aktionärsvereinigungen oder Wirtschaftsprüfungsgesellschaften mit der Aufgabe des Stimmrechtsvertreters der Gesellschaft

[160] *Kubis*, in: MünchKomm. AktG, § 118 Rn. 64.

[161] *Bunke*, AG 2002, 57 (58 f.); auch im Rahmen der virtuellen Hauptversammlung nach dem COVID-19-Gesetz hat die ganz überwiegende Mehrheit der börsennotierten Unternehmen von einem proxy voter Gebrauch gemacht, siehe *Danwerth*, AG 2020, 776 (786).

[162] *Danwerth*, AG 2020, 776 (786).

[163] Siehe auch RefE des BMJ – Entwurf eines Gesetzes zur Einführung virtueller Hauptversammlungen von Aktiengesellschaften v. 9. 2. 2022, S. 26.

betrauen, sofern diese das Stimmrecht unterschiedslos für alle vollmachterteilenden Aktionäre vor Ort ausüben sollen.[164]

Auch im Rahmen der Corona-HV ist die Anwesenheit eines Stimmrechtsvertreters am Rumpfpräsenzort der Versammlung möglich.[165] Es stellt sich insoweit die Frage, ob Funktion und Aufgabenbereich des Stimmrechtsvertreters unter den Bedingungen der Corona-HV anders verstanden werden müssen als bei einer Präsenzversammlung, Hybrid-HV oder der virtuellen HV-RefE, wo der Funktionsbereich des Stimmrechtsvertreters der Gesellschaft aufgrund analoger Anwendung von § 135 Abs. 3 Satz 3 AktG auf die weisungsgebundene Stimmrechtsausübung beschränkt ist.[166] Insbesondere die Tatsache, dass den Aktionären in Abgrenzung zur virtuellen HV-RefE ein Antragsrecht während einer laufenden Corona-HV entzogen werden kann, könnte dafür sprechen ersatzweise dem Stimmrechtsvertreter der Gesellschaft die Kompetenz zuzusprechen entsprechende Anträge für die Aktionäre zu stellen.[167] Eine Antragsbefugnis würde indes über die bisherige Sammelstellenfunktion des proxy voters hinausgehen. Eine solche Ausweitung des Kompetenzbereichs findet aber weder im COVID-19-Gesetz noch in der diesbezüglichen Gesetzesbegründung eine Stütze.[168] Zu Recht wird in der Literatur darauf hingewiesen, dass die Gesellschaft schon keine Pflicht zur Bereitstellung eines Stimmrechtsvertreters trifft und in der Konsequenz daher auch keine Verpflichtung bestehen kann, vermittelnd über diesen eine Antragstellung für die Aktionäre zu ermöglichen.[169] Gegen die Annahme, dass der Stimmrechtsvertreter der Gesellschaft mit einer Antragstellung durch die Aktionäre beauftragt werden kann, spricht nicht zuletzt der eindeutige Wortlaut der Gesetzesbegründung zum COVID-19-Gesetz, wonach alle Antragsrechte „*in*" der Hauptversammlung wegfallen, sofern die Versammlung nur mit Briefwahl und Vollmachtsstimmrecht durchgeführt wird.[170]

Der Versammlungsleiter muss als Teil seiner organisatorischen Verantwortung sicherstellen, dass ein von der Gesellschaft eingesetzter Stimmrechtsvertreter die ihm zugedachte Aufgabe adäquat erfüllen kann. Im Kontext virtueller Hauptversammlungen müssen dazu insbesondere die notwendigen technischen Möglichkeiten geschaffen werden, damit die abgegebenen Stimmrechte der Aktionäre den Stimmrechtsvertreter rechtzeitig und verlässlich erreichen können.

---

[164] Vgl. dazu auch *Tröger*, in: KölnKomm. AktG, § 134 Rn. 206f.

[165] Siehe BegrRegE COVID-19-Gesetz BT-Drucks. 19/18110, 26.

[166] *Hoffmann-Becking*, in: MünchHdb. GesR AG, § 37 Rn. 16; *Marsch-Barner/von der Linden*, in: Marsch-Barner/Schäfer, Hdb. börsennotierte AG, § 36 Rn. 57; siehe auch RefE des BMJ – Entwurf eines Gesetzes zur Einführung virtueller Hauptversammlungen von Aktiengesellschaften v. 9.2.2022, S. 26.

[167] Dafür *Noack/Zetsche*, AG 2020, 265 (269).

[168] *Herb/Merkelbach*, DStR 2020, 811 (813).

[169] *Atta*, WM 2020, 1047 (1051).

[170] Siehe BegrRegE COVID-19-Gesetz BT-Drucks. 19/18110, 26; *Wettich*, WPg 2020, 535 (537).

## VI. Abschlussprüfer der Gesellschaft

Eine (physische) Teilnahmepflicht des Abschlussprüfers der Gesellschaft besteht nur in den Fällen, in denen die Gesellschaft nach Maßgabe der §§ 173, 176 Abs. 2 AktG ausnahmsweise den Jahresabschluss feststellt oder über die Billigung eines Konzernabschlusses verhandelt.[171] Dies gilt nach Maßgabe von § 118a Abs. 2 Nr. 3 AktG-RefE auch für die virtuelle HV-RefE.[172] Ein darüberhinausgehendes Teilnahmerecht besteht nicht.[173] Der Versammlungsleiter kann jedoch als Teil seiner Leitungskompetenz über die Zulassung des Abschlussprüfers entscheiden.[174]

## VII. Vertreter der Finanzaufsicht

Im Bereich der regulierten Finanzwirtschaft (bspw. bei Banken und Versicherungen) steht Vertretern der Finanzaufsicht ein gesetzliches Teilnahmerecht an der Hauptversammlung zu (vgl. etwa §§ 44 Abs. 5 KWG, 306 Abs. 1 Satz 1 Nr. 4 VAG). Insoweit hat der Versammlungsleiter daher auch nicht die Kompetenz dieser Personengruppe den Zugang zur Hauptversammlung zu versagen. Bezogen auf die Corona-HV und die virtuelle HV-RefE stellt sich die Frage, ob das gesetzliche Teilnahmerecht auch eine physische Anwesenheit am Rumpfpräsenzort umfasst. Dieses Erfordernis lässt sich dem Gesetzeswortlaut der einschlägigen Vorschriften nicht entnehmen. So verlangen §§ 44 Abs. 5 KWG, 306 Abs. 1 Satz 1 Nr. 4 VAG lediglich, dass ein Vertreter zu Tagungen der Hauptversammlung entsandt werden kann und diesem auf Verlangen das Wort zu erteilen ist. Diesem Erfordernis kann auch im Wege einer elektronischen Teilnahme Rechnung getragen werden. Im Rahmen der virtuellen HV-RefE ist auch für die Aktionäre eine Redemöglichkeit in der Hauptversammlung in Form der Zwei-Wege-Direktverbindung verpflichtend vorgesehen, sofern eine vorherige Anmeldung mit viertägiger Vorlaufzeit erfolgt (§ 118a Abs. 4, 5 AktG-RefE). Die Einschränkung einer vorherigen Anmeldung kann für Vertreter der Finanzaufsicht aufgrund der gesetzlich explizit vorgesehen Redemöglichkeit indes keine Geltung beanspruchen. Für die Corona-HV gilt, dass für die Vertreter der Finanzaufsicht eine Anwesenheit am Rumpfpräsenzort ermöglicht werden muss, sofern eine elektronische Teilnahme während der Ver-

---

[171] *J. Koch*, AktG, § 118 Rn. 23; im Rahmen der Corona-HV wird hingegen teilweise auch im Fall der §§ 173, 176 Abs. 2 AktG von einer Entbehrlichkeit der physischen Anwesenheit des Abschlussprüfers ausgegangen, siehe dazu bereits oben unter 1. Kapitel D. III. 3. b) cc) (S. 52).

[172] Siehe auch RefE des BMJ – Entwurf eines Gesetzes zur Einführung virtueller Hauptversammlungen von Aktiengesellschaften v. 9. 2. 2022, S. 26.

[173] *Reger*, in: Bürgers/Körber/Lieder, AktG, § 176 Rn. 10; *E. Vetter*, in: Großkomm. AktG, § 176 Rn. 77; a. A. *Ekkenga*, in: KölnKomm. AktG, § 176 Rn. 17, der ein Teilnahmerecht im Prüfungsauftrag verankern will.

[174] *J. Koch*, AktG, § 176 Rn. 8, wonach der Versammlungsleiter einen Beschluss der Hauptversammlung erst im Streitfall herbeiführen muss.

sammlung – so wie in der Praxis bislang ganz überwiegend gehandhabt – ausgeschlossen ist.

## VIII. Repräsentanten der Medien und sonstige Gäste

Die Teilnahme von Medienvertretern oder sonstigen Gästen an der Hauptversammlung ist zwar allgemein üblich, jedoch bedürfen diese einer gesonderten Zulassung, sofern sich die Gestattung des Zutritts zur Hauptversammlung nicht unmittelbar aus Regelungen in der Satzung oder Geschäftsordnung ergibt.[175] Fehlt es wie üblich an einer entsprechenden Regelung, stellt sich vor dem Hintergrund der großen Bedeutung der Hauptversammlung als mediale Plattform insbesondere die im Folgenden noch näher zu untersuchende Frage, ob die Entscheidungskompetenz hinsichtlich der Zulassung von Medienvertretern und sonstigen Gästen beim Vorstand oder beim Versammlungsleiter liegt und ob die Hauptversammlung die diesbezügliche Entscheidungskompetenz an sich ziehen kann.[176]

## IX. Externe Berater und sonstige Hilfskräfte

Externe Berater (etwa Rechtsanwälte und Wirtschaftsprüfer), die vom Vorstand oder Versammlungsleiter im Rahmen der Hauptversammlung hinzugezogen werden und regelmäßig aus dem back-office – insbesondere bei kritischen Fragen von Aktionären und hitzigen Generaldebatten – unterstützen, bedürfen keiner gesonderten Zulassung, sondern nehmen an der Hauptversammlung gleichsam als „verlängerter Arm" von Vorstand und Aufsichtsrat oder des Versammlungsleiters teil.[177] Gleiches gilt für sonstige Hilfskräfte, die etwa bei der Einlasskontrolle oder der Stimmenauszählung unterstützen.

Für den Versammlungsleiter stellt sich im Zusammenhang mit der Hinzuziehung von Hilfskräften die im Folgenden näher zu beleuchtende Frage, ob und in welchem Umfang seine Pflichten delegationsfähig sind. Zum anderen ist aber auch zu untersuchen, ob er sich ein etwaiges Fehlverhalten der Hilfskräfte zurechnen lassen muss bzw. ob und in welchem Umfang ihn eine Überwachungspflicht trifft.

---

[175] *Kubis*, in: MünchKomm. AktG, § 118 Rn. 122; *Mülbert*, in: Großkomm. AktG, § 118 Rn. 93; *Butzke*, HV AG, C. Rn. 34; gegen eine Regelungsmöglichkeit in der Geschäftsordnung aber *Schaaf*, ZIP 1999, 1339 (1340).

[176] Siehe dazu unten unter 2. Kapitel F. III. 3. c) (S. 207 ff.).

[177] *Hoffmann-Becking*, NZG 2017, 281 (287).

*2. Kapitel*

# Die Leitung der Hauptversammlung

In diesem Kapitel wird ausgehend von einer Beschreibung der wirtschaftlichen Bedeutung der Versammlungsleitung und der mit ihr verknüpften wesentlichen praktischen Herausforderungen die gesetzliche Grundlage der Versammlungsleitung näher beleuchtet. Es schließen sich Untersuchungen zur Person des Versammlungsleiters sowie zu dessen Rechtsstellung an. In diesem Zusammenhang werden sodann die einzelnen Rechte und Pflichten des Versammlungsleiters untersucht und von den Kompetenzbereichen der Hauptversammlung und des Notars abgegrenzt.

## A. Zum Gegenwartszustand der Versammlungsleitung

Auch wenn die Mehrzahl der Hauptversammlungen nach wie vor sachlich und geordnet abläuft, so hat die Konfliktträchtigkeit von Hauptversammlungen insbesondere von Publikumsaktiengesellschaften in den letzten Jahren doch zugenommen.[1] Von der Professionalität der Versammlungsleitung hängt entscheidend ab, ob trotz eines gegebenen sachlichen Konfliktpotentials im Hinblick auf die Tagesordnungspunkte die Einhaltung eines geordneten Verfahrens sichergestellt werden kann und die aus dem Verfahren resultierenden Anfechtungs- und Haftungsrisiken verhindert oder jedenfalls begrenzt werden können. Neue Herausforderungen ergeben sich auch aus der fortschreitenden Digitalisierung von Hauptversammlungen. Es erhebt sich vor diesem Hintergrund insbesondere die Frage, wie sich die Versammlungsleitung möglichst praxisgerecht und rechtssicher auf die digitale Administration von Hauptversammlungen einrichten kann. Die Erfahrungen, die in den Hauptversammlungssaisons 2020 und 2021 im Umgang mit der Corona-HV gesammelt wurden, bilden einen ersten Ansatzpunkt für die Analyse dieser Fragestellung, wobei aber die Besonderheiten der pandemiebedingten Ausnahmesituation und des darauf basierenden Regelungsrahmens adäquat berücksichtigt werden müssen.

[1] Die unter den besonderen Rahmenbedingungen des COVID-19-Gesetzes stattfindenden Hauptversammlungssaisons 2020, 2021 und 2022 sollen insoweit außer Betracht bleiben.

## I. Unternehmenspolitische und wirtschaftliche Bedeutung

Einer ordnungsgemäßen und souveränen Versammlungsleitung kommt sowohl in unternehmenspolitischer als auch in wirtschaftlicher Hinsicht eine wesentliche Bedeutung zu.

Die Hauptversammlungen von Publikumsaktiengesellschaften weisen infolge der üblichen (wenngleich auch nicht verpflichtenden) Zulassung von Presse, Rundfunk und Fernsehen einen starken Öffentlichkeitsbezug auf.[2] Eine wesentliche Funktion der Hauptversammlung besteht somit darin, der Gesellschaft eine Plattform zu eröffnen, damit diese sich gegenüber der allgemeinen Öffentlichkeit und insbesondere potentiellen Investoren präsentieren kann.[3] Fehler bei der Versammlungsleitung können daher die Reputation der Gesellschaft empfindlich beschädigen. Vor dem Hintergrund, dass gerade die Hauptversammlungen von Publikumsaktiengesellschaften regelmäßig als Forum für öffentlichkeitswirksame Auftritte genutzt werden und mitunter auch Themen von allgemeinpolitischer Bedeutung in die Hauptversammlungsdebatte eingeführt werden,[4] muss die Versammlungsleitung auch diplomatisches Geschick im Umgang mit derartigen Kontroversen unter Beweis stellen.

Die Ordnungsgemäßheit der Versammlungsleitung hat auch eine nicht zu unterschätzende ökonomische Relevanz. Die Geschäftsführungsorgane sind bei der Verfolgung ihrer Unternehmenspolitik auf das ordnungsgemäße Zustandekommen von Hauptversammlungsbeschlüssen und deren rechtliche Bestandskraft angewiesen. Aus einer fehlerhaften Versammlungsleitung kann jedoch nicht nur die Anfechtbarkeit der in der Hauptversammlung gefassten Beschlüsse resultieren. Es drohen der Gesellschaft in der Konsequenz auch schwerwiegende wirtschaftliche Konsequenzen. Diese Gefahr besteht besonders im Zusammenhang mit Beschlussgegenständen, die eine eintragungsbedürftige Maßnahme wie bspw. eine Eingliederung, einen aktienrechtlichen Squeeze-Out, eine Verschmelzung oder eine Vermögensübertragung zum Gegenstand haben. Die Anfechtung der Beschlussfassung führt zu einer zwingenden Handelsregistersperre, da der Vorstand daran gehindert ist, die gesetzlich vorgeschriebene Negativerklärung hinsichtlich des Nichtbestehens von anhängigen Klagen gegenüber dem Registergericht abzugeben (§§ 319 Abs. 5, 320 Abs. 1 Satz 3, 327e Abs. 2 AktG, § 16 Abs. 2 UmwG).[5] Da die

---

[2] Siehe *Stützle/Walgenbach*, ZHR (155) 1991, 516 (517) (Fn. 7), die darauf hinweisen, dass bei großen Publikumsgesellschaften „Akkreditierungen" von 30 oder sogar mehr Journalisten nicht unüblich sind.

[3] *Wilsing/von der Linden*, ZIP 2009, 641 (648).

[4] Siehe *Stützle/Walgenbach*, ZHR (155) 1991, 516 (518) (Fn. 9), die insoweit beispielhaft auf die wiederkehrenden Kernkraftdiskussionen in den Hauptversammlungen der Energieunternehmen verweisen; zu den wirtschaftspolitischen Streitpunkten bei Hauptversammlungen siehe auch *Messer*, in: FS Kellermann, S. 299 (300).

[5] *K. Schmidt*, in: Großkomm. AktG, § 243 Rn. 73; *Schäfer*, in: MünchKomm. AktG, § 243 Rn. 140; siehe zur Aussetzung der Eintragung einer Verschmelzung im Fall der Anfechtung auch BGH, Beschl. v. 2.7.1990 – II ZB 1/90, AG 1990, 538.

Negativerklärung somit eine Wirksamkeitsvoraussetzung der betroffenen Maßnahme darstellt, führt dies dazu, dass die angefochtene Maßnahme zunächst nicht umgesetzt werden kann. Der Gesellschaft verbleibt in dieser Situation nur die Möglichkeit, ein Freigabeverfahren nach Maßgabe von §§ 319 Abs. 6, 320 Abs. 1 Satz 3, 327e Abs. 2 AktG, § 16 Abs. 3 UmwG anzustoßen, das jedoch regelmäßig sowohl in zeitlicher als auch in kostenmäßiger Hinsicht mit einem erheblichen Aufwand verbunden ist.[6] Sofern die Hauptversammlung über Kapitalmaßnahmen beschließt oder ihre Zustimmung zu einem Unternehmensvertrag erteilt, kann sich aufgrund des Aussetzungsermessens des Registergerichts gemäß §§ 381 Satz 1, 21 Abs. 1 FamFG eine Registersperre faktischer Natur ergeben, so dass die Gesellschaft auf die Durchführung des in § 246a AktG vorgesehenen Freigabeverfahrens angewiesen sein kann.[7] Neben des auch in diesem Fall mit der Durchführung des Freigabeverfahrens im Regelfall verbundenen erheblichen Zeit- und Kostenaufwands wiegt vor allem der Umstand schwer, dass bis zum rechtskräftigen Abschluss des Freigabeverfahrens die Umsetzung der in Frage stehenden Beschlüsse gehemmt ist.[8] Die daraus resultierende Verzögerung kann für die Gesellschaft zu erheblichen wirtschaftlichen Schäden führen, da insbesondere wichtige zeitkritische Geschäftschancen aufgrund der faktischen Lähmung der Gesellschaft nicht genutzt und in der Folge hinfällig werden können.[9] Nicht zuletzt auch aufgrund dieser potentiell schwerwiegenden wirtschaftlichen Folgewirkungen ist eine grundlegende Reform des Beschlussmängelrechts schon seit langem Gegenstand des rechtswissenschaftlichen Diskurses.[10]

## II. Wesentliche Herausforderungen für die Versammlungsleitung

Die wesentlichen Problemstellungen und Herausforderungen, mit denen sich die Versammlungsleitung in der Praxis konfrontiert sieht, ergeben sich insbesondere aus dem begrenzten zeitlichen Rahmen von Hauptversammlungen, steigenden Teilnehmerzahlen sowie den gezielten Auftritten von Anfechtungsklägern und sonstigen aktivistischen Investorengruppen.

---

[6] *Wilsing/von der Linden*, ZIP 2009, 641 (648).

[7] *Spindler*, NZG 2005, 825 (829); siehe auch *Schäfer*, in: MünchKomm. AktG, § 243 Rn. 135, wonach das Registergericht nach pflichtgemäßem Ermessen unter Abwägung der Erfolgsaussichten der Klage und des Interesses der Gesellschaft an baldiger Eintragung darüber entscheidet, ob es von der Möglichkeit Gebrauch gemacht, die Entscheidung über den Eintragungsantrag bis zur Entscheidung des Rechtsstreits auszusetzen.

[8] Siehe dazu *Pliquett*, Haftung des HVL, S. 47 f.

[9] *Schockenhoff*, ZIP 2008, 1945; *Butzke*, HV AG, D. Rn. 7.

[10] Siehe dazu *Rieckers*, ZGR 2022, 61 (98 ff.) m. w. N.

### 1. Zeitlicher Rahmen

Die Leitung der Hauptversammlung einer Publikumsaktiengesellschaft steht in der Regel unter einem nicht zu unterschätzenden Zeitdruck. Um den Aktionären im Rahmen einer Präsenzversammlung oder Hybrid-HV ausreichend Zeit für die Anreise zur Verfügung zu stellen, kann die Hauptversammlung in der Regel nicht vor 10 Uhr beginnen und muss spätestens bis Mitternacht beendet sein, um eine Beschlussnichtigkeit nach Maßgabe von § 241 Nr. 1 AktG zu vermeiden.[11] Die Versammlungsleitung muss gewährleisten, dass in diesem vordefinierten Zeitraum sämtliche administrativen Prozesse, insbesondere der Bericht des Vorstands samt anschließender Aussprache und Auskunftserteilung sowie die Durchführung von Abstimmungen abgeschlossen werden. Dies macht deutlich, dass der Versammlungsleiter durch eine effiziente und souveräne Versammlungsleitung auf eine Entschärfung konfliktträchtiger Hauptversammlungen hinwirken muss, um die für die Hauptversammlung gesetzten zeitlichen Grenzen nicht zu überschreiten.

Ein weiterer Gesichtspunkt ist in diesem Zusammenhang, dass Hauptversammlungen von Publikumsaktiengesellschaften aufgrund ihrer Größe und medialen Breitenwirkung gerne von einzelnen Aktionären oder Aktionärsgruppierungen genutzt werden, um ideologische und politische Themen zu debattieren, wobei nicht selten kein oder nur ein marginaler Konnex zu den Tagesordnungspunkten der Hauptversammlung besteht.[12] Derartige Redebeiträge stellen aus Sicht der Versammlungsleitung eine besondere Herausforderung dar, da sie das Risiko erhöhen, dass die Hauptversammlung künstlich in die Länge gezogen wird und damit nicht in der vorgesehenen Zeit beendet werden kann. Dem Versammlungsleiter obliegt es insoweit, den Verlauf der Aussprache durch Anwendung der ihm zur Verfügung stehenden Instrumentarien wie der Anordnung von Redezeitbeschränkungen zu lenken und dadurch die Angemessenheit von Inhalt und Dauer der Aussprache zu gewährleisten. Der Versammlungsleiter bewegt sich dabei in einem stetigen Spannungsverhältnis zwischen seiner originären Verantwortung, auf eine zügige und sachgerechte Abwicklung der Hauptversammlung hinzuwirken[13], und der Beachtung der Aktionärsrechte, insbesondere in Form des Gebots der Verhältnismäßigkeit von Ordnungsmaßnahmen und des Gebots der Gleichbehandlung der Aktionäre (§ 53a AktG).[14]

---

[11] LG Düsseldorf, Urt. v. 16.5.2007 – 36 O 99/06, AG 2007, 797; auf Mitternacht auch abstellend BVerfG, Beschl. v. 20.9.1999 – 1 BvR 636/95, AG 2000, 74 (75) – „Wenger/Daimler-Benz AG“; einschränkend *Zetsche*, in: KölnKomm. AktG, Anh. § 119 Rn. 143, wonach eine Beschlussnichtigkeit nicht automatisch bei Überschreiten der Datumsgrenzen, sondern nur auf Grundlage einer Einzelfallbetrachtung eintritt.

[12] *Butzke*, HV AG, A. Rn. 19.

[13] Siehe auch die Anregung A.4 des Deutschen Corporate Governance Kodex (DCGK) in der Fassung vom 16. Dezember 2019, wonach dem Versammlungsleiter eine zeitliche Vorgabe von vier bis sechs Stunden für die Abwicklung einer ordentlichen Hautversammlung gesetzt wird.

[14] *Butzke*, HV AG, A. Rn. 20.

### 2. Steigende Teilnehmerzahlen

Bei Publikumsaktiengesellschaften können die Teilnehmerzahlen mehrere tausend Aktionäre erreichen. Während die Hauptversammlungen von Publikumsaktiengesellschaften vor einigen Jahren noch mit signifikant schwindenden Präsenzquoten zu kämpfen hatten, hat sich dieser Trend inzwischen umgekehrt.[15] Ausgehend von einem Tiefstand der Präsenzquote im Jahr 2005 von 45,9 % hat sich die Quote kontinuierlich erhöht.[16] Im Corona-Jahr 2020 hat die Zahl der auf den Hauptversammlungen angemeldeten bzw. vertretenen stimmberechtigten Aktien gegenüber dem Vorjahr um 3,2 Prozentpunkte auf durchschnittlich 69,9 % zugenommen und damit einen neuen Höchststand erreicht.[17] Im Jahr 2020 hat sich das auf der Hauptversammlung vertretene stimmberechtigte Grundkapital trotz der durch das COVID-19-Gesetz eingeführten pandemiebedingten Einschränkungen der Aktionärsrechte bei 12 der zu diesem Zeitpunkt bestehenden 30 DAX-Gesellschaften um lediglich bis zu ein Prozent verändert.[18] Bei insgesamt 21 der DAX-Unternehmen konnte gar eine Steigerung der HV-Präsenzquote verzeichnet werden.[19] Im Jahr 2021 lag die Präsenzquote trotz geringfügiger Rückläufigkeit auf ähnlich hohem Niveau.[20] Diese jüngste Entwicklung belegt, dass die Corona-HV nicht zu einer Reduktion der Stimmrechtsausübung geführt hat und somit von den Aktionären überwiegend – wenn auch notgedrungen – angenommen wurde.[21] Hohe Präsenzquoten mögen aus Corporate Governance-Perspektive zwar eine erfreuliche Entwicklung darstellen; höhere Teilnehmerzahlen können andererseits aber auch dazu führen, dass sich die Leitung der Hauptversammlung komplexer und schwieriger gestaltet, da potentiell auch mehr Aktionäre von ihrem Frage- und Rederecht Gebrauch machen und damit die Herausforderung für den Versammlungsleiter, die Hauptversammlung rechtzeitig

---

[15] Ausführlich zu den gesetzgeberischen Maßnahmen zur Steigerung der Hauptversammlungspräsenzen siehe *Harnos/Piroth*, ZIP 2015, 456 ff.; zur Problematik eines sich reduzierenden vertretenen Kapitals in der Hauptversammlung siehe *U. H. Schneider/Burgard*, in: FS Beusch, S. 783 ff.

[16] Siehe Barkow Consulting GmbH HV-Tracker (abrufbar unter https://www.barkowconsulting.com/neuer-rekord-bei-hv-praesenz-2020-im-dax-30/), wonach sich die Quoten beider Aktiengattungen (Inhaberaktien und Namensaktien) steigern konnten.

[17] Siehe Barkow Consulting GmbH HV-Tracker (abrufbar unter https://www.barkowconsulting.com/neuer-rekord-bei-hv-praesenz-2020-im-dax-30/).

[18] Siehe Barkow Consulting GmbH HV-Tracker (abrufbar unter https://www.barkowconsulting.com/neuer-rekord-bei-hv-praesenz-2020-im-dax-30/).

[19] Siehe Barkow Consulting GmbH HV-Tracker (abrufbar unter https://www.barkowconsulting.com/neuer-rekord-bei-hv-praesenz-2020-im-dax-30/).

[20] Siehe dazu die Stellungnahme der DSW zum RefE für die virtuelle HV v. 11. 3. 2022, S. 6 (abrufbar unter https://www.dsw-info.de/publikationen/stellungnahmen/deutschland/); siehe auch *Seibt/Danwerth*, AG 2022, 177 (178).

[21] Siehe auch RefE des BMJ – Entwurf eines Gesetzes zur Einführung virtueller Hauptversammlungen von Aktiengesellschaften v. 9. 2. 2022, S. 1, 12.

abzuwickeln, größer wird.[22] Zudem steigt das Risiko, dass sich unter den Aktionären solche befinden, denen es vorrangig darum geht, den Versammlungsablauf zu stören. Diese Gefahr kann sich bei einer virtuellen Hauptversammlung noch potenzieren, da eine elektronische Teilnahme im Vergleich zu der ansonsten notwendigen Anreise zum Versammlungsort mit einem geringeren zeitlichen Aufwand und weniger Kosten für den einzelnen Aktionär verbunden ist.[23]

### 3. Zielgerichtete Auftritte von professionellen Anfechtungsklägern und aktivistischen Investorengruppen

Einen ernstzunehmenden Störfaktor für die Leitung der Hauptversammlung stellen nach wie vor auch professionell agierende Anfechtungskläger (sog. räuberische Aktionäre) dar. Dabei handelt es sich um Aktionäre mit in der Regel kleinen Anteilspositionen, die versuchen über den Lästigkeitswert von Anfechtungsklagen wirtschaftliche Vorteile für sich zu generieren, auf die grundsätzlich kein Anspruch besteht.[24] Typischerweise verfolgt dieser Personenkreis das Ziel, den Ablauf der Hauptversammlung zu stören und den Versammlungsleiter aus dem Konzept zu bringen. Auf diese Weise sollen Fehlentscheidungen des Versammlungsleiters provoziert werden, um diese im Nachgang zur Grundlage einer Beschlussanfechtungsklage machen zu können.[25] In der zu diesem Themenkomplex ergangenen Leitentscheidung „Kochs-Adler" aus dem Jahr 1989 führte der BGH aus, dass einer Anfechtungsklage mit dem Einwand des Rechtsmissbrauchs (§ 242 BGB) begegnet werden kann, wenn der Kläger die Klage mit dem Ziel erhebt, die verklagte Gesellschaft in grob eigennütziger Weise zu einer Leistung zu veranlassen, auf die er keinen Anspruch hat und billigerweise auch nicht erheben kann.[26] Die Zahl der Beschlussmängelklagen stieg ungeachtet dieser Rechtsprechung von 1980 bis 2006 um das 60fache bzw. – bereinigt um die gleichfalls gestiegene Anzahl der Aktiengesellschaften – um das 8fache an.[27] Einen ersten Versuch zur Einschränkung des unerwünschten Phänomens professionell agierender Anfechtungskläger hat der Gesetzgeber zwar bereits im Jahr 2005 mit dem *„Gesetz zur Unternehmensintegrität und Modernisierung des Anfechtungsrechts (UMAG)"*[28] (im Folgenden: *UMAG*)

---

[22] Siehe auch RefE des BMJ – Entwurf eines Gesetzes zur Einführung virtueller Hauptversammlungen von Aktiengesellschaften v. 9.2.2022, S. 25.

[23] Siehe auch RefE des BMJ – Entwurf eines Gesetzes zur Einführung virtueller Hauptversammlungen von Aktiengesellschaften v. 9.2.2022, S. 18, wonach sich bei der elektronischen Teilnahme ein monetäres Einsparpotential pro Aktionär i. H. v. 100 EUR ergibt.

[24] *Grunewald*, NZG 2009, 967; *Ek*, Praxisleitfaden HV, 1. Teil § 1 Rn. 12 ff.; *Schwintowski*, DB 2007, 2695.

[25] *Butzke*, HV AG, A. Rn. 22; siehe dazu auch die statistische Erhebung bezüglich Beschlussmängelklagen bei *Bayer/Hoffmann*, AG 2021, R147.

[26] BGH, Urt. v. 22.5.1989 – II ZR 206/88, NJW 1989, 2689 (2692) – „Kochs-Adler"; siehe zum Einwand des Rechtsmissbrauchs auch bereits *Lutter*, in: FS 40 Jahre DB, S. 193 (208 ff.).

[27] *Baums/Keinath/Gajek*, ZIP 2007, 1629 (1634).

[28] BGBl. 2005 Teil I Nr. 60, 2802.

unternommen. Die gesetzlichen Maßnahmen[29] blieben aber deutlich hinter den Erwartungen zurück und führten zu keinem signifikanten Eindämmungseffekt in Bezug auf die Zahl von missbräuchlichen Beschlussmängelklagen.[30] Mit dem Erlass des ARUG I unternahm der Gesetzgeber einen weiteren, diesmal erfolgreicheren Versuch dem Missbrauch von Klagerechten durch Kleinstaktionäre entgegenzuwirken. Die darin enthaltenen Maßnahmen[31] haben weitestgehend gefruchtet und in der Konsequenz das Problem der missbräuchlichen Anfechtungsklagen zwar nicht vollumfänglich neutralisiert, aber in seinem Bedrohungspotential für die Versammlungsleitung und die Gesellschaft messbar gemindert.[32]

Eine bedeutend größere Herausforderung für Verwaltung und Versammlungsleitung stellen inzwischen daher Großinvestoren dar, die sich mit einem relativ hohen Anteil an den Gesellschaften beteiligen, um auf diese Weise Einfluss auf die Geschäftsführung auszuüben und diese dadurch in eine bestimmte Richtung zu lenken.[33] Als Folge der fortschreitenden wirtschaftlichen Europäisierung und Internationalisierung handelt es sich dabei nicht selten um ausländische Investorengruppen, ein Umstand, der die Gefahr erhöht, dass sachliche Meinungsunterschiede durch sprachliche und kulturelle Divergenzen in der Hauptversammlung zusätzlich angeheizt und emotionalisiert werden.[34] Durch die fortschreitende Digitalisierung wird die Teilnahme an der Hauptversammlung insbesondere auch für ausländische In-

---

[29] Dazu zählen insbesondere die Abmilderung der durch Berufskläger genutzten „Hebelwirkung" der konstitutiven Registereintragung durch Einführung des in § 246a AktG geregelten Freigabeverfahrens für Kapitalmaßnahmen und Unternehmensverträge, die Einschränkung möglicher Anfechtungsgründe (§ 243 Abs. 4 Satz 2 AktG), die Kopplung der Anfechtungsbefugnis an den Aktienerwerb vor Bekanntmachung der Tagesordnung (§ 245 Nr. 1, 3 AktG) sowie eine erhöhte Transparenz durch die Pflicht börsennotierter Gesellschaften, die Beendigung eines Beschlussmängelprozesses einschließlich aller in diesem Zusammenhang getroffenen Nebenabreden offenzulegen (§§ 248a, 249 Abs. 1 Satz 1 i.V.m. § 149 Abs. 2 AktG).

[30] *Baums/Keinath/Gajek*, ZIP 2007, 1629 (1649).

[31] Die Gerichte erhielten für die im Rahmen der Freigabeentscheidung zu treffende Interessenabwägung eine präzisierte Entscheidungslinie, um legitime von missbräuchlichen Anfechtungsklagen trennen zu können (§ 246a Abs. 2 AktG); darüber hinaus wurde auch die lange Verfahrensdauer, die das eigentliche Druckmittel darstellte, verkürzt (für das Freigabeverfahren sind nunmehr in erster und einziger Instanz die Oberlandesgerichte zuständig); zudem wurde der Schwellenwert, ab dem Kleinanleger klagen können, auf einen Nennbetrag von 1.000 Euro des Aktienkapitals erhöht (§ 246 Abs. 2 Nr. 2 AktG); schließlich wurde die Prozessvollmacht für den Anfechtungsprozess auf die Vertretung im Freigabeverfahren erstreckt, so dass Zustellungen im Freigabeverfahren, das als Eilverfahren ausgestaltet ist, an den Prozessvertreter der Anfechtungsklage erfolgen und nicht an den Kläger selbst, der möglicherweise zur Verfahrensverzögerung mitunter ausländische Wohnsitze angibt (eine vormals häufig geübte Praxis von Berufsklägern) (§ 246a Abs. 1 Satz 2 AktG); siehe dazu auch *Grunewald*, NZG 2009, 967 ff.

[32] *Bayer/Hoffmann*, AG 2021, R147; *Bayer*, in: FS Hoffmann-Becking, S. 91 (97).

[33] *von der Linden*, in: FS Marsch-Barner, S. 303 f.; *Klöhn*, ZHR (185) 2021, 182 (202 f.); *Butzke*, HV AG, A. Rn. 21; siehe zu den Zielen und den Vorgehensweisen aktivistischer Aktionäre *Arnold*, ZHR (185) 2021, 281 (288 ff.).

[34] Siehe auch *Arnold*, ZHR (185) 2021, 281 (287).

vestoren deutlich erleichtert und attraktiver, da sie mit geringem Aufwand verbunden ist und keine Ortsgebundenheit mehr besteht. Aufgrund der zu erwartenden Erhöhung der Präsenz ausländischer Aktionäre steht der Versammlungsleiter umso mehr in der Verantwortung, kulturelle Differenzen durch eine diplomatische Moderation der Hauptversammlung zu überbrücken.

## B. Aktienrechtliche Grundlage der Versammlungsleitung

Das Aktiengesetz schweigt sich in Bezug auf den Ablauf von Hauptversammlungen sowie deren Leitung weitestgehend aus. Es finden sich lediglich bruchstückhafte Regelungen zur Dokumentation der Hauptversammlung, etwa zur Niederschrift (§ 130 AktG) und zum Teilnehmerverzeichnis (§ 129 AktG) sowie zur Beschlussfassung und der Ausübung des Stimmrechts in bzw. vor der Hauptversammlung (§ 118 AktG, §§ 133 bis 136 AktG). Darüber hinaus ordnen verschiedene Einzelnormen die Auslage bzw. Zugänglichmachung von Unterlagen während der Hauptversammlung an, so etwa §§ 176 Abs. 1 Satz 1, 293g Abs. 1, 327d Satz 1 und 319 Abs. 3 Satz 4 AktG. Für die virtuelle HV-RefE ordnet § 118a Abs. 6 AktG-RefE an, dass die gesetzlich vorzulegenden Unterlagen den zugeschalteten Aktionären während des Zeitraums der Versammlung über die Website der Gesellschaft zugänglich zu machen sind.

### I. Aktienrechtliche Erforderlichkeit einer Versammlungsleitung

Nach der Systematik des Aktiengesetzes bedarf jede Hauptversammlung der Aktiengesellschaft eines Vorsitzenden, der die Verhandlung leitet.[35] Auch wenn das Aktiengesetz dies nicht explizit vorschreibt, so enthält es doch einige Bestimmungen, die an die Existenz eines Versammlungsleiters anknüpfen.[36] Meist verweist das Gesetz in diesem Zusammenhang auf einen „*Versammlungsleiter*", so u. a. in § 118 Abs. 4 und § 131 Abs. 2 Satz 2 AktG, teilweise wird aber auch auf einen „*Vorsitzenden*" der Hauptversammlung abgehoben (siehe § 122 Abs. 3 Satz 2 AktG). Der

[35] *Ziemons*, in: K. Schmidt/Lutter, AktG, § 129 Rn. 55; *Kubis*, in: MünchKomm. AktG, § 119 Rn. 108; *Schürnbrand*, Organschaft im Recht der privaten Verbände, S. 143; *Niemz*, VL im AktR, S. 43; *Drygala/Staake/Szalai*, KapitalGesR, § 21 Rn. 245; so auch schon *Drewes*, Die Generalversammlung der AG, S. 25.

[36] Siehe § 122 Abs. 3 Satz 2 AktG (Bestimmung des Vorsitzenden durch das Gericht bei einer durch gerichtliche Ermächtigung einberufenen Hauptversammlung); § 118 Abs. 4 AktG (Ermächtigung des Versammlungsleiters zur Zulassung von Bild- und Tonübertragung der Hauptversammlung); § 131 Abs. 2 Satz 2 AktG (Ermächtigung des Versammlungsleiters zur Beschränkung des Frage- und Rederechts des Aktionärs); § 129 Abs. 4 Satz 2 AktG a. F., dem zufolge das Teilnehmerverzeichnis durch den Leiter der Hauptversammlung zu unterzeichnen war, ist entfallen aufgrund der Neufassung der Vorschrift durch Art. 1 Nr. 11 lit. d) NaStraG v. 18. Januar 2001, BGBl. 2001 Teil I Nr. 4, 123.

RefE für die virtuelle HV sieht indes ausdrücklich die physische Anwesenheit eines „*Versammlungsleiters*“ vor und ordnet diesem auch das Recht zu, über die Reihenfolge der Redebeiträge in der Versammlung zu entscheiden (§§ 118a Abs. 2 Nr. 3, 130a Abs. 4 Satz 4 AktG-RefE).

Logisch folgern lässt sich die Unverzichtbarkeit eines Versammlungsleiters insbesondere aus der Vorschrift des § 130 Abs. 2 Satz 1 AktG. Die dort geforderte förmliche Feststellung des Beschlussergebnisses kann nach dem insoweit eindeutigen Gesetzeswortlaut nur von dem Vorsitzenden der Hauptversammlung getroffen werden. Da die förmliche Feststellung zusammen mit der Niederschrift konstitutiv für den jeweiligen Beschluss ist[37], wäre eine Hauptversammlung ohne Versammlungsleiter folglich nicht in der Lage, ihren Willen wirksam zu bilden und damit handlungsunfähig.[38] Aus § 130 Abs. 2 Satz 1 AktG i. V. m. § 241 Nr. 2 AktG ergibt sich zudem, dass ein in der Hauptversammlung gefasster Beschluss nichtig ist, sofern die förmliche Feststellung durch den Vorsitzenden nicht in die Niederschrift aufgenommen wird. Diese Nichtigkeitsanordnung ist ebenfalls Beleg dafür, dass der Gesetzgeber einen Versammlungsleiter grundsätzlich bei jeder beschließenden Hauptversammlung als zwingend notwendig erachtet.[39]

Der Versammlungsleiter stellt somit eine gesetzlich vorgeschriebene Institution der Aktiengesellschaft dar, und zwar unabhängig von der Versammlungsform. So ist auch bei einer Vollversammlung i. S. v. § 121 Abs. 6 AktG, bei der sämtliche Aktionäre erschienen oder vertreten sind, das Vorhandensein eines Versammlungsleiters nach der Logik des Gesetzes zwingend, da § 121 Abs. 6 AktG nicht von der Pflicht zu einer protokollierten Beschlussfeststellung i. S. v. § 130 Abs. 2 AktG dispensiert.[40] Ebenso geht der Gesetzgeber für die Hybrid-HV (vgl. § 118 Abs. 4 AktG) sowie für die Corona-HV von der Anwesenheit eines Versammlungsleiters aus.[41]

Der Versammlungsleiter erlangt mit der Übernahme des Funktionsauftrags der Versammlungsleitung ein eigenes Teilnahmerecht, das seine rechtliche Grundlage in einer Satzungs- oder Geschäftsordnungsbestimmung, einer gerichtlichen Bestellung (§ 122 Abs. 3 Satz 2 AktG) oder einer Wahl durch die Hauptversammlung haben kann.[42] Sofern die Versammlungsleitung vom Aufsichtsratsvorsitzenden übernom-

---

[37] *J. Koch*, AktG, § 130 Rn. 22; *Wicke*, in: Spindler/Stilz, BeckOGK AktG, § 130 Rn. 58.

[38] *Zetsche*, in: KölnKomm. AktG, Anh. § 119 Rn. 2; *Stützle/Walgenbach*, ZHR (155) 1991, 516 (519).

[39] *Vossius*, in: FS Seibert, S. 1041 (1043); *Stützle/Walgenbach*, ZHR (155) 1991, 516 (519); ebenso *Reinicke*, Rechtsstellung des Vorsitzenden einer HV, S. 15 f.

[40] *Mülbert*, in: Großkomm. AktG, § 129 Rn. 106; *Kubis*, in: MünchKomm. AktG, § 119 Rn. 108.

[41] BegrRegE COVID-19-Gesetz BT-Drucks. 19/18110, 26; siehe dazu bereits die obigen Ausführungen unter 1. Kapitel D. III. 3. b) cc) (S. 52).

[42] *Spindler*, in: K. Schmidt/Lutter, AktG, § 118 Rn. 46; *Zetsche*, in: KölnKomm. AktG, Anh. § 119 Rn. 20 ff.; abweichend *Reinicke*, Rechtsstellung des Vorsitzenden einer HV, S. 136 f., der unter Hinweis auf die fehlende Möglichkeit des Versammlungsleiters zur inhaltlichen Einwirkung auf die Gestaltung der Tagesordnungspunkte von einem bloßen An-

men wird, leitet sich das Teilnahmerecht, soweit es die funktionale Sphäre des Versammlungsleiters betrifft, folgerichtig nicht etwa aus der Rechtsstellung als Aufsichtsratsvorsitzender ab, sondern gleichfalls aus den vorstehend skizzierten Rechtsgrundlagen.[43]

## II. Entbehrlichkeit einer Versammlungsleitung in besonderen Fällen

Bei bestimmten Hauptversammlungskonstellationen ist die Notwendigkeit eines Versammlungsleiters zweifelhaft. In diesen Fällen stellt sich die Frage, ob in Abweichung von dem dargelegten Grundsatz auf einen mit der Leitung der Hauptversammlung betrauten Vorsitzenden verzichtet werden kann.

### 1. Hauptversammlung der Einmann-AG

Hauptversammlungen von Gesellschaften, die nur über einen einzelnen Aktionär verfügen (sog. Einmann-AG)[44], stellen begriffsnotwendig stets Vollversammlungen i. S. v. § 121 Abs. 6 AktG dar.[45] Nach der gesetzlichen Systematik hat dies jedoch zunächst nur zur Folge, dass die Vorschriften bezüglich Form und Frist der Einberufung nicht eingehalten werden müssen.[46] Wie bereits festgestellt ist gesetzlicher Anknüpfungspunkt für die Erforderlichkeit eines Versammlungsleiters aber insbesondere die Verpflichtung zur gesonderten Beschlussfeststellung und zur Protokollierung gemäß § 130 Abs. 2 Satz 1 AktG. § 121 Abs. 6 AktG stellt auch im Kontext einer Einmann-AG von diesem Erfordernis nicht frei. Gleiches gilt für die Pflicht zur Aufstellung eines Teilnehmerverzeichnisses gemäß § 129 Abs. 1 Satz 2 AktG. Beide Vorschriften gehören nicht zu den *„Bestimmungen dieses Unterabschnitts"* i. S. v. § 121 Abs. 6 AktG. Eine ausschließlich am Wortlaut orientierte Auslegung würde jedoch verkennen, dass viele Bestimmungen des Aktiengesetzes konzeptionell an einer Mehrpersonengesellschaft ausgerichtet sind. So sind insbesondere auch die sich auf den formalen Rahmen der Hauptversammlung beziehenden

---

wesenheitsrecht ausgeht – diese Differenzierung dürfte indes nur rechtstheoretische Bedeutung haben.

[43] Vgl. auch OLG München, Beschl. v. 29. 2. 2008 – 7 U 3037/07, openJur 2012, 90272 Rn. 5, wonach der Aufsichtsratsvorsitzende aufgrund der funktionalen Trennung zwischen Aufsichtsratsmandat und Versammlungsleitermandat sich auch weigern kann, die Versammlungsleitung zu übernehmen; ebenso *J. Koch*, AktG, § 129 Rn. 18.

[44] Die rechtliche Zulässigkeit der Einmann-AG ergibt sich explizit aus den Vorschriften der §§ 2, 42 AktG, die beide auf dem Gesetz für kleine Aktiengesellschaften und zur Deregulierung des Aktienrechts vom 2. August 1994, BGBl. 1994 Teil I Nr. 14, 1961 beruhen.

[45] *Kindler*, NJW 1994, 3041 (3044); *Bachmann*, NZG 2001, 961 (967).

[46] Weitergehend aber *Chmielewicz*, in: FS Potthoff, S. 164 (172), der eine Hauptversammlung bei der Einmann-AG für funktionell überflüssig hält.

Vorschriften der §§ 121 Abs. 6 AktG (dort ist von „*allen Aktionären*“ die Rede), 129 Abs. 1 AktG erkennbar nicht auf Ein-Personen-Gesellschaften zugeschnitten.[47] Es ist daher stets im Einzelfall zu prüfen, ob die Anwendung der jeweiligen Formvorschrift losgelöst vom Wortlaut des Gesetzes nach deren Sinn und Zweck auch in der Hauptversammlung einer Einmann-AG rechtlich geboten ist. Ergibt sich dabei, dass sich die Funktion der Bestimmung in einer sinnlosen Formalität erschöpft, muss grundsätzlich auch ein Anwendungsverzicht möglich sein.[48]

### *a) Notwendigkeit eines Teilnehmerverzeichnisses*

Die Bestimmung des § 129 Abs. 1 Satz 2 AktG erlangt für die Frage, ob ein Versammlungsleiter in der Einmann-AG erforderlich ist, nur dann Bedeutung, wenn die Aufstellung eines Teilnehmerverzeichnisses die Existenz eines Versammlungsleiters voraussetzt. Früher ließ sich dies aus der Vorschrift des § 129 Abs. 4 Satz 2 AktG a.F. ableiten, wonach das Teilnehmerverzeichnis zwingend durch den Vorsitzenden der Versammlung zu unterzeichnen war. Mit dem „*Gesetz zur Namensaktie und zur Erleichterung der Stimmrechtsausübung (Namensaktiengesetz – NaStraG)*“ vom 18. Januar 2001[49] ist diese Vorschrift entfallen. Gesetzlicher Anknüpfungspunkt kann somit allenfalls eine ungeschriebene Zuständigkeit des Versammlungsleiters für die Aufstellung des Teilnehmerverzeichnisses sein. Wer Pflichtenadressat bezüglich der Aufstellung des Teilnehmerverzeichnisses ist, lässt sich dem Wortlaut des § 129 Abs. 1 Satz 2 AktG nicht entnehmen. Nach teilweise vertretener Auffassung liegt die Verantwortlichkeit für die Aufstellung des Teilnehmerverzeichnisses jedoch zwingend und ausschließlich beim Versammlungsleiter.[50] Folgt man dem, so wäre ein Verzicht auf einen Versammlungsleiter auch in der Hauptversammlung der Einmann-AG grundsätzlich nicht möglich. Selbst unter Zugrundelegung dieser Sichtweise würde dies jedoch nicht gelten, wenn das Teilnehmerverzeichnis selbst im Rahmen der Einmann-AG generell entbehrlich wäre.

---

[47] *Ludwig/Bednarz*, in: Happ, Aktienrecht, Abschnitt 10.20 Rn. 3.2; *Bachmann*, NZG 2001, 961 (967); ebenso hinsichtlich der gesonderten Beschlussfeststellung nach § 111 Abs. 2 AktG a.F. bereits KG Berlin, Beschl. v. 28.4.1938 – 1 Wx 119/38, JW 1938, 1901 (1902).

[48] *Reinicke*, Rechtsstellung des Vorsitzenden einer HV, S. 12; *Bachmann*, NZG 2001, 961 (967); *Ammon/Görlitz*, S. 60; so auch schon BayOblG, Beschl. v. 16.11.1972 – 2 Z 64/72, NJW 1973, 250 (251).

[49] BGBl. 2001 Teil I Nr. 4, 123.

[50] So etwa *Kubis*, in: MünchKomm. AktG, § 129 Rn. 18; *Henseler*, BB 1962, 1023 (1024); *Baumeister*, in: BeckFormB AktR, S. 589; für Verantwortlichkeit des Vorstands hingegen *Ziemons*, in: K. Schmidt/Lutter, AktG, § 129 Rn. 18; ebenso *Wicke*, in: Spindler/Stilz, BeckOGK AktG, § 129 Rn. 19, der damit argumentiert, dass allein der Vorstand die für die Aufstellung des Teilnehmerverzeichnisses erforderlichen Informationen durch Anmeldungen und Hinterlegungsbescheinigungen oder aus dem Aktienregister im Vorfeld der Hauptversammlung erlangt; differenzierend *Mülbert*, in: Großkomm. AktG, § 129 Rn. 44 ff.; *J. Koch*, AktG, § 129 Rn. 6 f.; *Wachter*, in: Wachter, AktG, § 129 Rn. 17; *Gehling*, in: ArbeitsHdb. HV, § 9 Rn. 109.

Das nach § 129 Abs. 1 Satz 2 AktG aufzustellende Teilnehmerverzeichnis soll nach der Vorstellung des Gesetzgebers die Durchführung der Hauptversammlung erleichtern. Mit seiner Hilfe wird dokumentiert, welche Personen an der Hauptversammlung teilnehmen bzw. teilgenommen haben.[51] Es bildet damit die Grundlage für die Feststellung von Kapital- und Stimmenquoren und dient der Feststellung der Beschlussfähigkeit der Gesellschaft sowie der Stimmenauszählung im Wege des Subtraktionsverfahrens.[52] Darüber hinaus enthält es ggf. Hinweise auf etwaige Stimmverbote.[53] Da die Beteiligungsverhältnisse bei der Einmann-AG aber eindeutig sind, erlangen die dokumentarischen Funktionen des Teilnehmerverzeichnisses bei einer Einmann-AG keine relevante Bedeutung. Etwas anderes könnte sich allein daraus ergeben, dass auch bei der Einmann-AG ein grundsätzliches Bedürfnis für die Feststellung von Stimmrechtsausschlüssen (§ 136 AktG) besteht. Der Alleinaktionär selbst kann zwar einem solchen Stimmverbot nicht unterliegen, da die Entstehung eines Interessengegensatzes in seiner Person nicht denkbar ist und zudem eine Beschlussunfähigkeit der Einmann-AG eintreten würde.[54] Jedoch kann ein Stimmrechtsverbot in bestimmten Konstellationen den Stimmrechtsvertreter des Alleinaktionärs treffen, insbesondere dann, wenn personenidentische Vorstände in Konzerngesellschaften an ihrer Selbstentlastung als Stimmrechtsvertreter der alleinigen Gesellschafterin mitwirken.[55] Gleichwohl kann allein aus dieser Erkenntnis keine Verpflichtung zur Aufstellung eines Teilnehmerverzeichnisses abgeleitet werden. Der insoweit notwendigen Dokumentation der Hauptversammlung kann in der vorstehend skizzierten Fallkonstellation in ausreichender Weise dadurch Rechnung getragen werden, dass die Personalien des jeweiligen stimmrechtsvertretenden Vorstands und Doppelmandatars in die notarielle Niederschrift aufgenommen werden.[56] Für den Fall, dass der Alleinaktionär nicht mit allen Aktien an der Hauptversammlung teilnimmt, kann ebenfalls eine Klarstellung durch entsprechende Vermerke in der notariellen Niederschrift getroffen werden.[57] Es lässt sich somit konstatieren, dass der vom Gesetzgeber mit dem Teilnehmerverzeichnis verfolgte Sinn und Zweck bei der Hauptversammlung einer Einmann-AG nicht zum Tragen kommt oder jedenfalls auf andere Weise ebenso gut erreicht werden kann. Es

---

[51] Vgl. BegrRegE AktG 1965 bei *Kropff*, AktG, S. 182; *Gehling*, in: ArbeitsHdb. HV, § 9 Rn. 107.

[52] *Gehling*, in: ArbeitsHdb. HV, § 9 Rn. 107.

[53] *Butzke*, HV AG, C. Rn. 53.

[54] Vgl. BGH, Beschl. v. 24.10.1988 – II ZB 7/88, NJW 1989, 295 (297) zu § 47 Abs. 4 Satz 2 GmbHG; *Spindler*, in: K. Schmidt/Lutter, AktG, § 136 Rn. 8; *J. Koch*, AktG, § 136 Rn. 5; *Rieckers*, in: Spindler/Stilz, BeckOGK AktG, § 136 Rn. 24.

[55] Siehe dazu LG Köln, Urt. v. 17.12.1997 – 91 O 131/97, NZG 1998, 193; *Petersen/ Schulze De la Cruz*, NZG 2012, 453 (455 ff.); *Bachmann*, NZG 2001, 961 (968).

[56] Siehe *Mülbert*, in: Großkomm. AktG, § 129 Rn. 41; im Ergebnis ebenso *J. Koch*, AktG, § 129 Rn. 5.

[57] A. A. aber *Ziemons*, in: K. Schmidt/Lutter, AktG, § 129 Rn. 18, die aufgrund der Möglichkeit einer uneinheitlichen Mitgliedschaft an dem Erfordernis eines Teilnehmerverzeichnisses festhalten will.

käme daher einem unnötigen Formalismus gleich, wenn man ungeachtet dessen an einer Pflicht zur Aufstellung eines Teilnehmerverzeichnisses festhielte.[58] Auch der Wille des Gesetzgebers verlangt nicht nach einer Einhaltung sinnentleerter Formalien.[59] Aus § 121 Abs. 6 i. V. m. 129 Abs. 1 Satz 2 AktG lässt sich im Ergebnis somit nicht ableiten, dass bei der Einmann-AG ein Versammlungsleiter zwingend erforderlich ist.

### *b) Erforderlichkeit einer förmlichen Beschlussfeststellung*

§ 130 Abs. 1 Satz 1 AktG verlangt, dass jeder Beschluss der Hauptversammlung notariell zu beurkunden ist. Eine Erleichterung in der Form, dass eine vom Aufsichtsratsvorsitzenden zu unterzeichnende Niederschrift ausreicht, hat der Gesetzgeber gemäß § 130 Abs. 1 Satz 3 AktG lediglich für Hauptversammlungen nichtbörsennotierter Gesellschaften vorgesehen, sofern keine Beschlüsse gefasst werden, für die das Gesetz eine Drei-Viertel- oder größere Mehrheit bestimmt.[60] Unabhängig von dem Erfordernis einer notariellen Beurkundung gehört zu den in die Niederschrift aufzunehmenden Informationen gemäß § 130 Abs. 2 Satz 1 AktG u. a. auch eine förmliche Feststellung über die jeweilige Beschlussfassung. Diese förmliche Beschlussfeststellung muss nach § 130 Abs. 2 Satz 1 AktG zwingend durch den Versammlungsleiter vorgenommen werden und – bei börsennotierten Gesellschaften – die in § 130 Abs. 2 Satz 2 Nr. 1–3 AktG festgelegten Informationen beinhalten. Nach § 130 Abs. 2 Satz 3 kann der Inhalt der förmlichen Beschlussfeststellung des Versammlungsleiters jedoch auch bei börsennotierten Gesellschaften auf die Feststellung der jeweils erforderlichen Beschlussmehrheit beschränkt werden, sofern kein Aktionär eine umfassende Feststellung nach Maßgabe von § 130 Abs. 2 Satz 2 Nr. 1–3 AktG verlangt. Unabhängig von der konkreten Form der Niederschrift und ihres Inhaltes, ließe sich die Entbehrlichkeit eines Versammlungsleiters bei der Einmann-AG nur dann begründen, wenn insgesamt auf eine förmliche Beschlussfeststellung i. S. v. § 130 Abs. 2 Satz 1 AktG verzichtet werden könnte.

Sinn und Zweck der Niederschrift ist es, im Interesse der Rechtssicherheit und Transparenz eine klare Dokumentation der Willensbildung in der Hauptversamm-

---

[58] So auch die herrschende Auffassung, siehe nur *Kubis*, in: MünchKomm. AktG, § 129 Rn. 17; *Noack/Zetsche*, in: KölnKomm. AktG, § 129 Rn. 44; *Mülbert*, in: Großkomm. AktG, § 129 Rn. 41; *Reger*, in: Bürgers/Körber/Lieder, AktG, § 129 Rn. 16; *Butzke*, HV AG, C. Rn. 64; *Gehling*, in: ArbeitsHdb. HV, § 9 Rn. 106; ebenso schon LG Berlin, Beschl. v. 11.2. 1938 – 408 T 1123/38, JW 1938, 1034 (1035); a. A. *Ziemons*, in: K. Schmidt/Lutter, AktG, § 129 Rn. 18; *von Falkenhausen*, BB 1966, 337 (344); ebenso *Lutter*, AG 1994, 429 (435), wonach auch bei der Einmann-AG die gesetzlichen Vorschriften der §§ 129, 130 AktG einzuhalten sind.

[59] Vgl. BayOblG, Beschl. v. 16.11.1972 – 2 Z 64/72, NJW 1973, 250 (251); LG Berlin, Beschl. v. 11.2.1938 – 408 T 1123/38 JW 1938, 1034 (1035); *Noack*, in: Liber amicorum Happ, S. 201 (207) in Bezug auf die nachfolgend zu erörternde förmliche Beschlussfeststellung.

[60] Siehe dazu die kritischen Anmerkungen von *Hoffmann-Becking*, ZIP 1995, 1 (7 f.).

lung zu gewährleisten.[61] Sie dient damit nicht nur den Interessen der an der Hauptversammlung Beteiligten, sondern auch den Interessen von Gesellschaftsgläubigern und Allgemeinheit.[62] Die besondere Bedeutung, die der Gesetzgeber der Dokumentation der Hauptversammlung beigemessen hat, ergibt sich aus § 241 Nr. 2 AktG. Danach ist ein Beschluss der Hauptversammlung nichtig, wenn er nicht nach § 130 Abs. 1, 2 Satz 1 und 4 AktG ordnungsgemäß beurkundet ist.[63] Die Tatsache, dass §§ 130 Abs. 2 Satz 1, Abs. 4 AktG lediglich auf den Namen bzw. die Unterzeichnung des Notars rekurrieren, ist als Redaktionsversehen zu werten mit der Folge, dass die Nichtigkeitsanordnung des § 241 Nr. 2 AktG auch bei einer privatschriftlichen Niederschrift i. S. v. § 130 Abs. 1 Satz 3 AktG zur Anwendung kommt.[64] Ein Verzicht auf die Niederschrift ist damit unabhängig davon, ob es sich um eine Einmann-AG oder Mehrpersonengesellschaft handelt, grundsätzlich nicht möglich, da anderenfalls eine Beschlussunfähigkeit der Gesellschaft eintreten würde.[65] Es stellt sich aber die weitere Frage, ob der Sinn und Zweck der Niederschrift im Falle einer Einmann-AG auch zwingend eine förmliche Beschlussfeststellung durch einen Versammlungsleiter erfordert.

Das Aktiengesetz schreibt eine förmliche Beschlussfeststellung ohne Ausnahme zwingend vor (§ 130 Abs. 2 Satz 1 AktG) und gewährt nur in Bezug auf den Feststellungsumfang gewisse Erleichterungen (§ 130 Abs. 2 Satz 3 AktG).[66] Allerdings ist zu berücksichtigen, dass bei Teilnahme nur eines Aktionärs in der Hauptversammlung eine nach § 130 Abs. 2 Satz 1 AktG vorausgesetzte Abstimmung nicht stattfindet.[67] Zwar ist es rechtlich möglich, dass der Alleinaktionär aus mehreren Aktien unterschiedlich abstimmt.[68] Dieses Szenario dürfte jedoch in der Praxis kaum eine Bedeutung erlangen und kann daher für sich allein auch keine Verpflichtung zur

---

[61] *Maaß*, ZNotP 2005, 50 (51); *Wicke*, in: Spindler/Stilz, BeckOGK AktG, § 130 Rn. 1; *Noack*, in: Liber amicorum Happ, S. 201 (204); siehe zum historischen Hintergrund *Schulte*, AG 1985, 33.

[62] BGH, Urt. v. 19. 9. 1994 – II ZR 248/92, NJW 1994, 3094 (3095); OLG Düsseldorf, Urt. v. 28. 3. 2003 – 16 U 79/02, ZIP 2003, 1147 (1150); siehe auch die Gesetzesbegründung bei *Schubert/Hommelhoff*, Hundert Jahre modernes Aktienrecht, ZGR-Sonderheft 4 1985, 505 f.

[63] Der Gesetzgeber hat den inhaltlichen Umfang der förmlichen Beschlussfeststellung bei börsennotierten Aktiengesellschaften im Zuge des ARUG I erheblich ausgeweitet (§ 130 Abs. 2 Satz 2 AktG); vgl. zu den erforderlichen Angaben im Einzelnen *Butzke*, HV AG, N. Rn. 24, 27 ff.

[64] Siehe OLG Köln, Urt. v. 28. 2. 2008 – 18 U 3/08, AG 2008, 458 (459).

[65] *Wicke*, in: Spindler/Stilz, BeckOGK AktG, § 130 Rn. 1.

[66] Vgl. zur Anwendbarkeit des § 130 Abs. 2 Satz 3 AktG im Kontext der Corona-HV *Link/Hess*, DB 2022, 851 ff.

[67] Siehe OLG Düsseldorf, Urt. v. 24. 4. 1997 – 6 U 20/96, ZIP 1997, 1153 (1161) – „ARAG/Garmenbeck"; ebenso schon LG Berlin, Beschl. v. 11. 2. 1938 – 408 T 1123/38, JW 1938, 1034 (1035).

[68] So die herrschende Auffassung, siehe *Holzborn*, in: Bürgers/Körber/Lieder, AktG, § 133 Rn. 9; *Spindler*, in: K. Schmidt/Lutter, AktG, § 133 Rn. 19; *J. Koch*, AktG, § 133 Rn. 21; *Faßbender*, RNotZ 2009, 425 (450 f.); a. A. noch RG, Urt. v. 16. 9. 1927 – II 21/37, 67 (69); ausführlich zum Meinungsstand *Armbrüster*, in: FS Bezzenberger, S. 3 (5 ff.).

Vornahme einer förmlichen Beschlussfeststellung rechtfertigen.[69] In aller Regel wird sich der Inhalt einer förmlichen Beschlussfeststellung daher in der Feststellung erschöpfen, dass der jeweilige Alleinaktionär der Einmann-AG durch Ausübung seines Stimmrechts einen bestimmten Beschluss zustande gebracht hat.[70] Zweifel hinsichtlich des Vorliegens bestimmter Stimmverhältnisse können grundsätzlich nicht entstehen.[71] Es käme demzufolge einem unnötigen Formalismus gleich, wenn man darauf bestünde, den Alleinaktionär nur deswegen zum Versammlungsleiter zu bestellen, um seine Beschlüsse in dieser Eigenschaft förmlich feststellen zu können.[72]

Vor dem Hintergrund von Sinn und Zweck der Dokumentationsfunktion der Niederschrift ist daher eine teleologische Reduktion des Anwendungsbereichs von § 130 Abs. 2 Satz 1 AktG geboten und von dem Erfordernis einer förmlichen Beschlussfeststellung bei der Einmann-AG abzusehen.[73] In Übereinstimmung mit der ganz herrschenden Meinung ist es im Ergebnis als ausreichend zu erachten, dass der betreffende Alleinaktionär oder dessen Vertreter gefasste Beschlüsse zu Protokoll erklärt.[74] Auch insoweit kann also nicht auf die zwingend notwendige Existenz eines Versammlungsleiters bei der Einmann-AG geschlossen werden.[75]

---

[69] *Bachmann*, NZG 2001, 961 (967); a. A. *Reinicke*, Rechtsstellung des Vorsitzenden einer HV, S. 16 f., der bei uneinheitlicher Stimmabgabe an dem Erfordernis einer förmlichen Beschlussfeststellung festhalten will; vgl. dazu auch die Praxisbeispiele bei *K. Schmidt*, GesR, S. 850.

[70] KG Berlin, Beschl. v. 28.4.1938 – 1 Wx 119/38, JW 1938, 1901 (1902).

[71] *Geßler*, Komm. AktG, § 130 Rn. 8.

[72] *Ott*, RNotZ 2014, 423 (427); KG Berlin, Beschl. v. 28.4.1938 – 1 Wx 119/38, JW 1938, 1901 (1902); LG Berlin, Beschl. v. 11.2.1938 – 408 T 1123/38, JW 1938, 1034 (1035); a. A. *Lutter*, AG 1994, 429 (435), wonach auch bei der Einmann-AG die gesetzlichen Vorschriften der §§ 129, 130 AktG einzuhalten sind; nicht unproblematisch in diesem Zusammenhang ist der bisweilen in Literatur und Rechtsprechung anzutreffende Hinweis, der Alleinaktionär fasse in der Hauptversammlung keine Beschlüsse, sondern erkläre seine Entschlüsse, siehe etwa *Schulte*, AG 1985, 33 (38); kritisch *Boesebeck*, NJW 1961, 481 (485), der anmerkt, dass es sich auch im Fall eines Alleingesellschafters um einen Gesellschafterbeschluss im Rechtssinne handelt; aus § 119 Abs. 1 AktG ergibt sich, dass die Hauptversammlung als Organ die Beschlüsse fasst; zwar werden die Entscheidungen von Alleinaktionär und Hauptversammlung in aller Regel übereinstimmen; in der (notariellen) Niederschrift sollte jedoch zur Vermeidung etwaiger Eintragungshindernisse klargestellt werden, dass die Beschlüsse durch die Hauptversammlung als Organ und nicht durch den Alleinaktionär bzw. dessen Vertreter getroffen werden; ein entspr. Formulierungsvorschlag findet sich bei *Bachmann*, NZG 2001, 961 (967) (Fn. 111).

[73] BayOblG, Beschl. v. 16.11.1972 – 2 Z 64/72, NJW 1973, 250 (251); so auch schon zu § 111 Abs. 2 AktG a. F. KG Berlin, Beschl. v. 28.4.1938 – 1 Wx 119/38, JW 1938, 1901 (1902); *Butzke*, HV AG, N. Rn. 31; ebenso *Sauerwald*, VersL im AktR, S. 48.

[74] So auch die ganz herrschende Auffassung, siehe nur *Pöschke/Vogel*, in: ArbeitsHdb. HV, § 13 Rn. 10; *Noack/Zetsche*, in: KölnKomm. AktG, § 129 Rn. 44; *Schulte*, AG 1985, 33 (38); *Wilhelmi*, BB 1987, 1331 (1334); *Grundmann*, in: Großkomm. AktG, § 133 Rn. 132; *Bachmann*, NZG 2001, 961 (967); *Ott*, RNotZ 2014, 423 (427); a. A. *Ziemons*, in: K. Schmidt/Lutter, AktG, § 130 Rn. 23.

### *c) Erforderlichkeit eines Versammlungsleiters aufgrund satzungsmäßiger Bestimmung*

Uneinheitlich wird die Frage beurteilt, ob bei der Einmann-AG ein Versammlungsleiter jedenfalls dann zwingend erforderlich ist, wenn die Satzung dies vorsieht.

Nach Ansicht des OLG Köln kann ein Alleinaktionär nicht ohne weiteres als Versammlungsleiter an die Stelle des Aufsichtsratsvorsitzenden treten, wenn letzterem im Wege einer Satzungsbestimmung der Versammlungsvorsitz zugewiesen ist.[76] Erforderlich ist danach zunächst ein satzungsändernder Beschluss gemäß § 179 Abs. 2 AktG i. V. m. § 130 Abs. 1 Satz 1 AktG, der der notariellen Beurkundung sowie der Eintragung im Handelsregister bedarf (§ 181 Abs. 3 AktG).[77] Das OLG Köln bringt damit gleichzeitig zum Ausdruck, dass auf einen Versammlungsleiter nicht verzichtet werden kann, wenn die Satzung dessen Existenz vorschreibt. Dieser Judikatur des OLG Köln wird teilweise mit dem Argument entgegengetreten, dass die Bestellung eines Versammlungsleiters bei einer Einmann-AG bei Bestehen einer satzungsmäßigen Vorgabe punktuell mit der für eine Satzungsänderung erforderlichen Drei-Viertel-Mehrheit (§ 179 Abs. 2 AktG) durchbrochen werden könne.[78] Angesichts des eindeutigen Wortlauts von § 130 Abs. 1 Satz 3 AktG („*vom Vorsitzenden des Aufsichtsrats zu unterzeichnende Niederschrift*") und der potentiellen Nichtigkeitsfolge nach § 241 Nr. 2 AktG wird teilweise dafür plädiert ein für die Praxis verbleibendes Restrisiko dadurch auszuschließen, dass man den vom Alleinaktionär unterzeichneten Beschluss nochmals vom Vorsitzenden des Aufsichtsrats, der ursprünglich in der Satzung zur Versammlungsleitung berufen war, gegenzeichnen lässt.[79]

Die in Fällen dieser Art eine in das Handelsregister einzutragende Satzungsänderung fordernde Auffassung des OLG Köln verdient Zustimmung. Sofern eine Satzung eine rechtlich nicht erforderliche ausdrückliche Regelung dahin enthält, dass das Amt der Versammlungsleitung durch den Aufsichtsratsvorsitzenden wahrzunehmen ist, kommt darin der eindeutige Wille zum Ausdruck, dass die Versammlung zum einen über einen Leiter verfügen muss und zum anderen, dass in personeller Hinsicht ausschließlich die Person des Aufsichtsratsvorsitzenden zur Übernahme der Versammlungsleitung berufen ist. Eine Abänderung ist daher nur unter Beachtung des für Satzungsänderungen gesetzlich vorgeschriebenen Verfah-

---

[75] A. A. *Ziemons*, in: K. Schmidt/Lutter, AktG, § 129 Rn. 55; ablehnend auch *Blasche*, AG 2017, 16, der argumentiert, dass die Beschlussfeststellung konstitutiv für jeden Beschluss sei.

[76] OLG Köln, Urt. v. 28. 2. 2008 – 18 U 3/08, AG 2008, 458 (459).

[77] OLG Köln, Urt. v. 28. 2. 2008 – 18 U 3/08, AG 2008, 458 (459); ebenso *Ott*, RNotZ 2014, 423 (425 f.).

[78] So *Zimmermann*, in: Happ, Aktienrecht, Abschnitt 10.18 Rn. 4.1 (Fn. 25); vgl. zur Zulässigkeit und den Grenzen einer punktuellen Satzungsdurchbrechung bei der GmbH BGH, Urt. v. 7. 6. 1993 – II ZR 81/92, DNotZ 1994, 313 (314); OLG Dresden, Beschl. v. 9. 11. 2011 – 12 W 1002/11. NZG 2012, 507 f.

[79] Siehe *Ludwig/Bednarz*, in: Happ, Aktienrecht, Abschnitt 10.20 Rn. 3.2.

rens einschließlich der obligatorischen Eintragung im Handelsregister gemäß § 181 Abs. 1, 3 AktG möglich.[80] Um die Förmlichkeiten einer Satzungsänderung zu vermeiden, sollte daher in der Satzung der Einmann-AG vorsorglich eine Regelung dahin getroffen werden, dass im Verhinderungsfall des Aufsichtsratsvorsitzenden das Amt der Versammlungsleitung dessen Stellvertreter oder dem Alleinaktionär zufällt.

### *d) Zwischenergebnis*

Die vorstehenden Ausführungen haben gezeigt, dass sowohl die Aufstellung eines Teilnehmerverzeichnisses gemäß § 129 Abs. 1 Satz 2 AktG, als auch die förmliche Beschlussfeststellung durch den Vorsitzenden der Hauptversammlung gemäß § 130 Abs. 2 Satz 1 AktG bei der Einmann-AG entbehrlich sind. Damit entfallen für die Einmann-AG zugleich die in Betracht kommenden normativen Anknüpfungspunkte, aus denen die rechtliche Erforderlichkeit eines Versammlungsleiters abgeleitet werden könnte. Überdies kommt im Fall eines Alleinaktionärs der Primärverantwortung des Versammlungsleiters, für eine ordnungsgemäße Moderation der Hauptversammlung und insbesondere der Generaldebatte Sorge zu tragen, auch keine praktische Bedeutung zu. Es ist deshalb davon auszugehen, dass bei der Einmann-AG grundsätzlich keine Notwendigkeit für einen Versammlungsleiter besteht.[81] Etwas anderes gilt nur dann, wenn die Satzung einen Versammlungsleiter vorschreibt. Über eine derartige ausdrückliche Satzungsbestimmung kann sich der Alleingesellschafter auch nicht mittels einer punktuellen Satzungsdurchbrechung hinwegsetzen.

Zwingend erforderlich bleibt indes auch bei der Einmann-AG die Niederschrift. Diese ist im Fall der Börsennotierung der Gesellschaft von einem Notar (§ 130 Abs. 1 Satz 1 u. Abs. 4 AktG) zu unterschreiben. Sofern bei einer nichtbörsennotierten Einmann-AG auf eine notarielle Beurkundung verzichtet werden kann (§ 130 Abs. 1 Satz 3 AktG), ist die Niederschrift durch den Aufsichtsratsvorsitzenden und im Verhinderungsfall durch dessen Stellvertreter zu unterzeichnen. Steht im Verhinderungsfall auch ein Stellvertreter des Aufsichtsratsvorsitzenden nach § 107

---

[80] Die satzungsmäßige Zuweisung der Versammlungsleitung kann auch dazu dienen, das sich aus § 118 Abs. 3 Satz 1 AktG ergebende Teilnahmerecht des Aufsichtsratsvorsitzenden abzusichern, siehe dazu den zugrundeliegenden Sachverhalt bei OLG Köln, Urt. v. 28.2. 2008 – 18 U 3/08, AG 2008, 458 (459).

[81] So im Ergebnis auch *Kubis*, in: MünchKomm. AktG, § 119 Rn. 108; *Zetsche*, in: KölnKomm. AktG, Anh. § 119 Rn. 3; *Stützle/Walgenbach*, ZHR (155) 1991, 516 (519); *Steiner*, HV, § 6 Rn. 6; *Mülbert*, in: Großkomm. AktG, § 129 Rn. 107; ebenso *Butzke*, HV AG, D. Rn. 12, der jedoch empfiehlt, gleichwohl einen Versammlungsleiter einzusetzen, um den unter Umständen ansonsten relativ aufwendigen Nachweis alleiniger Aktieninhaberschaft zu vermeiden; a. A. *Ziemons*, in: K. Schmidt/Lutter, AktG, § 129 Rn. 55; *dies.*, in: Ziemons/Binnewies, Handb. AG, I. Teil Rn. 10.780 (bis einschließlich 66. Ergänzungslieferung); *Blasche*, AG 2017, 16 (22); kritisch auch *Ott*, RNotZ 2014, 423 (426 f.), der sich gegen eine pauschale Entbehrlichkeit des Versammlungsleiters ausspricht.

Abs. 1 Satz 3 AktG nicht zur Verfügung, kann die Unterzeichnung auch durch den Alleinaktionär vorgenommen werden, da anderenfalls ein Versammlungsleiter ausschließlich für Zwecke der Unterzeichnung der Niederschrift zu bestellen wäre, was ebenfalls einem unnötigen Formalismus gleichkäme.[82] Im Übrigen reicht es aufgrund der Besonderheiten einer Ein-Personen-Hauptversammlung aus, die Formulierungen in der Niederschrift auf das Wesentliche zu beschränken und die Niederschrift mit einer Eingangsformel und einer abschließenden Unterschrift des Notars bzw. Aufsichtsratsvorsitzenden oder des Alleinaktionärs zu versehen.[83]

### 2. Hauptversammlung einer Mehrpersonengesellschaft bei Teilnahme nur eines Aktionärs oder Aktionärsvertreters

Fraglich ist, ob ein Versammlungsleiter auch dann entbehrlich ist, wenn bei einer Mehrpersonengesellschaft nur ein Aktionär oder Aktionärsvertreter an der Hauptversammlung teilnimmt.

#### *a) Meinungsstand*

Ein Teil der Literatur hält einen Versammlungsleiter in der Mehrpersonengesellschaft auch dann für zwingend erforderlich, wenn nur ein Aktionär oder Aktionärsvertreter an der Hauptversammlung teilnimmt.[84] Begründet wird dies damit, dass auch bei Teilnahme nur einer Person Interessengegensätze entstehen können, insbesondere dann, wenn mehrere Aktionäre durch einen einheitlichen Bevollmächtigten vertreten werden.[85] Für die Erforderlichkeit eines Versammlungsleiters spreche zudem, dass mit dem Fehlen einer Versammlungsleitung auch die für förmliche Beschlüsse konstitutive Feststellung des Versammlungsleiters entfalle und dies in der Folge mangels anknüpfbarer förmlicher Beschlussfassungen eine systemwidrige Einschränkung der Anfechtungsklage zugunsten der einfachen Feststellungsklage (§ 256 ZPO) nach sich ziehe.[86]

Demgegenüber wird teilweise die Auffassung vertreten, ein Versammlungsleiter sei stets entbehrlich, wenn nur ein Aktionär oder Aktionärsvertreter an der Hauptversammlung teilnehme.[87] Es mache insofern keinen Unterschied, ob es sich um eine

[82] A. A. *Mülbert*, in: Großkomm. AktG, § 129 Rn. 107.

[83] So auch *Bachmann*, NZG 2001, 961 (967); nach *Schulte*, AG 1985, 33 (38) ist im Falle notarieller Beurkundung zusätzlich die namentliche Bezeichnung des Alleinaktionärs und dessen Unterschrift in der Niederschrift erforderlich, falls auf die Aufstellung eines Teilnehmerverzeichnisses verzichtet wird.

[84] *Kubis*, in: MünchKomm. AktG, § 119 Rn. 108; *Mülbert*, in: Großkomm. AktG, § 129 Rn. 107; *Sauerwald*, VersL im AktR, S. 51.

[85] Siehe *Butzke*, HV AG, D. Rn. 12.

[86] *Mülbert*, in: Großkomm. AktG, § 130 Rn. 106.

[87] So *Stützle/Walgenbach*, ZHR (155) 1991, 516 (519); *Wicke*, in: Spindler/Stilz, BeckOGK AktG, § 129 Rn. 41; *Bahr*, in: Schaaf, Praxis HV, Rn. 458.

Einmann-AG oder eine Mehrpersonengesellschaft handele. Entscheidend sei allein, ob ein Versammlungsleiter seiner Funktion nach erforderlich sei oder nicht.[88]

### *b) Stellungnahme*

Die Frage nach der Erforderlichkeit eines Versammlungsleiters muss sich ebenso wie bei der Einmann-AG daran bemessen, ob die Anwesenheit eines Versammlungsleiters zwingend erforderlich ist, um dem diesem zugedachten Funktionsauftrag, namentlich für eine ordnungsgemäße Durchführung der Hauptversammlung zu sorgen, zur Durchsetzung zu verhelfen.

Hinsichtlich der Notwendigkeit eines Teilnehmerverzeichnisses und einer förmlichen Beschlussfeststellung ergeben sich zu der Situation einer Einmann-AG wertungsmäßig keine Unterschiede. Die Aufstellung eines Teilnehmerverzeichnisses gemäß § 129 Abs. 1 Satz 2 AktG ist bei Anwesenheit nur eines Aktionärs oder Stimmrechtsvertreters obsolet, und zwar unabhängig davon, ob es sich um eine Einmann-AG oder eine Mehrpersonengesellschaft handelt. Auch ist eine förmliche Beschlussfeststellung gemäß § 130 Abs. 2 Satz 1 AktG entbehrlich, da bei Anwesenheit nur eines Aktionärs oder Aktionärsvertreters eine Abstimmung im Sinne von § 130 Abs. 2 Satz 1 AktG in aller Regel nicht stattfinden wird. Eine theoretisch mögliche divergierende Abstimmung aus mehreren Aktien oder aufgrund mehrerer unterschiedlicher Stimmrechtsvollmachten hat im Fall der Anwesenheit nur eines Aktionärs bzw. Aktionärsvertreters eine nur geringfügige praktische Relevanz und rechtfertigt keine grundsätzliche Verpflichtung zu einer förmlichen Beschlussfeststellung nach Maßgabe von § 130 Abs. 2 Satz 1 AktG. Für den Fall des Auftretens einer solchen Konstellation ist es erforderlich, aber auch ausreichend, dem durch einen klarstellenden Hinweis in der Niederschrift Rechnung zu tragen. Aus formellen Gründen ist somit die Bestimmung eines Versammlungsleiters nicht zwingend geboten, sofern nur ein Aktionär oder Aktionärsvertreter an der Hauptversammlung teilnimmt. Etwas anderes lässt sich auch nicht aus der ungeschriebenen, originären Funktion des Versammlungsleiters ableiten, einen ordnungsgemäßen Ablauf der Hauptversammlung zu gewährleisten. Eine kontroverse Diskussion ist grundsätzlich erst dann möglich, wenn mehr als zwei Aktionäre oder Aktionärsvertreter an der Hauptversammlung teilnehmen. Maßstab für die zwingende Erforderlichkeit eines Versammlungsleiters ist somit nicht die Frage, ob es sich um eine Einmann-AG oder eine Mehrpersonengesellschaft handelt, sondern die Frage, ob lediglich ein Aktionär oder mehrere Aktionäre bzw. Aktionärsvertreter an der betreffenden Hauptversammlung teilnehmen. Zwar ist es richtig, dass es infolge des Entfallens einer förmlichen Beschlussfeststellung an anknüpfbaren Beschlüssen für eine Anfechtungsklage nach § 246 AktG fehlt und in der Folge Verfahrensfehler mit

---

[88] Vgl. OLG Düsseldorf, Urt. v. 24.4.1997 – 6 U 20/96, ZIP 1997, 1153 (1161) – „ARAG/Garmenbeck“, wonach Angaben über die Art der Abstimmung nach § 130 Abs. 2 Satz 1 AktG in der Niederschrift entbehrlich sind, da eine Abstimmung bei Anwesenheit nur eines Aktionärs schon begrifflich ausgeschlossen sei.

der allgemeinen Feststellungsklage (§ 256 ZPO) angegriffen werden können. Dieser Aspekt wiegt aber nicht so schwer, als dass er eine grundsätzliche Verpflichtung zur Bestellung eines Versammlungsleiters in diesem Fall rechtfertigen könnte. Zum einen ist zu berücksichtigen, dass auch im Rahmen der Feststellungsklage nach § 256 ZPO ein Feststellungsinteresse dargetan werden muss und somit kein einschränkungsloses Vorgehen gegen Verfahrensfehler eröffnet wird. Zum anderen ist dem Interesse an einer in der Praxis rechtssicheren Handhabung im Umgang mit der Frage der Entbehrlichkeit des Versammlungsleiters der Vorrang einzuräumen. Nimmt nur ein Aktionär oder Aktionärsvertreter an der Hauptversammlung teil, so steht nach dem hier befürworteten Ansatz fest, dass ein Versammlungsleiter nicht erforderlich ist, und zwar unabhängig von der Aktionärsstruktur. Wie bei der Einmann-AG muss aber auch insoweit die Einschränkung gelten, dass ein Versammlungsleiter zwingend dann erforderlich ist, wenn die Satzung dessen Existenz und Teilnahme an der Hauptversammlung ausdrücklich vorschreibt. Auch in Bezug auf die Niederschrift gelten die Ausführungen zur Einmann-AG entsprechend.[89]

### 3. Beschlusslose Hauptversammlung

Das Gesetz verlangt nicht, dass die Hauptversammlung stets als Beschlussorgan tätig werden muss.[90] Für bestimmte Fälle sieht es sogar explizit eine rein informierende Hauptversammlung vor bzw. lässt eine solche jedenfalls zu.[91] Darüber hinaus kann unter bestimmten, im einzelnen umstrittenen Voraussetzungen jenseits der gesetzlich anerkannten Fälle auch eine geplant beschlusslose Hauptversammlung ohne Beschlussvorlagen einberufen werden.[92] Auch bei beschlusslosen Hauptversammlungen stellt sich die Frage nach der Erforderlichkeit eines Versammlungsleiters.

Bei beschlusslosen Hauptversammlungen ist die Erstellung einer Niederschrift und naturgemäß auch eine durch den Versammlungsleiter vorzunehmende förmliche Beschlussfeststellung gemäß § 130 Abs. 2 Satz 1 AktG nicht gesetzlich vorgeschrieben.[93] Es sind jedoch Fälle denkbar, in denen auch bei geplant beschlusslosen

---

[89] Vgl. dazu die obigen Ausführungen unter 2. Kapitel B. II. 1. d) (S. 85 f.).

[90] *Mülbert*, in: GroßKomm. AktG, Vor § 118 Rn. 51.

[91] Siehe etwa § 92 Abs. 1 AktG, der die Einberufung einer Hauptversammlung vorsieht, deren Aufgabe sich darauf beschränkt, die Verlustanzeige des Vorstands entgegenzunehmen; darüber hinaus ist auch die Einberufung einer Hauptversammlung ausschließlich zum Zwecke der Entgegennahme des von Vorstand und Aufsichtsrat festgestellten Jahresabschlusses und des Lageberichts möglich, siehe *Mülbert*, in: Großkomm. AktG, Vor § 118 Rn. 52.

[92] Siehe zum Meinungsstand *Mülbert*, in: GroßKomm. AktG, Vor § 118 Rn. 53 ff.; *Huber*, ZIP 1995, 1740 f.

[93] *Noack/Zetsche*, in: KölnKomm. AktG, § 130 Rn. 132; *Kubis*, in: MünchKomm. AktG, § 130 Rn. 3; *Mülbert*, in: Großkomm. AktG, § 130 Rn. 13 f.; *Schulte*, AG 1985, 33 (37); *Ziemons*, in: K. Schmidt/Lutter, AktG, § 130 Rn. 7; *Hoffmann-Becking*, in: MünchHdb. GesR AG, § 41 Rn. 5, der relativierend aber auf die geringe praktische Relevanz beschlussloser Hauptversammlungen hinweist; a. A. noch *S. Wilhelmi*, in: von Godin/Wilhelmi, AktG Kom-

Hauptversammlungen eine Niederschrift und eine förmliche Beschlussfeststellung erforderlich sein können. Praktisch bedeutsam kann dies insbesondere bei etwaigen Beschlussfassungen über bekanntmachungsfreie Anträge (vgl. § 124 Abs. 4 Satz 2 Var. 1, 2 AktG) werden, die sich auch im Rahmen einer beschlusslosen Hauptversammlung ergeben können.[94] Die Tatsache, dass es auch im Rahmen einer zunächst geplanten beschlusslosen Hauptversammlung zu Beschlussfassungen kommen kann, ist Beleg dafür, dass auf die Aufstellung eines Teilnehmerverzeichnisses gemäß § 129 Abs. 1 Satz 2 AktG nicht verzichtet werden kann, da anderenfalls eine spätere Nachprüfung der Wirksamkeit der gefassten Beschlüsse nicht oder nur sehr eingeschränkt möglich wäre.[95] Aus der generellen Notwendigkeit eines Teilnehmerverzeichnisses ließe sich gleichzeitig auch die grundsätzliche Erforderlichkeit eines Versammlungsleiters ableiten, sofern man diesem mit einem Teil der Literatur die Verantwortlichkeit für die Aufstellung des Teilnehmerverzeichnisses zuschreibt.[96] Unabhängig davon spricht für die Erforderlichkeit eines Versammlungsleiters auch bei der beschlusslosen Hauptversammlung jedoch entscheidend dessen ungeschriebene Kernfunktion, eine ordnungsgemäße Abwicklung der Hauptversammlung zu gewährleisten. Auch bei einer beschlusslosen Hauptversammlung besteht nämlich die Gefahr, dass einzelne Aktionäre ihr Rederecht missbrauchen oder es zu Konfliktsituationen kommt, die durch einen neutralen Moderator aufgelöst werden müssen. Auch streiten Praktikabilitätsgründe dafür einen Versammlungsleiter einzusetzen, da dieser anderenfalls ad hoc während der laufenden Versammlung zu bestimmen wäre, wenn es unerwarteterweise doch zu Beschlussfassungen im Rahmen der grundsätzlich als beschlusslos geplanten Hauptversammlung kommen sollte.

Im Ergebnis bleibt somit festzuhalten, dass auch beschlusslose Hauptversammlungen grundsätzlich eines Versammlungsleiters bedürfen. Aus Gründen der Rechtsklarheit sollte daher in der Satzung oder Geschäftsordnung auch für beschlusslose Hauptversammlungen ein Versammlungsleiter ausdrücklich vorgesehen werden.

---

mentar § 130 Anm. 2; es wird jedoch vielfach empfohlen auch bei beschlusslosen Hauptversammlungen eine Niederschrift aufzunehmen, um etwaigen protokollierungsbedürftigen Aktionärsminderheitsverlangen (§ 130 Abs. 1 Satz 2 AktG) und Dokumentationsverlangen (§ 131 Abs. 5 AktG) seitens der Aktionäre Rechnung tragen zu können, siehe *Schmid*, in: Ziemons/Binnewies, Handb. AG, I. Teil Rn. 10.1190; *Faßbender*, RNotZ 2009, 425 (429); im Ergebnis ebenso schon *Lamers*, DNotZ 1962, 287 (294 f.).

[94] Relevant sind in diesem Zusammenhang insbesondere sog. Sonderprüfungsanträge gemäß § 124 Abs. 4 Satz 2 Var. 2 AktG, die im Zusammenhang mit der Entlastung von Vorstand bzw. Aufsichtsrat gestellt werden; ausführlich zu Voraussetzungen und möglichen Gegenständen bekanntmachungsfreier Anträge *Werner*, in: FS Fleck, S. 401 (403 ff.).

[95] *Mülbert*, in: Großkomm. AktG, § 129 Rn. 42.

[96] Für die Zuständigkeit des Versammlungsleiters plädierend *Kubis*, in: MünchKomm. AktG, § 129 Rn. 18; *Henseler*, BB 1962, 1023 (1024); *Baumeister*, in: BeckFormB AktR, S. 589; vgl. ausführlich zu dem diesbezüglichen Meinungsstand unten unter 2. Kapitel F. IV. 4. a) (S. 221 f.).

### 4. Zusammenfassende Betrachtung

Die vorstehenden Ausführungen haben gezeigt, dass nur in eng begrenzten Ausnahmefällen auf einen Versammlungsleiter verzichtet werden kann.

Entbehrlich ist ein Versammlungsleiter unter Berücksichtigung des Sinn und Zwecks der Versammlungsleitung und der gesetzlichen Vorschriften, die an die Existenz eines Versammlungsleiters anknüpfen, insbesondere bei einer Einmann-AG. Etwas anderes gilt dann, wenn die Existenz eines Versammlungsleiters in der Satzung der Einmann-AG ausdrücklich vorgesehen ist. Dem von Teilen der Literatur bei einer solchen Fallgestaltung vertretenen Ansatz, wonach ein Verzicht auf die Versammlungsleitung aufgrund einer angenommenen punktuellen Satzungsdurchbrechung, die einer Eintragung ins Handelsregister nicht bedürfe, möglich sein soll, ist entgegenzuhalten, dass dieser sich mit dem satzungsmäßig erklärten Willen der Gesellschaft nicht in Deckung bringen lässt. Im Kontext einer nichtbörsennotierten Gesellschaft hat die Unterzeichnung der Niederschrift gemäß § 130 Abs. 1 Satz 3 AktG prioritär durch den Aufsichtsratsvorsitzenden und im Verhinderungsfall durch dessen Stellvertreter (§ 107 Abs. 1 Satz 3 AktG) zu erfolgen. Stehen weder Aufsichtsratsvorsitzender noch dessen Stellvertreter zur Verfügung, kann die Unterzeichnung auch durch den Alleinaktionär vorgenommen werden, um eine ansonsten erforderlich werdende Bestimmung eines Versammlungsleiters nur für Zwecke der Unterschrift zu vermeiden.

Der Versammlungsleiter ist zudem bei Mehrpersonengesellschaften entbehrlich, wenn nur ein Aktionär oder Aktionärsvertreter an der Hauptversammlung teilnimmt. Zwar ist zuzugestehen, dass auch in dieser Konstellation bei mehreren Aktien oder unterschiedlichen Stimmrechtsvollmachten die theoretische Möglichkeit einer divergierenden Stimmrechtsausübung bestehen kann. Dies rechtfertigt als solches jedoch nicht die zwingende Pflicht zu einer durch den Versammlungsleiter vorzunehmenden förmlichen Beschlussfeststellung nach Maßgabe von § 130 Abs. 2 Satz 1 AktG, da es sich dabei um seltene Ausnahmefälle handelt. Entscheidend ist, dass die primären Funktionen der Versammlungsleitung zur sachgerechten und professionellen Abwicklung der Hauptversammlung nicht zum Tragen kommen, wenn nur ein Aktionär oder Aktionärsvertreter an der Hauptversammlung teilnimmt, da es insbesondere an einer streitigen Generaldebatte fehlt. Ein Versammlungsleiter ist ebenso wie bei der Einmann-AG aber dann zwingend, wenn die Satzung einen Versammlungsleiter vorsieht. In Bezug auf die Niederschrift gelten die gleichen rechtlichen Prämissen wie bei der Einmann-AG, insbesondere kann im Fall des § 131 Abs. 1 Satz 3 AktG die Unterschrift durch den Aufsichtsratsvorsitzenden oder dessen Stellvertreter bzw. durch den (einzig) teilnehmenden Aktionär geleistet werden und bedarf nicht der gesonderten Bestellung eines Versammlungsleiters.

Nicht verzichtet werden kann auf einen Versammlungsleiter bei einer geplant beschlusslosen Hauptversammlung. Zwar entfällt bei beschlusslosen Versammlungen grundsätzlich das Risiko von Beschlussanfechtungen. Dies gilt naturgemäß jedoch nur dann, wenn es nicht unplanmäßig doch zu Beschlussfassungen in der

Hauptversammlung kommt. Überdies können sich auch im Rahmen beschlussloser Hauptversammlungen konfliktträchtige Situationen entwickeln, die eine neutrale Versammlungsführung aus Gründen der Rechtssicherheit zwingend erforderlich machen.

# C. Zur Person des Versammlungsleiters

## I. Voraussetzungen in personeller Hinsicht

Das Aktiengesetz geht zwar an verschiedenen Stellen von der Existenz eines Versammlungsleiters aus (vgl. §§ 118 Abs. 4, 130 Abs. 2 Satz 1, 131 Abs. 2 Satz 2 AktG), zu konkreten rechtlichen und praktischen Anforderungen hinsichtlich der Person des Versammlungsleiters schweigt es sich jedoch aus. Gleiches gilt für den RefE für die virtuelle HV. Personenbezogene Vorgaben müssen daher aus dem Funktionsauftrag des Versammlungsleiters abgeleitet werden.

### 1. Allgemeingültige Anforderungen

Die Aufgabe der Versammlungsleitung besteht darin, eine rechtmäßige, praxisgerechte und zügige Erledigung der gesamten Tagesordnung durch die Hauptversammlung zu gewährleisten.[97] Dies setzt voraus, dass es sich bei dem Versammlungsleiter um eine Person handelt, die in der Lage ist Verlauf und Inhalt der Hauptversammlung zu folgen. Aufgrund der im Rahmen der Versammlungsleitung vorzunehmenden Rechtshandlungen ist die Geschäftsfähigkeit des Versammlungsleiters (§§ 104 ff. BGB) zwingend erforderlich.[98] Im Übrigen kommen für das Amt des Versammlungsleiters nur solche Personen infrage, die mit den Funktionen und Aufgaben des Versammlungsleiters in jeder Hinsicht kompatibel sind. Erforderlich ist daher auch ein profunder Kenntnisstand im Hinblick auf die eigenen Rechte sowie den Ablauf der Hauptversammlung.

---

[97] BGH, Urt. v. 11. 11. 1965 – II ZR 122/63, AG 1966, 28; *Reichert*, in: Beck'sches Hdb. AG, § 5 Rn. 166; *Ziemons*, in: K. Schmidt/Lutter, AktG, § 129 Rn. 69; *Marsch-Barner/von der Linden*, in: Marsch-Barner/Schäfer, Hdb. börsennotierte AG, § 35 Rn. 36; *J. Koch*, AktG, § 129 Rn. 22; *Martens*, WM 1981, 1010; *Drygala/Staake/Szalai*, KapitalGesR, § 21 Rn. 245; siehe auch die Anregung nach lit. A.4 DCGK in der Fassung vom 16. Dezember 2019, wonach der Hauptversammlungsleiter sich davon leiten lassen sollte, dass eine ordentliche Hauptversammlung spätestens nach vier bis sechs Stunden beendet ist.

[98] So schon *Horrwitz*, Recht der Generalversammlungen, S. 200; ebenso *Drewes*, Die Generalversammlung der AG, S. 27, wonach der Versammlungsleiter auch nicht taub, stumm, blind oder schreibensunkundig sein darf.

### 2. Zur Versammlungsleitung zugelassene Personen

Nachfolgend werden zunächst diejenigen Personen dargestellt, die für eine Übernahme der Versammlungsleitung in Betracht kommen. Neben Aufsichtsratsmitgliedern und Aktionären sind dies vor allem auch unternehmensfremde Dritte.

#### *a) Versammlungsleitung durch Aufsichtsratsmitglieder*

##### aa) Kompatibilität zwischen Aufsichtsratsmandat und Versammlungsleitung

Nach der Systematik des Aktiengesetzes obliegen dem Aufsichtsrat als wichtigste Aufgaben die Bestellung und Abberufung des Vorstands (§ 84 Abs. 1 Satz 1 AktG), die Überwachung der Geschäftsführung des Vorstands (§ 111 Abs. 1 AktG) sowie die Vertretung der Gesellschaft gegenüber den Vorstandsmitgliedern (§ 112 Satz 1 AktG). Diese Aufgaben und Funktionen stehen in keinem Spannungsverhältnis zu denen des Versammlungsleiters. Es fragt sich jedoch, ob sich auf Grundlage anderer aktienrechtlicher Bestimmungen eine Inkompatibilität zwischen Aufsichtsratsmandat und Versammlungsleitung ergibt.

###### *(1) Keine Inkompatibilität aufgrund der Entlastungskompetenz der Hauptversammlung*

Eine Konfliktsituation könnte sich aus dem Umstand ergeben, dass die Hauptversammlung gemäß § 120 Abs. 1 Satz 1 Var. 2 AktG auch über die Entlastung der Mitglieder des Aufsichtsrats Beschluss fasst. Daraus lässt sich jedoch kein kategorischer Ausschluss vom Amt des Versammlungsleiters ableiten, da nicht ersichtlich ist, inwieweit das Aufsichtsratsmitglied in seiner Funktion als Versammlungsleiter auf die Entlastungsentscheidung Einfluss nehmen könnte. Im Rahmen seiner Leitungsfunktion, die auf die formale Ordnung der Hauptversammlung gerichtet ist, kann der Versammlungsleiter nicht inhaltlich auf die Sachdebatte oder die Abstimmungen einwirken.[99] Sofern der Versammlungsleiter gleichzeitig Aktionär ist, stehen diesem zwar grundsätzlich die aus der Aktionärsstellung fließenden Mitgliedschaftsrechte, einschließlich des Rederechts, in der Hauptversammlung zu.[100] Die Grenze einer zulässigen Rechtsausübung wird aber dann überschritten, wenn der Versammlungsleiter seine Stellung als Vorsitzender der Versammlung dazu einsetzt,

---

[99] Siehe *Mülbert*, in: Großkomm. AktG, § 129 Rn. 134 f., wonach der Versammlungsleiter nur in seiner Eigenschaft als Aufsichtsratsmitglied im Rahmen der Sachdebatte inhaltlich Stellung beziehen kann; ebenso *Kubis*, in: MünchKomm. AktG, § 119 Rn. 126; nach *Zetsche*, in: KölnKomm. AktG, Anh. § 119 Rn. 140 soll der Versammlungsleiter in der Diskussion selbst Ausführungen zur Sache machen und sich an der Abstimmung beteiligen können, wobei aber unklar bleibt, ob dies nur dann gelten soll, wenn die Versammlungsleitung durch ein Aufsichtsratsmitglied übernommen wird.

[100] So im Ergebnis auch schon *Drewes*, Die Generalversammlung der AG, S. 38; ebenso *Zetsche*, in: KölnKomm. AktG, Anh. § 119 Rn. 140, der dem Versammlungsleiter indes das Recht zu Sachausführungen in der Debatte unabhängig von einer Aktionärsstellung zugesteht.

um seinen Rechten als Aktionär zur Durchsetzung zu verhelfen bzw. die Sachdebatte in eine für ihn günstige Richtung zu lenken. Er setzt sich in Bezug auf seine Stellung als Versammlungsleiter dann dem Vorwurf der Befangenheit aus, was zu einer Anfechtung des nachfolgenden Entlastungsbeschlusses und ggf. auch zu einer Abberufung aus wichtigem Grund führen kann.[101] Neben die insoweit eingeschränkten Einflussmöglichkeiten des Versammlungsleiters tritt zudem der Umstand, dass sich die Entlastung auf das bereits zurückliegende Geschäftsjahr bezieht, so dass die Aktionäre ihre Entschlussfassung typischerweise auf Umstände stützen werden, die bereits eingetreten sind.

*(2) Keine Pflichtenkollision im Hinblick auf das Fragerecht der Aktionäre*

Es besteht für das Aufsichtsratsmitglied für den Fall einer Übernahme der Versammlungsleitung auch keine rechtliche Pflichtenkollision in Bezug auf die Beantwortung von Fragen der Aktionäre (§ 131 Abs. 1 Satz 1 AktG). Die interne organschaftliche Zuständigkeit für die Erfüllung des gegenüber der Gesellschaft als Schuldnerin bestehenden Auskunftsanspruchs der Aktionäre liegt ausschließlich beim Vorstand.[102] Von der Zuständigkeit des Vorstands zur Beantwortung von Aktionärsfragen sind auch solche Informationen umfasst, die zugleich oder gar ausschließlich zur Entscheidung über die Entlastung des Aufsichtsrats benötigt werden oder solche Maßnahmen betreffen, die allgemein in den Zuständigkeitsbereich des Aufsichtsrats fallen.[103] Sofern Fragen unmittelbar durch Mitglieder des Aufsichtsrats beantwortet werden, berührt dies die durch das Innenverhältnis festgelegte rechtliche Zuständigkeit des Vorstands nicht. Den Vorstand trifft in derartigen Fällen aber die Pflicht, sich die vom Aufsichtsrat getroffenen Aussagen zu eigen zu machen, da anderenfalls der Auskunftsanspruch des Aktionärs nach § 131 Abs. 1 Satz 1 AktG nicht in gesetzmäßiger Weise erfüllt wird und somit auch nicht nach Maßgabe von § 362 Abs. 1 BGB erlischt.[104] Im Interesse einer verfahrensökonomischen Ab-

---

[101] Siehe zu den rechtlichen Parametern einer Abberufung des Versammlungsleiters aus wichtigem Grund unten unter 2. Kapitel E. II. 1. b) bb) (S. 149 ff.).

[102] BVerfG, Beschl. v. 20.9.1999 – 1 BvR 636/95, AG 2000, 74 (75) – „Wenger/Daimler-Benz AG“; OLG Celle, Urt. v. 24.11.2004 – 9 U 119/04, AG 2005, 438 (440); *J. Koch*, AktG, § 131 Rn. 6; *Kubis*, in: MünchKomm. AktG, § 131 Rn. 20, 22; *Kersting*, in: KölnKomm. AktG, § 131 Rn. 72; aus § 176 Abs. 2 Satz 3 AktG ergibt sich zudem explizit, dass auch der Abschlussprüfer nicht auskunftspflichtig ist; für eine Erstreckung der Auskunftspflicht auf den Aufsichtsrat plädierend aber *Vetter*, in: FS Westermann, S. 1589 (1600 ff.).

[103] *Poelzig*, in: Spindler/Stilz, BeckOGK AktG, § 131 Rn. 59; *Schlitt*, in: ArbeitsHdb. HV, § 10 Rn. 113; ebenso *Brox*, DB 1965, 731 (734) in Bezug auf § 112 Abs. 3 Satz 2 AktG a. F.; kritisch hinsichtlich einer ausschließlichen Zuständigkeit des Vorstands Trescher, DB 1990, 515 f. und *Vetter*, in: FS Westermann, S. 1589 (1593 ff.); a. A. *Steiner*, HV, § 11 Rn. 7, der in diesen Fällen aufgrund einer analogen Anwendung von § 131 AktG den Aufsichtsratsvorsitzenden als Adressaten des Auskunftsanspruchs ansehen will.

[104] *J. Koch*, AktG, § 131 Rn. 6 f.; *Groß*, AG 1997, 97 (99); siehe auch OLG Düsseldorf, Beschl. v. 5.11.1987 – 19 W 6/87, ZIP 1987, 1555; einschränkend *Spindler*, in: K. Schmidt/Lutter, AktG, § 131 Rn. 16, der eine entsprechende Verpflichtung des Vorstands nur dann für gegeben erachtet, wenn das betreffende Aufsichtsratsmitglied nicht vorher vom Vorstand zur

wicklung der Hauptversammlung wird man insoweit aber ein konkludentes Verhalten des Vorstands für ausreichend halten müssen.[105] Dies wird regelmäßig darin erblickt werden können, dass der Vorstand vorbehaltlos mit seinen Ausführungen fortfährt, ohne den Ausführungen des Aufsichtsrats zu widersprechen.

*(3) Keine Pflichtenkollision aufgrund der Berichtspflichten des Aufsichtsrats*

Auch die nach §§ 171 Abs. 2 Satz 1, 176 Abs. 1 Satz 2 Hs. 2 AktG bestehende Pflicht des Aufsichtsratsvorsitzenden bzw. von dessen Stellvertreter (§ 107 Abs. 1 Satz 3 AktG) zur Erläuterung des Berichts des Gesamtaufsichtsrats begründet keinen Ausschluss vom Amt der Versammlungsleitung.[106] Nach dem Wortlaut von § 176 Abs. 1 Satz 2 Hs. 2 AktG handelt es sich bei der Erläuterung um eine persönliche Pflicht des Aufsichtsratsvorsitzenden. Sie zielt darauf ab, einen Informationsmehrwert gegenüber dem schriftlichen Bericht zu schaffen.[107] Ungeachtet dessen, dass § 171 Abs. 2 AktG Inhalt und Umfang des Berichts in groben Umrissen vorschreibt, steht der konkrete Inhalt der Ausführungen aber im pflichtgemäßen Ermessen des Aufsichtsratsvorsitzenden.[108] Darüber hinaus ist zu berücksichtigen, dass § 176 Abs. 1 Satz 2 Hs. 2 AktG vom Gesetzgeber als Sollvorschrift ausgestaltet wurde. Die Erläuterung durch den Aufsichtsratsvorsitzenden kann daher weder von den Aktionären erzwungen werden, noch führen Verstöße gegen die Erläuterungspflicht nach zutreffender Auffassung zur Anfechtbarkeit der daraufhin gefassten Beschlüsse.[109] Der Aktionär ist vielmehr darauf verwiesen zwecks Einholung weiterer Informationen von seinem individuellen Fragerecht gemäß § 131 Abs. 1 AktG Gebrauch zu machen.[110] Eine Pflichtenkollision mit dem Amt der Versammlungsleitung kann somit aus §§ 171 Abs. 2 Satz 1, 176 Abs. 1 Satz 2 Hs. 2 AktG nicht abgeleitet werden. Im Ergebnis bestehen daher keine durchgreifenden rechtlichen Bedenken gegen die Übernahme der Versammlungsleitung durch den Aufsichtsratsvorsitzenden oder ein anderes Mitglied des Aufsichtsrats.

---

Auskunftserteilung beauftragt wurde; anders *Butzke*, HV AG, G. 28, der vorschlägt, die Aufsichtsratsmitglieder als vom Vorstand im Rahmen des § 131 AktG beigezogene Auskunftspersonen zu qualifizieren, was im Ergebnis wohl auf eine unmittelbare Erfüllungswirkung hinsichtlich des Auskunftsanspruchs hinausliefe, ohne dass sich der Vorstand die Ausführungen des jeweiligen Aufsichtsratsmitglieds noch zu eigen machen müsste.

[105] Ebenso *Reger*, in: Bürgers/Körber/Lieder, AktG, § 131 Rn. 5.

[106] Siehe *Wilsing/von der Linden*, ZIP 2009, 641 (646); kritisch aber *Max*, AG 1991, 77 (79), der argumentiert, dass die Übernahme der Versammlungsleitung durch den Aufsichtsratsvorsitzenden sich nicht in dessen übrigen Pflichtenkatalog einpasst.

[107] *Euler/Klein*, in: Spindler/Stilz, BeckOGK AktG, § 176 Rn. 18.

[108] *J. Koch*, AktG, § 176 Rn. 4.

[109] OLG München, Beschl. v. 10.4.2013, – 7 AktG 1/13, NZG 2013, 622 (624); *Reger*, in: Bürgers/Körber/Lieder, AktG, § 176 Rn. 6f.; *Euler/Klein*, in: Spindler/Stilz, BeckOGK AktG, § 176 Rn. 21; a. A. *Steiner*, in: Heidel, AktienR u. KapitalmarktR, § 176 AktG Rn. 7.

[110] *Hennrichs/Pöschke*, in: MünchKomm. AktG, § 176 Rn. 23.

### bb) Übernahme der Versammlungsleitung durch ein fehlerhaft bestelltes Aufsichtsratsmitglied

Die Satzungen von Publikumsaktiengesellschaften weisen die Aufgabe der Versammlungsleitung in aller Regel dem Vorsitzenden des Aufsichtsrats zu.[111] Bei den dem Mitbestimmungsgesetz unterliegenden Aktiengesellschaften ist es insoweit irrelevant, ob es sich bei dem Aufsichtsratsvorsitzenden um einen Anteilseignervertreter oder Arbeitnehmervertreter handelt.[112] In der Satzung oder Geschäftsordnung kann auch geregelt werden, dass die Bestimmung des Versammlungsleiters durch den Aufsichtsrat als Gesamtorgan, einzelne Aufsichtsratsmitglieder oder allein den Vorsitzenden des Aufsichtsrats erfolgt.[113] Unklar und umstritten ist die Frage, welche Auswirkungen die nachträgliche Anfechtung einer Aufsichtsratsbestellung auf die Stellung als Versammlungsleiter hat.

#### *(1) Ablehnung der Lehre vom fehlerhaften Bestellungsverhältnis durch den BGH*

Die Anfechtung einer fehlerhaften Wahl in den Aufsichtsrat hat im Ergebnis keine Auswirkungen auf die Wirksamkeit von Handlungen, die der gewählte Aufsichtsratsvorsitzende oder ein anderes gewähltes Aufsichtsratsmitglied in der Eigenschaft als satzungsmäßiger Versammlungsleiter vornimmt.[114] Solange über die Anfechtung noch nicht rechtskräftig entschieden wurde, erschließt sich dies von selbst. Problematischer stellt sich die Situation dar, wenn die Wahl in den Aufsichtsrat aufgrund einer Anfechtungsklage nach der Hauptversammlung rechtskräftig für nichtig erklärt wird oder von Anfang an nichtig war. Ist die Versammlungsleitung in der Satzung dem Aufsichtsratsvorsitzenden zugewiesen, ergäbe sich insoweit ein Satzungsverstoß nach Maßgabe von § 243 Abs. 1 AktG.

Die Rechtsprechung und weite Teile der Literatur gingen bislang davon aus, dass die Amtsausübung eines anfechtbar oder nichtig gewählten Aufsichtsratsmitglieds aufgrund der Anwendung der Lehre vom fehlerhaften Bestellungsverhältnis wirksam ist.[115] Der BGH hat diesem Standpunkt jedoch eine Absage erteilt und ausgeführt,

---

[111] *Mülbert*, in: Großkomm. AktG, § 129 Rn. 111; *Wicke*, in: Spindler/Stilz, BeckOGK AktG, § 129 Rn. 42; *Drinhausen/Marsch-Barner*, AG 2014, 757.

[112] Das MitbestG kennt keinen Grundsatz, wonach der Aufsichtsratsvorsitzende zwingend ein Anteilseignervertreter zu sein hat; § 27 Abs. 2 MitbestG schreibt jedoch für den Fall des Nichterreichens der für die Wahl des Aufsichtsratsvorsitzenden erforderlichen Zweidrittelmehrheit zwingend vor, dass die Anteilseignervertreter den Aufsichtsratsvorsitzenden und die Arbeitnehmervertreter den (ersten) stellvertretenden Aufsichtsratsvorsitzenden wählen; *Butzke*, HV AG, D. Rn. 9 (Fn. 11); ebenso in Bezug auf den Stellvertreter des Aufsichtsratsvorsitzenden *Wicke*, in: Spindler/Stilz, BeckOGK AktG, § 129 Rn. 42.

[113] *Hoffmann-Becking*, NZG 2017, 281 (281 f.).

[114] *Hoffmann-Becking*, NZG 2017, 281 (282).

[115] OLG Frankfurt a. M., Urt. v. 20.10.2010 – 23 U 121/08, AG 2011, 36 (40); *Habersack*, in: MünchKomm. AktG, § 101 Rn. 70 ff.; *Mertens/Cahn*, in: KölnKomm. AktG, § 101 Rn. 107 ff.; *Schürnbrand*, Organschaft im Recht der privaten Verbände, S. 288 f.; *K. Schmidt*, in: Großkomm. AktG, § 252 Rn. 12; abweichend aber OLG Frankfurt a. M., Urt. v. 26.6.

dass die aus einer Anfechtungsklage folgende Nichtigerklärung des Wahlbeschlusses auf den Zeitpunkt der Beschlussfassung zurückwirkt mit der Konsequenz, dass die Handlungen des fehlerhaft bestellten Aufsichtsratsmitglieds grundsätzlich keinen Bestand haben können.[116] In Ausnahme dazu soll der späteren Nichtigerklärung des Wahlbeschlusses aber keine Rückwirkung in Bezug auf die satzungsgemäß zugewiesene Versammlungsleitung zukommen, da insoweit nur *„an die jeweils aktuelle Funktion als Aufsichtsratsmitglied"* angeknüpft werde und im Zeitpunkt der Zuweisung der Aufsichtsrat auch mit einem anfechtbar gewählten Aufsichtsratsmitglied ordnungsgemäß besetzt sei.[117]

*(2) Stellungnahme*

Im Ergebnis ist dem BGH zuzustimmen. Ein „Durchschlagen" einer fehlerhaften Bestellung des Aufsichtsratsmitglieds auf die Versammlungsleitung würde dem Interesse der Gesellschaft und der Aktionäre an einer wirksamen Beschlussfassung in der Hauptversammlung zuwiderlaufen. Der Begründung des BGH zur Vermeidung eines Satzungsverstoßes, der potentiell eine Anfechtbarkeit sämtlicher unter der Leitung des anfechtbar gewählten Aufsichtsratsmitglieds getroffenen Beschlüsse zur Folge hätte, muss jedoch eine gewisse Unschärfe attestiert werden.

Soweit der BGH auf die *„aktuelle Funktion als Aufsichtsratsmitglied"* abhebt, legt dies nahe, dass in der Satzung eine Verschränkung von Aufsichtsratsmandat und Versammlungsleitermandat erfolgen könnte. Zwar kann die Satzung im Interesse einer Kompetenzsicherung auch Vorgaben in Bezug auf die Person des Versammlungsleiters aufstellen und insoweit auch an die Stellung als Aufsichtsratsmitglied anknüpfen.[118] Dies ändert aber nichts daran, dass die Versammlungsleitersphäre strikt von dem Aufsichtsratsmandat zu trennen und zu behandeln ist. Soweit die Begründung des BGH in dem Sinne zu verstehen ist, dass im Zeitpunkt der satzungsmäßigen Zuweisung des Amtes der Versammlungsleitung das Aufsichtsratsmitglied zwar anfechtbar aber doch (zunächst) wirksam bestellt wurde, kann diese Argumentation zudem nicht überzeugend auf die Situation eines von Anfang an nichtig bestellten Aufsichtsratsmitglieds übertragen werden. Dies gilt ungeachtet der Tatsache, dass dem Urteil des BGH auch eine Nichtigkeitsklage zugrunde lag und

2012 – 5 U 144/09, NZG 2012, 942, wonach die Leitung der Hauptversammlung durch ein anfechtbar gewähltes Aufsichtsratsmitglied nur bis zur Rechtskraft eines kassatorischen Urteils rechtmäßig sein soll, wobei eine Anfechtbarkeit von konkreten Maßnahmen eines infolge gerichtlicher Kassation des Wahlbeschlusses unzuständig gewordenen Versammlungsleiters aber nur dann in Betracht kommen soll, wenn die Maßnahmen sich in rechtlich relevanter Weise auf den angefochtenen Beschluss inhaltlich ausgewirkt haben.

[116] BGH, Urt. v. 19.2.2013 – II ZR 56/12, NZG 2013, 456 (458); für Pflichten, Haftung und Vergütung geht der BGH hingegen von einer Anwendbarkeit der Grundsätze vom fehlerhaften Bestellungsverhältnis auf den Aufsichtsrat aus, vgl. BGH, Urt. v. 3.7.2006 – II ZR 151/04, NZG 2006, 712 (715); zweifelnd *Spindler*, in: Spindler/Stilz, BeckOGK AktG, § 101 Rn. 117ff.

[117] BGH, Urt. v. 19.2.2013 – II ZR 56/12, NZG 2013, 456 (459); siehe dazu auch *Rieckers*, ZGR 2022, 61 (74).

[118] Siehe OLG München, Beschl. v. 29.2.2008 – 7 U 3037/07, openJur2012, 90272 Rn. 5.

sich die Urteilsbegründung stellenweise auch auf die Situation einer Nichtigkeitsfeststellung bezieht.[119] *Zetsche* begründet die Anwendung der BGH-Grundsätze auf ein nichtig bestelltes und satzungsmäßig zur Versammlungsleitung berufenes Aufsichtsratsmitglied mit dem besonderen Interesse von Gesellschaft und Aktionären hinsichtlich der Bestandskraft von Hauptversammlungsbeschlüssen.[120] Diese Überlegung ist zwar richtig, vermag aber nicht zu erklären, warum bei einem von Anfang unwirksam bestellten Aufsichtsratsmitglied kein Verstoß gegen die entsprechende Satzungsbestimmung vorliegen soll, wonach das Amt der Versammlungsleitung dem Aufsichtsratsvorsitzenden oder einem anderen Aufsichtsratsmitglied zugewiesen ist. Denn anders als bei der Anfechtungssituation ist die jeweilige Person zu keinem Zeitpunkt wirksam Organmitglied geworden, so dass auch die vom BGH angeführte Anknüpfung an die *„aktuelle Funktion als Aufsichtsratsmitglied"* nicht trägt. Die Annahme eines Satzungsverstoßes ließe sich aber mit der Überlegung verneinen, dass die satzungsmäßige Zuweisung der Versammlungsleitung an die Person des Aufsichtsratsvorsitzenden anknüpft und nicht an dessen Amt als Aufsichtsratsvorsitzender. In der Konsequenz wäre die Bestimmung des Versammlungsleiters damit unabhängig von der Wirksamkeit des Bestellungsaktes hinsichtlich der Aufsichtsratsposition zu betrachten. Für diese Auslegung spricht die strikte Trennung zwischen Versammlungsleitermandat und Aufsichtsratsmandat. Zugleich werden dadurch dogmatische Friktionen vermieden, falls sich im Nachhinein die Fehlerhaftigkeit der Aufsichtsratsbestellung herausstellt. Insbesondere würde sich insoweit auch die Frage der Anwendbarkeit oder Nichtanwendbarkeit der Lehre vom fehlerhaften Bestellungsverhältnis nicht mehr stellen.

#### cc) Stellvertretender Versammlungsleiter

In der Satzung oder Geschäftsordnung findet sich häufig auch eine Regelung hinsichtlich der Vertretung eines vorrangig berufenen, aber verhinderten oder nicht zur Übernahme der Versammlungsleitung bereiten Versammlungsleiters. Die satzungsmäßige Bestimmung des stellvertretenden Vorsitzenden des Aufsichtsrats zum Stellvertreter auch in Bezug auf die Versammlungsleitung ist dabei möglich, aber nicht zwingend.[121] Sofern die Satzungen eine entsprechende Regelung enthalten, wird in der Praxis häufig ein anderer Anteilseignervertreter im Aufsichtsrat zum Vertreter bestimmt, da die Leitung der Hauptversammlung durch den ansonsten verantwortlichen Arbeitnehmervertreter (§ 27 Abs. 2 Satz 2 MitbestG) oftmals als unzweckmäßig erachtet wird.[122] Satzung oder Geschäftsordnung können das Be-

---

[119] Vgl. BGH, Urt. v. 19.2.2013 – II ZR 56/12, NZG 2013, 456 (Leitsatz) (457 Rn. 17) (459 Rn. 31).

[120] *Zetsche*, in: KölnKomm. AktG, Anh. § 119 Rn. 49.

[121] *Hoffmann-Becking*, NZG 2017, 281 (282).

[122] Siehe zu den verschiedenen Regelungsmodellen *Bayer/Hoffmann*, AG-Report 2012, R339 (R340f.); siehe auch *Hoffmann-Becking*, NZG 2017, 281 (282), der bei paritätisch mitbestimmten Gesellschaften empfiehlt nicht den der Arbeitnehmerseite angehörenden

stimmungsrecht hinsichtlich des stellvertretenden Versammlungsleiters auch dem Aufsichtsratsvorsitzenden, einzelnen Aufsichtsratsmitgliedern sowie einem Ausschuss des Aufsichtsrats zuweisen.[123] Sofern eine entsprechende satzungs- oder geschäftsordnungsmäßige Bestimmung fehlt, ist der stellvertretende Vorsitzende des Aufsichtsrats nach zutreffender Auffassung nicht automatisch zur Übernahme der Versammlungsleitung berufen; vielmehr bedarf es in diesem Fall einer Wahl durch die Hauptversammlung.[124] Dies folgt daraus, dass die Versammlungsleitersphäre von der Organwaltersphäre des betreffenden Aufsichtsratsmitglieds strikt zu trennen ist und sich nicht automatisch aus dieser ableitet, so dass insoweit auch kein Raum für eine Anwendung des § 107 Abs. 1 Satz 3 AktG ist.[125] Anderenfalls käme es zu zufälligen Ergebnissen in Abhängigkeit davon, ob die Versammlungsleitung durch den Aufsichtsratsvorsitzenden übernommen wird, mit der Folge einer Anwendbarkeit des § 107 Abs. 1 Satz 3 AktG, oder durch eine andere Person übernommen wird, mit der Folge einer dann notwendigen Wahl des (stellvertretenden) Versammlungsleiters durch die Hauptversammlung. Sofern die äußeren Umstände dies nahelegen ist jedoch eine Auslegung einer den Aufsichtsratsvorsitzenden zum Versammlungsleiter bestimmenden Satzungsregelung dahingehend, dass bei einer Verhinderung dessen Stellvertreter zur Übernahme der Versammlungsleitung berufen ist, möglich.[126]

#### dd) Bestimmung eines Interimsleiters bei temporärer Verhinderung

Nicht eindeutig geklärt ist bislang die Frage, ob der zur Versammlungsleitung berufene Aufsichtsratsvorsitzende bei einer nur temporären Verhinderung einen Stellvertreter auch dann bestimmen kann, wenn es an einer diesbezüglichen Ermächtigung durch Satzung oder Geschäftsordnung fehlt. Da insbesondere ein temporärer Verhinderungsfall auch jederzeit während der laufenden Versammlung eintreten kann, etwa durch eine kurzzeitige Abstimmung mit externen Beratern im back-office oder der gesteuerten Vermeidung einer Versammlungsleitung zu einem den Versammlungsleiter betreffenden Diskussions- oder Abstimmungspunkt, erlangt diese Frage auch eine nicht zu unterschätzende praktische Bedeutung. Wird eine

---

Stellvertreter des Aufsichtsratsvorsitzenden, sondern ein Aufsichtsratsmitglied der Anteilseigner zum Stellvertreter in der Versammlungsleitung zu bestimmen.

[123] *Marsch-Barner/von der Linden*, in: Marsch-Barner/Schäfer, Hdb. börsennotierte AG § 35 Rn. 27; siehe auch *Messer*, in: FS Kellermann, S. 299 (301 f.), der darauf hinweist, dass seit Inkrafttreten des MitbestG im Jahr 1976 die Satzungsregelungen die Befugnis zur Bestimmung eines stellvertretenden Versammlungsleiters üblicherweise den Anteilseignervertretern im Aufsichtsrat zuweisen.

[124] *Drinhausen/Marsch-Barner*, AG 2014, 757 (758); *Hoffmann-Becking*, in: MünchHdb. GesR AG, § 37 Rn. 38; *Butzke*, HV AG, D. Rn. 9.

[125] *Wicke*, NZG 2018, 161; *Hoffmann-Becking*, NZG 2017, 281 (282); *Mülbert*, in: Großkomm. AktG, § 129 Rn. 111; *Gehling*, in: ArbeitsHdb. HV, § 9 Rn. 9; *E. Vetter*, in: FS Bergmann, S. 799 (802); a. A. *Steiner*, HV, § 6 Rn. 1; *Drinhausen*, in: Hölters, AktG, Anh. § 129 Rn. 2; *Sauerwald*, VersL im AktR, S. 120.

[126] Dafür *Mülbert*, in: Großkomm. AktG, § 129 Rn. 111; ebenso *Niemz*, VL im AktR, S. 107 f.

unmittelbar auf dem Amt der Versammlungsleitung fußende Befugnis zur Bestimmung eines Interimsleiters verneint, so bedürfte es stets – auch bei nur kurzzeitigen Abwesenheiten des Versammlungsleiters – einer ad hoc-Wahl dieses nur temporär agierenden Stellvertreters durch die Hauptversammlung. Eine solche Vorgehensweise wäre jedoch nicht nur äußerst unpraktikabel, da sie zu einer unnötigen Unterbrechung oder gar mehrfachen Unterbrechungen der Hauptversammlung führen würde, sondern ist auch rechtlich nicht zwingend geboten. Die Bestimmung eines Interimsleiters kann auch ohne entsprechende Ermächtigungen in Satzung oder Geschäftsordnung zugelassen werden, wenn sichergestellt ist, dass die Legitimationsgrundlage der Versammlungsleitung nicht untergraben wird. Um einen nicht durch die Hauptversammlung autorisierten Übergang von wesentlichen Amtsbefugnissen des Versammlungsleiters zu vermeiden, kann eine temporäre Übertragung der Versammlungsleitung daher nur mit der Maßgabe erfolgen, dass der Kompetenzbereich des so berufenen Interimsleiters sich auf bloße Hilfsfunktionen wie allgemeine Maßnahmen der Diskussionsleitung (etwa Aufruf von Rednern) und solche Maßnahmen, die der Aufrechterhaltung der prozeduralen Ordnung der Hauptversammlung dienen, beschränkt.[127] Die Grenze ist dort zu ziehen, wo Leitungs- und Ordnungsmaßnahmen in Aktionärsrechte eingreifen (bspw. Redezeitbeschränkungen oder Saalverweise), da solche Rechtsverkürzungen nur durch einen von der Hauptversammlung oder Satzung autorisierten Versammlungsleiter in rechtskonformer Weise angeordnet werden können. In zeitlicher Hinsicht hat sich die Interimsleitung an einem Maximalrahmen von 30 Minuten zu orientieren.[128] Überschreitungen dieses Zeitrahmens können zur Unzulässigkeit der Interimsleitung und damit auch zur Beschlussanfechtbarkeit führen.

### *b) Versammlungsleitung durch Aktionäre*

Der Aktionär ist als Mitglied der Hauptversammlung grundsätzlich zur Übernahme der Versammlungsleitung berechtigt.[129] Bei einem Groß- bzw. Mehrheitsaktionär besteht zwar das Risiko, dass sich bestehende Interessenkonflikte innerhalb der Aktionärsschaft negativ auf eine objektive Versammlungsleitung auswirken.[130] Da der Entscheidungsspielraum des Versammlungsleiters aber stets durch die Rechtsgrundsätze der Gleichbehandlung (§ 53a AktG), der Verhältnismäßigkeit sowie der Neutralität und Sachdienlichkeit begrenzt wird, erfordert ein solches potentielles Risiko jedoch nicht, einen Groß- bzw. Mehrheitsaktionär aus Rechts-

---

[127] So auch *Zimmermann*, in: Happ, Aktienrecht, Abschnitt 10.17 Rn. 12.13 f.; *Herrler*, in: Grigoleit, AktG, § 129 Rn. 44.

[128] Siehe *J. Koch*, AktG, § 129 Rn. 18.

[129] *Wicke*, in: Spindler/Stilz, BeckOGK AktG, § 129 Rn. 42 m. w. N.; etwas anderes gilt nur dann, wenn es sich bei dem Aktionär um eine von der Übernahme der Versammlungsleitung ausgeschlossene Person handelt wie bspw. ein Vorstandsmitglied.

[130] Siehe *Reinicke*, Rechtsstellung des Vorsitzenden einer HV, S. 128.

gründen von der Versammlungsleitung per se auszuschließen.[131] Gerade bei potentiell konfliktträchtigen Hauptversammlungen können aber Zweckmäßigkeitserwägungen sehr wohl gegen die Übernahme der Versammlungsleitung durch einen Großaktionär sprechen, da die Gefahr besteht, dass die Neutralität der Versammlungsleitung beeinträchtigt wird und daraus eine grundsätzliche Abwehrhaltung der übrigen Aktionäre gegenüber Maßnahmen des Versammlungsleiters resultiert. Diese Gefahr besteht insbesondere dann, wenn der Versammlungsleiter seine Amtsstellung missbraucht, um seinen Aktionärsrechten in einer die übrigen Aktionäre benachteiligenden Art und Weise zur Durchsetzung zu verhelfen.[132] Das Konfliktpotential in der Hauptversammlung kann sich zusätzlich auch noch erhöhen, wenn es sich um einen ausländischen Großaktionär handelt, bei dem neben die etwaigen Sprachprobleme auch dessen Unvertrautheit mit den Gepflogenheiten deutscher Hauptversammlungen tritt.[133]

### *c) Versammlungsleitung durch unternehmensfremde Dritte*

Das Aktiengesetz enthält keine Bestimmungen, die der Übernahme der Versammlungsleitung durch einen unternehmensfremden Dritten entgegenstehen.[134] Den unternehmensfremden Dritten treffen auch keine Pflichten, die mit dem Amt des Versammlungsleiters in Konflikt geraten könnten.[135] Ein Ausschluss vom Amt des Versammlungsleiters lässt sich auch nicht mit einem fehlenden Teilnahmerecht des unternehmensfremden Dritten begründen, da jedem Versammlungsleiter ein originäres, aus seiner Amtsinhaberschaft fließendes Teilnahmerecht zusteht.[136] Der Versammlungsleiter muss daher weder Aktionär noch Aufsichtsratsmitglied noch sonst mit der Gesellschaft verbunden sein.[137]

---

[131] So auch *Reinicke*, Rechtsstellung des Vorsitzenden einer HV, S. 128; ebenso *Drews*, Die Generalversammlung der Aktiengesellschaft, S. 28.

[132] Zu berücksichtigen ist gleichwohl, dass die Aktionäre in diesem Fall über die Möglichkeit einer Beschlussanfechtung und eines Antrags auf Abberufung geschützt sind.

[133] *Butzke*, HV AG, D. Rn. 7; *Zetsche*, BKR 2003, 736 (737); siehe auch *Redeke*, AG 2022, 98 (105), der darauf hinweist, dass internationale Investoren kompaktere Versammlungsabläufe gewohnt sind.

[134] *Wicke*, in: Spindler/Stilz, BeckOGK AktG, § 129 Rn. 42; *Ziemons*, in: K. Schmidt/Lutter, AktG, § 129 Rn. 67.

[135] *Wilsing/von der Linden*, ZIP 2009, 641 (646).

[136] *Kubis*, in: MünchKomm. AktG, § 118 Rn. 115; *Spindler*, in: K. Schmidt/Lutter, AktG, § 118 Rn. 46; im Ergebnis auch *Reinicke*, Rechtsstellung des Vorsitzenden einer HV, S. 136 f., der jedoch nicht von einem Teilnahmerecht, sondern von einem bloßen Anwesenheitsrecht des Versammlungsleiters ausgeht; a. A. noch *Baumbach/Hueck*, AktG, 13. Aufl. 1968, § 119 Rn. 11; *Schmidt/Meyer-Landrut*, in: Großkomm. AktG, 2. Aufl. 1961, § 103 AktG 1937 Anm. 13.

[137] *Mülbert*, in: Großkomm. AktG, § 129 Rn. 113; *Kubis*, in: MünchKomm. AktG, § 119 Rn. 109; *Wicke*, NZG 2007, 771; a. A. noch *Baumbach/Hueck*, AktG, 13. Aufl. 1968, § 119 Rn. 11.

### 3. Funktionsbedingte Inkompatibilitäten

*a) Versammlungsleitung durch Vorstandsmitglieder*

Die Frage, ob eine Übernahme der Versammlungsleitung durch Vorstandsmitglieder rechtlich möglich ist, kann in Ermangelung entsprechender ausdrücklicher gesetzlicher Regelungen nur unter Berücksichtigung allgemeiner aktienrechtlicher Wertungen beantwortet werden. Gemäß § 76 Abs. 1 AktG hat der Vorstand die Aufgabe, die Gesellschaft zu leiten. Zu hinterfragen ist somit, ob die Übernahme der Versammlungsleitung durch ein Vorstandsmitglied mit dem Sinn und Zweck der Aufgabenzuweisungsnorm des § 76 Abs. 1 AktG in Einklang steht.

aa) Ansichten der Rechtsprechung

Das AG Frankfurt a. M. vertritt die Auffassung, die Übernahme der Versammlungsleitung durch ein Vorstandsmitglied stehe in einem unüberbrückbaren Spannungsverhältnis zur Kontrollfunktion der Hauptversammlung gegenüber dem Vorstand.[138] Es begründet den Ausschluss eines Vorstandsmitglieds vom Amt des Versammlungsleiters folglich mit einem systemwidrigen Eingriff in das gesetzlich festgeschriebene Kompetenz- und Organgefüge der Aktiengesellschaft.

Das OLG Hamburg hingegen hält die Übernahme der Versammlungsleitung durch ein Vorstandsmitglied im Einzelfall für zulässig, sofern es sich um eine Hauptversammlung mit kleinem Teilnehmerkreis handelt, bei der die Gewährleistung eines reibungslosen Versammlungsverlaufs durch den Versammlungsleiter von untergeordneter Bedeutung ist.[139]

bb) Literaturmeinungen

Die Literatur spricht sich ganz überwiegend für einen kategorischen Ausschluss eines Vorstandsmitglieds vom Amt des Versammlungsleiters aus.[140] Es wird insbesondere geltend gemacht, dass die Ausübung des Versammlungsvorsitzes durch ein Vorstandsmitglied zu einer unzulässigen Verbindung der Funktionen von Vorstand und Repräsentant des gesellschaftlichen Kontroll- und Beschlussorgans führe.[141]

---

[138] AG Frankfurt a. M., Beschl. v. 17. 12. 1987 – 72 AR 433/86, WM 1988, 304.

[139] OLG Hamburg, Urt. v. 19. 5. 1989 – 11 U 62/89, AG 1990, 394 (396); zust. *Wicke*, NZG 2007, 771.

[140] Siehe nur *Hoffmann-Becking*, in: MünchHdb. GesR AG, § 37 Rn. 40; *Kubis*, in: MünchKomm. AktG, § 119 Rn. 109; *J. Koch*, AktG, § 129 Rn. 20; *Wilsing/von der Linden*, ZIP 2009, 641 (644); *Mülbert*, in: Großkomm. AktG, § 129 Rn. 110; *Butzke*, HV AG, D. Rn. 5; ebenso schon *Horrwitz*, Recht der Generalversammlungen, S. 202, der das personelle Ausschlussverhältnis mit der Eigenschaft des Vorstandsmitglieds als Dienstangestellter der Gesellschaft begründet; einschränkend aber *Wicke*, NZG 2007, 771 für den Fall eines nur kleinen Teilnehmerkreises.

[141] *Wicke*, in: Spindler/Stilz, BeckOGK AktG, § 129 Rn. 42.

Darüber hinaus wird argumentiert, dass keine Gewähr für eine neutrale Verhandlungsführung gegeben sei, wenn ein Vorstandsmitglied, unabhängig davon, ob es aus dem Aktionärskreis stamme oder nicht, den Versammlungsvorsitz innehabe.[142]

Zweifel an dieser Sichtweise werden u. a. von *Max* und *Reinicke* geäußert. Während *Max* darauf verweist, dass im Vereinsrecht eine Übernahme der Versammlungsleitung durch den Vorstandsvorsitzenden bei Schweigen der Satzung rechtlich möglich und anerkannt sei[143], argumentiert *Reinicke*, dass sich die Motive für den in § 105 Abs. 1 AktG normierten Grundsatz der Inkompatibilität zwischen Aufsichtsrat und Vorstand nicht auf das Verhältnis zwischen Versammlungsleitung und Vorstand übertragen ließen.[144]

### cc) Stellungnahme

Der Auffassung des Amtsgerichts Frankfurt und der ganz überwiegenden Meinung in der Literatur ist im Ergebnis zuzustimmen. Ein Vorstandsmitglied kann für das Amt des Versammlungsleiters nicht in Betracht kommen. Soweit dieser Ausschluss jedoch mit einem Eingriff in das organschaftliche Kompetenzgefüge des Aktiengesetzes begründet wird, kann dem nicht gefolgt werden.

§ 111 Abs. 1 AktG weist ausschließlich dem Aufsichtsrat und nicht der Hauptversammlung die Aufgabe der Überwachung des Vorstands zu. Dies spricht zunächst gegen den Begründungsansatz des AG Frankfurt a. M., wonach die Unzulässigkeit der Übernahme der Versammlungsleitung durch ein Vorstandsmitglied aus einem systemwidrigen Bruch mit der Kontrollfunktion der Hauptversammlung resultieren soll.[145] Richtigerweise hat das zum Ausschluss vom Amt der Versammlungsleitung führende funktionelle Spannungsverhältnis seine Grundlage in dem Auskunftsanspruch der Aktionäre gemäß § 131 Abs. 1 Satz 1, Abs. 2 Satz 1 AktG, den allein der Vorstand als handelndes Organ für die Gesellschaft zu erfüllen hat. Dies verlangt nach einem neutralen Versammlungsleiter, der in der Lage ist etwaige sich ergebende Konflikte zwischen Vorstand und Aktionären unbefangen zu moderieren und bei Bedarf zu entschärfen. In der Praxis werden die Auskunftsbegehren der Aktionäre zwar durch ein dafür gesondert bestimmtes Vorstandsmitglied beantwortet, was es ermöglicht, eine Auskunftserteilung durch ein mit der Versammlungsleitung betrautes Vorstandsmitglied zu vermeiden.[146] Dies ändert jedoch nichts daran, dass die rechtliche Verpflichtung zur Erfüllung des Auskunftsanspruchs gemäß § 131 Abs. 1

---

[142] *Mülbert*, in: Großkomm. AktG, § 129 Rn. 110; *Kubis*, in: MünchKomm. AktG, § 119 Rn. 109.

[143] *Max*, AG 1991, 77 (78).

[144] *Reinicke*, Rechtsstellung des Vorsitzenden einer HV, S. 124 ff.

[145] Siehe AG Frankfurt, Beschl. v. 17. 12. 1987 – 72 AR 433/86, WM 1988, 304.

[146] Eine entspr. Zuständigkeitszuweisung kann etwa durch die Geschäftsordnung des Vorstands oder im Wege eines Vorstandsbeschlusses getroffen werden, siehe *Kubis*, in: MünchKomm. AktG, § 131 Rn. 20 f.

Satz 1 AktG beim Vorstand als Gesamtorgan liegt. Die Übernahme der Versammlungsleitung durch ein auskunftspflichtiges Vorstandsmitglied würde daher stets die Gefahr in sich bergen, dass die funktionsimmanenten Befugnisse der Versammlungsleitung in missbräuchlicher Weise dazu eingesetzt werden, missliebige Fragen an den Vorstand zu unterdrücken. Missbrauchsanfällig ist in diesem Zusammenhang insbesondere die ordnungsrechtliche Kompetenz des Versammlungsleiters zur Einschränkung des Rede- und Fragerechts des Aktionärs.[147] Einem zur Versammlungsleitung berufenen Vorstandsmitglied wäre stets die Möglichkeit eröffnet eine sachwidrige Einschränkung des Rede- und Fragerechts unter Hinweis auf seine Pflicht zur zügigen Abwicklung der Hauptversammlung zu legitimieren bzw. dies zumindest zu versuchen. Insbesondere dann, wenn die Hauptversammlung nach Maßgabe von § 120 Abs. 1 Satz 1 Var. 1 AktG über die Entlastung des Vorstands zu entscheiden hat oder Unternehmens- oder Umwandlungsverträge bzw. Kapitalmaßnahmen zur Debatte stehen, wird offenkundig, dass ein Vorstandsmitglied nicht gleichzeitig Auskunftsverpflichteter und neutraler Moderator sein kann. Dieses Spannungsverhältnis zwischen Vorstand und Funktionsauftrag des Versammlungsleiters besteht auch ganz grundsätzlich bei jeder durch die Hauptversammlung zu treffenden Beschlussfassung. Selbst bei beschlusslosen Hauptversammlungen bestünde die Gefahr, dass die Übernahme der Versammlungsleitung durch ein Vorstandsmitglied mit der Informationspflicht des Versammlungsleiters, die dazu dient den Aktionären eine sachgerechte Beurteilung aller Tagesordnungspunkte und Ausübung der Mitgliedschaftsrechte zu ermöglichen[148], in Konflikt gerät.

Der einschränkenden Ansicht des OLG Hamburg kann nicht gefolgt werden.[149] Sie würde in der Praxis zu erheblicher Rechtsunsicherheit führen, da es an verlässlichen und konkreten Maßstäben für die Frage fehlt, in welchen Konstellationen die Funktion des Versammlungsleiters von so untergeordneter Bedeutung ist, dass eine an sich systemwidrige Verquickung des Aufgabenbereichs von Vorstand und Versammlungsleiter keinen relevanten und zur Anfechtbarkeit berechtigenden Fehler bei der jeweiligen Beschlussfassung begründet. In Grenzfällen müsste im Wege einer einzelfallbezogenen ex post-Betrachtung untersucht werden, ob die Ausübung des Amtes des Versammlungsleiters durch ein Mitglied des Vorstands und eine damit verbundene Pflichtenkollision zu einem für den jeweiligen Beschluss ursächlichen Rechtsverstoß geführt hat oder nicht. Der daraus resultierende Schwebezustand kann die Umsetzung bedeutender unternehmerischer Entscheidungen behindern und dadurch gravierende negative Folgen für die Geschäftstätigkeit der Gesellschaft nach sich ziehen.

---

[147] Siehe ausführlich zu Inhalt und Grenzen der diesbezüglichen Kompetenz des Versammlungsleiters unten unter 2. Kapitel F. IV. 6. d) (S. 246 ff.).

[148] Vgl. BayOblG, Beschl. v. 14.7.1999 – 3Z BR 11/99, AG 2000, 131; *Wachter*, in: Wachter, AktG, § 131 Rn. 1.

[149] Siehe OLG Hamburg, Urt. v. 19.5.1989 – 11 U 62/89, AG 1990, 394 (396).

Auch die von *Max*[150] dargelegten Bedenken vermögen im Ergebnis nicht zu überzeugen. So leuchtet schon nicht ein, warum nur für den Vorstandsvorsitzenden und nicht auch für die übrigen Vorstandsmitglieder eine Ausnahme von dem Grundsatz der personellen Inkompatibilität gemacht werden sollte. Darüber hinaus ist auch der gezogene Vergleich zum Vereinsrecht strukturell nur bedingt tragfähig. Dies ergibt sich schon aus der nichtkapitalistischen Verfassung des Vereins. Darüber hinaus stehen einer Mitgliederversammlung gegenüber dem Vereinsvorstand signifikant mehr Einfluss- und Steuerungsmöglichkeiten zur Verfügung als dies im Verhältnis zwischen Hauptversammlung und Vorstand der Aktiengesellschaft der Fall ist.[151] Einem etwaigen Kollisionspotential, das sich aus der Vorstandsstellung einerseits und der Auskunftsverpflichtung nach § 666 BGB andererseits ergeben könnte, kann bei einem Verein die Mitgliederversammlung durch Ausübung der ihr zu Gebote stehenden Rechte, etwa durch die Erteilung von Weisungen, entgegenwirken.[152] Ein vergleichbares Recht steht der Hauptversammlung aber nicht zu.

*Reinicke*[153] stellt zwar zutreffend fest, dass der in § 105 Abs. 1 AktG normierte Grundsatz der personellen Inkompatibilität zwischen Aufsichtsrat und Vorstand nicht ohne weiteres auf das Verhältnis von Vorstandsmitgliedschaft und Hauptversammlungsvorsitz übertragen werden kann. Zu widersprechen ist dagegen der nicht näher begründeten These, die Neutralität des Versammlungsleiters sei selbst dann noch gewahrt, wenn ein Antrag auf Entlastung als Vorstandsmitglied gemäß § 120 Abs. 1 Var. 1 AktG auch ihn persönlich betrifft.[154] Zwar erachtet auch *Reinicke* – jedenfalls bei Publikumsaktiengesellschaften – eine Verbindung von Vorstandsmitgliedschaft und Versammlungsvorsitz als unzweckmäßig.[155] Grundsätzlich verkennt er aber das aus der Auskunftsverpflichtung des Vorstands (§ 131 Abs. 1 AktG) resultierende Konfliktpotential, das einer Vereinbarkeit von Vorstandsfunktion und Neutralität der Versammlungsleitung auch aus rechtlichen Gründen entgegensteht.

Im Ergebnis bleibt festzuhalten, dass ein Vorstandsmitglied per se von der Übernahme der Versammlungsleitung präkludiert sein muss. Der Ausschluss gilt damit auch unabhängig von einer etwaigen Aktionärseigenschaft des betreffenden Vorstandsmitglieds. Sofern Vorstandsmitglieder durch Satzung oder Geschäftsordnung zum Versammlungsleiter bestimmt werden, ist die betreffende Regelung folgerichtig wegen Verstoßes gegen § 23 Abs. 5 AktG als nichtig zu qualifizieren.

---

150 *Max*, AG 1991, 77 (78).

151 Vgl. nur die grundsätzliche Weisungsbefugnis der Mitgliederversammlung gegenüber dem Vereinsvorstand (§ 27 Abs. 3 i. V. m. § 665 BGB) sowie die grundsätzlich jederzeitige Widerruflichkeit der Bestellung des Vorstands (§ 27 Abs. 2 BGB).

152 Zu Redezeitbeschränkungen bei Mitgliederversammlungen von Vereinen siehe auch KG Berlin, Beschl. v. 23. 12. 2019 – 22 W 92/17.

153 *Reinicke*, Rechtsstellung des Vorsitzenden einer HV, S. 124 ff.

154 *Reinicke*, Rechtsstellung des Vorsitzenden einer HV, S. 124.

155 *Reinicke*, Rechtsstellung des Vorsitzenden einer HV, S. 126.

Eine eng begrenzte Ausnahme von dem vorstehenden Grundsatz ist nur für den Fall einer rein provisorischen Versammlungsleitung anzuerkennen.[156] Dies kann dann relevant werden, wenn der eigentlich verantwortliche Versammlungsleiter erst durch die Hauptversammlung gewählt werden soll. Die provisorische Leitung der Hauptversammlung durch den einberufenden Vorstand ist in dieser Konstellation erforderlich, um die Handlungsfähigkeit der Hauptversammlung bis zum Abschluss der Wahl des primär verantwortlichen Versammlungsleiters gewährleisten zu können.

### *b) Versammlungsleitung durch den beurkundenden Notar*

Gemäß § 130 Abs. 1 Satz 1 AktG ist jeder in der Hauptversammlung gefasste Beschluss zu protokollieren.[157] Der Notar ist in seiner Eigenschaft als unabhängiger Träger eines öffentlichen Amtes (§ 1 BNotO) an die spezifischen notariellen Amtspflichten gebunden.[158] Die Niederschrift dient der unter öffentlichem Glauben stehenden Dokumentation der in Form von Beschlussfassungen umgesetzten Willensbildung in der Hauptversammlung.[159] Sie stellt eine Form der Tatsachenbeurkundung im Sinne des § 36 BeurkG dar und erfolgt sowohl im Interesse der an der Hauptversammlung Beteiligten als auch im Interesse der Gläubiger und der künftigen Aktionäre der Gesellschaft.[160]

Die Dokumentationsfunktion der Niederschrift schließt eine Mitwirkung des Notars an dem zu beurkundenden Geschehen aus.[161] Gesetzliche Grundlage für diesen Ausschluss ist die Bestimmung des § 3 Abs. 1 Satz 1 Nr. 1 BeurkG. Danach soll der Notar an einer Beurkundung in eigenen Angelegenheiten nicht mitwirken, auch wenn er nur mitberechtigt oder mitverpflichtet ist. Bei Übernahme der Versammlungsleitung würde der Notar seine eigenen Leitungsmaßnahmen wie etwa Rede- und Fragezeitbeschränkungen protokollieren müssen, was einen Verstoß gegen § 3 Abs. 1 Satz 1 Nr. 1 BeurkG nach sich ziehen würde. Teilweise wird als Begründung für den Ausschluss des Notars von der Versammlungsleitung aber auch auf § 3 Abs. 1 Satz 1 Nr. 7 BeurkG abgestellt; die Übernahme der Versammlungsleitung stelle eine außerhalb der notariellen Amtstätigkeit liegende Vorbefassung mit

---

[156] Siehe zur provisorischen Versammlungsleitung unten unter 2. Kapitel E. I. 2. (S. 138).

[157] Bei nichtbörsennotierten Gesellschaften i. S. v. § 3 Abs. 2 AktG gilt dies nach Maßgabe von § 130 Abs. 1 Satz 3 AktG nur für satzungsändernde oder sonst einer qualifizierten Mehrheit bedürfender Beschlüsse.

[158] *Pöschke/Vogel*, in: ArbeitsHdb. HV, § 13 Rn. 13.

[159] *Bezzenberger*, in: FS Schippel, S. 361 (378); *Ziemons*, in: K. Schmidt/Lutter, AktG, § 130 Rn. 2; *Maaß*, ZNotP 2005, 50 (51).

[160] *Reichert*, in: Beck'sches Hdb. AG, § 5 Rn. 242; *Kanzleiter*, DNotZ 2007, 804 (807); siehe zum Zweck der Tatsachenbeurkundung *Winkler*, BeurkG, Vor § 36 Rn. 4.

[161] *Wicke*, in: Spindler/Stilz, BeckOGK AktG, § 129 Rn. 42; *J. Koch*, AktG, § 129 Rn. 20; ausführlich zur Rolle des Notars in der Hauptversammlung *Heckschen*, in: Beck'sches Notar-Hdb., § 23 Rn. 357 ff.

der zu beurkundenden Angelegenheit dar.[162] Gemäß § 3 Abs. 1 BeurkG ist dem Notar in beiden Fällen wegen Verletzung des Neutralitätsgebots eine Aufnahme der Niederschrift untersagt. Daraus folgt, dass die Übernahme der Versammlungsleitung durch den beurkundenden Notar grundsätzlich mit seiner Stellung als neutraler Beobachter unvereinbar ist.[163] Dies gilt auch dann, wenn nur eine provisorische Übernahme der Versammlungsleitung durch den Notar, insbesondere zwecks Leitung der Wahl eines regulären Versammlungsleiters, in Rede steht.[164] Denn auch den provisorischen Versammlungsleiter treffen bis zur Bestimmung eines regulären Versammlungsleiters sämtliche aus der Amtsinhaberschaft fließenden Rechte und Pflichten.[165] Es handelt sich daher auch insoweit um eine eigene Angelegenheit des Notars, bei der es um die Beurkundung eigener Rechte geht (§ 3 Abs. 1 Satz 1 Nr. 1 BeurkG).[166]

#### *c) Rechtsfolgen bei Ausübung der Versammlungsleitung durch nicht zugelassene Personen*

Die Übernahme der Versammlungsleitung durch eine dazu nicht zugelassene Person führt zur Anfechtbarkeit der unter deren Leitung gefassten Beschlüsse.[167] Entgegen der Auffassung des KG Berlin[168] muss dies auch dann gelten, wenn die Wahl des zu bestimmenden Versammlungsleiters provisorisch durch den Notar geleitet wird. Der Notar ist wie gezeigt aus zwingenden rechtlichen Gründen vom Amt der Versammlungsleitung ausgeschlossen. Dies gilt aber ebenso bei einer nur temporären Übernahme der Versammlungsleitung, da auch den provisorischen Versammlungsleiter sämtliche mit dem Amt der Versammlungsleitung verbundenen Rechte und Pflichten treffen.[169] Eine Ausnahme von der Rechtsfolge der Be-

---

162 *Wilsing/von der Linden*, ZIP 2009, 641 (645).

163 *Mülbert*, in: Großkomm. AktG, § 129 Rn. 110; *Butzke*, HV AG, D. Rn. 5; *Drinhausen*, in: Hölters, AktG, Anh. § 129 Rn. 2; *Kubis*, in: MünchKomm. AktG, § 119 Rn. 109; siehe zur Funktionstrennung zwischen Versammlungsleiter und Notar auch OLG Düsseldorf, Urt. v. 28.3.2003 – 16 U 79/02, NZG 2003, 816 (818 f.).

164 KG, Beschl. v. 6.12.2010 – 23 AktG 1/10, AG 2011, 170 (172) – „Vanguard AG"; *E. Vetter*, in: FS Bergmann, S. 799 (804).

165 KG, Beschl. v. 6.12.2010 – 23 AktG 1/10, AG 2011, 170 (172) – „Vanguard AG"; *Wicke*, in: Spindler/Stilz, BeckOGK AktG, § 129 Rn. 42; *Pliquett*, Haftung des HVL, S. 10.

166 So auch *Reichard*, NZG 2011, 775 (777).

167 Dies andeutend für den Fall der Übernahme der Versammlungsleitung durch ein Vorstandsmitglied OLG Hamburg, Urt. v. 19.5.1989 – 11 U 62/89, AG 1990, 394 (396); im Grundsatz auch KG, Beschl. v. 6.12.2010 – 23 AktG 1/10, AG 2011, 170 (172) – „Vanguard AG", nach dem die Wahl eines regulären Versammlungsleiters unter Leitung eines provisorisch berufenen Notars jedoch keinen der Anfechtung unterliegenden Sachbeschluss darstellen soll.

168 KG Berlin, Beschl. v. 6.12.2010 – 23 AktG 1/10, AG 2011, 170 (172) – „Vanguard AG".

169 *Wicke*, in: Spindler/Stilz, BeckOGK AktG, § 129 Rn. 42; *Pliquett*, Haftung des HVL, S. 10.

schlussanfechtbarkeit ist daher auch für den Fall einer nur temporären Inkompatibilität nicht gerechtfertigt.

### 4. Übernahme der Versammlungsleitung durch eine juristische Person

Es stellt sich die Frage, ob die Versammlungsleitung auch einer juristischen Person übertragen werden kann. Die Literatur geht davon aus, dass nur eine natürliche Person als Versammlungsleiter in Betracht kommt.[170] Zwar erschließt sich von selbst, dass konkrete Leitungsmaßnahmen nur von einer natürlichen Person angeordnet werden können. Diese Erkenntnis steht aber der Übertragung der Versammlungsleitung auf eine juristische Person nicht entgegen. *Niemz* weist insoweit zu Recht darauf hin, dass bei Übernahme der Versammlungsleitung durch eine juristische Person deren jeweiliger Geschäftsführer in Vertretung die Leitung der Hauptversammlung übernehmen würde.[171] Überdies kann aus dem Umstand, dass juristische Personen nach § 76 Abs. 3 Satz 1 AktG nicht als Vorstandsmitglieder in Betracht kommen, nicht auf eine grundsätzliche Inkompatibilität auch im Kontext der Versammlungsleitung geschlossen werden. Für den Vorstand ist der gesetzliche Ausschluss insbesondere damit zu erklären, dass die Zulassung von juristischen Personen als Vorstandsmitglieder die Kontrolle des Aufsichtsrats über die Zusammensetzung des Vorstands mindern würde, da die juristische Person ihre Geschäftsführer selbst bestellt.[172] Die gleiche Überlegung kann auch auf den gesetzlichen Ausschluss einer juristischen Person hinsichtlich der Aufsichtsratsmitgliedschaft nach § 100 Abs. 1 Satz 1 AktG übertragen werden, wobei insoweit aber der Schutz der Bestimmungskompetenz der Hauptversammlung nach § 101 Abs. 1 Satz 1 AktG im Vordergrund steht. Der Versammlungsleiter unterliegt aber grundsätzlich weder der Kontrolle durch den Aufsichtsrat noch durch die Hauptversammlung. Er trifft anders als der Vorstand auch keine unternehmerischen Entscheidungen, sondern ist in der Ausübung seiner Leitungsfunktion an rechtliche Vorgaben gebunden.[173] Darüber hinaus ist zu berücksichtigen, dass die §§ 76 Abs. 3, 100 Abs. 1 Satz 1 AktG lediglich einen Ausschluss von juristischen Personen für die Organmitglieder anordnen.[174]

Auch aus Sicht der Aktionäre ergeben sich keine zwingenden Gründe für einen kategorischen Ausschluss einer juristischen Person von der Versammlungsleitung. Zwar ist es so, dass die juristische Person ihren Geschäftsleiter bestimmt und die Hauptversammlung damit faktisch keinen Einfluss darauf hätte, von welchem konkreten Amtswalter die Versammlungsleitung übernommen wird. Ebenso wie bei

---

170 Siehe nur *Ziemons*, in: K. Schmidt/Lutter, AktG, § 129 Rn. 67; *Wicke*, in: Spindler/Stilz, BeckOGK AktG, § 129 Rn. 42; ebenso *Langenbach*, VersL in der AG, S. 14.

171 *Niemz*, VL im AktR, S. 91.

172 *Niemz*, VL im AktR, S. 92.

173 *Niemz*, VL im AktR, S. 92 f.

174 *Arnold*, in: MünchKomm. AktG, § 147 Rn. 76.

einer natürlichen Person steht der Hauptversammlung aber die Möglichkeit offen, eine juristische Person aus der Versammlungsleitung unter bestimmten Voraussetzungen wieder abzuberufen.[175] Mit Abberufung der juristischen Person entfällt auch gleichzeitig die Legitimationsgrundlage des jeweiligen Geschäftsführers und Amtswalters hinsichtlich der Übernahme der Versammlungsleitung. Bei Leitungsfehlern des für die juristische Person handelnden Geschäftsführers, sind die Aktionäre zudem ebenso wie bei einer natürlichen Person über die Möglichkeit einer Beschlussanfechtungsklage geschützt. Im Ergebnis bestehen daher gegen die Zuweisung der Versammlungsleitung an eine juristische Person keine durchgreifenden rechtlichen Bedenken.

### 5. Zusammenfassende Betrachtung

Die bisherige Untersuchung hat gezeigt, dass ein zwingender rechtlicher Ausschluss vom Amt des Versammlungsleiters nur für Mitglieder des Vorstands und den mit der Beurkundung der Hauptversammlung betrauten Notar besteht. Von diesen Ausnahmen abgesehen kommt grundsätzlich jede natürliche Person als Versammlungsleiter in Betracht. Bei der Ausübung des insoweit bestehenden großzügigen Entscheidungsspielraums sollte sich die Gesellschaft bei der Bestimmung des Versammlungsleiters von Zweckmäßigkeitserwägungen leiten lassen.

Die in der Rechtspraxis übliche Vorgehensweise, den Aufsichtsratsvorsitzenden oder ein anderes Mitglied des Aufsichtsrats zum Vorsitzenden zu bestimmen, ist darauf zurückzuführen, dass dem Aufsichtsratsvorsitzenden eine besondere Kompetenz und Vertrautheit in Bezug auf die geschäftlichen Belange der Gesellschaft zugeschrieben wird. Diese Kenntnisse sind aber primär für den auskunftspflichtigen Vorstand und ggf. für den Aufsichtsratsvorsitzenden im Rahmen der Erläuterungen zum Bericht des Gesamtaufsichtsrats von besonderer Bedeutung, weniger jedoch für den Versammlungsleiter, bei dem es eher darauf ankommt über das notwendige juristische Fachwissen und diplomatische Geschick im Umgang mit Konfliktsituationen in der Hauptversammlung zu verfügen. Hinzukommen muss angesichts von zunehmend technisch ausgerichteten Hauptversammlungsformen (Hybrid-HV, Corona-HV und virtuelle HV-RefE) aber auch die Fähigkeit und das notwendige Wissen des Versammlungsleiters, um die Funktionsfähigkeit der technischen Infrastruktur adäquat überwachen zu können.

Wenngleich sich keine zwingende rechtliche Pflichtenkollision zwischen Aufsichtsratsmandat und Versammlungsleitung ergibt, kann doch die Tatsache, dass der Aufsichtsrat u. a. die Mitglieder des Vorstands zu bestellen hat (§ 84 Abs. 1 AktG), aus Sicht der Aktionäre als ein besonderes Näheverhältnis eines als Versammlungsleiter agierenden Aufsichtsratsmitglieds zur Gesellschaft und zum Management wahrgenommen werden. Dies kann sich wiederum negativ auf das dem Ver-

---

[175] Siehe ausführlich zu den Voraussetzungen einer Abberufung unten unter 2. Kapitel E. II. 1. (S. 144 ff.).

sammlungsleiter entgegengebrachte Vertrauen auswirken und nachteilige atmosphärische Folgewirkungen in der Hauptversammlung nach sich ziehen. Gesteigert wird dieses Risiko dadurch, dass in der Praxis zunehmend auch der Aufsichtsrat in den Blickwinkel aktionärsseitiger Kritik gerät. Dabei geht es regelmäßig um etwaige abgeschlossene Beraterverträge nach Maßgabe von §§ 113, 114 AktG.[176] Die Folge ist, dass der Aufsichtsratsvorsitzende sich einerseits zu einem nicht unerheblichen Anteil auf die Verteidigung der eigenen Person konzentrieren muss, worunter die Versammlungsleitung insgesamt leidet, andererseits aber auch eine erhöhte Gefahr besteht, dass der Aufsichtsratsvorsitzende aus einer Position der Defensive heraus unverhältnismäßige Ordnungsmaßnahmen anordnet, die wiederum einen Nährboden für Anfechtungsklagen bieten.[177] Insoweit bergen virtuelle Hauptversammlungsformate das Risiko, dass sich eine Tendenz zu vorschnellen Reaktionen des Versammlungsleiters noch stärker manifestieren könnte. Denn für den Versammlungsleiter ist es bei einer virtuellen Hauptversammlung aufgrund der fehlenden persönlichen Konfrontation mit den Aktionären nicht nur praktisch, sondern auch psychologisch wesentlich leichter Ordnungsmaßnahmen zu verhängen, insbesondere das Frage- und Rederecht des Aktionärs einzuschränken. Auch ein Ausschluss von der Versammlung kann relativ „geräuschlos" über eine Sperrung des Online-Zugangs des betreffenden Aktionärs umgesetzt werden, wohingegen ein Saalverweis im Rahmen einer Präsenzversammlung häufig mit lautstarken Protestbekundungen und weiteren Verzögerungen verbunden ist.[178] Diese Überlegungen streiten dafür, die Versammlungsleitung in die Hände einer externen, professionellen und rechtskundigen Person zu legen.

Hingegen ist die übliche Praxis, den Aufsichtsratsvorsitzenden per Satzungsbestimmung zum Versammlungsleiter zu bestimmen nicht immer zweckmäßig, da der Aufsichtsratsvorsitzende häufig nicht über die erforderlichen Rechtskenntnisse verfügt, um eine Hauptversammlung sachgerecht leiten zu können. Gegenüber den Aktionären entsteht so häufig der Eindruck, dass der Versammlungsleiter mit den Leitungsaufgaben überfordert oder zumindest nicht ausreichend vertraut ist. Vor diesem Hintergrund sollte sich die Auswahl des Versammlungsleiters vorrangig an funktionsbezogenen Aspekten orientieren. Dabei empfehlen sich unbefangene, aktienrechtlich kundige und professionell agierende Personen, die idealerweise auch über ein gewisses technisches Verständnis verfügen.[179] Die für einen externen professionellen Versammlungsleiter zu zahlende Vergütung dürfte angesichts der ohnehin anfallenden Kosten einer Hauptversammlung von vernachlässigbarer Be-

[176] Vgl. dazu etwa BGH, Urt. v. 20.11.2006 – II ZR 279/05, ZIP 2007, 22.

[177] Zu einer Überreaktion des Versammlungsleiters im Zusammenhang mit der Anordnung eines Hausverbots siehe auch LG Köln, Urt. v. 6.7.2005 – 82 O 150/04, DB 2005, 2067 (2068).

[178] Siehe *Höreth*, AG-Report 2012, R25.

[179] Siehe auch *Kubis*, in: MünchKomm. AktG, § 118 Rn. 34, der anregt, dass der Versammlungsleiter in Anlehnung an den Gründungs- und Sachkapitalerhöhungsprüfer für eine begrenzte Amtsperiode mit Zustimmung der örtlichen Industrie- und Handelskammer durch das Registergericht bestellt wird.

deutung für die Gesellschaft sein, zumal virtuelle Hauptversammlungsformate aufgrund der Entbehrlichkeit der Anmietung großer Veranstaltungsräumlichkeiten und eines geringeren administrativen und organisatorischen Aufwands Kosteneinsparpotentiale mit sich bringen.[180] Um die Neutralität eines externen Versammlungsleiters zu wahren, sollte zudem sichergestellt werden, dass dieser in keinem Beratungsverhältnis zu der Gesellschaft steht, jedenfalls aber nicht zu den Tagesordnungspunkten bereits beraten hat.[181]

Gegen die Übernahme der Versammlungsleitung durch juristische Personen bestehen keine durchgreifenden rechtlichen Bedenken. Dass auch Organe der Aktiengesellschaft juristische Personen sein können belegt ein vergleichender Blick auf den besonderen Vertreter, für den dies nach verbreiteter Auffassung anerkannt ist.[182] Für den Sonder- und Abschlussprüfer sieht das Gesetz eine Übernahme durch juristische Personen sogar ausdrücklich vor (§§ 143 Abs. 1 Nr. 2 AktG, 323 Abs. 1 Satz 1 HGB). Die Übertragung der Versammlungsleitung auf eine juristische Person bietet auch im Hinblick auf eine erstrebenswerte Professionalisierung der Versammlungsleitung durch unternehmensfremde Dritte Vorteile. So wäre insbesondere die Mandatierung von entsprechend fachlich spezialisierten Rechtsberatungsgesellschaften möglich.[183] Die dort tätigen Rechtsanwälte können die möglichen rechtlichen Problemstellungen, von denen es im Rahmen der Versammlungsleitung nicht wenige gibt, im Zweifel besser und vor allem effektiver lösen als ein juristisch nicht vorgebildeter Versammlungsleiter. Darüber hinaus müsste sich die juristische Person ein etwaiges Fehlverhalten der zur Übernahme der Versammlungsleitung entsandten Person zurechnen lassen, so dass der Gesellschaft in der Regel auch ein solventerer Haftungsadressat zur Verfügung stünde, falls es aufgrund von Leitungsfehlern zu Beschlussanfechtungen und Schäden der Gesellschaft kommt.

## II. Sprachkenntnisse des Versammlungsleiters

Als Folge der fortschreitenden Internationalisierung auf den weltweiten Finanz- und Kapitalmärkten hat sich der Anteil ausländischer Aktionäre kontinuierlich er-

---

[180] *Heckschen/Hilser*, ZIP 2022, 461 (462); *Rieckers*, DB 2021, 98; siehe auch RefE des BMJ – Entwurf eines Gesetzes zur Einführung virtueller Hauptversammlungen von Aktiengesellschaften v. 9.2.2022, S. 12, 19, wo von einem möglichen Einsparpotential von bis zu 50 Prozent ausgegangen wird; zweifelnd insoweit aber *Bungert/Rieckers*, DB 2022, 581.

[181] So auch *Wilsing/von der Linden*, ZIP 2009, 641 (649), die zutreffend darauf hinweisen, dass auch ein Sozius eines beratenden Rechtsanwalts der Gesellschaft sich nicht als Versammlungsleiter eignet.

[182] *Rieckers/Vetter*, in: KölnKomm. AktG, § 147 Rn. 292; *Arnold*, in: MünchKomm. AktG, § 147 Rn. 76; a. A. *Mock*, in: Spindler/Stilz, BeckOGK AktG, § 147 Rn. 79.

[183] Siehe auch *Niemz*, VL im AktR, S. 93, die auch Personenhandelsgesellschaften und die Außen-GbR als mögliche Organwalter anführt.

höht.[184] Es hat sich zudem gezeigt, dass auch die Digitalisierung von Hauptversammlungen und die damit einhergehenden Möglichkeiten einer ortsungebundenen elektronischen Teilnahme zu einer Erhöhung der Teilnahmequote ausländischer Aktionäre in den Hauptversammlungen führt.[185] Diese Entwicklung wirft die Frage auf, auf welche Weise eine sachgerechte Verständigung auf Hauptversammlungen unabhängig von der Aktionärsstruktur gewährleistet werden kann und welche Konsequenzen sich daraus für die Person des Versammlungsleiters ergeben. In diesem Zusammenhang stellt sich auch die Folgefrage, welche Chancen die Digitalisierung von Hauptversammlungen aus Sicht der Versammlungsleitung bietet, um den prospektiv an Bedeutung gewinnenden Verständigungsproblemen auf Hauptversammlungen und dem daraus resultierenden Konfliktpotential entgegenzuwirken.

### 1. Grundsatz der deutschen Versammlungssprache

Um Verständigungsproblemen auf Hauptversammlungen wirksam vorbeugen zu können ist es zunächst von besonderer Bedeutung, dass der Versammlungsleiter der jeweils geltenden Versammlungssprache mächtig ist. Insoweit ist zunächst zu untersuchen, nach welchen rechtlichen Vorgaben sich die Bestimmung der Versammlungssprache in der Hauptversammlung richtet.

Im Grundsatz gilt, dass die Versammlungssprache für Aktiengesellschaften mit Sitz in der Bundesrepublik Deutschland die deutsche Sprache ist.[186] Davon ist auch dann auszugehen, wenn der Ort der Hauptversammlung zulässigerweise ins Ausland verlegt wird.[187] Nach Maßgabe von § 5 Abs. 1 BeurkG hat auch die Beurkundung der Hauptversammlung in deutscher Sprache zu erfolgen.[188] Bei dem Grundsatz der deutschen Versammlungssprache handelt es sich aber keineswegs um ein unumstößliches rechtliches Gebot. Die Annahme, die Verhandlungssprache müsse zwingend deutsch sein, findet im Gesetz keine Stütze.[189] Denn das Aktiengesetz

---

[184] Vgl. dazu die Pressemitteilung der Ernst & Young GmbH vom 26.6.2019, wonach 55 % der DAX-Aktien in den Händen ausländischer Investoren liegen (abrufbar unter https://www.ey.com/de_de/news/2019/06/immer-mehr-dax-aktien-in-auslaendischer-hand).

[185] *Redeke*, AG 2022, 98 (102); siehe auch RefE des BMJ – Entwurf eines Gesetzes zur Einführung virtueller Hauptversammlungen von Aktiengesellschaften v. 9.2.2022, S. 12, 16.

[186] *Spindler*, in: K. Schmidt/Lutter, AktG, § 118 Rn. 27; *Martens*, Leitfaden HV, S. 73; *Kubis*, in: MünchKomm. AktG, § 118 Rn. 82.

[187] *Mülbert*, in: Großkomm. AktG, § 129 Rn. 272; *Drinhausen/Marsch-Barner*, AG 2014, 757 (762); *Mohamed*, NZG 2015, 1263 (1267); siehe zur grundsätzlichen Zulässigkeit der Auslands-Hauptversammlung BGH, Urt. v. 21.10.2014 – II ZR 330/13, BB 2015, 142; *Drinhausen*, in: Hölters, AktG, § 121 Rn. 43 f.; im Kontext des RefE für die virtuelle HV auch *Drinhausen/Keinath*, BB 2022, 451 (460).

[188] Gemäß § 5 Abs. 2 BeurkG darf der Notar auf Verlangen aller teilnahmeberechtigten anwesenden Personen die Urkunde auch in einer fremden Sprache errichten, wenn er dieser hinreichend mächtig ist.

[189] Statt aller *Horrwitz*, Recht der Generalversammlungen, S. 195; abweichend auch *Großfeld*, in: Staudinger, IntGesR, Rn. 404, der bei zulässigerweise im Ausland abgehaltenen

schweigt sich zur Frage der Versammlungssprache aus. Es besteht daher im Ausgangspunkt Einvernehmen darüber, dass auch eine nicht-deutsche Sprache als Versammlungssprache festgelegt werden kann. Unterschiedlich wird jedoch beurteilt, unter welchen Voraussetzungen dies in rechtlich zulässiger Weise möglich ist.

### *a) Meinungsspektrum*

Die Zulassung einer Fremdsprache als Versammlungssprache wird nach heute einhelliger Auffassung als rechtskonform erachtet, wenn sich die Versammlungsteilnehmer einstimmig oder jedenfalls ohne Gegenstimmen damit einverstanden erklären.[190]

Teilweise wird weitergehend die Auffassung vertreten, eine qualifizierte Drei-Viertel-Beschlussmehrheit (§ 179 Abs. 2 Satz 1 AktG) reiche für die Festlegung einer beliebigen Versammlungssprache aus.[191] Begründet wird dies insbesondere mit einem wertenden Vergleich mit den erforderlichen Mehrheiten bei wesentlichen Strukturmaßnahmen. So sei insbesondere für den Abschluss eines Beherrschungsvertrags gemäß § 293 Abs. 1 Satz 2 AktG keine Einstimmigkeit, sondern lediglich eine qualifizierte Drei-Viertel-Mehrheit gesetzlich vorgeschrieben.[192] Vor diesem Hintergrund, so wird gefolgert, müsse auch für die Bestimmung der Verhandlungssprache eine qualifizierte Drei-Viertel-Mehrheit ausreichen, sofern im Interesse des Schutzes der Aktionärsminderheit für eine Simultan-Übersetzung ins Deutsche gesorgt werde.[193]

Vereinzelt wird auch dafür plädiert, dass der Versammlungsleiter kraft seiner Leitungskompetenz eine nicht-deutsche Versammlungssprache bestimmen kann, ohne dass die an der Hauptversammlung teilnehmenden Aktionäre dann ihrerseits verlangen könnten, dass die Hauptversammlung in deutscher Sprache durchgeführt

Hauptversammlungen die Anwendung der deutschen Sprache auf Grundlage einer Analogie zu § 244 HGB als zwingend erachtet, sofern es sich nicht um eine Vollversammlung (§ 121 Abs. 6 AktG) handelt und ein satzungsändernder Beschluss gefasst wird.

[190] Siehe nur *Mülbert*, in: Großkomm. AktG, § 129 Rn. 272; *Kubis*, in: MünchKomm. AktG, § 118 Rn. 82; *Spindler*, in: K. Schmidt/Lutter, AktG, § 118 Rn. 27; a. A. *Horrwitz*, Recht der Generalversammlungen, S. 195, nach dem die Versammlungssprache ohne Ausnahme Deutsch sei.

[191] Dafür *Krause/Jenderek*, NZG 2007, 246 (247); ebenso *Bungert*, AG 1995, 26 (34) für den Fall einer entsprechenden satzungsmäßigen Regelung.

[192] *Krause/Jenderek*, NZG 2007, 246 (247).

[193] *Krause/Jenderek*, NZG 2007, 246 (247); einschränkend *Bungert*, AG 1995, 26 (34), der eine qualifizierte Drei-Viertel-Mehrheit nur dann für ausreichend erachtet, soweit dies in der Satzung für den Fall der Beschlussfassung über die Verhandlungssprache vorgesehen ist; weitergehend *Großfeld*, in: Staudinger, IntGesR, Rn. 404, der eine entsprechende Beschlussfassung nur im Falle einer Vollversammlung nach § 121 Abs. 6 AktG für zulässig hält; ablehnend *Spindler*, in: K. Schmidt/Lutter, AktG, § 118 Rn. 27.

wird und für ausländische Aktionäre eine Simultanübersetzung zur Verfügung gestellt wird.[194]

### *b) Stellungnahme*

Das von der herrschenden Auffassung befürwortete Einstimmigkeitskriterium als Voraussetzung für die Festlegung einer nicht-deutschen Versammlungssprache vermag aus mehreren Gründen nicht zu überzeugen.

#### aa) Gleichlauf zwischen Dokumentensprache und Versammlungssprache

Im Ausgangspunkt ist zunächst festzustellen, dass das Aktiengesetz bezüglich der Versammlungssprache auf Hauptversammlungen keine Aussage trifft. Die Forderung nach einem einstimmigen Beschluss aller Teilnehmer der Hauptversammlung als notwendige Voraussetzung für die Zulässigkeit einer nicht-deutschen Verhandlungssprache hat daher keine gesetzliche Stütze. Die Validität einer derartigen Einschränkung lässt sich auch nicht aus der Rechtsprechung ableiten. So hat das OLG Schleswig lediglich klargestellt, dass die der Hauptversammlung zur Verfügung zu stellenden Unterlagen in der Sprache vorzulegen sind in der auch die Hauptversammlung durchgeführt wird.[195] Darüber hinaus ist die Gesellschaft nach den Ausführungen des Gerichts dazu verpflichtet, eine Übersetzung der Unterlagen auszulegen, sofern die in den Originaldokumenten verwendete Sprache von der Versammlungssprache der Hauptversammlung abweicht.[196] Damit wird aber weder die deutsche Sprache als verbindliche Versammlungssprache festgelegt noch die Anwendung einer anderssprachigen Versammlungssprache unter den Vorbehalt eines einstimmigen Beschlusses der Versammlungsteilnehmer gestellt. Das LG München I verlangt, dass Dokumente in einer *„allen Aktionären verständlichen Sprache“* zugänglich zu machen sind.[197] Dies schließt jedoch ebenfalls nicht aus, dass es sich bei der Versammlungssprache auch um eine nicht-deutsche Sprache handeln kann. Insbesondere dann, wenn sich der Aktionärskreis weit überwiegend oder gar ausschließlich aus ausländischen Aktionären zusammensetzt, handelt es sich bei der deutschen Sprache gerade nicht um die *„allen Aktionären verständliche Sprache“* im Sinne dieser Rechtsprechung. Es bleibt somit festzuhalten, dass die Rechtsprechung bislang lediglich einen Gleichlauf von Versammlungssprache und Dokumentensprache fordert. Dieser Vorgabe hat der Versammlungsleiter gerecht zu werden, indem er für den Fall einer Divergenz von originaler Dokumentensprache und Versammlungssprache für eine Auslage entsprechender Übersetzungen in ausrei-

---

[194] Dafür *Notarinstitut*, DNotI-Report 2003, 81 (82).

[195] OLG Schleswig, Urt. v. 8.12.2005 – 5 U 57/04; NZG 2006, 951 (955) – „Mobilcom“.

[196] OLG Schleswig, Urt. v. 8.12.2005 – 5 U 57/04; NZG 2006, 951 (955) – „Mobilcom“.

[197] LG München I, Urt. v. 3.5.2011 – 5HK O 23950/00, ZIP 2011, 1148 (1150) – „Direkt Anlage Bank/Self Trade“; vgl. dazu auch die Grundsatzentscheidung BGH, Urt. v. 15.1.2001 – II ZR 124/99, ZIP 2001, 416 (418) – „Altana/Milupa“.

chendem Umfang Sorge trägt, so dass alle Aktionäre die Möglichkeit haben sich ein Bild von den Inhalten der Dokumente zu machen.[198] Im Rahmen der Hybrid-HV sind die relevanten Unterlagen den elektronisch teilnehmenden Aktionären auf digitalem Wege zur Verfügung zu stellen.[199] Gleiches gilt im Rahmen der Corona-HV und der virtuellen HV-RefE (§ 118a Abs. 6 AktG-RefE), da insoweit die Auslage physischer Unterlagen mangels Präsenz der Aktionäre nicht in Betracht kommt.

#### bb) Internationalisierung der Aktionärsstrukturen und gesetzgeberische Tendenzen

Auch rechtspolitische Überlegungen sprechen gegen den Ansatz der herrschenden Meinung. Deutsche Aktiengesellschaften und deren Hauptversammlungen müssen den neuen Anforderungen, die die zunehmende Internationalisierung der Kapitalmärkte mit sich bringt, Rechnung tragen. Diese Internationalisierung schlägt sich nicht zuletzt auch in einer veränderten Unternehmenskultur nieder. Es kommt immer häufiger vor, dass ein großer Teil der Aktien einer deutschen Publikumsaktiengesellschaft von ausländischen Investoren gehalten wird oder Verwaltungsorganmitglieder einen ausländischen Hintergrund haben.[200] Daneben sind auch grenzüberschreitende Konzernstrukturen, bei denen eine inländische deutsche Tochtergesellschaft zu einer ausländischen Muttergesellschaft gehört, keine Seltenheit mehr. International agierende Aktiengesellschaften haben zum Teil auf diese Entwicklung bereits reagiert. So wird bei einigen Gesellschaften inzwischen der Nachweis hinsichtlich des Anteilsbesitzes vor der Anmeldung zur Hauptversammlung auf Englisch zugelassen.[201] Auch werden mitunter ad hoc-Mitteilungen zusätzlich auf Englisch abgegeben. Anzuführen sind in diesem Zusammenhang auch neuere gesetzgeberische Tendenzen. So kann etwa nach Art. 3 Ziff. 5 ARUG II i. V. m. § 291 Abs. 1 Satz 1 HGB im Fall eines deutschen Mutterunternehmens, das zugleich Tochterunternehmen eines Mutterunternehmens mit Sitz in einem Mitgliedstaat der EU/EWR ist, der entsprechende Konzernabschluss und Konzernlagebericht des in dem Mitgliedstaat der EU/EWR ansässigen Mutterunternehmens künftig auch in englischer Sprache offengelegt werden mit der Folge, dass die Verpflichtung der deutschen Tochtergesellschaft zur Aufstellung eines eigenen Konzernabschlusses und Konzernlageberichts entfällt. Entsprechendes gilt nach Art. 3 Ziff. 6 a) ARUG II für nach § 292 Abs. 1 HGB befreiende Konzernabschlüsse von Mutterunternehmen mit Sitz in einem Drittland.

---

[198] Siehe auch OLG Dresden, Urt. v. 23.4.2003 – 18 U 1976/02, AG 2003, 433 (435).

[199] *Hüther*, Aktionärsbeteiligung und Internet, S. 295.

[200] *Drinhausen/Marsch-Barner*, AG 2014, 757 (762); *Mohamed*, NZG 2015, 1263 (1266).

[201] *Priester*, DNotZ 2006, 403 (409).

#### cc) Drei-Viertel-Mehrheit als ausreichendes Stimmenquorum zur Festlegung der Versammlungssprache

Vor dem Hintergrund der vorstehend skizzierten klaren gesetzgeberischen Tendenzen erscheint es nicht sachgerecht, an einem starren Einstimmigkeitserfordernis als Voraussetzung für die Bestimmung einer nicht-deutschen Versammlungssprache in der Hauptversammlung festzuhalten. Überzeugend ist insoweit der Einwand der Mindermeinung, dass es zu einem Wertungswiderspruch käme, wenn die Bestimmung einer Verhandlungssprache von einem einstimmigen Beschluss abhängig gemacht würde, obwohl für wesentliche gesellschaftsrechtliche Strukturmaßnahmen lediglich eine qualifizierte Drei-Viertel-Mehrheit gesetzlich vorgesehen ist (§§ 179 Abs. 2, 293 Abs. 1 Satz 2 AktG).[202] Die Herabsenkung des erforderlichen Stimmenquorums auf eine qualifizierte Drei-Viertel-Mehrheit ermöglicht die gebotene Flexibilisierung im Hinblick auf das bislang starre Dogma einer deutschen Versammlungssprache.

#### dd) Gebot der Gleichbehandlung der Aktionäre nach § 53a AktG

Schließlich ist auch in Rechnung zu stellen, dass der Ansatz der herrschenden Meinung im Hinblick auf das Gebot der Gleichbehandlung aller Aktionäre (§ 53a AktG) rechtlichen Bedenken begegnet und damit ein potentielles Einfallstor für Anfechtungsklagen eröffnet. Dem Aktienrecht liegt das Grundkonzept einer Aktionärsdemokratie zugrunde. Aus diesem Grund muss es möglich sein, dass eine qualifizierte Drei-Viertel-Mehrheit ausländischer Aktionäre ihren Willen in Bezug auf die Bestimmung einer nicht-deutschen Verhandlungssprache auch durchsetzen kann. Die Forderung nach Einstimmigkeit würde das Prinzip demokratischer Beschlussmehrheiten konterkarieren. Eine qualifizierte Drei-Viertel-Mehrheit für die Bestimmung einer nicht-deutschen Verhandlungssprache muss daher ausreichen. Zwecks Gewährleistung des Schutzes der Aktionärsminderheit muss die Versammlungsleitung im Fall der Festlegung einer nicht-deutschen Versammlungssprache jedoch zwingend für eine simultane deutsche Übersetzung Sorge tragen. Ein Verzicht auf eine Übersetzung kann nur dann zulässig sein, wenn alle teilnehmenden Aktionäre für die nicht-deutsche Versammlungssprache votieren.[203] Umgekehrt besteht im Fall der Teilnahme ausländischer Aktionäre aber keine Verpflichtung des Versammlungsleiters, für eine Übersetzung in eine nicht-deutsche Versammlungssprache zu sorgen, sofern es bei dem Grundsatz der deutschen Versammlungssprache bleibt.

---

[202] Siehe *Krause/Jenderek*, NZG 2007, 246 (247).

[203] Relevant kann dies etwa bei der Hauptversammlung einer hundertprozentigen inländischen Tochter-AG einer ausländischen Muttergesellschaft werden.

### ee) Sicherstellung einer Simultan-Übersetzung durch die Versammlungsleitung

Aus Sicht der Versammlungsleitung stellt sich in diesem Zusammenhang die Frage, wie eine Simultan-Übersetzung zu gewährleisten und insbesondere auch technisch umzusetzen ist. Um zu vermeiden, dass Aktionäre eine Verletzung ihres Informationsrechtes geltend machen, muss der Versammlungsleiter im Rahmen einer Präsenzversammlung sicherstellen, dass die Hauptversammlung in sämtliche Nebenräume einschließlich sanitärer Bereiche mittels Lautsprecher und/oder Fernseher übertragen wird.[204] Anderenfalls drohen Anfechtungsrisiken aufgrund einer Verletzung der Mitgliedschaftsrechte. Der BGH ist dem zwar nicht gefolgt.[205] Für eine Beschlussanfechtbarkeit spricht aber entscheidend, dass die Gesellschaft gegenüber den Aktionären einen Vertrauenstatbestand schafft, wenn sie einen Präsenzbereich festlegt. Die Aktionäre müssen sich darauf verlassen können, dass in dem vom Versammlungsleiter definierten Präsenzbereich eine grundsätzlich lückenlose Verfolgung der Hauptversammlung möglich ist. Gleichwohl kann nicht jede noch so kleine Übertragungsstörung eine Beschlussanfechtbarkeit nach sich ziehen. Anfechtungsbegründend können nur längere Übertragungsmängel oder sich stetig wiederholende „Übertragungsaussetzer" sein, nicht hingegen kurzzeitige Übertragungsstörungen.[206] Der Versammlungsleiter wird sich vor diesem Hintergrund eng mit dem Vorstand abstimmen müssen, da diesen als Ausrichter der Versammlung die organisatorische Verantwortung hinsichtlich der räumlichen Infrastruktur trifft.[207]

Darüber hinaus wird zutreffend darauf hingewiesen, dass eine gleichzeitige Übertragung von Versammlungssprache und deren Übersetzung zu einer Vermengung der akustischen Signale führen würde, was im Ergebnis wiederum die Verständlichkeit für die Aktionäre signifikant beeinträchtigen könnte.[208] Der Versammlungsleiter muss im Falle der Geltung einer nicht-deutschen Versammlungssprache daher dafür Sorge tragen, dass denjenigen Aktionären, die nicht für eine nicht-deutsche Versammlungssprache votiert haben, ein eigener räumlicher Bereich (inklusive sanitärer Einrichtungen) mit deutscher Übersetzung zur Verfügung steht.[209] Bei einer lediglich konsekutiv durchgeführten Übersetzung bestünde die Gefahr, dass die Hauptversammlung über Gebühr in die Länge gezogen wird und

---

[204] LG München I, Urt. v. 1.4.2010 – 5HK O 12554/09, AG 2011, 263; *Weber*, in: Studien des DAI 2008, Heft 41, S. 37 (42).

[205] BGH, Beschl. v. 8.10.2013 – II ZR 329/12, AG 2014, 880; dem folgend OLG Frankfurt a.M., Urt. v. 16.12.2014 – 5 U 24/14, AG 2015, 272 (273).

[206] Siehe LG Frankfurt a.M., Urt. v. 20.12.2011 – 3–5 O 37/11, openJur 2012, 35411 Rn. 65.

[207] *Noack/Zetsche*, in: KölnKomm. AktG, § 121 Rn. 32; *Drinkuth/Heider*, in: FS 25 Jahre WpHG, S. 237 (241 f.); *Sauerwald*, VersL im AktR, S. 72.

[208] *Krause/Jenderek*, NZG 2007, 246 (247).

[209] *Krause/Jenderek*, NZG 2007, 246 (247).

nicht in dem vorgesehenen zeitlichen Rahmen abgewickelt werden kann.[210] Für die Corona-HV und die virtuelle HV-RefE ergeben sich insoweit signifikante Erleichterungen. Eine Übertragung über Lautsprecher ist nicht notwendig, vielmehr kann eine Simultan-Übersetzung technisch über die von den HV-Dienstleistern eingerichtete und betriebene Online-Plattform der Gesellschaft bzw. die individuellen Accounts der Aktionäre ermöglicht werden. Anfechtungsrisiken lassen sich dadurch messbar reduzieren.

#### ff) Keine Kompetenz des Versammlungsleiters zur Festlegung der Versammlungssprache

Der Auffassung, wonach die Bestimmung der Versammlungssprache als eine alleinige ordnungsrechtliche Kompetenz des Versammlungsleiters zu qualifizieren ist[211], kann ebenfalls nicht gefolgt werden, da dies mit einem unverhältnismäßigen Eingriff in das Teilnahmerecht der Aktionäre verbunden wäre. Auch erscheint die Gleichstellung mit anderen Geschäftsordnungsmaßnahmen des Versammlungsleiters, wie etwa der Bestimmung der Reihenfolge der Tagesordnungspunkte oder der Behandlung von Wortmeldungen, systematisch verfehlt. Bei der Versammlungssprache handelt es sich nicht nur um eine punktuelle, der Abwicklung der Hauptversammlung dienende Ordnungsmaßnahme. Sie bildet vielmehr den Rahmen und die Grundlage für die Hauptversammlung und ermöglicht damit erst die Ausübung des Teilnahmerechts in der Hauptversammlung.

Vor diesem Hintergrund ist eine Regelung in der Satzung zwar rechtlich nicht zwingend geboten[212], aber aus Gründen der Rechtsklarheit empfehlenswert. Nach der hier vertretenen Auffassung wäre jedoch darauf zu achten, dass eine entsprechende Satzungsregelung das Erfordernis einer Drei-Viertel-Mehrheit und einer simultanen Übersetzung in die deutsche Sprache zur notwendigen Bedingung einer nicht-deutschen Versammlungssprache erhebt.

### 2. Auswirkungen der Versammlungssprache auf die Sprachkenntnisse des Versammlungsleiters

Zu untersuchen ist nunmehr, welche Folgen sich aus den oben dargestellten Grundsätzen für die Person des Versammlungsleiters ergeben. Dabei ist zwischen den Fällen einer deutschen und einer nicht-deutschen Versammlungssprache zu unterscheiden.

---

[210] *Krause/Jenderek*, NZG 2007, 246 (247).

[211] Siehe *Notarinstitut*, DNotI-Report 2003, 81 (82).

[212] Nach *Bungert*, AG 1995, 26 (34) soll aber das Stimmenerfordernis einer Drei-Viertel-Mehrheit – und nicht der Einstimmigkeit – nur dann gelten, wenn die Satzung dies ausdrücklich vorsieht.

### *a) Hauptversammlungen mit deutscher Versammlungssprache*

Es stellt sich zunächst die Frage, welche Anforderungen an die Sprachkenntnisse des Versammlungsleiters zu stellen sind, wenn es bei dem Grundsatz der deutschen Verhandlungssprache bleibt und keine nicht-deutsche Verhandlungssprache mit einer – nach der hier vertretenen Auffassung erforderlichen, aber auch ausreichenden qualifizierten Drei-Viertel-Mehrheit – durch die Hauptversammlung festgelegt wird.

Nach ganz überwiegender Auffassung ist die Übernahme der Versammlungsleitung durch eine Person, die der deutschen Sprache nicht mächtig ist, zulässig, solange eine simultane Übersetzung der Kommunikation durch einen vereidigten Dolmetscher gewährleistet ist.[213] Dieser Standpunkt ist indes aus verschiedenen Gründen nicht unproblematisch. Zum einen machen fehlende Sprachkenntnisse es für den Versammlungsleiter schwieriger der Hauptversammlung und ihren Inhalten zu folgen.[214] Ungenauigkeiten im Übersetzungsprozess können wiederum zu Unsicherheiten und Missverständnissen auf Seiten des Versammlungsleiters führen und in der Folge das Vertrauen der Aktionäre in die Sachkompetenz des Versammlungsleiters schmälern. Zudem besteht das Risiko, dass fehlerhafte Leitungsmaßnahmen, die auf sprachlichen Defiziten oder Übersetzungsmängeln beruhen, sich zu anfechtungsrelevanten Verfahrensfehlern verdichten und damit zur Grundlage einer erfolgreichen Beschlussanfechtung gemacht werden.[215]

Ungeachtet der praxisbezogenen Vorbehalte kann die rechtliche Zulässigkeit eines nicht-deutschsprachigen Versammlungsleiters aber nicht per se negiert werden, da ein kategorischer Ausschluss nicht deutschsprachiger Personen vom Amt der Versammlungsleitung im Aktiengesetz keine Stütze findet. Im Ergebnis ist der herrschenden Auffassung daher zuzustimmen. Der nicht deutschsprachige Versammlungsleiter muss sich selbst mittels eines Dolmetschers über den Verlauf der Hauptversammlung unterrichtet halten und ebenso seine Erklärungen gegenüber den Aktionären im Wege einer Simultan-Übersetzung oder – im Falle einer virtuellen Hauptversammlung – ggf. durch den möglichen Einsatz digitaler Übersetzungsprogramme verständlich machen.[216] Festzuhalten bleibt aber, dass sich mangelnde Sprachkenntnisse gerade bei komplexen Hauptversammlungen von Publikumsak-

---

[213] OLG Hamburg, Urt. v. 12.1.2001 – 11 U 162/00, AG 2001, 359 (363); *J. Koch*, AktG, § 129 Rn. 18; *Notarinstitut*, DNotI-Report 2003, 81 (82); *Jäger*, AG und KGaA, § 24 Rn. 72; *Martens*, Leitfaden HV, S. 45; *Ziemons*, in: K. Schmidt/Lutter, AktG, § 129 Rn. 67; kritisch aber *Kubis*, in: MünchKomm. AktG, § 119 Rn. 110 und *Kocher/Feigen*, NZG 2015, 620 (621), die auf die aus einer mittelbaren Kommunikation resultierenden praktischen Schwierigkeiten und Anfechtungsrisiken hinweisen; a.A. noch *Drewes*, Die Generalversammlung der AG, S. 27.

[214] So auch *Kubis*, in: MünchKomm. AktG, § 119 Rn. 110.

[215] *J. Koch*, AktG, § 129 Rn. 18; *Wicke*, in: Spindler/Stilz, BeckOGK AktG, § 129 Rn. 42.

[216] OLG Hamburg, Urt. v. 12.1.2001 – 11 U 162/00, AG 2001, 359 (363); *Martens*, Leitfaden HV, S. 45; siehe auch LG München I, Urt. v. 29.3.2007 – 5HK 11176/06, AG 2007, 830 (831) – „Hypovereinsbank/Unicredito" zur Niederlegung des Amtes als Versammlungsleiter wegen unzureichender Deutschkenntnisse.

tiengesellschaften aufgrund der damit verbundenen Anfechtungsrisiken als potentieller Fallstrick für den Versammlungsleiter erweisen können. Vor diesem Hintergrund empfiehlt es sich daher, einen mit der jeweils geltenden Versammlungssprache vertrauten Versammlungsleiter zu wählen, sofern der satzungsmäßig vorgesehene Versammlungsleiter insoweit sprachliche Defizite aufweist.[217]

#### *b) Hauptversammlungen mit nicht-deutscher Versammlungssprache*

Im Interesse der Gewährleistung eines rechtlichen Gleichlaufs müssen die für die Fallkonstellation einer deutschen Versammlungssprache entwickelten rechtlichen Grundsätze entsprechend gelten, wenn die Hauptversammlung mit einer qualifizierten Drei-Viertel-Mehrheit eine nicht-deutsche Versammlungssprache festgelegt hat. Das bedeutet, dass es kein rechtlich zwingendes Gebot geben kann, wonach der Versammlungsleiter der jeweils geltenden nicht-deutschen Versammlungssprache mächtig sein muss. Erforderlich ist aber auch hier, dass bei fehlenden Sprachkenntnissen des Versammlungsleiters die Simultan-Übersetzung der Redebeiträge des Versammlungsleiters in die jeweilige nicht-deutsche Versammlungssprache und umgekehrt auch die Simultan-Übersetzung des verbalen Geschehens der Hauptversammlung für den Versammlungsleiter sichergestellt ist.

### 3. Ergebnis

Die zunehmende Internationalisierung der Aktionärs- sowie Organstrukturen erfordert eine flexiblere Handhabung des Dogmas der deutschen Versammlungssprache bei Hauptversammlungen deutscher Aktiengesellschaften, und zwar unabhängig vom Hauptversammlungsort. In Abweichung zu der herrschenden Auffassung ist von dem Einstimmigkeitserfordernis als Voraussetzung für die Bestimmung einer nicht-deutschen Versammlungssprache abzurücken und stattdessen eine qualifizierte Drei-Viertel-Beschlussmehrheit (§§ 179 Abs. 2 Satz 1, 293 Abs. 1 Satz 2 AktG) als erforderliches Stimmenquorum festzulegen. Der Versammlungsleiter hat im Fall der Bestimmung einer nicht-deutschen Versammlungssprache für eine Simultan-Übersetzung ins Deutsche Sorge zu tragen. Für die bei der diesbezüglichen Abstimmung unterlegenen Minderheitsaktionäre muss der Versammlungsleiter im Zusammenwirken mit dem Vorstand bei einer Präsenzversammlung separate Räumlichkeiten zur Verfügung stellen, in denen die Übersetzung übertragen wird. Eine gleichzeitige akustische Übertragung von nicht-deutscher Versammlungssprache und deutscher Übersetzung birgt Anfechtungsrisiken, wenn Aktionäre der Versammlung infolge der Vermischung der Tonsignale nicht mehr folgen können und sich dadurch in ihrem Teilnahmerecht verletzt sehen. Die virtuelle Hauptversammlung ohne Präsenz der Aktionäre bietet insoweit für die Versammlungsleitung deutliche Erleichterungen, da eine Simultan-Übersetzung technisch über die Online-

[217] So auch *Kubis*, in: MünchKomm. AktG, § 119 Rn. 110.

Plattform der Gesellschaft oder die jeweiligen Aktionärsaccounts umgesetzt werden kann und die Notwendigkeit für die Bereitstellung separater Räumlichkeiten entfällt. Das Problem einer Vermischung von akustischen Signalen könnte dadurch ebenfalls vermieden werden. Auch auszulegende Unterlagen können online als download und bei Bedarf in multilingualer Form zur Verfügung gestellt werden.

Ein zwingendes rechtliches Gebot, dass der Versammlungsleiter der jeweiligen Versammlungssprache mächtig sein muss, besteht nicht. Bei fehlenden Sprachkenntnissen ist jedoch stets für eine Simultan-Übersetzung der Ausführungen und Wortbeiträge des Versammlungsleiters in die jeweilige Versammlungssprache und umgekehrt des verbalen Geschehens der Hauptversammlung für den Versammlungsleiter zu sorgen, da anderenfalls eine zur Anfechtung berechtigende Verletzung der Teilnahmerechte der nicht sprachkundigen Aktionäre droht und überdies nicht gewährleistet wäre, dass der Versammlungsleiter dem Verlauf der Hauptversammlung folgen kann.

## D. Dogmatische Einordnung der Rechtsstellung des Versammlungsleiters

Das Aktiengesetz enthält keine Regelungen hinsichtlich der Rechte und Pflichten des Versammlungsleiters. Die Beurteilung einer Vielzahl von sich diesbezüglich stellenden Rechtsfragen hängt deshalb von der dogmatischen Einordnung der Versammlungsleitung ab. Es geht dabei insbesondere um die rechtliche Legitimationsgrundlage für Eingriffe des Versammlungsleiters in mitgliedschaftliche Rechte der Aktionäre bzw. in Rechte gesellschaftsfremder Dritter, die Abgrenzung der Kompetenzen des Versammlungsleiters von denen der Hauptversammlung sowie die Dispositionsfähigkeit der Rechte und Pflichten des Versammlungsleiters. Von entscheidender Bedeutung ist eine klare dogmatische Konturierung der Rechtsstellung des Versammlungsleiters aber auch im Hinblick auf eine persönliche Haftung des Versammlungsleiters.[218]

### I. Der Versammlungsleiter als Hilfsperson der Hauptversammlung

In Betracht kommt zunächst die Einordnung des Versammlungsleiters als bloße Hilfsperson des Organs Hauptversammlung. Danach verfügt der Versammlungsleiter über keine originären Kompetenzen, sondern leitet diese ausschließlich von der Hauptversammlung ab.[219] Aufgrund der bloß derivativen Rechtsstellung des Ver-

---

[218] Siehe dazu 3. Kapitel B. (S. 328 ff.).

[219] In diese Richtung tendierend *Sauerwald*, VersL im Aktienrecht, S. 118 f., 256, wonach der Versammlungsleiter ein Instrument der Selbstorganisation der Hauptversammlung darstellt

sammlungsleiters stünde die Versammlungsleitung bei konsequenter Anwendung dieser Sichtweise damit insgesamt unter einem grundsätzlichen Zustimmungsvorbehalt der sich in der Hauptversammlung organisierenden Aktionärsschaft. Zudem hätte die Hauptversammlung die Möglichkeit, die Entscheidungsbefugnisse des Versammlungsleiters jederzeit durch entsprechenden Mehrheitsbeschluss an sich zu ziehen.

## II. Der Versammlungsleiter als Funktionsgehilfe mit eigenen Rechten

Der BGH hat in einer Grundsatzentscheidung klargestellt, dass dem Versammlungsleiter alle Leitungs- und Ordnungsbefugnisse, die notwendig sind, um seinen Funktionsauftrag zu erfüllen, aus eigenem Recht, und nicht aus von der Hauptversammlung abgeleitetem Recht zustehen.[220] Dies entspricht im Ausgangspunkt auch dem heute ganz herrschenden Verständnis in der Literatur.[221] Ungeachtet der allgemein anerkannten Autonomie seiner Leitungskompetenz ordnet ein Teil der Literatur den Versammlungsleiter dennoch nicht als ein selbständiges Organ, sondern als einen Funktionsgehilfen des Organs Hauptversammlung ein.[222]

---

und weder Organ noch Organteil ist; unklar BGH, Urt. v. 21.9.2009 – II ZR 174/08, ZIP 2009, 2051, wonach die Leitung der Hauptversammlung dem jeweiligen Versammlungsleiter obliegt, *„soweit sie weder durch Gesetz noch durch Satzung noch durch einen Geschäftsordnungsbeschluss der Hauptversammlung geregelt“* sei („Umschreibungsstopp“-Urteil).

220 BGH, Urt. v. 11.11.1965 – II ZR 122/63, NJW 1966, 43 (44 f.).

221 *Wicke*, in: Spindler/Stilz, BeckOGK AktG, § 129 Rn. 49; *Kubis*, in: MünchKomm. AktG, § 119 Rn. 128; *Mülbert*, in: Großkomm. AktG, § 129 Rn. 125; *Schaaf*, ZIP 1999, 1339 (1340); *Hoffmann-Becking*, in: MünchHdb. GesR AG, § 37 Rn. 47; *Langenbach*, VersL im AktR, S. 165 f.; *Reichert*, in: Beck'sches Hdb. AG, § 5 Rn. 167; *Dietrich*, NZG 1998, 921 (923); *Bezzenberger*, ZGR 1998, 352 (358 f.); *Hennerkes/Kögel*, DB 1999, 81 (82); *Niemz*, VL im AktR, S. 48; im Grundsatz ebenso *Ihrig*, in: FS Goette, S. 205 (209 ff.), der die umfassende Leitungskompetenz des Versammlungsleiters jedoch nur unter der Voraussetzung anerkennt, dass weder Satzung oder Geschäftsordnung verfahrensleitende Regelungen treffen und die verfahrensleitenden Anordnungen des Versammlungsleiters nicht auf das „Ob“ oder den Inhalt der Sachentscheidung einwirken; inkonsequent insoweit *Bachmann*, AG 1999, 210 (211) (Fn. 24), der einerseits das Konzept einer bloß von der Hauptversammlung abgeleiteten Leitungsmacht als untauglich zurückweist, andererseits aber dezidiert den Vergleich zur Rechtsstellung des Versammlungsleiters der GmbH-Gesellschafterversammlung zieht für den aber eine bloß abgeleitete Leitungsmacht allgemein anerkannt ist; in diese Richtung tendierend auch OLG Dresden, Urt. v. 11.1.2005 – 2 U 1728/04, ZIP 2005, 573 (577) („*… von den Aktionären verliehene Handlungsmacht …*“).

222 *Pliquett*, Haftung des HVL, S. 101; *Bachmann*, AG 1999, 210 (211) (Fn. 24); *Theusinger/Schilha*, BB 2015, 131 (137); *von der Linden*, NZG 2013, 208 (209 f.); ebenso *Langenbach*, VersL im AktR, S. 184, wonach der Versammlungsleiter lediglich innerhalb des Organs Hauptversammlung tätig wird; kritisch gegenüber einer Organstellung auch *Kubis*, in: MünchKomm. AktG, § 119 Rn. 125; *Ziemons*, in: K. Schmidt/Lutter, AktG, § 129 Rn. 69; *Schmid*, in: Ziemons/Binnewies, Handb. AG, I. Teil Rn. 10.800; siehe auch OLG München,

## III. Der Versammlungsleiter als Organ der Gesellschaft

Ausgehend von der Leitentscheidung des BGH plädiert ein anderer Teil der Literatur dafür, den Versammlungsleiter als Organ der Gesellschaft zu qualifizieren.[223] Danach ist der Versammlungsleiter ein eigenständiger Kompetenzträger, der selbständig neben das Organ Hauptversammlung tritt und seine Rechte kraft seiner organschaftlichen Stellung und nicht lediglich aufgrund einer internen funktionalen Zuständigkeit als Teil des Organs Hauptversammlung ausübt.[224]

## IV. Stellungnahme zugunsten einer Organstellung des Versammlungsleiters

Mit Urteil des LG Ravensburg vom 8. Mai 2014 hat sich die Rechtsprechung erstmalig mit der Frage einer möglichen Haftung des Versammlungsleiters beschäftigt und in diesem Zusammenhang eine Organstellung des Versammlungsleiters ohne nähere Begründung verneint.[225] Dem kann nicht gefolgt werden. Dem Versammlungsleiter ist vielmehr Organqualität zuzuschreiben. Die Richtigkeit dieses Befundes ergibt sich aus den nachstehenden Überlegungen.

### 1. Maßstäbe der modernen Organtheorie

Nach der von *Wolff* begründeten modernen Organtheorie ist ein Organ ein durch die Organisation begründeter Zuständigkeitskomplex, wobei zwischen dem Organ selbst und den Organwaltern, also den handelnden natürlichen Personen, welche die Aufgaben des Organs wahrnehmen, zu unterscheiden ist.[226] Zugleich beinhaltet der

---

Beschl. v. 29.2.2008 – 7 U 3037/07, openJur2012, 90272 Rn. 5, wonach die Versammlungsleitung eine zusätzliche Aufgabe für das Organ Hauptversammlung darstellt.

[223] Siehe *Mülbert*, in: Großkomm. AktG, § 129 Rn. 124; *Schürnbrand*, Organschaft im Recht der privaten Verbände, S. 145f.; *ders.*, NZG 2014, 1211 (1212); *Zetsche*, in: KölnKomm. AktG, Anh. § 119 Rn. 53; *E. Vetter*, in: FS Bergmann, S. 799 (808); *Heidel*, in: Heidel, AktienR u. KapitalmarktR, Vor §§ 129–132 AktG Rn. 18; *Niemz*, VL im AktR, S. 76; *Poelzig*, AG 2015, 476 (478); *Reinicke*, Rechtsstellung des Vorsitzenden einer HV, S. 25, 36; ebenso *Hüffer/Schäfer*, in: Großkomm. GmbhG, § 48 Rn. 28; ähnlich *Stützle/Walgenbach*, ZHR (155) 1991, 516 (521f.), die ebenfalls die rechtliche Unabhängigkeit des Versammlungsleiters betonen, ohne diesen jedoch expressis verbis als Organ zu qualifizieren; für die Organqualität des Versammlungsleiters auch bereits *C. Ritter/J Ritter*, AktG 1937, § 103 Anm. 5 a).

[224] *Schürnbrand*, NZG 2014, 1211 (1212); *Heidel*, in: Heidel, AktienR u. KapitalmarktR, Vor §§ 129–132 AktG Rn. 18; siehe auch schon *Wenck*, Grundlagen des Rechtes der Einberufung einer Generalversammlung, S. 85, der den Versammlungsleiter als „*Verkündungs- oder Formalienorgan*" bezeichnet; auf diese Bezeichnung rekurrierend auch *Drewes*, Die Generalversammlung der AG, S. 30.

[225] LG Ravensburg, Urt. v. 8.5.2014 – 7 O 51/13, ZIP 2014, 1632 (1633).

[226] Vgl. dazu die ausführliche Definition bei *Wolff*, Organschaft und juristische Person, Bd. 2, S. 236: „*Das Organ ist also ein durch die Organisation objektiv eingeräumter, durch*

moderne Organbegriff einen zweistufigen Zurechnungsmechanismus in der Weise, dass das menschliche Handeln zunächst dem Organ und von diesem dann der Gesellschaft zugerechnet wird.[227] Der BGH stellt im Rahmen des Organbegriffs entscheidend auf die Unabhängigkeit und die organisatorische Eingliederung in die Gesellschaft sowie die Wahrnehmung von Aufgaben für die Gesellschaft ab.[228] Dieser durch die Rechtsprechung des BGH präzisierte moderne Organbegriff ist auch für das Gesellschaftsrecht maßgeblich und damit auch bezogen auf die Rechtsstellung des Versammlungsleiters zugrunde zu legen.[229]

### 2. Originäre Leitungskompetenzen des Versammlungsleiters

Das Aktiengesetz setzt einen Versammlungsleiter zwingend voraus (vgl. §§ 118 Abs. 4, 122 Abs. 3 Satz 2, 130 Abs. 2 Satz 1 u. 3, 131 Abs. 2 Satz 2 AktG). Gleiches gilt für den RefE für die virtuelle HV, der die Existenz eines Versammlungsleiters sogar ausdrücklich vorsieht (§ 118a Abs. 2 Nr. 3 AktG-RefE). Zwar enthält das AktG – anders als bezüglich des Vorstands und des Aufsichtsrats – keine expliziten Regelungen hinsichtlich der Rechte und Pflichten des Versammlungsleiters.[230] Nach der Leitentscheidung des BGH aus dem Jahr 1965 sind diese aber aus seinem Funktionsauftrag, für einen ordnungsgemäßen Ablauf der Hauptversammlung zu sorgen, abzuleiten, nicht hingegen aus dem zivilrechtlichen Notwehrrecht (§ 227 Abs. 2 BGB) oder dem Hausrecht.[231] Es besteht wie gezeigt im Ausgangspunkt auch weitestgehend Einvernehmen darüber, dass der Versammlungsleiter die ihm im Zusammenhang mit der Erfüllung seines Funktionsauftrags zu Gebote stehenden Kompetenzen aus eigenem Recht wahrnimmt und er diese nicht von der Hauptversammlung ableitet. Auch kann die Satzung nicht in die originären Kompetenzen

---

*seine Bezogenheit auf ein oder mehrere organisatorisch verbundene Pflichtsubjektive (die Organwalter) geeinter aber unter Abstraktion von deren Individualität (abstrakt, institutionell) bestimmter Komplex von Berechtigungen und Verpflichtungen i. w. S., d. h. von gegenständlich und oft auch modal normierter Geschäftsbesorgungs- und Vertretungsmacht für die durch die Organisation geeinte Vielheit. Es ist, kürzer ausgedrückt, ein durch die Organisation begründeter Zuständigkeitskomplex.*“; siehe zu den historischen Wurzeln der modernen Organtheorie auch *Schürnbrand*, Organschaft im Recht der privaten Verbände, S. 17 ff.

[227] *Kling*, ZGR 2009, 190 (210 f.).

[228] BGH, Urt. v. 6. 3. 1997 – II B 4/96, NJW 1997, 1985 (1986); BGH, Urt. v. 25. 2. 1965 – II ZR 287/63, NJW 1965, 1378; BGH, Urt. v. 15. 12. 1954 – II ZR 322/53, NJW 1954, 499 (500).

[229] Siehe auch *Schürnbrand*, Organschaft im Recht der privaten Verbände, S. 30 ff.; zur inhaltlichen Konkretisierung des Organbegriffs siehe auch die Ausführungen bei *Niemz*, VL im AktR, S. 49 ff.

[230] Der RefE für die virtuelle HV erwähnt in 130a Abs. 4 Satz 4 AktG-RefE hingegen ausdrücklich das Recht des Versammlungsleiters über die Reihenfolge der Redebeiträge in der Versammlung zu entscheiden.

[231] BGH, Urt. v. 11. 11. 1965 – II ZR 122/63, NJW 1966, 43 (44 f.); auf das Hausrecht abstellend aber *Butenschön*, BB 1958, 398; *Schmidt/Meyer-Landrut*, in: Großkomm. AktG, 2. Aufl. 1961, § 103 AktG 1937 Anm. 16; ebenso AG München, Urt. v. 14. 12. 1994 – 263 C 23327/94, AG 1995, 335 in Bezug auf die Durchführung von Einlasskontrollen.

des Versammlungsleiters eingreifen.[232] Bei Anordnung von Leitungsmaßnahmen fungiert der Versammlungsleiter einerseits als internes Willensbildungsorgan und andererseits auch als externes Vertretungsorgan für die Gesellschaft.[233] Letzteres insbesondere bei Ordnungsmaßnahmen gegenüber Nicht-Aktionären.[234] Die gesetzliche Verankerung des Versammlungsleiters und die Anerkennung eines genuinen Kompetenzbereichs offenbaren Parallelen zu den übrigen Organen der Aktiengesellschaft.[235] Der Versammlungsleiter nimmt ebenso wie Vorstand und Aufsichtsrat mit seinen Aufgaben und Pflichten an der verbandsrechtlichen Verfassung der Gesellschaft teil.[236] Dies spricht dagegen den Versammlungsleiter als bloßen Funktionsgehilfen der Hauptversammlung einzuordnen.

### 3. Die Versammlungsleitung als dauerhafte Verbandsinstitution

Soweit in der Literatur die Organstellung mit dem Argument abgelehnt wird, der Versammlungsleiter werde nur zu bestimmten Anlässen aktiv, nämlich nur dann, wenn die Hauptversammlung zusammentritt[237], steht dies der Annahme einer Organstellung nicht entgegen.

Im Hinblick auf das Organ Versammlungsleiter sind in Anwendung des vorstehend skizzierten modernen Organbegriffs zwei Sphären voneinander zu unterscheiden. Zum einen die Versammlungsleitung in ihrer Eigenschaft als abstrakte verbandsrechtliche Institution und zum anderen die natürliche Person, die als Organwalter das Amt der Versammlungsleitung ausfüllt.[238] Das Gesetz geht von der grundsätzlichen Notwendigkeit und Existenz eines Versammlungsleiters aus. Daran ändert auch der Umstand nichts, dass die Leitung durch einen gesonderten Versammlungsleiter in bestimmten Ausnahmefällen entbehrlich ist.[239] Denn es entfällt insoweit nur die ansonsten qua Gesetz bestehende Verpflichtung zur Bestellung eines Organwalters, der die Versammlungsleitung übernimmt; das Amt der Versammlungsleitung im verbandsrechtlichen Sinne bleibt jedoch aufgrund seiner gesetzlichen Verankerung davon unberührt. Der Versammlungsleiter ist danach als ein mit eigenen Rechten und Pflichten ausgestattetes verbandsrechtliches Organ zu qualifizieren, das unabhängig von der individuellen Person Bestand hat und in die Ge-

---

[232] Siehe nur *E. Vetter*, in: FS Bergmann, S. 799 (808); *Marsch-Barner/von der Linden*, in: Marsch-Barner/Schäfer, Hdb. börsennotierte AG, § 35 Rn. 37.

[233] Siehe *Mülbert*, in: Großkomm. AktG, § 129 Rn. 124; *Zetsche*, in: KölnKomm. AktG, Anh. § 119 Rn. 53; ebenso *Pliquett*, Haftung des HVL, S. 97.

[234] *Kubis*, in: MünchKomm. AktG, § 119 Rn. 127.

[235] Die gesetzliche Verankerung des Versammlungsleiters wird zudem durch die §§ 118a Abs. 2 Nr. 3, 130a Abs. 4 Satz 4 AktG-RefE noch einmal unterstrichen.

[236] *Niemz*, VL im AktR, S. 70.

[237] So etwa *von der Linden*, NZG 2013, 208 (209 f.).

[238] *Schürnbrand*, NZG 2014, 1211 (1212).

[239] Siehe dazu oben unter 2. Kapitel B. II. (S. 78 ff.).

sellschaft eingegliedert ist.[240] Vor diesem Hintergrund spricht auch der Umstand, dass die Versammlungsleitung durch eine externe Person übernommen werden kann, nicht gegen die Organqualität des Versammlungsleiters.[241] Denn insofern geht es nur um die Frage der Organwalterschaft. Es gibt aber keinen aktienrechtlichen Grundsatz, der besagt, dass nur gesellschaftsinterne Personen Organmitglieder sein können. Der Bezug zum Gesellschaftsinternum wird vielmehr durch die Übernahme des Amtes automatisch hergestellt. Insoweit kann für den Versammlungsleiter nichts anderes gelten als etwa für den besonderen Vertreter, der ebenfalls als Organ anerkannt ist und dessen Amt auch von gesellschaftsexternen Personen übernommen werden kann.[242]

Nicht von der Hand zu weisen ist zwar, dass der aktive Wirkbereich des Versammlungsleiters durch die Hauptversammlung in sachlicher und zeitlicher Hinsicht begrenzt wird, da der Versammlungsleiter rechtsverbindliche Handlungen grundsätzlich nur bei einem tatsächlichen Zusammentreffen der Aktionäre vornehmen kann. Aus der Anlassbezogenheit einer Tätigkeit kann jedoch nicht zwingend auf das Bestehen oder Nichtbestehen einer Organeigenschaft geschlossen werden. Dass das Kriterium der Dauerhaftigkeit einer Tätigkeit kein geeignetes Abgrenzungskriterium in Bezug auf die Organqualität darstellt, zeigt der vergleichende Blick auf die Rechtsstellung des besonderen Vertreters (§ 147 Abs. 2 Satz 1 AktG). Nach gefestigter Rechtsprechung des BGH ist der besondere Vertreter im Rahmen seines Aufgabenkreises, Ersatzansprüche der Gesellschaft geltend zu machen, als ein Organ der Gesellschaft zu qualifizieren.[243] Mit Wirksamwerden der Bestellung wird der besondere Vertreter zu einem temporären, zusätzlichen Gesellschaftsorgan, das im Rahmen seines eng umgrenzten Aufgabenbereichs die Zuständigkeiten von Vorstand und Aufsichtsrat verdrängt.[244] Der besondere Vertreter wird ebenso wie der Ver-

---

[240] *Poelzig*, AG 2015, 476 (478).

[241] Davon ohne nähere Begründung ausgehend aber *Drinkuth/Heider*, in: FS 25 Jahre WpHG, S. 237 (271).

[242] *Arnold*, in: MünchKomm. AktG, § 147 Rn. 76, 95; *Mock*, in: Spindler/Stilz, BeckOGK AktG, § 147 Rn. 79.

[243] BGH, Beschl. v. 28.4.2015 – II ZB 19/14, ZIP 2015, 1286 (1288) – gleichzeitig erkennt der BGH auch die Parteifähigkeit des besonderen Vertreters an (§ 50 ZPO). Diese besteht nach Auffassung des BGH für den besonderen Vertreter bereits in seiner Eigenschaft als natürliche Person, da es bei Organen, die nur aus einer natürlichen Person bestehen, einer Unterscheidung zwischen Organ und Organmitgliedschaft nicht bedürfe; siehe dazu auch *Wilsing/Kleemann*, EWiR 2015, 503 (504); ebenso BGH, Beschl. v. 27.9.2011 – II ZR 225/08, ZIP 2011, 2195 und BGH, Urt. v. 18.12.1980 – II ZR 140/79, NJW 1981, 1097 (1098); zust. *Mock*, AG 2015, 652 f.; *Humrich*, Der besondere Vertreter im AktR, S. 112 ff.; a. A. OLG München, Urt. v. 28.11. 2007 – 7 U 4498/07), WM 2008, 215 (222), wonach dem besonderen Vertreter keine dem Vorstand ähnliche Organstellung zuzubilligen ist; ebenso LG München I, Beschl. v. 28.7. 2008 – 5HK O 12504/08), WM 2008, 1977 (1979); zust. *Balthasar/Hamelmann*, WM 2010, 589 (593) und *Wirth/Pospiech*, DB 2008, 2471 (2474), die auf die zeitlich beschränkte Vertretungsfunktion des besonderen Vertreters abstellen.

[244] BGH, Urt. v. 18.12.1980 – II ZR 140/79, NJW 1981, 1097 (1098); *Krebs*, in: Hölters, AktG, § 147 Rn. 16; *Kling*, ZGR 2009, 190 (212); *Tretter*, in: MAH AktR, § 41 Rn. 59.

sammlungsleiter anlassbezogen tätig. Diese Anlassbezogenheit steht der Einordnung des besonderen Vertreters als Organ nicht entgegen. Nichts anderes kann aber dann für den Versammlungsleiter gelten.

Auch die Einordnung des Versammlungsleiters als nicht-ständiges Organ ist dogmatisch nicht überzeugend.[245] So wird auch in Bezug auf die Hauptversammlung unterschieden zwischen der Hauptversammlung im rechtlichen Sinne und dem tatsächlichen Zusammentreffen der Aktionäre.[246] Ebenso wie der Versammlungsleiter kann auch die Hauptversammlung nur im Rahmen der Zusammenkunft der Aktionäre rechtsverbindlich handeln und Beschlüsse fassen. Dies hindert aber nicht die rechtliche Einordnung der Hauptversammlung als ständiges Organ der Aktiengesellschaft.[247] Gründe, die für eine abweichende Beurteilung der Organstellung des Versammlungsleiters sprechen, sind nicht ersichtlich. Ungeachtet dessen ist es auch so, dass der Aufgabenbereich des Versammlungsleiters sich durchaus auch auf Bereiche außerhalb der tatsächlichen Zusammenkunft der Aktionäre erstrecken kann. Dies wäre zum Beispiel dann der Fall, wenn die Satzung der Gesellschaft dem Versammlungsleiter auch die Befugnis zur Einberufung der Hauptversammlung zuweist.[248] Ebenso gilt dies, wenn der Versammlungsleiter im Vorfeld der Hauptversammlung und in Abstimmung mit dem Vorstand Sicherheitskontrollen anordnet. Auch die mit dem RefE für die virtuelle HV verbundene Vorverlagerung von Informations- und Entscheidungsprozessen wird die Bedeutung einer frühzeitigen bereits im Vorfeld der Hauptversammlung ansetzenden Abstimmung zwischen Verwaltung und Versammlungsleitung noch einmal substanziell erhöhen.[249] Auch in den Fällen, in denen der Versammlungsleiter nicht durch die Satzung bestimmt wird, sondern durch die Hauptversammlung gewählt wird, kann nicht davon ausgegangen werden, dass es sich um ein nicht-ständiges Organ der Gesellschaft handelt. Gewählt wird nämlich nur die natürliche Person, d. h. der Organwalter. Die Versammlungsleitung als abstrakte Verbandsinstitution hat hingegen durchgehend Bestand. Insoweit besteht ein struktureller Gleichlauf mit dem ebenfalls doppelt besetzten Hauptversammlungsbegriff.[250]

### 4. Zusammenführung von Organstellungen durch Personalunion

Gegen eine Organstellung des Versammlungsleiters spricht auch nicht die in der Praxis regelmäßig anzutreffende Personalunion von Aufsichtsratsvorsitzenden und

---

[245] So aber *Mülbert*, in: Großkomm. AktG, § 129 Rn. 124; *Heidel*, in: Heidel, AktienR u. KapitalmarktR, Vor §§ 129 – 132 AktG Rn. 18; *Zetsche*, in: KölnKomm. AktG, Anh. § 119 Rn. 53.

[246] Siehe dazu bereits die obigen Ausführungen unter 1. Kapitel B. (S. 34 f.).

[247] Siehe oben unter 1. Kapitel B. (S. 34 f.).

[248] Siehe ausführlich dazu unten unter 2. Kapitel F. III. 1. (S. 178 ff.).

[249] Siehe §§ 118a Abs. 2 Nr. 3, 130a Abs. 4 Satz 4 AktG-RefE, S. 15.

[250] Im Ergebnis ebenso *Poelzig*, AG 2015, 476 (479).

Versammlungsleiter. Die herrschende Auffassung geht zutreffend davon aus, dass die Versammlungsleitertätigkeit nicht als integraler Bestandteil der Aufsichtsratstätigkeit zu qualifizieren ist, sondern es sich insoweit um einen davon rechtlich zu trennenden Aufgabenbereich handelt.[251] Konsequenz dieses Dogmas ist, dass ein Aufsichtsratsmitglied eine doppelte Organstellung innehat, nämlich einmal diejenige als Mitglied des Kollektivorgans Aufsichtsrat und andererseits diejenige als Organwalter des Organs „Versammlungsleiter". Eine derartige Zusammenführung organschaftlicher Kompetenzbereiche in einer Person sieht das Aktiengesetz zwar grundsätzlich nicht vor. So kann eine natürliche Person nicht gleichzeitig Mitglied des Aufsichtsrats und des Vorstands sein (§ 105 Abs. 1 AktG). Der Grund für diese gesetzliche Vorgabe liegt aber nicht in der Zusammenführung der Organstellungen an sich, sondern in dem daraus resultierenden funktionalen Interessenkonflikt. Der Aufsichtsrat hat nach § 111 Abs. 1 AktG die Aufgabe, den Vorstand zu überwachen, so dass eine gleichzeitige Wahrnehmung von Vorstands- und Aufsichtsratstätigkeit durch ein und dieselbe Person nicht in Betracht kommen kann. Auch für die Position des Sonder- und Abschlussprüfers sind Vorstands- und Aufsichtsratsmitglieder nach Maßgabe von § 143 Abs. 2 AktG i. V. m. 319 Abs. 3 Nr. 2 HGB ausgeschlossen, da die Sonder- bzw. Abschlussprüfung unabhängig und unparteiisch durchzuführen ist.[252] Für den ebenfalls als Organ zu qualifizierenden besonderen Vertreter ist hingegen anerkannt, dass in dieses Amt auch Vorstands- oder Aufsichtsratsmitglieder berufen werden können, sofern sie nicht an den Sachverhalten der zu verfolgenden Ersatzansprüche beteiligt sind und auch sonst keinem Interessenkonflikt unterliegen.[253] Dies belegt, dass ein kompetenzielles Ausschlussverhältnis nur auf Grundlage einer funktionalen Betrachtungsweise in rechtlich tragfähiger Weise definiert werden kann. Nicht die Organstellung an sich, sondern die mit ihr verbundenen Befugnisse und Pflichten entscheiden mithin darüber, ob eine natürliche Person zwei Organmitgliedschaften innehaben kann. Dieser Ansatz gerät auch nicht in Konflikt mit der allgemein für zulässig erachteten Möglichkeit der Übernahme der Versammlungsleitung durch den Aufsichtsratsvorsitzenden oder durch ein anderes Aufsichtsratsmitglied. Denn wie bereits ausgeführt besteht zwischen dem Pflichten- und Aufgabenbereich von Versammlungsleiter und Aufsichtsrat kein unauflösliches Spannungsverhältnis, so dass ein kategorischer Ausschluss einer simultanen

---

[251] OLG Köln, Urt. v. 31.1.2013 – 18 U 21/12, NZG 2013, 548 (551); *v. Schenck*, in: Semler/v. Schenck/Wilsing, ArbeitsHdb. AR, § 1 Rn. 177; *Mülbert*, in: Großkomm. AktG, § 129 Rn. 111, 124; *J. Koch*, AktG, § 129 Rn. 18; *Wicke*, in: Spindler/Stilz, BeckOGK AktG, § 129 Rn. 42; *Drinhausen/Marsch-Barner*, AG 2014, 757 f.; *Wardenbach*, GWR 2014, 503; a. A. *Pliquett*, Haftung des HVL, S. 66 f., der eine Erweiterung des Aufgabenkreises des Aufsichtsrats aus der Satzungsbestimmung, mit der regelmäßig der Aufsichtsratsvorsitzende zum Versammlungsleiter bestimmt wird, herleiten will.

[252] *Arnold*, in: MünchKomm. AktG, § 143 Rn. 17, 23.

[253] KG, Beschl. v. 16. 12. 2011 – 25 W 92/11, AG 2012, 328 (329); *Spindler*, in: K. Schmidt/Lutter, AktG, § 147 Rn. 22; *Jänig*, in: Bürgers/Körber/Lieder, AktG, § 147 Rn. 11.

Wahrnehmung von Aufsichtsratsmitgliedschaft und Versammlungsvorsitz durch eine natürliche Person nicht begründbar ist.[254]

### 5. Ablehnung einer funktionalen Gehilfenstellung

Die Einordnung als bloßer Funktionsgehilfe der Hauptversammlung ist ebenfalls abzulehnen, weil sie zu dogmatischen Friktionen führt. Dieser Ansatz lässt sich insbesondere damit, dass das Aktiengesetz für jede beschließende Hauptversammlung die Existenz eines Versammlungsleiters zwingend vorschreibt, nicht in Einklang bringen. Wie *Schürnbrand* zutreffend feststellt, handelt es sich bei dem Versammlungsleiter um eine „*kraft Gesetzes erforderliche Einrichtung des Gesellschaftslebens*".[255] Die durch das Aktiengesetz gelegte konstitutive Grundlage lässt den Versammlungsleiter weniger als einen Funktionsgehilfen der Hauptversammlung erscheinen, sondern rückt ihn mehr in die Nähe der Rechtsstellung eines Gesellschaftsorgans. Verfehlt ist es zudem davon auszugehen, der Versammlungsleiter würde im Interesse der Hauptversammlung oder gar mit Wirkung für und gegen die Hauptversammlung sein Amt ausüben.[256] Richtigerweise handelt der Versammlungsleiter, um den Verbandswillen umzusetzen, während seine Handlungen nicht der Hauptversammlung, sondern der Gesellschaft zugerechnet werden.[257] Die Zurechnung erfolgt dabei mehrstufig, und zwar zunächst vom jeweiligen Organwalter an das abstrakt verbandsrechtliche Organ „Versammlungsleiter" und von letzterem in einem zweiten Schritt an die Gesellschaft als rechtsfähigen Verband.[258] Auch der Ansicht von *Langenbach*, wonach der Versammlungsleiter aufgrund fehlender Vertretungsmacht nach außen nur als interner Teil der Hauptversammlung tätig wird[259], kann nicht gefolgt werden. Insoweit wird verkannt, dass der Versammlungsleiter insbesondere bei der Anordnung von Ordnungsmaßnahmen gegenüber Dritten in Ausübung des Hausrechts auch nach außen mit Wirkung für und gegen die Gesellschaft handeln kann.[260]

Probleme ergeben sich bei der Einordnung des Versammlungsleiters als bloßen Funktionsgehilfen auch in rechtspraktischer Hinsicht. Angesichts der Größendi-

---

[254] Siehe oben unter 2. Kapitel C. I. 2. a) (S. 92 ff.).

[255] *Schürnbrand*, Organschaft im Recht der privaten Verbände, S. 143.

[256] In diese Richtung argumentierend aber *Sauerwald*, VersL im AktR, S. 143, der Geschäftsordnungsmaßnahmen des Versammlungsleiters zunächst der Hauptversammlung und erst in einem zweiten Schritt der Gesellschaft zurechnen will.

[257] *Vossius*, in: FS Seibert, S. 1041 (1045); siehe auch *Niemz*, VL im AktR, S. 75, die zutreffend darauf hinweist, dass der Versammlungsleiter auch Maßnahmen ergreifen kann, die vom Mehrheitswillen der Hauptversammlung abweichen.

[258] *Schürnbrand*, Organschaft im Recht der privaten Verbände, S. 45; ebenso bezogen auf den besonderen Vertreter *Kling*, ZGR 2009, 190 (210 f.).

[259] *Langenbach*, VersL im AktR, S. 184.

[260] Siehe *Zetsche* in: KölnKomm. AktG, Anh. § 119 Rn. 53; *Pliquett*, Haftung des HVL, S. 97; *Mülbert*, in: Großkomm. AktG, § 129 Rn. 124.

mensionen der Hauptversammlungen von Publikumsaktiengesellschaften bedarf es einer neutralen, unabhängigen Instanz, die den Verfahrensablauf unbeeinflusst vom Mehrheitswillen der Versammlung ordnen kann. Der Versammlungsleiter muss sein Handeln auch an dem aktienrechtlichen Gebot der Gleichbehandlung ausrichten (§ 53a AktG). Ihm obliegt es, dafür Sorge zu tragen, dass die Ausübung von Aktionärsrechten nicht durch Querulanten beeinträchtigt wird oder die Teilnahmerechte von Aktionärsminderheiten unzulässig verkürzt werden. Diesem Funktionsauftrag kann der Versammlungsleiter jedoch nur als eine von dem Mehrheitswillen der Hauptversammlung unabhängige Leitungsinstanz gerecht werden. Aus diesem Grund geht der BGH und diesem folgend die ganz herrschende Meinung in der Literatur zutreffend davon aus, dass der Versammlungsleiter seine Befugnisse nicht lediglich von der Hauptversammlung ableitet, sondern diese aus eigenem Recht wahrnimmt.[261] Eine ausschließliche Entscheidungszuständigkeit der Hauptversammlung in Verfahrensfragen ist nur in besonderen Ausnahmefällen gegeben.[262] Um die Unabhängigkeit des Versammlungsleiters und des Verfahrensablaufs im Interesse aller Aktionäre gewährleisten zu können, sind daher auch mögliche Widerspruchsrechte der Hauptversammlung nur mit großer Zurückhaltung anzuerkennen.

Auch der durch das UMAG eingeführten Vorschrift des § 131 Abs. 2 Satz 2 AktG, wonach die Satzung oder Geschäftsordnung den Versammlungsleiter ermächtigen kann, das Frage- und Rederecht des Aktionärs zeitlich angemessen zu beschränken, kann nicht entnommen werden, dass die Kompetenzen des Versammlungsleiters zur Disposition der Gesellschaft stehen sollen. Dies ergibt sich schon daraus, dass auch schon vor Einführung des § 131 Abs. 2 Satz 2 AktG eine Beschränkung des Rede- und Fragerechts durch den Versammlungsleiter möglich und verfassungsrechtlich anerkannt war.[263] Darüber hinaus findet die Kompetenz des Versammlungsleiters zur Einschränkung des Rederechts in Art. 3 Abs. 1 GG auch eine verfassungsrechtliche Verankerung insoweit, als sie der Gewährleistung einer gleichmäßigen Unterrichtung aller Aktionäre in der Hauptversammlung dient und dadurch dem durch Art. 14 Abs. 1 Satz 1 GG geschützten Mitgliedschaftsrecht und dem darauf basierenden

---

[261] BGH, Urt. v. 11.11.1965 – II ZR 122/63, NJW 1966, 43 (44 f.); zust. *Kubis*, in: MünchKomm. AktG, § 119 Rn. 128; *Mülbert*, in: Großkomm. AktG, § 129 Rn. 125; *Schaaf*, ZIP 1999, 1339 (1340); *von Falkenhausen*, BB 1966, 337 (343); nicht stringent insoweit *Sauerwald*, VersL im AktR, S. 144 f., der den Versammlungsleiter einerseits als Teil der Selbstorganisation der Hauptversammlung sieht und den Aufsichtsratsvorsitzenden in seiner Funktion als Versammlungsleiter als unselbstständigen Funktionsgehilfen qualifiziert, andererseits aber auf die gegenüber der Hauptversammlung bestehende verselbständigte Rechtsstellung des Versammlungsleiters hinweist.

[262] Vgl. dazu die Darstellung der einzelnen Befugnisse des Versammlungsleiters unten unter 2. Kapitel F. (S. 174 ff.).

[263] Siehe BVerfG, Beschl. v. 20.9.1999 – 1 BvR 636/95, NJW 2000, 349 (351) – „Wenger/Daimler-Benz AG“.

Auskunftsrecht der Aktionäre (§ 131 Abs. 1 AktG) zur Durchsetzung verhilft.[264] Es ist daher davon auszugehen, dass der Gesetzgeber mit § 131 Abs. 2 Satz 2 AktG lediglich eine Ergänzung der Befugnisse des Versammlungsleiters ermöglichen wollte und nicht dessen Recht zur Einschränkung des Frage- und Rederechts außerhalb einer entsprechenden Ermächtigung i. S. v. § 131 Abs. 2 Satz 2 AktG ausschließen wollte.[265]

### 6. Die Organstellung des Versammlungsleiters als dogmatisches Fundament

Auch die Kritik von *Kubis* an einer Organstellung des Versammlungsleiters vermag nicht zu überzeugen. Er führt aus, dass mit der Annahme einer Organstellung *„ein unnötiges Diskussionsfeld über Organpflichten des Versammlungsleiters"* eröffnet sei.[266] *Kubis* verkennt, dass die Anerkennung einer Organstellung die Grundlage dafür ist, um die Rechtsstellung des Versammlungsleiters präzise konturieren zu können. Sie bildet das dogmatische Fundament für die Festlegung der Rechte und Pflichten des Versammlungsleiters. Die Einordnung des Versammlungsleiters als ein unabhängiger der Hauptversammlung gegenüberstehender Kompetenz- und Entscheidungsträger ermöglicht eine eindeutige Definition und Abgrenzung der Kompetenzbereiche von Hauptversammlung und Versammlungsleitung. Die originäre Aufgabenzuweisung des Versammlungsleiters ist zugleich kennzeichnendes Merkmal einer Organstellung.[267] Zugleich folgt aus ihr, dass der originäre Kompetenzbereich des Versammlungsleiters grundsätzlich nicht im Wege einer Satzungsbestimmung oder Bestimmung in der Geschäftsordnung beschnitten werden kann, da es insoweit nicht um die Ausübung des Selbstorganisationsrechts der Hauptversammlung geht, sondern um die Abgrenzung zweier unabhängiger Organ- und Kompetenzsphären.[268] Schließlich bildet die Organstellung des Versammlungsleiters auch die Grundlage für ein belastbares und konsistentes Haftungsregime, das nicht von dem Bestehen bzw. dem Nachweis schuldvertraglicher Rechtsbeziehungen abhängig ist.

---

[264] So ausdrücklich BVerfG, Beschl. v. 20. 9. 1999 – 1 BvR 636/95, NJW 2000, 349 (351) – „Wenger/Daimler-Benz AG".

[265] So auch *Weißhaupt*, ZIP 2005, 1766 f.

[266] *Kubis*, in: MünchKomm. AktG, § 119 Rn. 125.

[267] *Schürnbrand*, Organschaft im Recht der privaten Verbände, S. 139.

[268] Im Ergebnis ebenso *Hennerkes/Kögel*, DB 1999, 81 (82); *Schürnbrand*, Organschaft im Recht der privaten Verbände, S. 146; *E. Vetter*, in: FS Bergmann, S. 799 (808); a. A. *Bachmann*, AG 1999, 210 (211), der den Versammlungsleiter nicht als selbständiges Organ, sondern als integralen Teil des Organs Hauptversammlung betrachtet und in der Konsequenz ein Recht zur Beschränkung der Rechte des Versammlungsleiters aus dem Selbstorganisationsrecht der Hauptversammlung ableitet.

### 7. Zuständigkeitsverteilung zwischen Versammlungsleitung und Hauptversammlung

Gegen die Einordnung als bloßer Funktionsgehilfe spricht auch die in der Literatur weitestgehend anerkannte Kompetenzabgrenzung zwischen Versammlungsleitung und Hauptversammlung. Während die Hauptversammlung als Ausfluss ihres Selbstorganisationsrechts in Satzung oder Geschäftsordnung auch prozedurale Regelungen in Bezug auf die Hauptversammlung treffen kann (siehe §§ 118 Abs. 4, 123 Abs. 2, 131 Abs. 2 Satz 2 AktG) oder nach Maßgabe von § 23 Abs. 5 Satz 2 AktG auch ergänzende Regelungen vorsehen kann[269], stehen dem Versammlungsleiter die aus seinem Funktionsauftrag abzuleitenden Befugnisse zu, um einen ordnungsgemäßen Ablauf der Hauptversammlung sicherzustellen.

Wie gezeigt nimmt der Versammlungsleiter seine Kompetenzen aus eigenem Recht wahr und leitet diese nicht von der Hauptversammlung ab. Dies hat zur Folge, dass die Hauptversammlung Entscheidungen, die in den originären Kompetenzbereich des Versammlungsleiters fallen, grundsätzlich nicht durch einen anderslautenden Beschluss überstimmen oder im Fall der Rechtswidrigkeit einer Entscheidung des Versammlungsleiters diese heilen kann.[270] Auch eine Entscheidung der Hauptversammlung in originären Angelegenheiten des Versammlungsleiters, die unter einem Letztentscheidungsvorbehalt des Versammlungsleiters steht, ist insoweit abzulehnen. Eine Beschlussfassung der Hauptversammlung muss zu einem klaren Ergebnis führen und kann im Interesse der Rechtssicherheit nicht von weiteren Bedingungen abhängig gemacht werden.[271]

Die in der Literatur zum Teil kontrovers diskutierte Frage, welche Leitungsmaßnahmen vom Versammlungsleiter in dessen originären Kompetenzbereich fallen und folglich von diesem alleine entschieden werden können und welche ihm nur vorbehaltlich einer abweichenden Beschlussfassung der Hauptversammlung zustehen, entzieht sich einer pauschalen Betrachtungsweise und muss daher unter Berücksichtigung des jeweiligen Einzelfalls entschieden werden.[272] Maßgeblich muss dabei sein, ob die in Rede stehende Maßnahme einen steuernden Einfluss auf die tagesordnungspunktbezogenen Sachentscheidungen haben kann.[273] Denn die Aufgabe des Versammlungsleiters besteht darin, der Hauptversammlung einen ordnungsgemäßen prozeduralen Rahmen zu geben, nicht jedoch darin, auf den Inhalt der

---

[269] *Mülbert*, in: Großkomm. AktG, § 129 Rn. 127 f.

[270] *Hoffmann-Becking*, in: MünchHdb. GesR AG, § 37 Rn. 47; *Dietrich*, NZG 1998, 921 (923); *Bezzenberger*, ZGR 1998, 352 (361 f.); *Schaaf*, ZIP 1999, 1339 (1340).

[271] Siehe aber *Niemz*, VL im AktR, S. 117, die im umgekehrten Fall einer originären Kompetenz der Hauptversammlung ein unter dem Vorbehalt eines Letztentscheidungsrechts der Hauptversammlung stehendes Initiativrecht des Versammlungsleiters in bestimmten Ausnahmefällen für möglich hält.

[272] Siehe dazu die Ausführungen bei den einzelnen Rechten und Pflichten des Versammlungsleiters unter 2. Kapitel F. (S. 174 ff.).

[273] *Ihrig*, in: FS Goette, S. 205 (212); *Ziemons*, in: K. Schmidt/Lutter, AktG, § 129 Rn. 72.

Beschlussfassungen einzuwirken. Sofern Letzteres der Fall ist, muss der Hauptversammlung daher auch die Kompetenz zur Letztentscheidung zustehen.[274] Die diesbezügliche Uneinigkeit in der Literatur vermag jedoch die Organqualität des Versammlungsleiters nicht in Frage zu stellen. Vertritt man die Auffassung, dass einige Entscheidungen sowohl vom Versammlungsleiter als auch von der Hauptversammlung getroffen werden können oder vom Versammlungsleiter auf die Hauptversammlung übertragen werden können[275], so streitet dies dafür, dass es sich bei Versammlungsleitung und Hauptversammlung um grundsätzlich gleichwertige und austauschbare Entscheidungsträger handelt.[276] Da die Hauptversammlung die Entscheidungen in ihrer Eigenschaft als Organ der Gesellschaft trifft, erscheint es folgerichtig auch dem Versammlungsleiter Organqualität zuzusprechen.[277] Geht man hingegen davon aus, dass es bei originären Rechten des Versammlungsleiters keine konkurrierende Entscheidungszuständigkeit der Hauptversammlung geben kann[278], so untermauert dies die für eine Organstellung konstitutive originäre Aufgabenzuweisung.

### 8. Kein dogmatischer Gleichlauf mit Rechtsstellung des Versammlungsleiters einer GmbH

Auch mit einem rechtsformübergreifenden Vergleich mit der Stellung des Leiters der GmbH-Gesellschafterversammlung lässt sich die Organqualität des Versammlungsleiters nicht in Abrede stellen. Zwar ist der Versammlungsleiter der GmbH-Gesellschafterversammlung nach ganz herrschender Meinung mangels einer für Gesellschaftsorgane konstitutiven Zuweisung originärer Aufgaben nicht als Organ, sondern als bloßer Funktionsgehilfe der GmbH-Gesellschafterversammlung zu qualifizieren, der seine Kompetenzen lediglich von der Gesellschafterversammlung ableitet.[279] Die für die Rechtsstellung des GmbH-Versammlungsleiters herausgebildeten Grundsätze lassen sich jedoch nicht auf den Versammlungsleiter einer

---

[274] Siehe *Hoffmann-Becking*, NZG 2017, 281 (288).

[275] Zur Delegationsfähigkeit der Befugnisse des Versammlungsleiters siehe unten unter 2. Kapitel F. V. (S. 307 ff.).

[276] Darauf zutreffend hinweisend *Mülbert*, in: Großkomm. AktG, § 129 Rn. 124.

[277] Siehe *Mülbert*, in: Großkomm. AktG, Vor § 129 Rn. 124.

[278] Dafür etwa *Niemz*, VL im AktR, S. 116 f.

[279] *Römermann*, in: Michalski, GmbHG, § 48 Rn. 105; *Altmeppen*, GmbHG Komm., § 48 Rn. 13; *Bachmann*, AG 1999, 210 (211) (Fn. 24); *Hüffer/Schäfer*, in: Großkomm. GmbhG, § 48 Rn. 27; ebenso *Schürnbrand*, Organschaft im Recht der privaten Verbände, S. 139, der sich aber einschränkend dafür ausspricht die Organstellung des GmbH-Versammlungsleiters fakultativ im Wege einer entsprechenden Satzungsbestimmung durch Übertragung der einschlägigen Kompetenzen der Gesellschafterversammlung zur weisungsgemäßen Erfüllung zu begründen; weitergehend *Niemz*, VL im AktR, S. 85, die dem GmbH-Versammlungsleiter auch bei einer Bestimmung durch die Satzung ohne gleichzeitige Übertragung von Kompetenzen sowie im Fall einer ad hoc-Wahl durch die Gesellschafterversammlung eine (fakultative) Organstellung zuweist.

Aktiengesellschaft übertragen. Ein wesentlicher dogmatischer Unterschied hinsichtlich der Rechtsstellung ergibt sich schon daraus, dass die Bestellung eines Versammlungsleiters in der GmbH-Gesellschafterversammlung zwar zweckmäßig ist, gleichwohl die Existenz eines solchen durch das GmbH-Gesetz, anders als im Aktiengesetz für (beschließende) Hauptversammlungen, nicht verpflichtend vorgeschrieben ist.[280] Da der Versammlungsleiter im GmbH-Gesetz keinerlei Erwähnung findet, obliegt die nähere Regelung des Versammlungsablaufs allein der Verantwortung der GmbH-Gesellschafter.[281] Konstitutives Merkmal von Gesellschaftsorganen ist aber eine originäre Aufgabenzuweisung, an der es beim GmbH-Gesellschafter, nicht jedoch beim Versammlungsleiter in der Aktiengesellschaft, fehlt.[282] Auch in der Rechtspraxis zeigen sich erhebliche Unterschiede zwischen Aktiengesellschaft und GmbH. Während bei Hauptversammlungen von Publikumsaktiengesellschaften mit mehreren tausend Teilnehmern gerechnet werden muss, was eine unabhängige und ordnende Leitungsinstanz unverzichtbar macht, ergibt sich für die GmbH-Gesellschafterversammlung aufgrund der üblicherweise deutlich geringeren Anzahl von Teilnehmern keine zwingende Notwendigkeit für eine formale Versammlungsleitung.[283]

### 9. Wertender Vergleich mit der Rechtsstellung von Vorstands- und Aufsichtsratsmitgliedern

Die Annahme einer organschaftliche Rechtsstellung des Versammlungsleiters wird schließlich auch durch einen vergleichenden Blick auf die diesbezügliche Rechtslage bei einem Aufsichtsrats- und Vorstandsmitglied gestützt. Nach überwiegender Auffassung in der Literatur entsteht zwischen einem Aufsichtsratsmitglied als Organwalter und der Gesellschaft nach der Wahl bzw. Entsendung und der Annahme des Amtes ein korporationsrechtliches Rechtsverhältnis, das das Aufsichtsratsmitglied ermächtigt die dem Aufsichtsrat als Gesamtorgan zugewiesenen Rechte und Pflichten wahrzunehmen.[284] Diese Rechte und Pflichten werden durch gesetzlichen Vorschriften, die Satzung und etwaige Festsetzungen der Hauptversammlung ausgeformt. Hinsichtlich der rechtlichen Qualifikation dieses korporationsrechtlichen Rechtsverhältnisses werden unterschiedliche Meinungen vertreten. Teilweise wird das Rechtsverhältnis als ein rein korporationsrechtliches eingeord-

---

[280] BGH, Urt. v. 28. 1. 1980 – II ZR 84/79, NJW 1980, 1527; *Bayer*, in: Lutter/Hommelhoff, GmbhG, § 48 Rn. 14; *Römermann*, in: Michalski, GmbHG, § 48 Rn. 91.

[281] *Schürnbrand*, Organschaft im Recht der privaten Verbände, S. 137.

[282] *Schürnbrand*, Organschaft im Recht der privaten Verbände, S. 139.

[283] *Schürnbrand*, Organschaft im Recht der privaten Verbände, S. 137.

[284] Siehe *Niemz*, VL im AktR, S. 108 f., wonach dieses korporationsrechtliche Rechtsverhältnis von dem zwischen Gesamtorgan und Gesellschaft bestehenden Organverhältnis, das die Rechte und Pflichten des Gesamtorgans und nicht seiner einzelnen Mitglieder regelt, zu trennen ist.

net[285], teilweise wird ihm eine korporative und schuldrechtliche Doppelnatur zugewiesen.[286] Die begriffliche Einordnung hat im Ergebnis aber keine übergeordnete Bedeutung für die Frage der Organstellung, da es im Ergebnis allein auf das Bestehen eines Rechtsverhältnisses ankommt, das als Grundlage für die Rechte und Pflichten des Organs fungiert.[287] Während sich bei einem Aufsichtsratsmitglied die Rechte und Pflichten ausschließlich aus dem korporationsrechtlichen Rechtsverhältnis ergeben[288], ist bei einem Vorstandsmitglied hingegen aufgrund von § 84 Abs. 1 Satz 5 AktG der Abschluss eines neben das korporationsrechtliche Rechtsverhältnis tretenden schuldvertraglichen Anstellungsverhältnisses rechtlich zwingend, wobei es sich dabei typischerweise um einen Geschäftsbesorgungsvertrag nach Maßgabe von §§ 662, 675 BGB handelt.[289]

Richtigerweise gehen weite Teile der Literatur daher davon aus, dass ein solches gesetzliches korporationsrechtliches Schuldverhältnis in entsprechender Weise auch zwischen Versammlungsleiter und Gesellschaft durch die Übernahme des Amtes zur Entstehung gelangt.[290] Zwar kann allein von dem Bestehen eines korporationsrechtlichen Rechtsverhältnisses nicht auf die Organstellung geschlossen werden. So ist etwa auch für den Versammlungsleiter der GmbH ungeachtet dessen bloßer Funktionsgehilfenstellung anerkannt, dass dieser im Verhältnis zur Gesellschaft auf Grundlage eines mit Annahme des Amtes entstehenden korporationsrechtlichen Rechtsverhältnisses tätig wird.[291] Zwischen Versammlungsleiter, Vorstandsmitglied und Aufsichtsratsmitglied besteht aber in Abgrenzung zum Versammlungsleiter in der GmbH insoweit ein struktureller Gleichlauf, als dass die jeweiligen Amtswalter mit der Übernahme ihres Amtes einem originären Kompetenz- und Pflichtenkatalog

---

[285] So LG München I, Urt. v. 27.12.2012 – 5 HK O 9109/12, AG 2013, 474; *Spindler*, in: Spindler/Stilz, BeckOGK AktG, § 101 Rn. 8; *Habersack*, in: MünchKomm. AktG, § 101 Rn. 67; *Drygala*, in: K. Schmidt/Lutter, AktG, § 101 Rn. 2.

[286] *E. Vetter*, in: FS Bergmann, S. 799 (809); *J. Koch*, AktG, § 101 Rn. 2 für den Fall, dass es an einem (gesondert abzuschließenden) schuldrechtlichen Vertrag fehlt; für eine Doppelnatur wohl auch *Niemz*, VL im AktR, S. 109 f., wonach das korporationsrechtliche Rechtsverhältnis zwischen Organwalter und Gesellschaft einen schuldrechtlichen Inhalt aufweist.

[287] Darauf zutreffend hinweisend *Sauerwald*, VersL im AktR, S. 156.

[288] Ganz herrschende Auffassung, siehe nur *J. Koch*, AktG, § 101 Rn. 2 m. w. N.; abweichend *E. Vetter*, in: Marsch-Barner/Schäfer, Hdb. börsennotierte AG, § 29 Rn. 2, wonach neben dem korporationsrechtlichen Rechtsverhältnis zugleich ein gesetzliches Schuldverhältnis begründet wird.

[289] *Kort*, in: Großkomm. AktG. § 84 Rn. 16 ff.; *Spindler*, in: MünchKomm. AktG, § 84 Rn. 10 f.

[290] Siehe *Schürnbrand*, NZG 2014, 1211 (1212); *Poelzig*, AG 2015, 476 (479); *von der Linden*, NZG 2013, 208 (211); *Theusinger/Schilha*, BB 2015, 131 (138); *Langenbach*, VersL im AktR, S. 200 f.; *Heidel*, in: Heidel, AktienR u. KapitalmarktR, Vor §§ 129 – 132 AktG Rn. 71; *Sauerwald*, VersL im AktR, S. 164; ebenso *Wardenbach*, GWR 2014, 503, der ebenfalls von einem korporationsrechtlichen Schuldverhältnis ausgeht, gleichwohl aber eine Organstellung des Versammlungsleiters ablehnt.

[291] *Römermann*, in: Michalski, GmbHG, § 48 Rn. 105; *Hüffer/Schäfer*, in: Großkomm. GmbHG, § 48 Rn. 28.

unterworfen sind, der seine Grundlage in dem korporationsrechtlichen Rechtsverhältnis findet und der nicht durch andere Organe entzogen werden kann. Dies gilt bezogen auf den Versammlungsleiter der Aktiengesellschaft auch unabhängig davon, ob die Übernahme des Amtes auf einer Satzungsregelung, einer Wahl durch die Hauptversammlung oder einer gerichtlichen Bestimmung nach Maßgabe von § 122 Abs. 3 Satz 2 AktG beruht. Diese strukturelle Parallelität in den Rechtsstellungen streitet ebenfalls dafür, den jeweiligen Versammlungsleiter ebenso wie die Vorstands- und Aufsichtsratsmitglieder als Organwalter zu qualifizieren.

### V. Ergebnis

Anders als der Versammlungsleiter der GmbH ist der Versammlungsleiter in der Aktiengesellschaft nicht lediglich Funktionsgehilfe, sondern ein mit eigenen Rechten und Pflichten ausgestattetes ständiges Organ, das im Rahmen der Ausübung seiner Rechten und Pflichten sowohl als internes Willensbildungsorgan, gleichzeitig aber auch als externes Vertretungsorgan für die Gesellschaft tätig wird. Der Versammlungsleiter ist unabhängig von der Art seiner Berufung in die Verbandsordnung der Aktiengesellschaft eingegliedert. Seine Leitungskompetenzen stehen ihm aus originärem eigenem Recht zu und leiten sich nicht von der Hauptversammlung ab. Die Wahrnehmung dieser Rechte erfolgt durch eine natürliche Person, die als Organwalter der abstrakten verbandsrechtlichen Institution „Versammlungsleitung" tätig wird.

## E. Das Amt des Versammlungsleiters

### I. Amtsbeginn

Die Leitung der Hauptversammlung durch den Versammlungsleiter setzt die vorherige Übertragung des Amts der Versammlungsleitung auf eine natürliche Person voraus. Der Versammlungsleiter kann auf verschiedenen Wegen in sein Amt gelangen.

#### 1. Bestimmung des Versammlungsleiters durch Satzung oder Geschäftsordnung

Das Gesetz bestimmt nicht, wer die Hauptversammlung leitet bzw. leiten kann. Es besteht aber Einvernehmen darüber, dass die Satzung oder Geschäftsordnung die Person des Versammlungsleiters festlegen kann.[292] Regelmäßig enthält die Satzung,

---

[292] Siehe nur *Ziemons*, in: K. Schmidt/Lutter, AktG, § 129 Rn. 57; *Wicke*, in: Spindler/Stilz, BeckOGK AktG, § 129 Rn. 42; *Zetsche*, in: KölnKomm. AktG, Anh. § 119 Rn. 20f.

in seltenen Fällen auch eine Geschäftsordnung gemäß § 129 Abs. 1 Satz 1 AktG einige Regelungen zum formalen Rahmen der Hauptversammlung einschließlich einer Regelung dazu, wer den Vorsitz in der Hauptversammlung innehat.[293] Meist wird die Aufgabe der Versammlungsleitung dem Aufsichtsratsvorsitzenden zugewiesen.[294] In diesem Fall nimmt der Aufsichtsratsvorsitzende nach ganz herrschender Auffassung die Versammlungsleitung als eine zusätzliche und von seinen Organfunktionen im Aufsichtsrat strikt zu trennende Aufgabe wahr.[295] Die Satzung oder Geschäftsordnung kann den Versammlungsleiter auch lediglich mittelbar in der Weise bestimmen, indem sie dem Aufsichtsrat als Organ oder dem Aufsichtsratsvorsitzenden die Befugnis einräumt, einen Versammlungsleiter zu bestellen.[296]

Wird der Versammlungsleiter durch die Satzung bestimmt, bedarf es für die Amtsübernahme keiner konstitutiven Bestätigung durch die Hauptversammlung mehr. Der Zeitpunkt des Amtsbeginns wird bei satzungsmäßiger Bestimmung folglich allein durch die faktische Aufnahme der Versammlungsleitertätigkeit determiniert. Diese kann mit der förmlichen Eröffnung der Hauptversammlung zusammenfallen, zwingend ist dies jedoch nicht. Regelmäßig wird sich der Versammlungsleiter bereits im Vorfeld der Hauptversammlung, etwa in Bezug auf den konkreten Zuschnitt von Sicherheitskontrollen oder die Überprüfung der Teilnahmeberechtigung, mit der Verwaltung abstimmen, so dass der Amtsbeginn bereits vor dem Zeitpunkt der förmlichen Eröffnung der Hauptversammlung liegt.[297] Aufgrund der durch den RefE für die virtuelle HV angestrebten Vorverlagerung der Informations- und Entscheidungsprozesse steht zu erwarten, dass eine Amtsaufnahme seitens des Versammlungsleiters schon vor Beginn der Hauptversammlung im Kontext der virtuellen HV-RefE die Regel sein wird.

### 2. Bestimmung des Versammlungsleiters durch Wahl der Hauptversammlung

Sofern die Satzung oder die Geschäftsordnung keine Regelung zur Bestimmung des Versammlungsleiters enthalten oder der satzungsmäßig bestimmte Versammlungsleiter und dessen Stellvertreter verhindert sind, muss der Versammlungsleiter

293 *Hoffmann-Becking*, NZG 2017, 281; *Gehling*, in: ArbeitsHdb. HV, § 9 Rn. 8.

294 *Fischer/Pickert*, in: ArbeitsHdb. HV, § 9 Rn. 8; *Martens*, Leitfaden HV, S. 45; *Bohnet*, in: MAH AktR, § 27 Rn. 52.

295 OLG Köln, Urt. v. 31.1.2013 – 18 U 21/12, NZG 2013, 548 (551); *Mülbert*, in: Großkomm. AktG, § 129 Rn. 111, 124; *J. Koch*, AktG, § 129 Rn. 18; *Wicke*, in: Spindler/Stilz, BeckOGK AktG, § 129 Rn. 42; *Drinhausen/Marsch-Barner*, AG 2014, 757 f.; a. A. *Decher*, in: FS Heidel, S. 201 (205 ff.); abweichend *Steiner*, HV, § 6 Rn. 1, der bei Verhinderung des Aufsichtsratsvorsitzenden für eine Anwendung von § 107 Abs. 1 Satz 3 AktG plädiert mit der Folge, dass der stellvertretende Aufsichtsratsvorsitzende ipso iure auch in die Versammlungsleiterfunktion einrückt.

296 Siehe dazu bereits oben unter 2. Kapitel C. I. 2. a) cc) (S. 97 f.).

297 Siehe nur *Drinkuth/Heider*, in: FS 25 Jahre WpHG, S. 237 (242).

durch die Hauptversammlung gewählt werden.[298] Weder der durch Satzung noch der durch Wahl der Hauptversammlung bestimmte Versammlungsleiter ist verpflichtet, das Amt zu übernehmen.[299] Verweigert der Versammlungsleiter die Übernahme des Vorsitzes in der Hauptversammlung oder ist er aus anderen Gründen dazu nicht in der Lage, bedarf es gleichfalls einer Wahl durch die Hauptversammlung, sofern keine Bestimmung in der Satzung oder Geschäftsordnung über einen ersatzweisen Versammlungsleiter getroffen wurde.[300] Gleiches gilt, wenn ein Versammlungsleiter sein Amt niederlegt oder abgewählt wird.[301]

Aus § 129 Abs. 4 Satz 1 AktG ergibt sich, dass vor Durchführung der Wahl eines Versammlungsleiters das Teilnehmerverzeichnis grundsätzlich fertiggestellt und allen Teilnehmern zugänglich gemacht werden muss. Allerdings besteht die Möglichkeit, den Versammlungsleiter auch ohne Teilnehmerverzeichnis aufgrund einer provisorisch festgestellten Präsenz zu wählen, wobei nach Finalisierung des Teilnehmerverzeichnisses aus Gründen der Rechtssicherheit eine Bestätigung der Wahl zu erfolgen hat.[302] Nicht möglich ist hingegen eine rein faktische Übernahme der Versammlungsleitung ohne Wahl aufgrund bloßer Duldung der Versammlungsteilnehmer.[303]

Für die Wahl des Versammlungsleiters wird grundsätzlich eine einfache Stimmenmehrheit als ausreichend erachtet.[304] Eine analoge Anwendung des § 136 Abs. 1 Satz 1 AktG auf die Wahl des Versammlungsleiters kommt nicht in Betracht, sodass insbesondere auch der für das Amt der Versammlungsleitung kandidierende

---

[298] *Butzke*, ZIP 2005, 1164 (1165); so auch § 8 der Muster-Satzung bei *Hölters/Favoccia*, in: Heidenhain/Meister, MünchVertrHdb I, V 25, S. 801 f.; *Bohnet*, in: MAH AktR, § 27 Rn. 52; siehe auch *Sauerwald*, VersL im AktR, S. 126 ff., der aus der Treuepflicht der Aktionäre eine Pflicht zur Bestimmung eines Versammlungsleiters ableitet.

[299] *Kubis*, in: MünchKomm. AktG, § 119 Rn. 111; *Wicke*, in: Spindler/Stilz, BeckOGK AktG, § 129 Rn. 45; siehe auch OLG München, Beschl. v. 29.2.2008 – 7 U 3037/07, openJur2012, 90272 Rn. 5, das die Weigerung zur Übernahme der Versammlungsleitung als Verhinderungsfall einordnet; ebenso für den Fall der Amtsniederlegung *Göhmann*, in: Frodermann/Jannott, Hdb. AktR, 9. Kap. Rn. 159; a. A. *Mülbert*, in: Großkomm. AktG, § 129 Rn. 117; *Decher*, in: FS Heidel, S. 201 (216 f.).

[300] *Bohnet*, in: MAH AktR, § 27 Rn. 52; *Gehling*, in: ArbeitsHdb. HV, § 9 Rn. 12; ebenso schon *Drewes*, Die Generalversammlung der AG, S. 26 f.; a. A. *Steiner*, HV, § 6 Rn. 1, der im Fall einer Versammlungsleitung durch den Aufsichtsratsvorsitzenden auch in Bezug auf dessen Stellung als Versammlungsleiter für eine Anwendung der Vertretungsregelung des § 107 Abs. 1 Satz 3 AktG plädiert, was im Ergebnis eine Wahl durch die Hauptversammlung entbehrlich machen würde.

[301] *Schmid*, in: Ziemons/Binnewies, Handb. AG, I. Teil Rn. 10.788.

[302] *Martens*, Leitfaden HV, S. 46 f.; *Reger*, in: Bürgers/Körber/Lieder, AktG, § 129 Rn. 38; a. A. *Marsch-Barner/von der Linden*, in: Marsch-Barner/Schäfer, Hdb. börsennotierte AG, § 35 Rn. 31, wonach das Teilnehmerverzeichnis schon vor der Wahl des Versammlungsleiters fertiggestellt und einsehbar sein muss.

[303] *Ziemons*, in: K. Schmidt/Lutter, AktG, § 129 Rn. 56; *Wicke*, in: Spindler/Stilz, BeckOGK AktG, § 129 Rn. 43.

[304] *Gehling*, in: ArbeitsHdb. HV, § 9 Rn. 12; *Hoffmann-Becking*, NZG 2017, 281 (282).

Mehrheitsaktionär insoweit keinem Stimmverbot unterliegt.[305] Uneinigkeit besteht hinsichtlich der Frage, wer die Wahl des Versammlungsleiters zu leiten hat. Vereinzelt wird in der Literatur die Auffassung vertreten, dass die Leitung der Wahl durch den ältesten anwesenden Aktionär oder Aktionärsvertreter zu übernehmen sei, wobei zur Begründung auf den entsprechenden Regelungsinhalt der parlamentarischen Geschäftsordnungen verwiesen wird.[306] Die ganz überwiegende Auffassung geht jedoch richtigerweise davon aus, dass die Kompetenz zur provisorischen Leitung der Wahl des primär zuständigen Versammlungsleiters dem Einberufenden, also typischerweise dem Vorstand, zufällt.[307] Die Zuständigkeit zur provisorischen Versammlungsleitung obliegt dann dem jeweiligen Vorsitzenden des Vorstands oder – bei Einberufung nach Maßgabe von § 111 Abs. 3 Satz 1 AktG – dem Vorsitzenden des Aufsichtsrats und im Fall der Verhinderung deren Stellvertretern, sofern kein abweichender organinterner Beschluss gefasst wird.[308] Dies gilt auch dann, wenn die Einberufung durch einen in der Satzung oder Geschäftsordnung bestimmten Versammlungsleiter erfolgt und dieser nach vollzogener Einberufung für eine Übernahme der Versammlungsleitung nicht mehr zur Verfügung steht. Die Zuständigkeit des Vorstands zur Übernahme der provisorischen Wahlleitung leitet sich in diesem Fall aus dessen gesetzlicher Einberufungszuständigkeit nach 121 Abs. 2 Satz 1 AktG ab, die durch eine fakultative Zuweisung der Einberufungskompetenz an den Versammlungsleiter (§ 121 Abs. 2 Satz 3 AktG) nicht verdrängt wird.[309]

Im Fall der Einberufung nach § 122 Abs. 3 AktG muss die provisorische Wahlleitung nach den vorstehend skizzierten Grundsätzen in den Händen der zur Einberufung ermächtigten Aktionärsminderheit liegen. Davon zu unterscheiden ist der Fall, dass der Vorstand dem Einberufungsverlangen der Aktionärsminderheit nach Maßgabe von § 122 Abs. 1 AktG entspricht und die Hauptversammlung einberuft. In diesem Fall besteht folgerichtig auch eine primäre Zuständigkeit des Vorstands, die Wahl des Versammlungsleiters provisorisch zu leiten. Daneben besteht aus Gründen des Aktionärsminderheitenschutzes aber auch eine sekundäre Kompetenz der mittelbar einberufenden Aktionärsminderheit zur Übernahme der provisorischen Wahlleitung. Diese kann etwa dann aufleben, wenn sich der Vorstand weigert, die provisorische Wahlleitung zu übernehmen.[310]

---

305 Siehe ausführlich dazu *Sauerwald*, VersL im AktR, S. 122 ff.

306 *Ziemons*, in: K. Schmidt/Lutter, AktG, § 129 Rn. 61; *Wachter*, in: Wachter, AktG, § 129 Rn. 42; ebenso *Sauerwald*, VersL im AktR, S. 121; kritisch unter Hinweis auf die mit der Feststellung des ältesten Aktionärs verbundenen praktischen Probleme *Höreth*, AG-Report 2011, R318 f.

307 *Würdinger*, Aktienrecht und das Recht der verbundenen Unternehmen, S. 143; *J. Koch*, AktG, § 129 Rn. 20; *Reger*, in: Bürgers/Körber/Lieder, AktG, § 129 Rn. 38.

308 *Mülbert*, in: Großkomm. AktG, § 129 Rn. 114; *Hoffmann-Becking*, NZG 2017, 281 (282); *Martens*, Leitfaden HV, S. 46; a. A. *Ziemons*, in: K. Schmidt/Lutter, AktG, § 129 AktG Rn. 62.

309 *Kubis*, in: MünchKomm. AktG, § 121 Rn. 24.

310 So geschehen im Fall des LG Frankfurt a. M., Urt. v. 12.3.2013 – 3-05 O 114/12, BeckRS 2013, 6301.

### 3. Bestellung des Versammlungsleiters durch das Gericht

Ebenso wie zur Frage der Person und der Funktionen des Versammlungsleiters schweigt sich das Gesetz zu der Frage aus, auf welche Weise der Versammlungsleiter in sein Amt gelangt. Eine Ausnahme bildet die Vorschrift des § 122 Abs. 3 Satz 2 AktG. Danach kann das Gericht solche Aktionäre, die den Vorstand erfolglos zur Einberufung einer Hauptversammlung (§ 122 Abs. 1 Satz 1 AktG) oder zur Ergänzung der Tagesordnung (§ 122 Abs. 2 Satz 1 AktG) aufgefordert haben und deren Anteile mindestens den zwanzigsten Teil (fünf Prozent) des Grundkapitals ausmachen, dazu ermächtigen die Hauptversammlung einzuberufen bzw. den zu ergänzenden Punkt der Tagesordnung bekannt zu machen. Gleichzeitig kann das Gericht mit dieser Entscheidung von Amts wegen den Vorsitzenden der Versammlung bestimmen.[311] Im Fall einer Ermächtigung zur Einberufung der Hauptversammlung nach § 122 Abs. 1, 3 Satz 1 Var. 1 AktG hat dies zur Folge, dass das Gericht einen neutralen Versammlungsleiter für die gesamte Versammlung bestimmen kann.[312] Bei der gerichtlichen Bestimmung des Versammlungsleiters in Verbindung mit einer Ermächtigung zur Ergänzung der Tagesordnung beschränkt sich die Versammlungsleitung nach herrschender Auffassung indes auf die Gegenstände des jeweiligen Ergänzungsverlangens.[313] Um der Gefahr einer künstlichen Zersplitterung der Versammlungsleitung und den damit einhergehenden Schwierigkeiten vorzubeugen[314], wird den Gerichten allgemein ein zurückhaltender Umgang mit dem Recht zur Bestimmung eines Versammlungsleiters im Falle der Ermächtigung zur Ergänzung der Tagesordnung empfohlen.[315]

#### *a) Gerichtliche Ermessensentscheidung*

§ 122 Abs. 3 Satz 2 AktG ist vom Gesetzgeber als Sollvorschrift ausgestaltet worden, so dass die Entscheidung über die Bestimmung des Vorsitzenden in diesen Fällen grundsätzlich im Ermessen des Gerichts steht.[316] Der gerichtliche Ermessensspielraum besteht indes nicht schrankenlos. Da die gerichtliche Bestellung eines

---

[311] Siehe OLG München, Beschl. v. 9.11.2009 – 31 Wx 134/09, AG 2010, 84 (87).

[312] *Mertens*, AG 1997, 481 (490).

[313] OLG Köln, Beschl. v. 16.6.2015 – 18 Wx 1/15, NZG 2015, 1118 (1119); *Schatz*, AG 2015, 696 (705); *Ziemons*, in: K. Schmidt/Lutter, AktG, § 122 Rn. 62; *Rieckers*, in: Spindler/Stilz, BeckOGK AktG, § 122 Rn. 71; *Noack/Zetsche*, in: KölnKomm. AktG, § 122 Rn. 104; *von der Linden*, in: FS Marsch-Barner, S. 303 (314); a. A. OLG Frankfurt, Beschl. v. 2.9. 2021 – 20 W 158/21, AG 2022, 448 (451); *Mertens*, AG 1997, 481 (490), der die gerichtliche Bestellung eines Versammlungsleiters von vornherein auf den Fall der gerichtlichen Ermächtigung zur Einberufung der Hauptversammlung nach § 122 Abs. 3 Satz 1 Alt. 1 AktG beschränkt; kritisch auch *Kubis*, in: MünchKomm. AktG, § 122 Rn. 72.

[314] Siehe zu den Fallkonstellationen und Problemen einer gespaltenen Versammlungsleitung unten unter 2. Kapitel E. III. (S. 168 ff.).

[315] So auch *Rieckers*, in: Spindler/Stilz, BeckOGK AktG, § 122 Rn. 71; *Kubis*, in: MünchKomm. AktG, § 122 Rn. 72.

[316] *Reger*, in: Bürgers/Körber/Lieder, AktG, § 122 Rn. 20.

Versammlungsleiters einen Eingriff in das Selbstorganisationsrecht der Hauptversammlung darstellt, bedarf es mit Blick auf die durch Art. 14 Abs. 1 Satz 1 GG geschützten Herrschaftsrechte der Aktionäre konkreter Anhaltspunkte für eine mögliche Befangenheit des regulär vorgesehenen Versammlungsleiters.[317] Eine solche Besorgnis ist insbesondere dann gegeben, wenn ein unauflöslicher Interessenkonflikt in der Person des Versammlungsleiters vorliegt, der den Schluss rechtfertigt, dass dem Anliegen der Aktionärsminderheit nicht in angemessener Weise Rechnung getragen wird.[318] Der Ermessensspielraum des Gerichts kann sich vor diesem Hintergrund auch auf eine Bestimmungspflicht verengen, wenn die Befangenheit des Versammlungsleiters evident ist und bei objektiver Betrachtung nicht davon ausgegangen werden kann, dass der satzungsmäßig berufene Versammlungsleiter die Hauptversammlung ordnungsgemäß und unparteilich führt.[319] Nach den gleichen Prämissen kann auch im Zusammenhang mit einer Ermächtigung zur Ergänzung der Tagesordnung nach § 122 Abs. 2 Satz 1 AktG eine Pflicht zur Bestimmung eines gesonderten, nur für den ergänzten Tagesordnungspunkt zuständigen Versammlungsleiters bestehen.[320]

Das OLG Köln hat in einem Beschluss die Bestellung eines Dritten zum gesonderten Versammlungsleiter damit begründet, dass aufgrund der Geltendmachung von Ersatzansprüchen gemäß § 147 AktG gegen den Aufsichtsratsvorsitzenden und ursprünglich satzungsmäßig berufenen Versammlungsleiter eine unbefangene Behandlung des Aktionärsminderheitsverlangens nicht gewährleistet sei.[321] Dies soll nach den Ausführungen des OLG Köln unabhängig davon gelten, ob es bereits eine Vorbefassung des Versammlungsleiters mit dem betreffenden Tagesordnungspunkt gegeben hat, die seine Befangenheit dokumentiert.[322] In der Konsequenz dieser Rechtsprechung liegt es, dass die Minderheitsaktionäre nicht erst abwarten müssen, ob der Versammlungsleiter eine Beschlussfassung nach § 147 AktG zulässt oder nicht, so dass sie hinsichtlich der Beantragung der Bestellung eines gesonderten

---

[317] OLG Frankfurt, Beschl. v. 2.9.2021 – 20 W 158/21, AG 2022, 448 (450); siehe zu den unterschiedlichen Ansätzen hinsichtlich der Konkretisierung einer „Besorgnis der Befangenheit" *von der Linden*, in: FS Marsch-Barner, S. 303 (308 f.).

[318] *Kubis*, in: MünchKomm. AktG, § 122 Rn. 72.

[319] OLG Düsseldorf, Beschl. v. 11.4.2013 – I-3 Wx 36/13, NZI 2013, 504 (506); OLG Zweibrücken, Beschl. v. 3.12.1996 – 3 W 171/96, AG 1997, 140 (141); *Ziemons*, in: K. Schmidt/Lutter, AktG, § 122 Rn. 60; *Reger*, in: Bürgers/Körber/Lieder, AktG, § 122 Rn. 20; einschränkend AG Frankfurt, Beschl. v. 17.12.1987 – 72 AR 433/86, WM 1988, 304, das eine gerichtliche Bestellung eines Versammlungsleiters nach § 122 Abs. 3 Satz 2 AktG und den damit verbundenen Eingriff in das Selbstverwaltungsrecht der Hauptversammlung ablehnt, sofern in der Satzung kein Versammlungsleiter bestimmt ist.

[320] Siehe OLG Hamburg, Urt. v. 16.12.2011 – 11 W 89/11, AG 2012, 294 (295); OLG Köln, Beschl. v. 16.6.2015 – 18 Wx 1/15, AG 2015, 716 (717); *Rieckers*, in: Spindler/Stilz, BeckOGK AktG, § 122 Rn. 71.

[321] OLG Köln, Beschl. v. 16.6.2015 – 18 Wx 1/15, ZIP 2015, 1585 f. – „Strabag", für den Fall eines nach § 122 Abs. 2 AktG ergänzten Tagesordnungspunkts.

[322] OLG Köln, Beschl. v. 16.6.2015 – 18 Wx 1/15, ZIP 2015, 1585 (1586) – „Strabag".

Versammlungsleiters auch nicht auf eine spätere Hauptversammlung angewiesen sind.[323] Dieser Judikatur ist zuzustimmen. Sie dient einem effektiven Aktionärsminderheitenschutz, da das Verjährungsrisiko der in Rede stehenden Ersatzansprüche aufgrund der ansonsten notwendig werdenden Anberaumung einer weiteren Hauptversammlung ausgeschlossen und nicht der Aktionärsminderheit aufgebürdet wird.[324]

Die gerichtliche Einschätzung in Bezug auf die Unparteilichkeit des primär verantwortlichen Versammlungsleiters erfordert eine Prognosestellung.[325] Berechtigte Zweifel an der Unparteilichkeit ergeben sich zum Beispiel dann, wenn der Versammlungsleiter an der Ablehnung des Aktionärsminderheitenverlangens aktiv mitgewirkt hat oder wenn der Versammlungsleiter gegenüber der antragstellenden Aktionärsminderheit in einer vorherigen Versammlung rechtswidrige Leitungs- und Ordnungsmaßnahmen erlassen hat.[326] Wie vorstehend ausgeführt, kann auch eine persönliche Betroffenheit des Versammlungsleiters die Unparteilichkeit begründen, so wie etwa im Fall eines gegen diesen gerichteten Ersatzanspruchs nach § 147 AktG.[327]

Das Gericht kann grundsätzlich frei darüber bestimmen, wen konkret es zum Versammlungsleiter bestellt.[328] Die Bestimmung des Versammlungsleiters muss aber grundsätzlich vom Gericht selbst vorgenommen werden und kann richtigerweise nicht auf beliebige dritte Stellen übertragen werden.[329] Anstatt eine konkrete Person in das Amt des Versammlungsleiters zu berufen, kann das Gericht sich aber auch darauf beschränken bestimmte Personen von der Versammlungsleitung auszuschließen.[330] Die Zulässigkeit dieser Vorgehensweise ergibt sich daraus, dass eine solche Ausschlussmethode weniger stark in das Selbstorganisationsrecht der Hauptversammlung eingreift. In Betracht kommt dies etwa dann, wenn in der Satzung ein Stellvertreter bestimmt ist und keine Zweifel an dessen Unparteilichkeit bestehen. Etwas anderes gilt freilich dann, wenn die Satzung dem für befangen erklärten Versammlungsleiter das Recht zur Bestimmung eines Stellvertreters zu-

---

[323] *Lochner/Beneke*, ZIP 2015, 2010 (2012 f.); kritisch aber *Rieckers*, DB 2015, 2131 (2135), wonach der Verdacht von zum Schadensersatz verpflichtenden Verfehlungen des satzungsmäßig berufenen Versammlungsleiters nicht ausreichen kann, da ansonsten der Antragsteller durch die bloße Behauptung möglicher Schadensersatzansprüche eine Ersetzung des Versammlungsleiters bewirken könnte.

[324] *Lochner/Beneke*, ZIP 2015, 2010 (2013).

[325] *Leuering/Rubner*, NJW-Spezial 2018, 15.

[326] *Leuering/Rubner*, NJW-Spezial 2018, 15.

[327] OLG Köln, Beschl. v. 16.6.2015 – 18 Wx 1/15, NZG 2015, 1118 (1119) – „Strabag"; ablehnend *Kubis*, in: MünchKomm. AktG, § 122 Rn. 72 (Fn. 190).

[328] *Reger*, in: Bürgers/Körber/Lieder, AktG, § 122 Rn. 20.

[329] OLG Düsseldorf, Beschl. v. 11.4.2013 – I-3 Wx 36/13, AG 2013, 468 (469); ebenso *von der Linden*, in: FS Marsch-Barner, S. 303 (313), wonach eine Übertragung der Auswahlkompetenz auf eine Notarkammer oder eine Industrie- und Handelskammer nicht zulässig wäre.

[330] Siehe *Butzke*, in: Großkomm. AktG, § 122 Rn. 92 m. w. N.

gewiesen hat.[331] Sofern dem Gericht seitens der Minderheitsaktionäre ein konkreter Vorschlag unterbreitet wird, muss es sich von der Geeignetheit des vorgeschlagenen Kandidaten überzeugen und von dessen zu überprüfender Geeignetheit abhängig machen, ob es dem Vorschlag entspricht.[332]

### *b) Grenzen der gerichtlichen Bestellung eines Versammlungsleiters*

Auch wenn das Gericht nach dem Wortlaut des § 122 Abs. 3 Satz 2 AktG, den Versammlungsleiter „*zugleich*" mit der Ermächtigung der Aktionärsminderheit zu bestimmen hat, ist weitestgehend anerkannt, dass die Bestimmung des Versammlungsleiters noch nach der gerichtlichen Ermächtigung zur Einberufung der Versammlung oder Ergänzung der Tagesordnung erfolgen kann.[333] Dies wird insbesondere dann relevant, wenn ein sachlicher Grund für die gerichtliche Bestellung eines Versammlungsleiters erst nachträglich zutage tritt.[334]

Umstritten ist, ob eine gerichtliche Bestellung des Versammlungsleiters noch möglich ist, wenn der Vorstand dem Aktionärsminderheitsbegehren in Form der Einberufung der Versammlung oder der Ergänzung der Tagesordnung nachkommt (§ 122 Abs. 1 u. 2 AktG). Teilweise wird dies unter der Voraussetzung bejaht, dass eine unparteiische Leitung durch den satzungsmäßigen Versammlungsleiter nicht gewährleistet ist.[335] Im Grundsatz zuzustimmen ist jedoch der eine entsprechende Anwendung von § 122 Abs. 3 Satz 2 AktG ablehnenden Auffassung.[336] Die in § 122 Abs. 3 Satz 2 AktG geregelte Möglichkeit der Einleitung eines gerichtlichen Verfahrens zur Bestimmung des Versammlungsleiters ist eine Ausprägung des aktienrechtlichen Aktionärsminderheitenschutzes. Wenn die Rechte der Aktionärsminderheit nicht beeinträchtigt sind, besteht kein Anlass für die Einleitung eines gerichtlichen Verfahrens. Dieses ergibt sich eindeutig aus dem Wortlaut von § 122 Abs. 3 Satz 1 AktG, wonach eine gerichtliche Ermächtigung der Aktionäre zur

---

[331] Siehe *von der Linden*, in: FS Marsch-Barner, S. 303 (313).

[332] *Leuering/Rubner*, NJW-Spezial 2018, 15.

[333] Siehe nur OLG Hamburg, Beschl. v. 16.12.2011 – 11 W 89/11, AG 2012, 294 (295); *Noack/Zetsche*, in: KölnKomm. AktG, § 122 Rn. 103; *Hoffmann-Becking*, in: MünchHdb. GesR AG, § 37 Rn. 42; *Kubis*, in: MünchKomm. AktG, § 122 Rn. 72.

[334] Siehe *von der Linden*, in: FS Marsch-Barner, S. 303 (306).

[335] OLG Hamburg, Beschl. v. 16.12.2011 – 11 W 89/11, AG 2012, 294 (295); AG Frankfurt, Beschl. v. 17.12.1987 – 72 AR 433/86, WM 1988, 304; *Schatz*, AG 2015, 696 (706 f.); *Noack/Zetsche*, in: KölnKomm. AktG, § 122 Rn. 103; einschränkend *Rieckers*, DB 2015, 2131 (2135), wonach eine solche gerichtliche Bestellung auf Ausnahmefälle beschränkt sein muss und insbesondere der bloße Verdacht von zum Schadensersatz verpflichtender Verfehlungen des Versammlungsleiters nicht ausreichen soll.

[336] LG Marburg, Beschl. v. 18.5.2005 – 4 T 2/05, AG 2005, 742; *Butzke*, in: Großkomm. AktG, § 122 Rn. 91; ebenso *Herrler*, in: Grigoleit, AktG, § 122 Rn. 18, der aber eine isolierte gerichtliche Bestimmung dann für möglich hält, wenn weder in Satzung oder Geschäftsordnung ein Versammlungsleiter bestimmt ist und eine ad hoc-Wahl in der Hauptversammlung aufgrund einer unauflöslichen Pattsituation bei den Stimmrechten nicht möglich erscheint.

Einberufung der Versammlung oder Bekanntmachung des Ergänzungsgegenstands dann erfolgen kann, wenn dem Verlangen der Aktionäre „*nicht entsprochen*" wurde. Der vom Gesetzgeber gewählten Formulierung „*zugleich*" lässt sich zwar wie ausgeführt keine zwingende Parallelität in zeitlicher Hinsicht entnehmen, wohl aber in sachlicher Hinsicht. Daraus folgt, dass die Bestimmung eines Versammlungsleiters ohne gerichtliche Ermächtigung, die ihrerseits wiederum nach § 122 Abs. 3 Satz 1 AktG davon abhängt, dass dem Verlangen der Aktionärsminderheit nicht entsprochen wurde, nach der Systematik von § 122 Abs. 3 AktG nicht möglich sein soll. Die Einleitung eines gerichtlichen Verfahrens zu dem alleinigen Zweck einer isolierten Bestimmung eines Versammlungsleiters ist daher vom Schutzzweck des § 122 Abs. 3 Satz 1, 2 AktG nicht gedeckt.[337] Gleiches gilt im Fall einer möglichen Befangenheit des Versammlungsleiters, da den Minderheitsaktionären über den Weg eines Abwahlantrags[338] und/oder einer Anfechtungsklage (§ 243 Abs. 1 AktG) ausreichende Rechtsschutzmöglichkeiten zur Seite stehen.

Eine Ausnahme von diesem Grundsatz und eine analoge Anwendung von § 122 Abs. 3 Satz 2 AktG ist nur für Fälle anzuerkennen, in denen es zu einer Ermächtigung nach § 122 Abs. 3 Satz 1 AktG nur deshalb nicht gekommen ist, weil der Vorstand unter dem Druck der sonst zu erwartenden gerichtlichen Ermächtigung der Aktionärsminderheit dem Verlangen nachgegeben hat.[339] Der Versammlungsleiter kann in diesem Fall auch unabhängig von einer Ermächtigung zur Einberufung der Hauptversammlung oder zur Bekanntmachung des ergänzten Tagesordnungspunktes durch das Gericht bestimmt werden.[340] Dies ist sachgerecht, da es der Vorstand ansonsten in der Hand hätte die gerichtliche Bestimmung eines neutralen Versammlungsleiters zu hintertreiben. Im Interesse der Rechtssicherheit und einer klaren Grenzziehung sollte insoweit auf den Zeitpunkt der Rechtshängigkeit des Gerichtsverfahrens abgestellt werden, da es ansonsten zu praktischen Schwierigkeiten bei der Frage käme, wann genau im laufenden Gerichtsverfahren eine ausreichend qualifizierte Drucksituation für den Vorstand entsteht.[341] Nach diesen Grundsätzen kann das Gericht somit auch noch nach Erledigung der Hauptsache infolge einer vorzeitigen Erfüllung des Aktionärsminderheitsverlangens einen Versammlungsleiter bestimmen.[342]

---

[337] So auch *Leuering/Rubner*, NJW-Spezial 2018, 15 (16).

[338] Siehe dazu sogleich unter 2. Kapitel E. II. 1. (S. 144 ff.).

[339] OLG Hamburg, Beschl. v. 19.11.2011 – 11 W 89/11, BeckRS 2012, 8665; dem folgend OLG Köln, Beschl. v. 16.6.2015 – 18 Wx 1/15, NZG 2015, 1118 f.; ebenso *Theusinger/Schilha*, NZG 2016, 56 (57); *J. Koch*, AktG, § 122 Rn. 30; *Hoffmann-Becking*, NZG 2017, 281 (283); *von der Linden*, in: FS Marsch-Barner, S. 303 (307).

[340] OLG Hamburg, Beschl. v. 19.11.2011 – 11 W 89/11, BeckRS 2012, 8665.

[341] Ebenso wohl *Herrler*, in: Grigoleit, AktG, § 122 Rn. 1, der auf die Stellung des Antrags nach § 122 Abs. 3 Satz 1 AktG abstellt; a. A. *Hoffmann-Becking*, NZG 2017, 281 (283), wonach die Einleitung des förmlichen Gerichtsverfahrens durch Antragstellung nicht ausreichend sein soll.

[342] *Kubis*, in: MünchKomm. AktG, § 122 Rn. 73.

## II. Amtsende

Das Amt der Versammlungsleitung, das durch den Organwalter wahrgenommen wird, ist in zeitlicher und sachlicher Hinsicht an die jeweilige Hauptversammlung gebunden. Daraus folgt zugleich, dass die Amtsinhaberschaft mit formaler Beendigung der Hauptversammlung endet.[343] Darüber hinaus kann eine Beendigung des Amtes des Versammlungsleiters auch schon vorher im Wege einer Abberufung durch die Hauptversammlung sowie aufgrund einer Amtsniederlegung erfolgen.

### 1. Abberufung durch die Hauptversammlung

Die Frage der Zulässigkeit einer Abberufung des Versammlungsleiters stellt sich oftmals im Kontext streitiger Hauptversammlungen und befasst auch häufig die Gerichte.[344] Innerhalb des Problemkomplexes der Abberufung des Versammlungsleiters ist zwischen verschiedenen Fallkonstellationen zu unterscheiden.

#### *a) Abberufung des durch die Hauptversammlung gewählten Versammlungsleiters*

Eine Abwahl des gewählten Versammlungsleiters durch die Hauptversammlung ist möglich, wenn die Satzung dies ausdrücklich gestattet.[345] Unterschiedlich wird die Frage beurteilt, unter welchen Voraussetzungen eine Abwahl möglich ist, wenn weder in der Satzung noch in der Geschäftsordnung Regelungen zur Abwahl des Versammlungsleiters getroffen werden.

Die herrschende Auffassung in der Literatur geht davon aus, dass ein von der Hauptversammlung gewählter Versammlungsleiter auch ohne Vorliegen eines wichtigen Grundes jederzeit durch die Hauptversammlung wieder abberufen werden kann, sofern die Satzung keine anderweitigen Vorgaben enthält.[346] Die Abberufung soll dabei grundsätzlich mit einfacher Stimmenmehrheit (§ 133 Abs. 1 AktG)

---

[343] Siehe *Pliquett*, Haftung des HVL, S. 11; *Langenbach*, VersL in der AG, S. 94.

[344] Siehe nur OLG Köln, Urt. v. 9.3.2017 – 18 U 19/16, NZG 2017, 1344 (1348); OLG Bremen, Urt. v. 13.11.2009 – 2 U 57/09, AG 2010, 256; OLG Hamburg, Urt. v. 12.1.2001 – 11 U 162/00, NZG 2001, 513 (516); OLG Stuttgart, Beschl. v. 2.12.2014 – 20 AktG 1/14, BeckRS 2015, 278; OLG Stuttgart, Urt. v. 8.7.2015 – 20 U 2/14, openJur 2015, 19166.

[345] *Wilsing/von der Linden*, ZIP 2010, 2321 (2327).

[346] *Mülbert*, in: Großkomm. AktG, § 129 Rn. 118; *Kubis*, in: MünchKomm. AktG, § 119 Rn. 123; *Hoffmann-Becking*, in: MünchHdb. GesR AG, § 37 Rn. 43; *Pliquett*, Haftung des HVL, S. 12; *Butzke*, HV AG, D. Rn. 13; *Gehling*, in: ArbeitsHdb. HV, § 9 Rn. 20; *Wilsing/von der Linden*, ZIP 2010, 2321 (2328); für die Notwendigkeit eines wichtigen Grundes aber *Kuhnt*, in: FS Lieberknecht, S. 45 (58 f.); a. A. *Zetsche*, in: KölnKomm. AktG, Anh. § 119 Rn. 42; *Austmann*, in: FS Hoffmann-Becking, S. 45 (59), der von einer aus dem Wahlbeschluss resultierenden Selbstbindung der Hauptversammlung in Bezug auf den erwählten Versammlungsleiter ausgeht und daraus die Unzulässigkeit eines späteren Abwahlantrags ableitet.

möglich sein.[347] Einschränkend wird jedoch teilweise gefordert, dass eine in der Satzung für die Wahl des Versammlungsleiters geforderte qualifizierte Stimmenmehrheit auch für die Abwahl gelten müsse.[348] Es finden sich auch Stimmen, die einen Abwahlantrag nur unter dem Vorbehalt eines gleichzeitig unterbreiteten Wahlvorschlags für den künftigen Versammlungsleiter für zulässig halten.[349]

Zuzustimmen ist der herrschenden Auffassung insoweit, als es für die Abberufung eines von der Hauptversammlung gewählten Versammlungsleiters keines wichtigen Grundes bedarf, sofern die Satzung keine entsprechenden Vorgaben enthält oder nur rein prozedurale Vorgaben hinsichtlich der Bestimmung des Versammlungsleiters macht. Das Postulat, die Abberufung des von der Hauptversammlung gewählten Versammlungsleiters unter die einschränkende Voraussetzung eines wichtigen Grundes zu stellen ist mit dem Selbstorganisationsrecht der Hauptversammlung nicht in Einklang zu bringen. Zu Recht wird auch darauf hingewiesen, dass insoweit keine anderen Maßstäbe gelten können als bei der Abwahl eines von der Hauptversammlung bestellten Sonderprüfers (§ 142 Abs. 1 Satz 1 AktG) oder besonderen Vertreters (§ 147 Abs. 2 Satz 1 AktG).[350] Auch ist mit der herrschenden Meinung davon auszugehen, dass eine einfache Stimmenmehrheit (§ 133 Abs. 1 AktG) für die Abwahl grundsätzlich ausreichen muss. Sofern die Satzung hinsichtlich der Wahl des Versammlungsleiters jedoch bestimmte Vorgaben macht, etwa eine qualifizierte Drei-Viertel-Mehrheit verlangt, so müssen diese auch für die Abwahl gelten. Anderenfalls würde die satzungsmäßige Selbstbindung der Hauptversammlung unterlaufen. Im Interesse der Aufrechterhaltung der Handlungsfähigkeit der Hauptversammlung ist ein gleichzeitiger Wahlvorschlag bezüglich eines neuen Versammlungsleiters zwar zweckmäßig, kann jedoch nicht in den Rang eines zwingenden rechtlichen Zulässigkeitskriteriums für den Antrag auf Abberufung erhoben werden. Eine solche Einschränkung entbehrt einer gesetzlichen Stütze.

### *b) Abberufung des durch die Satzung bestimmten Versammlungsleiters*

Ein sehr umstrittenes Meinungsbild zeigt sich in Bezug auf die Frage, ob und unter welchen Voraussetzungen ein satzungsmäßig bestimmter Versammlungsleiter von der Hauptversammlung abberufen werden kann. Dabei besteht lediglich im Ausgangspunkt darüber Einigkeit, dass eine Abberufung des Versammlungsleiters durch die Hauptversammlung möglich sein muss, sofern die Satzung dies ausdrücklich

---

[347] *Schmid*, in: Ziemons/Binnewies, Handb. AG, I. Teil Rn. 10.791; *Hoffmann-Becking*, in: MünchHdb. GesR AG, § 37 Rn. 43; *Wicke*, in: Spindler/Stilz, BeckOGK AktG, § 129 Rn. 45; *Wilsing/von der Linden*, ZIP 2010, 2321 (2328); ebenso *Langenbach*, VersL in der AG, S. 95.

[348] *Kubis*, in: MünchKomm. AktG, § 119 Rn. 123; *Gehling*, in: ArbeitsHdb. HV, § 9 Rn. 20; so im Ergebnis auch *Schatz/Stein*, NJW-Spezial 2016, 335.

[349] Dafür *Butzke*, HV AG, D. Rn. 13; *Kubis*, in: MünchKomm. AktG, § 119 Rn. 123; *Göhmann*, in: Frodermann/Jannott, Hdb. AktR, Kap. 9 Rn. 157.

[350] Siehe *Wilsing/von der Linden*, ZIP 2010, 2321 (2328).

erlaubt.[351] In der Regel verhalten sich die Satzungen zur Abwahl des Versammlungsleiters aber nicht.[352] Im Übrigen hat sich in der akademischen Diskussion eine große Bandbreite von Meinungen zu der Frage der Zulässigkeit der Abberufung eines satzungsmäßigen Versammlungsleiters herausgebildet.

### aa) Meinungsspektrum

In der Literatur finden sich zahlreiche Stimmen, die die Abberufung des satzungsmäßigen Versammlungsleiters durch die Hauptversammlung – vorbehaltlich einer nicht vorhandenen Befugnis zur Abwahl in der Satzung – nur unter den förmlichen Voraussetzungen einer Satzungsänderung zulassen wollen.[353] Nach dieser Auffassung stellt die Abberufung eine Satzungsänderung dar, die nach Maßgabe von § 124 Abs. 2 Satz 3 AktG erst nach ordnungsgemäßer Bekanntgabe in der Einladung zur Hauptversammlung von dieser beschlossen werden kann und erst mit Eintragung im Handelsregister Wirksamkeit erlangt (§ 181 Abs. 3 AktG).[354] Eine Umgehung der für eine Satzungsänderung erforderlichen Eintragung im Handelsregister aufgrund einer Übertragung der für die GmbH anerkannten Rechtsfigur der punktuellen Satzungsdurchbrechung auf die Aktiengesellschaft wird überwiegend abgelehnt.[355]

---

[351] Zutreffend *Wilsing/von der Linden*, ZIP 2010, 2321 (2327).

[352] Siehe *Krieger*, AG 2006, 355 (357); *von der Linden*, DB 2017, 1371.

[353] *Austmann*, in: FS Hoffmann-Becking, S. 45 (58 f.); *Noack*, BOARD 2011, 120; *Hoffmann-Becking*, in: MünchHdb. GesR AG, § 37 Rn. 44; *Krieger*, AG 2006, 355 (357 ff.); *Marsch-Barner/von der Linden*, in: Marsch-Barner/Schäfer, Hdb. börsennotierte AG, § 35 Rn. 33; *Gehling*, in: ArbeitsHdb. HV, § 9 Rn. 26; weitergehend *S. Wilhelmi*, in: von Godin/Wilhelmi, AktG Kommentar, § 119 Anm. 12, wonach der Versammlungsleiter von der Hauptversammlung nur dann abberufen werden kann, wenn er von ihr gewählt ist.

[354] *Krieger*, AG 2006, 355 (357); *Gross*, in: Liber amicorum Happ, S. 31 (38 f.); *von der Linden*, DB 2017, 1371 (1372).

[355] OLG Frankfurt a. M., Urt. v. 17. 7. 2007 – 5 U 229/05, AG 2007, 672 (674) – „Kirch/Deutsche Bank"; *Wiedemann*, in: Großkomm. AktG, § 179 Rn. 99; *Körber/König*, in: Bürgers/Körber/Lieder, AktG, § 179 Rn. 10; *Marsch-Barner/von der Linden*, in: Marsch-Barner/Schäfer, Hdb. börsennotierte AG, § 35 Rn. 33; *Krieger*, AG 2006, 355 (357 f.); *von der Linden*, DB 2017, 1371 (1372); *Gross*, in: Liber amicorum Happ, S. 31 (38 f.), der darauf hinweist, dass bei unterstellter Zulässigkeit einer punktuellen Satzungsdurchbrechung diese gleichwohl auch einer vorherigen Bekanntmachung bedürfte; im Ergebnis ablehnend auch *Kuhnt*, in: FS Lieberknecht, S. 45 (61 f.); siehe allgemein zur Unterscheidung zwischen punktuellen und zustandsbegründenden Satzungsdurchbrechungen sowie unbewussten Satzungsverletzungen *J. Koch*, AktG, § 179 Rn. 7 ff.; für die Zulässigkeit einer punktuellen Satzungsdurchbrechung mit Verzicht auf das Eintragungserfordernis aber *Martens*, Leitfaden HV, S. 47 f.; *Drinhausen/Marsch-Barner*, AG 2014, 757 (764 f.); *Kubis*, in: MünchKomm. AktG, § 119 Rn. 115; *Reinicke*, Rechtsstellung des Vorsitzenden einer HV, S. 158 ff.; ebenso wohl auch *Ek*, Praxisleitfaden HV, 3. Teil § 10 Rn. 263; zur Anwendbarkeit der Rechtsfigur der punktuellen Satzungsdurchbrechung bei der GmbH vgl. BGH, Urt. v. 7. 6. 1993 – II ZR 81/92, ZIP 1993, 1074 (1075); OLG Köln, Beschl. v. 24. 8. 2018 – 4 WX 4/18, openJur 2019, 16575.

Vereinzelt wird vertreten, dass eine Abberufung des satzungsmäßigen Versammlungsleiters ohne besondere Voraussetzungen, insbesondere also auch ohne Vorliegen eines wichtigen Grundes zulässig sein soll.[356] Einschränkend wird zum Teil auch die Auffassung vertreten, dass eine Abberufung unter der Voraussetzung zulässig ist, dass der Versammlungsleiter ungeeignet oder unfähig ist.[357]

Die inzwischen herrschende Ansicht in Rechtsprechung und Schrifttum plädiert dafür, die Abwahl des satzungsmäßigen Versammlungsleiters durch die Hauptversammlung nur bei Vorliegen eines wichtigen Grundes zuzulassen[358], wobei teilweise eine einfache Stimmenmehrheit (§ 133 Abs. 1 AktG)[359] für ausreichend erachtet wird, teilweise eine satzungsändernde Drei-Viertel-Kapitalmehrheit (§ 179 Abs. 2 AktG)[360] und teilweise Einstimmigkeit[361] gefordert wird. Dogmatisch wird der Abwahlbeschluss teilweise als bekanntmachungsfreie punktuelle Satzungsdurchbrechung eingeordnet.[362] Ein anderer Teil geht davon aus, dass der Satzungsregelung über die Bestimmung der Versammlungsleitung im Wege der Auslegung ein immanenter Vorbehalt dahin zu entnehmen sei, dass der Hauptversammlung die Abberufung der qua Satzung zur Versammlungsleitung berufenen Person aus wichtigem Grund vorbehalten bleibt.[363]

---

[356] Für ein freies Abwahlrecht wohl *Max*, AG 1991, 77 (86), der jedoch für den Abberufungsbeschluss Einstimmigkeit fordert.

[357] So *Steiner*, HV, § 6 Rn. 5.

[358] OLG Köln, Urt. v. 9.3.2017 – 18 U 19/16, NZG 2017, 1344 (1348); OLG Stuttgart, Urt. v. 8.7.2015 – 20 U 2/14, openJur 2015, 19166 Rn. 165; OLG Hamburg, Urt. v. 12.1.2001 – 11 U 162/00, NZG 2001, 513 (516); *Drinhausen*, in: Hölters, AktG, Anh.§ 129 Rn. 5; *Rose*, NZG 2007, 241 (243); *Mülbert*, in: Großkomm. AktG, § 129 Rn. 119; *von Falkenhausen/Kocher*, BB 2005, 1068 (1069); im Ergebnis ebenso *Sauerwald*, VersL im AktR, S. 188 ff., wonach der Begriff des wichtigen Grundes aber eng auszulegen ist.

[359] *Rose*, NZG 2007, 241 (244); *von Falkenhausen/Kocher*, BB 2005, 1068 (1069); ebenso wohl auch OLG Hamburg, Urt. v. 12.1.2001 – 11 U 162/00, AG 2001, 359 (363); ausdrücklich offengelassen von LG Frankfurt a.M., Urt. v. 11.1.2005 – 3-5 O 100/04, AG 2005, 892 (894) und LG Köln, Urt. v. 6.7.2005 – 82 O 150/04, AG 2005, 696 (701).

[360] *Zetsche*, in: KölnKomm. AktG, Anh. § 119 Rn. 38; *Martens*, Leitfaden HV, S. 47; *Wicke*, NZG 2018, 161 (162); *ders.*, in: Spindler/Stilz, BeckOGK AktG, § 129 Rn. 46; *Herrler*, in: Grigoleit, AktG, § 129 Rn. 40; *Liebscher*, in: Henssler/Strohn, GesR, § 129 AktG Rn. 25; *Langenbach*, VersL im AktR, S. 143; *Kubis*, in: MünchKomm. AktG, § 119 Rn. 115; *Pliquett*, Haftung des HVL, S. 13; ebenso *Sauerwald*, VersL im AktR, S. 193 f.

[361] Dafür *Max*, AG 1991, 77 (86), der aber keinen wichtigen Grund voraussetzt.

[362] So *Decher*, in: Liber amicorum Happ, S. 17 (26); *Martens*, Leitfaden HV, S. 47 f.; *Kubis*, in: MünchKomm. AktG, § 119 Rn. 115; *Ek*, Praxisleitfaden HV, 1. Teil § 10 Rn. 263; siehe auch *Kuhnt*, in: FS Lieberknecht, S. 45 (61), der anregt im Zusammenhang mit einem Antrag auf Abwahl des satzungsmäßigen Versammlungsleiters auf das Bekanntmachungserfordernis auf Grundlage einer teleologischen Reduktion zu verzichten.

[363] OLG Bremen, Urt. v. 13.11.2009 – 2 U 57/09, AG 2010, 256 (257); LG Frankfurt a.M., Urt. v. 11.1.2005 – 3-5 O 100/04, ZIP 2005, 1176 (1177); LG Köln, Urt. v. 6.7.2005 – 82 O 150/04, AG 2005, 696 (701); *von Falkenhausen/Kocher*, BB 2005, 1068 (1069); *Butzke*, ZIP 2005, 1164 (1166); für die Möglichkeit einer Umdeutung in eine schuldrechtliche satzungs-

Das Erfordernis eines wichtigen Grundes wird von der herrschenden Auffassung insbesondere damit begründet, dass der Sinn einer die Versammlungsleitung bestimmenden Satzungsregelung darin bestehe, das für den Ablauf der Hauptversammlung fundamental wichtige Amt des Versammlungsleiters von vornherein auf eine möglichst rechtssichere Grundlage zu stellen.[364] Schutzinteressen der Aktionäre seien nur dann unzumutbar beeinträchtigt, wenn die adäquate Durchführung der Hauptversammlung aufgrund grob pflichtwidrigen Verhaltens des Versammlungsleiters nicht mehr gewährleistet sei und der Versammlungsleiter der ihm übertragenen Leitungsverantwortung nicht mehr gerecht werden könne wobei insoweit hohe Anforderungen zu stellen seien.[365] Als Beispiele für ein diesen Anforderungen genügendes grob pflichtwidriges Fehlverhalten des Versammlungsleiters werden u. a. offensichtlich falsche Ergebnisfeststellungen, die Nichtzulassung zweifelsfrei legitimierter Aktionäre zur Versammlung sowie die Nichtberücksichtigung von Stimmen ohne Anhaltspunkte für einen Stimmrechtsausschluss bzw. Rechtsverlust (§§ 136 Abs. 1 AktG, 44 Abs. 1 WpHG, 59 Abs. 1 WpÜG) angeführt.[366] Ein wichtiger Grund soll auch dann gegeben sein, wenn der Versammlungsleiter einen Beschlussantrag, der nicht evident sinnlos oder rechtswidrig ist, nicht zur Abstimmung stellt.[367] Hingegen sollen ein Fehlverhalten außerhalb der Hauptversammlung, wie etwa ein strafrechtliches Ermittlungsverfahren wegen eines Jahre zurückliegenden Vorgangs ohne Bezug zum Amt der Versammlungsleitung oder sonstige außerhalb des Funktionsbereichs der Versammlungsleitung angesiedelte charakterliche Defizite nach überwiegender Auffassung nicht als wichtiger Grund ausreichen.[368]

Unklar ist auch, ob und ggf. unter welchen Voraussetzungen die abstrakte Gefahr von zukünftigen potentiellen Pflichtverletzungen eine Abberufung rechtfertigen kann.[369] Dabei geht es insbesondere um die Frage, ob eine Abberufung zulässig ist,

---

ergänzende Nebenabrede *J. Koch*, AktG, § 179 Rn. 8a; ablehnend aber *Marsch-Barner/von der Linden*, in: Marsch-Barner/Schäfer, Hdb. börsennotierte AG, § 35 Rn. 34.

[364] So etwa *Wicke*, NZG 2018, 161 (162).

[365] *Wicke*, NZG 2018, 161 (162).

[366] *Wicke*, NZG 2018, 161 (162); *Schatz/Stein*, NJW-Spezial 2016, 335; *Butzke*, ZIP 2005, 1164 (1166).

[367] OLG Köln, Urt. v. 9.3.2017 – 18 U 19/16, NZG 2017, 1344 (1348 f.); ebenso *Heidel*, in: Heidel, AktienR u. KapitalmarktR, § 246 AktG Rn. 12.

[368] OLG Stuttgart, Urt. v. 8.7.2015 – 20 U 2/14, openJur 2015, 19166 Rn. 168; *Langenbach*, VersL in der AG, S. 100 f.; nach *Butzke*, ZIP 2005, 1164 (1166), sollen Ausnahmen nur in engen Grenzen möglich sein, wenn das generelle Fehlen der für die Leitung der Hauptversammlung erforderlichen geistigen und körperlichen Fähigkeiten evident ist; differenzierend *Rose*, NZG 2007, 241 (243); a. A. aber LG Frankfurt a. M., Urt. v. 11.1.2005 – 3-5 O 100/04, ZIP 2005, 1176 (1178), wonach vergangene strafrechtliche Ermittlungstätigkeiten Zweifel an der charakterlichen Eignung des Versammlungsleiters und in der Folge auch einen wichtigen Grund zur Abwahl begründen können.

[369] Die Berücksichtigung zukünftiger Pflichtverletzungen tendenziell ablehnend *Kocher/Lönner*, ZIP 2016, 653 (657); *Hoppe*, NZG 2017, 361 (362); großzügiger aber *Kubis*, in: MünchKomm. AktG, § 119 Rn. 116, wonach grobe Leitungsfehler auch dann eine Abberufung

wenn bei einzelnen Gegenständen der Tagesordnung ein Interessenkonflikt in der Person des Versammlungsleiters vorliegt.[370] Das OLG Köln hat eine Abberufung aus wichtigem Grund für den Fall anerkannt, dass über die Geltendmachung von Schadensersatzansprüchen (§ 147 Abs. 1 AktG), die sich auch gegen den nach der Satzung zur Versammlungsleitung berufenen Aufsichtsratsvorsitzenden richteten, Beschluss zu fassen ist.[371] Insoweit ist jedoch zu berücksichtigen, dass der betreffende Aufsichtsratsvorsitzende in Bezug auf diesen Tagesordnungspunkt bereits in einer vorherigen Hauptversammlung durch mangelnde Neutralität aufgefallen war, so dass belastbare Anhaltspunkte dafür bestanden, dass er es erneut an der erforderlichen Neutralität würde vermissen lassen.[372]

### bb) Kritische Würdigung

#### *(1) Schutz der Aktionärsinteressen und Pflicht des Versammlungsleiters zur Evidenzkontrolle*

Die satzungsmäßige Bestimmung eines Versammlungsleiters hat den Zweck den Versammlungsleiter mit einer klar definierten und für jedermann ersichtlichen Legitimationsgrundlage auszustatten, damit dessen Mandat gar nicht erst zum Gegenstand von streitigen Auseinandersetzungen in der Hauptversammlung wird. Von einer entsprechenden Satzungsbestimmung geht daher eine Selbstbindung für die Hauptversammlung aus, die nicht ohne weiteres überwunden werden kann. Auch wenn diese Überlegungen zunächst dafürsprechen mögen, eine Abwahlmöglichkeit zur Gänze auszuschließen, so würde eine kategorische Entziehung der Dispositionsbefugnis der Hauptversammlung über das Amt des Versammlungsleiters den berechtigten Schutzinteressen der Aktionäre nicht gerecht werden. Rechtswidrige Leitungsmaßnahmen des Versammlungsleiters verletzen das Teilnahmerecht und die Interessen der Aktionäre. Auch wenn der Versammlungsleiter nach der hier vertretenen Auffassung als ein unabhängiges Organ zu qualifizieren ist, so kann keine Pflicht der Aktionäre bestehen, eine pflichtwidrige Versammlungsleitung und eine damit verbundene unzumutbare Beeinträchtigung von Interessen und Teilnahmerechten ohne Einschränkung zu dulden. Andererseits kann aufgrund der von der

---

rechtfertigen können, wenn diese in einer zurückliegenden Hauptversammlung begangen wurden.

370 Gegen eine Abberufung in diesem Fall *Wicke*, NZG 2018, 161 (162); *Hoppe*, NZG 2017, 361 (362); *von der Linden*, DB 2017, 1371 f., der sich bei Fehlen einer entsprechenden Öffnungsklausel in der Satzung ganz grundsätzlich gegen eine Abwahl des satzungsmäßigen Versammlungsleiters durch die Hauptversammlung ausspricht.

371 OLG Köln, Urt. v. 9.3.2017 – 18 U 19/16, NZG 2017, 1344 (1348); ebenso im Kontext der gerichtlichen Bestimmung eines Versammlungsleiters nach § 122 Abs. 3 Satz 2 AktG OLG Köln, Beschl. v. 16.6.2015 – 18 Wx 1/15, NZG 2015, 1118 (1119); für einen wichtigen Grund zur Abwahl bei unmittelbarer persönlicher Verstrickung des Versammlungsleiters betreffend die nach § 147 Abs. 1 AktG geltend zu machenden Ersatzansprüche auch *Rose*, NZG 2007, 241 (244).

372 Siehe auch *Schatz/Stein*, NJW-Spezial 2016, 335.

Satzung ausgehenden Selbstbindung der Aktionäre auch keine einschränkungslose Abwahl eines satzungsmäßigen Versammlungsleiters möglich sein. Im Ergebnis verdient daher die Ansicht Zustimmung, die eine Abwahl nur bei Vorliegen eines wichtigen Grundes zulässt. Der „wichtige Grund" ist ein ausfüllungsbedürftiger Rechtsbegriff, an den in Anbetracht der satzungsmäßigen Legitimationsgrundlage des Versammlungsleiters hohe Anforderungen zu stellen sind. Es sind insoweit stets die Umstände des Einzelfalls zu berücksichtigen.

Der Schutz der Aktionärsinteressen gebietet es, dass den Versammlungsleiter hinsichtlich des Vorliegens eines wichtigen Grundes nur die Befugnis (und auch die Pflicht) zu einer Evidenzkontrolle zusteht.[373] Dies mit der Folge, dass ein Antrag auf Abwahl nur dann nicht zur Abstimmung zu stellen ist, wenn er evident rechtswidrig oder sinnlos ist.[374] Anderenfalls hätte der Versammlungsleiter es in der Hand seine eigene Abwahl zu boykottieren. Im Rahmen der Evidenzkontrolle wird der Versammlungsleiter insbesondere auch zu berücksichtigen haben, ob das Vorliegen eines wichtigen Grundes seitens des antragstellenden Aktionärs schlüssig dargelegt wurde.

*(2) Nichtübernahme oder Nichtfortsetzung der Versammlungsleitung als wichtiger Grund der Abwahl*

Ein evident wichtiger Grund für eine Abwahl liegt jedenfalls dann vor, wenn der Versammlungsleiter die Versammlungsleitung gar nicht erst übernimmt. Grund für eine Nichtübernahme kann einmal sein, dass er an der Hauptversammlung nicht teilnehmen kann, etwa aus gesundheitlichen oder persönlichen Gründen, oder er sich schlicht weigert die Versammlungsleitung zu übernehmen. Daneben ist der Fall denkbar, dass der Versammlungsleiter während der laufenden Hauptversammlung die Leitungsaufgabe nicht weiter fortsetzt, etwa weil er sich aus bestimmten Gründen weigert, oder er aufgrund von akut auftretenden gesundheitlichen Gründen zur Fortsetzung der Leitung nicht mehr in der Lage ist. In all diesen Fällen ist jedoch zunächst eine Abgrenzung dahingehend vorzunehmen, ob nicht bereits eine ausdrückliche oder konkludent gegenüber der Hauptversammlung zu erklärende Amtsniederlegung vorliegt, die eine Abwahl entbehrlich machen würde.[375]

---

[373] Siehe ausführlich zur Evidenzkontrolle und Antragszurückweisungskompetenz des Versammlungsleiters unten unter 2. Kapitel F. IV. 7. b) (S. 277 ff.).

[374] Nicht überzeugend insoweit *Butzke*, ZIP 2005, 1164 (1167), der in Bezug auf die Nichtstellung eines Antrags auf Abwahl allein auf das objektive Nichtvorliegen eines wichtigen Grundes abstellt – dies würde den Versammlungsleiter aber mit einer von diesem nicht leistbaren extensiven und über die Evidenzkontrolle hinausgehenden Rechtsprüfung belasten.

[375] Siehe zur Amtsniederlegung sogleich unter 2. Kapitel E. II. 2. (S. 166 ff.).

*(3) Grob pflichtwidrige oder vorsätzliche Leitungsfehler als wichtiger Grund der Abwahl*

Ein wichtiger Grund für die Abwahl kann auch in einer mangelbehafteten Versammlungsleitung begründet liegen. Da die Schwelle zur Unzumutbarkeit für die Aktionäre bei einer satzungsmäßigen Legitimation des Versammlungsleiters hoch anzusetzen ist, können jedoch nur grob pflichtwidrige oder vorsätzliche Leitungsfehler als Anknüpfungspunkt für einen Abwahlantrag in Betracht kommen. Zu denken ist insoweit an evidente Verstöße gegen den Gleichbehandlungsgrundsatz nach § 53a AktG, etwa in Form einer für jedermann erkennbaren Bevorteilung bestimmter Aktionärsgruppen bei der Anordnung von Rede- und Fragezeitbeschränkungen, oder an substanzielle und wiederholte Verstöße gegen den Verhältnismäßigkeitsgrundsatz, etwa durch sofortige Anordnungen von Saalverweisen ohne vorherige Ermahnung.

*(4) Relevanz von zukünftigen oder exogenen Umständen*

Nicht eingesetzt werden darf die Abwahl grundsätzlich als rein präventives Schutzinstrument, um der abstrakten Gefahr noch nicht eingetretener pflichtwidriger Leitungsmaßnahmen zu begegnen. Etwas anderes gilt nur dann, wenn konkrete und belastbare Anhaltspunkte dafür vorliegen, dass eine ordnungsgemäße Versammlungsleitung nicht mehr gewährleistet ist.[376] Ebenso können außerhalb der Hauptversammlung liegende Umstände eine Abwahl nur dann legitimieren, wenn sie evidente Zweifel daran wecken, dass der Versammlungsleiter seinem Funktionsauftrag, die Hauptversammlung ordnungsgemäß durchzuführen, nicht gerecht werden kann. Ansonsten bestünde die Gefahr, dass der Anwendungsbereich von Abwahlanträgen zu weit ausgedehnt und damit die satzungsmäßige Legitimationsgrundlage in unverhältnismäßiger Weise aufgeweicht würde.

*(5) Befangenheit des Versammlungsleiters*

Die Befangenheit des Versammlungsleiters kann einen wichtigen Grund zur Abwahl darstellen, sofern für den Vorwurf der Befangenheit belastbare Anhaltspunkte seitens des den Antrag auf Abwahl stellenden Aktionärs schlüssig vorgebracht werden. Ein Interessenkonflikt in der Person des gleichzeitig zum Versammlungsleiter berufenen Aufsichtsratsvorsitzenden, der hinsichtlich nur eines einzelnen Tagesordnungspunktes zu einem Stimmrechtsausschluss nach § 136 AktG führt, etwa weil sich die zu verfolgenden Ersatzansprüche gegen ihn richten, vermag einen Abwahlantrag im Grundsatz zwar zu rechtfertigen.[377] Eine Abwahl für die

---

[376] So auch *Hoppe*, NZG 2017, 361 (362); ebenso *Langenbach*, VersL in der AG, S. 117.

[377] Siehe OLG Köln, NZG 2017, Urt. v. 9.3.2017 – 18 U 19/16, NZG 2017, 1344 (1348) in Bezug auf die Geltendmachung von Ersatzansprüchen nach § 147 AktG gegen den Versammlungsleiter; ebenso *Rose*, NZG 2007, 241 (244); siehe auch *Langenbach*, VersL im AktR, S. 111 ff., 129, der als weitere Fallgruppen einer zur Abwahl legitimierenden Befangenheit eine die Tätigkeit des Aufsichtsrats betreffende Sonderprüfung nach §§ 142 ff. AktG sowie die

gesamte Hauptversammlung wäre in diesem Fall jedoch unverhältnismäßig. Dies folgt einmal daraus, dass die Aufsichtsratssphäre von der Sphäre der Versammlungsleitung strikt zu trennen ist.[378] Daran ändert auch die in der Praxis übliche Personalunion von Aufsichtsratsvorsitzenden und Versammlungsleiter nichts. Darüber hinaus ist zu berücksichtigen, dass die üblicherweise sich regelmäßig über mehrere Wochen erstreckende Vorbereitung des Versammlungsleiters hinfällig wäre, obwohl die Befangenheit letztlich nur einen Tagesordnungspunkt betrifft. Schließlich kann dem Neutralitätsgebot auch dadurch in ausreichendem Umfang Geltung verschafft werden, indem den Aktionären die Möglichkeit eingeräumt wird zu beantragen, dass die Versammlungsleitung für die Dauer der Verhandlung und Abstimmung des konfliktbetroffenen Tagesordnungspunktes auf einen stellvertretenden, insoweit nicht konfliktbefangenen Versammlungsleiter übertragen wird.[379] Ein solcher Antrag, über den die Hauptversammlung nach § 133 Abs. 1 AktG mit einfacher Mehrheit zu beschließen hat, muss vom Versammlungsleiter zur Abstimmung gestellt werden. Diese Grundsätze müssen auch dann gelten, wenn sich die in Frage stehenden Ersatzansprüche gegen andere Mitglieder des Aufsichtsrats richten, da die einzelnen Organmitglieder als Teil des Organs Aufsichtsrat einer einheitlich zu beurteilenden Interessensphäre angehören.[380]

Anders zu bewerten ist indes der Fall, in dem über Schadens- bzw. Regressansprüche der Gesellschaft zu beschließen ist, die sich unmittelbar gegen den Versammlungsleiter richten und nicht dessen Tätigkeit als Aufsichtsratsmitglied, sondern Pflichtverstöße im Zusammenhang mit einer vormaligen Leitung der Hauptversammlung betreffen. Insoweit muss der Hauptversammlung auch die Möglichkeit offenstehen, den Versammlungsleiter für die gesamte Dauer der Hauptversammlung abzuberufen.

##### *(6) Grundsatz der einfachen Stimmenmehrheit infolge satzungsimmanenter Einschränkung des Versammlungsleitermandats*

Soweit in der Literatur für den über die Abberufung zu fassenden Beschluss teilweise Einstimmigkeit gefordert wird[381], leuchtet nicht ein, warum für die Abwahl eine größere Mehrheit erforderlich sein soll als für eine Satzungsänderung.[382] Dem

---

Abberufung von Aufsichtsratsmitgliedern nach § 103 AktG benennt; siehe auch OLG Köln, Beschl. v. 16.6.2015 – 18 Wx 1/15, ZIP 2015, 1585 f. – „Strabag" und OLG Düsseldorf, Beschl. v. 11.4.2013 – I-3 Wx 36/13, ZIP 2013, 1022 (1024), die jeweils im Kontext von § 122 Abs. 3 Satz 2 AktG konkrete Anhaltspunkte für eine unrechtmäßige bzw. befangene Versammlungsleitung als Grundlage für die gerichtliche Bestimmung eines gesonderten Versammlungsleiters ausreichen lassen.

[378] Siehe dazu bereits oben unter 2. Kapitel C. I. 2. a) cc) (S. 98).

[379] Siehe dazu bereits oben unter 2. Kapitel C. I. 2. a) dd) (S. 98 f.).

[380] Zutreffend *Langenbach*, VersL im AktR, S. 142 unter Hinweis auf OLG Düsseldorf, Beschl. v. 11.4.2013 – I-3 Wx 36/13, ZIP 2013, 1022 (1024).

[381] Dafür *Max*, AG 1991, 77 (86).

[382] So auch *Kuhnt*, in: FS Lieberknecht, S. 45 (60).

Postulat der Einstimmigkeit als Wirksamkeitsvoraussetzung für die Beschlussfassung hinsichtlich der Abwahl des Versammlungsleiters kann daher nicht gefolgt werden.

Soweit in der Literatur eine Drei-Viertel-Mehrheit gefordert wird, wird dies mit dem Erfordernis einer punktuellen Satzungsdurchbrechung begründet.[383] Aufgrund der im Aktienrecht geltenden Formstrenge ist eine Übertragung der von der Rechtsprechung für die GmbH entwickelten Rechtsfigur der punktuellen Satzungsdurchbrechung auf die Aktiengesellschaft jedoch abzulehnen. Gleiches gilt für die teilweise in der Literatur bemühte Rechtsfigur einer unbewussten Satzungsverletzung. Danach soll ein objektiver Verstoß gegen die Satzung, der subjektiv nicht gewollt ist, lediglich zur Anfechtbarkeit führen mit der Folge, dass der Beschluss bei Eintritt der Unanfechtbarkeit volle Wirksamkeit erlangt.[384] Dieser Ansatz kann schon deswegen keine Anwendung finden, da die Abwahl eines satzungsmäßigen Versammlungsleiters keine unbewusste Abweichung von der Satzung darstellt.

Die von der Satzung ausgehende Selbstbindung für die Hauptversammlung muss dort ihre Grenze finden, wo die Schwelle zur Unzumutbarkeit für die Aktionäre überschritten wird. Überzeugend ist es daher, die Abwahlbefugnis der Hauptversammlung auf Grundlage einer ergänzenden Satzungsauslegung abzuleiten. Die Satzung kann der Hauptversammlung nicht mit rechtsverbindlicher Wirkung einen rechtswidrig handelnden Versammlungsleiter oktroyieren. Eine entsprechende Satzungsklausel wäre wegen Verstoßes gegen § 138 BGB und § 242 BGB unwirksam.[385] Aufgrund dieses rechtlich gebotenen satzungsimmanenten Vorbehalts liegt in der Abwahl folglich auch kein Satzungsverstoß, so dass auch eine einfache Stimmenmehrheit nach § 133 Abs. 1 AktG für die Abwahl ausreichend ist. Die Abwahl bedarf jedoch dann einer qualifizierten Drei-Viertel-Mehrheit, wenn die Satzung für die Wahl des Versammlungsleiters ebenfalls eine qualifizierte Drei-Viertel-Mehrheit vorschreibt.[386]

### *c) Abberufung des mittelbar durch die Satzung bestimmten Versammlungsleiters*

Zu unterscheiden von einer unmittelbaren Bestimmung des Versammlungsleiters durch die Satzung ist der Fall, dass die Satzung dem Aufsichtsrat als Organ oder dem Aufsichtsratsvorsitzenden die Befugnis einräumt, einen Versammlungsleiter zu bestellen. Auch insoweit besteht Uneinigkeit, unter welchen Voraussetzungen eine Abberufung möglich sein soll. Während teilweise auch in dem Fall einer derart

383 *Zetsche*, in: KölnKomm. AktG, Anh. § 119 Rn. 38; *Martens*, Leitfaden HV, S. 47 f.; im Ergebnis auch *Kubis*, in: MünchKomm. AktG, § 119 Rn. 115.

384 So etwa *Seibt*, in: K. Schmidt/Lutter, AktG, § 179 Rn. 21; *Holzborn*, in: Spindler/Stilz, BeckOGK AktG, § 179 Rn. 54; a. A. *Stein*, in: MünchKomm. AktG, § 179 Rn. 42.

385 So auch *Wilsing/von der Linden*, ZIP 2010, 2321 (2327).

386 Siehe *Gehling*, in: ArbeitsHdb. HV, § 9 Rn. 21.

mittelbaren satzungsmäßigen Bestellung eine Abwahlkompetenz der Hauptversammlung gänzlich verneint wird[387], wollen andere die von der herrschenden Auffassung für den unmittelbar durch die Satzung bestellten Versammlungsleiter aufgestellten Grundsätze entsprechend anwenden und eine Abberufung bei Vorliegen eines wichtigen Grundes zulassen.[388] Ein weiterer Teil der Literatur plädiert für ein Abberufungsrecht der Hauptversammlung auch ohne Vorliegen eines wichtigen Grundes.[389]

Richtigerweise muss eine Abberufung des Versammlungsleiters bei einer lediglich mittelbaren Bestimmung in der Satzung auch ohne Vorliegen eines wichtigen Grundes möglich sein. Der entscheidende dogmatische Unterschied zu der Situation eines unmittelbar durch die Satzung bestimmten Versammlungsleiters besteht darin, dass die Hauptversammlung in Ausübung ihres in der Satzung zum Ausdruck kommenden Selbstorganisationsrechts die Kompetenz zur Bestellung des Versammlungsleiters wirksam übertragen hat. Die Legitimationsgrundlage des mittelbar zu bestellenden Versammlungsleiters ist damit nicht mehr statutarischer Natur, sondern beschränkt sich auf die Auswahlentscheidung des Aufsichtsrats bzw. Aufsichtsratsvorsitzenden. Während das Recht des Aufsichtsratsvorsitzenden oder des sonstigen Aufsichtsratsmitglieds zur Bestimmung des Versammlungsleiters in der Satzung verankert ist, ist es die konkrete Auswahlentscheidung nicht. Die Kompetenz der Hauptversammlung zur Abberufung des Versammlungsleiters muss in diesem Fall daher unabhängig von dem Vorliegen eines wichtigen Grundes bestehen. Die Abberufung bedarf entgegen teilweise vertretener Auffassung auch keiner Drei-Viertel-Mehrheit, sondern ist mit einfacher Stimmenmehrheit zulässig, da die statutarische Selbstbindung der Hauptversammlung sich von vornherein schon nicht auf einen bestimmten Versammlungsleiter bezieht.[390]

### *d) Abberufung des durch die Geschäftsordnung bestimmten Versammlungsleiters*

Die für die Abwahl des satzungsmäßigen Versammlungsleiters aufgezeigten rechtlichen Grundsätze müssen auch dann gelten, wenn der Versammlungsleiter durch die Geschäftsordnung – unmittelbar oder mittelbar qua Delegation – bestimmt wird. Eines Rückgriffs auf die Rechtsfigur eines sog. geschäftsordnungsdurchbrechenden Beschlusses bedarf es insoweit nicht.[391] In Parallele zu satzungsmäßigen

---

[387] So *Krieger*, AG 2006, 355 (358).

[388] Siehe *Butzke*, ZIP 2005, 1164 (1165 f.).

[389] Dafür *Ziemons*, in: K. Schmidt/Lutter, AktG, § 124 Rn. 102; *Wicke*, NZG 2018, 161; ebenso *Kubis*, in: MünchKomm. AktG, § 119 Rn. 120, der jedoch eine Abwahl unter die zusätzliche Bedingung einer Drei-Viertel-Mehrheit stellt.

[390] A. A. *Kubis*, in: MünchKomm. AktG, § 119 Rn. 120.

[391] *Mülbert*, in: Großkomm. AktG, § 129 Rn. 119; a. A. *Kubis*, in: MünchKomm. AktG, § 119 Rn. 121, wonach die Abwahl eines geschäftsordnungsmäßig bestimmten Versammlungsleiters durch die Hauptversammlung im Wege eines sog. geschäftsordnungsdurchbre-

Bestimmungen ist davon auszugehen, dass auch entsprechende Geschäftsordnungsklauseln hinsichtlich der (unmittelbaren) Bestimmung des Versammlungsleiters unter dem immanenten Vorbehalt stehen, dass eine Abwahl bei Vorliegen eines wichtigen Grundes mit einfacher Stimmenmehrheit möglich ist.

### *e) Abberufung des gerichtlich bestellten Versammlungsleiters*

Sinn und Zweck der Regelung der gerichtlichen Bestellung des Versammlungsleiters (§ 122 Abs. 3 Satz 2 AktG) ist der Schutz derjenigen Minderheitsaktionäre, die eine Einberufung der Hauptversammlung oder eine Tagesordnungsergänzung durchgesetzt haben.[392] Dieses durch das Gericht verliehene Mandat darf grundsätzlich nicht zur Disposition von Mehrheiten in der Hauptversammlung stehen.[393] Würde man eine Abwahlmöglichkeit auch im Falle einer gerichtlichen Bestellung des Versammlungsleiters grundsätzlich bejahen, so würde das vom Gesetzgeber verfolgte Ziel eines effektiven Schutzes von Aktionärsminderheiten untergraben. Da nach der überwiegenden Auffassung davon auszugehen ist, dass die Abberufung des Versammlungsleiters entsprechend der bei Abberufung von Vorstandsmitgliedern geltenden Regelung des § 84 Abs. 4 Satz 4 AktG mit der Verkündung des Abberufungsbeschlusses und unabhängig von dem tatsächlichen Vorliegen eines wichtigen Grundes wirksam wird[394], bestünde für die Aktionärsminderheit nur die Möglichkeit einer Anfechtung der nachfolgend gefassten Beschlüsse.[395] Eine Überprüfung der sachlichen Berechtigung der Abberufung des gerichtlich bestellten Versammlungsleiters würde demnach nur inzident in dem sich anschließenden Anfechtungsverfahren erfolgen.[396] Ein solcher Schwebezustand ist jedoch mit dem vom Gesetzgeber verfolgten Ziel eines effektiven Schutzes von Aktionärsminderheiten und vor dem Hintergrund einer im Fall des § 122 Abs. 3 AktG ohnehin streitigen Ausgangssituation nicht zu vereinbaren. Die gerichtliche Zuweisung des Amts der Versammlungsleitung kann demnach grundsätzlich weder durch satzungsmäßige Regelungen noch durch Beschlüsse der Hauptversammlung außer

---

chenden Beschlusses auch ohne Vorliegen eines wichtigen Grundes und ohne vorherige Bekanntmachung nach § 124 AktG mit einfacher Stimmenmehrheit möglich sein soll.

[392] *Butzke*, in: Großkomm. AktG, § 122 Rn. 89.

[393] *Noack/Zetsche*, in: KölnKomm. AktG, § 122 Rn. 100; *Kubis*, in: MünchKomm. AktG, § 119 Rn. 122; *Austmann*, in: FS Hoffmann-Becking, S. 45 (59).

[394] *Mülbert*, in: Großkomm. AktG, § 129 Rn. 121; *Wicke*, NZG 2018, 161 (162); *Kubis*, in: MünchKomm. AktG, § 119 Rn. 118; ablehnend *Butzke*, ZIP 2005, 1164 (1167).

[395] *Wicke*, in: Spindler/Stilz, BeckOGK AktG, § 129 Rn. 47; *Kubis*, in: MünchKomm. AktG, § 119 Rn. 118; einschränkend *Mülbert*, in: Großkomm. AktG, § 129 Rn. 235, wonach es in diesem Fall regelmäßig an der erforderlichen Beschlussrelevanz fehlt, sofern der „falsche" Versammlungsleiter im Übrigen sachlich fehlerfrei agiert.

[396] Siehe zu den prozessualen Rechtsschutzmöglichkeiten der Aktionäre unten unter 3. Kapitel E. I. 1. (S. 384 ff.).

Kraft gesetzt werden.[397] Konsequenz dessen ist, dass Anträge auf Abwahl eines gerichtlich bestellten Versammlungsleiters auch bei Vorliegen eines wichtigen Grundes ausgeschlossen und vom Versammlungsleiter stets zurückzuweisen wären. Dieser Befund bedarf indes einer wertenden Korrektur.

Eine Abberufung des gerichtlich bestellten Versammlungsleiters muss ohne weitere Voraussetzungen zunächst dann möglich sein, wenn sie einstimmig erfolgt. Eine Gefährdung des von § 122 Abs. 3 Satz 2 AktG intendierten Aktionärsminderheitenschutzes scheidet nämlich von vornherein aus, wenn auch die Aktionärsminderheit geschlossen für die Abwahl des gerichtlich bestimmten Versammlungsleiters votiert.[398] Darüber hinaus kann der Aktionärsminderheitenschutz aber auch nicht dazu führen, dass der gerichtlich bestellte Versammlungsleiter gleichsam einen (gerichtlichen) Freibrief erhält sich im Rahmen der Versammlungsleitung pflichtwidrig zu verhalten.[399] Zwar verbleibt den übrigen Aktionären die Möglichkeit gemäß § 122 Abs. 3 Satz 4 AktG i. V. m. §§ 58 ff. FamFG sofortige Beschwerde gegen die gerichtliche Bestellung einzulegen. Da sich der wichtige Grund zur Abberufung regelmäßig erst im Rahmen der laufenden Hauptversammlung herausstellen wird, wird eine solche gerichtliche Entscheidung jedoch nicht rechtzeitig zu erhalten sein oder bereits an der einmonatigen Ausschlussfrist nach § 63 Abs. 1 FamFG scheitern, wenn die Hauptversammlung erst nach deren Ablauf stattfindet.

Vor diesem Hintergrund bedarf die Unantastbarkeit des gerichtlich begründeten Versammlungsleitermandats einer weiteren Einschränkung insoweit, als dass bei evidenten oder fortgesetzten Pflichtverstößen ebenfalls die Möglichkeit bestehen muss, den gerichtlich bestimmten Versammlungsleiter während der laufenden Hauptversammlung abzuberufen.[400] Die grundsätzlich zutreffende Erkenntnis, dass die gerichtliche Zuweisung der Versammlungsleitung nicht zur Disposition der Hauptversammlung stehen darf, vermag insoweit nicht durchzugreifen. Die gerichtliche Ermächtigung eines Versammlungsleiters erfolgt dann, wenn das Gericht davon ausgehen muss, dass der ansonsten berufene Versammlungsleiter befangen sein könnte.[401] Die Verwirklichung des Schutzes der Aktionärsminderheit verlangt aber nicht danach, dass der gerichtlich bestellte Versammlungsleiter von allen sonstigen rechtlichen Verpflichtungen freigestellt wird. Insbesondere muss sich auch der gerichtlich bestellte Versammlungsleiter im Rahmen der Versammlungsleitung an die Grundsätze der Verhältnismäßigkeit, Sachdienlichkeit und der Gleichbehandlung sowie an das Neutralitätsgebot halten. Das Mandat des Gerichts erschöpft

---

[397] So die nahezu einhellige Auffassung, siehe nur *Ek*, Praxisleitfaden HV, 3. Teil § 10 Rn. 264; *Göhmann*, in: Frodermann/Jannott, Hdb. AktR, 9. Kap. Rn. 157; *Wilsing/von der Linden*, ZIP 2010, 2321 (2327); *Langenbach*, VersL in der AG, S. 95; *Noack/Zetsche*, in: KölnKomm. AktG, § 122 Rn. 100.

[398] So auch *Zetsche*, in: KölnKomm. AktG, Anh. § 119 Rn. 46.

[399] Kritisch auch *Ziemons*, in: K. Schmidt/Lutter, AktG, § 129 Rn. 66.

[400] Kritisch hinsichtlich eines kategorischen Abwahlausschlusses auch *Wicke*, NZG 2018, 161 (163).

[401] Siehe dazu oben unter 2. Kapitel E. I. 3. a) (S. 139 ff.).

sich darin, einen effektiven Schutz der Aktionärsminderheit sicherzustellen. Es berechtigt aber nicht dazu, der Gesellschaft einen pflichtwidrig handelnden Versammlungsleiter aufzuoktroyieren. Auch die Argumentation von *Schatz/Stein*, wonach das Gericht bereits eine objektive und abschließende Abwägungsentscheidung hinsichtlich der Person des Versammlungsleiters getroffen habe[402], greift im Ergebnis zu kurz. Sie übersieht, dass sich der wichtige Grund zur Abberufung regelmäßig erst nach der gerichtlichen Entscheidung im Rahmen der laufenden Versammlung ergeben wird. Um den Schutz der Aktionärsminderheit nicht zu gefährden, sind an das Vorliegen eines zur Abberufung berechtigenden Grundes jedoch strenge Anforderungen zu stellen. Insoweit gelten die bereits vorstehend dargelegten Grundsätze.[403] Die Hürden in Bezug auf das für die Abwahl erforderliche Stimmenquorum sind aus Gründen des Aktionärsminderheitenschutzes jedoch höher anzusetzen. In Abweichung zu den rechtlichen Maßgaben bei Abwahl eines satzungsmäßig bestimmten Versammlungsleiters ist für die Abwahl eines gerichtlich bestellten Versammlungsleiters im Interesse des Aktionärsminderheitenschutzes daher das Erreichen einer qualifizierten Drei-Viertel-Mehrheit zu fordern.

#### *f) Rechtsfolgen bei Übernahme der Versammlungsleitung durch einen nicht legitimierten Versammlungsleiter*

Die Frage, welche Rechtsfolgen sich an die Übernahme der Versammlungsleitung durch eine nicht legitimierte Person knüpfen, wird unterschiedlich beurteilt und ist in vielerlei Hinsicht noch unklar.

##### aa) Entwicklungen in der Judikatur und deren Auswirkungen

Die Frage nach den Rechtsfolgen einer rechtswidrigen Versammlungsleitung erfuhr im Kontext der Abwahl eines satzungsmäßig bestimmten Versammlungsleiters besondere Aufmerksamkeit durch zwei Urteile des LG Frankfurt a. M.[404] und des LG Köln.[405] Die Gerichte kamen darin übereinstimmend zu dem Ergebnis, dass sämtliche Beschlüsse einer Hauptversammlung nichtig sind, sofern ein durch die Hauptversammlung bestimmter Versammlungsleiter über einen gegen ihn gestellten Antrag auf Abwahl nicht abstimmen lässt, obwohl ein wichtiger Grund für die Abberufung hinreichend substantiiert vorgetragen wurde. Die Gerichte begründeten dies mit der fehlenden Beschlussfeststellungskompetenz des Versammlungsleiters (§ 241 Nr. 2 i. V. m. § 130 Abs. 2 Satz 1 AktG).[406] Ungeachtet dessen, dass beide Urteile aufgrund von Klagerücknahme gemäß § 269 Abs. 3 Satz 1 ZPO bzw. Ver-

[402] *Schatz/Stein*, NJW-Spezial 2016, 335.

[403] Siehe oben unter 2. Kapitel E. II. 1. b) bb) (S. 149 ff.).

[404] LG Frankfurt a. M., Urt. v. 11. 1. 2005 – 3–5 100/04, AG 2005, 892 (894).

[405] LG Köln, Urt. v. 6. 7. 2005 – 82 O 150/04, AG 2005, 696 (701).

[406] Siehe LG Frankfurt a. M., Urt. v. 11. 1. 2005 – 3–5 O 100/04, BB 2005, 1071; LG Köln, Urt. v. 6. 7. 2005 – 82 O 150/04, AG 2005, 696 (701).

gleich in den nachfolgenden Instanzen keine rechtliche Wirkung entfaltet haben und im Nachgang zwei oberlandesgerichtliche Entscheidungen im Fall eines unzuständigen Versammlungsleiters nur von einer Beschlussanfechtbarkeit ausgingen[407], hat der problembehaftete Themenkomplex der Abberufung des Versammlungsleiters in der Hauptversammlungspraxis für große Rechtsunsicherheit gesorgt. Im Vordergrund stand dabei die auf der Hand liegende Sorge der Gesellschaften dem erhöhten Risiko der Anfechtbarkeit oder gar Nichtigkeit sämtlicher gefasster Beschlüsse ausgesetzt zu sein, wenn der Versammlungsleiter einen gegen ihn gerichteten Abwahlantrag übergeht. Aus Sicht des Versammlungsleiters rückte die Frage einer möglichen persönlichen Haftung in den Mittelpunkt. Als besonders problematisch stellen sich diese rechtlichen Implikationen bei Hauptversammlungen von Publikumsaktiengesellschaften dar, da eine wiederholte Durchführung der Hauptversammlung mit einem erheblichen administrativen und kostenmäßigen Aufwand verbunden ist.[408] Dass diese Befürchtungen nicht unbegründet waren, zeigte sich daran, dass professionelle Anfechtungskläger die vorstehend beschriebene Judikatur als Einfallstor nutzten, um den Versammlungsleiter mit Abwahlanträgen aus dem Konzept zu bringen, um dadurch zur Anfechtung berechtigende Verfahrensfehler zu provozieren.[409] In einem späteren Urteil hat das LG Frankfurt a.M. zwar einschränkend klargestellt, dass der Versammlungsleiter über einen Abwahlantrag nicht abstimmen lassen muss, wenn er auf die gleichen Gesichtspunkte gestützt wird, über die die Hauptversammlung in der Vergangenheit bereits abschlägig beschlossen hat.[410] Dies hat die grundsätzliche Rechtsunsicherheit in dieser Frage aber nicht beseitigen können.

Da es sich bei dem pflichtwidrigen Übergehen eines Abwahlantrags um einen Verfahrensfehler handelt, ist dessen Relevanz für die nachfolgenden Beschlussfassungen nach heute ganz herrschender Auffassung eine notwendige Voraussetzung für deren Anfechtbarkeit.[411] Teilweise wird diese Relevanz in der Rechtsprechung pauschal bejaht[412], teilweise wird der konkrete Nachweis verlangt, dass ein objektiv

---

407 OLG Bremen, Urt. v. 13.11.2009 – 2 U 57/09, AG 2010, 256 (257), wonach ein Abwahlantrag aber nur bei offensichtlicher Missbräuchlichkeit als unbeachtlich zu qualifizieren ist; OLG Frankfurt a.M., Urt. v. 18.3.2008 – 5 U 171/06, NZG 2008, 429 (430), wonach sich die Beschlussanfechtbarkeit zudem nicht bereits aus der Unzuständigkeit ableitet, sondern eines gesondert festzustellenden Eingriffs in die Teilnahmerechte bedarf; die Frage der Anfechtbarkeit oder Nichtigkeit nachfolgender Beschlüsse offengelassen von OLG Stuttgart, Urt. v. 8.7.2015 – 20 U 2/14, AG 2016, 370 (371, 376).

408 *Gross*, in: Liber amicorum Happ, S. 31 (32); siehe zu den Kosten der Hauptversammlung auch *Loitz*, DB 2014, 133 (136).

409 *Austmann*, in: FS Hoffmann-Becking, S. 45 (57); *Decher*, in: Liber amicorum Happ, S. 17 (25).

410 LG Frankfurt a.M., Urt. v. 20.12.2011 – 3-5 O 37/11, openJur 2012, 35411 Rn. 53.

411 Siehe *J. Koch*, AktG, § 243 Rn. 13 m.w.N.

412 OLG Bremen, Urt. v. 13.11.2009 – 2 U 57/09, AG 2010, 256 (258), wonach im Falle der zu Unrecht unterbliebenen Abstimmung über einen Abwahlantrag den nachfolgenden Beschlüssen ein „*Legitimitätsdefizit*“ anhafte.

urteilender Aktionär zu dem jeweiligen Sachbeschluss anders abgestimmt hätte, wenn zuvor der Abwahlantrag ordnungsgemäß zur Abstimmung gestellt worden wäre.[413]

In prozeduraler Hinsicht besteht in der Rechtsprechung zumindest Einigkeit darüber, dass der satzungsmäßig bestellte Versammlungsleiter die Hauptversammlung bis zu dem Zeitpunkt der Feststellung seiner Abberufung leiten und die damit im Zusammenhang stehenden Aufgaben einschließlich der Beschlussfeststellung hinsichtlich seiner Abwahl (§ 130 Abs. 2 Satz 1 AktG) wirksam wahrnehmen kann.[414]

### bb) Ansichten in der Literatur

Die Frage, welche Rechtsfolge aus einer irregulären bzw. angemaßten Versammlungsleitung resultiert, wird auch in der Literatur unterschiedlich beurteilt. Während teilweise die Auffassung vertreten wird, die Übernahme des Versammlungsvorsitzes durch eine dazu nicht berechtigte Person führe zur Anfechtbarkeit der unter dessen Leitung gefassten Beschlüsse[415], plädiert die Gegenmeinung für eine Beschlussnichtigkeit in entsprechender Anwendung des § 241 Nr. 1 AktG.[416]

Besonders intensiv diskutiert wird die Frage der Rechtsfolgen im Kontext von Abwahlanträgen. Im Ausgangspunkt besteht zunächst weitestgehend Einvernehmen darüber, dass der Versammlungsleiter einen Abwahlantrag umgehend nach der Aufstellung des Teilnehmerverzeichnisses zur Abstimmung stellen muss, und zwar unabhängig davon, ob der Antrag einen Wahlvorschlag für einen künftigen Versammlungsleiter enthält.[417] Die Abberufung soll nach überwiegender Auffassung in entsprechender Anwendung von § 84 Abs. 4 Satz 4 AktG mit der Verkündung des Abberufungsbeschlusses und unabhängig von dem tatsächlichen Vorliegen eines wichtigen Grundes wirksam werden.[418]

---

[413] OLG Frankfurt a.M., Urt. v. 2.10.2012 – 5 U 10/12, openJur 2013, 45720 Rn. 73.

[414] OLG Frankfurt a.M., NZG 2009, Beschl. v. 17.12.2008 – 3–5 O 241/08, NZG 2009, 1066 (1067); OLG Frankfurt a.M., Urt. v. 18.3.2008 – 5 U 171/06, NZG 2008, 429 (430); LG Frankfurt a.M., Urt. v. 19.6.2008 – 3–5 O 158/07, NZG 2009, 149 (152); zust. *Wicke*, in: Spindler/Stilz, BeckOGK AktG, § 130 Rn. 72.

[415] *Wicke*, in: Spindler/Stilz, BeckOGK AktG, § 129 Rn. 43; *Rose*, NZG 2007, 241 (244f.); *von Falkenhausen/Kocher*, BB 2005, 1068 (1069).

[416] *Heidel*, in: Heidel, AktienR u. KapitalmarktR, § 129 AktG Rn. 4; ebenso *Heller*, AG 2008, 493 (495), der von einer Nichtigkeit aber nur für den Fall ausgeht, dass die Niederschrift durch einen die Versammlungsleitung übernehmenden Scheinaufsichtsratsvorsitzenden unterzeichnet wird.

[417] *Ek*, Praxisleitfaden HV, § 10 Rn. 264; *J. Koch*, AktG, § 129 Rn. 21; *Wicke*, in: Spindler/Stilz, BeckOGK AktG, § 129 Rn. 47; für das Erfordernis eines Alternativvorschlages aber *Kubis*, in: MünchKomm. AktG, § 119 Rn. 123 und *Butzke*, HV AG, D. Rn. 13.

[418] *Mülbert*, in: Großkomm. AktG, § 129 Rn. 121; *Wicke*, NZG 2018, 161 (162); *Kubis*, in: MünchKomm. AktG, § 119 Rn. 118; ablehnend *Butzke*, ZIP 2005, 1164 (1167).

Die Literatur ist sich im Übrigen weitestgehend darüber einig, dass die ohne Vorliegen eines wichtigen Grundes erfolgende Abberufung des Versammlungsleiters zur Anfechtbarkeit des Abberufungsbeschlusses sowie aller nachfolgend gefassten Beschlüsse führt.[419] Insoweit wird teilweise empfohlen, dass der Versammlungsleiter im Anschluss an die Verkündung des Abberufungsbeschlusses zusätzlich sein Amt niederlegt, um auf diese Weise hilfsweise das Amtsende herbeizuführen und um keine Zweifel hinsichtlich der Rechtmäßigkeit der Bestellung des Nachfolgers aufkommen zu lassen.[420] Auch wenn diese Empfehlung im Ergebnis Rechtsunsicherheiten vermeidet, so kann vom Versammlungsleiter schwerlich verlangt werden, dass er freiwillig einem gegen ihn gerichteten Beschluss durch eine nachträgliche Amtsniederlegung zum Ziel verhilft. Näher liegt es, davon auszugehen, dass den Versammlungsleiter als Ausfluss des zu der Gesellschaft bestehenden korporationsrechtlichen Rechtsverhältnisses eine Pflicht dahin trifft, dass er bei Unklarheiten in Bezug auf das Vorliegen eines wichtigen Grundes sein Amt zusätzlich zu der Abwahl durch Erklärung gegenüber der Hauptversammlung niederzulegen hat, um etwaige Schäden infolge einer sonst möglichen nachträglichen Beschlussanfechtung von der Gesellschaft abzuwenden.

Für den Fall, dass ein Abwahlantrag, für den ein wichtiger Grund schlüssig vorgetragen wurde, zu Unrecht vom Versammlungsleiter übergangen wird oder ein entsprechender Abberufungsbeschluss vom Versammlungsleiter ignoriert wird, geht die Literatur entgegen der erstinstanzlichen Rechtsprechung[421] nicht von einer Nichtigkeit, sondern von einer Anfechtbarkeit in Bezug auf alle nachfolgend gefassten Beschlüsse aus.[422]

Schließlich soll nach teilweise vertretener Auffassung auch das Ignorieren eines Abberufungsbeschlusses, für den kein objektiver Grund vorlag, zur Anfechtbarkeit der nachfolgenden Beschlüsse führen.[423]

---

[419] Siehe *Wicke*, in: Spindler/Stilz, BeckOGK AktG, § 129 Rn. 47; *Göhmann*, in: Frodermann/Jannott, Hdb. AktR, 9 Rn. 158; *Kubis*, in: MünchKomm. AktG, § 119 Rn. 118; *Rose*, NZG 2007, 241 (244); *Ek*, Praxisleitfaden HV, § 10 Rn. 266; für Nichtigkeit der nachfolgend gefassten Sachbeschlüsse aber *Krieger*, AG 2006, 355 (361).

[420] Dafür etwa *Rose*, NZG 2007, 241 (245); nach *Kubis*, in: MünchKomm. AktG, § 119 Rn. 119 und *Mülbert*, in: Großkomm. AktG, § 129 Rn. 121 kann in der Regel von einer konkludenten Amtsniederlegung ausgegangen werden, wenn der Versammlungsleiter pflichtwidrig die Feststellung und Verkündung des Abstimmungsergebnisses seiner Abwahl unterlässt.

[421] Siehe LG Frankfurt a. M., Urt. v. 11. 1. 2005 – 3 – 5 O 100/04, BB 2005, 1071; LG Köln, Urt. v. 6. 7. 2005 – 82 O 150/04, AG 2005, 696 (701).

[422] *Gehling*, in: ArbeitsHdb. HV, § 9 Rn. 33; *Wicke*, in: Spindler/Stilz, BeckOGK AktG, § 129 Rn. 47; *Ziemons*, in: K. Schmidt/Lutter, AktG, § 124 Rn. 101; *von Falkenhausen/Kocher*, BB 2005, 1068 (1069); ebenso *Pliquett*, Haftung des HVL, S. 14, wonach ein Abwahlantrag keinen Einfluss auf die Befugnis des Versammlungsleiters zur Vornahme von Beschlussfeststellungen nach § 130 Abs. 2 Satz 1 AktG haben kann.

[423] *Wicke*, in: Spindler/Stilz, BeckOGK AktG, § 129 Rn. 47; ebenso wohl auch *Mülbert*, in: Großkomm. AktG, § 129 Rn. 121.

### cc) Stellungnahme

Zunächst ist die Bedeutung dieser Streitfrage in prozessualer Hinsicht zu relativieren. Der BGH hat im Jahr 1997 klargestellt, dass Anfechtungs- und Nichtigkeitsklage (§§ 246, 249 AktG) dasselbe materielle Ziel, nämlich die richterliche Klärung der Nichtigkeit von Gesellschafterbeschlüssen mit Wirkung für und gegen jedermann, verfolgen.[424] Das Gericht ist danach gehalten, den jeweiligen Beschluss sowohl unter dem Gesichtspunkt der Nichtigkeit als auch der Anfechtbarkeit zu prüfen, solange sich aus dem Antrag des Klägers zumindest das materielle Rechtsschutzziel klar ergibt.[425] Die mögliche Auslegung des Klageantrags dahin, dass die Feststellung der Nichtigkeit die Nichtigerklärung des Beschlusses mitumfasst, ist damit grundsätzlich verzichtbar geworden.[426] Gleiches gilt für die bis zu dem obiter dictum des BGH in der anwaltlichen Praxis übliche Verbindung von Anfechtungs- und Nichtigkeitsklage im Wege von Haupt- und Eventualantrag.[427] Ungeachtet dessen hat die Abgrenzung zwischen Nichtigkeit und Anfechtbarkeit aber nach wie vor eine relevante Bedeutung. Anfechtungsgründe können nur im Rahmen einer einmonatigen materiellen Ausschlussfrist (§ 246 Abs. 1 AktG) geltend gemacht werden, wohingegen die Erhebung der Nichtigkeitsklage an keine Ausschlussfrist gebunden ist. Eine nach Ablauf der Monatsfrist erhobene Anfechtungsklage ist unbegründet.[428] Die Anfechtbarkeit eröffnet den Aktionären somit die Option die pflichtwidrige Versammlungsleitung auch nachträglich noch zu dulden und die entsprechenden Hauptversammlungsbeschlüsse in Bestandskraft erwachsen zu lassen. Auch kann eine Anfechtungsklage in Abgrenzung zur Nichtigkeitsklage von einem Aktionär im Rahmen einer Präsenzversammlung nach Maßgabe von § 245 Nr. 2 AktG nur dann erhoben werden, wenn der betreffende Aktionär in der Hauptversammlung physisch präsent war und Widerspruch zur Niederschrift erklärt hat. Vor diesem Hintergrund erscheint es bezogen auf die Übernahme der Versammlungsleitung durch eine unzuständige Person daher sachgerecht die Abgrenzung zwischen Anfechtbarkeit und Nichtigkeit der Beschlüsse von dem Grad der bestehenden gesellschaftsrechtlichen Legitimation des Versammlungsleiters abhängig zu machen.

Die Anfechtbarkeit ist dann die adäquate Rechtsfolge, wenn dem Versammlungsleiter ein Mandat zur Übernahme der Versammlungsleitung erteilt wurde, dieses aber an einem Defizit leidet. Dies kann etwa dann der Fall sein, wenn es an den

---

[424] BGH, Urt. v. 17.2.1997 – II ZR 41/96, NJW 1997, 1510 (1511); dem folgend OLG Stuttgart, Urt. v. 28.7.2004 – 20 U 5/04, AG 2004, 678 f.; siehe auch *Henze*, ZIP 2002, 97 (98 f.).

[425] BGH, Urt. v. 17.2.1997 – II ZR 41/96, NJW 1997, 1510 (1511); *Henze*, ZIP 2002, 97 (98 f.).

[426] BGH, Urt. v. 26.9.1994 – II ZR 236/93, NJW 1995, 260 (261).

[427] *Vetter*, in: Spindler/Stilz, BeckOGK AktG, § 246 Rn. 6 f.; *Semler*, in: MünchHdb. GesR AG, § 42 Rn. 137; *J. Koch*, AktG, § 246 Rn. 13.

[428] OLG Frankfurt a.M., Urt. v. 13.12.1983 – 5 U 110/83, WM 1984, 209 (211); OLG Koblenz, Urt. v. 27.6.2002 – 6 U 833/01, AG 2003, 522 – „CompuGROUP Holding AG“.

erforderlichen Stimmenmehrheiten für die Wahl des Versammlungsleiters fehlt.[429] Gleiches gilt, wenn der Versammlungsleiter pflichtwidrig einen Abwahlantrag übergeht, etwa weil er ihn fälschlicherweise für evident rechtswidrig hält.[430] In diesen Fällen ist die strikte Nichtigkeitsfolge nicht gerechtfertigt. Dies zeigt sich insbesondere dann, wenn ein bloßer Auszählungsfehler für das falsche Stimmenergebnis hinsichtlich der Wahl eines Versammlungsleiters verantwortlich ist. Daraus eine Nichtigkeit sämtlicher Beschlüsse abzuleiten erscheint unverhältnismäßig. Die Aktionäre sind ausreichend über die Möglichkeit zur Erhebung einer Anfechtungsklage geschützt. Gleichzeitig haben sie aber auch die Möglichkeit, insbesondere bei nur sehr geringfügigen Mängeln der Wahl, von einer Anfechtung abzusehen und die Beschlüsse wirksam werden zu lassen.

Von einer Beschlussnichtigkeit ist aber dann auszugehen, wenn der Versammlungsleiter weder wirksam noch unwirksam zum Versammlungsleiter bestellt worden ist und es damit auch an einem (defizitären) Mandat für die Übernahme der Versammlungsleitung fehlt.[431] Die bloße faktische Übernahme der Versammlungsleitung ohne jeden Bestellungsakt kann nicht zur Begründung organschaftlicher Rechte und Pflichten führen.[432] Diese haben ihre Grundlage in dem korporationsrechtlichen Rechtsverhältnis, das aber nicht durch rein faktische Handlungen begründet werden kann. Anderenfalls könnte ein sich die Versammlungsleitung rechtswidrig anmaßender Versammlungsleiter allein durch die faktische Übernahme des Amtes die Gesellschaft in ein korporationsrechtliches Rechtsverhältnis zwingen und sich dadurch selbst die verbandsrechtliche Legitimation für Eingriffe in Aktionärsrechte schaffen. Richtigerweise ist insoweit auch für eine Anwendung der Lehre vom fehlerhaften Bestellungsverhältnis kein Raum, da es bereits an einer anknüpfbaren Bestellungs- und Annahmeerklärung fehlt.[433] Im Ergebnis sind die Beschlüsse bei rein faktischer Anmaßung der Versammlungsleitung mangels einer

---

[429] Vgl. zur GmbH die Entscheidung OLG Celle, Urt. v. 27.3.1997 – 9 U 154/96, OLG-Report 1998, 340 (341 f.).

[430] Siehe zur Zurückweisungskompetenz des Versammlungsleiters bei evidenter Rechtswidrigkeit unten unter 2. Kapitel F. IV. 7. b) (S. 277 ff.).

[431] Ähnlich zur GmbH auch OLG Köln, Urt. v. 16.5.2002 – 18 U 31/02, NZG 2003, 40 f., das von einer Beschlussnichtigkeit ausgeht, wenn sich der Versammlungsleiter gegen den erklärten Willen der Aktionäre das Amt der Versammlungsleitung anmaßt.

[432] KG, Beschl. v. 6.12.2010 – 23 AktG 1/10, NZG 2011, 305 (307); *Mülbert*, in: Großkomm. AktG, § 129 Rn. 231; *Wicke*, in: Spindler/Stilz, BeckOGK AktG, § 129 Rn. 43; a. A. *Zetsche*, in: KölnKomm. AktG, Anh. § 119 Rn. 27, wonach auch die rein faktische Übernahme des Amts der Versammlungsleitung legitimiert sein soll, solange sich kein Widerspruch aus dem Aktionärskreis erhebt; siehe zur Abgrenzung zwischen der Lehre vom faktischen Organ und der Lehre vom fehlerhaften Bestellungsverhältnis *Rieckers*, ZGR 2022, 61 (67 f.) m. w. N.

[433] Zutreffend *Mülbert*, in: Großkomm. AktG, § 129 Rn. 231; *Schürnbrand*, Organschaft im Recht der privaten Verbände, Organschaft im Recht der Verbände, S. 293 f., der eine Übertragung der Lehre vom fehlerhaften Bestellungsverhältnis auf den Versammlungsleiter aufgrund der nur punktuellen und versammlungsbezogenen Tätigkeit und der insoweit weniger gravierenden Rückabwicklungsschwierigkeiten grundsätzlich ablehnt.

konstitutiven Beschlussfeststellung daher nach Maßgabe von § 241 Nr. 2 AktG i. V. m. § 130 Abs. 2 AktG nichtig.[434]

Sofern in der Literatur teilweise die Auffassung vertreten wird, dass das Übergehen eines Abberufungsbeschlusses, für den kein objektiver Grund vorlag, zur Anfechtbarkeit der nachfolgenden Beschlüsse führen soll[435], kann dem nicht uneingeschränkt gefolgt werden. Der Versammlungsleiter ist im Zusammenhang mit der Prüfung eines Antrags auf Abwahl nur zu einer Evidenzkontrolle befugt.[436] Ist der Antrag evident sinnlos oder rechtswidrig, so besteht bereits keine Verpflichtung des Versammlungsleiters, den Antrag überhaupt zur Abstimmung zu stellen.[437] Wenn der Versammlungsleiter in diesem Fall aber schon zu einer Zurückweisung des Antrags berechtigt gewesen wäre, dann überzeugt es nicht, warum die Nichtbefolgung der sich an den Antrag knüpfenden Beschlussfassung die Anfechtbarkeit nachfolgender Beschlüsse nach sich ziehen soll. Selbst wenn man dies aber anders sieht, so wird es regelmäßig auch an der erforderlichen Beschlussrelevanz fehlen, sofern der Versammlungsleiter sich im Übrigen rechtsfehlerfrei verhält.[438]

#### *g) Prozessuale Rechtsschutzmöglichkeiten in Bezug auf Abwahlanträge*

Bei den prozessualen Rechtsschutzmöglichkeiten der Aktionäre im Zusammenhang mit gegen den Versammlungsleiter gerichteten Abwahlanträgen sind zwei Fallkonstellationen zu unterscheiden.

##### aa) Rechtswidrige Ablehnung eines Abwahlantrags durch die Hauptversammlung

Zunächst stellt sich die Frage, welche prozessualen Rechtsschutzmöglichkeiten den Aktionären zu Gebote stehen, wenn ein Abberufungsantrag rechtsfehlerhaft durch Beschluss abgelehnt wird. Die hierzu in der Rechtsprechung vertretene Auffassung geht dahin, einer isolierten gegen den ablehnenden Beschluss gerichteten Anfechtungsklage das Rechtsschutzbedürfnis abzusprechen und lediglich eine Kombination aus Anfechtungsklage gegen den ablehnenden Beschluss und positiver

---

434 Ebenso *Mülbert*, in: Großkomm. AktG, § 129 Rn. 114, 231.

435 *Wicke*, in: Spindler/Stilz, BeckOGK AktG, § 129 Rn. 47; ebenso wohl auch *Mülbert*, in: Großkomm. AktG, § 129 Rn. 121.

436 Siehe dazu bereits oben unter 2. Kapitel E. II. 1. b) bb) (1) (S. 150).

437 Eine schlüssige Begründung des Antrags wird einer evidenten Rechtswidrigkeit oder Sinnlosigkeit in aller Regel aber entgegenstehen, siehe auch LG Frankfurt a. M., Urt. v. 11. 1. 2005 – 3–5 100/04, AG 2005, 892 (894) und LG Köln, Urt. v. 6. 7. 2005 – 82 O 150/04, AG 2005, 696 (701).

438 Darauf hinweisend auch *Mülbert*, in: Großkomm. AktG, § 129 Rn. 121 und *Wicke*, in: Spindler/Stilz, BeckOGK AktG, § 129 Rn. 47; vgl. zur Beschlussrelevanz bei Unzuständigkeit des Versammlungsleiters auch OLG Frankfurt a. M., Urt. v. 2. 10. 2012 – 5 U 10/12, openJur 2013, 45720 Rn. 69 ff.

Feststellungsklage gerichtet auf Feststellung der Abwahl des Versammlungsleiters zuzulassen.[439] Die Rechtsprechung geht im Hinblick auf die Erfolgsaussichten der Klageerhebung von einem Ermessen der Hauptversammlung aus, auch bei einem wichtigen Grund weiterhin an der Person des Versammlungsleiters festzuhalten, wobei Einschränkungen sich aber aus der Treuepflicht der übrigen Aktionäre gegenüber einer Aktionärsminderheit ergeben können, die sich bei offenbaren und schweren Leitungsfehlern auch zu einer Abwahlpflicht verdichten können.[440] *Wicke* wendet gegen den Standpunkt der Rechtsprechung ein, dass sich Geschäftsordnungsbeschlüsse wie die Abwahl des Versammlungsleiters mit Ablauf der jeweiligen Versammlung erledigten und damit kein Raum bleibe für eine isolierte Anfechtungsklage oder eine Anfechtungsklage im Verbund mit einer positiven Feststellungsklage.[441] Der Schutz der Aktionäre werde zudem in ausreichendem Maße durch die Möglichkeit der Anfechtung der nachfolgenden Beschlüsse zur Tagesordnung gewahrt.[442]

Die Einwände von *Wicke* können im Ergebnis nicht durchgreifen. Zweifelhaft ist schon, ob sich ein rechtswidrig zurückgewiesener Antrag hinsichtlich der Abberufung des Versammlungsleiters mit Ablauf der Hauptversammlung tatsächlich erledigt. Ein Versammlungsleiter, der die Leitung der Hauptversammlung fortsetzt, obwohl er eigentlich hätte abberufen werden müssen, ist mit einem Legitimitätsdefizit behaftet, das durch die nachfolgenden Leitungsmaßnahmen perpetuiert wird. In Bezug auf versammlungsbezogene Ordnungsmaßnahmen spricht zwar in der Tat viel dafür, von einer Erledigung mit Versammlungsende auszugehen. Anders stellt sich dies aber in Bezug auf nachfolgende Beschlussfassungen dar, die aufgrund ihres sachlichen Inhalts regelmäßig über die Hauptversammlung hinauswirken.[443] Auch an den nachfolgenden Beschlüssen setzt sich aber das Legitimitätsdefizit des Versammlungsleiters fort, da dieser den Beschlüssen durch die konstitutive Feststellung und Verkündung nach Maßgabe von § 130 Abs. 2 Satz 1 AktG erst zu ihrer Wirksamkeit verhilft. Darüber hinaus überzeugt es auch nicht die Aktionäre auf die Anfechtung nachfolgender Beschlüsse zu verweisen. Denn wie schon *Wicke* selbst zutreffend feststellt[444], käme eine Anfechtung nachfolgender Beschlüsse nur dann in Betracht, wenn dem eigentlich abzuwählenden und damit unzuständigen Versammlungsleiter weitere anfechtungsrelevante Verfahrensfehler unterlaufen. Kon-

---

[439] OLG Stuttgart, Urt. v. 8.7.2015 – 20 U 2/14, openJur 2015, 19166 Rn. 165; OLG Köln, Urt. v. 9.3.2017 – 18 U 19/16, NZG 2017, 1344 (1348).

[440] OLG Frankfurt a. M., Urt. v. 18.3.2008 – 5 U 171/06, NZG 2008, 429 (430); OLG Köln, Urt. v. 9.3.2017 – 18 U 19/16, NZG 2017, 1344 (1348); OLG Frankfurt a. M., Urt. v. 28.10. 2008 – 17 U 176/07, openJur 2012, Rn. 144; offengelassen von OLG Stuttgart, Urt. v. 8.7. 2015 – 20 U 2/14, openJur 2015, 19166 Rn. 166.

[441] *Wicke*, in: Spindler/Stilz, BeckOGK AktG, § 129 Rn. 47.2.

[442] *Wicke*, NZG 2018, 161 (163).

[443] Man denke nur an wesentliche Strukturmaßnahmen.

[444] Siehe *Wicke*, NZG 2018, 161 (163); *ders.*, in: Spindler/Stilz, BeckOGK AktG, § 129 Rn. 47.2.

sequenz dessen wäre aber, dass im Hinblick auf das Legitimitätsdefizit des Versammlungsleiters gar kein prozessualer Rechtsschutz (oder allenfalls in Form des § 122 AktG) bestünde, sofern es an (weiteren) anknüpfbaren Leitungsfehlern fehlt. Es ist daher mit der Rechtsprechung davon auszugehen, dass eine Anfechtungsklage gegen den ablehnenden Beschluss im Verbund mit einer positiven Feststellungsklage gerichtet auf Feststellung der Abwahl des Versammlungsleiters statthaft ist. Die Statthaftigkeit der positiven Beschlussfeststellungsklage ist aus Gründen eines effektiven Rechtsschutzes zwingend geboten, da dem Aktionär mit der Beseitigung der falschen Ergebnisfeststellung allein nicht geholfen wäre und die ansonsten noch verbleibende Möglichkeit einer Neueinberufung und Neuabstimmung (§ 122 AktG) keine Gewähr für eine dann rechtsfehlerfreie zustimmende Entscheidung bietet.[445]

### bb) Rechtswidrige Zurückweisung eines Abwahlantrags durch den Versammlungsleiter

Zu unterscheiden von der vorstehenden Konstellation ist der Fall, dass der Versammlungsleiter einen gegen ihn gerichteten Abwahlantrag pflichtwidrig zurückweist und damit einer Abstimmung durch die Hauptversammlung entzieht. Mangels eines anknüpfbaren Beschlusses ist insoweit kein Raum für eine (isolierte) Anfechtungsklage.[446] Aber auch eine positive Beschlussfeststellungsklage kommt nicht in Betracht. Dies folgt daraus, dass die Gestaltungswirkung der Beschlussfeststellungsklage konstruktiv darauf zielt einen tatsächlich gefassten Beschluss rechtsfehlerfrei festzustellen, nicht hingegen darauf, einen hypothetischen Beschluss mit beschlussersetzender Wirkung festzustellen.[447] Dieser Befund ist in rechtlicher Hinsicht zwar tragfähig, da die Gerichte weder rechtlich noch faktisch die Möglichkeit haben, ein hypothetisches Abstimmungsergebnis vorherzusehen und verbindlich festzustellen.[448] Gleichwohl hinterlässt dieses Ergebnis aber ein gewisses Störgefühl, da der Versammlungsleiter es in der Hand hätte durch eine Beschlussvereitelung die Aktionäre um ihre prozessualen Rechtsschutzmöglichkeiten zu bringen. Zwar sind die Aktionäre auch in dieser Konstellation nicht völlig schutzlos gestellt. So können die Aktionäre nach Maßgabe von § 122 Abs. 1 AktG eine Neueinberufung der Hauptversammlung erwirken und parallel nach § 122 Abs. 3 Satz 2 AktG einen Antrag auf gerichtliche Bestellung eines Versammlungsleiters

---

[445] Siehe BGH, Urt. v. 13.3.1980 – II ZR 54/78, AG 1980, 187 (188).

[446] Siehe nur *Grunewald*, AG 2015, 689 (691).

[447] Siehe nur BGH, Urt. v. 13.3.1980 – II ZR 54/78, AG 1980, 187 (188); OLG Hamm, Urt. v. 8.10.2012 – I-8 U 270/11, ZIP 2013, 1024 (1026); OLG Köln, Urt. v. 6.6.2012 – 18 U 240/11, AG 2012, 599 (602); ebenso *Heer*, ZIP 2012, 803 (808); *Schatz*, AG 2015, 696 (702); a.A. *Heidel*, in: Heidel, AktienR u. KapitalmarktR, § 246 AktG Rn. 12, der sich aus Gründen eines effektiven Rechtsschutzes bei rechtswidriger Verweigerung der Abstimmung für die Möglichkeit einer positiven Beschlussfeststellungsklage ausspricht.

[448] Siehe OLG Köln, Urt. v. 6.6.2012 – 18 U 240/11, AG 2012, 599 (603); *Heer*, ZIP 2012, 803 (808).

stellen.[449] Es besteht in diesem Fall aber keine Sicherheit, ob das für das Minderheitsverlangen nach § 122 Abs. 1 AktG erforderliche Stimmenquorum aufgebracht werden kann. Auch der Hinweis von *Wicke* darauf, dass eine rechtswidrige Beschlussvereitelung regelmäßig auch einen wichtigen Grund zur Abwahl des satzungsmäßigen Versammlungsleiters darstelle, ist jedenfalls im Kontext eines bereits rechtswidrig zurückgewiesenen Abwahlantrags zirkulär.[450] Aufgrund der daraus resultierenden Rechtsschutzlücke erscheint es sachgerecht eine positive Beschlussfeststellungsklage ausnahmsweise für solche Fälle zuzulassen, in denen der Versammlungsleiter nachweislich bewusst die Beschlussfassung vereitelt hat, um seine Abwahl zu verhindern.[451] Die prozessualen Hürden für einen derartigen Ausnahmefall wären freilich sehr hoch, da die schwierige Nachweisführung hinsichtlich eines bewussten und zielgerichteten Vorgehens des Versammlungsleiters dem klagenden Aktionär obliegen würde.

## 2. Amtsniederlegung durch den Versammlungsleiter

Der Versammlungsleiter kann grundsätzlich jederzeit sein Amt niederlegen, und zwar unabhängig davon, ob er durch die Satzung bestimmt, von der Hauptversammlung gewählt oder durch das Gericht bestellt wurde.[452] Eine Niederlegung ohne wichtigen Grund wird jedoch in der Regel eine Pflichtverletzung darstellen, die zu einer Ersatzpflicht gegenüber der Gesellschaft führen kann.[453] Die Niederlegung hat durch Erklärung gegenüber der Hauptversammlung zu erfolgen und entfaltet sofortige Wirksamkeit.[454] Im Fall der gerichtlichen Ermächtigung hat die Erklärung gegenüber dem Gericht zu erfolgen.[455] Erfolgt die Niederlegung des gerichtlich

[449] Siehe *Wicke*, NZG 2018, 161 (163); *Schatz*, AG 2015, 696 (703); a. A. *Niemz*, VL im AktR, S. 140, die in diesem Fall die Möglichkeit zur Erhebung einer allgemeinen Feststellungsklage (§ 256 ZPO) betreffend die Rechtswidrigkeit der Zurückweisung einräumt.

[450] Siehe *Wicke*, NZG 2018, 161 (163); *ders.*, in: Spindler/Stilz, BeckOGK AktG, § 129 Rn. 47.3.

[451] Die Möglichkeit einer ausnahmsweisen Zulassung einer positiven Beschlussfeststellung für diesen Fall andeutend auch OLG Köln, Urt. v. 6. 6. 2012 – 18 U 240/11, openJur 2012, 86984 Rn. 82.

[452] LG München I, Urt. v. 29. 3. 2007 – 5HK O 11176/06, AG 2007, 830 (831); *Schmid*, in: Ziemons/Binnewies, Handb. AG, I. Teil Rn. 10.789; *Ziemons*, in: K. Schmidt/Lutter, AktG, § 129 Rn. 65; *Ek*, Praxisleitfaden HV, 3. Teil § 10 Rn. 272; *Göhmann*, in: Frodermann/Jannott, Hdb. AktR, 9. Kap. Rn. 159; ebenso *Butzke*, HV AG, D. Rn. 15, der gleichzeitig aber auch von einer Niederlegungspflicht des Versammlungsleiters ausgeht, sofern die Niederlegung im Interesse des Versammlungsablaufs erforderlich ist.

[453] *Mülbert*, in: Großkomm. AktG, § 129 Rn. 122; *Noack*, BOARD 2011, 120 (123); *Göhmann*, in: Frodermann/Jannott, Hdb. AktR, 9. Kap. Rn. 159; siehe auch LG München I, Urt. v. 29. 3. 2007 – 5HK 11176/06, AG 2007, 830 (831) – „Hypovereinsbank/Unicredito" zur Niederlegung des Amtes als Versammlungsleiter wegen unzureichender Deutschkenntnisse.

[454] *Kubis*, in: MünchKomm. AktG, § 119 Rn. 124.

[455] Vgl. für den ähnlichen Fall des Liquidators *Bachmann*, in: Spindler/Stilz, BeckOGK AktG, § 265 Rn. 20.

zugewiesenen Amtes der Versammlungsleitung im Rahmen der laufenden Hauptversammlung, sollte die Erklärung der Niederlegung (zusätzlich) auch gegenüber der Hauptversammlung erfolgen.

Zu unterscheiden von der finalen Amtsniederlegung sind die Fälle, in denen der Versammlungsleiter die Leitung nur vorübergehend auf einen Vertreter überträgt.[456] Dies kann insbesondere dann relevant werden, wenn der Versammlungsleiter kurzzeitig die Bühne verlassen muss, etwa um sich mit dem back-office abzustimmen oder er sich in Bezug auf einen bestimmten Tagesordnungspunkt in einem Interessenkonflikt befindet und infolgedessen temporär an der Amtsausübung gehindert ist.[457] In Abgrenzung zu einer Amtsniederlegung gibt der Versammlungsleiter in diesen Fällen sein Amt nicht endgültig ab, sondern lässt dieses nur ruhen, so dass es bei Wiederaufnahme der Versammlungsleitung auch keines erneuten Mandats durch die Hauptversammlung oder des Gerichts bedarf.

Sofern in der Satzung eine Person im Verhinderungsfall ersatzweise zum Versammlungsleiter bestimmt ist, findet eine solche Klausel auch auf den Fall der Amtsniederlegung durch den Versammlungsleiter Anwendung.[458] Fehlt es an einer entsprechenden satzungsmäßigen Bestimmung oder ist die ersatzweise bestimmte Person ihrerseits nicht zur Übernahme des Vorsitzes bereit oder in der Lage, muss ein neuer Versammlungsleiter durch die Hauptversammlung bestimmt werden.[459]

Möglich ist auch eine konkludente Amtsniederlegung. Von einer solchen wird zum Beispiel dann auszugehen sein, wenn der Versammlungsleiter aus akuten gesundheitlichen Gründen nicht zu einer Fortsetzung der Versammlungsleitung imstande ist. Gleiches wird für den Fall angenommen, dass der Versammlungsleiter sich pflichtwidrig weigert, das Abstimmungsergebnis eines gegen ihn gerichteten Abwahlantrags festzustellen und zu verkünden.[460] Diese Auslegung führt zwar zu einem sachgerechten Ergebnis, da die förmliche Beschlussfeststellung nach § 130 Abs. 2 Satz 1 AktG i. V. m. § 241 Nr. 2 AktG eine Wirksamkeitsvoraussetzung für jeden Beschluss darstellt und der Versammlungsleiter es ansonsten in der Hand hätte seine Abwahl zu vereiteln. Rechtlich überzeugend ist dies gleichwohl nicht. Denn durch die Weigerung das Abstimmungsergebnis festzustellen bringt der Versammlungsleiter gerade zum Ausdruck an der Versammlungsleitung festhalten zu wollen. Entgegen der Auffassung von *Sauerwald* ändert daran auch der Umstand nichts, dass sich der Versammlungsleiter widersprüchlich verhält, wenn er einerseits den Ab-

---

[456] Siehe dazu bereits oben unter 2. Kapitel C. I. 2. a) dd) (S. 98 f.).

[457] LG Frankfurt a. M., Urt. v. 19. 6. 2008 – 3 – 5 O 158/07, NZG 2009, 149 (152); siehe auch *Ziemons*, in: K. Schmidt/Lutter, AktG, § 129 Rn. 65, der als Beispiel den Fall anführt, dass der Versammlungsleiter selbst Gegenstand der Beschlussfassung ist und als Aktionär einem Stimmverbot nach §§ 136, 142 AktG unterläge.

[458] *Kubis*, in: MünchKomm. AktG, § 119 Rn. 124.

[459] *Kubis*, in: MünchKomm. AktG, § 119 Rn. 124.

[460] *Mülbert*, in: Großkomm. AktG, § 129 Rn. 121; *Kubis*, in: MünchKomm. AktG, § 119 Rn. 118.

wahlantrag zur Abstimmung stellt, andererseits aber dann die Umsetzung des Abstimmungsergebnisses verweigert.[461] Richtigerweise ist aber davon auszugehen, dass der Versammlungsleiter aufgrund seiner zur Gesellschaft bestehenden organschaftlichen Treuepflicht im Fall eines gegen ihn gerichteten und mit dem entsprechenden Stimmenquorum verabschiedeten Abwahlantrags dazu verpflichtet ist, den Beschluss auch festzustellen und hilfsweise sein Amt niederzulegen, um die mit einer möglichen nachträglichen Beschlussanfechtung verbundenen rechtlichen und wirtschaftlichen Risiken für die Gesellschaft auszuschließen. Weigert er sich, das Amt niederzulegen und kommt es in der Folge zur Anfechtung der nachfolgend unter seiner Leitung gefassten Beschlüsse, so besteht die Gefahr, dass er für daraus entstehende Schäden von der Gesellschaft im Regressweg in Anspruch genommen wird.

## III. Aufspaltung der Versammlungsleitung

### 1. Mögliche Fallkonstellationen

In der Praxis sind verschiedene Fallkonstellationen denkbar, in denen eine Hauptversammlung mehrere Versammlungsleiter hat.

Da ist einmal das Szenario, dass ein weiterer Versammlungsleiter durch das Gericht im Rahmen einer Ermächtigung zur Ergänzung der Tagesordnung (§ 122 Abs. 2, Abs. 3 Satz 2 AktG) bestimmt wird.[462] Nach herrschender Auffassung sind von der Ermächtigung zur Leitung der Versammlung nur die ergänzten Tagesordnungspunkte umfasst[463], so dass es in der Folge zu einer Aufspaltung der Versammlungsleitung kommt.

Eine Aufteilung der Versammlungsleitung auf mehrere Personen tritt zudem dann ein, wenn der Versammlungsleiter in der Hauptversammlung abberufen wird und ein neuer Versammlungsleiter gewählt wird. Gleiches gilt für den Fall, dass ein Versammlungsleiter erst in der Hauptversammlung bestimmt werden soll und ein provisorischer Versammlungsleiter bis zum Zeitpunkt der Bestellung des neuen Versammlungsleiters die Leitung temporär übernimmt.[464]

Eine Aufteilung der Versammlungsleitung kommt schließlich auch dann in Betracht, wenn der Versammlungsleiter die Verhandlung aufgrund von Befangenheit

---

[461] Siehe *Sauerwald*, VersL im AktR, S. 200.

[462] Siehe dazu die Ausführungen oben unter 2. Kapitel E. I. 3. (S. 139 ff.).

[463] *Rieckers*, in: Spindler/Stilz, BeckOGK AktG, § 122 Rn. 71; *Schatz*, AG 2015, 696 (705); *Ziemons*, in: K. Schmidt/Lutter, AktG, § 122 Rn. 62; *J. Koch*, AktG, § 122 Rn. 29; *Theusinger/Schilha*, NZG 2016, 56 (59); im Ergebnis ebenso *Kubis*, in: MünchKomm. AktG, § 122 Rn. 72, der aber betont, dass die Versammlungsleitung grundsätzlich in einer Hand liegen muss und die gerichtliche Bestellung eines Versammlungsleiters bei einem bloßen Ergänzungsverlangen nach § 122 Abs. 2 AktG nur sehr zurückhaltend erfolgen kann; a. A. *Mertens*, AG 1997, 481 (490).

[464] Siehe oben unter 2. Kapitel E. I. 2. (S. 138).

für bestimmte Tagesordnungspunkte nicht selbst leiten kann oder will und infolgedessen ein stellvertretender Versammlungsleiter punktuell die Leitung übernimmt.[465] Dies kann etwa dann der Fall sein, wenn Beschlussgegenstand die Geltendmachung von Schadensersatzansprüchen nach Maßgabe von § 147 AktG gegen den zum Aufsichtsratsvorsitzenden berufenen Versammlungsleiter ist[466] oder wenn ein Antrag auf Sonderprüfung gemäß § 142 AktG in Rede steht, sofern dieser auch das Organhandeln des Versammlungsleiters betrifft.[467] Gleiches gilt, wenn über Regressansprüche der Gesellschaft gegen den Versammlungsleiter beschlossen werden soll.

Von einer Aufspaltung der Versammlungsleitung im vorstehenden Sinne sind die Fälle zu unterscheiden, in denen der Versammlungsleiter aufgrund kurzzeitiger Abwesenheit eine Hilfsperson mit der Fortsetzung der Versammlungsleitung betraut. Die Hilfsperson handelt hier nicht als ein mit allen Kompetenzen ausgestatteter eigenständiger Versammlungsleiter, sondern nimmt im Rechts- und Pflichtenkreis des primär zuständigen Versammlungsleiters bloße Hilfstätigkeiten wahr.[468] Insoweit bleibt es also bei der Versammlungsleitung durch eine Person.

### 2. Zulässigkeit einer kumulativen Versammlungsleitung

Die Frage der Zulässigkeit einer kumulativen Versammlungsleitung stellt sich bei einer personellen Aufspaltung dann nicht, wenn es im Rahmen der Hauptversammlung zu einer Abberufung des Versammlungsleiters und der anschließenden Wahl eines neuen Versammlungsleiters kommt. Hier sind die beiden Versammlungsleitersphären aufgrund der förmlichen Beendigung und Neuübernahme des Amtes rechtlich klar gegeneinander abgegrenzt. In anderen Fällen einer gegenständlich oder zeitlich begrenzten Aufspaltung der Versammlungsleitung stellt sich hingegen die Frage, ob mehrere Personen das Amt des Versammlungsleiters gleichzeitig und damit kumulativ innehaben können oder ob die Versammlungsleitung durch mehrere Personen in einer Hauptversammlung nur auf Grundlage eines strikten Alternativverhältnisses möglich ist.

Nach *Wolff* „*… kann ein Organ auch aus einer bestimmten, bestimmbaren oder gar unbestimmten Vielheit von Menschen (Organwaltern) bestehen, wenn und soweit die Organisation, die hier allein konstitutiv ist, das vorsieht.*“[469] Für Vorstand und Aufsichtsrat ergibt sich dies unmittelbar aus dem Gesetz (§§ 84 Abs. 1 Satz 1, 129 Abs. 1 Nr. 1 AktG). Auch für den besonderen Vertreter ist anerkannt, dass mehrere

---

[465] Siehe dazu oben unter 2. Kapitel E. II. 1. b) bb) (5) (e) (S. 151 f.).

[466] Vgl. OLG Köln, NZG 2017, Urt. v. 9.3.2017 – 18 U 19/16, NZG 2017, 1344 (1348).

[467] *Hoppe*, NZG 2019, 1401 (1403).

[468] Siehe dazu oben unter 2. Kapitel C. I. 2. a) dd) (S. 99).

[469] *Wolff*, Organschaft und juristische Person, Bd. 2, S. 243.

Personen nebeneinander in das Amt berufen werden können.[470] Für den Versammlungsleiter kann daher im Ausgangspunkt nichts anderes gelten. Spezifische rechtliche Gründe dafür, dass das Amt des Versammlungsleiters nur mit einer Person besetzt werden kann, sind nicht ersichtlich. Deutlich wird dies anhand des gesetzlich geregelten Falls der gerichtlichen Bestellung des Versammlungsleiters im Fall eines ergänzten Tagesordnungspunktes nach § 122 Abs. 2, 3 Satz 2 AktG. Der (ergänzend) gerichtlich bestellte Versammlungsleiter tritt neben den primär verantwortlichen Versammlungsleiter, ohne diesen aber aus seinem Amt zu verdrängen. Im Rahmen von § 122 Abs. 3 Satz 2 AktG findet demnach lediglich eine tagesordnungspunktbezogene Substitution auf der funktionellen Ebene statt. Dem gerichtlich bestellten Versammlungsleiter kommt die ausschließliche funktionelle Zuständigkeit für die Leitung des ergänzten Tagesordnungspunktes zu. Insoweit besteht ein struktureller Gleichlauf mit dem Vorstand, der auch mit mehreren Organmitgliedern, deren Kompetenzabgrenzung durch eine interne funktionelle Zuständigkeitsverteilung definiert wird, besetzt ist.[471]

Würde man auf einer strikten Alternativität in der Ausübung des Amtes der Versammlungsleitung bestehen, so hätte dies zur Folge, dass eine temporäre Überleitung auf einen stellvertretenden Versammlungsleiter, etwa aufgrund von Befangenheit hinsichtlich eines bestimmten Tagesordnungspunktes, nur dann möglich wäre, wenn man die Überleitung gleichzeitig als eine konkludente Amtsniederlegung des primär verantwortlichen Versammlungsleiters qualifiziert. Eine konkludente Amtsniederlegung kann aber darin schon deswegen nicht erblickt werden, da eine temporäre Überleitung der Versammlungsleitung naturgemäß von einer späteren Fortsetzung der Versammlungsleitung durch den primär verantwortlichen Versammlungsleiter ausgeht. Richtig ist vielmehr, dass der Versammlungsleiter sein Amt lediglich ruhen lässt, ohne es aber förmlich niederzulegen. Eine Wiederaufnahme der Versammlungsleitung nach Abhandlung des betreffenden Tagesordnungspunkts wäre ansonsten aufgrund des formalen Ausscheidens aus dem Amt der Versammlungsleitung nur auf Grundlage einer erneuten Wahl durch die Hauptversammlung möglich. Finden sich in der Satzung keine Regelungen hinsichtlich der Bestellung eines Stellvertreters, müsste zudem auch der punktuell übernehmende Versammlungsleiter durch die Hauptversammlung erst bestellt werden. Abgesehen davon, dass dem Verhalten des primär verantwortlichen Versammlungsleiters in diesen Fällen kein ausdrücklicher oder konkludenter Erklärungsgehalt dahin entnommen werden kann, dass er sein Amt förmlich niederlegt, würden die insoweit erforderlich werdenden Wahlakte auch zu einer signifikanten Verzögerung der Hauptversammlung führen. Im Ergebnis ist daher davon auszugehen, dass auch das Organ „Versammlungsleiter" mehrere Organwalter haben kann.

---

[470] *Spindler*, in: K. Schmidt/Lutter, AktG, § 147 Rn. 22; *Arnold*, in: MünchKomm. AktG, § 147 Rn. 77; *J. Koch*, AktG, § 147 Rn. 21.

[471] Siehe *Wolff*, Organschaft und juristische Person, Bd. 2, S. 244; vgl. zur Geschäftsverteilung bei Vorstandsmitgliedern *Seibt*, in: K. Schmidt/Lutter, AktG, § 77 Rn. 16ff.

### 3. Verfahrensleitende Anordnungen

In prozeduraler Hinsicht stellt sich die Frage, welche rechtlichen Auswirkungen eine Aufspaltung der Versammlungsleitung auf die Leitungsmaßnahmen des primär bestimmten Versammlungsleiters, insbesondere auf Ordnungsmaßnahmen wie Redezeitbeschränkungen oder auf sonstige administrative Festlegungen wie etwa die Form des Abstimmungsverfahrens, hat.

*Hoppe* vertritt insoweit die Auffassung, dass derartige Anordnungen aufgrund ihrer Versammlungsbezogenheit grundsätzlich bis zum Ende der Hauptversammlung gelten müssen, für deren Ordnung sie erlassen worden sind mit der Folge, dass sie auch nach dem Wechsel der Versammlungsleitung bzw. des Organwalters gültig bleiben.[472] Dem ist jedenfalls für den Fall zuzustimmen, dass der Versammlungsleiter nicht durch Niederlegung oder Abwahl aus dem Amt ausscheidet, sondern dieses nur temporär ruhen lässt, etwa weil der gerichtlich bestimmte Versammlungsleiter zu einem bestimmten Tagesordnungspunkt die Leitung übernimmt. In diesen Fällen bleibt die aus der Amtsstellung fließende Kompetenz derartige Ordnungsmaßnahmen zu treffen durchgängig bestehen. Gleiches muss aber auch dann gelten, wenn der Versammlungsleiter durch Abwahl oder Niederlegung formal aus dem Amt ausscheidet und ein weiterer Versammlungsleiter übernimmt. Auch mit dem formalen Ausscheiden aus dem Amt des Versammlungsleiters kann keine ex tunc-Nichtigkeit der bis zu diesem Zeitpunkt erlassenen leitungsbezogenen Anordnungen verbunden sein. Dies würde zu einer nicht hinnehmbaren Rechtsunsicherheit führen. Die vom primär bzw. zunächst zuständigen Versammlungsleiter getroffenen Leitungsmaßnahmen sind auch unabhängig davon gültig, ob der weitere Versammlungsleiter sich diese konkludent oder ausdrücklich zu eigen macht.[473] Daraus folgt zugleich, dass ein hinzutretender bzw. übernehmender Versammlungsleiter die bisherigen Leitungsmaßnahmen nicht einfach übergehen oder gar außer Kraft setzen kann. Etwas anderes gilt nur dann, wenn eine rechtliche Pflicht zur Aufhebung oder Änderung von Leitungsmaßnahmen besteht. So kann etwa eine Pflicht zur Rücknahme von Beschränkungen des Rede- und Fragerechts bestehen, wenn diese sich aufgrund des weiteren Versammlungsverlaufs als unverhältnismäßig erweisen.[474]

### 4. Umgang mit der Niederschrift der Hauptversammlung

Bei der Hauptversammlung einer börsennotierten Aktiengesellschaft ergeben sich aus der Aufspaltung der Versammlungsleitung keine besonderen Probleme, da die Aufnahme der Niederschrift nach Maßgabe von § 130 Abs. 1 Satz 1 AktG vom

[472] *Hoppe*, NZG 2019, 1401 (1403 f.).

[473] Siehe aber *Hoppe*, NZG 2019, 1401 (1404), der empfiehlt, dass sich der nachfolgende Versammlungsleiter die bisherigen verfahrensleitenden Anordnungen angesichts fehlender Rechtsprechung zu dieser Frage ausdrücklich zu eigen machen sollte.

[474] Siehe bezogen auf eine generelle Redezeitbeschränkung sowie die vorzeitige Schließung der Rednerliste *Kubis*, in: MünchKomm. AktG, § 119 Rn. 167, 172.

Notar zu besorgen ist und damit nicht in den Aufgabenbereich der Versammlungsleitung fällt.[475]

Problematischer stellt sich die Sachlage aber dar, wenn es sich gemäß § 130 Abs. 1 Satz 3 AktG um eine nichtbörsennotierte Gesellschaft[476] handelt und keine Beschlüsse gefasst werden, für die eine Drei-Viertel- oder größere Mehrheit erforderlich ist. In diesen Fällen reicht nach § 130 Abs. 1 Satz 3 AktG eine vom Aufsichtsratsvorsitzenden zu unterzeichnende Niederschrift aus. Für den Fall, dass die Versammlungsleitung nicht vom Aufsichtsratsvorsitzenden, sondern von einer anderen Person übernommen wird, ist die Niederschrift nach zutreffender Auffassung vom Versammlungsleiter und nicht vom Aufsichtsratsvorsitzenden zu unterzeichnen.[477] Bei einer gespaltenen Versammlungsleitung müsste danach eine Unterzeichnung der Niederschrift grundsätzlich durch alle Versammlungsleiter erfolgen, und zwar unabhängig davon, ob einer oder mehrere Versammlungsleiter im Laufe der Hauptversammlung durch Niederlegung oder Abberufung aus dem Amt formal ausscheiden oder das Amt lediglich vorübergehend haben ruhen lassen. Die Vorgabe, dass grundsätzlich alle Versammlungsleiter unterzeichnen müssen, ist schon deswegen rechtlich geboten, da die verfahrensleitenden Ordnungsmaßnahmen wie vorstehend ausgeführt unabhängig von der Fortführung des Amtes der Versammlungsleitung Bestand haben müssen und jeder Versammlungsleiter für den jeweils von ihm geleiteten Abschnitt der Hauptversammlung auch die primäre organisatorische und auch haftungsrechtliche Verantwortung trägt. Können sich die Versammlungsleiter nicht auf ein gemeinsames Protokoll i. S. d. § 130 Abs. 1 Satz 3 AktG verständigen, käme es in der Konsequenz zu einer Aufspaltung des Protokolls in der Weise, dass für die von den Versammlungsleitern verantworteten Hauptversammlungsabschnitte jeweils eigenständige Protokolle zu erstellen wären.[478]

Nach der früher herrschenden Auffassung war eine Aufteilung der Niederschrift in notariell zu beurkundende Beschlüsse und von der Beurkundung befreite Beschlüsse i. S. d. § 130 Abs. 1 Satz 3 AktG ausgeschlossen.[479] Trotz der bereits anerkannten Aufteilung der Beurkundung durch zwei Notare stützte die herrschende Auffassung sich argumentativ auf die angebliche Unteilbarkeit des Hauptversammlungsprotokolls, die der Einreichung von zwei Niederschriften zum Han-

---

[475] *Hoppe*, NZG 2019, 1401 (1404).

[476] Nichtbörsennotierte Gesellschaften sind nach Maßgabe von § 3 Abs. 2 AktG auch solche, deren Aktien ausschließlich im Freiverkehr notiert sind.

[477] OLG Karlsruhe, Urt. v. 9. 10. 2013 – 7 U 33/13, NZG 2013, 1261 (1265); *Hoffmann-Becking*, NZG 2017, 281 (288 f.); *Mülbert*, in: Großkomm. AktG, § 130 Rn. 87, 91; *J. Koch*, AktG, § 130 Rn. 14e; *Beck*, AG 2014, 275 (278); a. A. *Harnos*, AG 2015, 732 (738), der u. a. mit den aus der Unterzeichnung resultierenden Haftungsrisiken argumentiert; *Heller*, AG 2008, 493 (494 f.); *Ziemons*, in: K. Schmidt/Lutter, AktG, § 130 Rn. 50; *Drescher*, in: Spindler/Stilz, BeckOGK AktG, § 241 Rn. 208.

[478] *Hoppe*, NZG 2019, 1401 (1404).

[479] Siehe *Wicke*, in: Spindler/Stilz, BeckOGK AktG, § 130 Rn. 45 m. w. N.; siehe auch OLG Jena, Urt. v. 16. 4. 2014 – 2 U 608/13, ZIP 2014, 2136 (2137).

delsregister entgegenstehe.[480] Der BGH hat dieser Sichtweise jedoch eine Absage erteilt und entschieden, dass eine Aufteilung der Hauptversammlungsniederschrift in einen notariellen Teil, der Beschlussfassungen mit qualifizierter Mehrheit betrifft, und einen privatschriftlichen Teil i. S. v. § 130 Abs. 1 Satz 3 AktG rechtlich zulässig ist.[481] Denkt man diese Rechtsprechung konsequent weiter, so muss auch die Aufnahme mehrerer privatschriftlicher Niederschriften i. S. d. § 130 Abs. 1 Satz 3 AktG für die jeweils von den Versammlungsleitern zu verantwortenden Versammlungsabschnitte möglich sein.[482]

Zu hinterfragen ist jedoch, ob einer Aufnahme mehrerer privatschriftlicher Niederschriften durch mehrere Versammlungsleiter aufgrund der Gefahr von widersprüchlichen Aussagen die Zulässigkeit zu versagen ist. Insoweit ist zunächst zu berücksichtigen, dass mehrere Versammlungsleiter nach den bisherigen Untersuchungserkenntnissen nur auf Grundlage einer klar definierten Aufgabenteilung und nur für verschiedene Abschnitte der Hauptversammlung tätig werden können. Bei der gerichtlichen Bestellung eines Versammlungsleiters nach § 122 Abs. 2 Satz 1, Abs. 3 Satz 2 AktG ergibt sich die funktionale Trennung bereits daraus, dass der zusätzliche Versammlungsleiter ausschließlich für den ergänzten Tagesordnungspunkt bestellt wird. Sofern ein Versammlungsleiter aus dem Amt durch Abberufung oder Abwahl ausscheidet und ein neuer Versammlungsleiter übernimmt, sind die Teilverantwortlichkeiten für die einzelnen Abschnitte der Hauptversammlung ebenfalls hinreichend klar definiert. Ein simultanes Tätigwerden zweier Versammlungsleiter ist – anders als die weitestgehend anerkannte simultane Protokollierung durch zwei Notare[483] – hingegen abzulehnen. Dafür spricht in gesetzessystematischer Hinsicht, dass die aktienrechtlichen Vorschriften, soweit sie den Versammlungsleiter adressieren, stets von nur einem Versammlungsleiter ausgehen. Gleiches gilt für den RefE für die virtuelle HV (§ 118a Abs. 2 Nr. 3 AktG-RefE). Bei parallel agierenden Versammlungsleitern bestünde auch die Gefahr der Anordnung sich widersprechender Ordnungsmaßnahmen. Sofern eine Präsenzversammlung in mehreren Räumen stattfindet, kann der jeweils zuständige Versammlungsleiter auf Hilfspersonen zwecks Aufnahme von etwaigen Widersprüchen oder unbeantworteten Fragen der Aktionäre zurückgreifen, so dass es auch insoweit keines parallel tätigen Versammlungsleiters bedarf.[484] Im Kontext von virtuellen Hauptversammlungen ent-

---

[480] Siehe *Hoffmann-Becking*, NZG 2017, 281 (289); *ders*, in: MünchHdb. GesR AG, § 41 Rn. 16.

[481] BGH, Urt. v. 19.5.2015 – II ZR 176/14, NZG 2015, 867 (868).

[482] So auch *Hoppe*, NZG 2019, 1401 (1404).

[483] *Kanzleiter*, DNotZ 2007, 804 (807 f.); ebenso *Hoffmann-Becking*, NZG 2017, 281 (289), der eine simultane Tätigkeit durch zwei Notare jedenfalls für den Fall, dass das Risiko widersprüchlicher Aussagen durch gleichwertig kooperierende Notare, etwa aus demselben Notariat, faktisch ausgeschlossen ist, als unbedenklich ansieht.

[484] Siehe ausführlich zur Zulässigkeit des Einsatzes von Hilfspersonen des Versammlungsleiters unten unter 2. Kapitel F. V. 2. (S. 311 ff.).

schärft sich diese organisatorische Herausforderung für die Versammlungsleitung ohnehin, da die Notwendigkeit einer Aufteilung auf mehrere Räume entfällt.

## F. Die Rechte und Pflichten des Versammlungsleiters

### I. Ableitung aus dem Funktionsauftrag des Versammlungsleiters

Ausgangspunkt für die einzelnen Rechte und Pflichten des Versammlungsleiters ist nach der Grundsatzentscheidung des BGH die Aufgabenzuweisung des Versammlungsleiters, für eine ordnungsgemäße Abwicklung der Hauptversammlung Sorge zu tragen.[485] Ihm stehen danach sämtliche Rechte zur Verfügung, um diesen Funktionsauftrag zu erfüllen. Ein dogmatisch sauberes Fundament ergibt sich insoweit vor dem Hintergrund der Organstellung des Versammlungsleiters. Auch wenn der Abschluss eines schuldrechtlichen Vertrags nicht zwingend ist, so besteht in jedem Fall ein korporationsrechtliches Schuldverhältnis, das als Legitimationsgrundlage für Maßnahmen gegenüber den Aktionären und sonstigen Versammlungsteilnehmern fungiert.[486] Offen bleibt aber, wie die einzelnen Rechten und Pflichten des Versammlungsleiters zu konkretisieren sind. Insoweit stellt sich die Frage, ob für Zwecke der Präzisierung der Rechte und Pflichten des Versammlungsleiters auf „artverwandte" Regelungsregime zurückgegriffen werden kann und inwieweit die Rechte und Pflichten auch einer privatautonomen Ausgestaltung zugänglich sind.

### II. Konkretisierende Rechtsgrundlagen

Das Aktiengesetz regelt nicht, welche Leitungs- und Ordnungsbefugnisse ihm zur Verfügung stehen, um der ihm zugedachten Aufgabe, eine ordnungsgemäße Abwicklung der Hauptversammlung zu gewährleisten, gerecht werden zu können. Auch der RefE für die virtuelle HV verhält sich dazu nur insoweit, als in § 130a Abs. 4 Satz 4 AktG-RefE das Recht des Versammlungsleiters vorgesehen ist über die Reihenfolge der Redebeiträge in der Versammlung zu entscheiden. In der Literatur und Rechtsprechung werden verschiedene Rechtsgrundlagen als möglicher Anknüpfungspunkt für die nähere Konturierung der einzelnen Befugnisse des Versammlungsleiters diskutiert.

---

[485] BGH, Urt. v. 11.11.1965 – II ZR 122/63, NJW 1966, 43 (44).

[486] Siehe dazu bereits oben unter 2. Kapitel D. IV. 9. (S. 134 f.).

### 1. Entsprechende Anwendung des Vereinsrechts

In Betracht käme zunächst die Rechte und Pflichten des Versammlungsleiters aus einer entsprechenden Anwendung vereinsrechtlicher Regelungen abzuleiten. Von ihrer Zielsetzung her, Angelegenheiten des Vereins durch Beschlussfassung der Mitgliederversammlung zu ordnen (§ 32 Abs. 1 Satz 1 BGB) entspricht die Mitgliederversammlung des Vereins prinzipiell der Hauptversammlung einer Aktiengesellschaft. Es besteht jedoch ein wesentlicher struktureller Unterschied insoweit, als dass die Zuständigkeit der Hauptversammlung grundsätzlich nur in dem gesetzlich festgelegten Rahmen gegeben ist (§ 119 AktG), mithin anders als im Vereinsrecht also nicht im Sinne einer „Auffangzuständigkeit" immer dann und insoweit, als nicht andere Organe zuständig sind.[487] Der Ansatz, auf eine entsprechende Anwendung vereinsrechtlicher Regelungen zurückzugreifen ist zudem nur bedingt hilfreich, da auch das im BGB geregelte Vereinsrecht nur sehr rudimentäre Vorschriften für die Organisation und Leitung von Mitgliederversammlungen bereithält (§§ 32 bis 34 BGB).[488] Ein Rückgriff auf vereinsrechtliche Rechtsprechungsgrundsätze und Literatur kann daher nur sehr punktuell und aufgrund der bestehenden strukturellen Unterschiede zwischen der Mitgliederversammlung des Vereins und der Hauptversammlung der Aktiengesellschaft auch nur mit der gebotenen Zurückhaltung erfolgen.[489]

### 2. Entsprechende Anwendung öffentlich-rechtlicher Regelungen

Teilweise wird in der älteren Literatur und Rechtsprechung eine entsprechende Heranziehung der in den Geschäftsordnungen der Parlamente enthaltenen allgemeinen Grundsätze über die Leitung und Organisation von Versammlungen befürwortet.[490] Dabei wird insbesondere auch auf die Geschäftsordnung des Bundestages[491] rekurriert.[492] Ebenso wird auf die Vorschriften des Versammlungsgesetzes vom 15. November 1978[493] verwiesen.[494] Auch wenn sich § 1 des Versammlungsgesetzes nur auf öffentliche Versammlungen bezieht und die Hauptversammlung einer Aktiengesellschaft aufgrund des beschränkten Zugangs als nichtöffentlich zu qualifi-

---

[487] *Max*, AG 1991, 77 (79), der darauf hinweist, dass es für das Vereinsrecht auch keine den §§ 241 ff. AktG entsprechende Anfechtungsmöglichkeit von Vereinsbeschlüssen gibt.

[488] Siehe *Max*, AG 1991, 77 (79), der insoweit eine Heranziehung der Richtlinien für die Verhandlungen in den Abteilungen und sonstigen Veranstaltungen der Deutschen Juristentage anregt.

[489] So auch *Max*, AG 1991, 77 (79).

[490] Siehe etwa OLG Bamberg, LZ 1908, 649; *Erman*, AG 1964, 101 (102); *Eckardt*, in: G/H/E/K Kommentar AktG, Vorb. zu § 118 Rn. 31, 35.

[491] In der Fassung der Bekanntmachung vom 2. Juli 1980 (BGBl. 1980 Teil I Nr. 46, 1237); zuletzt geändert laut Bekanntmachung vom 24. Juni 2021 (BGBl. 2021 Teil I Nr. 44, 2868).

[492] *Max*, AG 1991, 77 (80).

[493] BGBl. 1978 Teil I Nr. 63, 1789.

[494] *Max*, AG 1991, 77 (80).

zieren ist[495], rechtfertigt nach dieser Auffassung die praktische Nähe zwischen öffentlichen Versammlungen und Hauptversammlungen von Publikumsaktiengesellschaften doch eine Heranziehung der Regelungen der §§ 5 ff. VersG auch für die aktienrechtliche Hauptversammlung.[496]

Eine entsprechende Anwendung öffentlich-rechtlicher Versammlungsnormen erscheint problematisch. Zwar ist dem Ansatz zuzugestehen, dass durchaus eine gewisse faktische Nähe zwischen öffentlichen Versammlungen und Hauptversammlungen großer Publikumsaktiengesellschaften besteht. Dies allein rechtfertigt es jedoch nicht die öffentlich-rechtlichen Versammlungsnormen als Konkretisierung für die Befugnisse des Versammlungsleiters einer Aktiengesellschaft heranzuziehen. Nicht unberücksichtigt bleiben darf nämlich, dass zwischen den Geschäftsordnungen der Länder, Kommunalparlamente und des Bundestages erhebliche regelungstechnische Unterschiede bestehen. Eine gemeinsame Regelungsmaterie öffentlich-rechtlicher Versammlungsnormen ist nicht durchgehend feststellbar, so dass eine Übertragung auf den Versammlungsleiter der Aktiengesellschaft für die Gewinnung verlässlicher rechtlicher Leitlinien in Bezug auf dessen Rechte und Pflichten allenfalls bedingt tragfähig ist.[497] Schließlich greift auch die behauptete inhaltliche Nähe zwischen öffentlichen Veranstaltungen i. S. d. § 1 VersG und Hauptversammlungen von Aktiengesellschaften jedenfalls dann nicht, wenn es sich um eine kleinere nichtbörsennotierte Aktiengesellschaft i. S. d. § 130 Abs. 1 Satz 3 AktG oder gar eine Einmann-AG handelt. Die Anwendung des für die Versammlungsleitung geltenden Regelungsrahmens muss aber einheitlich erfolgen und kann nicht von Größe und Zuschnitt der jeweiligen Gesellschaft abhängig gemacht werden.

### 3. Privatautonome Regelungen in Satzung oder Geschäftsordnung

Als maßgebliche Rechtsgrundlage sind auch privatautonome Regelungen in Satzungen und Geschäftsordnungen von Bedeutung. Die privatautonome Rechtssetzung hat sich aber immer an dem Funktionsauftrag des Versammlungsleiters auszurichten und kann insbesondere keine Rechte einräumen, die nach allgemeinen Rechtsprinzipien, insbesondere dem Grundsatz der Verhältnismäßigkeit, dem Gleichbehandlungsgrundsatz sowie dem Gebot der Neutralität und Sachdienlichkeit als unzulässig zu qualifizieren sind.[498]

---

[495] Siehe *Heckschen/Hilser*, ZIP 2022, 461 (464); *Riegger*, ZHR (165) 2001, 204 (210); *Zetsche*, in: KölnKomm. AktG, Anh. § 119 Rn. 81 f. m. w. N.

[496] So *Max*, AG 1991, 77 (80).

[497] So auch *Schaaf*, in: Schaaf, Praxis HV, Rn. 430 ff., der zudem zu Recht darauf hinweist, dass es bereits an den Voraussetzungen für eine gewohnheitsrechtliche oder analoge Anwendung der parlamentarischen Regelungen fehlt.

[498] Siehe LG München I, Urt. v. 11. 12. 2008 – 5 HK O 15201/08, AG 2009, 382 (383).

Die originären Leitungsbefugnisse des Versammlungsleiters sind der Dispositionsbefugnis der Hauptversammlung entzogen.[499] In diese Kompetenzzuordnung kann daher weder durch Bestimmungen in der Satzung oder in einer Geschäftsordnung eingegriffen werden. Eine Regelung in der Satzung scheitert an dem Grundsatz der Satzungsstrenge gemäß § 23 Abs. 5 AktG, der nach ganz herrschender Auffassung auch dann Anwendung findet, wenn eine Kompetenzzuteilung – wie im Fall des Versammlungsleiters – sich nicht ausdrücklich aus dem Gesetz, sondern auf Grundlage von beredtem Schweigen ergibt.[500] Auch ergänzende Satzungsregelungen nach Maßgabe von § 23 Abs. 5 Satz 2 AktG werden insoweit zu Recht überwiegend abgelehnt.[501] Der BGH hat gleichwohl betont, dass § 131 Abs. 2 Satz 2 AktG nicht nur Regelungen in der Satzung betreffend das Verfahren der Beschränkung des Frage- und Rederechts ermöglicht, sondern auch inhaltliche Regelungen in Form von konkreten Zeitrahmen, die dann vom Versammlungsleiter nach pflichtgemäßem Ermessen im Einzelfall auszufüllen sind, zulässt.[502] Diesen Regelungen spricht der BGH in Bezug auf die originären Leitungskompetenzen des Versammlungsleiters aber ungeachtet dessen keine verdrängende, sondern lediglich eine konkretisierende Funktion zu.[503]

In der Geschäftsordnung gemäß §§ 131 Abs. 2 Satz 2, 129 Abs. 1 AktG kommen im Bereich der originären Leitungsbefugnisse des Versammlungsleiters nur rein deklaratorische Regelungen in Betracht.[504] Auch wenn der Gesetzgeber mit der Ergänzung des § 129 Abs. 1 AktG durch das „*Gesetz zur Kontrolle und Transparenz im Unternehmensbereich (KonTraG)*" ursprünglich auch eine Unterstützung von unerfahrenen Versammlungsleitern im Sinn hatte[505], finden sich in der Praxis in

---

[499] Siehe dazu bereits oben unter 2. Kapitel D. IV. 2. (S. 123 f.).

[500] *Stützle/Walgenbach*, ZHR (155) 1991, 516 (521); *Schaaf*, ZIP 1997, 1324 (1325); *Pliquett*, Haftung des HVL, S. 21; *Anders*, GO der HV, S. 54 f.; *Hennerkes/Kögel*, DB 1999, 81 (82); *Kubis*, in: MünchKomm. AktG, § 119 Rn. 129; *Reinicke*, Rechtsstellung des Vorsitzenden einer HV, S. 35 f.; bezogen auf die ungeschriebenen Kompetenzen der Hauptversammlung auch *Grunewald*, AG 1990, 133 (134); siehe zu den rechtlichen Grenzen ermessensbindender Satzungsregelungen *Mertens/Cahn*, in: KölnKomm. AktG, Vorb. § 76 Rn. 10 ff.; a. A. *Sauerwald*, VersL im AktR, S. 268, der § 23 Abs. 5 Satz 1 AktG im Fall beredten Schweigens für unanwendbar hält.

[501] Siehe *Ziemons*, in: K. Schmidt/Lutter, AktG, § 129 Rn. 72; *Stützle/Walgenbach*, ZHR (155) 1991, 516 (522); *Bahr*, in: Schaaf, Praxis HV, Rn. 479 ff.; *Butzke*, HV AG, D. Rn. 97; *Grüner*, NZG 2000, 770 (776); *Kubis*, in: MünchKomm. AktG, § 119 Rn. 129; a. A. *Hennerkes/Kögel*, DB 1999, 81 (82), der ergänzende Satzungsregelungen nicht per se für unzulässig hält; ebenso *Sauerwald*, VersL im AktR, S. 256, 270 ff., der von lediglich abgeleiteten Kompetenzen des Versammlungsleiters ausgeht und sich auf dieser Grundlage für eine „dynamische" Kompetenzverteilung zwischen Hauptversammlung und Versammlungsleiter ausspricht.

[502] Siehe BGH, Urt. v. 8. 2. 2010 – II ZR 94/08, DB 2010, 719 (720), der von einer Erhöhung der Effizienz der Hauptversammlung durch eine Stärkung der Satzungsautonomie spricht.

[503] Siehe BGH, Urt. v. 8. 2. 2010 – II ZR 94/08, DB 2010, 719 (720); LG Frankfurt a. M., Urt. v. 28. 11. 2006 – 3-5 O 93/06, NZG 2007, 155 (156).

[504] *Hennerkes/Kögel*, DB 1999, 81 (82).

[505] Siehe RegBegr KontraG, BT-Drucks. 13/9712, S. 19.

Geschäftsordnungen aufgrund der vorstehend skizzierten Regelungsbeschränkungen nur sehr selten Bestimmungen mit Bezug zur Versammlungsleitung.[506]

## III. Aufgabenbereich im Vorfeld der Hauptversammlung

Bereits im Vorfeld der eigentlichen Hauptversammlung können sich für den Versammlungsleiter Aufgaben, die er kraft seines Amtes zu erfüllen hat, ergeben.

### 1. Einberufung der Hauptversammlung

#### *a) Mögliche Zuständigkeit des Versammlungsleiters*

Grundsätzlich liegt die Zuständigkeit für die Einberufung der Hauptversammlung nicht beim Versammlungsleiter, sondern nach § 121 Abs. 2 Satz 1 AktG beim Vorstand. Nach Maßgabe von § 111 Abs. 3 AktG ist daneben auch der Aufsichtsrat befugt und verpflichtet eine Hauptversammlung einzuberufen, wenn das Wohl der Gesellschaft dies erfordert.[507]

Aus § 121 Abs. 2 Satz 3 AktG ergibt sich, dass die Einberufungszuständigkeit neben Vorstand und Aufsichtsrat auch Dritten zufallen kann. Zu unterscheiden ist insofern zwischen gesetzlichen und satzungsmäßigen Einberufungsrechten, die jeweils neben die Befugnis von Vorstand und Aufsichtsrat treten, diese also nicht verdrängen.[508] Satzungsmäßige Einberufungsbefugnisse können einzelnen Mitgliedern von Vorstand und Aufsichtsrat, Aktionären sowie gesellschaftsfremden Dritten wie zum Beispiel Prokuristen, Banken oder Behörden eingeräumt werden.[509] Im Fall des § 122 Abs. 3 Satz 1 AktG weist das Gericht die Einberufungszustän-

---

[506] Siehe *Noack/Zetsche*, in: KölnKomm. AktG, § 129 Rn. 3, die die Regelung des § 129 Abs. 1 Satz 1 AktG gar als *„totes Recht"* bezeichnen.

[507] Siehe *Bungert*, in: MünchHdb. GesR AG, § 36 Rn. 11 und *Kubis*, in: MünchKomm. AktG, § 121 Rn. 21, wonach vom praktischen Anwendungsbereich dieser Zuständigkeit insbesondere die Fälle erfasst werden, in denen der Vorstand die an sich gebotene Einberufung mangels Handlungsfähigkeit nicht vornehmen kann oder wenn der Aufsichtsrat Maßnahmen gegen Vorstandsmitglieder ergreifen will, insbesondere einen Vertrauensentzug gemäß § 84 Abs. 4 Satz 2 Var. 3 AktG oder die Geltendmachung von Ersatzansprüchen beschließen lassen möchte.

[508] *Kubis*, in: MünchKomm. AktG, § 121 Rn. 24; gesetzliche Einberufungskompetenzen ergeben sich insbesondere für die Abwickler (§ 268 Abs. 2 Satz 1 AktG) sowie die gerichtlich ermächtigte Aktionärsminderheit (§ 122 Abs. 3 Satz 1 AktG); aufsichtsrechtliche Einberufungsbefugnisse wie etwa nach § 44 Abs. 5 KWG oder nach § 306 Abs. 1 Satz 1 Nr. 4, 5 VAG fallen hingegen nicht unter § 121 Abs. 2 Satz 3 AktG, da die jeweilige Behörde die Einberufung nicht selbst vornehmen kann, sondern diese nur vom Vorstand einfordern kann, siehe *J. Koch*, AktG, § 121 Rn. 8.

[509] *Butzke*, in: Großkomm. AktG, § 121 Rn. 38; *Ziemons*, in: K. Schmidt/Lutter, AktG, § 121 Rn. 24; *Herrler*, in: Grigoleit, AktG, § 121 Rn. 9; *Reichert/Balke*, in: ArbeitsHdb. HV, § 4 Rn. 67.

digkeit der die Einberufung verlangenden Aktionärsminderheit zu und nicht etwa dem gerichtlich bestellten Versammlungsleiter.[510] Die gesetzlichen oder satzungsmäßigen Einberufungsbefugnisse müssen von den berechtigenden Personen selbst ausgeübt werden und sind nicht auf Dritte delegierbar.[511] Demnach kann auch der Vorstand seine Einberufungskompetenz nicht auf den Versammlungsleiter übertragen. Der jeweils Einberufende kann jedoch in Bezug auf die Umsetzung der Einberufungsentscheidung und die damit im Zusammenhang stehenden rechtsgeschäftlichen und tatsächlichen Maßnahmen auf Hilfskräfte zurückgreifen.[512] Zudem bedarf es stets eines Einberufungsgrundes, der sich neben speziellen gesetzlichen Einberufungsgründen auch aus der Satzung oder – bei Fehlen derartiger Einberufungsgründe – aus dem allgemeinen Einberufungsgrund des § 121 Abs. 1 AktG ergeben kann, wonach die Hauptversammlung stets dann einzuberufen ist, wenn das Wohl der Gesellschaft dies erfordert.[513]

§ 121 Abs. 2 Satz 3 AktG erlaubt es, in der Satzung die Zuständigkeit für die Einberufung auch dem Versammlungsleiter zuzuweisen.[514] Zwingende Rechtsgründe, die der satzungsmäßigen Zuweisung der Einberufungszuständigkeit an den Versammlungsleiter entgegenstehen sind nicht ersichtlich. Die Zulässigkeit einer solchen Satzungsbestimmung kann auch nicht davon abhängen, ob eine mit dem Unternehmen verbundene Person wie der Aufsichtsratsvorsitzende oder eine unternehmensfremde Person zur Versammlungsleitung berufen ist. Denn wie bereits ausgeführt kann die Satzung die Zuständigkeit zur Einberufung auch auf unternehmensfremde Dritte übertragen. Daraus folgt, dass auch die Zuweisung an den Versammlungsleiter möglich sein muss, und zwar unabhängig davon, ob es sich dabei um den Aufsichtsratsvorsitzenden oder eine externe Person handelt. Sofern die Satzung die Befugnis zur Einberufung auf die Person des Aufsichtsratsvorsitzenden überträgt und diese gleichzeitig das Amt des Versammlungsleiters innehat, wird im Zweifel davon auszugehen sein, dass der betreffenden Person die Einberufungszuständigkeit in ihrer Funktion als Aufsichtsratsvorsitzender und nicht als Versammlungsleiter zugewiesen ist. Diese Auslegung liegt vor dem Hintergrund, dass der Aufsichtsrat anders als der Versammlungsleiter nach § 111 Abs. 3 AktG auch mit einer gesetzlichen Einberufungszuständigkeit ausgestattet ist, nahe. Ist der Versammlungsleiter das satzungsmäßig zuständige Einberufungsorgan, so trifft ihn auch die Pflicht zur Aufstellung der Tagesordnung und zur organisatorischen Vorbereitung

[510] Zu der Einberufungszuständigkeit der Minderheitsaktionäre (§ 122 Abs. 1 AktG) siehe auch BGH, Urt. v. 30.6.2015 – II ZR 142/14, ZIP 2015, 2069 (2072); nach BGH, Urt. v. 10.10.2017 – II ZR 375/15, NJW 2018, 52 (57), ist eine Ermächtigung zur Einberufung i. S. v. § 122 Abs. 3 Satz 1 AktG erst dann erschöpft, wenn die Hauptversammlung gesetzes- und satzungsgemäß einberufen und durchgeführt wurde.

[511] *Drinhausen*, in: Hölters AktG, § 121 Rn. 17; *Rieckers*, in: Spindler/Stilz, BeckOGK AktG, § 121 Rn. 20.

[512] *Noack/Zetsche*, in: KölnKomm. AktG, § 121 Rn. 34; *J. Koch*, AktG, § 121 Rn. 6.

[513] *Kubis*, in: MünchKomm. AktG, § 121 Rn. 24.

[514] So auch *Sauerwald*, VersL im AktR, S. 71.

der Hauptversammlung.[515] Diesbezüglich muss sich der Versammlungsleiter dann bereits im Vorfeld der Hauptversammlung eng mit dem Vorstand abstimmen.

Eine satzungsmäßige Zuweisung der Einberufungszuständigkeit an den Versammlungsleiter kommt naturgemäß nur dann in Betracht, wenn die Satzung gleichzeitig auch den Versammlungsleiter bestimmt. Wird der Versammlungsleiter erst in der Hauptversammlung gewählt, kann die Einberufung der Hauptversammlung denknotwendigerweise nicht durch ihn erfolgen, so dass eine entsprechende Satzungsbestimmung ihrem Wortlaut nach ins Leere liefe. In dieser Fallgestaltung ist die entsprechende Satzungsbestimmung dann dahin auszulegen, dass der Vorstandsvorsitzende, der als provisorischer Versammlungsleiter dazu berufen ist die Hauptversammlung bis zur Wahl des eigentlich zuständigen Versammlungsleiters temporär zu leiten[516], für die Einberufung der Hauptversammlung zuständig ist. Für den Fall, dass eine solche Auslegung mit dem Wortlaut der Satzungsbestimmung nicht in Einklang zu bringen ist, würde letztlich aber ohnehin die gesetzliche Einberufungszuständigkeit des Vorstands, die ihrerseits durch die satzungsmäßige Zuweisung an den Versammlungsleiter nicht verdrängt wird[517], ersatzweise Platz greifen.

#### *b) Zuständigkeit für die Einberufung der Hauptversammlung nach dem COVID-19-Gesetz und dem RefE für die virtuelle HV im Besonderen*

Nach Art. 2, § 1 Abs. 3 COVID-19-Gesetz kann der Vorstand die Hauptversammlung bis spätestens zum 21. Tag vor dem Tag der Hauptversammlung einberufen. In Abweichung zu § 121 Abs. 2 Satz 1 AktG, wonach die Einberufung im Regelfall allein dem Vorstand obliegt, bedarf die Einberufung von Hauptversammlungen im Anwendungsbereich des COVID-19-Gesetzes der Zustimmung des Aufsichtsrats (Art. 2, § 1 Abs. 6 COVID-19-Gesetz). Der Wortlaut von Art. 2, § 1 Abs. 3 COVID-19-Gesetz ist insoweit eindeutig, als dass die Entscheidung über die Verkürzung der Einberufungsfrist und über die Einberufung der Hauptversammlung beim Vorstand liegt. Dies ist folgerichtig, da die grundsätzliche Entscheidung zur Durchführung einer Hybrid-HV oder einer Corona-HV (Art. 2, § 1 Abs. 1 u. 2 COVID-19-Gesetz) mitsamt den damit verbundenen Einschränkungen für die Aktionärsrechte auch nur vom Vorstand und nicht vom Versammlungsleiter getroffen werden kann.[518] Sofern dem Versammlungsleiter im Wege der Satzung die Kom-

---

[515] *Sauerwald*, VersL im AktR, S. 74, 86; siehe zu den Anforderungen an eine rechtzeitige Bekanntmachung der Tagesordnung auch BGH, Urt. v. 14. 7. 2020 – II ZR 255/18, DNotZ 2021, 375 ff.

[516] Siehe dazu oben unter 2. Kapitel E. I. 2. (S. 138).

[517] *Reichert/Balke*, in: ArbeitsHdb. HV, § 4 Rn. 67; *Kubis*, in: MünchKomm. AktG, § 121 Rn. 24.

[518] *Tröger*, BB 2020, 1091 (1094); *Bücker/Kulenkamp/Simon/Seibt/von Bonin*, DB 2020, 775 (777); siehe aber *Schindler/Schaffner*, Virtuelle Beschlussfassung, § 2 Rn. 223, die sich für

petenz zur Einberufung zugewiesen ist, kann diese Bestimmung im Anwendungsbereich des COVID-19-Gesetzes daher keine rechtliche Wirkung entfalten.[519] Auch eine Delegation der nach Art. 2, § 1 Abs. 3 COVID-19-Gesetz geltenden Einberufungszuständigkeit auf den Versammlungsleiter im Wege eines Vorstandsbeschlusses ist abzulehnen, da auch für die regulären aktienrechtlichen Einberufungsbefugnisse anerkannt ist, dass diese nicht auf Dritte übertragbar sind.[520] Möglich bleibt aber auch im Anwendungsbereich des COVID-19-Gesetzes eine Unterstützung bei der Umsetzung der Einberufungsentscheidung des Vorstands durch den Versammlungsleiter oder durch Hilfskräfte.

Nach § 118a Abs. 1 AktG-RefE kann die Satzung vorsehen, oder den Vorstand dazu ermächtigen vorzusehen, dass die Versammlung ohne physische Präsenz der Aktionäre oder ihrer Bevollmächtigten als virtuelle Hauptversammlung abgehalten wird. Anders als Art. 2, § 1 Abs. 3 COVID-19-Gesetz weist § 118a Abs. 1 AktG-RefE nur die Entscheidung über das „Ob" einer virtuellen Hauptversammlung der Satzung bzw. dem Vorstand zu ohne jedoch auf die Einberufung selbst zu rekurrieren. Dem RefE für die virtuelle HV lässt sich zudem entnehmen, dass die virtuelle HV-RefE als eine der Präsenzversammlung in jeder Hinsicht gleichzuachtende vollwertige Versammlungsform einzuordnen ist.[521] Anders als bei der Corona-HV, die mit signifikanten Einschränkungen der Aktionärsrechte verbunden war, besteht aufgrund der Neukonzipierung der virtuellen Hauptversammlung und der damit verbundenen Stärkung der Aktionärsrechte[522] keine Notwendigkeit mehr dafür, die Vornahme der Einberufung ausschließlich in die Hände des Vorstands zu legen. Dafür spricht auch, dass die gesetzlich vorgesehene Einberufungsfrist nach § 123 Abs. 1 Satz 1 AktG anders als im Anwendungsbereich des COVID-19-Gesetzes durch den RefE für die virtuelle HV nicht verkürzt wird und zudem keine Änderung oder Abbedingung der Möglichkeit einer satzungsmäßigen Kompetenzzuweisung zur Einberufung der Hauptversammlung nach § 121 Abs. 2 Satz 3 AktG vorgesehen ist. Der RefE für die virtuelle HV steht damit einer satzungsmäßigen Zuweisung der Einberufungskompetenz an den Versammlungsleiter oder andere Personen in Bezug auf die virtuelle HV-RefE nicht entgegen, wenn und soweit die legitimierenden Voraussetzungen nach § 118a Abs. 1 AktG-RefE gewahrt sind.

---

eine Einberufungszuständigkeit auch des Aufsichtsrats aussprechen, sofern nach Maßgabe von § 111 Abs. 3 AktG das Wohl der Gesellschaft die Einberufung einer Corona-HV erfordert.

[519] In Bezug auf die Verlängerung der gesetzlichen Fristen hinsichtlich des Teilnahmenachweises nach § 123 Abs. 4 Satz 2 AktG schreibt Art. 2, § 1 Abs. 3 Satz 2 Hs. 2 COVID-19-Gesetz die Unbeachtlichkeit entgegenstehender Satzungsregelungen ausdrücklich vor.

[520] Siehe *Drinhausen*, in: Hölters AktG, § 121 Rn. 17; *Rieckers*, in: Spindler/Stilz, BeckOGK AktG, § 121 Rn. 20; siehe auch *Groß-Bölting/Rabe*, in: Hölters, AktG, § 111 Rn. 81, wonach im Anwendungsbereich des COVID-19-Gesetzes auch der Aufsichtsrat keine Kompetenz zur Einberufung einer Corona-HV hat.

[521] Siehe RefE des BMJ – Entwurf eines Gesetzes zur Einführung virtueller Hauptversammlungen von Aktiengesellschaften v. 9.2.2022, S. 21.

[522] Siehe dazu oben unter 1. Kapitel D. IV. 2. (S. 54 ff.).

### *c) Pflichtverletzungen im Zusammenhang mit der Einberufung und deren Rechtsfolgen*

Pflichtwidrig verhält sich der Versammlungsleiter, wenn er die Hauptversammlung einberuft, ohne dafür zuständig zu sein, wenn er eine ihm obliegende Einberufung der Hauptversammlung unterlässt oder wenn eine durch ihn erfolgte Einberufung inhaltliche Mängel aufweist.

#### aa) Einberufung durch einen unzuständigen Versammlungsleiter

Wird die Hauptversammlung durch einen dafür nicht zuständigen Versammlungsleiter einberufen, ist die Einberufung unwirksam. Die in einer unwirksam einberufenen Versammlung gefassten Beschlüsse sind wegen eines Verstoßes gegen § 121 Abs. 2 AktG nichtig (§ 241 Nr. 1 AktG), sofern nicht die Voraussetzungen des § 121 Abs. 6 AktG (Vollversammlung) vorliegen.[523]

#### bb) Verstoß gegen Einberufungspflichten

Nach § 121 Abs. 1 AktG ist die Hauptversammlung einzuberufen, sofern das Gesetz[524], die Satzung[525] oder das Wohl der Gesellschaft[526] dies erfordern. Diese Gründe müssen nicht kumulativ vorliegen, eine Einberufungspflicht besteht vielmehr schon dann, wenn nur einer der genannten Einberufungstatbestände vorliegt.[527] In allen Fällen besteht eine Einberufungspflicht.[528] Diese Pflicht entsteht auch dann,

---

[523] *Ziemons*, in: Ziemons/Binnewies, Handb. AG, I. Teil Rn. 10.130 f.; *Reger*, in: Bürgers/Körber/Lieder, AktG, § 121 Rn. 36; *Kocher*, in: Wachter, AktG, § 121 Rn. 14; vgl. zur GmbH auch BGH, Urt. v. 7.2.1983 – II ZR 14/82, NJW 1983, 1677 f.; BGH, Urt. v. 16.12.1953 – II ZR 167/52, NJW 1954, 385 (386).

[524] Gesetzliche Einberufungsgründe, bei deren Vorliegen das Gesetz die Einberufung unmittelbar anordnet, ergeben sich insbesondere aus § 175 Abs. 1 AktG (Vorlage des Jahresabschlusses), § 92 Abs. 1 AktG (Anzeige eines Verlustes in Höhe des hälftigen Grundkapitals), § 122 Abs. 1 Satz 1 AktG (Einberufungsverlangen einer Aktionärsminderheit von fünf Prozent des Grundkapitals), §§ 120 Abs. 3 Satz 1, 175 Abs. 3 Satz 2 AktG i. V. m. § 120 Abs. 1 AktG (Beschlussfassung über Entlastung des Vorstands); außerhalb des Aktiengesetzes ergeben sich gesetzliche Einberufungsgründe u. a. aus § 44 Abs. 5 KWG und § 83 Abs. 1 Satz 1 Nr. 6 VAG.

[525] Satzungsmäßige Einberufungsgründe wiederholen in der Regel die gesetzlichen Einberufungsgründe, so dass es sich insoweit um Fälle des § 121 Abs. 1 Var. 1 AktG handelt; satzungsmäßige Einberufungsgründe mit eigenständigem Anwendungsbereich haben dagegen wegen des Gebots der Satzungsstrenge Ausnahmecharakter, siehe *Kubis*, in: MünchKomm. AktG, § 121 Rn. 8.

[526] Eine Einberufung zum Wohl der Gesellschaft kommt nur in praktisch seltenen Ausnahmefällen in Betracht, in denen eine Entscheidungszuständigkeit der Hauptversammlung nicht besteht, das Wohl der Gesellschaft die Einberufung aber dennoch erfordert, etwa im Fall einer wirtschaftlich zwingend gebotenen Kapitalerhöhung.

[527] Vgl. BegrRegE AktG 1965 bei *Kropff*, AktG, S. 168.

[528] *Rieckers*, in: Spindler/Stilz, BeckOGK AktG, § 121 Rn. 5; *Herrler*, in: Grigoleit, AktG, § 121 Rn. 3.

wenn sich der Grund für die Einberufung aus Gesetz oder Satzung nicht ausdrücklich, sondern nur mittelbar entnehmen lässt.[529] Ohne Bedeutung ist, ob das Vorliegen eines Einberufungsgrundes zu einer ordentlichen oder außerordentlichen Hauptversammlung zwingt, da § 121 AktG diesbezüglich keine Unterscheidung trifft.[530]

Es stellt sich vor diesem Hintergrund die Frage, welche rechtlichen Konsequenzen einem satzungsmäßig zur Einberufung bestimmten Versammlungsleiter drohen, wenn dieser gegen seine Pflicht zur Einberufung verstößt. Es bietet sich an, insoweit die für den einberufenden Vorstand und Aufsichtsrat entwickelten Beurteilungsgrundsätze entsprechend auf den die Hauptversammlung einberufenden Versammlungsleiter zu übertragen.

Verkennt der Vorstand oder der Aufsichtsrat das Vorliegen eines gesetzlichen oder satzungsmäßigen Einberufungsgrundes und nimmt er in der Folge von der Einberufung Abstand, so liegt darin ein Verstoß gegen seine organschaftlichen Plichten.[531] Gleiches gilt, wenn er die Einberufung nicht rechtzeitig vornimmt. In den eher seltenen Fällen einer Einberufung zum Wohle der Gesellschaft (§ 121 Abs. 1 AktG), steht dem Vorstand oder Aufsichtsrat bei der Beurteilung jedoch ein Ermessensspielraum zu, der pflichtgemäß unter Berücksichtigung sämtlicher Umstände auszuschöpfen ist und der sich zu einer Einberufungspflicht verdichten kann, wenn über bestimmte Gegenstände unverzüglich Beschluss zu fassen ist.[532]

Verstoßen Vorstand oder Aufsichtsrat gegen die Pflicht zur Einberufung oder erfolgt die Einberufung zu spät, kann dies eine Schadensersatzpflicht gegenüber der Gesellschaft auslösen (§§ 93 Abs. 2 Satz 1, 116 Satz 1 AktG).[533] Eine unmittelbare Schadenersatzpflicht gegenüber den Aktionären kommt dagegen nicht in Betracht, da sowohl § 121 Abs. 1 AktG als auch § 111 Abs. 3 AktG nicht als Schutzgesetze i. S. d. § 823 Abs. 2 BGB zu qualifizieren sind.[534] Wegen der Möglichkeit eines

---

[529] Vgl. BegrRegE AktG 1965 bei *Kropff*, AktG, S. 168; die Mehrzahl der von § 121 Abs. 1 AktG erfassten gesetzlichen Einberufungsgründe ergibt sich mittelbar aus der Zuweisung bestimmter Zuständigkeiten an die Hauptversammlung; eine Einberufungspflicht aufgrund der Zuständigkeit der Hauptversammlung besteht insbesondere in den Fällen des § 119 Abs. 1 AktG, d. h. bei der Bestellung von Aufsichtsratsmitgliedern (§ 101 Abs. 1 AktG), bei der Gewinnverwendung (§ 120 Abs. 3 AktG), bei der Entlastung von Vorstand und Aufsichtsrat (§ 120 Abs. 1 AktG), bei der Bestellung des Abschlussprüfers (§ 318 Abs. 1 HGB), bei der Bestellung von Sonderprüfern (§ 142 Abs. 1 AktG) sowie bei der Auflösung der Gesellschaft (§ 262 Abs. 1 Nr. 2 AktG).

[530] *Ek*, Praxisleitfaden HV, 2. Teil § 5 Rn. 67.

[531] *Drinhausen*, in: Hölters AktG, § 121 Rn. 13; *Kubis*, in: MünchKomm. AktG, § 121 Rn. 13.

[532] *Butzke*, HV AG, B. Rn. 39; *ders.*, in: Großkomm. AktG, § 121 Rn. 16.

[533] *Bungert*, in: MünchHdb. GesR AG, § 36 Rn. 7 m. w. N.

[534] Siehe nur *Rieckers*, in: Spindler/Stilz, BeckOGK AktG, § 121 Rn. 115; *Kubis*, in: MünchKomm. AktG, § 121 Rn. 13; *Butzke*, in: Großkomm. AktG, § 121 Rn. 19 f.; nach *Ziemons*, in: K. Schmidt/Lutter, AktG, § 121 Rn. 19, soll aber eine Schadensersatzpflicht ge-

Aktionärsminderheitsverlangens nach § 122 AktG wird auch eine auf Einberufung der Hauptversammlung gerichtete Leistungsklage von Aktionären als unzulässig erachtet.[535]

In extrem gelagerten Fällen, d. h. bei grober Verkennung der Einberufungspflicht, kann die vom Vorstand pflichtwidrig unterlassene Einberufung der Hauptversammlung einen wichtigen Grund zum Widerruf der Bestellung nach § 84 Abs. 4 Satz 1 AktG darstellen.[536] Auch kann die Zuständigkeit und Verpflichtung des Aufsichtsrats zur Einberufung der Hauptversammlung (§ 111 Abs. 3 AktG) aufleben, wenn der Vorstand seiner Einberufungspflicht trotz Vorliegens eines Einberufungsgrundes nicht nachkommt.[537]

Die entsprechende Anwendung der vorstehend dargelegten Beurteilungsgrundsätze auf einen qua Satzung für die Einberufung der Hauptversammlung zuständigen Versammlungsleiter rechtfertigt sich insbesondere aus der hier vertretenen Einordnung des Versammlungsleiters als Organ der Gesellschaft.[538] Verstößt der Versammlungsleiter gegen die ihn treffenden satzungsmäßig begründeten Einberufungspflichten, oder beruft er die Hauptversammlung zu spät ein, liegt darin ein Verstoß gegen seine organschaftlichen Pflichten. Ebenso wie bei Vorstand und Aufsichtsrat kann sich daran auch eine persönliche haftungsrechtliche Verantwortlichkeit des Versammlungsleiters knüpfen.[539] Entsprechend der anerkannten Möglichkeit, den Vorstand bei groben Verstößen gegen die Einberufungspflicht abzuberufen (§ 84 Abs. 4 Satz 1 AktG), muss auch beim Versammlungsleiter ein grober Verstoß gegen die ihn treffende Einberufungspflicht als ein seine Abberufung rechtfertigender Grund angesehen werden.

Von den vorstehend dargestellten Konstellationen zu unterscheiden, ist der Fall, dass die Hauptversammlung grundlos einberufen wird. Die grundlose Einberufung der Hauptversammlung führt nicht zur Nichtigkeit der auf einer solchen Versammlung gefassten Beschlüsse, da § 241 Nr. 1 AktG nicht auf § 121 Abs. 1 AktG verweist.[540] Nach zutreffender Auffassung scheidet auch eine Anfechtung der Beschlüsse und in der Konsequenz im Regelfall auch eine Schadensersatzpflicht des grundlos Einberufenden aus, da trotz der grundlosen Einberufung eine Willensbildung in der Hauptversammlung möglich ist.[541]

---

genüber den Aktionären infolge verspäteter Dividendenzahlungen nach Maßgabe von § 823 Abs. 2 BGB i. V. m. § 175 AktG in Betracht kommen.

[535] Siehe *Kocher*, in: Wachter, AktG, § 121 Rn. 7; *Kubis*, in: MünchKomm. AktG, § 121 Rn. 13; *Geßler*, Komm. AktG, § 121 Rn. 14 f.

[536] *Kubis*, in: MünchKomm. AktG, § 121 Rn. 13.

[537] *Bungert*, in: MünchHdb. GesR AG, § 36 Rn. 11.

[538] Siehe dazu oben 2. Kapitel D. IV. (S. 122 ff.).

[539] Siehe zum Haftungsregime der Versammlungsleitung unten unter 3. Kapitel (S. 315 ff.).

[540] *Kubis*, in: MünchKomm. AktG, § 121 Rn. 14.

[541] LG Frankfurt a. M., Beschl. v. 16. 8. 2013 – 3–05 O 178/13, AG 2015, 252; *Rieckers*, in: Spindler/Stilz, BeckOGK AktG, § 121 Rn. 116; *Kubis*, in: MünchKomm. AktG, § 121 Rn. 14;

#### cc) Verstoß gegen Mindestangabepflichten

Für den einberufenden Versammlungsleiter können sich auch Rechtsanwendungsfehler im Zusammenhang mit den in § 121 Abs. 3 Satz 1 AktG festgelegten Mindestangaben (Firma, Sitz, Zeit und Ort der Hauptversammlung) ergeben. Diesbezügliche Verstöße führen nach Maßgabe von § 241 Nr. 1 AktG i. V. m. § 121 Abs. 3 Satz 1 AktG zur Beschlussnichtigkeit. Im Kontext des RefE für die virtuelle HV sind zudem die neuen Vorgaben des § 121 Abs. 4b AktG-RefE zu berücksichtigen. Danach ist in der Einberufung anstelle des Ortes der Hauptversammlung anzugeben, wie sich die Aktionäre und ihre Bevollmächtigten elektronisch zur Versammlung zuschalten können. Ferner ist darauf hinzuweisen, dass eine physische Präsenz der Aktionäre und ihrer Bevollmächtigten vor Ort ausgeschlossen ist. Vor diesem Hintergrund wird für den Einberufenden insbesondere darauf zu achten sein, dass die Erläuterung hinsichtlich der elektronischen Zuschaltung leicht verständlich und fehlerfrei erfolgt, um Anfechtungsrisiken infolge einer Verletzung des Teilnahmerechts auszuschließen.

Im Fall von zur Beschlussnichtigkeit führenden evidenten Einberufungsmängeln muss der Versammlungsleiter die Hauptversammlung gar nicht erst eröffnen.[542] Stellt der Versammlungsleiter entsprechende Einberufungsmängel erst nach Eröffnung der Hauptversammlung fest, darf er diese nicht weiterführen, sondern muss sie unverzüglich schließen.[543]

## 2. Absage der Hauptversammlung

Nachfolgend soll untersucht werden, unter welchen Voraussetzungen eine vom Versammlungsleiter einberufene Hauptversammlung abgesagt werden kann bzw. muss und welches die Folgen einer rechtswidrig erfolgten Absage sind.

### *a) Wirksamkeitsvoraussetzungen*

Die Hauptversammlung kann grundsätzlich nur von der Person, die sie einberufen hat, auch wieder abgesagt werden.[544] Dies gilt auch dann, wenn die Hauptver-

für eine Schadensersatzpflicht *Noack/Zetsche*, in: KölnKomm. AktG, § 121 Rn. 17; ebenso für den Fall eines evidenten Ermessensfehlgebrauchs *Butzke*, in: Großkomm. AktG, § 121 Rn. 20.

[542] Siehe *Gehling*, in: ArbeitsHdb. HV, § 9 Rn. 77.

[543] *Mülbert*, in: Großkomm. AktG, § 129 Rn. 137; *Zetsche*, in: KölnKomm. AktG, Anh. § 119 Rn. 89.

[544] OLG Frankfurt a.M., Urt. v. 18.3.2014 – 5 U 65/13, AG 2015, 445 (447); OLG München, Beschl. v. 9.11.2009 – 31 Wx 134/09, AG 2010, 84 (86); *Rieckers*, in: Spindler/Stilz, BeckOGK AktG, § 121 Rn. 96; *Butzke*, in: Großkomm. AktG, § 121 Rn. 106; *Kubis*, in: MünchKomm. AktG, § 121 Rn. 103; nach BGH, Urt. v. 30.6.2015 – II ZR 142/14, ZIP 2015, 2069 (2071) steht dem Vorstand die Absagekompetenz auch dann zu, wenn die Einberufung auf einem Aktionärsminderheitsverlangen gemäß § 122 Abs. 1 AktG beruht; ablehnend insoweit aber *Schüppen/Tretter*, ZIP 2015, 2097 (2099 f.).

sammlung auf Verlangen einer Aktionärsminderheit nach § 122 Abs. 1 AktG einberufen wird[545] oder wenn es um die Absage einer Hauptversammlung geht, auf der aufgrund eines Aktionärsminderheitsverlangens ergänzte Tagesordnungspunkte nach § 122 Abs. 2 AktG zu verhandeln sind.[546]

Die Wirksamkeit der Absage der Hauptversammlung setzt nicht voraus, dass die Verpflichtung zur Einberufung entfallen ist oder ein sonstiger rechtfertigender Grund für die Absage besteht.[547] Zu begründen ist dies damit, dass durch die Absage nur der Zustand wieder hergestellt wird, der bestanden hätte, wenn die Hauptversammlung gar nicht erst einberufen worden wäre.[548]

Geht man von einer Absagekompetenz des Einberufenden aus, stellt sich die Frage, ob die Absage der Hauptversammlung auch dann zulässig ist, wenn die Einberufung durch eine unzuständige Person erfolgte. Richtigerweise leitet sich die Kompetenz für die Absage nicht aus der gesetzlichen oder satzungsmäßigen Zuständigkeit für die Einberufung, sondern aus der faktischen Einberufung selbst ab.[549] Dies hat zu Konsequenz, dass die Absage durch eine Person, die die betreffende Hauptversammlung nicht einberufen hat, unwirksam ist, und zwar auch dann, wenn diese für die Einberufung der Hauptversammlung eigentlich zuständig gewesen wäre.[550] Die Absage entfaltet demnach stets und nur dann rechtliche Wirksamkeit, wenn sie von einer Person ausgesprochen wird, die die Hauptversammlung auch einberufen hat.[551] Dadurch wird ein hohes Maß an Rechtssicherheit für die Aktionäre

---

[545] BGH, Urt. v. 30.6.2015 – II ZR 142/14, NZG 2015, 1227 (1229); zust. *Bayer/Scholz/Weiß*, ZIP 2014, 1 (2 ff.); *Reichert/Balke*, in: ArbeitsHdb. HV, § 4 Rn. 161; ebenso *J. Koch*, AktG, § 121 Rn. 18a, wonach die Absagekompetenz des einberufenden Vorstands nur im Fall einer nach Maßgabe von § 122 Abs. 3 AktG durch die Aktionäre selbst einberufenen Hauptversammlung entfällt; ablehnend die Vorinstanz LG Frankfurt a. M., Urt. v. 12.3.2013 – 3–05 O 114/12, NZG 2013, 748 f., wonach eine wirksame Absage durch den Einberufenden nur dann in Betracht kommt, wenn entweder die Aktionärsminderheit nach Einberufung ihren Antrag zurücknimmt oder die Hauptversammlung aufgrund äußerer Einflüsse nicht durchführbar ist; für eine Unwirksamkeit der Absage auch *Selter*, NZG 2013, 1133 (1136).

[546] A. A. *Weber*, NZG 2013, 890 (891).

[547] BGH, Urt. v. 30.6.2015 – II ZR 142/14, ZIP 2015, 2069 (2071).

[548] So ausdrücklich für den Vorstand BGH, Urt. v. 30.6.2015 – II ZR 142/14, ZIP 2015, 2069 (2071).

[549] OLG Frankfurt a. M., Urt. v. 18.3.2014 – 5 U 65/13, AG 2015, 445 (447); *Rieckers*, in: Spindler/Stilz, BeckOGK AktG, § 121 Rn. 96; *Reger*, in: Bürgers/Körber/Lieder, AktG, § 121 Rn. 28a; *Schüppen/Tretter*, ZIP 2015, 2097 (2099); *Mayer/Jenne*, BB 2020, 835 (836); siehe auch *Lieder*, NZG 2016, 81 (82), der von einer Annexkompetenz des einberufenden Organs spricht; unklar insoweit aber BGH, Urt. v. 30.6.2015 – II ZR 142/14, ZIP 2015, 2069 (2071), der die Absagekompetenz sowohl aus der Zuständigkeit für die Einberufung als auch aus der Einberufung selbst ableitet.

[550] *Noack/Zetsche*, in: KölnKomm. AktG, § 121 Rn. 117; *Butzke*, in: Großkomm. AktG, § 121 Rn. 106; *Schüppen/Tretter*, ZIP 2015, 2097 (2099).

[551] Vgl. BGH, Urt. v. 30.6.2015 – II ZR 142/14, ZIP 2015, 2069 (2071); differenzierend aber *Schüppen/Tretter*, ZIP 2015, 2097 (2102 f.), die eine offensichtliche Rechtswidrigkeit der Absage auf deren Wirksamkeit durchschlagen lassen wollen, um zu vermeiden, dass der

gewährleistet, da sie sich auf die Wirksamkeit einer Absage des Einberufenden verlassen können.[552] Insbesondere bedarf es für die Aktionäre keiner Überprüfung der Einberufungszuständigkeit.[553] Dieses Ergebnis ist auch interessengerecht. Vor dem Hintergrund, dass eine Einberufung bei fehlender Zuständigkeit des Einberufenden unwirksam ist, muss dem Einberufenden auch selbst die Möglichkeit offen stehen, den gegenüber den Aktionären im Außenverhältnis gesetzten Anschein einer wirksamen Einberufung der Hauptversammlung zu beseitigen.[554] Dies gilt umso mehr, als dass sämtliche Beschlüsse, die in einer kompetenzwidrig einberufenen, aber gleichwohl durchgeführten Versammlung gefasst werden, nach Maßgabe von §§ 241 Nr. 1, 121 Abs. 2 AktG nichtig sind. Folge dessen kann zudem eine haftungsrechtliche Verantwortlichkeit des Einberufenden für daraus resultierende Schäden der Gesellschaft sein.

Auch für den einberufenden Versammlungsleiter gilt damit, dass nur er selbst die Hauptversammlung absagen kann, und zwar unabhängig davon, ob er für die Einberufung aufgrund einer Satzungsbestimmung nach Maßgabe von § 121 Abs. 2 Satz 3 AktG zuständig war oder nicht. Eine Absage durch den Vorstand oder Aufsichtsrat wäre dagegen, ungeachtet dessen, dass diese selbst mit einem gesetzlichen Einberufungsrecht ausgestattet sind, unwirksam.[555]

Den Versammlungsleiter trifft indes gegenüber der Gesellschaft eine Pflicht, die Hauptversammlung abzusagen, wenn dies der Vorstand oder der Aufsichtsrat verlangen. Diese Pflicht leitet sich aus dem zur Gesellschaft bestehenden korporativen Rechtsverhältnis ab. Anderenfalls hätte es ein einberufender Versammlungsleiter in der Hand die Hauptversammlung entgegen dem Willen der Gesellschaft stattfinden zu lassen. Daraus folgt zugleich, dass sich der einberufende Versammlungsleiter gegenüber der Gesellschaft auch schadensersatzpflichtig machen kann, wenn er der Aufforderung der Gesellschaft und damit seiner Pflicht zur Absage der Hauptversammlung nicht nachkommt und der Gesellschaft aufgrund einer gleichwohl durchgeführten Hauptversammlung Schäden, etwa infolge der mit der Durchführung verbundenen Kosten, entstehen.

### *b) Frist und Formerfordernisse*

Der Einberufende kann die Versammlung bis zum Beginn der Hauptversammlung absagen. Nach Versammlungsbeginn geht die Absagekompetenz vom Einberufen-

---

Einberufende etwa durch eine offensichtlich verspätete Absage wirksame Beschlussfassungen verhindern kann.

[552] Zu dem Aspekt der Rechtssicherheit im Zusammenhang mit einem Aktionärsminderheitsverlangen nach § 122 Abs. 1 AktG auch *Bayer/Weiß/Scholz*, ZIP 2014, 1 (4 f.); *Kocher*, BB 2015, 2641 (2642).

[553] In diese Richtung argumentierend auch *Lieder*, NZG 2016, 81 (82).

[554] Die in einer Absage ansonsten liegende Rücknahme der Einberufung kommt hier schon mangels Vorliegens einer wirksamen Einberufung nicht in Betracht.

[555] Vgl. *Schüppen/Tretter*, ZIP 2015, 2097 (2099); *Lieder*, NZG 2016, 81 (83).

den auf die Hauptversammlung über, die dann über eine Absage bzw. Vertagung der Versammlung mit einfacher Mehrheit Beschluss fassen kann.[556]

Dem Aktienrecht lassen sich keine klaren normativen Anknüpfungspunkte für die Frage entnehmen, wie der Zeitpunkt des Versammlungsbeginns und damit der Zeitpunkt des Übergangs der Absagekompetenz zu bestimmen ist. Die nahezu einhellige Auffassung in der Literatur stellt insoweit auf die förmliche Eröffnung der Hauptversammlung durch den Versammlungsleiter ab.[557] Nach der Rechtsprechung des BGH soll eine Absage durch den Einberufenden dagegen schon dann nicht mehr möglich sein, wenn die Aktionäre zu der in der Einladung angegebenen Zeit und dem angegebenen Ort erschienen sind und sich nach einer Einlasskontrolle im Versammlungsraum eingefunden haben, da spätestens ab diesem Zeitpunkt die Entscheidung darüber, ob die Hauptversammlung durchgeführt werde, allein der Beschlussfassung der tatsächlich erschienenen Aktionäre zustehe.[558] Der BGH führt dazu weiter aus, dass eine förmliche Eröffnung durch das Gesetz nicht vorgesehen sei und deshalb auch nicht als Anknüpfungspunkt für den rechtsverbindlichen Beginn der Hauptversammlung in Betracht kommen könne.[559]

Richtigerweise ist grundsätzlich weiterhin auf die förmliche Eröffnung der Hauptversammlung als maßgeblichen Zeitpunkt für den Versammlungsbeginn abzustellen. Diese bildet einen in der Praxis bewährten und rechtssicher feststellbaren Zeitpunkt, wohingegen ein Abstellen auf die tatsächliche Zusammenkunft der Aktionäre mit einigen Unsicherheiten behaftet ist. So ist insbesondere unklar, in welcher Anzahl sich die Aktionäre zu dem in der Einladung bestimmten Zeitpunkt einfinden müssen bzw. im Kontext einer virtuellen Hauptversammlung elektronisch zugeschaltet haben müssen, um den (materiellen) Voraussetzungen eines Versammlungsbeginns im Sinne der BGH-Rechtsprechung zu genügen.[560] Soweit *Sauerwald*[561] für die materielle Definition des BGH argumentativ anführt, dass Zeit und Ort der Hauptversammlung in der Einberufung hinreichend bestimmt seien, greift dies zu kurz. Nicht berücksichtigt wird, dass es nach der Rechtsprechung des BGH entscheidend auf die tatsächliche Zusammenkunft der Aktionäre ankommt und eben nicht nur auf die Verlautbarungen in der Einberufung. Die Aktionärspräsenz un-

---

[556] *Kubis*, in: MünchKomm. AktG, § 121 Rn. 105; *Ziemons*, in: K. Schmidt/Lutter, AktG, § 121 Rn. 107; a.A. aber *Mülbert*, in: Großkomm. AktG, § 129 Rn. 181, der lediglich die Vertagung einzelner Tagesordnungspunkte, nicht jedoch der gesamten Hauptversammlung für zulässig hält.

[557] Siehe *Rieckers*, in: Spindler/Stilz, BeckOGK AktG, § 121 Rn. 97; *Kubis*, in: MünchKomm. AktG, § 121 Rn. 105; *J. Koch*, AktG, § 121 Rn. 18; *Ziemons*, in: K. Schmidt/Lutter, AktG, § 121 Rn. 107.

[558] BGH, Urt. v. 30.6.2015 – II ZR 142/14, ZIP 2015, 2069 (2072); zust. *Schüppen/Tretter*, ZIP 2015, 2097 (2100f.); kritisch in Bezug auf diesen materiellen Ansatz aber *Lieder*, NZG 2016, 81 (85f.).

[559] BGH, Urt. v. 30.6.2015 – II ZR 142/14, ZIP 2015, 2069 (2072).

[560] *Lieder*, NZG 2016, 81 (85).

[561] *Sauerwald*, VersL im AktR, S. 78.

terliegt aber einer hohen Schwankungsanfälligkeit. So lässt sich in der Praxis etwa häufig beobachten, dass eine Vielzahl von Aktionären erst zur Generaldebatte erscheint.[562] Im Rahmen einer virtuellen Hauptversammlung ist sogar noch mit weitaus größeren Fluktuationen im Teilnehmerbestand zu rechnen, da eine virtuelle Zuschaltung und ein „Ausloggen“ jederzeit und vor allem schnell umgesetzt werden können.[563] Auch der an sich zutreffende Hinweis darauf, dass der duale Hauptversammlungsbegriff eine organisationsrechtliche Komponente im Sinne eines tatsächlichen Geschehens beinhalte[564], vermag die Ansicht des BGH nicht überzeugend zu untermauern. Eine tatsächliche Zusammenkunft von Menschen ist jeder Form von Versammlung wesensimmanent. Diese Erkenntnis führt aber nicht in der Frage weiter, wann eine Versammlung offiziell beginnt. Vielmehr ist der Vorgang des Zusammenkommens als rein faktisches Geschehen von dem förmlichen Versammlungsbeginn zu trennen. Überzeugend ist es indes auf den in der Einberufung genannten Zeitpunkt als Versammlungsbeginn abzustellen, sofern es zu Verzögerungen kommt und die förmliche Eröffnung erst nach dem in der Einberufung genannten Zeitpunkt erfolgt.[565] Anderenfalls hätte es der Versammlungsleiter in der Hand den Übergang der Absagekompetenz durch eine bewusst verzögerte oder gar unterlassene förmliche Eröffnung hinauszuschieben bzw. zu verhindern. Die Orientierung an dem in der Einberufung verlautbarten Eröffnungsbeginn im Fall einer verspäteten Eröffnungserklärung vermeidet auch die mit der BGH-Rechtsprechung verbundenen rechtlichen Unsicherheiten, da es für die Frage der Absagekompetenz nicht auf die tatsächliche Präsenzquote der angemeldeten Aktionäre zu diesem Zeitpunkt ankommt.

In zeitlicher Hinsicht muss sichergestellt werden, dass möglichst alle Aktionäre rechtzeitig von der Absage Kenntnis erhalten können. Insoweit wird zu Recht darauf hingewiesen, dass es den Aktionären möglich sein muss, bei einer Präsenzversammlung ihre Reisepläne noch zu ändern, so dass in der Regel mindestens ein voller Tag zwischen der Absage und dem vorgesehenen Versammlungstermin liegen muss.[566] Eine kurzfristigere Absage bedarf stets der Rechtfertigung durch einen wichtigen Grund.[567]

---

[562] *Höreth/Linnerz*, Anträge in der HV, S. 92 f.; ebenso *Lieder*, NZG 2016, 81 (85).

[563] Siehe auch *Drinhausen*, in: Hölters, AktG, § 129 Rn. 20, wonach die elektronisch teilnehmenden Aktionäre nur für die Dauer ihrer Zuschaltung in das Teilnehmerverzeichnis aufzunehmen sind und damit zur Präsenz zählen.

[564] *Sauerwald*, VersL im AktR, S. 78.

[565] So *Kubis*, in: MünchKomm. AktG, § 121 Rn. 105.

[566] *Lieder*, NZG 2016, 81 (87); großzügiger *Schüppen/Tretter*, ZIP 2015, 2097 (2101), die für eine rechtzeitige Absage ausreichen lassen, dass die Aktionäre spätestens am Vortag der anberaumten Versammlung von dieser Kenntnis erlangen; strenger aber *Selter*, NZG 2013, 1133 (1136), der im Kontext von § 122 Abs. 1 AktG in Einzelfällen einen zeitlichen Vorlauf von bis zu zwei Tagen für erforderlich hält.

[567] *Lieder*, NZG 2016, 81 (87), der als Beispiel anführt, dass das vorgesehene Versammlungslokal aus nicht vom einberufenden Organ zu vertretenen Umständen unbenutzbar ist oder die Mitglieder der Verwaltungsorgane infolge Erkrankung oder Unfalls verhindert sind.

Die Erklärung der Absage hat gegenüber den Aktionären zu erfolgen.[568] Nach herrschender Auffassung muss die Rücknahme der Einberufung nicht notwendigerweise in der gleichen Form erfolgen wie die Einberufung.[569] Maßgeblich ist allein die rechtssichere und möglichst effektive Information der Aktionäre.[570] Eine Veröffentlichung im Bundesanzeiger ist daher ebenso wenig zwingend wie eine Mitteilung mittels eingeschriebenen Briefes.[571] Eine rechtzeitige Information der Aktionäre kann auch via E-Mail, im Wege einer Pressemitteilung oder online über die Website der Gesellschaft erfolgen.[572] Aus dem Inhalt der Absage muss klar und unmissverständlich hervorgehen, dass die bereits einberufene Hauptversammlung nicht stattfinden soll, und zwar unabhängig davon, ob die Einberufung ihrerseits wirksam war oder nicht.[573] Weitere Informationen muss die Absage grundsätzlich nicht enthalten. Es besteht weder eine Rechtspflicht die Gründe für die Absage zu benennen[574] noch bedarf es einer Bezugnahme auf eine erfolgte Bekanntmachung der Einberufung (§ 121 Abs. 4 AktG).[575] Trotz der grundsätzlichen Formlosigkeit der Absage empfiehlt es sich, zwecks Vermeidung von etwaigen Schadenersatzansprüchen seitens der Aktionäre, etwa wegen vergeblich aufgewandter Reisekosten, für die Absage den gleichen Kommunikationsweg zu nutzen wie für die Einberufung und auch die Gründe für die Absage anzugeben.[576] Neben der Veröffentlichung im Bundesanzeiger und einer diesbezüglichen Presseinformation sollte daher auch eine Mitteilung gegenüber den Intermediären oder gegenüber Aktionären, die dies verlangen, nach Maßgabe von § 125 AktG erfolgen.[577] Darüber hinaus ist auch die Angabe der Absagegründe zweckmäßig.[578]

---

568 BGH, Urt. v. 30.6.2015 – II ZR 142/14, NZG 2015, 1227 (1229).

569 *Ziemons*, in: K. Schmidt/Lutter, AktG, § 121 Rn. 108; *Kubis*, in: MünchKomm. AktG, § 121 Rn. 106; *Drinhausen*, in: Hölters, AktG, § 121 Rn. 37; *Rieckers*, in: Spindler/Stilz, BeckOGK AktG, § 121 Rn. 98; *Göhmann*, in: Frodermann/Jannott, Hdb. AktR, 9. Kap. Rn. 34; a. A. *Steiner*, HV, § 1 Rn. 23.

570 *Reichert/Balke*, in: ArbeitsHdb. HV, § 4 Rn. 161; *Rieckers*, in: Spindler/Stilz, BeckOGK AktG, § 121 Rn. 98; *Reger*, in: Bürgers/Körber/Lieder, AktG, § 121 Rn. 29; *Bayer*, ZIP 2014, 1 (2).

571 *J. Koch*, AktG, § 121 Rn. 18b; *Ziemons*, in: K. Schmidt/Lutter, AktG, § 121 Rn. 108; *Kubis*, in: MünchKomm. AktG, § 121 Rn. 106; *Rieckers*, in: Spindler/Stilz, BeckOGK AktG, § 121 Rn. 98; a. A. *Steiner*, HV, § 1 Rn. 23.

572 *Butzke*, in: Großkomm. AktG, § 121 Rn. 111.

573 *Schüppen/Tretter*, ZIP 2015, 2097 (2102); *Kubis*, in: MünchKomm. AktG, § 121 Rn. 106.

574 *Kubis*, in: MünchKomm. AktG, § 121 Rn. 106; *Lieder*, NZG, 2016, 81 (87); einschränkend aber *Schüppen/Tretter*, ZIP 2015, 2097 (2102), die im Fall einer kurzfristigen, nicht rechtzeitigen Absage die Angabe der Gründe als zwingend erachten.

575 *Schüppen/Tretter*, ZIP 2015, 2097 (2102); *Lieder*, NZG 2016, 81 (87); a. A. *Kubis*, in: MünchKomm. AktG, § 121 Rn. 106, der sich insoweit für eine Rechtspflicht ausspricht.

576 So auch *Schüppen/Tretter*, ZIP 2015, 2097 (2102); *Lieder*, NZG 2016, 81 (87).

577 *Schüppen/Tretter*, ZIP 2015, 2097 (2102).

578 Ebenso *Noack/Zetsche*, in: KölnKomm. AktG, § 121 Rn. 117.

### *c) Rechtmäßigkeit*

Von der Wirksamkeit der Absage, die nach den vorstehend skizzierten Grundsätzen allein von der faktischen Einberufung anhängig ist, ist die Rechtmäßigkeit der Absage zu unterscheiden. Eine rechtswidrig erfolgte Absage liegt vor bei einem Verstoß gegen Form- und Fristerfordernisse oder auch dann, wenn es an einem sachlichen Grund für die Absage fehlt.[579] Darüber hinaus ist von einer pflichtwidrigen Absage regelmäßig auch dann auszugehen, wenn der Einberufende dadurch gegen seine aus Gründen des Aktionärsminderheitenschutzes bestehende Einberufungspflicht nach § 122 Abs. 1 AktG verstößt.[580] Im Kontext des § 122 Abs. 1 AktG ist eine Rücknahme daher nur dann pflichtgemäß, wenn das Verlangen seitens der Aktionärsminderheit zurückgenommen wurde oder die Hauptversammlung aufgrund unvorhergesehener Umstände, etwa einer kurzfristigen Nichtverfügbarkeit der Versammlungsräumlichkeiten, nicht durchführbar ist.[581] Eine Pflicht zur Absage lässt sich aus der Rücknahme des Einberufungsverlangens indes nicht ableiten.[582]

Möglich ist auch ein Verstoß gegen eine Pflicht zur Absage, so etwa, wenn eine Absage nicht erfolgt, obwohl eine sachgerechte Vorbereitung und Information der Aktionäre hinsichtlich der anberaumten Hauptversammlung nicht möglich ist[583], oder wenn sich der einberufende Versammlungsleiter auf Verlangen des Vorstands weigert die einberufene Hauptversammlung wieder abzusagen.[584]

Die Rechtswidrigkeit hat nach zutreffender Auffassung keine Auswirkungen auf die Wirksamkeit der Absage.[585] So ist etwa eine verspätete Absage zwar rechtswidrig, berührt jedoch die Kompetenz des Einberufenden zur Absage der Hauptversammlung und damit auch die Wirksamkeit der Absage nicht, sofern die Absagekompetenz noch nicht auf die Hauptversammlung übergegangen ist.[586] Ebenso hat das Fehlen oder die fehlende Angabe von Absagegründen keinen Einfluss auf die Wirksamkeit.[587] Ein Durschlagen der Rechtswidrigkeit auf die Wirksamkeit der Absage wäre insbesondere in Grenzfällen mit einer nicht hinnehmbaren Rechtsunsicherheit für die Aktionäre verbunden und würde diesen das Risiko einer fehlerhaften Rechtsprüfung aufbürden. Dies gilt insbesondere für Fallkonstellationen, bei

---

[579] *Mayer/Jenne*, BB 2020, 835 (838); ebenso *Lieder*, ZIP 2021, 161 (163) im Zusammenhang mit der Ermessensentscheidung des Vorstands zwischen Präsenzversammlung und virtueller Versammlung.

[580] Siehe BGH, Urt. v. 30.6.2015 – II ZR 142/14, NZG 2015, 1227 (1229).

[581] *Ziemons*, in: K. Schmidt/Lutter, AktG, § 122 Rn. 31.

[582] *Rieckers*, in: Spindler/Stilz, BeckOGK AktG, § 122 Rn. 22; im Ergebnis ebenso *Weber*, NZG 2013, 890 (891).

[583] Siehe dazu *Butzke*, in: FS Marsch-Barner, S. 103 (113 f.).

[584] Siehe oben unter 2. Kapitel F. III. 2. a) (S. 187).

[585] BGH, Urt. v. 30.6.2015 – II ZR 142/14, ZIP 2015, 2069 (2071); a. A. *Schüppen/Tretter*, ZIP 2015, 2097 (2103) für Fälle offensichtlicher Rechtswidrigkeit.

[586] BGH, Urt. v. 30.6.2015 – II ZR 142/14, ZIP 2015, 2069 (2071).

[587] Zutreffend *Lieder*, NZG 2016, 81 (87); a. A. *Schüppen/Tretter*, ZIP 2015, 2097 (2103).

denen die Aktionäre gar nicht die Möglichkeit haben rechtssicher zu beurteilen, ob die Absage rechtswidrig ist oder nicht. So ist zum Beispiel anerkannt, dass eine sehr kurzfristige Absage dann nicht rechtswidrig ist, wenn die Hauptversammlung aufgrund außerhalb der Einflusssphäre des Unternehmens liegender Umstände, wie etwa organisatorischer Probleme, nicht mehr ordnungsgemäß durchgeführt werden kann.[588] Gleiches soll gelten, wenn von vornherein feststeht, dass auf der Hauptversammlung keine gesetzes- oder satzungsmäßigen Beschlüsse gefasst werden können.[589]

### *d) Änderungen der Einberufung*

Bei der nachträglichen Änderung einer (wirksamen) Einberufung handelt es sich dogmatisch um einen Verbund bestehend aus Rücknahme der ursprünglichen Einberufung und Neueinberufung.[590] Eine bereits unwirksame Einberufung kann hingegen nicht zurückgenommen werden, so dass es insoweit dann allein darum geht, ob die Änderung die formellen Voraussetzungen einer wirksamen Neueinberufung erfüllt.

Die Absagekompetenz des Einberufenden beinhaltet auch die Befugnis zur Änderung der Einberufung.[591] Änderungen in Bezug auf Ort, Zeit oder Tagesordnungspunkte unterliegen den gleichen Wirksamkeitsvoraussetzungen wie eine Absage und müssen darüber hinaus den formellen Vorgaben einer Neueinberufung (§§ 121, 123 AktG) entsprechen.[592] Ausnahmen von den Formerfordernissen sind nur bei ganz geringfügigen, identitätswahrenden Änderungen zuzulassen, wie etwa bei geringen zeitlichen Verschiebungen von bis zu 30 Minuten.[593] Eine Ausnahme von dem Formerfordernis und ein Verzicht auf eine formale Neueinberufung sollen auch dann möglich sein, wenn die in Rede stehenden Änderungen der Teilnahmebedingungen bei gesamthafter Betrachtung den Aktionären die Teilnahme an der Hauptversammlung erleichtern.[594] Es fragt sich, wie es diesbezüglich einzuordnen ist, wenn der Einberufende bei gleichbleibendem Datum der Hauptversammlung einen Wechsel hin zu einer Hybrid-HV oder einer virtuellen Hauptversammlung

---

588 OLG Frankfurt a. M., Urt. v. 18.3.2014 – 5 U 65/13, AG 2015, 445 (447).

589 *Selter*, NZG 2013, 1134 f.; *Schüppen/Tretter*, ZIP 2015, 2097 (2101).

590 *Kubis*, in: MünchKomm. AktG, § 121 Rn. 108; *Ziemons*, in: K. Schmidt/Lutter, AktG, § 121 Rn. 106.

591 *Hoffmann-Becking*, in: MünchHdb. GesR AG, § 36 Rn. 139.

592 Siehe LG München I, Urt. v. 30.12.2008 – 5 HK O 11661/08, AG 2009, 296 (298); *Reger*, in: Bürgers/Körber/Lieder, AktG, § 121 Rn. 29; *Butzke*, in: Großkomm. AktG, § 121 Rn. 112.

593 OLG Frankfurt a. M., Urt. v. 18.3.2014 – 5 U 65/13, AG 2015, 445 (447); *Herrler*, in: Grigoleit, AktG, § 121 Rn. 41; dies soll auch bei Änderung der konkreten Versammlungsräumlichkeiten aufgrund eines wichtigen Grundes gelten, siehe *Noack/Zetsche*, in: KölnKomm. AktG, § 121 Rn. 193.

594 Siehe *Rieckers*, in: Spindler/Stilz, BeckOGK AktG, § 121 Rn. 99; *Kubis*, in: MünchKomm. AktG, § 121 Rn. 108; *Herrler*, in: Grigoleit, AktG, § 121 Rn. 41.

(Letzteres im Anwendungsbereich des COVID-19-Gesetzes oder nach möglichem Inkrafttreten der virtuellen HV-RefE) vollziehen möchte. Die Frage der die Teilnahme erleichternden Wirkung von Änderungen kann nicht pauschal beantwortet werden, sondern bedarf einer differenzierenden Betrachtung.

Das Modell der Hybrid-HV entbindet nicht von der Pflicht zur Durchführung einer Präsenzversammlung, sondern ergänzt die Möglichkeit zur Ausübung der Aktionärsrechte im Wege der Präsenzteilnahme um die zusätzliche Möglichkeit der elektronischen Stimmabgabe und der Übertragung der Versammlung im Internet oder auf anderen elektronischen Kanälen.[595] In diesem Fall verändert sich die Hauptversammlung in ihrem Wesensgehalt nicht, sondern erweitert die Möglichkeiten der Teilnahme. Die Aktionäre können von ihrem Wohnort aus an der Hauptversammlung teilnehmen, so dass es sich insoweit um eine reine Erleichterung bzw. Vergünstigung für die Aktionäre handelt. Der Einberufende kann sich daher darauf beschränken die Aktionäre über die Möglichkeiten einer elektronischen Teilnahme und Briefwahl unverzüglich zu informieren. In Betracht kommen hier neben der Veröffentlichung im Bundesanzeiger auch Pressemitteilungen, postalische Benachrichtigungen und Newsletter per E-Mail.

Anders stellt sich die Sach- und Rechtslage bei virtuellen Hauptversammlungen dar. Die Hauptversammlung verliert bei diesem Modell ihre Qualität als Präsenzversammlung. Im Rahmen der Corona-HV können die Aktionäre sämtliche Teilnahmerechte während der laufenden Hauptversammlung einbüßen.[596] Es handelt sich bei einem Wechsel zur Corona-HV deshalb nicht mehr um identitätswahrende bzw. begünstigende Änderungen der Teilnahmerechte. Dies hat zur Folge, dass es insoweit zwingend einer Absage und Neueinberufung der Hauptversammlung bedarf, wobei in Bezug auf die Neueinberufung die für die Einberufung von Hauptversammlungen geltenden Beschränkungen der §§ 121, 123 AktG eingehalten werden müssen. Nichts anderes kann in Bezug auf die virtuelle HV-RefE gelten. Zwar sind die mit dem COVID-19-Gesetz verbundenen Einschränkungen für die Aktionärsrechte weitestgehend entfallen.[597] Die strukturelle Unterschiedlichkeit zwischen einer Präsenzversammlung und einer virtuellen Hauptversammlung rechtfertigt es jedoch auch in diesem Fall, von einer verpflichtenden Einhaltung der formellen Vorgaben der §§ 121, 123 AktG auszugehen.

---

[595] Siehe oben unter 1. Kapitel D. II. 2. (S. 40 f.).

[596] Siehe oben unter 1. Kapitel D. III. 3. b) bb) (S. 49 ff.).

[597] Siehe oben unter 1. Kapitel D. IV. 2. (S. 54 ff.).

### *e) Zusammenfassung der rechtlichen Folgen für den einberufenden Versammlungsleiter*

#### aa) Rechtsfolgen bei zugleich wirksamer und rechtsfehlerhafter Absage

Findet eine Hauptversammlung trotz wirksamer Absage des einberufenden Versammlungsleiters statt, können auf dieser Hauptversammlung keine wirksamen Beschlüsse gefasst werden.[598] Eine wirksame Absage nimmt einer (wirksamen) Einberufung ihre rechtliche Wirkung und beseitigt in der Folge auch die Beschlussfähigkeit der Hauptversammlung (vgl. §§ 241 Nr. 1, 121 Abs. 2 u. 3 AktG).[599] Gleichwohl gefasste Beschlüsse können sowohl von der Verwaltung der Gesellschaft als auch von den Aktionären mit der Nichtigkeitsklage gemäß § 249 AktG angegriffen werden.[600]

Nichts anderes gilt grundsätzlich dann, wenn die Absage durch den einberufenden Versammlungsleiter zwar wirksam, aber doch rechtsfehlerhaft, etwa aufgrund eines Verstoßes gegen Formvorgaben, erfolgte. Auch insoweit bleibt es bei einer Nichtigkeit der gefassten Beschlüsse, da die Rechtswidrigkeit wie vorstehend gezeigt die Wirksamkeit der Absage nicht berührt.

Ebenso wie ein rechtswidrig absagender Vorstand[601], kann sich auch der rechtswidrig absagende Versammlungsleiter gegenüber der Gesellschaft schadensersatzpflichtig machen und in besonders schweren Fällen aus wichtigem Grund, auch in einer späteren unter seiner Leitung stattfindenden Hauptversammlung, abberufen werden.[602] Eine unmittelbare Schadenersatzpflicht gegenüber den Aktionären nach § 823 Abs. 2 BGB scheidet mangels der Schutzgesetzqualität von § 121 Abs. 1 AktG aus. Möglich ist aber eine Haftung der Gesellschaft nach Maßgabe von § 823 Abs. 1 BGB gegenüber denjenigen Aktionären, denen, zum Beispiel aufgrund einer verspäteten Absage, Schäden entstehen.[603] Als relevante Schadenspositionen kommen insbesondere die mit einer vergeblichen Anreise zum Versammlungsort verbundenen Aufwendungen in Betracht.[604] Dieser Anspruch richtet sich zunächst zwar nur gegen

---

[598] Gleiches gilt freilich auch dann, wenn die Einberufung von vornherein unwirksam war.

[599] Sofern die Einberufung ihrerseits gegen die Vorgaben des § 121 Abs. 2, Abs. 3 Satz 1, Abs. 4 AktG verstoßen hat, ergibt sich die Beschlussnichtigkeit ebenfalls aus § 241 Nr. 1 AktG.

[600] Etwas anders gilt nur im Fall einer Vollversammlung gemäß § 121 Abs. 6 AktG, sofern kein Aktionär widerspricht; die Vollversammlung heilt auch den Mangel einer etwaigen Einberufungsunzuständigkeit, siehe *Noack/Zetsche*, in: KölnKomm. AktG, § 121 Rn. 215.

[601] Dieser kann sich gemäß § 93 Abs. 2 AktG gegenüber der Gesellschaft ersatzpflichtig machen oder nach Maßgabe von § 84 Abs. 4 AktG abberufen werden, vgl. BGH, Urt. v. 30.6. 2015 – II ZR 142/14, NZG 2015, 1227 (1229).

[602] Zu den in Betracht kommenden Haftungsgrundlagen siehe unten 3. Kapitel B. (S. 328 ff.).

[603] Vgl. *Reichert/Balke*, in: ArbeitsHdb. HV, § 4 Rn. 161; *Selter*, NZG 2013, 1133 (1135); *Butzke*, HV AG, B. Rn. 98.

[604] Vgl. *Bayer*, ZIP 2014, 1 (2).

die Gesellschaft.[605] Im Falle einer nicht rechtzeitigen Absage durch den Versammlungsleiter kann die Gesellschaft diesen jedoch in Regress nehmen.[606]

### bb) Rechtsfolgen bei unwirksamer Absage

Fehlt dem Versammlungsleiter die Kompetenz zur Absage der Hauptversammlung, weil er die Hauptversammlung nicht selbst einberufen hat, ist die vom Versammlungsleiter erklärte Absage unwirksam mit der Folge, dass etwaige gefasste Beschlüsse, die auf einer trotz der Absage durchgeführten Hauptversammlung gefasst werden, wirksam sind.[607] Nach Auffassung des BGH sind die nach einer unwirksamen Absage gefassten Beschlüsse jedoch von denjenigen Aktionären anfechtbar, die sich bereits im Vertrauen auf die Wirksamkeit der Absage vom Versammlungsort entfernt haben und daher nicht mehr an der Beschlussfassung mitwirken konnten.[608]

Dieser Auffassung des BGH ist im Grundsatz zuzustimmen. Dafür sprechen zwingende Gründe des Aktionärsschutzes. Insbesondere dann, wenn die Absage deswegen unwirksam ist, weil sie kurz nach förmlicher Eröffnung erfolgt ist und die Absagekompetenz infolgedessen bereits vom Einberufenden auf die Hauptversammlung übergegangen ist, kann nicht ausgeschlossen werden, dass Aktionäre im Vertrauen auf die Gültigkeit der Absage an der Hauptversammlung nicht teilnehmen bzw. sich von ihr entfernen und damit ihre mitgliedschaftlichen Rechte nicht mehr ausüben können. Die Verletzung des aus § 118 Abs. 1 AktG fließenden Teilnahmerechts stellt unabhängig davon, ob der betreffende Aktionär mit seinem Stimmenanteil eine Änderung der Beschlussfassung hätte erreichen können, einen zur Anfechtung berechtigenden Verfahrensfehler i. S. v. § 243 Abs. 1 AktG dar.[609] Auch der Ausnahmetatbestand einer Vollversammlung gemäß § 121 Abs. 6 AktG kann insoweit nicht eingreifen. Denn wenn einer oder mehrere Aktionäre im Vertrauen auf die Wirksamkeit der Absage der Hauptversammlung fernbleiben bzw. sich vorzeitig entfernen[610], entfallen damit denknotwendig zugleich die Voraussetzungen einer Vollversammlung.

Im Ausgangspunkt sind sämtliche Aktionäre, die im Vertrauen auf die Wirksamkeit der Absage an der Hauptversammlung nicht teilnehmen bzw. sich von ihr entfernen als schutzwürdig anzusehen. Es besteht insoweit ein Spannungsverhältnis zwischen den Interessen der teilnehmenden Aktionäre, denen an einer Durchführung der Hauptversammlung und an wirksamen Beschlussfassungen gelegen ist, und den

---

605 *Selter*, NZG 2013, 1133 (1135).

606 So auch für den pflichtwidrig absagenden Vorstand *Bayer*, ZIP 2014, 1 (2).

607 Etwas anderes gilt freilich dann, wenn die Einberufung ihrerseits nicht wirksam erfolgt ist.

608 BGH, Urt. v. 30.6.2015 – II ZR 142/14, ZIP 2015, 2069 (2074).

609 BGH, Urt. v. 30.6.2015 – II ZR 142/14, ZIP 2015, 2069 (2074).

610 So etwa bei BGH, Urt. v. 30.6.2015 – II ZR 142/14, ZIP 2015, 2069 (2074).

Interessen derjenigen Aktionäre, die von einer Teilnahme Abstand nehmen bzw. sich entfernen. Während die teilnehmenden Aktionäre sich auf ihr Recht zur Ausübung ihrer mitgliedschaftlichen Befugnisse (§ 118 Abs. 1 AktG) berufen können, können die abwesenden Aktionäre eine Beschneidung ihrer Mitgliedschaftsrechte geltend machen.[611] Die Frage, welchen Interessen der Vorrang einzuräumen ist, kann nur auf Grundlage einer umfassenden Interessenabwägung unter Berücksichtigung der Umstände des jeweiligen Einzelfalles sachgerecht beantwortet werden. Ein maßgebliches Wertungskriterium muss dabei die Erkennbarkeit der Unwirksamkeit der Absage sein. Sofern die Absage an evidenten Mängeln leidet und sich die Unwirksamkeit für jedermann ersichtlich aus den sonstigen Begleitumständen ergibt, entfällt die Schutzbedürftigkeit der nicht teilnehmenden bzw. sich entfernenden Aktionäre und damit auch deren aus § 245 Nr. 2 Var. 2 AktG analog abzuleitende Anfechtungsbefugnis.[612] Von einer Erkennbarkeit der Unwirksamkeit der Absage kann zum Beispiel dann ausgegangen werden, wenn die Absage durch einen unberechtigten Dritten, wie z. B. den Mehrheitsaktionär vorgenommen wird oder aber wenn die Absage durch ein dafür nicht zuständiges Vorstandsmitglied erfolgt, nachdem dieses anstelle des eigentlich dafür berufenen Versammlungsleiters die Hauptversammlung förmlich eröffnet hat.[613] Die Aktionäre haben indes keine generelle aktive Erkundigungspflicht in Bezug auf die Wirksamkeit der Einberufung und erst recht nicht die Pflicht, in eine eigene rechtliche Prüfung hinsichtlich der Wirksamkeit der Absage einzutreten.

Sofern sich die Aktionäre mangels Erkennbarkeit der Unwirksamkeit auf die Geltung der Absage verlassen dürfen und ihnen infolgedessen in Entsprechung der vom BGH aufgestellten Grundsätze bei vorzeitiger Entfernung ein Anfechtungsrecht hinsichtlich der gefassten Beschlüsse zusteht, drohen dem (unwirksam) absagenden Versammlungsleiter Regressansprüche der Gesellschaft, falls der Gesellschaft infolge erfolgreicher Beschlussanfechtungen ein Schaden entsteht.[614] Insoweit gilt nichts anderes als bei einer rechtswidrigen, aber wirksamen Absage.

---

[611] Vgl. BGH, Urt. v. 30.6.2015 – II ZR 142/14, ZIP 2015, 2069 (2074).

[612] Vgl. BGH, Urt. v. 30.6.2015 – II ZR 142/14, ZIP 2015, 2069 (2074); ebenso *Lieder*, NZG 2016, 81 (88).

[613] *Lieder*, NZG 2016, 81 (88); vgl. auch BGH, Urt. v. 30.6.2015 – II ZR 142/14, ZIP 2015, 2069 (2074), wonach die sich entfernenden Kommanditaktionäre ungeachtet der aus dem Aktionärskreis geäußerten Zweifel an der Wirksamkeit der Absage nicht gehalten waren ihre Rechte unter Vorbehalt auszuüben; kritisch insoweit *Schüppen/Tretter*, ZIP 2015, 2097 (2103), wonach eine bereits erfolgte Durchführung der Einlasskontrolle bzw. Stimmenerfassung ausreichen soll, um ein schutzwürdiges Interesse in die Wirksamkeit der Absage auszuschließen.

[614] Siehe ausführlich zu den Haftungsgrundlagen unten unter 3. Kapitel B. (S. 328 ff.).

### 3. Entscheidung über die Zulassung von Personen zur Hauptversammlung

Bei Publikumsaktiengesellschaften, die über einen großen Aktionärskreis verfügen, können sich trotz sorgfältiger Vorbereitung der Hauptversammlung Zweifel an der Teilnahmeberechtigung bzw. Stimmrechtsausübungsbefugnis bestimmter Personen, die Zugang zur Versammlung begehren, ergeben. Probleme bei dem Nachweis der Aktionärsstellung zeigten sich in der Praxis insbesondere bei einer im Gründungsstaat erloschenen englischen Limited, die in Deutschland nach überwiegender Auffassung als sog. Spaltgesellschaft fortbesteht.[615] Daneben kann sich aber auch der ordnungsgemäße Nachweis der Vertretungsbefugnis und die Ermittlung der Stimmrechtsberechtigung als problematisch erweisen. Letzteres gilt insbesondere dann, wenn in der Satzung der Gesellschaft Bestimmungen zu Höchststimmrechten enthalten sind.[616] Neben der Prüfung der Teilnahme- und Stimmrechtsberechtigung von Aktionären geht es auch um die Zulassung von Personen, die zwar nicht Aktionäre der Gesellschaft sind, jedoch aus anderen Gründen zur Teilnahme berechtigt sind.[617] Schließlich ist vor Beginn der Hauptversammlung auch über den Zugang von Aktionärsbegleitern, Medienvertretern und Gästen zu entscheiden.

#### *a) Anmeldung der Aktionäre*

##### aa) Aufgabenbereich des Versammlungsleiters

Grundsätzlich steht jedem Aktionär das Recht zu, an der Hauptversammlung teilzunehmen.[618] Nach § 123 Abs. 2 Satz 1 AktG kann jedoch die Satzung die Teilnahme an der Hauptversammlung davon abhängig machen, dass die Aktionäre sich vor der Versammlung anmelden. Dieses Anmeldeerfordernis gilt unabhängig davon, ob es sich um Inhaberaktien oder Namensaktien handelt, und findet auch bei der elektronischen Teilnahme im Rahmen einer Hybrid-HV nach § 118 Abs. 1 Satz 2 AktG sowie für briefwahlberechtigte Aktionäre Anwendung.[619] Gleiches gilt für die Corona-HV und die virtuelle HV-RefE.[620] Zum Verantwortungsbereich des Versammlungsleiters gehört es, im unmittelbaren Vorfeld zur Hauptversammlung die

[615] Vgl. dazu BGH, Urt. v. 25.9.1989 – II ZR 53/89, AG 1990, 78 ff. und OLG Hamburg, Urt. v. 19.5.1989 – 11 U 62/89, WM 1990, 149 ff.

[616] Siehe zu den sich daraus ergebenden praktischen Problemen *Stützle/Walgenbach*, ZHR (155) 1991, 516 (523 f.).

[617] Vgl. dazu den Überblick unter 1. Kapitel E. (S. 59 ff.).

[618] *Hoffmann-Becking*, in: MünchHdb. GesR AG, § 37 Rn. 8.

[619] *Reichert*, in: Beck'sches Hdb. AG, § 5 Rn. 85 ff.; *Kocher*, in: Wachter, AktG, § 123 Rn. 4; *Rieckers*, in: Spindler/Stilz, BeckOGK AktG, § 123 Rn. 22.

[620] Siehe RefE des BMJ – Entwurf eines Gesetzes zur Einführung virtueller Hauptversammlungen von Aktiengesellschaften v. 9.2.2022, S. 28.

Einhaltung von Anmeldeerfordernissen zu überwachen.[621] Etwas anderes gilt nur dann, wenn der Versammlungsleiter zu diesem Zeitpunkt noch nicht feststeht und erst nachgelagert durch Wahl der Hauptversammlung in sein Amt gelangt. In diesem Fall obliegt die Erfüllung dieser Aufgaben dem Vorstand.[622] Da speziell bei großen Publikumsaktiengesellschaften der Anmeldeprozess mit einem großen organisatorischen Aufwand verbunden ist, ist es in der Praxis üblich, dass der Versammlungsleiter Hilfskräfte einsetzt, die ihn bei Überprüfung der Einhaltung der Anmeldeerfordernisse unterstützen.[623] Sofern der Vorstand die Hauptversammlung einberuft, ist dieser auch für die organisatorische Vorbereitung der Hauptversammlung, einschließlich des Anmeldeprozesses, zuständig.[624] Der Versammlungsleiter muss sich daher frühzeitig mit dem Vorstand abstimmen und sich in den Anmeldeprozess einbinden lassen, um seiner Überprüfungsverpflichtung adäquat nachkommen zu können.[625]

Bei Publikumsaktiengesellschaften wird von der Möglichkeit der satzungsmäßigen Bestimmung eines Anmeldeerfordernisses häufig Gebrauch gemacht, und zwar meistens in der Weise, dass sowohl das Recht auf Teilnahme an der Hauptversammlung als auch die Stimmrechtsausübungsbefugnis von einer entsprechenden vorherigen Anmeldung abhängig gemacht wird.[626] Der maßgebliche Grund für die ganz überwiegende Verwendung von Anmeldeerfordernissen bei Publikumsaktiengesellschaften sind die ansonsten bestehenden organisatorischen Herausforderungen und Probleme im Zusammenhang mit dem großen Aktionärskreis. Ohne Anmeldeerfordernis hätte die Gesellschaft kein Wissen darüber, wie viele Teilnehmer tatsächlich erscheinen und könnte keine vorherige elektronische Erfassung der Daten zwecks Vorbereitung der Zugangskontrolle oder Stimmrechtsausübung vornehmen. Auch für die Versammlungsleitung ist das Anmeldeerfordernis eine unverzichtbare administrative Hilfestellung. Denn erst auf Grundlage der Anmeldungen kann die Berechtigung zur Teilnahme und/oder Stimmrechtsausübung überprüft werden und bei der Präsenzversammlung lange Warteschlangen an der Einlasskontrolle, die einen pünktlichen Beginn der Hauptversammlung gefährden können, vermieden werden. Probleme bei der Einlasskontrolle können auch dann entstehen, wenn das Anmeldeerfordernis nach Maßgabe von § 123 Abs. 2 Satz 1 AktG sich nicht auf das Teilnahmerecht, sondern nur auf das Stimmrecht bezieht.[627] Dies kann einen nicht unerheblichen organisatorischen Mehraufwand bedeuten, da bei nicht angemeldeten Aktionären die Aktionärseigenschaft im Rahmen der Zu-

---

[621] *Bezzenberger*, ZGR 1998, 352 (360); *U. H. Schneider*, AG 2021, 58 (61); *Kuthe*, BB 2019, 776.

[622] Siehe zur Berechtigung des Vorstands, die Anmeldenden zu überprüfen *U. H. Schneider*, AG 2021, 58 (61).

[623] *Kubis*, in: MünchKomm. AktG, § 119 Rn. 133; *Kuthe*, BB 2019, 776.

[624] Siehe zum Vorbereitungsprozess *Höreth*, in: ArbeitsHdb. HV, § 3 Rn. 1 ff.

[625] Zutreffend *Drinkuth/Heider*, in: FS 25 Jahre WpHG, S. 237 (242).

[626] *Hoffmann-Becking*, in: MünchHdb. GesR AG, § 37 Rn. 9.

[627] *Kuthe*, BB 2019, 776.

gangskontrolle gesondert festgestellt werden muss, um diese als rede- und frage-, aber nicht als stimmberechtigt zu erfassen.[628]

Für die Versammlungsleitung ergibt sich bei der virtuellen Hauptversammlung der Vorteil, dass sich dort das Problem von Warteschlangen und zeitaufwendigen Einlasskontrollen nicht stellt, da der Identifikationsprozess elektronisch vonstattengeht. Andererseits ist mit der virtuellen Hauptversammlung zwangsläufig auch eine größere Abhängigkeit von der technischen Ausstattung verbunden, deren Funktionstüchtigkeit die Versammlungsleitung fortlaufend zu überprüfen hat.

#### bb) Anmeldefristen

Nach § 123 Abs. 2 Satz 2, 3 AktG muss die Anmeldung der Gesellschaft mindestens sechs Tage vor der Hauptversammlung unter der in der Einberufung hierfür mitgeteilten Adresse zugehen, sofern die Satzung keine kürzere, in Tagen zu bemessende Frist vorsieht.[629]

Aus Sicht der Versammlungsleitung stellt sich insoweit die Frage, ob die Aktionäre auch dann zur Hauptversammlung zugelassen werden können, wenn sie die Anmeldefrist versäumt haben. Teilweise wird eine Zulassung trotz Fristversäumnis unter der Voraussetzung für zulässig erachtet, dass der aktienrechtliche Gleichbehandlungsgrundsatz gemäß § 53a AktG eingehalten wird.[630] Der BGH hat in einem konkreten Fall, in dem die Einladung zur Hauptversammlung keinen Hinweis auf eine mögliche Zulassung der Aktionäre trotz Fristversäumnis enthielt, festgestellt, dass eine nachträgliche Zulassung nicht rechtmäßig ist.[631] Aufgrund des fehlenden Hinweises hätten nicht alle Aktionäre eine Teilnahme trotz verspäteter Anmeldung in Erwägung gezogen, so dass die nachträgliche Zulassung einzelner Aktionäre einen Verstoß gegen den Gleichheitsgrundsatz gemäß § 53a AktG darstelle.[632] Es erhebt sich vor diesem Hintergrund die Anschlussfrage, ob durch die Aufnahme eines entsprechenden Hinweises in der Einladung, wonach im Einzelfall auch eine Zulassung bei verspäteter Anmeldung noch erfolgen kann, ein Verstoß gegen den Gleichbehandlungsgrundsatz rechtssicher vermieden und dadurch eine nachträgliche Zulassung von Aktionären durch den Versammlungsleiter ermöglicht werden kann. Dagegen spricht aber, dass darin ein Verstoß gegen das in der Satzung verankerte Anmeldeerfordernis (§ 123 Abs. 2 Satz 1 AktG) gesehen werden könnte mit

---

[628] Siehe *Kuthe*, BB 2019, 776 (777) (Fn. 4).

[629] Der Tag des Zugangs der Anmeldung ist nach § 123 Abs. 2 Satz 4 AktG nicht mitzurechnen; nach § 121 Abs. 7 Satz 1 AktG ist auch der Tag der Versammlung selbst nicht mitzurechnen.

[630] Siehe *Reger*, in: Bürgers/Körber/Lieder, AktG, § 123 Rn. 8 m.w.N.

[631] BGH, Urt. v. 9.10.2018 – II ZR 78/17, NJW 2019, 669 (670).

[632] BGH, Urt. v. 9.10.2018 – II ZR 78/17, NJW 2019, 669 (670).

der potentiellen Folge einer daraus resultierenden Beschlussanfechtbarkeit.[633] Für den Versammlungsleiter bestünde zudem das Risiko, dass professionelle Anfechtungskläger dies als Einfallstor nutzen, um eine nachträgliche Zulassung für sämtliche Aktionäre durchzusetzen und im Ergebnis damit die Ausnahmefunktion einer nachträglichen Zulassung aushebeln.[634] Die Aufnahme eines Hinweises in der Einberufung vermag daher eine Verletzung des Gleichbehandlungsgrundsatzes nicht rechtssicher auszuschließen, so dass der Versammlungsleiter von einer nachträglichen Zulassung säumiger Aktionäre absehen sollte.

Die vorstehenden rechtlichen Überlegungen können auf die nach dem RefE für die virtuelle HV vorgesehene Anmeldung von Redebeiträgen nach § 130a Abs. 5 AktG-RefE übertragen werden. Dies gilt einmal insoweit, als die Möglichkeit zur Anmeldung von Redebeiträgen auf ordnungsgemäß zu der Versammlung angemeldete Aktionäre beschränkt werden kann (§ 130a Abs. 5 Satz 2 AktG-RefE). Verspätet angemeldeten Aktionären sollte daher kein Rederecht eingeräumt werden, da ein Verstoß gegen den Gleichbehandlungsgrundsatz nicht verlässlich ausgeschlossen werden kann. Entsprechendes gilt für die nach § 130a Abs. 5 Satz 1 AktG-RefE vorgesehene Anmeldefrist für den Redebeitrag selbst.

#### cc) Form der Anmeldung

Das Gesetz enthält keine Vorgaben in Bezug auf die im Zusammenhang mit der Anmeldung einzuhaltende Form. Etwaige Formerfordernisse können daher in der Satzung grundsätzlich frei und bis zur Grenze der Unzumutbarkeit für die Aktionäre festgelegt werden.[635]

Grundsätzlich kann eine Anmeldung auch in konkludenter Form erfolgen, sofern die Satzung keine anderen Vorgaben in Bezug auf die einzuhaltende Form macht.[636] Häufig sehen die Satzungen von Aktiengesellschaften für die Anmeldung die Textform vor. Sofern bei Aktiengesellschaften mit Inhaberaktien Anteilsbesitznachweise nach Maßgabe von § 123 Abs. 4 AktG vorgesehen sind, werden diese in der Regel durch Banken übersandt wobei in der Regel keine gesonderte Anmeldung der Aktionäre mehr erklärt wird bzw. lediglich die Übersendung der Eintrittskarten erbeten wird.[637] Uneinigkeit besteht in der Literatur hinsichtlich der Frage, ob dies einen Verstoß gegen ein in der Satzung vorgesehenes Textformerfordernis dar-

---

[633] Siehe *Ziemons*, in: K. Schmidt/Lutter, AktG, § 123 Rn. 66 ff.; *Kuthe*, BB 2019, 776 (777).

[634] *Kuthe*, BB 2019, 776 (777).

[635] Siehe *Rieckers*, in: Spindler/Stilz, BeckOGK AktG, § 123 Rn. 17, wonach etwa die Vorgabe einer notariellen Beglaubigung der Anmeldung unzulässig wäre.

[636] *Noack/Zetsche*, in: KölnKomm. AktG, § 123 Rn. 98; *Ziemons*, in: K. Schmidt/Lutter, AktG, § 123 Rn. 24.

[637] *Hoppe*, NZG 2019, 1401 (1402).

stellt.[638] Teilweise wird ein Verstoß gegen das Textformerfordernis mit dem Argument abgelehnt, dass der Gesellschaft eine auslegungsfähige Erklärung in Textform in Form des Legitimationsnachweises zugegangen sei und dieser Erklärung bei verständiger Auslegung entnommen werden könne, dass der Aktionär sich damit anmelden will.[639] Aus dem Umstand, dass es sich bei dem Anteilsnachweis i. S. v. § 67c Abs. 3 AktG lediglich um eine Wissenserklärung handelt, wohingegen die Anmeldung i. S. v. § 123 Abs. 2 AktG als Willenserklärung zu qualifizieren ist, folgt jedoch, dass der bloße Anteilsnachweis eine Anmeldung nicht ersetzen kann.[640] Eine formgerechte Anmeldung kann daher in Übereinstimmung mit der von der Rechtsprechung entwickelten Andeutungstheorie nur in dem Text eines die Übersendung des Besitznachweises begleitenden Schreibens (etwa einer E-Mail) gesehen werden.[641]

Die vorstehend skizzierte Rechtsprechung des BGH betreffend die nachträgliche Zulassung von Aktionären trotz verspäteter Anmeldung dürfte auch auf nicht formgerechte Anmeldungen zu übertragen sein, so dass es ebenfalls einen Verstoß gegen den Gleichbehandlungsgrundsatz darstellt, wenn entgegen einer in der Einberufung festgelegten Textform Aktionäre vom Versammlungsleiter zur Hauptversammlung zugelassen werden, deren Anmeldungen den Formerfordernissen nicht entsprechen.[642]

#### dd) Anfechtungsrisiken und Möglichkeiten der Mitigation

Sofern ein Aktionär, der sich ordnungsgemäß zur Hauptversammlung angemeldet hat, vom Versammlungsleiter nicht zugelassen wird, sind die Beschlüsse der Hauptversammlung aufgrund eines daraus resultierenden Eingriffs in das Teilnahmerecht nach herrschender Auffassung anfechtbar, und zwar unabhängig davon, ob die Teilnahme den Beschluss hätte beeinflussen können.[643] Dies überzeugt, da es

---

[638] Dafür *Linnerz/Hoppe*, BB 2016, 1098 (1099); dagegen *Noack/Zetsche*, in: KölnKomm. AktG, § 123 Rn. 98.

[639] So *Kuthe*, BB 2019, 776 (778).

[640] Siehe *Hoppe*, NZG 2018, 1401 (1403), der zutreffend darauf hinweist, dass in dem Anteilsnachweis nicht die Beurkundung des Teilnahmewillens zum Ausdruck kommt und auch das depotführende Institut einen solchen Willen nicht bekundet; a. A. *Noack/Zetsche*, in: KölnKomm. AktG, § 123 Rn. 98.

[641] Siehe *Hoppe*, NZG 2018, 1401 (1403).

[642] *Hoppe*, NZG 2019, 1401 (1403).

[643] OLG Düsseldorf, Urt. v. 11.7.1991 – 6 U 59/91, NJW-RR 1992, 100 (101); OLG München, Urt. v. 12.11.1999 – 23 U 3319/99, NJW-RR 2000, 336 (337); OLG Frankfurt a. M., Beschl. v. 16.2.2007 – 5 W 43/06, AG 2007, 357 (358); *J. Koch*, AktG, § 243 Rn. 16; *Kubis*, in: MünchKomm. AktG, § 123 Rn. 51; a. A. OLG Hamburg, Urt. v. 11.1.2002 – 11 U 145/01, AG 2002, 460 (465), wonach für die Frage der Relevanz des Verfahrensverstoßes für das Beschlussergebnis zu fragen ist, wie ein verständiger, objektiv urteilender Aktionär bei ordnungsgemäßer Auskunftserteilung abgestimmt hätte; differenzierend auch *Noack/Zetzsche*, in: KölnKomm. AktG, § 123 Rn. 78 ff.

ansonsten zu einer nicht gerechtfertigten Schlechterstellung von Privat- bzw. Kleinaktionären käme.

Wird das Teilnahme- und Stimmrecht einem Aktionär vom Versammlungsleiter hingegen zu Unrecht zugebilligt, hat dies zwar die Fehlerhaftigkeit der Beschlussfassungen zur Folge; in Anwendung der Relevanztheorie, wonach es entscheidend darauf ankommt, ob durch den in Frage stehenden Verfahrensfehler Teilnahme- oder Informationsrechte der Aktionäre verletzt wurden[644], soll eine Anfechtbarkeit des Beschlussergebnisses aber nur dann gegeben sein, wenn sich auf Grundlage der unzulässig abgegebenen Stimme ein rechnerisch anderes Ergebnis ergibt.[645] Insoweit stellt sich die Frage, ob eine Anfechtbarkeit trotz einer fehlenden rechnerischen Relevanz für das Abstimmungsergebnis auch dann gegeben ist, wenn die zu Unrecht zugelassene Person durch einen Redebeitrag die Aktionäre zu einem bestimmten Abstimmungsverhalten veranlasst hat. Der BGH hat insoweit klargestellt, dass es nicht auf die bloße Anwesenheit eines fehlerhaft zugelassenen Aktionärs ankommt, sondern auf die Auswirkungen von dessen Stimmrechtsausübung auf das Beschlussergebnis.[646] Auch wenn der BGH in seiner Entscheidung keine Ausführungen dazu macht, ob einem Redebeitrag eines fehlerhaft zugelassenen Aktionärs ein die Anfechtbarkeit begründendes Ausmaß zukommen kann, so lässt sich dem Urteil dennoch entnehmen, dass der BGH zu einer Anwendung der Relevanztheorie im Sinne einer rechnerisch nachzuweisenden Kausalität neigt. Aus Gründen der Rechtssicherheit und in Ermangelung klarer rechtlicher Leitlinien und Vorgaben seitens der Rechtsprechung sollte die Frage der Relevanz eines Verfahrensfehlers und damit die Frage der Anfechtbarkeit von Beschlüssen nicht von Redebeiträgen abhängig gemacht werden, da kaum verlässlich zu klären sein wird, welcher konkrete Redeinhalt auf welche Aktionäre in welcher Art und Weise Einfluss genommen hat.[647]

Das Abstellen auf die rechnerisch ermittelbaren Auswirkungen der Stimmrechtsausübung führt auch in der Konstellation zu klaren Ergebnissen, in der der Versammlungsleiter im Rahmen der Abstimmung fehlerhaft nur einen Teil der Aktien eines Aktionärs berücksichtigt, etwa weil er davon ausgeht, dass der übrige Teil nicht ordnungsgemäß angemeldet sei. Die Frage der Anfechtbarkeit beschränkt sich in diesen Fällen konsequenterweise auf die Überprüfung, ob sich bei Berücksichtigung des nicht zugelassenen Teils des Aktienbesitzes ein anderes Beschlussergebnis, als das vom Versammlungsleiter festgestellte Beschlussergebnis, ergeben hätte.

---

644 Siehe dazu *Austmann*, in: MünchHdb. GesR AG, § 42 Rn. 55 ff.

645 *Reger*, in: Bürgers/Körber, AktG, § 123 Rn. 20; *U. H. Schneider*, AG 2021, 58 (60); *Noack/Zetzsche*, in: KölnerKomm. AktG, § 123 Rn. 84; *K. Schmidt*, in: Großkomm. AktG, § 243 Rn. 26 f.; ebenso *Ludwig*, AG 2002, 433 (438) für den Fall der Zulassung eines nicht wirksam Bevollmächtigten.

646 BGH, Urt. v. 9. 10. 2018 – II ZR 78/17, BB 2019, 459 (460).

647 So auch *Kuthe*, BB 2019, 776 (778).

Anfechtungsrisiken bei Fehlern im Anmeldeprozess können sowohl für den Vorstand als auch für den Versammlungsleiter dadurch begrenzt werden, indem die betroffenen Aktionäre so gestellt werden, als wenn die Anmeldung fristgerecht zugegangen wäre, und ihnen eine Teilnahme gleichwohl ermöglicht wird. Dies setzt jedoch voraus, dass die betroffenen Aktionäre sich überhaupt und auch so rechtzeitig melden, dass Vorstand und Versammlungsleitung überhaupt die Möglichkeit haben der Störung abzuhelfen bzw. eine Teilnahme zu ermöglichen. Es besteht aber immer die Gefahr, dass Aktionäre wegen technischer Störungen von der Anmeldung Abstand nehmen und somit Vorstand und Versammlungsleitung mangels entsprechender Informationen keine Gelegenheit zur Mangelbeseitigung erhalten.[648] Um dem vorzubeugen, sollte in der Einladung zur Hauptversammlung eine klar verständliche Anleitung enthalten sein, wie die Aktionäre sich im Falle von technischen Störungen bei der Anmeldung zu verhalten haben und insbesondere an wen sie sich wenden können. Sofern sich trotz dieses ausdrücklichen Hinweises einzelne Aktionäre erst nach der Hauptversammlung beschweren und eine Verletzung ihres Teilnahme- und Stimmrechts geltend machen, tragen diese dann die Beweislast dafür, dass sie alles für die Anmeldung ihrerseits Erforderliche getan haben. Dieser Nachweis wird bei einer nicht erfolgten Kontaktaufnahme im Vorfeld der Hauptversammlung trotz eines ausdrücklichen Hinweises in der Einladung nur schwer zu führen sein. In Abhängigkeit von dem Ausmaß der technischen Störungen und der Anzahl der davon betroffenen Aktionäre kann es aber auch geboten sein, die Hauptversammlung zu verschieben oder neu einzuberufen.[649]

Um das Anfechtungsrisiko in Fällen, in denen die Teilnahmeberechtigung von Aktionären zweifelhaft ist, so gering wie möglich zu halten, bietet es sich an, dass der Versammlungsleiter die davon betroffenen Aktionäre mit deren Zustimmung als Gast zur Hauptversammlung zulässt.[650] Stimmt der Aktionär einer Zulassung als Gast unter Verzicht auf die Ausübung seiner Teilnahmerechte zu, kommt die Geltendmachung einer Rechtsverletzung nicht mehr in Betracht.[651] Als Alternative kommt auch bei zweifelhafter Teilnahmebefugnis die Zulassung als Aktionär in Betracht.[652] Diese Vorgehensweise ist jedoch mit einem Anfechtungsrisiko verbunden, da sich die angenommene Legitimation des Aktionärs im Nachhinein als fehlerhaft herausstellen kann. Im Gegensatz zu einer fehlerhaften Abweisung eines Aktionärs, die aufgrund des damit verbundenen Eingriffs in das Teilnahmerecht stets zu einer Anfechtbarkeit führt, besteht aber in diesem Fall aus Sicht der Gesellschaft und des Versammlungsleiters der rechtliche Vorteil darin, dass die fehlerhafte Zu-

---

[648] Siehe *Kuthe*, BB 2019, 776 (778).

[649] So auch *Kuthe*, BB 2019, 776 (778).

[650] So die Anregung von *Kuthe*, BB 2019, 776 (779).

[651] *Kubis*, in: MünchKomm. AktG, § 123 Rn. 51; einschränkend *Kuthe*, BB 2019, 776 (779), der zu Recht darauf hinweist, dass sich insbesondere größere und kritische Aktionäre darauf in der Regel nicht einlassen werden.

[652] Für diese Lösung plädierend etwa *Schwartzkopff*, HV, 3. Kap. Rn. 316; *Pliquett*, Haftung des HVL, S. 23.

lassung sich im Sinne der Relevanztheorie auf das Beschlussergebnis ausgewirkt haben muss.

### *b) Überprüfung von Identität sowie Teilnahme- und Stimmberechtigung der Aktionäre*

#### aa) Allgemeine Grundsätze

Die Überprüfung von Identität sowie Teilnahme- und Stimmberechtigung der Aktionäre muss noch vor Eröffnung der Hauptversammlung erfolgen, da eine sachgerechte Überprüfung der aktienrechtlichen Legitimation während der laufenden Hauptversammlung nicht mehr sicher gewährleistet werden kann.[653]

Vor Überprüfung der aktienrechtlichen Teilnahme- und Stimmrechtsausübungsberechtigung muss logisch vorrangig die Identität der Einlass begehrenden Personen ermittelt werden. Die zur Versammlung erschienenen Personen müssen ihre Identität gegenüber der Gesellschaft nachweisen; damit korreliert das Recht der Gesellschaft und des insoweit zuständigen Versammlungsleiters die Identität der zur Versammlung erschienenen Personen zu verifizieren.[654] Zu diesem Zweck kann die Vorlage des Personalausweises oder – bei ausländischen Personen – eines vergleichbaren Dokuments verlangt werden.[655] Der Möglichkeit einer verlässlichen Identitätsprüfung sind jedoch gerade bei Publikumsaktiengesellschaften Grenzen gesetzt. Im Rahmen von Präsenzversammlungen wird bei einem großen Teilnehmerkreis schon aus zeitlichen Gründen nur die Möglichkeit einer Plausibilitätsprüfung im Wege eines Abgleichs der aus den Ausweispapieren hervorgehenden Person mit dem in der Eintrittskarte Benannten bestehen.[656] Anderenfalls entstünde ein kaum zu bewältigender administrativer Aufwand, der die Gefahr mit sich brächte, dass die Hauptversammlung nicht entsprechend den Angaben in der Einberufung eröffnet werden kann. Dieses Problem stellt sich hingegen nicht bei virtuellen Hauptversammlungen, da die Identitätsprüfung digital durch den Einsatz einer entsprechenden Identifizierungssoftware erfolgen kann.[657]

Das Recht zur Teilnahme an der Hauptversammlung steht unentziehbar grundsätzlich allen Aktionären zu.[658] Dies gilt sowohl für Aktionäre, die stimmrechtslose Vorzugsaktien halten (§ 140 Abs. 1 AktG), als auch für Besitzer solcher Aktien, die wegen nicht geleisteter Einlage kein Stimmrecht verleihen (§ 134 Abs. 2 AktG).[659]

---

[653] *Zetsche*, in: KölnKomm. AktG, Anh. § 119 Rn. 75.

[654] *Kubis*, in: MünchKomm. AktG, § 123 Rn. 42.

[655] *Bärwaldt*, in: ArbeitsHdb. HV, § 8 Rn. 124.

[656] Siehe *Butzke*, HV AG, C. Rn. 50; *Noack/Zetsche*, in: KölnKomm. AktG, § 123 Rn. 65.

[657] Siehe dazu *Hüther*, Aktionärsbeteiligung und Internet, S. 258, 285 f.; *Noack*, ZGR 1998, 592 (601).

[658] *Hoffmann-Becking*, in: Münchhdb. GesR AG, § 37 Rn. 8.

[659] *Tröger*, in: KölnKomm. AktG, § 118 Rn. 154.

Auch der vorübergehende Erwerb von Aktien im Rahmen eines Wertpapierdarlehens im Sinne von § 607 BGB vermittelt ein Recht auf Teilnahme an der Hauptversammlung.[660] Etwas anderes gilt aber dann, wenn ein Aktionär aus seinen Aktien, etwa wegen Verstoßes gegen Mitteilungspflichten nach §§ 20, 21 AktG oder §§ 33 Abs. 1, 44 Abs. 1 WpHG, keine Rechte ausüben darf.[661] In diesen Fällen kann der betreffende Aktionär aus den Aktien auch kein Teilnahmerecht ableiten.[662] Auch und gerade wegen dieser möglichen Ausschlusstatbestände müssen die Anteils- und Stimmrechtsverhältnisse jedes Aktionärs zwingend vor Eröffnung der Hauptversammlung überprüft werden.

Unabhängig davon, ob die Satzung der Gesellschaft eine Anmeldung gemäß § 123 Abs. 2 Satz 1 AktG vorsieht oder nicht, besteht eine Verpflichtung der Aktionäre, ihre Berechtigung nachzuweisen.[663] Da sich bei Namensaktien die Legitimation zur Teilnahme und Stimmrechtsausübung aus der Eintragung im Aktienregister (§ 123 Abs. 5 i.V.m. § 67 Abs. 2 Satz 1 AktG) ergibt, ist ein zusätzlicher Nachweis entbehrlich und kann seitens der Gesellschaft bzw. des Versammlungsleiters auch nicht verlangt werden.[664] Bei Inhaberaktien kann die Satzung bestimmen, wie die Berechtigung nachzuweisen ist (§ 123 Abs. 3 Satz 1 AktG). Nach dem ARUG II reicht nunmehr ein Nachweis in Textform aus (§ 67c Abs. 3 AktG).[665] Nach § 123 Abs. 4 Satz 5 AktG ist bei Inhaberaktien im Verhältnis zur Gesellschaft eine Berechtigung zur Teilnahme nur dann gegeben, wenn der betreffende Aktionär den geforderten Nachweis erbracht hat. Nach Maßgabe von § 123 Abs. 4 Satz 2 AktG hat sich das sog. Record Date, d.h. der Termin, für den der Anteilsbesitz nach §§ 123 Abs. 4 Satz 1, 67c Abs. 3 AktG nachzuweisen ist, auf den Beginn des 21. Tages vor der Versammlung zu beziehen.[666] Bei Einsatz eines Stimmrechtsvertreters müssen börsennotierte Gesellschaften nach § 134 Abs. 3 Satz 4 AktG zudem eine Nachweisführung hinsichtlich der Bevollmächtigung im Wege der elektronischen Kommunikation ermöglichen.

#### bb) Zuständigkeit des Versammlungsleiters

Die Frage, wer für die abschließende Entscheidung über die Zulassung bzw. Nicht-Zulassung der Einlass begehrenden Aktionäre und Aktionärsvertreter zu-

---

[660] *J. Koch*, AktG, § 118 Rn. 27; *Kubis*, in: MünchKomm. AktG, § 118 Rn. 58.

[661] *Hoffmann-Becking*, in: MünchHdb. GesR AG, § 37 Rn. 8; nach § 71b AktG stehen der Gesellschaft aus eigenen Aktien keine Rechte zu.

[662] *Tröger*, in: KölnKomm. AktG, § 118 Rn. 156.

[663] *Kocher*, in: Wachter, AktG, § 123 Rn. 7f.

[664] *Hoffmann-Becking*, in: MünchHdb. GesR AG, § 37 Rn. 11.

[665] Siehe zu den neuen Regelungen des ARUG II hinsichtlich des Anmeldeprozesses und der Aktionärsidentifikation *Heun*, WM 2021, 1412 (1416f.).

[666] Nach Art. 2, § 1 Abs. 3 Satz 2 COVID-19-Gesetz hat sich der Nachweis im Fall einer verkürzten Einberufungsfrist auf den Beginn des zwölften Tages vor der Versammlung zu beziehen.

ständig ist, wird unterschiedlich beurteilt. Die ältere Literatur und Rechtsprechung gingen mehrheitlich noch davon aus, dass die Hauptversammlung als das von der Zulassung bzw. Nicht-Zulassung betroffene Organ auch für die Entscheidung hinsichtlich der Zulassung von Teilnehmern zuständig sei.[667] Nach der heute ganz herrschenden Auffassung in der Literatur fällt die Entscheidung indes in den Zuständigkeitsbereich des Versammlungsleiters.[668] Zum Verantwortungsbereich des Versammlungsleiters gehört es danach, im unmittelbaren Vorfeld und am Tag der Hauptversammlung die Einhaltung von Anmeldeerfordernissen zu überwachen, die Identitäten der Einlass begehrenden Personen zu überprüfen und auf dieser Grundlage über die Teilnahmeberechtigung und Zulassung von Personen zur Hauptversammlung zu entscheiden.[669]

Der heute herrschenden Meinung ist der Vorzug zu geben. Die Zuständigkeit der Versammlungsleitung ergibt sich einerseits aus deren Funktionsauftrag für eine ordnungsgemäße Abwicklung der Hauptversammlung zu sorgen und andererseits aus dem Hausrecht, das vom Versammlungsleiter in Vertretung für die Gesellschaft ausgeübt wird. Seinen diesbezüglichen Verpflichtungen kann der Versammlungsleiter nur dann gerecht werden, wenn er auch die Hoheit über die Zulassung der Versammlungsteilnehmer hat. Eine Zuständigkeit der Hauptversammlung würde die Leitungs- und Korrektivfunktion des Versammlungsleiters, die dieser als ein mit eigenen Rechten und Pflichten ausgestattetes Organ – und nicht lediglich als Teil des Organs Hauptversammlung – wahrnimmt, untergraben. Ebenso wenig kann es überzeugen, die Zuständigkeit für die Zulassung zur Hauptversammlung beim Vorstand anzusiedeln.[670] Zwar ist zu berücksichtigen, dass bestimmte vorbereitende Prozesse aus organisatorischen Gründen bereits im Vorfeld der Hauptversammlung angestoßen werden müssen und dies zwangsläufig durch die Gesellschaft erfolgen muss, da der Versammlungsleiter regelmäßig erst zu einem späteren Zeitpunkt tätig

---

[667] RG, Urt. v. 2.2.1923 – II 147/22, RGZ 106, 258 (260), das ohne nähere Begründung von einer Zuständigkeit der Generalversammlung ausgeht; *Brodmann*, Aktienrecht Kommentar, § 255 HGB Rn. 3 d); *S. Wilhelmi*, in: von Godin/Wilhelmi, AktG Kommentar, § 123 Anm. 8; *von Falkenhausen*, BB 1966, 337 (342); ebenso *Baumbach/Hueck*, AktG, 13. Aufl. 1968, § 123 Rn. 7, wonach in der Satzung aber auch eine andere Zuständigkeit festgelegt werden kann; offengelassen durch BGH, Urt. v. 25.9.1989 – II ZR 53/89, AG 1990, 78 (82).

[668] Siehe *Seibt*, ZIP 2014, 1909 (1915); *Noack*, BOARD 2011, 120 (122); *Butzke*, HV AG, C. Rn. 51; *Bezzenberger*, ZGR 1998, 352 (360); *Dietrich*, NZG 1998, 921 (924); *Martens*, Leitfaden HV, S. 38; *Schwartzkopff*, HV, 3. Kap. Rn. 316; *Mülbert*, in: Großkomm. AktG, § 129 Rn. 138; für Zuständigkeit des Vorstands aber *Noack/Zetsche*, in: KölnKomm. AktG, § 123 Rn. 69.

[669] *Bezzenberger*, ZGR 1998, 352 (360); *U. H. Schneider*, AG 2021, 58 (61); *Kuthe*, BB 2019, 776.

[670] Dafür aber *Noack/Zetsche*, in: KölnKomm. AktG, § 123 Rn. 69; ebenso wohl auch *Bezzenberger*, ZGR 1998, 352 (360); nach *Drinkuth/Heider*, in: FS 25 Jahre WpHG, S. 237 (266) soll die Kompetenz zur Prüfung der Teilnahme- und Stimmberechtigung erst ab Einlass der Aktionäre in die Versammlungsräumlichkeiten auf den Versammlungsleiter übergehen.

wird.[671] Auch ist die Gesellschaft für die personelle und infrastrukturelle Organisation der Einlasskontrolle verantwortlich.[672] Es handelt sich insoweit aber um rein organisatorische und dem faktischen Ablauf der Hauptversammlung geschuldete Zuständigkeiten, von denen keine rechtliche Bindungswirkung für den in der Hauptversammlung zuständigen Versammlungsleiter ausgehen kann und die daher auch nicht zu einer Verlagerung der Kompetenz zur Überprüfung der Teilnahmeberechtigung auf den Vorstand führen können.[673]

Fällt danach die Zuständigkeit für die Zulassung zur Hauptversammlung grundsätzlich dem Versammlungsleiter zu, so ergibt sich daraus zugleich auch dessen Recht und Pflicht, die Identität und die Teilnahmevoraussetzungen zu überprüfen. Denn erst auf Grundlage der Überprüfung von Identität und Teilnahmeberechtigung wird der Versammlungsleiter in die Lage versetzt, eine Entscheidung hinsichtlich der Zulassung zur Hauptversammlung zu treffen. Bei der Überprüfung kann sich der Versammlungsleiter auf die Identifizierung evidenter Mängel beschränken.[674] Um diese Pflichten bewältigen zu können, wird er auf die Unterstützung durch Hilfskräfte zurückgreifen und sich bereits im Vorfeld eng mit dem Vorstand abstimmen müssen. Etwas anderes gilt aber dann, wenn der Versammlungsleiter noch nicht feststeht, sondern erst durch Wahl der Hauptversammlung bestimmt wird. In diesem Fall wäre es sinnwidrig einem (noch) nicht existenten Versammlungsleiter die Kompetenz und Pflicht zur Überprüfung der Teilnahmevoraussetzungen und zur Entscheidung hinsichtlich der Zulassung von Teilnehmern zuzuweisen. Die diesbezügliche Entscheidungskompetenz muss in diesem Fall daher zwangsläufig beim Vorstand liegen.

### *c) Zulassung von Gästen*

Als Gast sind alle Personen zuzulassen, denen kein gesetzliches, vertragliches oder sonstiges Teilnahmerecht zusteht.[675] Zu den Gästen zählen insbesondere auch die Vertreter der Medien.[676] Keiner besonderen Zulassung bedürfen die administrativen Hilfskräfte von Vorstand und Versammlungsleiter, da diese nicht als Gäste zu qualifizieren sind.[677] Während sich die Teilnahmebefugnis von Hilfskräften im Vorfeld der Hauptversammlung zunächst aus dem Auswahl- und Weisungsrecht des Vorstands ableitet, entscheidet der Versammlungsleiter im Rahmen der laufenden

---

[671] *Stützle/Walgenbach*, ZHR (155) 1991, 516 (524), der als Beispiel die Ausstellung von Teilnahme- und Stimmkarten nennt.

[672] *Butzke*, HV AG, C. Rn. 31; *Bezzenberger*, ZGR 1998, 352 (360); *Sauerwald*, VersL im AktR, S. 72; siehe auch *Drinkuth/Heider*, in: FS 25 Jahre WpHG, S. 237 (241).

[673] *Stützle/Walgenbach*, ZHR (155) 1991, 516 (524).

[674] *Mülbert*, in: Großkomm. AktG, § 129 Rn. 138.

[675] Siehe zu den teilnahmeberechtigten Personen oben unter 1. Kapitel E. (S. 59 ff.).

[676] *Mülbert*, in: Großkomm. AktG, § 118 Rn. 93 f.

[677] *Hoffmann-Becking*, NZG 2017, 281 (287).

Versammlung kraft seiner Leitungskompetenz über die Zulassung und damit auch die Teilnahmebefugnis von Hilfskräften.[678]

Nach ganz herrschender Auffassung ist der Versammlungsleiter für die Zulassung von Gästen zuständig, wohingegen der Vorstand nur dann zuständig sein soll, wenn ihm in der Satzung oder in der Geschäftsordnung die Entscheidungskompetenz hinsichtlich der Zulassung von Gästen zugewiesen wird.[679] Da die Entscheidung über die Zulassung im (pflichtgemäßen) Ermessen des Versammlungsleiters steht, haben Gäste auch keinen Anspruch auf Teilnahme an der Hauptversammlung.[680] Gleiches gilt für mit der Zulassung zur Hauptversammlung verbundene weitere Rechte, wie zum Beispiel die Einsichtnahme des Teilnehmerverzeichnisses.[681]

Das Korrelat zu der Entscheidungskompetenz des Versammlungsleiters ist dessen Verantwortungspflicht für die zugelassenen Gäste. Friktionen können sich insoweit aus dem organisatorischen Ablauf der Hauptversammlung ergeben, da typischerweise der Vorstand im Vorfeld der Hauptversammlung bereits die Gästekarten versendet, ohne dass der Versammlungsleiter zu diesem Zeitpunkt mit der Gästeliste bereits aktiv befasst ist.[682] Der Versammlungsleiter hat daher die Pflicht bereits in diesem Stadium den Kontakt zum Vorstand zu suchen, um entweder selbst an der Auswahl der Gäste mitzuwirken oder jedenfalls den Vorstand dafür zu sensibilisieren, dass dieser bei Unklarheiten und offenen Fragen hinsichtlich bestimmter Gäste Rücksprache beim Versammlungsleiter zu nehmen hat.[683]

Sehr umstritten ist die Frage, ob dem Versammlungsleiter hinsichtlich der Zulassung von Gästen eine Letztentscheidungskompetenz zukommt oder ob die Hauptversammlung eine getroffene Entscheidung des Versammlungsleiters in Bezug auf die Zulassung oder Nichtzulassung eines Gastes durch einfachen Mehrheitsbeschluss revidieren kann mit der Folge, dass der Versammlungsleiter verpflichtet wäre, einen entsprechenden Antrag aus dem Aktionärskreis zur Abstimmung zu stellen. Ein gewichtiger Stimmenanteil spricht sich für eine Letztentscheidungskompetenz der Hauptversammlung aus und rekurriert zur Begründung insbesondere

---

[678] *Butzke*, HV AG, C. Rn. 31 (Fn. 43), der sich aber dafür ausspricht, dass ein nach erfolgreicher Abwahl des ursprünglichen Versammlungsleiters neu eingesetzter Versammlungsleiter über die bereits getroffenen Entscheidungen hinsichtlich des Einsatzes von Hilfskräften disponieren kann.

[679] *Herrler*, in: Grigoleit, AktG, § 118 Rn. 34; *Spindler*, in: K. Schmidt/Lutter, AktG, § 118 Rn. 48; *J. Koch*, AktG, § 118 Rn. 28 f.; *Kubis*, in: MünchKomm. AktG, § 118 Rn. 122; ebenso *Hoffmann-Becking*, NZG 2017, 281 (287), der mit Blick auf das aktienrechtliche Gleichbehandlungsgebot (§ 53a AktG) jedoch richtigerweise klarstellt, dass der Versammlungsleiter nicht nach freiem, sondern nur nach pflichtgemäßem Ermessen entscheiden kann; a. A. *Reinicke*, Rechtsstellung des Vorsitzenden einer HV, S. 65, der sich für eine Zuständigkeit des Vorstands ausspricht.

[680] *Marsch-Barner/von der Linden*, in: Marsch-Barner/Schäfer, Hdb. börsennotierte AG, § 35 Rn. 25; *Obermüller*, NJW 1969, 265.

[681] *Obermüller*, NJW 1969, 265; *J. Koch*, AktG, AktG, § 118 Rn. 29.

[682] Siehe *Butzke*, HV AG, C. Rn. 36.

[683] *Hoffmann-Becking*, NZG 2017, 281 (287).

auf den nichtöffentlichen Charakter der Hauptversammlung und das Selbstverwaltungsrecht der sich in der Hauptversammlung organisierenden Aktionärsschaft.[684] Die Gegenmeinung verweist auf die zeitlichen Probleme, die sich aus der Abstimmung in Bezug auf die Zulassung einzelner Personen ergeben können und lässt das Interesse einzelner dissentierender Aktionäre dahinter zurücktreten.[685]

Bei der Kompetenzabgrenzung zwischen Versammlungsleitung und Hauptversammlung ist maßgeblich, ob die jeweilige Maßnahme auf die Inhalte der Tagesordnung einwirkt oder ob ihr primär eine verfahrensleitende Funktion zukommt.[686] Liegt der Schwerpunkt der Maßnahme in der Beeinflussung der in der Hauptversammlung zu treffenden tagesordnungspunktbezogenen Sachentscheidungen, so muss die Entscheidungskompetenz bei der Hauptversammlung liegen, ansonsten beim Versammlungsleiter.[687] Die Teilnahme von Gästen hat indes keinen Einfluss auf die in der Hauptversammlung zu treffenden Sachentscheidungen. Gäste verfügen weder über ein Rede- noch über ein Stimmrecht oder sonstige mit der Aktionärsstellung verbundene versammlungsbezogene Rechte. Es ist vor diesem Hintergrund sachgerecht, die Letztentscheidungskompetenz hinsichtlich der Zulassung von Gästen dem Versammlungsleiter zuzuordnen.[688] Die Zulassung von Gästen kann

---

684 *Spindler*, in: K. Schmidt/Lutter, AktG, § 118 Rn. 48; *Hoffmann*, in: Spindler/Stilz, BeckOGK AktG, § 118 Rn. 39; *Kubis*, in: MünchKomm. AktG, § 118 Rn. 123; *Herrler*, in: Grigoleit, AktG, § 118 Rn. 33; *Reger*, in: Bürgers/Körber/Lieder, AktG, § 118 Rn. 10; *Stützle/Walgenbach*, ZHR (155) 1991, 516 (526 f.), die aber betonen, dass die Anordnung von Ordnungsmaßnahmen gegen zugelassene Gäste wiederum im ausschließlichen Kompetenzbereich des Versammlungsleiters liegt; für eine Zuständigkeit der Hauptversammlung bei Widerspruch aus dem Aktionärskreis auch *Zetsche*, in: KölnKomm. AktG, Anh. § 119 Rn. 84.

685 Siehe *Martens*, Leitfaden HV, S. 36 f.; *Drinhausen*, in: Hölters, AktG, § 118 Rn. 32; *Mülbert*, in: Großkomm. AktG, § 118 Rn. 93; *Marsch-Barner/von der Linden*, in: Marsch-Barner/Schäfer, Hdb. börsennotierte AG, § 35 Rn. 25; ebenso *Bezzenberger*, ZGR 1998, 352 (360), der darauf abhebt, dass durch die Teilnahme von Gästen und Medienvertretern die Interessen der Aktionäre in der Regel nicht verletzt werden; im Ergebnis ebenso *Obermüller*, NJW 1969, 265, der dem Versammlungsleiter aber das Recht zugesteht, die Entscheidung über die Zulassung von sich aus an die Hauptversammlung mit für ihn bindender Wirkung zu delegieren; einschränkend *Reinicke*, Rechtsstellung des Vorsitzenden einer HV, S. 67, der im Grundsatz zwar auch von einer Letztentscheidungskompetenz des Versammlungsleiters ausgeht, gleichzeitig aber der Hauptversammlung das Recht zugesteht von sich aus über die Zulassung von Gästen zu entscheiden, falls der Versammlungsleiter keine Entscheidung trifft.

686 Siehe dazu bereits oben unter 2. Kapitel D. IV. 7. (S. 131 f.).

687 *Ziemons*, in: K. Schmidt/Lutter, AktG, § 129 Rn. 72; *Niemz*, VL im AktR, S. 115; *Noack*, BOARD 2011, 120 (121); *Hoffmann-Becking*, NZG 2017, 281 (288).

688 Ebenso *Hoffmann-Becking*, NZG 2017, 281 (288), der zudem aus der Möglichkeit zur öffentlichen Übertragung der Hauptversammlung nach § 118 Abs. 4 AktG ableitet, dass der Gesetzgeber die Entscheidung über die Öffnung der Hauptversammlung nicht als ein der Hauptversammlung unentziehbares Recht ansieht; diese Argumentation ist stichhaltig, soweit im Anwendungsbereich des COVID-19-Gesetzes der Vorstand auch ohne Ermächtigung eine öffentliche Übertragung der Hauptversammlung anordnen kann (Art. 2, § 1 Abs. 1 COVID-19-Gesetz); es erscheint aber zweifelhaft, ob dieser Rückschluss auch dann gerechtfertigt ist, wenn Satzung oder Geschäftsordnung eine entsprechende Ermächtigung von Vorstand oder Ver-

darüber hinaus auch unmittelbar in der Satzung oder Geschäftsordnung geregelt werden.[689] Da die Zulassung von Teilnehmern in den genuinen Kompetenzbereich des Versammlungsleiters fällt, muss dem Versammlungsleiter aber auch in diesem Fall eine Letztentscheidungskompetenz verbleiben. Die Satzungs- und Geschäftsordnungsregelungen können aber in Bezug auf die Ermessensentscheidung des Versammlungsleiters je nach Ausgestaltung eine vorsteuernde Wirkung entfalten. Der Versammlungsleiter bedarf daher eines sachlichen Grundes, um von einer in der Satzung oder Geschäftsordnung generell für zulässig erklärten Teilnahme von Gästen ermessensfehlerfrei abweichen zu können.[690] Der Versammlungsleiter schuldet der Hauptversammlung ungeachtet seiner Letztentscheidungskompetenz Auskunft über die zugelassenen Gäste und ggf. auch über die angelegten Auswahlkriterien, sofern dies aus dem Aktionärskreis verlangt wird.[691]

### *d) Anordnung von Eingangskontrollen*

Die bisherigen Ausführungen haben gezeigt, dass der Versammlungsleiter grundsätzlich für die Prüfung der Teilnahmevoraussetzungen der Einlass begehrenden Aktionäre und Aktionärsvertreter sowie die Entscheidung über die Zulassung von Aktionären und Gästen zuständig ist. Im Weiteren soll der Frage nachgegangen werden, ob und in welchem Umfang der Versammlungsleiter auch zur Anordnung von Zugangskontrollen befugt ist und welche Risiken in diesem Zusammenhang bestehen.

#### aa) Reichweite und Grenzen der Befugnisse des Versammlungsleiters

Der Versammlungsleiter hat grundsätzlich die Befugnis, zwecks Gewährleistung der Sicherheit der Hauptversammlungsteilnehmer bei Präsenzversammlungen im Eingangsbereich zur Hauptversammlung Sicherheitskontrollen wie auf Flughäfen durchführen zu lassen, um so das Mitführen von Waffen oder sonstigen gefährlichen Gegenständen zu unterbinden.[692] Sofern der Versammlungsleiter eine Sicherheitskontrolle für erforderlich erachtet, muss er sich bereits im Vorfeld der Hauptversammlung eng mit dem Vorstand abstimmen, da letzterer für die organisatorische

---

sammlungsleiter nicht vorsehen und die Hauptversammlung sich folglich einer entsprechenden Selbstbindung in Bezug auf die öffentliche Übertragung nicht unterworfen hat.

[689] *J. Koch*, AktG, § 118 Rn. 28; ebenso *Sauerwald*, VersL im AktR, S. 92.

[690] Insoweit gelten die gleichen Grundsätze wie bei § 131 Abs. 2 Satz 2 AktG, siehe dazu bereits oben unter 2. Kapitel F. II. 3. (S. 177).

[691] Siehe *Hoffmann-Becking*, NZG 2017, 281 (288); *Mülbert*, in: Großkomm. AktG, § 118 Rn. 93; *Zetsche*, in: KölnKomm. AktG, Anh. § 119 Rn. 83.

[692] AG München, Urt. v. 14. 12. 1994 – 263 C 23327/94, AG 1995, 335; *Butzke*, HV AG, D. Rn. 22; *Marsch-Barner/von der Linden*, in: Marsch-Barner/Schäfer, Hdb. börsennotierte AG, § 35 Rn. 39; *Martens*, Leitfaden HV, S. 43; siehe dazu auch *Weber*, in: Studien des DAI 2008, Heft 41, S. 37 (41 f.).

Vorbereitung der Hauptversammlung, wozu auch die Bereitstellung des entsprechenden Personals im Rahmen der Sicherheitskontrolle gehört, verantwortlich ist.[693]

Zum Teil wird die Kompetenz des Versammlungsleiters zur Anordnung von Sicherheitskontrollen nur einschränkend bei Vorliegen einer konkreten Gefährdung für zulässig erachtet und anlasslose körperliche Untersuchungen unter Hinweis auf das grundsätzliche Teilnahmerecht der Aktionäre abgelehnt.[694] Diese Ansicht überzeugt nicht. Der Versammlungsleiter trägt die Verantwortung für einen reibungslosen Ablauf der Hauptversammlung und damit auch für die Sicherheit der an ihr mitwirkenden Teilnehmer. Die Gewährleistung der Sicherheit der Hauptversammlungsteilnehmer muss insoweit Vorrang genießen. So wertete auch die Rechtsprechung die Durchsuchung mittels eines Durchleuchtungsgerätes auch ohne eine konkrete Gefahr im Sinne polizeirechtlicher Kategorien als eine zulässige Maßnahme.[695] Der Versammlungsleiter muss aber bei der Durchführung von Sicherheitskontrollen stets das Gebot der Gleichbehandlung der Aktionäre (§ 53a AktG) und den Verhältnismäßigkeitsgrundsatz wahren. Aus diesem Grund muss der Versammlungsleiter darauf achten, dass die angeordneten Kontrollmaßnahmen bei allen Teilnehmern der Hauptversammlung in gleicher Weise durchgeführt werden.[696] Auch stellt etwa die Einsichtnahme in mitgeführte Taschen und Utensilien ohne konkrete Verdachtsmomente in der Regel einen unverhältnismäßigen Eingriff in das allgemeine Persönlichkeitsrecht (Art. 2 Abs. 1 GG i. V. m. Art. 1 Abs. 1 GG) dar.[697] Verstöße gegen diese rechtlichen Prämissen führen zu einer Anfechtbarkeit der in der Hauptversammlung gefassten Beschlüsse. Gleiches gilt, wenn ein Aktionär sich einer nach den vorstehenden Maßstäben unrechtmäßigen Einlasskontrolle verweigert und ihm in der Folge der Zugang zur Hauptversammlung versagt bleibt.[698]

Der Versammlungsleiter hat ferner dafür Sorge zu tragen, dass es nicht zu Überschneidungen mit dem Zuständigkeits- und Kompetenzbereich der Polizei kommt. Die Zuständigkeit der Polizei ist zum Beispiel dann gegeben, wenn der Zugang zum Tagungsgebäude durch allgemeine Verkehrsstörungen oder gezielte Demonstrationen behindert wird.[699] Auch im Fall von Bombendrohungen oder sonstigen Störungen der öffentlichen Sicherheit und Ordnung ist die Polizei zu-

---

693 Siehe *Bezzenberger*, ZGR 1998, 352 (360); *Butzke*, HV AG, C. Rn. 31; *Sauerwald*, VersL im AktR, S. 72.

694 Dafür *Jäger*, WiB 1996, 457 (462).

695 OLG Frankfurt a. M., Beschl. v. 16. 2. 2007 – 5 W 43/06, NZG 2007, 310 (311), wonach aber eine Einsichtnahme in mitgeführte Taschen und Utensilien ohne konkrete Verdachtsmomente unzulässig ist und insofern die Verwendung eines Durchleuchtungsgerätes erforderlich ist, um einen Eingriff in das allgemeine Persönlichkeitsrecht zu vermeiden; kritisch *Arnold/Carl/Götze*, AG 2011, 349 (352).

696 *Marsch-Barner/von der Linden*, in: Marsch-Barner/Schäfer, Hdb. börsennotierte AG, § 35 Rn. 39.

697 Siehe OLG Frankfurt a. M., Beschl. v. 16. 2. 2007 – 5 W 43/06, NZG 2007, 310 (311).

698 Siehe dazu bereits oben unter 2. Kapitel F. III. 3. a) dd) (S. 201 f.).

699 *Max*, AG 1991, 77 (80 f.); *Martens*, Leitfaden HV, S. 42.

ständig.[700] Soweit die Zugangsbehinderungen sich nicht auf den der Zuständigkeit und der Kontrolle des Versammlungsleiters obliegenden räumlichen Bereich des Veranstaltungsortes beziehen, können die Aktionäre aus der Zugangsverhinderung keine Verletzung ihres Teilnahmerechts und damit auch keine Anfechtbarkeit nach § 243 Abs. 1 AktG i. V. m. § 245 Nr. 2 AktG ableiten.[701] In diesem Zusammenhang offenbart sich ein weiterer Vorzug virtueller Hauptversammlungsformate insoweit, als dass eine physische Kontrolle der Versammlungsteilnehmer entbehrlich wird. Zwar darf die Gefahr, die von Hackern und allgemein der Cyberkriminalität ausgeht, nicht unterschätzt werden. Das diesbezügliche Gefährdungspotential ist aber nicht höher einzuschätzen als die Gefahr des unbefugten Eindringens ungebetener Gäste oder von Störern im Rahmen einer Präsenzhauptversammlung.[702]

#### bb) Auswirkungen infektionsschutzrechtlicher Bestimmungen

Eine neue Herausforderung im Zusammenhang mit der Einlasskontrolle bei Präsenzversammlungen ergibt sich für die Versammlungsleitung aus den zusätzlichen Anforderungen pandemiebedingter Infektionsschutzauflagen. Insbesondere stellt sich in diesem Zusammenhang die Frage, ob und in welchem Umfang der Versammlungsleiter auch Sicherheitskontrollen zur Feststellung von Krankheitssymptomen durchführen lassen kann. Bedenken bestehen unter dem Blickwinkel des Datenschutzrechts hinsichtlich der Wahrung des allgemeinen Persönlichkeitsrechts (Art. 2 Abs. 1 GG i. V. m. Art. 1 Abs. 1 GG) und der damit in Zusammenhang stehenden Gefahr einer unberechtigten Teilnahmeverweigerung.[703]

Nach Maßgabe von § 32 Satz 1 IfSG i. V. m. § 28 IfSG haben die Länder die Möglichkeit, durch Rechtsverordnungen und Allgemeinverfügungen entsprechende Gebote und Verbote zur Bekämpfung übertragbarer Krankheiten zu erlassen.[704] Durch die Einführung des § 28a IfSG hat der Gesetzgeber zudem eine ergänzende gesetzliche Grundlage geschaffen, um Maßnahmen speziell gegen die COVID-19-Pandemie vorzusehen.[705] Allgemein anerkannt ist, dass der Begriff der „*Veranstaltung*“ bzw. „*Ansammlung von Menschen*“ i. S. d. § 28 Abs 1 Satz 2 IfSG weit aus-

---

[700] *Marsch-Barner/von der Linden*, in: Marsch-Barner/Schäfer, Hdb. börsennotierte AG, § 35 Rn. 40.

[701] Ebenso *Max*, AG 1991, 77 (81).

[702] *Hasselbach/Schumacher*, ZGR 2000, 258 (268 f.); ebenso *Hüther*, Aktionärsbeteiligung und Internet, S. 286 f.; auf die besondere Gefahr manipulativer Eingriffe seitens Dritter hinweisend aber *Heckschen/Hilser*, ZIP 2022, 670 (672).

[703] Vgl. OLG Frankfurt a. M., Beschl. v. 16. 2. 2007 – 5 W 43/06, NZG 2007, 310 (311), wonach Durchsuchungen ohne konkrete Verdachtsmomente zunächst nur mittels eines Durchleuchtungsgerätes zu erfolgen haben und erst bei Feststellung eines Gefahrenverdachts zu einer Einsichtnahme von Taschen oder anderen Utensilien übergegangen werden kann.

[704] Siehe dazu *Sangs/Eibenstein*, JZ 2021, 710 (711); *Seiler*, JZ 2021, 924 (928 f.).

[705] Diese spezifische Corona-Verordnungsermächtigung ist nach Maßgabe von § 28a Abs. 10 Satz 1 IfSG bis zum 19. 3. 2022 befristet; diese Frist kann nach § 28a Abs. 10 Satz 2 IfSG vom Deutschen Bundestag einmalig um bis zu drei Monate verlängert werden.

zulegen ist und demzufolge auch die Hauptversammlung einer Aktiengesellschaft erfasst.[706] Dies gilt neben der „regulären" Präsenzversammlung auch für die Hybrid-HV, da diese eine Sonderform der Präsenzversammlung darstellt.[707] Gleichfalls erfasst vom Anwendungsbereich des § 28 Abs. 1 Satz 2 IfSG sind die Corona-HV und die virtuelle HV-RefE, da auch insoweit ein Rumpfpräsenzort besteht an dem in der Regel mindestens drei Personen physisch zusammentreffen.[708] Hauptversammlungen von Aktiengesellschaften unterfallen indes nicht dem sachlichen Schutzbereich des Grundrechts auf Versammlungsfreiheit (Art. 8 Abs. 1 GG), da der Zweck der Hauptversammlung nicht der Erörterung öffentlicher Angelegenheiten dient.[709] Eine vom Versammlungsleiter angeordnete Maßnahme zur Feststellung von Krankheitssymptomen, die der Umsetzung infektionsschutzrechtlicher Auflagen dient, kann somit nicht an Art. 8 GG gemessen werden.

Der Versammlungsleiter hat nicht nur das Recht, sondern auch die Pflicht die behördlichen Vorgaben in Bezug auf maximale Teilnehmerzahlen und Abstandsgebote im Rahmen der Einlasskontrolle zu berücksichtigen.[710] Infektionsschutzrechtliche Maßnahmen des Versammlungsleiters, wie etwa die Überprüfung der Körpertemperatur, berühren aus datenschutzrechtlicher Perspektive zwar den Schutzbereich des allgemeinen Persönlichkeitsrechts (Art. 2 Abs. 1 GG i. V. m. Art. 1 Abs. 1 GG).[711] Sofern der Aktionär die Maßnahme an sich vornehmen lässt, ist der Eingriff indes schon aufgrund der darin liegenden (konkludenten) Einwilligung gerechtfertigt.[712] Die in Rede stehende Maßnahme zur Beschränkung des Zugangs zur Hauptversammlung ist unabhängig davon jedenfalls dann zulässig, wenn sie der pflichtgemäßen und verhältnismäßigen Umsetzung zwingender infektionsschutzrechtlicher Vorgaben dient.[713] Dies ergibt sich schon daraus, dass auch die Aktionäre einen Anspruch auf Vornahme entsprechender Einlasskontrollen durch die Gesell-

---

[706] *Kießling*, in: IfSG Komm., § 28 Rn. 40.

[707] Siehe oben unter 1. Kapitel D. II. 2. (S. 40).

[708] Vgl. zu der notwendigen Teilnehmeranzahl OVG Münster, Beschl. v. 19. 5. 2020 – 13 B 557/20.NE, openJur2020, 5763 Rn. 67.

[709] Vgl. BVerfG, Beschl. v. 24. 10. 2001 – 1 BvR 1190/90, NJW 2002, 1031 (1032); BVerfG, Beschl. v. 12. 7. 2001 – 1 BvQ 28/01 / 1 BvQ 30/01, NJW 2001, 2459 (2460); siehe auch *Zetsche*, in: KölnKomm. AktG, Anh. § 119 Rn. 82 zur Nichtanwendbarkeit des Versammlungsgesetzes (VersG) aufgrund des nichtöffentlichen Charakters der Hauptversammlung.

[710] Siehe *Schäfer*, NZG 2020, 481 (482); *Guntermann*, ZGR 2021, 436 (447 f.); *J. Koch*, AktG, § 118 Rn. 42b.

[711] *Mayer/Jenne*, BB 2020, 835 (842).

[712] Ebenso *Guntermann*, ZGR 2021, 436 (449); kritisch unter Hinweis auf Art. 9 Abs. 2 DSGVO *Mayer/Jenne*, BB 2020, 835 (842, Fn. 130).

[713] Siehe *Gärditz*, NJW 2021, 2761; vgl. auch LG Köln, Hinweisbeschl. v. 26. 2. 2021 – 82 O 53/20, AG 2021, 446, wonach die mit der Corona-HV einhergehenden vorübergehenden Beschränkungen u. a. auch dem Infektionsschutz der Aktionäre dienen und insoweit weder verfassungsrechtlichen noch europarechtlichen Bedenken begegnen; im Ergebnis für eine Verhältnismäßigkeit der durch die Corona-Schutzverordnungen bedingten Einschränkungen auch *Seiler*, JZ 2021, 924 (929 f.); zur Angemessenheit infektionsschutzrechtlicher Auflagen im Versammlungskontext vgl. BVerfG, Beschl. v. 17. 4. 2020 – 1 BvQ 37/20, NVwZ 2020, 711 ff.

schaft und den Versammlungsleiter haben, um sich nicht der Gefahr einer Ansteckung aussetzen zu müssen.[714] Vor diesem Hintergrund bestehen jedenfalls keine durchgreifenden rechtlichen Bedenken, wenn der Versammlungsleiter den Zugang zur Hauptversammlung bei gesteigerten Infektionsrisiken wie im Kontext der COVID-19-Pandemie von geringinvasiven Maßnahmen wie Handdesinfektionen, Maskenpflichten, Schnelltestpflichten oder kontaktlosen Temperaturmessungen abhängig macht.[715] Auch kann der Versammlungsleiter während der laufenden Hauptversammlung die Bewegungsfreiheit der Aktionäre etwa durch Zuteilung eines festen Sitzplatzes einschränken, um dadurch behördliche Abstandsgebote umzusetzen. Bei sämtlichen infektionsschutzbezogenen Maßnahmen muss der Versammlungsleiter jedoch stets auf die Einhaltung des aktienrechtlichen Gleichbehandlungsgrundsatz (§ 53a AktG) achten. Es besteht indes keine Pflicht des Versammlungsleiters, die Teilnehmer vor sämtlichen möglichen Krankheitserregern zu schützen. So ist etwa die Ansteckung mit Erkältungsviren dem allgemeinen Lebensrisiko zuzurechnen und kann für sich genommen auch nicht die Vornahme von Körpertemperaturmessungen oder sonstigen infektionspräventiven Maßnahmen rechtfertigen.

Angesichts der fortschreitenden COVID-19-Impfquote stellt sich für die Präsenzversammlung bzw. Hybrid-HV die weitergehende Frage, ob eine Durchführung in der Weise möglich ist, dass geimpfte, getestete oder genesene Aktionäre an einem Versammlungsort physisch zusammenkommen können, während die sonstigen Aktionäre vom Versammlungsleiter auf eine elektronische Teilnahme verwiesen werden. Sofern der Versammlungsleiter diejenigen Versammlungsteilnehmer, die den geltenden 2G(plus) oder 3G(plus) Regeln nicht entsprechen, zu der Versammlung nicht zulässt und ihnen die Möglichkeit einer elektronischen Teilnahme offensteht, verstößt er damit nicht gegen den Gleichbehandlungsgrundsatz (§ 53a AktG), da er in Umsetzung zwingender gesetzlicher Vorgaben handelt.[716] Da nicht unterstellt werden kann, dass ungeimpfte Aktionäre die Maskenpflichten und Temperaturmessungen bei der Einlasskontrolle verweigern würden, ist eine Aufteilung der Aktionäre in der vorstehend skizzierten Weise im Anwendungsbereich der Hybrid-HV nach § 118 Abs. 1 Satz 2 AktG aber nur dann zulässig, wenn die auf die elektronische Teilnahme verwiesenen Aktionäre ihre versammlungsgebundenen

---

[714] So auch *Kubis*, in: MünchKomm. AktG, § 119 Rn. 136; *Mayer/Jenne*, BB 2020, 835 (841); differenzierend *Guntermann*, ZGR 2021, 436 (445 f.), die eine Schutzpflicht gegenüber den Aktionären nur bei einem erhöhen Infektionsrisiko bejaht; zur diesbezüglichen Schutzpflicht des Gesetzgebers siehe auch *Seiler*, JZ 2021, 924 (929).

[715] So auch *Noack*, DB 2020, 658 (661); vgl. auch *Gärditz*, NJW 2021, 2761 (2762); *Guntermann*, ZGR 2021, 436 (449 f.); zurückhaltender unter Hinweis auf das Anfechtungsrisiko aber *Mayer/Jenne*, BB 2020, 835 (842).

[716] So auch *Guntermann*, ZGR 2021, 436 (447); siehe auch die Einladung der Deutschen Telekom AG zu ihrer als Präsenzversammlung stattfindenden Hauptversammlung am 7. April 2022, S. 12 (abrufbar unter https://www.telekom.com/de/investor-relations/aktie/hauptversamm lung).

Rechte in vollem Umfang ausüben können. Eine im Rahmen der Hybrid-HV[717] grundsätzlich mögliche Einschränkung der (elektronischen) Teilnahmerechte kommt insoweit nicht in Betracht, da den vom Ausschluss betroffenen Aktionären gerade kein Anspruch auf Teilnahme an der Präsenzversammlung zusteht. Auch wenn eine derartige Aufteilung der Aktionärsschaft bei Beachtung der vorstehenden rechtlichen Vorgaben möglich ist, so ist mit dieser Vorgehensweise gleichwohl ein nicht zu unterschätzendes Anfechtungsrisiko verbunden.[718]

### 4. Ergebnis

Der Versammlungsleiter hat im Rahmen seines Funktionsauftrags, eine ordnungsgemäße Abwicklung der Hauptversammlung zu gewährleisten, den Zugang zur Versammlung zu steuern und zu überwachen. Dieses gilt bezogen auf den Anmeldeprozess, die Überprüfung der Identitäten und Stimmrechtsbefugnisse, die Entscheidung über die Zulassung von Aktionären und Gästen sowie die Anordnung von Einlasskontrollen. Die diesbezügliche Verantwortung liegt jedoch allein beim Vorstand, wenn der Versammlungsleiter erst nachträglich auf Grundlage einer Wahl der Hauptversammlung in sein Amt gelangen soll. Steht der Versammlungsleiter aufgrund satzungsmäßiger Bestimmung schon fest, so muss er sich bei der Erfüllung seiner Verpflichtung eng mit dem Vorstand, der als Ausrichter der Hauptversammlung auch für deren organisatorische Vorbereitung verantwortlich ist, abstimmen. Fehler beim Anmelde- und Identifikationsprozess berechtigen die betroffenen Aktionäre zur Anfechtung der in der Versammlung getroffenen Beschlüsse, sofern der Mangel der Sphäre der Gesellschaft bzw. des Versammlungsleiters zuzuordnen ist.

Die Entscheidung über die Zulassung von Gästen fällt in den Verantwortungsbereich des Versammlungsleiters. Ein Letztentscheidungsrecht der Hauptversammlung ist insoweit abzulehnen, da der Zutritt von Gästen und Medienvertretern keinen Einfluss auf die in der Hauptversammlung zu treffenden Sachentscheidungen hat. Die Auswahl hat der Versammlungsleiter nach pflichtgemäßem Ermessen vorzunehmen. Sofern sich sie Zulässigkeit einer Teilnahme von Gästen und Medienvertretern aus der Satzung oder Geschäftsordnung ergibt, berührt dies die Letztentscheidungskompetenz des Versammlungsleiters nicht. Der Versammlungsleiter bedarf aber eines sachlichen Grundes, wenn er entgegen der Satzungs- bzw. Geschäftsordnungsbestimmung Gäste und Medienvertreter nicht zulassen will.

Der Versammlungsleiter kann im Interesse der Sicherheit der Versammlungsteilnehmer Eingangskontrollen auch ohne konkrete Gefahr im polizeirechtlichen Sinn anordnen wobei er jedoch stets die Prinzipien der Gleichbehandlung und der Verhältnismäßigkeit zu beachten hat. Auch dem Infektionsschutz dienende Maß-

[717] Siehe dazu oben unter 1. Kapitel D. II. 2. (S. 40 f.).

[718] Siehe zu dem bestehenden Anfechtungsrisiko im Zusammenhang mit Schutzmaßnahmen auch *Guntermann*, ZGR 2021, 436 (446 f.).

nahmen des Versammlungsleiters sind im Zusammenhang mit der Zugangskontrolle zulässig und auch verpflichtend, sofern sie der Umsetzung zwingender infektionsschutzrechtlicher bzw. behördlicher Vorgaben dienen. Ein Anspruch der Aktionäre auf Vornahme solcher Maßnahmen besteht nur bei erhöhten Infektionsrisiken.

## IV. Aufgabenbereich während der Hauptversammlung

Während der laufenden Hauptversammlung trägt der Versammlungsleiter die Verantwortung dafür, dass die Tagesordnungspunkte in einem geordneten Verfahren sachlich und zügig erörtert werden. Er muss sicherstellen, dass die Fragen der Aktionäre unter Berücksichtigung des zur Verfügung stehenden zeitlichen Rahmens erschöpfend beantwortet werden und dass über sämtliche Beschlussgegenstände abgestimmt wird.

### 1. Eröffnung der Hauptversammlung

Eine förmliche Eröffnung der Hauptversammlung ist weder im Gesetz vorgesehen noch ist sie Voraussetzung für eine wirksame Beschlussfassung.[719] In der Praxis markiert sie gleichwohl den „offiziellen" Beginn der Hauptversammlung.[720] Die Eröffnung der Hauptversammlung gehört nach allgemeiner Auffassung zum originären Aufgabenkreis der Versammlungsleitung.[721] Zu unterscheiden ist insoweit zwischen den nachstehend dargestellten Konstellationen.

#### *a) Eröffnung durch den in Satzung oder Geschäftsordnung bestimmten Versammlungsleiter*

In der Einberufung wird der Beginn der Hauptversammlung durch Angaben zu Tag, Ort und Uhrzeit verbindlich festgelegt.[722] Die Eröffnung durch den satzungs- oder geschäftsordnungsmäßigen Versammlungsleiter muss den zeitlichen Angaben in der Einberufung entsprechen. Insbesondere kann eine Eröffnung vor dem in der Einberufung genannten Zeitpunkt zu Anfechtungsrisiken führen, wenn Aktionäre auf dieser Grundlage eine Verkürzung ihres Teilnahmerechts geltend machen.[723] Eine verzögerte Eröffnung hat bei Präsenzversammlungen ihren Grund häufig darin, dass die Einlasskontrollen mehr Zeit in Anspruch nehmen als geplant. Bei der

---

[719] BGH, Urt. v. 30.6.2015 – II ZR 142/14, ZIP 2015, 2069 (2073).

[720] Vgl. zum Eröffnungszeitpunkt bereits die obigen Ausführungen unter 2. Kapitel F. III. 2. b) (S. 188 f.).

[721] *Zetsche*, in: KölnKomm. AktG, Anh. § 119 Rn. 87; *Kubis*, in: MünchKomm. AktG, § 119 Rn. 133.

[722] *Bungert*, in: MünchHdb. GesR AG, § 36 Rn. 42.

[723] Vgl. LG München I, Urt. v. 20.1.2011 – 5HK O 18800/09, AG 2011, 211 (217).

Hybrid-HV und einer virtuellen Hauptversammlung kann es infolge technischer Probleme im Zusammenhang mit der elektronischen Zuschaltung von Aktionären zu einer verzögerten Eröffnung kommen. In Bezug auf die daraus resultierenden Anfechtungsrisiken kommt es auf das Ausmaß der Verzögerung im Einzelfall an. Eine geringfügige Verzögerung von bis zu dreißig Minuten ist rechtlich nicht zu beanstanden.[724] Eine verzögerte Eröffnung kann aber dann ein Anfechtungsrisiko nach sich ziehen, wenn sie zu einer Überlänge der Hauptversammlung führt oder der Versammlungsleiter in der Folge Redezeitbeschränkungen anordnen muss, um die Hauptversammlung trotz verspäteter Eröffnung noch rechtzeitig abwickeln zu können.[725]

### *b) Eröffnung durch den gerichtlich bestimmten Versammlungsleiter*

Nach § 122 Abs. 3 Satz 2 AktG wird der Versammlungsleiter zeitgleich mit der Ermächtigung zur Einberufung der Hauptversammlung durch das Gericht bestimmt. Zwar ist anerkannt, dass die Bestimmung des Versammlungsleiters auch nachgelagert und auch noch nach der Einberufung der Versammlung oder Ergänzung der Tagesordnung erfolgen kann.[726] Eine nach Eröffnung der Hauptversammlung erfolgende gerichtliche Bestimmung scheidet im Fall der Ermächtigung zur Einberufung der Hauptversammlung aber schon deswegen aus, da die Hauptversammlung von Beginn an von dem gerichtlich bestellten Versammlungsleiter geleitet werden muss.[727] Auch wenn der gerichtlich bestellte Versammlungsleiter nur für einen bestimmten Tagesordnungspunkt bestellt wird, muss dessen Person aus Gründen der Rechtsklarheit spätestens bis zum Zeitpunkt der Eröffnung der Hauptversammlung verbindlich feststehen.

Den gerichtlich bestellten Versammlungsleiter trifft im Fall des § 122 Abs. 3 Satz 1 Var. 1 AktG auch die Pflicht zur Eröffnung der Hauptversammlung, sofern er nach Maßgabe von § 122 Abs. 3 Satz 1 Var. 1, Satz 2 AktG für die gesamte Hauptversammlung bestellt wird. Wenn der Versammlungsleiter nur für einen ergänzten Tagesordnungspunkt (§ 122 Abs. 3 Satz 1 Var. 2, Satz 2 AktG) gerichtlich bestellt wird und es dadurch zu einer Aufspaltung der Versammlungsleitung kommt, verbleibt die „reguläre" Leitungskompetenz nach ganz herrschender Auffassung bei

---

[724] Siehe nur *Kubis*, in: MünchKomm. AktG, § 119 Rn. 137.

[725] *Kubis*, in: MünchKomm. AktG, § 121 Rn. 37.

[726] *Bungert*, in: MünchHdb. GesR AG, § 36 Rn. 33; *Rieckers*, in: Spindler/Stilz, BeckOGK AktG, § 122 Rn. 72; *Reichert/Balke*, in: ArbeitsHdb. HV, § 4 Rn. 56 (Fn. 179).

[727] Siehe auch OLG Hamburg, Urt. v. 16.12.2011 – 11 W 89/11, AG 2012, 294 (295), wonach das Gericht einen Versammlungsleiter auch nachträglich und isoliert bis zur Eröffnung der Hauptversammlung bestimmen kann; a. A. unter Berufung auf den gesetzlichen Wortlaut „*zugleich*" aber LG Marburg, Beschl. v. 18.5.2005 – 4 T 2/05, AG 2005, 742 f.

dem jeweiligen satzungsmäßig zuständigen Versammlungsleiter.[728] Diesem obliegt es dann folgerichtig auch, die Hauptversammlung zu eröffnen.

#### *c) Eröffnung durch den provisorischen Versammlungsleiter*

Sofern der Versammlungsleiter erst durch die Hauptversammlung gewählt werden soll, fällt die Eröffnung in den Aufgabenbereich eines provisorischen Versammlungsleiters.[729] Dabei wird es sich in der Regel um den einberufenden Vorstand bzw. Vorstandsvorsitzenden handeln, der dann sowohl für die förmliche Eröffnung der Hauptversammlung als auch für die sich unmittelbar anschließende Leitung der Wahl des regulären Versammlungsleiters verantwortlich zeichnet.[730] Im Fall des § 122 Abs. 3 Satz 1 Var. 1 AktG liegt die Eröffnungskompetenz bei der einberufenden Aktionärsminderheit, sofern das Gericht keinen Versammlungsleiter bestellt und die Bestimmung des Versammlungsleiters erst durch Wahl in der Hauptversammlung erfolgen soll.

### 2. Feststellung der Einberufungsvoraussetzungen und Benennung der gesondert zugelassenen Personen

Die Feststellung der Einberufungsvoraussetzungen schließt sich in der Regel unmittelbar an die Eröffnung der Hauptversammlung an und beinhaltet u. a. die Erläuterung der form- und fristgerechten Einberufung sowie die Feststellung der Anwesenheit von Vorstands- und Aufsichtsratsmitgliedern.[731] Den Versammlungsleiter trifft in Bezug auf diese Feststellungen zwar keine Pflicht, gleichwohl hat sich dieses Vorgehen in der Praxis etabliert und bewährt, da es die Ordnungsgemäßheit der Einberufung dokumentiert und dies im notariellen Protokoll festgehalten werden kann.[732] Von der Feststellung der Einberufungsvoraussetzungen geht keine konstitutive oder heilende Wirkung aus, so dass objektiv fehlende Einberufungsvoraussetzungen nicht durch die Erklärung des Versammlungsleiters ersetzt werden können, andererseits aber das objektive Vorliegen der Einberufungsvoraussetzungen auch nicht durch eine fehlerhafte abweichende Erklärung beeinflusst wird.[733]

---

[728] *Butzke*, in: Großkomm. AktG, § 122 Rn. 93; *Geßler*, Komm. AktG, § 122 Rn. 7; *Ziemons*, in: K. Schmidt/Lutter, AktG, § 122 Rn. 62; *Herrler*, in: Grigoleit, AktG, § 122 Rn. 17; *Rieckers*, in: Spindler/Stilz, BeckOGK AktG, § 122 Rn. 71; im Ergebnis ebenso *Kubis*, in: MünchKomm. AktG, § 122 Rn. 72; a. A. *Mertens*, AG 1997, 481 (490).

[729] Siehe dazu bereits oben unter 2. Kapitel E. I. 2. (S. 138).

[730] *Kubis*, in: MünchKomm. AktG, § 119 Rn. 114, 137.

[731] *Butzke*, HV AG, D. Rn. 24.

[732] *Butzke*, HV AG, D. Rn. 24.

[733] Siehe *Kubis*, in: MünchKomm. AktG, § 119 Rn. 138, wonach der beurkundende Notar sich aus diesem Grund nicht auf die Feststellungen des Versammlungsleiters beschränken kann, sondern aus beurkundungsrechtlichen Gründen abweichende eigene Wahrnehmungen in seine Niederschrift aufnehmen muss.

Im Zusammenhang mit der Feststellung der Einberufungsvoraussetzungen muss der Versammlungsleiter auch den zugelassenen Personenkreis ohne eigenes Teilnahmerecht (Gäste, Pressevertreter etc.) benennen.[734]

### 3. Hinweispflichten betreffend die Aufzeichnung und Übertragung der Hauptversammlung

Die Erstellung von Mitschriften oder eines stenografischen Protokolls der Hauptversammlung ist sowohl für die Gesellschaft als auch für die Aktionäre möglich, aber nicht verpflichtend.[735] Eine Zustimmung seitens der Gesellschaft oder betroffener Teilnehmer für die Erstellung derartiger Mitschriften bedarf es nicht.[736] Eine Verletzung der Persönlichkeitsrechte der Teilnehmer kommt insoweit nicht in Betracht, da das allgemeine Persönlichkeitsrecht nur dann verletzt ist, wenn die Stimme oder Bilder aufgezeichnet werden sollen, nicht jedoch, wenn es allein darum geht den Wortlaut von Äußerungen innerhalb der Hauptversammlung schriftlich festzuhalten.[737] Demgemäß besteht auch keine rechtliche Verpflichtung des Versammlungsleiters, auf derartige Mitschriften zu Beginn der Hauptversammlung hinzuweisen.[738]

Anders stellt sich die Rechtslage in Bezug auf Tonband- und Filmaufnahmen der Gesellschaft dar. Diese stellen einen Eingriff in das allgemeine Persönlichkeitsrecht (Art. 2 Abs. 1 GG i. V. m. Art. 1 Abs. 1 GG) dar und dürfen daher nicht ohne Einverständnis der betroffenen Versammlungsteilnehmer, insbesondere nicht heimlich vorgenommen werden.[739] Der Versammlungsleiter muss aber nicht das Einverständnis aller Betroffenen einholen, sondern kann sich darauf beschränken auf die intendierte Ton- und Filmaufnahme hinzuweisen, so dass jeder betroffene Teilnehmer die Möglichkeit hat, für die Dauer des eigenen Redebeitrags die Unterbrechung der Aufzeichnung zu verlangen.[740] Private Aufnahmen durch Aktionäre oder Dritte bedürfen sowohl der Zustimmung des Versammlungsleiters als auch der übrigen

---

[734] *Mülbert*, in: Großkomm. AktG, § 118 Rn. 93; *Zetsche*, in: KölnKomm. AktG, Anh. § 119 Rn. 83; a. A. *Kubis*, in: MünchKomm. AktG, § 119 Rn. 139, wonach eine solche Verpflichtung nur bei entsprechender Aufforderung durch die Aktionäre bestehen soll.

[735] BGH, Urt. v. 19. 9. 1994 – II ZR 248/92, NJW 1994, 3094 (3095); *Pöschke/Vogel*, in: ArbeitsHdb. HV, § 13 Rn. 98 f.; *Wicke*, in: Spindler/Stilz, BeckOGK AktG, § 130 Rn. 77.

[736] BGH, Urt. v. 19. 9. 1994 – II ZR 248/92, NJW 1994, 3094 ff.; *Mülbert*, in: Großkomm. AktG, § 129 Rn. 268; *Kubis*, in: MünchKomm. AktG, § 130 Rn. 107.

[737] *Reger*, in: Bürgers/Körber/Lieder, AktG, § 129 Rn. 50; *Butzke*, HV, AG, N. Rn. 44.

[738] *Max*, AG 1991, 77 (83); *Kubis*, in: MünchKomm. AktG, § 130 Rn. 107; *Mülbert*, in: Großkomm. AktG, § 129 Rn. 268; a. A. *Steiner*, HV, § 8 Rn. 4.

[739] BGH, Urt. v. 19. 9. 1994 – II ZR 248/92, NJW 1994, 3094 (3096); zu der erhöhten Gefahr des unbefugten Mitschneidens des Versammlungsverlaufs im Kontext der virtuellen Hauptversammlung siehe *Heckschen/Hilser*, ZIP 2022, 670 (672, 681).

[740] *Than*, in: FS Peltzer, S. 577 (588 f.); *Kubis*, in: MünchKomm. AktG, § 119 Rn. 139; *Butzke*, HV AG, N. Rn. 49.

Versammlungsteilnehmer bzw. jedenfalls der des betreffenden Redners.[741] Ein Verbot der Aufzeichnung durch die Gesellschaft und privater Mitschnitte ist unter dem Gesichtspunkt eines Eingriffs in das allgemeine Persönlichkeitsrecht der anderen Versammlungsteilnehmer jedoch dann nicht zu rechtfertigen, wenn die Versammlung gleichzeitig im Internet übertragen wird und damit von beliebigen Dritten aufgezeichnet werden kann, so dass in diesem Fall Mitschnitte nur dann vom Versammlungsleiter untersagt werden können, wenn von ihnen Störungen für den Ablauf der Versammlung zu erwarten sind.[742] Der Versammlungsleiter muss ungeachtet des fehlenden Widerspruchsrechts in diesen Fällen gleichwohl auf Film- und Tonbandaufnahmen der Gesellschaft hinweisen.[743]

Sofern die Gesellschaft (bzw. der ermächtigte Vorstand oder Versammlungsleiter) von der in § 118 Abs. 4 AktG bzw. § 118a Abs. 1 Satz 2 Nr. 1 AktG-RefE eingeräumten Möglichkeit einer öffentlich zugänglichen Bild- und Tonübertragung der Hauptversammlung, etwa im Fernsehen oder im Internet, Gebrauch macht, können die Aktionäre nicht verlangen, dass die Übertragung während ihres Redebeitrags unterbrochen wird.[744] Dies gilt unabhängig davon, ob die Satzung unmittelbar die Bild- und Tonübertragung festlegt oder lediglich den Vorstand oder Versammlungsleiter dazu ermächtigt, darüber zu entscheiden. Den Versammlungsleiter trifft aber eine Pflicht darauf hinzuweisen, ob und in welchem Umfang von den Möglichkeiten der Bild- und Tonübertragung nach § 118 Abs. 4 AktG Gebrauch gemacht wird, damit die Aktionäre von der Reichweite ihrer Redebeiträge in Kenntnis gesetzt werden und berücksichtigen können, dass sie weder der Aufzeichnung noch der Übertragung widersprechen können.[745]

Stenografische Protokolle, Tonband- und Videoaufnahmen der Gesellschaft müssen einem Aktionär nur insoweit zugänglich gemacht werden, als es sich um den Teil des Protokolls bzw. des Mitschnitts handelt, der die Fragen und Redebeiträge des betroffenen Aktionärs sowie die diesbezüglich erteilten Antworten und Stellungnahmen des Vorstands betrifft.[746] Dies gilt gleichermaßen für Antworten und Stellungnahmen des Versammlungsleiters und anderer Vertreter der Gesellschaft.[747] Ein Aktionär, der lediglich Widerspruch zu Protokoll erklärt hat, ohne einen weitergehenden Redebeitrag zu leisten, kann daraus keinen Anspruch auf eine vollumfängliche Abschrift bzw. Kopie der Redebeiträge zu einem bestimmten Tagesord-

---

[741] BGH, Urt. v. 19.9.1994 – II ZR 248/92, NJW 1994, 3094 (3096); *Roellecke*, BB 1959, 514; *Pöschke/Vogel*, in: ArbeitsHdb. HV, § 13 Rn. 101.

[742] *Hoffmann-Becking*, in: MünchHdb. GesR AG, § 37 Rn. 54; *Butzke*, HV AG, N. Rn. 49; a.A. *Riegger*, ZHR (165) 2001, 204 (211); *Than*, in: FS Peltzer, S. 577 (589).

[743] *Wicke*, in Spindler/Stilz, BeckOGK AktG, § 130 Rn. 77.

[744] LG Frankfurt a.M., Urt. v. 7.1.2004 – 3-13 O 79/03, NJW-RR 2005, 837 (838); *Hofmann-Becking*, in: MünchHdb. GesR AG, § 37 Rn. 54; *Wicke*, in: Spindler/Stilz, BeckOGK AktG, § 130 Rn. 77.

[745] *Kubis*, in: MünchKomm. AktG, § 119 Rn. 139.

[746] BGH, Urt. v. 19.9.1994 – II ZR 248/92, NJW 1994, 3094 (3095).

[747] *Butzke*, HV AG, N. Rn. 45f.

nungspunkt ableiten, sondern bleibt ebenfalls auf den Teil des Protokolls und des Mitschnitts beschränkt, der sich auf die jeweiligen Stellungnahmen von Verwaltung und Versammlungsleiter zu dem Widerspruch bezieht.[748] Ausnahmslos gebunden bleibt der Versammlungsleiter im Zusammenhang mit der Herausgabe von Abschriften und Mitschnitten an den aktienrechtlichen Gleichbehandlungsgrundsatz (§ 53a AktG).[749] Diesbezügliche Verstöße können zur Beschlussanfechtbarkeit führen.

Sofern die Übertragung der Hauptversammlung in Bild und Ton nur intern erfolgt, ist dazu weder eine Einwilligung seitens der Aktionäre noch eine Ankündigung durch den Versammlungsleiter erforderlich, da damit kein Eingriff in das allgemeine Persönlichkeitsrecht verbunden ist.[750] Der Versammlungsleiter ist im Rahmen der Präsenzversammlung bzw. Hybrid-HV sogar dazu verpflichtet eine Übertragung auch in die zum Präsenzbereich gehörenden Nebenräume zu veranlassen damit alle Präsenzaktionäre dem Versammlungsverlauf zu jeder Zeit folgen können und keine Verletzung ihres Teilnahmerechts geltend machen können.[751]

Legt die Satzung die Entscheidung über die öffentliche Übertragung der Hauptversammlung in die Hände des Versammlungsleiters oder des Vorstands, besteht kein korrelierender Anspruch der Aktionäre auf Durchführung der Übertragung, wohl aber in dem Fall, in dem die öffentliche Übertragung der Versammlung unmittelbar in der Satzung angeordnet wird.[752] Wenn der Versammlungsleiter entgegen einer entsprechenden unmittelbaren Satzungsanordnung die öffentliche Übertragung nicht zulässt, kann dies wiederum eine Beschlussanfechtbarkeit nach sich ziehen.

### 4. Pflichten im Zusammenhang mit dem Teilnehmerverzeichnis

#### *a) Zuständigkeit des Versammlungsleiters*

Nach § 129 Abs. 1 Satz 2 AktG muss zu jeder Hauptversammlung ein Teilnehmerverzeichnis erstellt werden. Uneinigkeit besteht hinsichtlich der Frage, wer Adressat dieser gesetzlichen Verpflichtung ist. Überwiegend wird davon ausgegangen, dass § 129 Abs. 1 Satz 2 AktG die Gesellschaft und damit den Vorstand in seiner Funktion als deren gesetzlicher Vertreter zur erstmaligen Erstellung des

748 *Butzke*, HV AG, N. Rn. 47; a. A. aber *Steiner*, HV, § 8 Rn. 7; *Gehrlein*, WM 1994, 2054 (2056 f.).

749 *Wicke*, in: Spindler/Stilz, BeckOGK AktG, § 130 Rn. 78.

750 *Gehling*, in: ArbeitsHdb. HV, § 9 Rn. 85; *Wicke*, in: Spindler/Stilz, BeckOGK AktG, § 130 Rn. 77.

751 Siehe dazu oben unter 2. Kapitel C. II. 1. b) (ee) (S. 116).

752 *Butzke*, HV AG, N. Rn. 54.

Teilnehmerverzeichnisses verpflichtet.[753] Nach anderer Auffassung soll diese Pflicht den Versammlungsleiter treffen.[754] Die Rückwirkungen des Teilnehmerverzeichnisses auf die Versammlungsleitung lassen es auf den ersten Blick als konsequent erscheinen die Zuständigkeit auch für die erstmalige Erstellung dem Versammlungsleiter zuzuschreiben. Dies gilt insbesondere vor dem Hintergrund, dass der Versammlungsleiter nach allgemeiner Auffassung für eine ordnungsgemäße Führung und Fortschreibung des Teilnehmerverzeichnisses während der Versammlung verantwortlich ist.[755] Bei elektronisch teilnehmenden Aktionären muss er zudem fortlaufend überwachen, ob eine aktive Online-Zuschaltung besteht, da die Aktionäre nur in diesem Fall als *„erschienen"* gelten und in das Teilnehmerverzeichnis aufzunehmen sind.[756] Da das Teilnehmerverzeichnis in der Regel aber schon relativ weit vor der Hauptversammlung aufgrund der eingegangenen Anmeldungen und Hinterlegungsbescheinigungen vorbereitet wird und damit zu einem Zeitpunkt, wo der Versammlungsleiter typischerweise noch nicht aktiv geworden ist, ist es im Ergebnis überzeugend, hinsichtlich der erstmaligen Erstellung von einer vorbereitenden organisatorischen Kompetenz des Vorstands auszugehen.[757] Nur so können administrative Probleme und Unklarheiten hinsichtlich der Zuständigkeit verlässlich vermieden werden, etwa für den Fall, dass der Versammlungsleiter erst durch die Hauptversammlung bestimmt werden soll. Die damit einhergehende Aufteilung der Verantwortlichkeiten in Bezug auf das Teilnehmerverzeichnis macht eine enge Abstimmung zwischen Vorstand und Versammlungsleitung erforderlich.

Der Versammlungsleiter trägt die Verantwortung dafür, dass das vorbereitete Anmeldeverzeichnis am Tag der Hauptversammlung mit den tatsächlich erschienenen bzw. virtuell zugeschalteten Aktionären und Aktionärsvertretern abgeglichen wird und anschließend in das endgültige Teilnehmerverzeichnis überführt wird, wobei er insoweit auf Hilfskräfte zurückgreifen kann.[758] In diesem Zeitraum kann die Leitung der Hauptversammlung zwar grundsätzlich auch ohne Teilnehmerverzeichnis erfolgen; zu beachten ist jedoch die Vorgabe des § 129 Abs. 4 Satz 1 AktG, wonach das Teilnehmerverzeichnis spätestens vor der ersten Abstimmung zu finalisieren ist.[759] Der Versammlungsleiter bzw. seine Hilfskräfte haben das Teilnehmerverzeichnis sodann um alle Neuzugänge, Abgänge bzw. Wechsel in der Ver-

---

[753] *Mülbert*, in: Großkomm. AktG, § 129 Rn. 44 f.; *Ziemons*, in: K. Schmidt/Lutter, AktG, § 129 Rn. 19; *Marsch-Barner/von der Linden*, in: Marsch-Barner/Schäfer, Hdb. börsennotierte AG, § 35 Rn. 42; *Butzke*, HV AG, C. Rn. 65.

[754] Dafür *Kubis*, in: MünchKomm. AktG, § 129 Rn. 18.

[755] Siehe nur *Marsch-Barner/von der Linden*, in: Marsch-Barner/Schäfer, Hdb. börsennotierte AG, § 35 Rn. 42; *Wicke*, in: Spindler/Stilz, BeckOGK AktG, § 129 Rn. 20; *Reichert*, in: Beck'sches Hdb. AG, § 5 Rn. 154.

[756] *Quass*, NZG 2021, 261 (265 f.); *Drinhausen*, in: Hölters, AktG, § 129 Rn. 20; *Holzborn*, in: Bürgers/Körber/Lieder, AktG, § 133 Rn. 12; siehe auch § 129 Abs. 1 Satz 3 AktG-RefE.

[757] So auch *Mülbert*, in: Großkomm. AktG, § 129 Rn. 44 ff.

[758] *Mülbert*, in: Großkomm. AktG, § 129 Rn. 47 f.

[759] *Marsch-Barner/von der Linden*, in: Marsch-Barner/Schäfer, Hdb. börsennotierte AG, § 35 Rn. 43.

tretung kontinuierlich fortzuschreiben.[760] Es bestehen keine gesetzlichen Vorgaben hinsichtlich der Häufigkeit derartiger Nachtragungen. Insbesondere dann, wenn das Teilnehmerverzeichnis im Rahmen des Subtraktionsverfahrens als Zählbasis der Abstimmungen zugrunde gelegt wird, muss der Versammlungsleiter aber sicherstellen, dass das Teilnehmerverzeichnis zum Zeitpunkt jeder einzelnen Abstimmung vollständig und richtig ist, was eine fortlaufende Erfassung sämtlicher Änderungen in der Aktionärspräsenz erfordert.[761]

### *b) Inhalt und Form*

Welche Anforderungen an den notwendigen Inhalt eines Teilnehmerverzeichnisses zu stellen sind variiert in Abhängigkeit davon, ob es sich um eine Präsenzversammlung bzw. Hybrid-HV oder eine virtuelle Hauptversammlung (Corona-HV oder virtuelle HV-RefE) handelt.

Der notwendige Inhalt des Teilnehmerverzeichnisses ergibt sich aus § 129 Abs. 1–3 AktG.[762] Nach § 129 Abs. 1 Satz 2 AktG sind in das Verzeichnis alle erschienenen oder vertretenen Aktionäre und die Vertreter von Aktionären einschließlich deren Namen und Wohnort sowie bei Nennbetragsaktien der Betrag und bei Stückaktien die Zahl der vertretenen Aktien unter Angabe ihrer Gattung aufzunehmen. Sofern sich der Aktionär von einem Intermediär oder von gemäß § 135 Abs. 8 AktG gleichgestellten Personen (etwa Aktionärsvereinigungen und Stimmrechtsberatern) vertreten lässt, müssen die Namen der vollmachterteilenden Aktionäre gemäß § 129 Abs. 2 Satz 2 AktG nicht angegeben werden. Auch wenn der Stimmrechtsvertreter der Gesellschaft keine Erwähnung in § 129 Abs. 2 AktG findet, so wird dennoch allgemein davon ausgegangen, dass der Stimmrechtsvertreter den in § 135 Abs. 8 AktG Genannten gleichgestellt ist und deshalb ebenfalls als (verdeckter) Stellvertreter (vgl. § 135 Abs. 5 Satz 2 AktG) in das Teilnehmerverzeichnis aufzunehmen ist.[763] Nicht aufzuführen im Teilnehmerverzeichnis sind der Versammlungsleiter und dessen Hilfskräfte, der Notar, Vorstands- und Aufsichtsratsmitglieder und deren Hilfskräfte sowie externe Gäste.[764]

---

[760] *Ziemons*, in: K. Schmidt/Lutter, AktG, § 129 Rn. 25; *Mülbert*, in: Großkomm. AktG, § 129 Rn. 48; *Butzke*, HV AG, C. Rn. 67.

[761] *Kubis*, in: MünchKomm. AktG, § 129 Rn. 22 f.; *Marsch-Barner/von der Linden*, in: Marsch-Barner/Schäfer, Hdb. börsennotierte AG, § 35 Rn. 43; nach *Hoffmann-Becking*, in: MünchHdb. GesR AG, § 37 Rn. 29 soll es bei Aufstellung des Teilnehmerverzeichnisses in Papierform ausreichen, wenn vor den einzelnen Abstimmungen jeweils ein Nachtrag erstellt und zugänglich gemacht wird.

[762] Siehe dazu das Muster bei *Zimmermann*, in: Happ, Aktienrecht, Kapitel 10.17 lit. d).

[763] *Ziemons*, in: K. Schmidt/Lutter, AktG, § 129 Rn. 35; *Mülbert*, in: Großkomm. AktG, § 129 Rn. 64 f.; *Kubis*, in: MünchKomm. AktG, § 129 Rn. 35.

[764] *Wicke*, in: Spindler/Stilz, BeckOGK AktG, § 129 Rn. 30; *Mülbert*, in: Großkomm. AktG, § 129 Rn. 60.

Auch in der Hybrid-HV (§ 118 Abs. 1 Satz 2, Abs. 2 AktG) besteht die Pflicht zur Aufstellung eines Teilnehmerverzeichnisses.[765] Gleiches gilt für die Corona-HV, da das COVID-19-Gesetz zu § 129 AktG keine Ausnahmen vorsieht[766] und für die virtuelle HV-RefE. Da die physische Präsenz der Aktionäre und ihrer Bevollmächtigten bei der Corona-HV ausgeschlossen ist, kann die Stimmrechtsausübung entweder durch die Aktionäre selbst oder auf Grundlage einer Vollmachtserteilung jeweils im Wege der elektronischen Teilnahme oder elektronischen Briefwahl ausgeübt werden, wobei die Gesellschaft den Aktionären diese beiden Modalitäten sowohl kumulativ als auch alternativ anbieten kann; die Vollmachtserteilung muss indes stets ermöglicht werden.[767] Gleiches gilt nach Maßgabe von § 118a Abs. 1 Nr. 2 AktG-RefE für die virtuelle HV-RefE. Auch im Rahmen der Hybrid-HV können Aktionäre ihr Stimmrecht im Wege der elektronischen Teilnahme in der Hauptversammlung ohne physische Anwesenheit ausüben. Aus § 118 Abs. 1 Satz 2 AktG ergibt sich, dass diejenigen Aktionäre, die von der Möglichkeit der elektronischen Teilnahme Gebrauch machen, ebenfalls als Teilnehmer der Versammlung zu qualifizieren sind mit der Folge, dass elektronisch teilnehmende Aktionäre sowohl im Fall der Hybrid-HV als auch im Rahmen der Corona-HV und der virtuellen HV-RefE (§ 129 Abs. 1 Satz 3 AktG-RefE) in das Teilnehmerverzeichnis aufzunehmen sind.[768] Dabei begründet die Anmeldung allein jedoch noch nicht den Teilnehmerstatus; erforderlich ist vielmehr, dass die elektronischen Teilnehmer sich zu der jeweiligen Versammlung auch tatsächlich zuschalten.[769]

Für die Hybrid-HV ebenso wie für die „reinsortige" Präsenzversammlung ist allgemein anerkannt, dass eine Unterscheidung zwischen physisch und elektronisch erschienenen Teilnehmern im Teilnehmerverzeichnis nicht offengelegt werden muss.[770] Bei der virtuellen Hauptversammlung ist eine Unterscheidung schon deswegen obsolet, da sie nur über elektronisch teilnehmende bzw. zugeschaltete Aktionäre verfügen kann.[771] Aus § 118 Abs. 2 Satz 1 AktG ergibt sich darüber hinaus, dass Briefwähler nicht als erschienene Teilnehmer der Versammlung gelten und

---

765 Siehe *Hoffmann-Becking*, in: MünchHdb. GesR AG, § 37 Rn. 25.

766 *Simons/Hauser*, NZG 2020, 488 (492 f.); *Wicke*, DStR 2020, 885 (888, Fn. 32); *Herb/Merkelbach*, DStR 2020, 811 (814).

767 *Wicke*, DStR 2020, 885 (886); *Herb/Merkelbach*, DStR 2020, 811 (812); *Götze/Roßkopf*, DB 2020, 768 (770); a. A. *Noack/Zetsche*, AG 2020, 265 (268), der es als ausreichend erachtet, dass die Gesellschaft nur eine der genannten Formen der Stimmrechtsausübung ermöglicht.

768 *Noack/Zetsche*, in: KölnKomm. AktG, § 129 Rn. 47; *J. Koch*, AktG, § 118 Rn. 12.

769 *Simons/Hauser*, NZG 2020, 488 (493); siehe auch RefE des BMJ – Entwurf eines Gesetzes zur Einführung virtueller Hauptversammlungen von Aktiengesellschaften v. 9.2. 2022, S. 30.

770 *Wicke*, in: Spindler/Stilz, BeckOGK AktG, § 129 Rn. 30; *Kubis*, in: MünchKomm. AktG, § 129 Rn. 25.

771 *Danwerth*, NZG 2020, 586.

daher nicht in das Teilnehmerverzeichnis aufzunehmen sind, und zwar auch dann nicht, wenn die Stimmabgabe während der laufenden Versammlung erfolgt.[772]

In der Corona-HV gelten in Bezug auf die Pflicht zur Aufnahme der Aktionäre im Teilnehmerverzeichnis die gleichen Prämissen wie im Zusammenhang mit der Hybrid-HV. Wenn die Gesellschaft eine elektronische Teilnahme nach Maßgabe von Art. 2, § 1 Abs. 2 Nr. 3 COVID-19-Gesetz ermöglicht, gelten demnach diejenigen Aktionäre, die von dieser Möglichkeit Gebrauch machen, als „*erschienen*" i. S. d. § 129 Abs. 1 Satz 2 AktG und sind demzufolge in das Teilnehmerverzeichnis aufzunehmen, wohingegen reine Briefwähler nicht aufzunehmen sind.[773] Bei der virtuellen HV-RefE stellt sich dies insoweit anders dar, als dass sämtliche Aktionäre als „*erschienen*" gelten, die sich virtuell zuschalten, und zwar unabhängig davon, ob sie im Versammlungstermin auch tatsächlich Rechte ausüben.[774]

Dem Stimmrechtsvertreter der Gesellschaft ist, anders als den Aktionären oder deren Stimmrechtsvertretern, die Anwesenheit am Rumpfpräsenzort der Corona-HV[775] und der virtuellen HV-RefE (§ 118a Abs. 2 Satz 2 AktG-RefE) ausdrücklich gestattet, so dass auch er als „*Erschienener*" i. S. d. § 129 Abs. 1 Satz 2 AktG zu behandeln und demnach in das Teilnehmerverzeichnis der virtuellen Hauptversammlung nach Maßgabe der in § 129 Abs. 3 AktG genannten Formvorgaben aufzunehmen ist.[776] Da im Kontext der Corona-HV die physische Teilnahme aller sonstigen Stimmrechtsvertreter und Intermediäre (§ 135 Abs. 1, 8 AktG) ausgeschlossen ist, können nicht nur die Aktionäre selbst, sondern auch die von diesen bevollmächtigten Dritten das Stimmrecht lediglich im Wege der elektronischen Teilnahme oder Briefwahl oder durch Erteilung einer (Unter-)Vollmacht an den Stimmrechtsvertreter der Gesellschaft ausüben. Erfolgt eine Bevollmächtigung bzw. Unterbevollmächtigung des Stimmrechtsvertreters der Gesellschaft durch den Aktionär bzw. durch einen vom Aktionär bevollmächtigten Stimmrechtsbevollmächtigten, so führt dies dazu, dass in das Teilnehmerverzeichnis der Corona-HV nur der Name des Stimmrechtsvertreters der Gesellschaft aufzunehmen ist.[777] Im Rahmen

---

[772] Dabei kommt es auch nicht auf die Form der Ausübung des Briefwahlstimmrechts (etwa per E-Mail oder über das Online-Portal der Gesellschaft) an, siehe *Mülbert*, in: Großkomm. AktG, § 129 Rn. 61; *Wicke*, in: Spindler/Stilz, BeckOGK AktG, § 129 Rn. 30; ebenso *Arnold/Carl/Götze*, AG 2011, 349 (359).

[773] RefE des BMJ – Entwurf eines Gesetzes zur Einführung virtueller Hauptversammlungen von Aktiengesellschaften v. 9. 2. 2022, S. 30.

[774] RefE des BMJ – Entwurf eines Gesetzes zur Einführung virtueller Hauptversammlungen von Aktiengesellschaften v. 9. 2. 2022, S. 30.

[775] BegrRegE COVID-19-Gesetz BT-Drucks. 19/18110, 26.

[776] Zu den Formvorgaben siehe auch *Noack/Zetsche*, in: KölnKomm. AktG, § 129 Rn. 68; *Mülbert*, in: Großkomm. AktG, § 129 Rn. 64.

[777] *Danwerth*, NZG 2020, 586 (587 f.), der zudem darauf hinweist, dass im Teilnehmerverzeichnis bei den Betrags- und Zahlenangaben für den Stimmrechtsvertreter der Gesellschaft nicht zwischen der direkten Bevollmächtigung des Stimmrechtsvertreters durch Aktionäre und der mittelbaren Unterbevollmächtigung des Stimmrechtsvertreters durch einen vom Aktionär bevollmächtigten Dritten zu differenzieren ist.

der virtuellen HV-RefE knüpft die Pflicht zur Aufnahme in das Teilnehmerverzeichnis wiederum allein an die elektronische Zuschaltung des Aktionärs bzw. Vertreters an.

Hinsichtlich der Form hat der Versammlungsleiter bei jeder Hauptversammlung grundsätzlich die Wahl das Teilnehmerverzeichnis schriftlich, oder aber in Form einer elektronischen Datei zu führen.[778] Hinsichtlich der Reihenfolge der Erfassung der Teilnehmer bestehen keine verbindlichen Vorgaben.[779] Bei der virtuellen Hauptversammlung, bei der sich jederzeit Aktionäre virtuell zuschalten und auch wieder abmelden können, muss der Versammlungsleiter für eine Fortschreibung und Aktualisierung des Teilnehmerverzeichnisses Sorge tragen.[780] Dazu kann er einerseits auf Hilfskräfte, andererseits aber auch auf technische Instrumentarien, wie etwa digitale Präsenzerfassungsprogramme, zurückgreifen.[781]

### c) *Offenlegung*

Nach § 129 Abs. 4 Satz 1 AktG muss der Versammlungsleiter das Teilnehmerverzeichnis vor der ersten Abstimmung allen erschienenen bzw. nach § 129 Abs. 4 Satz 1 AktG-RefE virtuell zugeschalteten Teilnehmern zugänglich machen, wobei für die Zugänglichkeit die Möglichkeit der Kenntnisnahme ausreicht.[782] Briefwählende Aktionäre gelten wie vorstehend aufgezeigt nicht als „*erschienen*" und haben daher nur ein nachträgliches Einsichtsrecht nach Maßgabe von § 129 Abs. 4 Satz 2 AktG.[783]

Der Versammlungsleiter kann darüber bestimmen, auf welche Art und Weise die Zugänglichmachung des Teilnehmerverzeichnisses erfolgen soll.[784] In Betracht kommt im Rahmen der Präsenzversammlung zunächst die Auslegung schriftlicher Ausdrucke.[785] Im Falle von EDV-geführten Listen kann das Teilnehmerverzeichnis auch durch den Einsatz von Bildschirmgeräten verfügbar gemacht werden.[786] Dies ist

---

[778] *Marsch-Barner/von der Linden*, in: Marsch-Barner/Schäfer, Hdb. börsennotierte AG, § 35 Rn. 46.

[779] So kann der Versammlungsleiter bspw. das Teilnehmerverzeichnis fortlaufend nach der Reihenfolge der Eintritts- oder Stimmkarten-Nummern erstellen, siehe *Marsch-Barner/von der Linden*, in: Marsch-Barner/Schäfer, Hdb. börsennotierte AG, § 35 Rn. 46.

[780] *Holzborn*, in: Bürgers/Körber/Lieder, AktG, § 133 Rn. 12.

[781] Vgl. *Hüther*, Aktionärsbeteiligung und Internet, S. 294, wonach das (elektronisch) geführte Teilnehmerverzeichnis automatisch mittels der Kennungen der sich einloggenden Aktionäre ergänzt wird; ebenso *Noack*, ZGR 1998, 592 (602).

[782] *Marsch-Barner/von der Linden*, in: Marsch-Barner/Schäfer, Hdb. börsennotierte AG, § 35 Rn. 47.

[783] *Herb/Merkelbach*, DStR 2020, 811 (814); *Simons/Hauser*, NZG 2020, 488 (493).

[784] *Zetsche*, in: KölnKomm. AktG, Anh. § 119 Rn. 80.

[785] *Mülbert*, in: Großkomm. AktG, § 129 Rn. 55 f.

[786] *Wicke*, in: Spindler/Stilz, BeckOGK AktG, § 129 Rn. 31; *J. Koch*, AktG, § 129 Rn. 13.

zulässig, da eine physische Auslage vom Gesetz nicht gefordert wird.[787] Darüber hinaus besteht seitens der Aktionäre auch kein Anspruch auf eine bestimmte Aufbereitung des Teilnehmerverzeichnisses.[788] Bei einer virtuellen Hauptversammlung kommt in Bezug auf die elektronisch teilnehmenden Aktionäre insbesondere die Bereitstellung über ein Online-Portal in Betracht.[789] Ein elektronisches Teilnehmerverzeichnis bietet aus Sicht der Versammlungsleitung den Vorteil, dass Veränderungen im Präsenzbestand effektiver umgesetzt werden können. Bei einem physisch ausgelegten Teilnehmerverzeichnis müssten bei jeder Veränderung im Teilnehmerbestand neue Ausdrucke erfolgen.

Sowohl das Recht auf Einsichtnahme während der Hauptversammlung als auch das Recht auf nachträgliche Einsichtnahme nach § 129 Abs. 4 Satz 2 AktG steht nur solchen Personen zu, die über ein eigenes oder fremdes Teilnahmerecht verfügen, so dass insbesondere Pressevertreter und sonstige Gäste nach zutreffender herrschenden Auffassung keinen entsprechenden Anspruch haben.[790]

#### *d) Anfechtungsrisiken*

Sofern dem Versammlungsleiter Fehler im Zusammenhang mit der Führung des Teilnehmerverzeichnisses vorzuwerfen sind, kann dies einen Anfechtungsgrund i. S. d. § 243 Abs. 1 AktG darstellen.[791] Die Anfechtungsbeschränkung des Art. 2, § 1 Abs. 7 COVID-19-Gesetz bezieht sich nicht auf die in § 129 Abs. 1 bis 3 AktG niedergelegten inhaltlichen Vorgaben und kann daher insoweit keine Anwendung finden. Gleiches gilt für die Anfechtungsbeschränkung nach Maßgabe von § 243 Abs. 3 AktG-RefE.

### 5. Abwicklung der Tagesordnung

#### *a) Änderung der Reihenfolge der Tagesordnung*

Dem Versammlungsleiter obliegt die Abwicklung sämtlicher Tagesordnungspunkte. Er ist in der Gestaltung der Reihenfolge frei, da das Aktiengesetz diesbe-

[787] *Mülbert*, in: Großkomm. AktG, § 129 Rn. 58; *J. Koch*, AktG, § 129 Rn. 8.

[788] *Marsch-Barner/von der Linden*, in: Marsch-Barner/Schäfer, Hdb. börsennotierte AG, § 35 Rn. 47.

[789] *Hüther*, Aktionärsbeteiligung und Internet, S. 294; siehe auch RefE des BMJ – Entwurf eines Gesetzes zur Einführung virtueller Hauptversammlungen von Aktiengesellschaften v. 9. 2. 2022, S. 30.

[790] *Kubis*, in: MünchKomm. AktG, § 129 Rn. 39; *Wicke*, in: Spindler/Stilz, BeckOGK AktG, § 129 Rn. 32 f.; a. A. *von Falkenhausen*, BB 1966, 337 (340).

[791] *J. Koch*, AktG, § 129 Rn. 16; *Kubis*, in: MünchKomm. AktG, § 129 Rn. 47; deutlich einschränkender aber *Mülbert*, in: Großkomm. AktG, § 129 Rn. 90 f., wonach ein entsprechender Mangel im Zusammenhang mit dem Teilnehmerverzeichnis nur in Ausnahmefällen einen anfechtungsrelevanten Verfahrensfehler begründen kann; ebenso *Noack/Zetsche*, in: KölnKomm. AktG, § 129 Rn. 104.

züglich keine Vorgaben macht und grundsätzlich auch keine Verpflichtung gegenüber der Gesellschaft besteht, eine bestimmte Reihenfolge einzuhalten.[792] Der in der Bekanntmachung benannten Reihenfolge der Tagesordnungspunkte liegt in der Regel jedoch ein logischer Aufbau zugrunde, so dass der Versammlungsleiter sich typischerweise an diese Sequenz halten wird.[793] Der Versammlungsleiter hat auch die originäre Kompetenz die Reihenfolge zu ändern, wobei er sich insoweit jedoch nicht von sachwidrigen Erwägungen leiten lassen darf und seinem übergeordneten Funktionsauftrag, eine ordnungsgemäße Abwicklung der Hauptversammlung zu gewährleisten, verpflichtet bleibt.[794]

Unterschiedlich wird beurteilt, ob die Hauptversammlung selbst die Reihenfolge der bekanntgemachten Tagesordnungspunkte ändern und damit dem Versammlungsleiter eine bestimmte Reihenfolge vorgeben oder eine bereits getroffene Entscheidung des Versammlungsleiters revidieren kann.[795] Für eine Letztentscheidungskompetenz der Hauptversammlung wird argumentativ insbesondere ins Feld geführt, dass die Reihenfolge der bekanntgemachten Tagesordnung Einfluss auf die Vorbereitung der Aktionäre haben könnte.[796] Dieses Argument kann aber schon deswegen nicht überzeugen, da es bereits die grundsätzliche Möglichkeit zur Abänderung der Reihenfolge in Zweifel zieht und daher wenig für die Beantwortung der Frage hergibt, ob die Letztentscheidungskompetenz bei der Hauptversammlung oder beim Versammlungsleiter liegt.[797] Richtigerweise ist auch die Reihenfolge der Tagesordnungspunkte als Bestandteil der originären verfahrensleitenden Kompetenz des Versammlungsleiters einzuordnen, so dass die Entscheidung von der Hauptversammlung weder vorweggenommen noch eine bereits getroffene Entscheidung des Versammlungsleiters durch einen Beschluss überspielt werden kann.[798] Auch kann die Zuständigkeit der Hauptversammlung nicht durch eine entsprechende

---

[792] *Butzke*, HV AG, D. Rn. 29.

[793] *Kubis*, in: MünchKomm. AktG, § 119 Rn. 141.

[794] OLG Frankfurt a. M., Urt. v. 20. 10. 2010 – 23 U 121/08, AG 2011, 36 (41); LG Hamburg, Urt. v. 8. 6. 1995 – 405 O 203/94, AG 1996, 233; *Kubis*, in: MünchKomm. AktG, § 119 Rn. 141.

[795] Für eine Letztentscheidungskompetenz der Hauptversammlung *Martens*, WM 1981, 1010 (1014); *Max*, AG 1991, 77 (86); dagegen *Wicke*, in: Spindler/Stilz, BeckOGK AktG, § 129 Rn. 52; *Stützle/Walgenbach*, ZHR (155) 1991, 516 (529); *Bezzenberger*, ZGR 1998, 352 (361 f.); *Kuhnt*, in: FS Lieberknecht, S. 45 (52); *Bahr*, in: Schaaf, Praxis HV, Rn. 514 ff.; *Zetsche*, in: KölnKomm. AktG, Anh. § 119 Rn. 93.

[796] So *Max*, AG 1991, 77 (86); vgl. zur Genossenschaft auch KG, Urt. v. 12. 3. 1957 – 2 U 2347/56, NJW 1957, 1680 (1681).

[797] Zutreffend *Kubis*, in: MünchKomm. AktG, § 119 Rn. 141.

[798] Ebenso *Kubis*, in: MünchKomm. AktG, § 119 Rn. 141; siehe auch *Stützle/Walgenbach*, ZHR (155) 1991, 516 (529), die zutreffend darauf hinweisen, dass die alleinige Entscheidungskompetenz des Versammlungsleiters jedenfalls dann außer Frage steht, wenn die Satzung dies so vorsieht.

Bestimmung in Satzung oder Geschäftsordnung hergestellt werden.[799] Der Versammlungsleiter soll aber nach teilweise vertretener Auffassung die Möglichkeit haben, die Entscheidung über die Reihenfolge der Tagesordnungspunkte an die Hauptversammlung mit verbindlicher Wirkung zu delegieren.[800]

### *b) Struktur der Aussprache*

Teil der Leitungskompetenz des Versammlungsleiters ist auch die Entscheidung über die strukturelle Ausgestaltung der Aussprache.[801] Im Wesentlichen kommen zwei Modalitäten in Betracht: Zum einen die Einzeldebatte, der eine Diskussion und Abstimmung über jeden einzelnen Tagesordnungspunkt zugrunde liegt, und zum anderen die Generaldebatte, bei der eine zusammengefasste Diskussion und Abstimmung über sämtliche Tagesordnungspunkte erfolgt.[802] Der Versammlungsleiter kann als eine Art Kompromisslösung die Tagesordnung auch in mehrere Diskussions- und Abstimmungsblöcke unterteilen.[803] Die Soll-Vorschriften der §§ 120 Abs. 3, 175 Abs. 3 Satz 2 AktG, wonach über die Entlastung von Vorstand und Aufsichtsrat und die Verwendung des Bilanzgewinns verbunden verhandelt werden soll und dies wiederum im Verbund mit der Verhandlung über die Feststellung des Jahresabschlusses erfolgen soll, verpflichten den Versammlungsleiter nicht zu einer zusammengefassten Diskussion und Beschlussfassung, sondern wollen nur die Behandlung in derselben Hauptversammlung gewährleisten.[804]

Auch von der Einberufung geht keine Bindungswirkung für den Versammlungsleiter hinsichtlich solcher Verfahrensfragen, die in seinen originären Kompetenzbereich fallen, aus. So hat der BGH im sog. „Umschreibungsstopp"-Urteil im Zusammenhang mit der Entlastung des Aufsichtsrats ausgeführt, dass der Versammlungsleiter aus eigener Kompetenz von der in der Einberufung angekündigten Gesamtabstimmung auf das Verfahren einer Einzelabstimmung umschwenken

---

[799] *Ziemons*, in: K. Schmidt/Lutter, AktG, § 129 Rn. 77; *Mülbert*, in: Großkomm. AktG, § 129 Rn. 155; *Kubis*, in: MünchKomm. AktG, § 119 Rn. 141; *Butzke*, HV AG, D. Rn. 29; a. A. *Martens*, Leitfaden HV, S. 77.

[800] So *Kubis*, in: MünchKomm. AktG, § 119 Rn. 128, 141; im Ergebnis ebenso *Butzke*, HV AG, D. Rn. 29 (Fn. 54), der eine Übertragung der Entscheidung auf die Hauptversammlung für zulässig, aber aus Sicht des Versammlungsleiters für unzweckmäßig hält.

[801] OLG Hamburg, Urt. v. 23.12.2010 – 11 U 185/09, AG 2011, 677 (678); *Wicke*, in: Spindler/Stilz, BeckOGK AktG, § 129 Rn. 53; *Hoffmann-Becking*, in: MünchHdb. GesR AG, § 37 Rn. 60; *Ek*, Praxisleitfaden HV, 3. Teil § 10 Rn. 287; *Mülbert*, in: Großkomm. AktG, § 129 Rn. 149.

[802] *Kubis*, in: MünchKomm. AktG, § 119 Rn. 142; siehe auch *Butzke*, HV AG, D. Rn. 30, der darauf verweist, dass sich die Ausgestaltung der Aussprache als Generaldebatte als üblicher Modus Operandi in der Praxis etabliert hat, da sich eine Aufteilung der Diskussion kaum realisieren lässt und zu Friktionen bei der Versammlungsleitung führen kann.

[803] *Kubis*, in: MünchKomm. AktG, § 119 Rn. 142.

[804] *J. Koch*, AktG, § 175 Rn. 9; *Hennrichs/Pöschke*, in: MünchKomm. AktG, § 175 Rn. 22.

kann.[805] Teilweise wird eine Bindungswirkung für den Versammlungsleiter aber für den umgekehrten Fall angenommen, in dem in der Einberufung eine Einzelabstimmung angekündigt wird und der Versammlungsleiter eine Gesamtabstimmung anordnet.[806] Begründet wird dies damit, dass ein beauftragter Stimmrechtsvertreter, der auf eine differenzierte Stimmabgabe eingerichtet sei, nicht wüsste, wie er bei einer entgegen der Ankündigung in der Einberufung angeordneten zusammengefassten Abstimmung zu votieren habe.[807] Dieser Argumentation kann nicht gefolgt werden. In den originären Kompetenzbereich des Versammlungsleiters kann weder aufgrund einer Bestimmung in der Satzung oder Geschäftsordnung noch aufgrund eines Beschlusses der Hauptversammlung eingegriffen werden.[808] Vor diesem Hintergrund wäre es wertungswidersprüchlich, wenn dies für Ankündigungen in der Einberufung nicht gälte. Auch ein möglicher Vertrauensschutz der Aktionäre in Bezug auf ein bestimmtes Verfahren steht dem nicht entgegen. Aus § 124 Abs. 4 Satz 2 AktG ergibt sich, dass Beschlussfassungen in Verfahrensfragen auch ohne vorherige Bekanntmachung möglich sind. Das Vertrauen auf die Einhaltung eines bestimmten Abstimmungsverfahrens ist nach der Wertung des Aktiengesetzes daher nicht schutzwürdig. In der Konsequenz muss der Versammlungsleiter Geschäftsordnungsanträge über die Frage des Verfahrens der Einzel- oder Gesamtentlastung auch nicht zur Abstimmung stellen.[809]

Der Versammlungsleiter muss im Rahmen einer pflichtgemäßen Ermessensausübung auf eine sachgerechte Zuteilung von Zeitkontingenten achten. So wäre es unzulässig, bestimmte Tagesordnungspunkte nur deshalb mit einem größeren Zeitbudget auszustatten, weil diese nach der Abfolge zuerst zu behandeln sind. Eine unterschiedliche zeitliche Allokation muss vielmehr inhaltlich begründet sein etwa dadurch, dass bestimmte Tagesordnungspunkte besonders komplex und umstritten sind und der Versammlungsleiter deshalb von einer erhöhten zeitlichen Dauer der diesbezüglichen Aussprache ausgehen muss. Fehlentscheidungen bei der zeitlichen Kontingentierung können zur Beschlussanfechtbarkeit führen.[810]

---

805 BGH, Urt. v. 21.9.2009 – II ZR 174/08, BB 2009, 2725 (2726); ebenso *Rollin*, NZG 2004, 804 (805); im Kontext von Anträgen nach § 147 Abs. 1, 2 AktG auch *Tielmann/Gahr*, AG 2016, 199 (201).

806 *Höreth/Linnerz*, Anträge in der HV, S. 73 f.

807 *Höreth/Linnerz*, Anträge in der HV, S. 73 f.

808 Siehe oben unter 2. Kapitel D. IV. 2. (S. 123 f.).

809 *Tröger*, in: KölnKomm. AktG, § 120 Rn. 55; *J. Koch*, AktG, § 120 Rn. 10; *Kubis*, in: MünchKomm. AktG, § 120 Rn. 12; a. A. *Rollin*, NZG 2004, 804 (805); *Mülbert*, in: Großkomm. AktG, § 120 Rn. 127.

810 *Kubis*, in: MünchKomm. AktG, § 119 Rn. 142.

### c) *Wiederaufgreifen von Tagesordnungspunkten*

Nach förmlicher Schließung der Hauptversammlung ist ein Wiederaufgreifen von Tagesordnungspunkten nicht mehr möglich.[811] Es fragt sich jedoch, ob und unter welchen Voraussetzungen der Versammlungsleiter das Recht hat vor Schließung der Hauptversammlung Tagesordnungspunkte wieder aufzugreifen und erneut zur Abstimmung zu stellen.

#### aa) Meinungsspektrum in der Literatur

Teile der Literatur halten ein Wiederaufgreifen auch nach Beschlussfassung einschränkungslos noch für möglich.[812] Einschränkende Auffassungen verlangen das Vorliegen eines sachlichen Grundes bzw. neuer Aspekte[813] oder beschränken die Zulässigkeit des Wiederaufgreifens in zeitlicher Hinsicht auf den Zeitpunkt der Protokollierung des Beschlusses.[814] Andere Stimmen in der Literatur wollen das Wiederaufgreifen von durch Beschlussfassung erledigter Tagesordnungspunkte unter den Vorbehalt einer Letztentscheidungskompetenz der Hauptversammlung stellen mit der Folge, dass die Hauptversammlung die vom Versammlungsleiter angeordnete Anordnung bzw. Ablehnung der Wiederaufnahme durch ein gegenteiliges Mehrheitsvotum überspielen kann.[815]

Zu trennen von der verfahrensrechtlichen Frage des Wiederaufgreifens eines erledigten Tagesordnungspunktes ist die Frage, mit welchen Mehrheitserfordernissen ein bereits gefasster Beschluss, der seinerseits einer qualifizierten Mehrheit bedurfte, wieder aufgehoben werden kann. Während in diesen Fällen teilweise eine einfache Stimmenmehrheit für ausreichend erachtet wird[816], verlangen andere Stimmen in der Literatur auch für den Aufhebungsbeschluss eine entsprechende qualifizierte Mehrheit.[817]

---

[811] *Zetsche*, in: KölnKomm. AktG, Anh. § 119 Rn. 94.

[812] *Stützle/Walgenbach*, ZHR (155) 1991, 516 (537); *Mülbert*, in: Großkomm. AktG, § 129 Rn. 173, der die Entscheidung über die Wiederaufnahme der Aussprache dem pflichtgemäßen Leitungsermessen des Versammlungsleiters unterstellt.

[813] *Butzke*, HV AG, D. Rn. 40; *Ziemons*, in: K. Schmidt/Lutter, AktG, § 129 Rn. 73; *Zetsche*, in: KölnKomm. AktG, Anh. § 119 Rn. 94.

[814] So *Kubis*, in: MünchKomm. AktG, § 119 Rn. 143, der bei Vorliegen neuer Aspekte, die die Rechtmäßigkeit der bereits abgeschlossenen Beschlussfassung in Frage stellen, von einer Verpflichtung des Versammlungsleiters zum Wiederaufgreifen ausgeht, sofern der Beschluss noch nicht protokolliert wurde.

[815] So *Wicke*, in: Spindler/Stilz, BeckOGK AktG, § 129 Rn. 53.

[816] Dafür *Tröger*, in: KölnKomm. AktG, § 133 Rn. 231.

[817] So *Grundmann*, in: Großkomm. AktG, § 134 Rn. 145, der mit dem Gedanken des *actus contrarius* argumentiert.

### bb) Stellungnahme

Im Ausgangspunkt ist festzustellen, dass ein Tagesordnungspunkt nicht als erledigt eingestuft werden kann, solange eine diesbezügliche Beschlussfassung nicht erfolgt ist. Bis zu diesem Zeitpunkt besteht (noch) kein schützenswertes Vertrauen der Aktionäre hinsichtlich eines bestimmten Beschlussergebnisses. Ein Wiederaufgreifen der Aussprache bis zum Zeitpunkt der Beschlussfassung muss dem Versammlungsleiter kraft seiner Leitungskompetenz möglich sein und kann insbesondere dann relevant werden, wenn über mehrere Tagesordnungspunkte nacheinander diskutiert, aber im Verbund abgestimmt werden soll. In dieser Konstellation bedarf es auch nicht des Vorliegens gewichtiger neuer Erkenntnisse oder Gründe, um auf bereits abgehandelte Diskussionspunkte noch einmal zurückzukommen. Gleiches gilt für beschlusslose Tagesordnungspunkte. Der Versammlungsleiter entscheidet insoweit also allein in Ausübung seines pflichtgemäßen Leitungsermessens.

Auch nach der Beschlussfassung und nach Protokollierung des Beschlusses muss dem Versammlungsleiter grundsätzlich das Recht zustehen, darüber zu entscheiden, ob die Aussprache über einen bestimmten Tagesordnungspunkt wiederzueröffnen ist. Die rechtliche Ausgangssituation ist aber insoweit anders, als dass Aktionäre grundsätzlich darauf vertrauen können, dass ein Tagesordnungspunkt nach Beschlussfassung endgültig erledigt ist und nicht erneut zur Disposition der Hauptversammlung gestellt wird. Dieses Vertrauen auf die Bestandskraft der Beschlussfassung kann zudem dazu führen, dass sich Aktionäre vorzeitig von der Hauptversammlung entfernen. Dies mit der Folge, dass bei einer späteren Wiedereröffnung der Aussprache und einer sich daran anknüpfenden erneuten Beschlussfassung eine zuvor unterlegene Aktionärsminderheit aufgrund der veränderten Präsenz die Gelegenheit erhält, ein von dem vormals gebildeten Mehrheitswillen der Hauptversammlung abweichendes Beschlussergebnis durchzusetzen. Dieses schützenswerte Aktionärsvertrauen muss daher mit dem Funktionsauftrag des Versammlungsleiters in einen adäquaten Ausgleich gebracht werden.

Zunächst ist davon auszugehen, dass ein Wiederaufgreifen eines Tagesordnungspunktes dann ausscheidet, wenn zuvor über seine Absetzung entschieden wurde.[818] Im Übrigen leitet sich aus dem Funktionsauftrag des Versammlungsleiters dessen Verpflichtung ab, zu überprüfen und nach pflichtgemäßem Ermessen zu entscheiden, ob neue Aspekte die tatsächlichen Erkenntnisgrundlagen oder die Rechtmäßigkeit der (bereits abgeschlossenen) Beschlussfassung in Frage stellen. Nach Beschlussfassung ist das Vorliegen eines sachlichen Grundes für ein Wiederaufgreifen somit eine zwingende Voraussetzung. Dem Vertrauensschutz der Aktionäre ist damit auf der Ermessensebene des Versammlungsleiters und nicht durch eine kategorische Beschneidung von dessen Leitungskompetenz Rechnung zu tragen. Der Versammlungsleiter muss im Rahmen seiner pflichtgemäßen Ermessensausübung die Gründe, die für ein Wiederaufgreifen des betreffenden Tages-

---

[818] So auch *Gehling*, in: ArbeitsHdb. HV, § 9 Rn. 133.

ordnungspunktes sprechen, kritisch abwägen und muss diese aus Gründen der Transparenz und zwecks Minimierung von Anfechtungsrisiken auch gegenüber den Aktionären klar und deutlich kommunizieren. Als alternative Vorgehensweise kann der Versammlungsleiter die Abstimmung zu einem Tagesordnungspunkt auch verschieben, sofern er diesbezüglich neue Gesichtspunkte erwartet.

Soweit in diesem Zusammenhang teilweise eine Letztentscheidungskompetenz der Hauptversammlung befürwortet wird, mag dafür auf den ersten Blick sprechen, dass die Hauptversammlung grundsätzlich auch bereits gefasste Beschlüsse bei Erreichen der insoweit erforderlichen Mehrheitsverhältnisse wieder aufheben kann und die Wiederaufnahme des betreffenden Tagesordnungspunktes eine logische prozedurale Vorstufe zu dessen Aufhebung darstellt.[819] Diese Sichtweise lässt indes außer Acht, dass es sich bei der Entscheidung darüber, ob eine erneute Sachbehandlung erfolgen soll, um eine verfahrensleitende Frage handelt, die als solche in den alleinigen Verantwortungsbereich der Versammlungsleitung fällt und die daher weder allgemein noch per Satzung der Hauptversammlung zugeordnet werden kann.[820]

In Bezug auf das für die Aufhebung eines Beschlusses zu fordernde Stimmenquorum ist festzustellen, dass die Aufhebung den *actus contrarius* im Verhältnis zum Ausgangsbeschluss bildet. Es ist daher folgerichtig, dass auch die gleichen gesetzlichen oder satzungsmäßigen Stimmenmehrheiten gelten müssen. Für dieses Ergebnis sprechen auch Aspekte des Vertrauensschutzes. So muss es zwar grundsätzlich möglich sein, einen bereits gefassten Beschluss in derselben Hauptversammlung wieder aufzuheben. Insbesondere diejenigen Aktionäre, die sich nach Beschlussfassung über einen Tagesordnungspunkt vorzeitig von der Hauptversammlung entfernen, müssen aber darauf vertrauen können, dass in Bezug auf die Aufhebung zumindest die gleichen durch Gesetz oder Satzung aufgestellten Anforderungen hinsichtlich der erforderlichen Stimmenmehrheiten gelten wie für den Ausgangsbeschluss.

#### *d) Vertagung und Absetzung von einzelnen Tagesordnungspunkten*

##### aa) Alleinige Entscheidungskompetenz der Hauptversammlung

Die alleinige Kompetenz zur Entscheidung über die Vertagung von Tagesordnungspunkten liegt nach Eröffnung der Hauptversammlung bei dieser selbst und nicht beim Versammlungsleiter.[821] Diese Kompetenzzuordnung folgt zwingend

---

819 *Stützle/Walgenbach*, ZHR (155) 1991, 516 (537).

820 Im Ergebnis ebenso *Stützle/Walgenbach*, ZHR (155) 1991, 516 (537), die aber einschränkend darauf hinweisen, dass es in der Regel einen Verstoß gegen das Gebot einer sachgerechten Versammlungsleitung darstellt, wenn der Versammlungsleiter entgegen einem erkennbaren Mehrheitswillen der Hauptversammlung die Aussprache nicht wiedereröffnet.

821 *Zetsche*, in: KölnKomm. AktG, Anh. § 119 Rn. 98; *Butzke*, HV AG, D. Rn. 82; *J. Koch*, AktG, § 129 Rn. 23; *Mülbert*, in: Großkomm. AktG, Vor § 129 Rn. 175; *Martens*, WM 1981,

daraus, dass eine Vertagung durch den Versammlungsleiter gegen dessen originäre Pflicht, die bekanntgemachte Tagesordnung (§ 121 Abs. 3 Satz 2 u. Abs. 4 Satz 1 AktG) sachgerecht abzuhandeln, verstoßen würde.[822] In die alleinige Entscheidungskompetenz der Hauptversammlung fällt konsequenterweise auch die Entscheidung über die Absetzung von Tagesordnungspunkten, da mit einem entsprechenden Antrag die Sachentscheidung nicht nur verschoben, sondern gänzlich vermieden werden soll.[823] Die Entscheidung über die Vertagung oder Absetzung eines Tagesordnungspunktes kann von der Hauptversammlung mit einfacher Mehrheit (§ 133 Abs. 1 AktG) getroffen werden.[824]

#### bb) Wichtiger Grund als Voraussetzung für eine Antragstellung

Kontrovers diskutiert wird die Frage, unter welchen Voraussetzungen der Versammlungsleiter einen Verfahrensantrag, der auf eine Absetzung oder Vertagung eines Tagesordnungspunktes gerichtet ist, zur Abstimmung stellen muss.[825] Insoweit ist zunächst davon auszugehen, dass der Versammlungsleiter kraft seiner Leitungskompetenz offenkundig gesetzeswidrige, sinnlose oder missbräuchliche Verfahrensanträge aus eigenem Recht zurückweisen kann.[826] Teilweise wird darüber hinausgehend gefordert, dass die Vertagung oder Absetzung eines Tagesordnungspunktes eines sachlichen Grundes bedarf mit der Konsequenz, dass ein darauf gerichteter Verfahrensantrag eines Aktionärs, der einen entsprechenden Grund nicht zumindest schlüssig darlegt, vom Versammlungsleiter nicht zur Abstimmung gestellt werden muss.[827] Andere Stimmen wollen die Entscheidung in das Belieben der

---

1010 (1013); *Kuhnt*, in: FS Lieberknecht, S. 45 (53); bis zum Beginn der Hauptversammlung können indes nach wohl herrschender Auffassung als Minus zur Rücknahme auch einzelne Tagesordnungspunkte vom Einberufenden abgesetzt werden, siehe *Rieckers*, in: Spindler/Stilz, BeckOGK AktG, § 121 Rn. 100 m. w. N.

[822] *Gehling*, in: ArbeitsHdb. HV, § 9 Rn. 50; *Kubis*, in: MünchKomm. AktG, § 119 Rn. 145.

[823] *Butzke*, HV AG, D. Rn. 82.

[824] *Max*, AG 1991, 77 (92); *Kubis*, in: MünchKomm. AktG, § 119 Rn. 145; *Butzke*, HV AG, D. Rn. 83; *Gehling*, in: ArbeitsHdb. HV, § 9 Rn. 50; *Mülbert*, in: Großkomm. AktG, § 129 Rn. 175.

[825] In Geschäftsordnungsfragen ist neben Aktionären, Aktionärsvertretern sowie Vorstand und Aufsichtsrat auch der Versammlungsleiter zur Stellung von Verfahrensanträgen eines Tagesordnungspunktes berechtigt, siehe nur *Kubis*, in: MünchKomm. AktG, § 118 Rn. 115; *Butzke*, HV AG, D. Rn. 80; *Mülbert*, in: Großkomm. AktG, § 118 Rn. 90; *Höreth/Linnerz*, Anträge in der HV, S. 29 ff.

[826] *Mülbert*, in: Großkomm. AktG, § 129 Rn. 156; *Wicke*, NZG 2007, 771 (773); ebenso *Höreth/Linnerz*, Anträge in der HV, S. 39, bezogen auf den Fall einer erkennbar fehlenden Antragsberechtigung; siehe ausführlich zur Antragszurückweisungskompetenz des Versammlungsleiters unten unter 2. Kapitel F. IV. 7. b) (S. 277 ff.).

[827] So *Wilsing/von der Linden*, ZIP 2010, 2321 (2323); *Mülbert*, in: Großkomm. AktG, § 129 Rn. 175; *Kubis*, in: MünchKomm. AktG, § 119 Rn. 145; *Max*, AG 1991, 77 (92).

zuständigen Hauptversammlung stellen.[828] Dies hätte zur Folge, dass auch ein entsprechender Verfahrensantrag nicht an besondere inhaltliche Voraussetzungen geknüpft wäre und damit vom Versammlungsleiter generell zur Abstimmung zugelassen werden müsste.

Für die Notwendigkeit eines wichtigen Grundes spricht entscheidend, dass die Aktionäre auf die Abwicklung der ordnungsgemäß bekannt gemachten Tagesordnungspunkte vertrauen und insoweit auch eine Sachentscheidung erwarten.[829] Überdies bestünde bei vorbehaltloser Zulässigkeit eines Antrags auf Absetzung oder Vertagung von Tagesordnungspunkten ein signifikant höheres Missbrauchsrisiko durch querulierende Aktionäre. Der Versammlungsleiter ist kraft seines Funktionsauftrags für eine verfahrensökonomische Durchführung der Hauptversammlung verantwortlich. Vor dem Hintergrund dieser Pflichtenstellung rechtfertigt sich, dass dem Versammlungsleiter in Bezug auf die Frage des Vorliegens eines wichtigen Grundes – in Abgrenzung zu reinen verfahrensleitenden Ordnungsmaßnahmen – auch ein gewisser sachbezogener Beurteilungsspielraum einzuräumen ist. Überschreitet der Versammlungsleiter sein Leitungsermessen, etwa weil er das Vorliegen eines wichtigen Grundes fehlerhaft verneint und den Antrag nicht zur Abstimmung stellt, sind die Aktionäre über die Möglichkeit einer Anfechtungsklage gegen den zu dem nicht vertagten bzw. abgesetzten Tagesordnungspunkt getroffenen Beschluss geschützt. Im Rahmen der Beschlussanfechtungsklage ist vom Gericht dann die Rechtmäßigkeit der Entscheidung des Versammlungsleiters, den Antrag auf Vertagung bzw. Absetzung zurückzuweisen, inzident zu überprüfen.[830]

Die in der Praxis regelmäßig anzutreffende Behauptung, dass die Umsetzung des von Vorstand und Aufsichtsrat unterbreiteten Beschlussvorschlags (§ 124 Abs. 3 AktG) nicht im Interesse der Gesellschaft liege, kann für die Annahme eines sachlichen Grundes zur Absetzung oder Vertagung nicht ausreichen, da den insoweit dissentierenden Aktionären die Möglichkeit offensteht, im Rahmen der Sachentscheidung gegen den Beschlussvorschlag zu votieren.[831] Ein sachlicher Grund kann aber in einem akuten Informationsdefizit der Gesellschaft begründet liegen, sofern dieses es erforderlich macht, zunächst weitere Informationen einzuholen, um eine fundierte Sachentscheidung treffen zu können.[832]

---

[828] *Stützle/Walgenbach*, ZHR (155) 1991, 516 (538); *Butzke*, HV AG, D. Rn. 83; ebenso *Decher*, in: Liber amicorum Happ, S. 17 (26 f.) und *Martens*, Leitfaden HV, S. 78, die aber einschränkend einen wichtigen Grund im Zusammenhang mit Tagesordnungspunkten nach § 122 Abs. 2 AktG verlangen.

[829] *Göhmann*, in: Frodermann/Jannott, Hdb. AktR, Kap. 9 Rn. 175; *Kubis*, in: Münch-Komm. AktG, § 119 Rn. 145.

[830] Um gerichtliche Auseinandersetzungen zu vermeiden, sollte der Versammlungsleiter in Grenzfällen, bei denen das Vorliegen eines sachlichen Grundes nicht klar auszuschließen ist, den entsprechenden Antrag zur Abstimmung stellen und dem Mehrheitsbeschluss der Hauptversammlung Folge leisten.

[831] Siehe *Wilsing/von der Linden*, ZIP 2010, 2321 (2323).

[832] Siehe *Wilsing/von der Linden*, ZIP 2010, 2321 (2323), der das Beispiel von Entlastungsentscheidungen nach § 120 Abs. 1, 2 AktG anführt, sofern die Aktionäre ein Fehlverhalten

#### cc) Zulässigkeit der Absetzung oder Vertagung eines Tagesordnungspunktes im Kontext eines Ergänzungsverlangens nach § 122 Abs. 2, 3 AktG

Nach wie vor sehr umstritten ist die Frage, ob im Zusammenhang mit solchen Tagesordnungspunkten, die auf Verlangen einer Aktionärsminderheit nach Maßgabe von § 122 Abs. 2, 3 AktG in die Tagesordnung aufgenommen wurden, eine Absetzung oder Vertagung zwecks Gewährleistung eines effektiven Aktionärsminderheitenschutzes ausgeschlossen sein muss.[833] Konsequenz dessen wäre, dass der Versammlungsleiter entsprechende Anträge auf Absetzung oder Vertagung des ergänzten Tagesordnungspunktes auch bei Vorliegen eines wichtigen Grundes nicht zur Abstimmung stellen dürfte. Eine Absetzung oder Vertagung des ergänzten Tagesordnungspunktes sieht sich jedenfalls dann keinen rechtlichen Bedenken ausgesetzt, wenn der entsprechende Antrag von der Aktionärsminderheit selbst mitgetragen wird.[834] Im Übrigen ist danach zu unterscheiden, ob die Ergänzung des Tagesordnungspunktes auf eine Entscheidung des Vorstands nach § 122 Abs. 1 AktG zurückgeht oder auf einer gerichtlichen Ermächtigung nach § 122 Abs. 3 Satz 1 Var. 2 AktG beruht.

##### *(1) Ergänzung der Tagesordnung aufgrund einer gerichtlichen Ermächtigung nach § 122 Abs. 2, 3 Satz 1 Var. 2 AktG*

Sofern die Ergänzung des Tagesordnungspunktes ihre Grundlage in einer gerichtlichen Ermächtigung nach Maßgabe von § 122 Abs. 3 Satz 1 Var. 2 AktG hat, kommt eine Absetzung nicht in Betracht. Sinn und Zweck der gerichtlichen Ermächtigung nach § 122 Abs. 3 Satz 1 Var. 2 AktG besteht gerade darin, eine Sachentscheidung zu gewährleisten, so dass die Frage des „Ob" einer Sachentscheidung insoweit nicht mehr zur Disposition der Hauptversammlung oder des

---

der Verwaltung im Entlastungszeitraum vermuten und es durch einen Sonderprüfer aufklären lassen möchten (§§ 142 ff. AktG).

[833] Für den Ausschluss einer Absetzung oder Vertagung plädierend *Mülbert*, in: Großkomm. AktG, § 129 Rn. 176; *Ziemons*, in: K. Schmidt/Lutter, AktG, § 129 Rn. 72; *Kubis*, in: MünchKomm. AktG, § 119 Rn. 145; ebenso *Grunewald*, AG 2015, 689 (690 f.), die zudem eine Zurückweisungsbefugnis des Versammlungsleiters hinsichtlich des auf den ergänzten Tagesordnungspunkt bezogenen Sachantrags ausschließt, und zwar unabhängig davon, ob dem Gericht nach § 122 Abs. 2 Satz 2 Var. 2 AktG ein konkreter Beschlussvorschlag vorliegt; auf dieser Linie auch *Langenbach*, VersL in der AG, S. 84 f.; a. A. *Austmann*, in: FS Hoffmann-Becking, S. 45 (53); nach *Zetsche*, in: KölnKomm. AktG, Anh. § 119 Rn. 98 und *Kuhnt*, in: FS Lieberknecht, S. 45 (53) ist die Absetzung eines nach Maßgabe von § 122 Abs. 2 AktG ergänzten Tagesordnungspunktes im Wege eines einfachen Mehrheitsentscheids der Hauptversammlung unter der Voraussetzung zulässig, dass ein wichtiger Grund vorliegt; weitergehend *Stützle/Walgenbach*, ZHR (155) 1991, 516 (538 f.), wonach ein Vertagungsantrag auch nicht von dem Vorliegen eines sachlichen Grundes abhängig ist; ebenso *Butzke*, HV AG, D. Rn. 83, der lediglich fordert, dass man der Aktionärsminderheit Gelegenheit zur Darlegung ihrer Position geben muss.

[834] So auch *Martens*, Leitfaden HV, S. 78; *Mülbert*, in: Großkomm. AktG, § 129 Rn. 176.

Versammlungsleiters stehen kann.[835] Dies gilt richtigerweise unabhängig davon, ob dem Gericht eine konkrete Beschlussvorlage nach § 122 Abs. 2 Satz 2 Var. 2 AktG vorliegt.[836] Nach der Rechtsprechung des BGH hat sich ein gerichtliches Verfahren nach § 122 Abs. 3 AktG daher erst dann erledigt, wenn die Hauptversammlung über die mit der beantragten Ermächtigung gewünschten Beschlussgegenstände durch Sachbeschluss abgestimmt hat.[837] Das Gericht hat somit auf Grundlage von § 122 Abs. 2, 3 AktG ein gesetzlich verankertes Mandat punktuell in das Selbstorganisationsrecht der Hauptversammlung einzugreifen und diese mit bindender Wirkung zu einer Sachentscheidung zu verpflichten. Daraus ergibt sich für den Versammlungsleiter die Konsequenz, dass er im Fall des § 122 Abs. 3 Satz 1 Var. 2 AktG einen Antrag auf Absetzung oder Vertagung zwingend zurückweisen muss.

*(2) Ergänzung der Tagesordnung aufgrund einer Vorstandsentscheidung nach § 122 Abs. 1, 2 AktG*

Anders stellt sich die Sach- und Rechtslage indes dar, wenn die Ergänzung der Tagesordnung auf eine Entscheidung des Vorstands nach § 122 Abs. 1 AktG zurückgeht. Kommt der Vorstand dem Begehren der Aktionärsminderheit nach und ergänzt die Tagesordnung, so müssen für die Absetzung bzw. Vertagung die gleichen rechtlichen Prämissen wie für die anderen Tagesordnungspunkte gelten. Der Versammlungsleiter muss und darf demnach einen entsprechenden Absetzungs- oder Vertagungsantrag nur bei Vorliegen eines sachlichen Grundes zur Abstimmung stellen.[838] Dieser Befund ergibt sich aus dem Schutzzweck des § 122 Abs. 1, 2 AktG, der darauf abzielt sicherzustellen, dass die primäre Zuständigkeit des Vorstands zur inhaltlichen Bestimmung der Tagesordnung (§ 121 Abs. 2 Satz 1, Abs. 3 Satz 2 AktG) nicht dazu führt, dass die Funktionsfähigkeit der Hauptversammlung als Diskussions- und Beschlussforum der Anteilseigner beeinträchtigt wird. Indes stellt § 122 Abs. 1, 2 AktG die durch den Vorstand ergänzten Tagesordnungspunkte nicht davon frei sich dem Votum der Hauptversammlung stellen zu müssen.[839] Dies schließt neben einer Sachentscheidung aber auch die Entscheidung der Hauptversammlung über die Absetzung oder Vertagung des ergänzten Tagesordnungspunktes mit ein. Dies gilt umso mehr, als in der Debatte hinsichtlich der Absetzung häufig die gleichen Sachargumente mit einfließen werden, die im Rahmen einer Sachentscheidungsdebatte vorgebracht worden wären.[840] Auch bei den sonstigen, vom Vorstand auf die Tagesordnung gesetzten Tagesordnungspunkten ist anerkannt, dass die Hauptversammlung über deren Absetzung entscheiden kann. Es ist aber nicht

---

835 So auch *Kubis*, in: MünchKomm. AktG, § 119 Rn. 145.

836 Siehe *Grunewald*, AG 2015, 689 (690 f.).

837 Siehe BGH, Urt. v. 10.10.2017 – II ZR 375/15, AG 2018, 28 (34); BGH, Urt. v. 8.5.2012 – II ZB 17/11, AG 2012, 592 (593).

838 *J. Koch*, AktG, § 129 Rn. 23; *Zetsche*, in: KölnKomm. AktG, Anh. § 119 Rn. 98.

839 *Mertens*, AG 1997, 481; *Wilsing/von der Linden*, ZIP 2010, 2321 (2323); ebenso schon *Kühn*, BB 1965, 1170 (1171).

840 Darauf zutreffend hinweisend *Austmann*, in: FS Hoffmann-Becking, S. 45 (53).

recht einsichtig, warum ein die Hauptversammlung bindender Sachbehandlungszwang davon abhängig sein soll, ob der Vorstand die Entscheidung zur Aufnahme eines Tagesordnungspunktes selbst oder auf Betreiben einer Aktionärsminderheit getroffen hat. Anders als das Gericht hat der Vorstand im Fall des § 122 Abs. 1 AktG kein Mandat die Hauptversammlung mit bindender Wirkung dazu zu verpflichten über einen Tagesordnungspunkt eine Sachentscheidung herbeizuführen.[841] Seine Befugnis erschöpft sich vielmehr darin die Entscheidung über die Ergänzung der Tagesordnung nach § 122 Abs. 1 AktG zu treffen.

Richtig ist zwar, dass die Aktionärsminderheit nur bei einem ablehnenden Sachbeschluss die Möglichkeit hat, die Entscheidung durch Erhebung einer Anfechtungsklage einer gerichtlichen Überprüfung zuzuführen.[842] Die damit verbundene prozessuale Schlechterstellung ist aber aus mehreren Gründen zu relativieren. Es darf nicht außer Betracht bleiben, dass der Versammlungsleiter einen Antrag auf Absetzung oder Vertagung nur bei Vorliegen eines wichtigen Grundes zur Abstimmung stellen darf. So kann sich die Notwendigkeit für eine Vertagung etwa daraus ergeben, dass der in Rede stehende Tagesordnungspunkt objektiv noch nicht entscheidungsreif ist und zunächst weitere Informationen einzuholen sind. Bei Vorliegen derartiger legitimer Gründe für eine Verschiebung der Abstimmung wäre aber nicht begründbar, warum die Aktionärsminderheit dennoch eine (sofortige) Sachentscheidung erzwingen können soll. Es besteht vor allem die Gefahr, dass die Aktionärsminderheit die für eine Vertagung oder Absetzung sprechenden Gründe aufgrund fehlender Sachkenntnisse schon nicht adäquat nachvollziehen kann und eine gleichwohl erzwungene Sachentscheidung in der Folge zum Schaden der Gesellschaft gereicht. Darüber hinaus muss der Versammlungsleiter den Minderheitsaktionären auch bei Vorliegen eines sachlichen Grundes die Gelegenheit geben, vor der Abstimmung über die Absetzung oder Vertagung ihr Anliegen in der Hauptversammlung vorzutragen und dafür zu werben.[843] Damit ist gewährleistet, dass in der Hauptversammlung auch eine inhaltliche Auseinandersetzung mit dem ergänzten Tagesordnungspunkt erfolgt.[844] Im Ergebnis vermag daher auch die Einschränkung des prozessualen Rechtsschutzes kein anderes Ergebnis zu rechtfertigen.

#### dd) Zeitpunkt der Abstimmung

Für den Versammlungsleiter stellt sich bei Zulassung der Abstimmung über einen Verfahrensantrag, der auf Absetzung oder Vertagung eines Tagesordnungspunktes gerichtet ist, die weitere Frage, wann er über einen solchen Antrag abstimmen lassen

[841] Die unterschiedliche Behandlung der in § 122 Abs. 1 AktG und § 122 Abs. 2 AktG geregelten Konstellationen andeutend auch *Ziemons*, in: K. Schmidt/Lutter, AktG, § 122 Rn. 53.

[842] Siehe *Mülbert*, in: Großkomm. AktG, § 129 Rn. 176; *Grunewald*, AG 2015, 689 (691).

[843] So auch *Ihrig*, in: FS Goette, S. 205 (214); *Noack/Zetsche*, in: KölnKomm. AktG, § 122 Rn. 3.

[844] Dies verkennend *Kemmerer*, BB 2011, 3018 (3021).

muss. Über den Verfahrensantrag gerichtet auf Vertagung bzw. Absetzung eines Tagesordnungspunktes ist immer vor dem jeweiligen Sachantrag abzustimmen.[845] Im Übrigen kann der Versammlungsleiter über die Frage des Zeitpunktes aber grundsätzlich nach pflichtgemäßen Ermessen entscheiden.[846] Eine sofortige Abstimmung ist aufgrund der Pflicht zu einer zügigen Abwicklung der Tagesordnung nur dann geboten, wenn der Versammlungsleiter von einem ungefährdeten Erfolg des Antrags ausgehen kann und durch eine sofortige Entscheidung weitere Diskussionen und Verzögerungen vermieden werden können.[847] Ansonsten ist es im Interesse einer effizienten Durchführung der Hauptversammlung in der Regel angezeigt, mit der Behandlung des Antrags bis zum Übergang in das Abstimmungsverfahren zu warten, um etwa eine laufende Aussprache nicht künstlich zu unterbrechen.[848]

### *e) Ergänzung von Tagesordnungspunkten*

Aus der Verpflichtung des Versammlungsleiters, die bekanntgemachte Tagesordnung (§ 121 Abs. 4 Satz 1 AktG) sachgerecht abzuhandeln folgt, dass dieser nicht die Kompetenz hat die Tagesordnung nachträglich zu ergänzen.[849] Anders als bei der Absetzung bzw. Vertagung eines Tagesordnungspunktes, kann aber auch die Hauptversammlung nicht über eine Ergänzung entscheiden. Folgern lässt sich dies zum einen aus § 121 Abs. 3 Satz 2 u. Abs. 4 Satz 1 AktG i. V. m. § 124 Abs. 4 Satz 1 AktG, wonach über nicht ordnungsgemäß bekanntgemachte Tagesordnungspunkte keine Beschlüsse gefasst werden dürfen. Zum anderen ergibt sich aus § 122 Abs. 2 AktG, dass nach der gesetzlichen Systematik eine Ergänzung der Tagesordnung nur auf Verlangen einer qualifizierten Aktionärsminderheit im Vorfeld der Hauptversammlung erfolgen kann und die insoweit ergänzten Tagesordnungspunkte nach Maßgabe von § 124 Abs. 1 Satz 1 AktG unverzüglich bekannt zu machen sind, damit den Aktionären die Möglichkeit gegeben wird, sich auf die ergänzte Tagesordnung einzustellen.[850]

---

[845] *J. Koch*, AktG, § 129 Rn. 23; kritisch aber *Butzke*, D. Rn. 84 (Fn. 163) der argumentiert, dass die für eine Vertagung sich aussprechenden Aktionäre ebenso gut zu einer Ablehnung der Sachentscheidung aufgefordert werden könnten, da diese in ihrer Wirkung einer Vertagung gleichkäme.

[846] *Zetsche*, in: KölnKomm. AktG, Anh. § 119 Rn. 104.

[847] Siehe *Butzke*, HV AG, D. Rn. 84.

[848] So auch *Butzke*, HV AG, D. Rn. 84.

[849] *Austmann*, in: FS Hoffmann-Becking, S. 45 (55).

[850] *Austmann*, in: FS Hoffmann-Becking, S. 45 (55).

### *f) Unterbrechung der Hauptversammlung*

Dem Versammlungsleiter steht das Recht zu, bei Bedarf die Hauptversammlung zu unterbrechen.[851] Dies kann etwa dann erforderlich sein, wenn der Vorstand zunächst weitere Informationen einholen muss, um bestimmte Auskünfte erteilen zu können, oder wenn es darum geht (technische) Störungen im Rahmen der Hybrid-HV oder der virtuellen Hauptversammlung zu beseitigen.[852] Auch sprachlich oder inhaltlich unverständliche Auskunftsverlangen seitens der Aktionäre können eine Unterbrechung erforderlich machen, um Vorstand und Versammlungsleiter Gelegenheit zur Aufklärung zu geben.[853] Schließlich kann der Versammlungsleiter nach pflichtgemäßem Ermessen eine Unterbrechung auch anordnen, um einem Aktionär die Möglichkeit zu geben zwecks Vermeidung eines Stimmrechtsausschlusses nach § 44 Abs. 1 Satz 1 WpHG die nach Maßgabe von § 33 Abs. 1 Satz 1 WpHG zwingend erforderliche Mitteilung gegenüber der Gesellschaft und der BaFin nachzuholen.[854]

Die Unterbrechung fällt als eine rein verfahrensleitende Ordnungsmaßnahme in den genuinen Kompetenzbereich des Versammlungsleiters.[855] Die Hauptversammlung kann eine Unterbrechung weder beschließen noch eine vom Versammlungsleiter angeordnete getroffene Unterbrechung aufheben.[856] Anderenfalls hätten es querulierende Aktionäre in der Hand den Versammlungsablauf durch gezielte und wiederholte Unterbrechungsanträge zu torpedieren und dadurch insbesondere die Einhaltung des Zeitrahmens zu gefährden.[857]

### *g) Vertagung einer bereits eröffneten Hauptversammlung*

Der Versammlungsleiter hat nicht die Kompetenz über die Vertagung der gesamten Hauptversammlung zu entscheiden.[858] Sofern ein entsprechender Antrag eines Aktionärs auf Vertagung der Hauptversammlung gestellt wird, muss der Versammlungsleiter darüber die Hauptversammlung abstimmen lassen, die wiederum mit Mehrheitsbeschluss entscheidet (§ 133 Abs. 1 AktG).[859] Aus den im

---

[851] *Wicke*, in: Spindler/Stilz, BeckOGK AktG, § 129 Rn. 53; *Mülbert*, in: Großkomm. AktG, § 129 Rn. 174; *J. Koch*, AktG, § 129 Rn. 23.

[852] *Butzke*, HV AG, D. Rn. 54; *Kubis*, in: MünchKomm. AktG, § 119 Rn. 151.

[853] *Kubis*, in: MünchKomm. AktG, § 119 Rn. 151.

[854] Siehe dazu *U. H. Schneider*, AG 2021, 58 f.

[855] *Hoffmann-Becking*, in: MünchHdb. GesR AG, § 37 Rn. 51.

[856] *Zetsche*, in: KölnKomm. AktG, Anh. § 119 Rn. 137; *J. Koch*, AktG, § 129 Rn. 22 f.; *Kubis*, in: MünchKomm. AktG, § 119 Rn. 144; *Butzke*, HV AG, D. Rn. 54.

[857] *Kubis*, in: MünchKomm. AktG, § 119 Rn. 144.

[858] *Göhmann*, in: Frodermann/Jannott, Hdb. AktR, 9. Kap. Rn. 195; *Ziemons*, in: K. Schmidt/Lutter, AktG, § 129 Rn. 82.

[859] *Hoffmann-Becking*, in: MünchHdb. GesR AG, § 37 Rn. 50; *Stützle/Walgenbach*, ZHR (155) 1991, 516 (538); *J. Koch*, AktG, § 129 Rn. 23.

Zusammenhang mit der Absetzung und Vertagung einzelner Tagesordnungspunkte bereits dargelegten Gründen[860] besteht eine Pflicht des Versammlungsleiters zur Vorlage des Antrags auf Vertagung jedoch nur unter der Einschränkung, dass ein sachlicher Grund für den Antrag schlüssig dargelegt ist.[861] Der Versammlungsleiter entscheidet über die Plausibilität des Vorbringens nach pflichtgemäßem Ermessen. Dies gilt auch dann, wenn die Hauptversammlung durch den Vorstand aufgrund eines Aktionärsminderheitsverlangens einberufen (§ 122 Abs. 1 AktG) oder einer der betroffenen Beschlussgegenstände aufgrund eines Aktionärsminderheitsverlangens auf die Tagesordnung gesetzt wurde (§ 122 Abs. 2 AktG), da sich aus § 122 Abs. 1 AktG kein Anspruch der Aktionärsminderheit auf Befassung bzw. Abstimmung der Hauptversammlung in der Sache ableiten lässt.[862] Eine Pflicht zur Sachabstimmung besteht auch insoweit nur bei einer gerichtlichen Ermächtigung nach § 122 Abs. 3 Satz 1 AktG.[863]

Der Versammlungsleiter muss sich ggf. durch Rückfragen beim antragstellenden Aktionär über den konkreten Inhalt eines Vertagungsantrags Klarheit verschaffen. Möglich ist zum einen, dass ein Vertagungsantrag inhaltlich lediglich auf Schließung der Hauptversammlung gerichtet ist. In diesem Fall liegen rechtlich zwei Anträge vor, nämlich der Antrag auf Absetzung aller noch nicht erledigten Beschlussgegenstände von der Tagesordnung sowie der Antrag auf Schließung der Aussprache.[864] Während die Entscheidungskompetenz hinsichtlich des Antrags auf Absetzung der unerledigten Beschlussgegenstände bei der Hauptversammlung liegt, entscheidet der Versammlungsleiter über den Antrag auf Schließung der Debatte, da es sich insoweit um eine rein verfahrensleitende Maßnahme handelt.[865] Zum anderen kann es sich bei dem Vertagungsantrag aber auch um einen Kombinationsantrag handeln, der sich einerseits aus einem Schließungsantrag und andererseits aus einem Antrag, eine neue Hauptversammlung mit gleicher Tagesordnung bzw. mit den noch unerledigten Tagesordnungspunkten einzuberufen, zusammensetzt.[866] Über den in diesem

---

[860] Vgl. dazu oben unter 2. Kapitel F. IV. 5. d) bb) (S. 234 f.).

[861] Ebenso *Mülbert*, in: Großkomm. AktG, § 129 Rn. 175; *Kubis*, in: MünchKomm. AktG, § 119 Rn. 145; strenger *Ihrig*, in: FS Goette, S. 205 (213), wonach der Versammlungsleiter von einer Vorlage des Antrags nur dann absehen kann, wenn der Antrag evident missbräuchlich ist; a. A. *Mülbert*, in: Großkomm. AktG, § 129 Rn. 181, der einen Antrag auf Vertagung der gesamten Hauptversammlung grundsätzlich für unzulässig hält.

[862] Ebenso *Stützle/Walgenbach*, ZHR (155) 1991, 516 (538); a. A. *Reinicke*, Rechtsstellung des Vorsitzenden einer HV, S. 81, der von einer einschränkungslosen Vorlagepflicht an die Hauptversammlung ausgeht.

[863] Vgl. dazu auch bereits die obigen Ausführungen unter 2. Kapitel F. IV. 5. d) cc) (1) (S. 236 f.).

[864] *Austmann*, in: FS Hoffmann Becking, S. 45 (56).

[865] *Austmann*, in: FS Hoffmann-Becking, S. 45 (67).

[866] *Austmann*, in: FS Hoffmann-Becking, S. 45 (56); siehe auch *Hoffmann-Becking*, in: MünchHdb. GesR AG, § 37 Rn. 50 (Fn. 79), wonach der Vertagungsantrag in der Regel als Antrag auf Absetzung aller (Beschluss-)Punkte von der Tagesordnung und nicht als Antrag auf Neueinberufung einer Hauptversammlung zu verstehen ist.

Kombinationsantrag zusätzlich enthaltenen Antrag auf Einberufung einer neuen Hauptversammlung entscheidet nach Maßgabe von § 124 Abs. 4 Satz 2 Var. 1 AktG die Hauptversammlung.[867]

## 6. Aufgabenbereich im Rahmen der Aussprache

Der Versammlungsleiter entscheidet im Rahmen der Aussprache insbesondere über die Reihenfolge und den Aufruf der Redner sowie die Anordnung von Ordnungsmaßnahmen, insbesondere in Form von Rede- und Fragezeitbeschränkungen. Der Versammlungsleiter hat sich bei sämtlichen Maßnahmen an dem Gebot der Gleichbehandlung der Aktionäre (§ 53a AktG) sowie an dem Grundsatz der Verhältnismäßigkeit auszurichten.[868]

### *a) Formalia der Aussprache*

Der Versammlungsleiter steht in der Pflicht, der Aussprache einen formalen Rahmen zu geben, damit diese ordnungsgemäß ablaufen kann. Die insoweit festzulegenden Formalia sind insbesondere bei Hauptversammlungen von Publikumsaktiengesellschaften mit oftmals mehreren tausend Teilnehmern, mehreren Räumen und einer Vielzahl von Rednern von besonderer Bedeutung.

Der Versammlungsleiter muss sich möglichst frühzeitig einen Überblick über die Anzahl der zu erwartenden Redebeiträge verschaffen. Er ist berechtigt, die Wortbeiträge an die Einhaltung bestimmter Formalien zu knüpfen.[869] Im Rahmen der Präsenzversammlung hat sich die Verwendung von Wortmeldetischen verbunden mit der Aufforderung an die Aktionäre, ihren Redewunsch unter Angabe des jeweiligen Tagesordnungspunktes schriftlich anzumelden, bewährt.[870] Der Versammlungsleiter kann auf eine frühzeitige Wortmeldung seitens der Aktionäre hinwirken, kann diese aber nicht direkt erzwingen.[871] Im Rahmen der Präsenzversammlung sind in der Regel mehrere Rednerpulte mit Mikrofonen bereitzustellen.[872] Wenn die Nutzung

---

[867] *Austmann*, in: FS Hoffmann-Becking, S. 45 (67).

[868] BGH, Urt. v. 11.11.1965 – II ZR 122/63, AG 1966, 28 (30); LG München I, Urt. v. 14.10.1999 – 5 HKO 8024/98, AG 2000, 139 – „Macrotron AG"; LG Frankfurt a. M., Urt. v. 22.2.1984 – 3/9 O 123/83, AG 1984, 192 (194); *Mülbert*, in: Großkomm. AktG, § 129 Rn. 133; *Kubis*, in: MünchKomm. AktG, § 119 Rn. 148; *Hoffmann-Becking*, in: MünchHdb. GesR AG, § 37 Rn. 46.

[869] *Kubis*, in: MünchKomm. AktG, § 119 Rn. 152.

[870] *Butzke*, HV AG, D. Rn. 32.

[871] Siehe *Butzke*, HV AG, D. Rn. 32, wonach der Versammlungsleiter die Aktionäre aber mittelbar durch die Festlegung der Reihenfolge der Redebeiträge sowie die Anordnung von Redezeitbeschränkungen zu einer frühzeitigen Meldung motivieren kann.

[872] Siehe *Butzke*, HV AG, D. Rn. 32, wonach der Versammlungsleiter die Ausübung des Rede- und Fragerechts von der Nutzung des Mikrofons abhängig machen kann und im Weigerungsfall Ordnungsmaßnahmen gegenüber dem opponierenden Aktionär erlassen kann.

des Mikrofons erforderlich ist, um einen Redebeitrag für alle Teilnehmer hörbar zu machen, muss der Versammlungsleiter im Sinne eines geordneten Ablaufs auf seiner Verwendung bestehen und bei fortgesetzter Weigerung eines Aktionärs dessen Redebeitrag durch entsprechende Ordnungsmaßnahmen unterbinden.

Der Versammlungsleiter kann grundsätzlich auch darüber entscheiden, in welcher Frequenz Fragen vom Vorstand zu beantworten sind. Vor dem Hintergrund, dass der Vorstand die Möglichkeit haben sollte, seine Antworten sachgerecht vorzubereiten, ist es in der Regel aus verfahrensökonomischer Perspektive nicht zweckmäßig, nach jeder Frage in einen Dialog mit dem Redner einzutreten und den Vorstand zu Spontanantworten anzuhalten.[873] Für den Versammlungsleiter empfiehlt es sich daher Fragenblöcke zu bilden, die anschließend gesamthaft vom Vorstand beantwortet werden.[874] Dieses Procedere bietet auch den Vorteil, dass klärungsbedürftige Aspekte frühzeitig adressiert werden und wiederholende Folgefragen vermieden werden. Um sicherzustellen, dass dem Rede- und Fragerecht der Aktionäre (§§ 118 Abs. 1 Satz 1, 131 AktG) in vollem Umfang Rechnung getragen wird, muss sich der Versammlungsleiter nach Ausführungen des Vorstands bei den Aktionären vergewissern, ob deren Fragen erschöpfend beantwortet wurden, und bei Bedarf auch Gelegenheit geben Nachfragen zu stellen.[875]

### *b) Reihenfolge der Redner*

Der Versammlungsleiter kann grundsätzlich frei über die Reihenfolge der Wortbeiträge entscheiden.[876] Für die virtuelle HV-RefE ist dies ausdrücklich normiert (§ 130a Abs. 4 Satz 4 AktG-RefE). Er ist dabei nicht an die Reihenfolge der Wortmeldungen gebunden.[877] Diese Befugnis steht ausschließlich dem Versammlungsleiter aus eigenem Recht und nicht der Hauptversammlung zu, so dass abweichende Entscheidungen der Hauptversammlung keine Bindungswirkung für den Versammlungsleiter entfalten.[878] Der Versammlungsleiter ist nicht nur berechtigt, sondern in besonderen Fällen auch verpflichtet, von der zeitlichen Reihenfolge der Wortmeldungen abzuweichen, sofern dies zur Sicherung einer verfahrensökonomischen Versammlungsleitung erforderlich ist.[879]

---

[873] *Butzke*, HV AG, D. Rn. 33.

[874] So auch *Hoffmann-Becking*, in: MünchHdb. GesR AG, § 37 Rn. 63.

[875] *Butzke*, HV AG, D. Rn. 33.

[876] *Mülbert*, in: Großkomm. AktG, § 129 Rn. 150; *Martens*, Leitfaden HV, S. 82.

[877] OLG München, Urt. v. 28.9.2011 – 7 U 711/11, AG 2011, 840 (843); *Hoffmann-Becking*, in: MünchHdb. GesR AG, § 37 Rn. 62; *J. Koch*, AktG, § 129 Rn. 23; *Max*, AG 1991, 77 (85); *Martens*, Leitfaden HV, S. 82.

[878] *Gehling*, in: ArbeitsHdb. HV, § 9 Rn. 141; *Kubis*, in: MünchKomm. AktG, § 119 Rn. 148.

[879] A. A. aber *Kubis*, in: MünchKomm. AktG, § 119 Rn. 148, wonach die Abarbeitung der Wortmeldungen nach deren zeitlicher Reihenfolge stets einer fehlerfreien Verhandlungsführung entspricht.

Das einschränkende Korrektiv für den Versammlungsleiter ist stets die Grenze einer pflichtgemäßen Ermessensausübung. Die Gestaltung der Reihenfolge muss nach verfahrensökonomischen Maßstäben vorgenommen werden und darf nicht willkürlich erfolgen.[880] Im Übrigen ist der Gleichbehandlungsgrundsatz (§ 53a AktG) zu beachten. Der Versammlungsleiter darf daher nicht ohne sachlichen Grund von der Reihenfolge der Wortmeldungen abweichen und bestimmte Aktionäre nur deswegen an das Ende der Rednerliste setzen, weil sie in Bezug auf den Tagesordnungspunkt einen opponierenden Standpunkt vertreten.[881] Derartige Entscheidungen ziehen jedoch erst dann eine Beschlussanfechtbarkeit nach sich, wenn die insoweit sachlich ungleichbehandelten Aktionäre infolge der geänderten Reihenfolge von rede- und/oder fragezeitbeschränkenden Anordnungen des Versammlungsleiters betroffen sind.[882] Der Versammlungsleiter kann aber bestimmte Wortbeiträge und Fragen entgegen der Reihenfolge der Meldungen vorrangig berücksichtigen, sofern begründete Anhaltspunkte dafür vorliegen, dass die Wortbeiträge und die Beantwortung der Fragen für eine Mehrheit der Aktionäre als besonders wichtig und informativ eingestuft werden.[883] Dies wird insbesondere bei Vertretern von Aktionärsvereinigungen der Fall sein, sofern diese eine große Anzahl von Aktionären der Gesellschaft repräsentieren.[884] Sofern die Tagesordnung auf Veranlassung einer Aktionärsminderheit nach Maßgabe von § 122 Abs. 1, 2 AktG ergänzt wurde, muss der Versammlungsleiter zumindest einem Vertreter der betreffenden Aktionärsminderheit vorab die Gelegenheit geben, das Anliegen vorzutragen.[885]

#### c) *Behandlung von Anträgen*

Die Aktionäre können ihre Redebeiträge nutzen, um gleichzeitig Verfahrensanträge und/oder tagesordnungsbezogene Sachanträge zu stellen. Ausgeschlossen ist dies aber ausdrücklich im Kontext des RefE für die virtuelle HV (§ 130a Abs. 7 Satz 2, 3 AktG-RefE).[886]

Die bloße Ankündigung von Verfahrens- oder Sachanträgen hat nach zutreffender Auffassung grundsätzlich keinen Einfluss auf die Kompetenz des Versammlungsleiters, die Reihenfolge der Redner nach pflichtgemäßem Ermessen festzulegen.[887]

---

[880] *Mülbert*, in: Großkomm. AktG, § 129 Rn. 150; *Butzke*, HV AG, D. Rn. 34; *Stützle/Walgenbach*, ZHR (155) 1991, 516 (528).

[881] *Martens*, Leitfaden HV, S. 83 f.; *Mülbert*, in: Großkomm. AktG, § 129 Rn. 150.

[882] *Kubis*, in: MünchKomm. AktG, § 119 Rn. 148.

[883] *Gehling*, in: ArbeitsHdb. HV, § 9 Rn. 141.

[884] *Butzke*, HV AG, D. Rn. 35.

[885] *Kubis*, in: MünchKomm. AktG, § 119 Rn. 148; siehe dazu bereits oben unter 2. Kapitel F. IV. 5. d) cc) (2) (S. 238).

[886] Siehe RefE des BMJ – Entwurf eines Gesetzes zur Einführung virtueller Hauptversammlungen von Aktiengesellschaften v. 9. 2. 2022, S. 34.

[887] *Hoffmann-Becking*, in: MünchHdb. GesR AG, § 37 Rn. 62; *Wilsing/von der Linden*, ZIP 2010, 2321 (2324); *Kubis*, in: MünchKomm. AktG, § 119 Rn. 150; a. A. *Kuhnt*, in: FS Lie-

Andererseits würde man der Gefahr Vorschub leisten, dass sich Aktionäre unter dem Deckmantel einer angekündigten Antragstellung eine bevorzugte Stellung in der Rednerkette erschleichen können.[888] Der Versammlungsleiter ist grundsätzlich befugt, über die Reihenfolge der Behandlung von Sach- oder Verfahrensanträgen nach pflichtgemäßem Ermessen zu entscheiden wobei er sich aber wiederum von sachdienlichen Motiven leiten lassen muss.[889] Eine zeitliche Vorrangstellung in der Rednerliste ist vor diesem Hintergrund nur bei bestimmten Verfahrensanträgen geboten, die klar und deutlich formuliert sind und eine unverzügliche Befassung der Hauptversammlung erfordern.[890] Die insoweit erforderliche besondere Dringlichkeit wird aber nur bei wenigen Verfahrensanträgen gegeben sein. Dazu zählt etwa der Antrag auf Abberufung bzw. Neuwahl des Versammlungsleiters[891] oder solche Anträge, die sicherheitsrelevante Aspekte betreffen.[892] Darüber hinaus muss der Versammlungsleiter einen Verfahrensantrag zwingend vor einem Sachantrag zur Abstimmung stellen, sofern der Verfahrensantrag auf die Art der Beschlussfassung über den Sachantrag Einfluss nimmt.[893] Sofern sich Anträge aber auf den originären Kompetenzbereich des Versammlungsleiters beziehen, kann von diesen keinerlei rechtliche Bindungswirkung in Bezug auf die Reihenfolge der Redner ausgehen.[894]

Wird für den Versammlungsleiter erkennbar, dass es einem Aktionär nur darum ging sich durch die vorgeschobene Dringlichkeit eines Verfahrensantrags eine bevorzugte Stellung in der Reihenfolge der Redner zu sichern, kann und muss der Versammlungsleiter eine sofortige Wortentziehung anordnen, da er anderenfalls gegen den Gleichbehandlungsgrundsatz nach § 53a AktG verstößt.[895] Auch wenn der Versammlungsleiter die Aktionäre nicht zu einer schriftlichen Einreichung von Anträgen verpflichten kann, so hat er doch das Recht (und auch die Pflicht), die

berknecht, S. 45 (51), der den sich aus §§ 29 Abs. 1 Satz 1, 28 Abs. 1 Satz 2 der Geschäftsordnung des Deutschen Bundestages ergebenden Grundsatz, wonach zu einem Geschäftsordnungsantrag prioritär das Wort zu erteilen ist, auf die Hauptversammlung übertragen will, sofern der betreffende Antrag in die Entscheidungszuständigkeit der Hauptversammlung fällt.

[888] *Kubis*, in: MünchKomm. AktG, § 119 Rn. 150; *Gehling*, in: ArbeitsHdb. HV, § 9 Rn. 142.

[889] OLG Hamburg, Urt. v. 19.9.1980 – 11 U 42/80, DB 1981, 80 (82); *Zetsche*, in: KölnKomm. AktG, Anh. § 119 Rn. 92; *Mülbert*, in: Großkomm. AktG, § 129 Rn. 157ff.; *Höreth/Linnerz*, Anträge in der HV, S. 65; ausführlich dazu auch *Gehling*, in: ArbeitsHdb. HV, § 9 Rn. 194ff.

[890] *Hoffmann-Becking*, in: MünchHdb. GesR AG, § 37 Rn. 58f.; ebenso *Butzke*, HV AG, D. Rn. 35 (Fn. 61).

[891] LG München I, Urt. v. 20.1.2011 – 5HK O 18800/09, AG 2011, 211 (218); *Mülbert*, in: Großkomm. AktG, § 129 Rn. 158; *Butzke*, HV AG, D. Rn. 35, 86; *Martens*, WM 1981, 1010 (1015).

[892] *Hoffmann-Becking*, in: MünchHdb. GesR AG, § 37 Rn. 59.

[893] Siehe *Gehling*, in: ArbeitsHdb. HV, § 9 Rn. 202, der als Beispiel die Entscheidung über die Entlastung im Wege der Einzelentlastung anführt.

[894] Siehe *Kubis*, in: MünchKomm. AktG, § 119 Rn. 156, der solche Anträge als bloße Anregung für den Versammlungsleiter qualifiziert.

[895] *Kubis*, in: MünchKomm. AktG, § 119 Rn. 150.

Aktionäre bei unklar formulierten Anträgen zu einer Präzisierung aufzufordern, damit dem Versammlungsleiter eine sachgerechte Beurteilung hinsichtlich der zeitlichen Dringlichkeit des Antrags ermöglicht wird.[896] Kommt der Aktionär dieser Obliegenheit nicht nach, kann er sich nicht auf eine etwaige verspätete Berücksichtigung in der Rednerliste berufen.[897]

### *d) Einschränkungen des Rede- und Fragerechts*

Der Versammlungsleiter ist seinem Funktionsauftrag verpflichtet für eine sachgerechte und rechtssichere Abwicklung der Hauptversammlung zu sorgen. Dazu gehört auch die bindende Vorgabe einen für alle Versammlungsteilnehmer zumutbaren zeitlichen Gesamtrahmen einzuhalten.[898] Um dieser Vorgabe gerecht zu werden, kann sich für den Versammlungsleiter die Notwendigkeit ergeben, das Rede- und gegebenenfalls auch das Fragerecht einzelner oder aller Aktionäre einzuschränken. Daneben können sich redezeitbeschränkende Maßnahmen auch gegen Vorstands- und Aufsichtsratsmitglieder richten, die sich etwa in Ausübung ihrer gesetzlichen Auskunfts- und Erläuterungspflichten in der Hauptversammlung äußern.[899]

Neben individuellen oder generellen Beschränkungen, die durch den Versammlungsleiter kraft seiner Leitungskompetenz insbesondere zwecks Einhaltung des zeitlichen Rahmens angeordnet werden, kann sich eine Begrenzung des Rede- und Fragerechts aber auch unmittelbar aus inhaltlichen Ausübungsschranken ergeben.[900]

#### aa) Inhalt und Schranken des Rede- und Fragerechts

Sowohl das Rederecht als auch das Fragerecht (§ 131 Abs. 1 AktG) haben ihre Grundlage in dem allgemeinen Teilnahmerecht des Aktionärs (§ 118 Abs. 1 AktG), welches selbständig neben das Stimmrecht des Aktionärs (§§ 133 ff. AktG) tritt.[901] Rede- und Fragerecht sind Teil der Mitverwaltungsrechte des Aktionärs, die nach § 118 Abs. 1 AktG grundsätzlich in der Hauptversammlung auszuüben sind.[902] Das Recht auf Teilnahme an der Hauptversammlung ist nicht höchstpersönlicher Natur.[903]

---

[896] *Hoffmann-Becking*, in: MünchHdb. GesR AG, § 37 Rn. 58.

[897] *Hoffmann-Becking*, in: MünchHdb. GesR AG, § 37 Rn. 58.

[898] *Schmid*, in: Ziemons/Binnewies, Handb. AG, I. Teil Rn. 10.801; *Kubis*, in: MünchKomm. AktG, § 119 Rn. 165.

[899] *Niemz*, VL im AktR, S. 127.

[900] Auf diese Differenzierung zutreffend hinweisend *Kubis*, in: MünchKomm. AktG, § 119 Rn. 165; ebenso *Quack*, in: FS Brandner, S. 113 (117 f.).

[901] *Marsch-Barner/von der Linden*, in: Marsch-Barner/Schäfer, Hdb. börsennotierte AG, § 35 Rn. 10; vgl. ausführlich zu Inhalt und materiellen Grenzen des Rederechts *Siepelt*, Das Rederecht des Aktionärs in der Hauptversammlung, S. 20 ff.

[902] Siehe auch A. III. (Grundsatz 8) DCGK.

[903] *Spindler*, in: K. Schmidt/Lutter, AktG, § 118 Rn. 30.

Der Aktionär kann sich somit nicht nur bei Ausübung des Stimmrechts (§ 134 Abs. 3 AktG), sondern auch bei Ausübung des Rede- und Fragerechts durch einen Vertreter vertreten lassen, sofern eine entsprechende wirksame Vollmacht (§§ 164 ff. BGB) seitens des Aktionärs erteilt wird.[904] Darüber hinaus besteht für den Aktionär auch die Möglichkeit einen Vertreter im Wege einer sog. Legitimationszession (§ 185 BGB) dazu zu ermächtigen, das Teilnahmerecht im eigenen Namen auszuüben.[905]

Als eigennützige Mitgliedschaftsrechte teilen Rede- und Fragerecht die gleichen tatbestandlichen Voraussetzungen.[906] Das Fragerecht nach § 131 Abs. 1 AktG soll den Aktionär in die Lage versetzen, sich diejenigen Informationen und Einblicke zu verschaffen, die zu einer sachgerechten Meinungsbildung und Entscheidungsfindung im Hinblick auf die Gegenstände der Tagesordnung der Hauptversammlung erforderlich sind.[907] Dem Merkmal der Erforderlichkeit kommt dabei eine Korrektivfunktion zu. Es soll einer missbräuchlichen Ausübung des Fragerechts entgegenwirken und einen ordnungsgemäßen Ablauf der Hauptversammlung dadurch gewährleisten, dass der Auskunftsanspruch des Aktionärs auf dasjenige Maß beschränkt wird, das ein objektiv urteilender Aktionär zur Meinungsbildung tatsächlich benötigt.[908] Ein Missbrauch des Fragerechts liegt demzufolge dann vor, wenn die Verfolgung sachfremder Ziele derart überwiegt, dass bei einer Abwägung nach Treu und Glauben das Verhalten des Aktionärs nicht gebilligt werden kann.[909] Das Fragerecht des Aktionärs ist nicht auf einfache und leicht zu beschaffende Auskünfte beschränkt, sondern umfasst auch solche Gegenstände, auf die der Vorstand bei angemessener Vorbereitung und unter Zuhilfenahme bereitzuhaltender Unterlagen und sachkundiger Mitarbeiter ohne wesentliche Verzögerung der Hauptversammlung eingehen kann.[910] Darüber hinaus muss sich der Aktionär auch nicht auf eine schriftliche Beantwortung seiner Fragen verweisen lassen.[911]

Sofern sich Fragen der Aktionäre auf den Tätigkeitsbereich des Aufsichtsrats beziehen, sind weder der Aufsichtsrat als solcher noch sein Vorsitzender zur Beantwortung verpflichtet oder ermächtigt, da alleiniger Adressat der sich aus § 131 AktG ergebenden Auskunftsverpflichtung die Gesellschaft ist, die sich zur Erfüllung

---

[904] *Mülbert*, in: Großkomm. AktG, § 118 Rn. 71; *Marsch-Barner/von der Linden*, in: Marsch-Barner/Schäfer, Hdb. börsennotierte AG, § 35 Rn. 14.

[905] *Marsch-Barner/von der Linden*, in: Marsch-Barner/Schäfer, Hdb. börsennotierte AG, § 35 Rn. 14.

[906] *Kubis*, in: MünchKomm. AktG, § 118 Rn. 43.

[907] *Kersting*, in: KölnKomm. AktG, § 131 Rn. 6; *Geßler*, Komm. AktG, § 131 Rn. 4.

[908] OLG Zweibrücken, Urt. v. 11. 12. 1989 – 3 W 148/89, WM 1990, 185 (186); ebenso im Kontext der virtuellen Hauptversammlung nach dem COVID-19-Gesetz LG München I, Beschl. v. 29. 7. 2021 – 5 HKO 7359/21, AG 2021, 926 (927).

[909] OLG Karlsruhe, Beschl. v. 29. 6. 1989 – 11 W 57/89, AG 1990, 82.

[910] OLG Düsseldorf, Beschl. v. 17. 7. 1991 – 19 W 2/91, WM 1991, 2148 (2152).

[911] OLG Düsseldorf, Beschl. v. 17. 7. 1991 – 19 W 2/91, WM 1991, 2148 (2152); vgl. ausführlich zur Zulässigkeit von Fragen betreffend die Meinungsbildung im Aufsichtsrat, *Hoffmann-Becking*, NZG 2017, 281 (283 ff.).

ihrer Verpflichtung des Vorstands als Vertretungsorgan bedient (§ 78 Abs. 1 Satz 1 AktG).[912] Die Beantwortung von Fragen durch den Aufsichtsratsvorsitzenden, der in aller Regel auch die Versammlung leitet, ist daher nach zutreffender Auffassung nur unter der rechtlichen Prämisse möglich, dass die Auskunftserteilung durch den Aufsichtsrat seitens des Vorstands rechtlich autorisiert wird.[913] Dies wird in der Regel dadurch geschehen, dass der Vorstand, nachdem er den Aufsichtsrat um Stellungnahme gebeten hat, sich dessen Ausführungen ausdrücklich oder durch widerspruchslose Fortsetzung der Beantwortung konkludent zu eigen macht.[914]

Aus §§ 118 Abs. 1 Satz 1, 131 Abs. 1 Satz 1 AktG ergibt sich, dass sich das Rede- und Fragerecht, auf „*Angelegenheiten der Gesellschaft*" beziehen muss und es zudem auch eines Bezuges zur Tagesordnung bedarf. Daraus folgt, dass sich das Rede- und Fragerecht schon qua Gesetz nicht auf Angelegenheiten erstreckt, die mit der Gesellschaft in keinem sachlichen Zusammenhang stehen.[915] Gleiches gilt für den Fall, dass sich der Redebeitrag oder die Frage nicht auf einen konkret behandelten Tagesordnungspunkt in der jeweiligen Hauptversammlung bezieht.[916] Nach § 131 Abs. 1 Satz 3 AktG erstreckt sich die Auskunftspflicht der Gesellschaft auch nicht auf deren rechtliche und geschäftliche Beziehungen zu einem verbundenen Unternehmen. Sofern ein Aktionär durch einen Redebeitrag oder eine Frage an den Vorstand bereits diese gesetzesimmanenten Begrenzungen des Rede- und Fragerechts überschreitet, so wie etwa bei allgemeinen politischen Ausführungen, kann der Versammlungsleiter unabhängig von zeitlichen Aspekten intervenieren und die Fortsetzung des Redebeitrags nur unter dem Vorbehalt zulassen, dass ein sofortiger

---

[912] BVerfG, Beschl. v. 20.9.1999 – 1 BvR 636/95, AG 2000, 74 (75) – „Wenger/Daimler-Benz AG"; OLG Stuttgart, Urt. v. 15.2.1995 – 3 U 118/94, AG 1995, 234 (235); *Spindler*, in: K. Schmidt/Lutter, AktG, § 131 Rn. 16; *Kersting*, in: KölnKomm. AktG, § 131 Rn. 70; kritisch *Trescher*, DB 1990, 515 f.; ebenso *Vetter*, in: FS Westermann, S. 1589 (1600 ff.), der eine wachsende Bedeutung des Aufsichtsrats sieht und sich in der Konsequenz dafür ausspricht den Aktionären durch eine gesetzliche Regelung einen direkten Auskunftsanspruch gegenüber dem Aufsichtsrat einzuräumen.

[913] *Hoffmann-Becking*, in: MünchHdb. GesR AG, § 38 Rn. 7; *Marsch-Barner/von der Linden*, in: Marsch-Barner, Hdb. börsennotierte AG, § 34 Rn. 35.

[914] *Kersting*, in: KölnKomm. AktG, § 131 Rn. 72; *Decher*, in: Großkomm. AktG, § 131 Rn. 66; *J. Koch*, AktG, § 131 Rn. 7; *Marsch-Barner/von der Linden*, in: Marsch-Barner/Schäfer, Hdb. börsennotierte AG, § 36 Rn. 13; a. A. *Hoffmann-Becking*, NZG 2017, 281 (285 f.), wonach eine Autorisierung durch den Vorstand verzichtbar sein soll, sofern sich die Fragen der Aktionäre der originären Pflicht des Aufsichtsrats zur mündlichen Erläuterung des schriftlichen Berichts an die Hauptversammlung zuordnen lassen (§ 171 Abs. 2 AktG i. V. m. § 176 Abs. 1 Satz 2 AktG).

[915] *Marsch-Barner/von der Linden*, in: Marsch-Barner/Schäfer, Hdb. börsennotierte AG, § 36 Rn. 3; siehe ausführlich zu den rechtlichen Parametern des von der Tagesordnung unabhängigen Auskunftsanspruchs nach § 131 Abs. 4 AktG bei außerhalb der Hauptversammlung erteilten Auskünften, *Duden*, in: FS v. Caemmerer, S. 499 ff.

[916] BGH, Urt. v. 15.6.1992 – II ZR 18/91, NJW 1992, 2760 (2763); BayObLG, Beschl. v. 22.3.1999 – 3 ZBR 250/98, AG 1999, 320; *Spindler*, in: K. Schmidt/Lutter, AktG, § 131 Rn. 30; *Decher*, in: Großkomm. AktG, § 131 Rn. 129 ff.

Bezug zur Gesellschaft bzw. Tagesordnung hergestellt wird.[917] Dies rechtfertigt sich daraus, dass die Durchsetzung der gesetzesimmanenten Ausübungsschranken des Rede- und Fragerechts das Mitgliedschaftsrecht des Aktionärs nicht beeinträchtigen kann.[918] Der RefE für die virtuelle HV sieht in § 131 Abs. 1d Satz 2 AktG-RefE eine weitere gesetzesimmanente Schranke insoweit vor, als dass eine in der Versammlung gestellte Nachfrage, die in keinem sachlichen Zusammenhang zu der vorab einzureichenden Frage (§ 131 Abs. 1a AktG-RefE) steht, nicht zu beantworten ist.[919]

Neben dem Aktionär steht auch Mitgliedern von Vorstand und Aufsichtsrat ein Rederecht in der Hauptversammlung zu.[920] Es leitet sich aus deren Teilnahmerecht ab (§ 118 Abs. 3 Satz 1 AktG) und entspricht im Grundsatz dem Rederecht des Aktionärs.[921] Eine inhaltliche Ausübungsschranke insoweit, als dass Inhalte der Gremiensitzungen nicht in der Hauptversammlung publik zu machen sind, folgt für Vorstands- und Aufsichtsratsmitglieder einerseits aus der aus dem korporationsrechtlichen Rechtsverhältnis abzuleitenden Treuepflicht und andererseits auch aus der organschaftlichen Verschwiegenheitspflicht.[922]

Aus der organinternen Zuständigkeitsordnung des Aufsichtsrats sowie aus der vorrangigen Zuständigkeit des Aufsichtsratsvorsitzenden für Äußerungen gegenüber der Hauptversammlung gemäß § 176 Abs. 1 Satz 2 AktG folgt überdies, dass das einfache Aufsichtsratsmitglied nur mit Zustimmung des Aufsichtsratsvorsitzenden – und damit regelmäßig des Versammlungsleiters – Stellung zu Fragen beziehen darf, die den Kompetenzbereich des Aufsichtsrats betreffen.[923] Ein berechtigtes Interesse zur Erwiderung auf Fragen ohne das Erfordernis einer Zustimmung kann aber dann bestehen, wenn persönliche Vorwürfe gegen ein bestimmtes Aufsichtsratsmitglied im Raum stehen.[924]

---

[917] Siehe *Quack*, in: FS Brandner, S. 113 (117 f.), der in diesem Fall zwar keine mehrfache Aufforderung des Aktionärs, wohl aber einen einmaligen vergeblichen Hinweis des Versammlungsleiters, dass der Aktionär zur Sache sprechen möge, verlangt.

[918] *Kubis*, in: MünchKomm. AktG, § 119 Rn. 165.

[919] Siehe RefE des BMJ – Entwurf eines Gesetzes zur Einführung virtueller Hauptversammlungen von Aktiengesellschaften v. 9. 2. 2022, S. 37, wonach im Zweifel aber von einem sachlichen Zusammenhang auszugehen ist.

[920] Kein dem Aktionär vergleichbares Rederecht kommt hingegen dem Notar oder dem Abschlussprüfer zu, siehe *Hoffmann-Becking*, NZG 2017, 281 (286).

[921] *Spindler*, in: K. Schmidt/Lutter, AktG, § 118 Rn. 40; *Kubis*, in: MünchKomm. AktG, § 118 Rn 109; *Hoffmann*, in: Spindler/Stilz, BeckOGK AktG, § 118 Rn. 26; *Mülbert*, in: Großkomm. AktG, § 118 Rn. 51.

[922] *Kubis*, in: MünchKomm. AktG, § 118 Rn. 109; *Mülbert*, in: Großkomm. AktG, § 118 Rn. 51.

[923] *Hoffmann-Becking*, NZG 2017, 281 (286 f.).

[924] Siehe *Hoffmann-Becking*, NZG 2017, 281 (287), der zu Recht empfiehlt die Ausübung eines eigenständigen Rederechts durch ein einfaches Aufsichtsratsmitglied zwecks Vermeidung von Widersprüchlichkeiten nur mit großer Zurückhaltung anzuerkennen.

### bb) Die zumutbare Dauer der Hauptversammlung als Grundlage für Rede- und Fragezeitbeschränkungen

Die Erfüllung der dem Versammlungsleiter obliegenden Verpflichtung, die Hauptversammlung in einem angemessenen Zeitraum abzuwickeln, kann die Anordnung von Rede- und Fragezeitbeschränkungen gebieten und eine legitimierende Grundlage für derartige Ordnungsmaßnahmen darstellen.[925]

Es stellt sich vor diesem Hintergrund zunächst die Frage, wie die Angemessenheit der Versammlungsdauer zu definieren ist. Der Deutsche Corporate Governance Kodex (DCGK) enthält in lit. A.4 die Anregung, dass eine ordentliche Hauptversammlung spätestens nach vier bis sechs Stunden zu Ende gebracht werden sollte.[926] In Ermangelung diesbezüglicher gesetzlicher Vorgaben hat sich in der Literatur zu der Frage einer noch zumutbaren Dauer der Hauptversammlung ein differenziertes Meinungsspektrum herausgebildet. Dabei ist im Ausgangspunkt davon auszugehen, dass eine Hauptversammlung, die nur für einen Tag einberufen wurde, auch an diesem Tag final abzuwickeln ist.[927] Folgerichtig wird daher auch Mitternacht als eine rechtlich relevante Höchstgrenze in zeitlicher Hinsicht festgelegt.[928] Hinsichtlich der maximal zumutbaren Gesamtdauer der Versammlung variieren die Ansichten von 10 Stunden[929], 12 Stunden[930] bis zu 14 Stunden.[931] Eine Einberufung der

---

[925] OLG Frankfurt a. M., Urt. v. 20. 10. 2010 – 23 U 121/08, AG 2011, 36 (41); *Hoffmann-Becking*, in: MünchHdb. GesR AG, § 37 Rn. 66, wonach sich die Befugnis zur Festsetzung einer zeitlichen Grenze für die gesamte Versammlung nicht aus einer Ermächtigung in Satzung oder Geschäftsordnung (§ 131 Abs. 2 Satz 2 AktG) ergibt, sondern aus der allgemeinen Verpflichtung des Versammlungsleiters, die Versammlung in einem zeitlich zumutbaren Rahmen abzuwickeln.

[926] Auf diese Zeitspanne rekurrierend auch BGH, Urt. v. 8. 2. 2010 – II ZR 94/08, AG 2010, 292 (294); OLG Frankfurt a. M., Urt. v. 20. 10. 2010 – 23 U 121/08, AG 2011, 36 (41); vgl. auch RegBegr UMAG, BT-Drucks. 15/5092, 17.

[927] *Mülbert*, in: Großkomm. AktG, § 129 Rn. 177; *Marsch-Barner/von der Linden*, in: Marsch-Barner/Schäfer, Hdb. börsennotierte AG, § 36 Rn. 6; *Quack*, AG 1985, 145 (146); Max, AG 1991, 77 (90); *Gehling*, in: ArbeitsHdb. HV, § 9 Rn. 97.

[928] LG Stuttgart, Urt. v. 27. 4. 1994 – 7 KfH O 122/93, ZIP 1994, 950 (952); *Max*, AG 1991, 77 (90); *Kubis*, in: MünchKomm. AktG, § 121 Rn. 35; *Mülbert*, in: Großkomm. AktG, § 129 Rn. 177; *Marsch-Barner/von der Linden*, in: Marsch-Barner/Schäfer, Hdb. börsennotierte AG, § 34 Rn. 42; *Bungert*, in: MünchHdb. GesR AG, § 36 Rn. 49; a. A. *Happ/Freitag*, AG 1998, 493 (495); *Decher*, in: Liber amicorum Happ, S. 17 (18 f.); kritisch hinsichtlich der Mitternachtsgrenze auch *Butzke*, HV AG, D. Rn. 57.

[929] Siehe LG Frankfurt a. M., Urt. v. 28. 11. 2006 – 3–5 O 93/06, NZG 2007, 155 (156), wonach die Hauptversammlung grundsätzlich sechs Stunden, und bei außergewöhnlichen Tagesordnungspunkten maximal 10 Stunden dauern darf.

[930] *Noack/Zetsche*, in: KölnKomm. AktG, Anh. § 121 Rn. 70; *J. Koch*, AktG, § 131 Rn. 52; *Kubis*, in: MünchKomm. AktG, § 121 Rn. 38; *Mülbert*, in: Großkomm. AktG, § 129 Rn. 178, der eine Verhandlungsdauer von mehr als zwölf Stunden nur bei Zustimmung aller anwesenden Anfechtungsbefugten für möglich hält.

[931] *Reger*, in: Bürgers/Körber/Lieder, AktG, § 121 Rn. 28; gegen die Festlegung einer maximalen zumutbaren Gesamtdauer *Max*, AG 1991, 77 (90).

Hauptversammlung für zwei Tage soll nur in seltenen Ausnahmefällen zumutbar sein, wenn es um sehr grundlegende Entscheidungen geht, bei denen eine streitige und zeitintensive Debatte zu erwarten ist.[932]

Unterschiedlich beurteilt wird die Frage, welche Rechtsfolgen an eine Fortsetzung einer für nur einen Tag einberufenen Hauptversammlung über Mitternacht hinaus zu knüpfen sind. Einige Stimmen plädieren für eine Beschlussnichtigkeit nach Maßgabe von § 241 Nr. 1 AktG i. V. m. § 121 Abs. 3 Satz 1 AktG, wobei die Nichtigkeitsfolge teilweise auf sämtliche Beschlüsse bezogen wird[933], teilweise aber auch nur auf diejenigen Beschlüsse, die nach Mitternacht getroffen werden.[934] Begründet wird die Nichtigkeitsfolge primär damit, dass durch die Einberufung nicht nur der Beginn, sondern auch die Maximaldauer der Hauptversammlung in rechtlich verbindlicher Weise gegenüber den Aktionären festgelegt wird.[935] Ein anderer Teil der Literatur spricht sich gegen eine Nichtigkeitsfolge aus und plädiert stattdessen für eine Anfechtbarkeit der Beschlüsse, sofern die im Einzelfall zu bestimmende Zumutbarkeit für die Aktionäre überschritten wurde.[936] Dieser Auffassung ist zuzustimmen. Die strenge Nichtigkeitsfolge ist nicht sachgerecht, da sie den Unwägbarkeiten des Versammlungsablaufs nicht ausreichend Rechnung trägt. Insbesondere bei dem Zuschnitt von Redezeiten ist der Versammlungsleiter auch auf eine Prognosestellung angewiesen, die sich aufgrund unvorhersehbarer Umstände als falsch herausstellen kann. Es ist überdies auch kein logischer Grund dafür erkennbar, hinsichtlich der Nichtigkeitsfolge zwischen solchen Beschlüssen, die kurz vor Mitternacht und solchen, die kurz nach Mitternacht getroffen werden, zu differenzieren. Es bestünde ansonsten die Gefahr, dass es in Abhängigkeit von der Reihenfolge der Sachanträge und dem gewählten Abstimmungsmodus zu zufälligen Ergebnissen hinsichtlich der Wirksamkeit der einzelnen Beschlüsse käme.

---

[932] *Kubis*, in: MünchKomm. AktG, § 121 Rn. 36; ebenso *Linnerz*, NZG 2006, 208 (211); vgl. auch LG Mainz, Urt. v. 14. 4. 2005 – 12 HK O 82/04, NZG 2005, 819; kritisch hinsichtlich einer Pflicht zur Einberufung auf zwei Tage *Decher*, in: Liber amicorum Happ, S. 17 (21 f.); siehe zum diesbezüglichen Meinungsstand auch *Nagel/Ziegenhahn*, WM 2010, 1005 (1006 ff.).

[933] Dafür wohl *Linnerz*, NZG 2006, 208 (210), der sich aber einschränkend dafür stark sagt die Überschreitung der Mitternachtsgrenze bis zu einer gewissen Toleranzgrenze als rechtmäßig anzusehen.

[934] So LG Düsseldorf, Urt. v. 16. 5. 2007 – 36 O 99/06, AG 2007, 797; *Marsch-Barner/von der Linden*, in: Marsch-Barner/Schäfer, Hdb. börsennotierte AG, § 34 Rn. 42; *Kubis*, in: MünchKomm. AktG, § 121 Rn. 35; *Sauerwald*, VersL im AktR, S. 65; ebenso wohl auch *Max*, AG 1991, 77 (90).

[935] Siehe *Mülbert*, in: Großkomm. AktG, § 129 Rn. 177; *Kubis*, in: MünchKomm. AktG, § 121 Rn. 35.

[936] OLG Koblenz, Urt. v. 26. 4. 2001 – 6 U 746/95, ZIP 2001, 1093; *Rieckers*, in: Spindler/Stilz, BeckOGK AktG, § 121 Rn. 125; *Happ/Freitag*, AG 1998, 493 (497); *J. Koch*, AktG, § 121 Rn. 17; *Noack/Zetsche*, in: KölnKomm. AktG, § 121 Rn. 70.

### cc) Satzungs- und Geschäftsordnungsregelungen als Grundlage für Beschränkungen des Rede- und Fragerechts

Nach dem durch Art. 1 Nr. 9 a) UMAG eingefügten § 131 Abs. 2 Satz 2 AktG kann die Satzung oder Geschäftsordnung den Versammlungsleiter ermächtigen, das Rede- und Fragerecht des Aktionärs zeitlich angemessen zu beschränken und Näheres dazu bestimmen.[937] Mit der Einführung der Regelung bezweckte der Gesetzgeber die Verhinderung eines Missbrauchs des Anfechtungsrechts sowie eine Verbesserung der inhaltlichen Qualität von Hauptversammlungen.[938] Der BGH hat in Bezug auf das zugrunde zu legende Normverständnis klargestellt, dass von § 131 Abs. 2 Satz 2 AktG nicht nur nähere Regelungen zum Verfahren der Hauptversammlung, sondern auch zeitliche Vorgaben hinsichtlich der Einschränkung des Rede- und Fragerechts umfasst sind.[939] In materieller Hinsicht erfordert § 131 Abs. 2 Satz 2 AktG eine „*Angemessenheit*" der Beschränkung. Hierin liegt gegenüber der früheren Rechtslage keine Neuerung, da schon vor Einführung des § 131 Abs. 2 Satz 2 AktG für Redezeitbeschränkungen die Prinzipien der Sachdienlichkeit, Gleichbehandlung und Verhältnismäßigkeit galten.[940] Änderungen gegenüber der alten Rechtslage ergeben sich durch § 131 Abs. 2 Satz 2 AktG aber insoweit, als dass eine generelle und individuelle Beschränkung des Fragerechts nunmehr zulässig ist, und zwar nicht nur alleinstehend, sondern auch im Verbund mit einer Einschränkung des Rederechts.[941]

Vor Inkrafttreten des UMAG war anerkannt, dass generelle oder individuelle Redezeitbeschränkungen ausschließlich durch den Versammlungsleiter kraft seiner Leitungskompetenz, nicht hingegen durch die Hauptversammlung angeordnet oder aufgehoben werden können.[942] Eine Erstreckung von redezeitbegrenzenden Maßnahmen auch auf die Fragezeit wurde von der herrschenden Auffassung hingegen abgelehnt und eine individuelle Einschränkung des Fragerechts nur in engen Grenzen, etwa bei evident missbräuchlicher Ausübung, akzeptiert.[943] Dies galt auch

---

[937] Vgl. auch die Inbezugnahme durch den RefE für die virtuelle HV, RefE des BMJ – Entwurf eines Gesetzes zur Einführung virtueller Hauptversammlungen von Aktiengesellschaften v. 9.2.2022, S. 33, 37.

[938] Siehe RegBegr UMAG, BT-Drucks. 15/5092, 10, 17.

[939] BGH, Urt. v. 8.2.2010 – II ZR 94/08, NJW 2010, 1604; zust. *Kersting*, NZG 2010, 446 f.; a. A. OLG Frankfurt a. M., Urt. v. 12.2.2008 – 5 U 8/07, NZG 2008, 432 (433), das im Rahmen einer verfassungskonformen Auslegung zu einem engen, lediglich auf Verfahrensfragen begrenztem Normverständnis gelangt.

[940] *Kubis*, in: MünchKomm. AktG, § 119 Rn. 167.

[941] *Spindler*, in: K. Schmidt/Lutter, AktG, § 131 Rn. 66; *J. Koch*, AktG, § 131 Rn. 42.

[942] BGH, Urt. v. 11.11.1965 – II ZR 122/63, NJW 1966, 43 (44); OLG Stuttgart, Urt. v. 15.2.1995 – 3 U 118/94, AG 1995, 234; *Mülbert*, in: Großkomm. AktG, § 129 Rn. 199; *Siepelt*, AG 1995, 254 (259); *Hennerkes/Kögel*, DB 1999, 81 (84).

[943] Vgl. OLG Stuttgart, Urt. v. 15.2.1995 – 3 U 118/94, AG 1995, 234 (235); LG Stuttgart, Urt. v. 27.4.1994 – 7 KfH O 122/93, AG 1994, 425 (426); *Quack*, AG 1985, 145 (148); *Stützle/Walgenbach*, ZHR (155) 1991, 516 (540 f.); *Diekmann/Leuering*, NZG 2004, 249 (255); *Gantenberg*, DB 2005, 207 (211); *Meilicke/Heidel*, DB 2004, 1479 (1480); *Martens*, AG 2004,

für den Fall des Bestehens einer satzungsmäßigen Ermächtigung des Versammlungsleiters zur Vornahme von Fragezeitbeschränkungen.[944]

Nach Einführung des § 131 Abs. 2 Satz 2 AktG durch das UMAG stellte sich die Frage der Kompetenzverteilung zwischen Versammlungsleiter und Hauptversammlung im Hinblick auf Beschränkungen des Rede- und Fragerechts neu. Die heute ganz herrschende Auffassung geht in Fortsetzung der bisherigen Rechtslage zutreffend davon aus, dass der Versammlungsleiter auch ohne Bestehen einer entsprechenden Ermächtigung in Satzung oder Geschäftsordnung kraft seines Funktionsauftrags zur sachgerechten Abwicklung der Hauptversammlung Beschränkungen des Rederechts und unter bestimmten Voraussetzungen auch des Fragerechts anordnen kann.[945] Dies ist schon deswegen geboten, da ansonsten im Falle des Fehlens einer satzungsmäßigen- oder geschäftsordnungsmäßigen Bestimmung eine Beschränkung des Rede- und Fragerechts ausgeschlossen wäre und der Versammlungsleiter in der Konsequenz daran gehindert wäre seine Aufgabe, für eine zeitgerechte Abwicklung der Hauptversammlung zu sorgen, adäquat zu erfüllen. Darüber hinaus ist auch anzunehmen, dass die Hauptversammlung unabhängig von dem Bestehen einer satzungs- oder geschäftsordnungsmäßigen Ermächtigung eine vom Versammlungsleiter angeordnete Beschränkung des Rede- oder Fragerechts nicht durch einen ad hoc-Beschluss revidieren kann.[946] Auch wenn die Hauptversammlung von sich aus Beschränkungen des Rede- und Fragerechts beschließt, entfalten diese daher für den Versammlungsleiter keinerlei rechtliche Bindungswirkung.[947] Dies steht im Einklang mit dem gesetzgeberischen Willen, der mit der Schaffung des § 131 Abs. 2 Satz 2 AktG eine Erweiterung der Rechte des Versammlungsleiters, nicht hingegen eine Beschränkung von dessen Kompetenzbereich im Sinn hatte.[948] Die Ausschöpfung der durch § 131 Abs. 2 Satz 2 AktG eröffneten Regelungsbe-

---

238 (241); *Wachter*, DB 2010, 829 (831); *Weißhaupt*, ZIP 2005, 1766 (1767); vgl. aber BVerfG, Beschl. v. 20.9.1999 – 1 BvR 636/95, NZG 2000, 192 (194) – „Wenger/Daimler-Benz AG", wonach neben der gegenständlichen Beschränkung (§ 131 Abs. 3 AktG) auch eine zeitliche Beschränkung des Fragerechts durch den Versammlungsleiter verfassungsrechtlich nicht zu beanstanden ist, sofern sie dazu dient die Hauptversammlung in einer für die Aktionäre zumutbaren Zeit zu einem Ende zu bringen.

[944] LG Heidelberg, Urt. v. 7.8.1996 – II KfH O 4/96, AG 1996, 523.

[945] BGH, Urt. v. 8.2.2010 – II ZR 94/08, NZG 2010, 423 (427); LG München I, Urt. v. 2.9.2010 – 5 HK O 6069/10, AG 2011, 763 (764); *Spindler*, NZG 2005, 825 (826); *Jerczynski*, NJW 2010, 1566 (1568); *Angerer*, ZGR 2011, 27 (37); *Weißhaupt*, ZIP 2005, 1766 f.; *von der Linden/Wilsing*, DB 2010, 1277 (1278 f.); *Fleischer*, NJW 2005, 3525 (3530); *Hoffmann-Becking*, in: MünchHdb. GesR AG, § 37 Rn. 65 f.; ebenso wohl auch *Schütz*, NZG 2005, 5 (11); einschränkend *Kersting*, in: KölnKomm. AktG, § 131 Rn. 284 f., wonach der Versammlungsleiter nur im Einzelfall bei Missbrauch zu einer Einschränkung des Fragerechts befugt ist; a. A. *Spindler*, in: K. Schmidt/Lutter, AktG, § 131 Rn. 68.

[946] *Kubis*, in: MünchKomm. AktG, § 119 Rn. 166 m. w. N.

[947] *Martens*, Leitfaden HV, S. 62 f.

[948] Vgl. RegBegr UMAG, BT-Drucks. 15/5092, 17, wonach die Beschränkung der Redezeit durch den Versammlungsleiter auch schon zuvor gängige Praxis war; siehe auch *Holzborn/Bunnemann*, BKR 2005, 51 (54).

fugnis lässt die grundsätzliche Kompetenzaufteilung zwischen Versammlungsleiter und Hauptversammlung somit unberührt.[949]

Es stellt sich jedoch die weiterführende Frage, ob und ggf. in welchem Umfang satzungs- und geschäftsordnungsmäßige Regelungen i.S.d. § 131 Abs. 2 Satz 2 AktG vom Versammlungsleiter zu beachten sind. Insoweit ist zunächst festzustellen, dass sich auch die Satzung und die Geschäftsordnung innerhalb der gesetzlichen Grenzen halten müssen und den Versammlungsleiter nicht zu einer unangemessenen Beschränkung des Rede- und Fragerechts ermächtigen können.[950] Rechtswidrige Ermächtigungen in der Satzung oder Geschäftsordnung können von vornherein keine Bindungswirkung für den Versammlungsleiter entfalten. Auch darf sich der Versammlungsleiter bei seiner Entscheidung hinsichtlich der Anordnung von Rede- und Fragezeitbeschränkungen nicht auf eine entsprechende Regelung in der Satzung oder Geschäftsordnung zurückziehen; er bleibt vielmehr verpflichtet unabhängig von der satzungs- oder geschäftsordnungsmäßigen Ermächtigung im Einzelfall zu prüfen, ob eine Beschränkung des Rede- und Fragerechts angemessen ist.[951] Da § 131 Abs. 2 Satz 2 AktG keine Kompetenzverschiebung zwischen Versammlungsleiter und Hauptversammlung bezweckt, ist ein Verstoß gegen eine satzungsmäßige bzw. geschäftsordnungsmäßige Regelung auch nicht an den Formmaßstäben einer Satzungsdurchbrechung bzw. Geschäftsordnungsdurchbrechung zu messen, da der Versammlungsleiter die Anordnung von Rede- und Fragerechtbeschränkungen nach wie vor aus ausschließlich eigenem, und nicht aus von der Hauptversammlung abgeleitetem Recht vornimmt.[952] Von den Satzungs- und Geschäftsordnungsregelungen geht demnach zwar keine starre Bindungswirkung aus; sie beeinflussen die vom Versammlungsleiter zu treffende Ermessensentscheidung aber insoweit, als sie als eine von den Aktionären und damit Rechtsinhabern selbst gesetzte handlungssteuernde Richtschnur vom Versammlungsleiter im Rahmen der Ausübung seines Leitungsermessens zu berücksichtigen sind.[953] Ihnen kann damit auch eine das Ermessen des Versammlungsleiters vorsteuernde Wirkung zukommen.

---

[949] *Kubis*, in: MünchKomm. AktG, § 131 Rn. 107.

[950] *Wachter*, DB 2010, 829 (832).

[951] BGH, Urt. v. 8.2.2010 – II ZR 94/08, DB 2010, 718 (721), wonach der Versammlungsleiter seine Entscheidung stets nach pflichtgemäßem Ermessen treffen muss und sich dabei insbesondere an den Geboten der Sachdienlichkeit, der Verhältnismäßigkeit und der Gleichbehandlung orientieren muss; ebenso *Jerczynski*, NJW 2010, 1566 (1568); *Wachter*, DB 2010, 829 (835); *Herrler*, DNotZ 2010, 331 (341).

[952] Siehe *Kubis*, in: MünchKomm. AktG, § 119 Rn. 166.

[953] *Jerczynski*, NJW 2010, 1566 (1568); *Wachter*; DB 2010, 829 (831 f.); ebenso *Weißhaupt*, ZIP 2005, 1766 (1768), wonach von Bestimmungen i. S. v. § 131 Abs. 2 Satz 2 AktG auch dann keine absolute Ermessensbindung ausgeht, wenn sie gerichtlich akzeptiert oder nach Ablauf der Anfechtungsfrist in Bestandskraft erwachsen sind; nach *J. Koch*, AktG, § 131 Rn. 43 haben die Satzungsbestimmungen lediglich die Qualität einer „Orientierungsmaßgabe" für den Versammlungsleiter; siehe auch BGH, Urt. v. 8.2.2010 – II ZR 94/08, DB 2010, 718 (720), der insoweit von einer durch die betroffenen Aktionären selbst legitimierten Grundlage spricht.

Sofern die Satzung demzufolge konkrete und verhältnismäßige zeitliche Vorgaben für die Begrenzung des Rede- und Fragerechts macht, kann der Versammlungsleiter diese ohne näheren Begründungaufwand zur Grundlage seiner Entscheidung machen.[954] Andererseits wird eine Überschreitung der durch die Satzung oder Geschäftsordnung gesteckten Grenzen in quantitativer oder qualitativer Hinsicht aufgrund der davon ausgehenden ermessenssteuernden Wirkung für den Versammlungsleiter nur bei Vorliegen eines sachlichen Grundes zulässig sein.[955] Sofern der Versammlungsleiter die durch eine Satzungs- oder Geschäftsordnungsklausel gesetzten Vorgaben in Bezug auf die Begrenzung des Rede- und Fragerechts willkürlich und ohne objektiv nachprüfbaren Grund missachtet, kann dies die Rechtswidrigkeit der betreffenden Ordnungsmaßnahme und damit die Beschlussanfechtbarkeit nach sich ziehen (§ 243 Abs. 1 AktG).[956] Umgekehrt besteht aber trotz Vorliegens der satzungs- oder geschäftsordnungsmäßigen Voraussetzungen keine Verpflichtung des Versammlungsleiters, Rede- und Fragezeitbeschränkungen auch tatsächlich anzuordnen.[957]

#### dd) Generelle Beschränkungen des Rede- und Fragerechts

##### *(1) Generelle Beschränkung der Redezeit*

Der Versammlungsleiter kann eine generelle, für alle Teilnehmer geltende Redezeitbeschränkung anordnen, wenn die Einhaltung des für die Aussprache zur Verfügung stehenden Zeitrahmens objektiv gefährdet ist.[958] Die Zuständigkeit für eine derartige generelle Redezeitbeschränkung fällt allein dem Versammlungsleiter zu.[959] Eine Delegation dieser Kompetenz auf die Hauptversammlung ist ebenso

---

[954] *Jerczynski*, NJW 2010, 1566 (1568).

[955] So auch *Jerczynski*, NJW 2010, 1566 (1568); großzügiger *Kubis*, in: MünchKomm. AktG, § 119 Rn. 166, der von einer grundsätzlichen Befugnis des Versammlungsleiters zur Abweichung von den satzungsmäßigen Vorgaben ausgeht; ähnlich *Wachter*, DB 2010, 829 (831).

[956] Ebenso *Wachter*, DB 2010, 829 (832); unklar insoweit *Kubis*, in: MünchKomm. AktG, § 119 Rn. 166, der ebenfalls eine Rechtswidrigkeit bei satzungswidrigen Maßnahmen des Versammlungsleiters andeutet, gleichzeitig aber dem Versammlungsleiter ein sanktionsloses Überschreiten der durch die Satzung gezogenen Grenzen zubilligt.

[957] So auch *Kubis*, in: MünchKomm. AktG, § 119 Rn. 166.

[958] OLG Stuttgart, Urt. v. 15.2.1995 – 3 U 118/94, AG 1995, 234; *Marsch-Barner/von der Linden*, in: Marsch-Barner/Schäfer, Hdb. börsennotierte AG, § 36 Rn. 6; *Wicke*, in: Spindler/Stilz, BeckOGK AktG, § 129 Rn. 56; *Butzke*, HV AG, D. Rn. 59; *Schaaf*, ZIP 1997, 1324 (1326); *Siepelt*, AG 1995, 254 (256); *Zimmermann*, in: Happ, Aktienrecht, Abschnitt 10.17 Rn. 19.2; *Grüner*, NZG 2000, 770 (774); siehe dazu auch *Weber*, in: Studien des DAI 2008, Heft 41, S. 37 (56 ff.); großzügiger *Hennerkes/Kögel*, DB 1999, 81 (84 f.), die Redezeitbeschränkungen auch allgemein zur Sicherung eines zügigen Ablaufs der Hauptversammlung zulassen wollen; ebenso wohl auch *Martens*, Leitfaden HV, S. 61.

[959] BGH, Urt. v. 11.11.1965 – II ZR 122/63, AG 1966, 28; *Ziemons*, in: K. Schmidt/Lutter, AktG, § 129 Rn. 92 f.; *Reger*, in: Bürgers/Körber/Lieder, AktG, § 129, Rn. 45e; *Bahr*, in: Schaaf, Praxis HV, Rn. 634; *Stützle/Walgenbach*, ZHR (155) 1991, 516 (540); siehe auch

wenig zulässig wie eine Entziehung der Zuständigkeit durch die Hauptversammlung.[960] Wie bereits aufgezeigt, ist die Befugnis des Versammlungsleiters zur Anordnung einer generellen Redezeitbeschränkung auch nicht von einer Ermächtigung in der Satzung oder Geschäftsordnung gemäß § 131 Abs. 2 Satz 2 AktG abhängig. Die Zulässigkeit genereller Redezeitbeschränkungen bemisst sich auch nach Einführung des § 131 Abs. 2 Satz 2 AktG und ggf. darauf beruhender Satzungs- oder Geschäftsordnungsbestimmungen anhand der Umstände des Einzelfalls.[961] Der Versammlungsleiter hat sich bei Anordnung einer Redezeitbeschränkung stets an den Prinzipien der Verhältnismäßigkeit, Neutralität, Sachdienlichkeit und Gleichbehandlung (§ 53a AktG) auszurichten.[962] Aus dem Gleichbehandlungsgrundsatz folgt, dass der Versammlungsleiter die angeordnete generelle Beschränkung der Redezeit auch gegenüber allen Aktionären durchsetzen muss.[963] Im Falle einer Überschreitung der zeitlichen Vorgaben hat der Versammlungsleiter den betreffenden Aktionär zunächst zu einer Beendigung seiner Ausführungen und ggf. zur Räumung des Rednerpults bzw. bei elektronischer Teilnahme zur Beendigung der Übertragung anzuhalten.[964] Kommt der Aktionär dieser Aufforderung nicht nach, kann der Versammlungsleiter das Redeverbot durch eine Abschaltung des Mikrofons und erforderlichenfalls auch durch eine Entfernung des Aktionärs aus dem Saal durchsetzen.[965] Im Kontext der Corona-HV und der virtuellen HV-RefE kommt bei Weigerung des Aktionärs die vom Versammlungsleiter forcierte Unterbrechung der Videokommunikation (vgl. § 130a Abs. 4 Satz 1 AktG-ReFE) sowie eine Sperrung des Online-Accounts des betreffenden Aktionärs in Betracht.

Vor diesem Hintergrund stellt sich die Frage, wie der Versammlungsleiter zu einer objektiv belastbaren und möglichst rechtssicheren Prognose hinsichtlich einer dro-

---

BVerfG, Beschl. v. 20.9.1999 – 1 BvR 636/95, WM 1999, 2160 (2164) – „Wenger/Daimler-Benz AG"; für eine Zuständigkeit der General- bzw. Hauptversammlung noch RG, Urt. v. 2.11. 1895 – Rep. I. 208/95, RGZ 36, 24 (26); *Eckardt*, in: G/H/E/K Kommentar AktG, Vorb. § 118 Rn. 46; *Butenschön*, BB 1958, 398; *Erman*, AG 1964, 101 (102).

[960] LG Frankfurt a. M., Urt. v. 22.2.1984 – 3/9 O 123/83, AG 1984, 192 (194); *Martens*, Leitfaden HV, S. 62 f.; *Mülbert*, in: Großkomm. AktG, § 129 Rn. 200; offengelassen von BGH, Urt. v. 11.11.1965 – II ZR 122/63, AG 1966, 28 (29).

[961] BGH, Urt. v. 8.2.2010 – II ZR 94/08, AG 2010, 292 (293); *Ziemons*, in: K. Schmidt/ Lutter, AktG, § 129 Rn. 93.

[962] LG Frankfurt a. M., Urt. v. 22.2.1984 – 3/9 O 123/83, ZIP 1984, 321 (324); LG Stuttgart, Urt. v. 27.4.1994 – 7 KfH O 122/93, AG 1994, 425 (426); *Kuhnt*, in: FS Lieberknecht, S. 45 (49); *Zetsche*, in: KölnKomm. AktG, Anh. § 119 Rn. 155.

[963] *Marsch-Barner/von der Linden*, in: Marsch-Barner/Schäfer, Hdb. börsennotierte AG, § 36 Rn 8.

[964] *Marsch-Barner/von der Linden*, in: Marsch-Barner/Schäfer, Hdb. börsennotierte AG, § 36 Rn. 8.

[965] BVerfG, Beschl. v. 20.9.1999 – 1 BvR 636/95, AG 2000, 74 (75); siehe auch LG Stuttgart, Urt. v. 27.4.1994 – 7 KfH O 122/93, AG 1994, 425 (427), wonach eine vorherige Abschaltung des Mikrofons als milderes Mittel gegenüber einem Saalverweis im Einzelfall unzumutbar sein kann; siehe ausführlich zur Ordnungsmaßnahme der Saalentfernung unten unter 2. Kapitel F. IV. 9. a) aa) (S. 297 ff.).

henden Überschreitung der Hauptversammlungszeit gelangen kann, ohne sich dem Risiko eines Verfahrensfehlers mit der Folge einer Beschlussanfechtbarkeit auszusetzen. Als objektiver Anknüpfungspunkt für den Versammlungsleiter kann insbesondere die Anzahl der zu erwartenden Wortbeiträge herangezogen werden. Demgemäß ist die Anordnung einer generellen Redezeitbeschränkung zu Beginn der Hauptversammlung grundsätzlich nur dann möglich, wenn schon aufgrund der bereits vorliegenden Wortmeldungen absehbar ist, dass die Einhaltung des zeitlichen Rahmens nicht gewährleistet werden kann.[966] Umgekehrt kommt eine Beschränkung der Redezeit in aller Regel nicht in Betracht, wenn zu Beginn der Aussprache nur wenige Wortmeldungen vorliegen.[967] Erst Recht muss es dem Versammlungsleiter verwehrt sein, rein vorsorglich ohne sachlichen Grund eine generelle Redezeitbeschränkung anzuordnen.[968] Bei der Anordnung einer generellen Beschränkung der Redezeit ist der Versammlungsleiter verpflichtet auch einen etwaigen vorhergehenden überzogenen Zeitverbrauch durch die Verwaltung oder durch einzelne Aktionäre zu berücksichtigen, um sich nicht dem Vorwurf einer Ungleichbehandlung der übrigen Aktionäre auszusetzen.[969]

Der Versammlungsleiter kann sich vorab zunächst mit einem unverbindlichen Appell an die Aktionäre wenden und diese zur Selbstdisziplin auffordern, ist dazu aber nach zutreffender Auffassung rechtlich nicht verpflichtet.[970] Ein solcher Appell kann damit auch keine Rechtmäßigkeitsvoraussetzung für die Anordnung einer generellen Redezeitbeschränkung darstellen.[971] Der Appell kann mit einem optischen Signal – zum Beispiel einer Leuchte am Rednerpult – verbunden werden, um den Rednern den Ablauf der unverbindlichen Zeitvorgabe anzuzeigen.[972] Bei der elektronischen Teilnahme lässt sich dies für die sprechenden Aktionäre über visuelle Signale in dem jeweiligen Online-Account umsetzen. Unter Berücksichtigung des weiteren Versammlungsverlaufs und in Abhängigkeit davon, ob sich die Aktionäre

---

[966] *Hoffmann-Becking*, in: MünchHdb. GesR AG, § 37 Rn. 67; *Mülbert*, in: Großkomm. AktG, § 129 Rn. 207; großzügiger *Gehling*, in: ArbeitsHdb. HV, § 9 Rn. 157, der in diesem Zusammenhang von einer „unechten Redezeitbeschränkung" spricht; für grundsätzliche Zulässigkeit auch OLG Frankfurt a.M., Urt. v. 20.10.2010 – 23 U 121/08, AG 2011, 36 (41); *Martens*, Leitfaden HV, S. 57; a.A. *Schaaf*, ZIP 1997, 1324 (1327), der eine generelle Beschränkung des Rederechts zu Beginn der Hauptversammlung kategorisch ausschließt.

[967] LG München I, Urt. v. 11.12.2008 – 5 HK O 15201/08, ZIP 2009, 663 (665); großzügiger *Butzke*, HV AG, D. Rn. 60, der den breiten Beurteilungsspielraum des Versammlungsleiters betont.

[968] BGH, Urt. v. 8.2.2010 – II ZR 94/08, AG 2010, 292 (294); *Kubis*, in: MünchKomm. AktG, § 119 Rn. 169; a.A. *Bungert*, in: GesR in der Diskussion 2004, S. 59 (83 f.); *Seibert*, WM 2005, 157 (160).

[969] *Kubis*, in: MünchKomm. AktG, § 119 Rn. 168.

[970] *Mülbert*, in: Großkomm. AktG, § 129 Rn. 207; *Marsch-Barner/von der Linden*, in: Marsch-Barner/Schäfer, Hdb. börsennotierte AG, § 36 Rn. 8; *Kubis*, in: MünchKomm. AktG, § 119 Rn. 169; a.A. LG Stuttgart, Urt. v. 27.4.1994 – 7 KfH O 122/93, AG 1994, 425 (426).

[971] *Mülbert*, in: Großkomm. AktG, § 129 Rn. 207.

[972] *Butzke*, HV AG, D. Rn. 60.

an den informell gesetzten Rahmen halten, kann der Versammlungsleiter sodann eine förmliche generelle Redezeitbeschränkung anordnen, sofern dies zur Einhaltung des zeitlichen Rahmens objektiv erforderlich ist. Zwar könnte insoweit eingewandt werden, dass diese Vorgehensweise zu einer Verletzung des aktienrechtlichen Gleichbehandlungsgrundsatzes (§ 53a AktG) führt, da die zuerst redenden Aktionäre aufgrund der Möglichkeit einer Überschreitung der zunächst unverbindlichen Redezeitbeschränkung gegenüber Aktionären, die von einer späteren förmlichen generellen Redezeitbeschränkung betroffen sind, bevorzugt werden. Diese Bedenken greifen aber im Ergebnis nicht durch. Der Versammlungsleiter ist in Ausübung seiner Leitungs- und Ordnungsbefugnisse an den Grundsatz der Verhältnismäßigkeit gebunden. Der Einstieg über einen unverbindlichen Appell stellt sich gegenüber einer direkten generellen Redezeitbeschränkung als ein weniger einschneidendes Eingreifen in die Aktionärsrechte dar. Sofern die Voraussetzungen für eine generelle Redezeitbeschränkung nachträglich eintreten, ist der Versammlungsleiter nicht nur berechtigt, sondern auch verpflichtet diese anzuordnen.[973] Möglich sind daher auch mehrere nachgelagerte Reduktionen des Zeitlimits, sofern diese einer logischen Struktur folgen und nicht willkürlich angeordnet werden.[974] Die hiermit verbundene Benachteiligung späterer Redner tritt dann hinter den mit einer ansonsten rein präventiven Redezeitbeschränkung verbundenen Einschnitten zurück.[975] Der Versammlungsleiter verstößt aber dann gegen den Gleichbehandlungsgrundsatz, wenn er eine angeordnete generelle Redezeitbeschränkung nicht gleichmäßig bei jedem Aktionär durchsetzt.[976]

In Bezug auf die Anordnung einer generellen Redezeitbeschränkung werden in der Literatur unterschiedliche Meinungen dazu vertreten, welche Mindestredezeit jedem Redner einzuräumen ist. Dabei wird überwiegend zu Beginn der Hauptversammlung von einer Mindestredezeit von zehn bis fünfzehn Minuten ausgegangen, die dann im weiteren Verlauf bei Vorliegen neuer Sachgründe auf bis zu fünf Minuten verkürzt werden könne.[977] Richtigerweise kann für die Anordnung einer generellen

---

[973] LG Stuttgart, Urt. v. 27.4.1994 – 7 KfH O 122/93, AG 1994, 425 (426); *Butzke*, D. Rn. 60; *Marsch-Barner*, in: FS Brambring, S. 267 (277).

[974] LG München I, Urt. v. 20.1.2011 – 5HK O 18800/09, AG 2011, 211 (217 f.); LG Stuttgart, Urt. v. 27.4.1994 – 7 KfH O 122/93, AG 1994, 425 (426); *Reichert*, in: Beck'sches Hdb. AG, § 5 Rn. 174; ebenso *Mülbert*, in: Großkomm. AktG, § 129 Rn. 208 und *Hennerkes/Kögel*, DB 1999, 81 (85), die aber für jede Verschärfung einen neuen Sachgrund fordern; zweifelnd dagegen OLG Stuttgart, Urt. v. 15.2.1995 – 3 U 118/94, AG 1995, 234.

[975] So auch *Kubis*, in: MünchKomm. AktG, § 119 Rn. 169.

[976] Siehe *Marsch-Barner*, in: FS Brambring, S. 267 (277), der geringfügige Unterschiedlichkeiten in der Behandlung aber für unschädlich hält; nach OLG Frankfurt a. M., NZG 2009, Beschl. v. 17.12.2008 – 3–5 O 241/08, NZG 2009, 1066 (1067), kann der Versammlungsleiter auch einem Minderheitsaktionär, der gemäß § 122 Abs. 2 Satz 1 AktG eine Ergänzung der Tagesordnung durchgesetzt hat, eine moderat längere Redezeit zubilligen.

[977] OLG Frankfurt a. M., NZG 2009, Beschl. v. 17.12.2008 – 3–5 O 241/08, NZG 2009, 1066 (1067); LG Stuttgart, Urt. v. 27.4.1994 – 7 KfH O 122/93, AG 1994, 425 (426); *Gehling*, in: ArbeitsHdb. HV, § 9 Rn. 160; *J. Koch*, AktG, § 131 Rn. 52; *Martens*, Leitfaden HV. S. 61 f.;

Redezeitbeschränkung jedoch keine starre zeitliche Untergrenze im Vorhinein festgelegt werden.[978] Der Versammlungsleiter kann zu Beginn der Hauptversammlung lediglich eine Prognose stellen, wie sich die Debatte entwickeln wird. Man wird insoweit zwar verlangen müssen, dass der Versammlungsleiter die Prognose ordnungsgemäß vornimmt und objektive Umstände, etwa die Anzahl der Wortmeldungen und die Bedeutung und Brisanz der zur Diskussion stehenden Tagesordnungspunkte bei der erstmaligen Bemessung der generellen Redezeitbegrenzung berücksichtigt.[979] Ihm muss aber stets die Möglichkeit verbleiben, etwa bei zahlreichen spontanen Wortmeldungen und bereits fortgeschrittener Zeit, flexibel zu reagieren, sofern sich abzeichnet, dass der zeitliche Rahmen nicht eingehalten werden kann. Aus diesem Grund ist die zwingende Gewährleistung einer verbindlichen zeitlichen Mindestredezeit weder rechtlich geboten noch zweckmäßig. Es müssen dem Versammlungsleiter sukzessive Redezeitbegrenzungen offenstehen, die auch eine Beschränkung jenseits der in der Literatur postulierten Mindestredezeiten rechtfertigen können.[980]

Bei Rednern, die sich wiederholt zu Wort melden, ist eine Verkürzung oder in besonderen Situationen auch eine gänzliche Versagung der zweiten Redezeit ohne Verstoß gegen den Gleichbehandlungsgrundsatz (§ 53a AktG) möglich.[981] Unzulässig ist hingegen eine Übertragung ungenutzter Redezeitkontingente auf andere Redner.[982] Ebenso wenig ist eine Kumulation von Redezeiten dadurch möglich, dass ein Redner für mehrere Aktionäre spricht.[983] Teilweise wird in der Literatur gefordert, dass der Versammlungsleiter bei der Festlegung einer generellen Redezeitbeschränkung nach den Beteiligungsverhältnissen differenziert mit der Folge, dass etwa einem institutionellen Großaktionär mehr Redezeit einzuräumen wäre als einem Kleinaktionär.[984] Dem kann in dieser Allgemeinheit nicht zugestimmt werden. Richtig ist, dass der Versammlungsleiter die Beteiligungsverhältnisse bei der Fest-

---

*Hennerkes/Kögel*, DB 1999, 81 (85); *Max*, AG 1991, 77 (91); *Butzke*, HV AG, D. Rn. 61, lässt bei wiederholten Wortmeldungen eine Begrenzung auf 2 Minuten zu.

[978] So auch *Siepelt*, AG 1995, 254 (257); *Kubis*, in: MünchKomm. AktG, § 119 Rn. 170.

[979] Siehe auch *Kubis*, in: MünchKomm. AktG, § 119 Rn. 169, wonach eine erfahrungsgemäß mit der Zeit abnehmende Rededauer sowie potentielle nachträgliche Wortmeldungen vom Versammlungsleiter nicht zu berücksichtigen sind.

[980] Im Ergebnis auch *Siepelt*, Das Rederecht des Aktionärs in der Hauptversammlung, S. 112; vgl. auch *Kubis*, in: MünchKomm. AktG, § 119 Rn. 170, wonach der Versammlungsleiter gehalten ist den zeitlichen Rahmen zunächst großzügiger zu wählen und im weiteren Verlauf bei sich abzeichnender Zeitknappheit weiter zu begrenzen.

[981] *Kubis*, in: MünchKomm. AktG, § 119 Rn. 170.

[982] OLG München, Urt. v. 28.9.2011 – 7 U 711/11, AG 2011, 840 (843); *Grüner*, NZG 2000, 770 (774); *Butzke*, HV AG, D. Rn. 62; siehe auch *Hoffmann-Becking*, in: MünchHdb. GesR AG, § 37 Rn. 67, wonach die für alle Redner festgesetzte Redezeit nicht dadurch umgangen werden kann, dass der Aktionär schon vor seinem Wortbeitrag eine weitere Wortmeldung abgibt, um so eine doppelte Redezeit zu erreichen.

[983] *Grüner*, NZG 2000, 770 (774).

[984] Dafür *Seibert*, WM 2005, 157 (161); *Holzborn/Bunnemann*, BKR 2005, 51 (54).

setzung der Reihenfolge der Redner berücksichtigen kann.[985] Bei der Allokation von Redezeiten muss sich der Versammlungsleiter ungeachtet der Beteiligungsverhältnisse aber strikt von dem Grundsatz der Gleichbehandlung aller Aktionäre leiten lassen. Eine Differenzierung bei der Zubilligung von Redezeiten kann im Rahmen einer generellen Redezeitbeschränkung daher nicht pauschal mit den Beteiligungsverhältnissen gerechtfertigt werden. Die Anzahl der gehaltenen Aktien korreliert auch nicht zwangsläufig mit der Bedeutung und dem Komplexitätsgrad der vorzubringenden Argumente und der damit verbundenen Redezeit. Es müssen also sachliche Gründe hinzutreten, um eine Differenzierung bei dem Zuschnitt der generellen Redezeitbeschränkung anhand der Beteiligungsverhältnisse zu rechtfertigen. Dies kann etwa dann der Fall sein, wenn sich ein Großaktionär in einer besonderen Rechtfertigungssituation befindet und deswegen zu erwarten ist, dass dieser mehr Redezeit benötigt.[986]

*(2) Generelle Beschränkung der Fragezeit*

Vor Einführung des § 131 Abs. 2 Satz 2 AktG bestand weitestgehend Einvernehmen darüber, dass eine generelle Beschränkung der Redezeit nicht automatisch auch eine Einschränkung des Fragerechts des Aktionärs (§ 131 AktG) nach sich ziehen darf.[987] Insbesondere war es dem Versammlungsleiter verwehrt, die für die Stellung von Fragen verwendete Zeit auf die allgemeine Redezeit anzurechnen.[988] Nach Maßgabe von § 131 Abs. 2 Satz 2 AktG kann die Satzung oder die Geschäftsordnung den Versammlungsleiter nunmehr zu einer Beschränkung des Rede- und/oder Fragerechts des Aktionärs ermächtigen.[989] Diese gesetzliche Regelung eröffnet dem Versammlungsleiter u. a. die Möglichkeit, das Frage- und Rederecht zusammenzufassen und einem gemeinsamen zeitlichen Rahmen zu unterstellen.[990] Möglich sind aber auch satzungs- oder geschäftsordnungsmäßige Beschränkungen

---

[985] Siehe dazu oben unter 2. Kapitel F. IV. 6. b) (S. 243 f.).

[986] Siehe *Butzke*, HV AG, D. Rn. 62; zu weiteren untauglichen Begründungen von Redezeitbeschränkungen siehe *Kubis*, in: MünchKomm. AktG, § 119 Rn. 168.

[987] Siehe nur OLG Stuttgart, Urt. v. 15.2.1995 – 3 U 118/94, AG 1995, 234 (235); *Stützle/Walgenbach*, ZHR (155) 1991, 516 (541); *Martens*, Leitfaden HV, S. 63; *Bezzenberger*, ZGR 1998, 352 (359).

[988] BGH, Urt. v. 11.11.1965 – II ZR 122/63, AG 1966, 28 (29); OLG Stuttgart, Urt. v. 15.2.1995 – 3 U 118/94, AG 1995, 234 (235); *Schaaf*, ZIP 1997, 1324 (1327); *Grüner*, NZG 2000, 770 (775); *Martens*, WM 1981, 1010 (1019); *Quack*, AG 1985, 145 (146); kritisch *Mutter*, Auskunftsansprüche des Aktionärs in der HV, S. 63.

[989] Siehe dazu LG Frankfurt a. M., Urt. v. 28.11.2006 – 3 – 5 O 93/06, ZIP 2007, 1861 ff.; zu den Grenzen einschlägiger Satzungsbestimmungen siehe BGH, Urt. v. 8.2.2010 – II ZR 94/08, ZIP 2010, 575 (577 f.).

[990] *Marsch-Barner/von der Linden*, in: Marsch-Barner/Schäfer, Hdb. börsennotierte AG, § 36 Rn. 5; *Kremer*, in: FS Hoffmann-Becking, S. 697 (706), der darauf hinweist, dass eine einheitliche Zeitspanne für die Rede- und Fragezeit zweckmäßig ist, da eine trennscharfe Unterscheidung zwischen Rede- und Fragerecht nicht immer möglich sei.

des Fragerechts allein.[991] Darüber hinaus kann die Satzung oder Geschäftsordnung auch konkrete Zeitvorgaben festlegen, die dann im Einzelfall vom Versammlungsleiter nach pflichtgemäßem Ermessen zu konkretisieren sind.[992] § 131 Abs. 2 Satz 2 AktG berechtigt indes nicht dazu in der Satzung einen abstrakten und gerichtsfesten Entscheidungsrahmen für den Versammlungsleiter vorzusehen.[993] Der Versammlungsleiter muss sein Ermessen im Einzelfall daher zwingend im Einklang mit den Prinzipien der Sachdienlichkeit, der Gleichbehandlung und der Verhältnismäßigkeit ausüben.[994]

Ebenso wie im Hinblick auf das Rederecht trifft das Gesetz keine Bestimmung darüber, welche zeitliche Beschränkung als angemessen für eine Beschränkung des Fragerechts i. S. v. § 131 Abs. 2 Satz 2 AktG gilt. Der Gesetzesbegründung zum UMAG[995] sowie der Anregung A.4 des DCGK lässt sich indes entnehmen, dass eine normale Hauptversammlung ohne Strukturmaßnahmen nicht länger als vier bis sechs Stunden in Anspruch nehmen sollte.[996] Sofern die Beschränkung des Fragerechts der Einhaltung dieses zeitlichen Rahmens dient, wird sie daher grundsätzlich als rechtmäßig einzustufen sein.[997] Sofern nach Aussprache aller Aktionäre noch Zeit für weitere Fragen verbleibt, hat der Versammlungsleiter die Fragezeitbeschränkung wieder aufzuheben.[998]

*(3) Rechtslage bei Fehlen einer Ermächtigung in Satzung oder Geschäftsordnung*

Fehlt eine satzungs- oder geschäftsordnungsmäßige Ermächtigung, so ist der Versammlungsleiter – wie auch schon vor Einführung des § 131 Abs. 2 Satz 2 AktG – aus eigenem Recht zu einer generellen Beschränkung des Rederechts berechtigt.[999] Unterschiedlich beurteilt wird aber, ob der Versammlungsleiter ohne entsprechende

---

[991] *Kubis*, in: MünchKomm. AktG, § 131 Rn. 111.

[992] BGH, Urt. v. 8. 2. 2010 – II ZR 94/08, NZG 2010, 423 (424); *Angerer*, ZGR 2011, 27 (33 ff.); siehe aber OLG Frankfurt a. M., Urt. v. 12. 2. 2008 – 5 U 8/07, NZG 2008, 432, wonach eine abstrakte satzungsmäßige Zeitbestimmung gegen Art. 14 Abs. 1 GG verstoßen würde, da die Angemessenheit nur im Einzelfall beurteilt werden kann; gegen Vorinstanz LG Frankfurt a. M., Urt. v. 28. 11. 2006 – 3–5 O 93/06, NZG 2007, 155 (156).

[993] *Kersting*, NZG 2010, 446 (448).

[994] BGH, Urt. v. 8. 2. 2010 – II ZR 94/08, NZG 2010, 423, 424 (425); *Reger*, in: Bürgers/Körber/Lieder, AktG, § 131 Rn. 18a.

[995] RegBegr UMAG, BT-Drucks. 15/5092, 17.

[996] Siehe auch *Hemeling*, AG 2004, 262 (263), der einen Zeitrahmen von vier bis sechs Stunden auch bei einer großen Publikumsgesellschaft für ausreichend hält.

[997] *J. Koch*, AktG, § 131 Rn. 45; *Mutter*, AG-Report 2006, R380 f.; *Seibert*, WM 2005, 157 (160); *Wilsing*, DB 2005, 35 (40).

[998] *Kubis*, in: MünchKomm. AktG, § 119 Rn. 171; für eine Pflicht des Versammlungsleiters zur Aufhebung einer generellen Redezeitbeschränkung im Fall des Auftauchens neuer, für die Aktionäre relevanter Sachthemen *Grüner*, NZG 2000, 770 (774 f.).

[999] Vgl. BGH, Urt. v. 8. 2. 2010 – II ZR 94/08, NZG 2010, 423 (427); *Angerer*, ZGR 2011, 27 (37).

satzungs- oder geschäftsordnungsmäßige Ermächtigung auch eine generelle Beschränkung des Fragerechts anordnen kann.[1000]

Das BVerfG hat klargestellt, dass das Fragerecht der Aktionäre nach § 131 Abs. 1 AktG als eines der wichtigsten Mitgliedschaftsrechte der Aktionäre dem Schutzbereich des Art. 14 Abs. 1 GG unterfällt.[1001] Daraus lässt sich zunächst aber nur die allgemeinverbindliche rechtliche Vorgabe ableiten, dass eine Einschränkung des Fragerechts stets verhältnismäßig sein muss, und zwar unabhängig davon, ob sie auf einer satzungs- bzw. geschäftsordnungsmäßigen Ermächtigung oder einer Anordnung des Versammlungsleiters beruht.[1002] Zwar ist zu berücksichtigen, dass sowohl die satzungs- bzw. geschäftsordnungsmäßige Bestimmung nach § 131 Abs. 2 Satz 2 AktG als auch die vom Versammlungsleiter angeordnete Beschränkung des Fragerechts in den Schutzbereich des Art. 14 Abs. 1 GG eingreifen. Ein entscheidender Unterschied besteht aber darin, dass es bei der Beschränkung des Fragerechts in der Satzung oder Geschäftsordnung um eine Konkretisierung der Rechtsausübung durch die Aktionäre selbst, und zwar in ihrer Eigenschaft als Rechtsinhaber geht.[1003] Aus dem Selbstorganisationsrecht folgt auch die Befugnis der Aktionäre die Grenzen zulässiger Rede- und Fragerechtsbeschränkungen für die Versammlungsleitung im Wege entsprechender Satzungsbeschlüsse nach § 179 Abs. 1 Satz 1 AktG oder durch den Erlass einer Geschäftsordnung nach § 129 Abs. 1 Satz 1 AktG mit ermessenssteuernder Wirkung vorzuzeichnen.[1004] Im Rahmen satzungs- oder geschäftsordnungsmäßiger Ermächtigungen beschließen die Aktionäre demnach selbst über die Vorgaben, die sicherstellen, dass in der Hauptversammlung alle Aktionäre, die ihr Rede- und Fragerecht ausüben wollen, dies auch tatsächlich tun können und insoweit den gleichen Einschränkungen seitens der Versammlungsleitung unterliegen.[1005]

---

[1000] Für die Möglichkeit einer generellen Einschränkung des Fragerechts *Herrler*, DNotZ 2010, 331 (335); *J. Koch*, AktG, § 131 Rn. 50; *Mutter*, AG Report 2006, R380; *Bungert*, in: GesR in der Diskussion 2004, S. 59 (82); *Marsch-Barner/von der Linden*, in: Marsch-Barner/Schäfer, Hdb. börsennotierte AG, § 36 Rn. 6; ebenso *Kubis*, in: MünchKomm. AktG, § 119 Rn. 175, wonach eine Einschränkung des Fragerechts aber nur nach Ausschöpfung sämtlicher redezeitbeschränkender Maßnahmen möglich sein soll; einschränkend LG Frankfurt a. M., Urt. v. 21.2.2006 – 3–5 O 71/05, AG 2007, 48 (49), wonach nur eine individuelle Einschränkung des Fragerechts im Missbrauchsfall, nicht hingegen eine generelle Beschränkung von Rede- und Fragezeit möglich sein soll; ablehnend wohl *Spindler*, in: K. Schmidt/Lutter, AktG, § 131 Rn. 68.

[1001] BVerfG, Beschl. v. 20.9.1999 – 1 BvR 636/95, NJW 2000, 349 (350) – „Wenger/Daimler-Benz AG".

[1002] Siehe BVerfG, Beschl. v. 20.9.1999 – 1 BvR 636/95, NJW 2000, 349 (350) – „Wenger/Daimler-Benz AG", wonach § 131 Abs. 1 Satz 1 AktG eine zulässige Inhalts- und Schrankenbestimmung des Eigentums i. S. v. Art. 14 Abs. 1 Satz 2 GG darstellt; ebenso LG München I, Urt. v. 11.12.2008 – 5 HK O 15201/08, AG 2009, 382 (383).

[1003] BGH, Urt. v. 8.2.2010 – II ZR 94/08, NZG 2010, 423 (424).

[1004] So auch *Jerczynski*, NJW 2010, 1566 (1567); ablehnend aber OLG Frankfurt a. M., Urt. v. 12.2.2008 – 5 U 8/07, NZG 2008, 432 (433), das sich gegen die satzungsmäßige Bestimmung abstrakter Zeitgrenzen ausspricht.

[1005] *Wilsing*, DB 2005, 35 (40); *Jerczyinski*, NJW 2010, 1566 (1567 f.).

Daraus rechtfertigt sich zugleich, dass in der Satzung oder Geschäftsordnung auch ein gemeinsamer genereller Zeitrahmen für das Rede- und Fragerecht festgelegt werden kann. Dagegen werden Ordnungsmaßnahmen des Versammlungsleiters den Aktionären von einem unabhängigen, der Hauptversammlung gegenüberstehenden Organ auferlegt. Fehlt es daher an einer Ermächtigung i. S. v. § 131 Abs. 2 Satz 2 AktG, so ist das zwischen Frage- und Rederecht bestehende Rangverhältnis vom Versammlungsleiter zwingend zu beachten. In der Konsequenz kann eine generelle Beschränkung des Rederechts ohne eine Ermächtigung nach § 131 Abs. 2 Satz 2 AktG auch weiterhin grundsätzlich keinen Einfluss auf das höherwertige Fragerecht haben.[1006] Der Versammlungsleiter muss zwar auch außerhalb einer entsprechenden satzungs- oder geschäftsordnungsmäßigen Ermächtigung nach § 131 Abs. 2 Satz 2 AktG die Möglichkeit haben eine Einschränkung des Fragerechts anzuordnen, da ihm ansonsten jede Möglichkeit genommen wäre notfalls auch über auskunftsbeschränkende Maßnahmen steuernd auf den Versammlungsverlauf einzuwirken.[1007] Aufgrund der relativen Höherwertigkeit des Fragerechts im Vergleich zum Rederecht sind fragerechtsbeschränkende Maßnahmen des Versammlungsleiters jedoch nur in eng begrenzten Ausnahmefällen, wie etwa bei evidenter missbräuchlicher Ausübung, zulässig. Darüber hinaus ist zwingende Voraussetzung, dass alle anderen redezeitbeschränkenden Instrumente bereits ausgeschöpft wurden.[1008]

### ee) Individuelle Beschränkungen des Rede- und Fragerechts

#### *(1) Individuelle Beschränkung der Redezeit*

Zu unterscheiden von der generellen Beschränkung sind individuelle Beschränkungen der Redezeit, die der Versammlungsleiter unter bestimmten Voraussetzungen gegenüber einzelnen Aktionären oder sonstigen Teilnehmern der Versammlung erlassen kann.

Individuelle Begrenzungen der Redezeit können vom Versammlungsleiter unabhängig von dem Bestehen einer generellen Redezeitbeschränkung angeordnet

---

[1006] LG Frankfurt a. M., Urt. v. 21. 2. 2006 – 3–5 O 71/05, AG 2007, 48 (49); *Kubis*, in: MünchKomm. AktG, § 119 Rn. 175.

[1007] Siehe *von der Linden/Wilsing*, DB 2010, 1277 (1278 f.); *Wachter*, DB 2010, 829 (831); *Kubis*, in: MünchKomm. AktG, § 131 Rn. 107 f.; *Arnold*, AG-Report 2003, R329; *Mutter*, Auskunftsansprüche des Aktionärs in der HV, S. 63; *Drinhausen*, in: Hölters, AktG, § 131 Rn. 28; im Ergebnis ebenso BGH, Urt. v. 8. 2. 2010 – II ZR 94/08, DB 2010, 718 (722); LG München I, Urt. v. 2. 9. 2010 – 5 HK O 6069/10, AG 2011, 763 (764); *Decher*, in: Großkomm. AktG, § 131 Rn. 296; ebenso wohl auch *Schütz*, NZG 2005, 5 (11); einschränkend LG Frankfurt a. M., Urt. v. 21. 2. 2006 – 3–5 O 71/05, AG 2007, 48 (49); *Kersting*, in: KölnKomm. AktG, § 131 Rn. 284 f.; ablehnend *Spindler*, in: K. Schmidt/Lutter, AktG, § 131 Rn. 57; *Sauerwald*, VersL im AktR, S. 223.

[1008] *Martens*, AG 2004, 238 (242); *Kubis*, in: MünchKomm. AktG, § 131 Rn. 108; großzügiger *Marsch-Barner/von der Linden*, in: Marsch-Barner/Schäfer, Hdb. börsennotierte AG, § 36 Rn. 6, die ausreichen lassen, dass die Beschränkung des Fragerechts zur ordnungsgemäßen Erledigung der Tagesordnung erforderlich ist.

werden.[1009] Sie knüpfen an das persönliche Verhalten des Redners an.[1010] Eine individuelle Beschränkung der Redezeit kommt regelmäßig dann in Betracht, wenn ein Aktionär von seinem Rederecht in unsachlicher und übergebührlicher Art und Weise Gebrauch macht. Dies ist insbesondere dann der Fall, wenn der Aktionär langatmige Ausführungen zu nicht tagesordnungsrelevanten Aspekten macht oder sich in ständigen Wiederholungen, auch in Bezug auf Inhalte der Vorredner[1011], ergeht und dadurch störend auf den Ablauf der Hauptversammlung einwirkt.[1012] Gleiches gilt für beleidigende Äußerungen gegenüber anderen Aktionären oder Vorstands- und Aufsichtsratsmitgliedern.[1013]

Neben den Aktionären kommen aber auch Mitglieder von Vorstand und Aufsichtsrat als mögliche Adressaten von individuellen Redezeitverkürzungen in Betracht.[1014] Der Versammlungsleiter muss gewährleisten, dass den Aktionären zur Ausübung ihres Frage- und Rederechts neben den Ausführungen des Vorstands noch ausreichend Zeit verbleibt. Vor diesem Hintergrund müssen sich die Redebeiträge des Vorstands und Aufsichtsrats in einem verhältnismäßigen Rahmen halten, um eine faktische Einschränkung des Rede- und Fragerechts der Aktionäre zu vermeiden.[1015] Da die Ausführungen der Verwaltungsmitglieder nicht schon von einer generellen Redezeitbeschränkung erfasst werden, muss der Versammlungsleiter im Einzelfall darauf hinwirken, dass unnötig lange und ausufernde Darstellungen des Vorstands und Aufsichtsrats unterbleiben, da diese sich ansonsten zulasten des den Aktionären zur Verfügung stehende Zeitkontingents auswirken.[1016] Bei der Anordnung von Ordnungsmaßnahmen gegenüber der Verwaltung der Gesellschaft muss der Versammlungsleiter jedoch mit besonderem Augenmaß vorgehen, da Redezeitbeschränkungen des Vorstands oder des Aufsichtsrats mittelbar auch einen Eingriff in das Auskunftsrecht der Aktionäre nach sich ziehen und damit Anfechtungsrisiken begründen können.[1017]

---

[1009] *Kubis*, in: MünchKomm. AktG, § 119 Rn. 174; *Siepelt*, AG 1995, 254 (258).

[1010] Vgl. *Siepelt*, Das Rederecht des Aktionärs in der Hauptversammlung, S. 114.

[1011] OLG Stuttgart, Urt. v. 15.2.1995 – 3 U 118/94, AG 1995, 234 (235); *Quack*, AG 1991, 145 (147); siehe auch *Siepelt*, AG 1995, 254 (258), der es für eine sachwidrige Wiederholung ausreichen lässt, dass der Aktionär lediglich Aspekte wiederholt, die er bei einer vorherigen Versammlung (und nicht nur im Rahmen der laufenden Versammlung) bereits ausgeführt hat; einschränkend aber *Kubis*, in: MünchKomm. AktG, § 119 Rn. 174 (Fn. 651), wonach Wiederholungen des Inhalts der Vorredner keine hinreichende Voraussetzung für eine Redezeitbeschränkung darstellen.

[1012] BGH, Urt. v. 11.11.1965 – II ZR 122/63, AG 1966, 28 (30); LG Frankfurt a. M., Urt. v. 22.2.1984 – 3/9 O 123/83, ZIP 1984, 321 (324); *Butzke*, HV AG, D. Rn. 65 f.; *Marsch-Barner/von der Linden*, in: Marsch-Barner/Schäfer, Hdb. börsennotierte AG, § 36 Rn. 7.

[1013] *Gehling*, in: ArbeitsHdb. HV, § 9 Rn. 162.

[1014] *Zetsche*, in: KölnKomm. AktG, Anh. § 119 Rn. 159.

[1015] *Wachter*, DB 2010, 829 (833).

[1016] *Mülbert*, in: Großkomm. AktG, § 129 Rn. 209; ebenso *Butzke*, HV AG, D. Rn. 58.

[1017] Darauf zutreffend hinweisend *Butzke*, HV AG, D. Rn. 58 (Fn. 107).

Der Versammlungsleiter muss sich auch bei der Anordnung von individuellen Redezeitbeschränkungen an die Gebote der Sachdienlichkeit, Verhältnismäßigkeit, Neutralität und Gleichbehandlung (§ 53a AktG) halten.[1018] Zur Wahrung der Verhältnismäßigkeit bedarf die Anordnung einer individuellen Redezeitbeschränkung daher grundsätzlich einer vorherigen Abmahnung des betreffenden Aktionärs.[1019] Richtigerweise ist insoweit jedoch nach der Art des Verstoßes zu unterscheiden. Überschreitet der Aktionär bereits die inhaltlichen Ausübungsgrenzen des Rederechts, etwa dadurch, dass er sich ausschließlich zu außerhalb der Tagesordnung liegenden Themen äußert, so kann der Versammlungsleiter eine Abmahnung aussprechen und diese mit einer individuellen Redezeitbegrenzung und einer kurz bemessenen Frist für die Herstellung des Bezugs zur Tagesordnung verbinden.[1020] In diesem Fall kann der Versammlungsleiter das Wort entziehen, falls der Aktionär der Aufforderung des Versammlungsleiters, innerhalb der gesetzten Frist inhaltlich zur Tagesordnung zu sprechen oder zu dieser zurückzukehren, nicht nachkommt.[1021] Eine vorherige Abmahnung kann im Einzelfall auch unterbleiben, wenn ein Aktionär gegenüber anderen Aktionären oder Mitgliedern der Verwaltung ausfällig wird und die Grenze zu einer sachlichen Kritik evident überschreitet.[1022] Anders zu beurteilen ist die Situation, in der ein Aktionär den gesetzten zeitlichen Rahmen, etwa durch fortlaufende Wiederholungen, zwar überzieht, gleichzeitig aber ein inhaltlicher Bezug zu dem in Frage stehenden Tagesordnungspunkt aufrecht erhalten wird.[1023] Hier ist der Versammlungsleiter gehalten, vor Anordnung einer individuellen Redezeitbeschränkung zunächst eine Abmahnung ohne Zeitlimit auszusprechen.[1024] Bei Missachtung der Abmahnung ist dann eine sich anschließende individuelle Redezeitbeschränkung aber unabhängig davon zulässig, ob sie zur zwingenden Einhaltung des zeitlichen Rahmens der Hauptversammlung erforderlich ist.[1025]

---

[1018] *Ziemons*, in: K. Schmidt/Lutter, AktG, § 129 Rn. 97.

[1019] *Marsch-Barner/von der Linden*, in: Marsch-Barner/Schäfer, Hdb. börsennotierte AG, § 36 Rn. 7

[1020] *Quack*, AG 1985, 145 (147); *Kubis*, in: MünchKomm. AktG, § 119 Rn. 174.

[1021] *Mülbert*, in: Großkomm. AktG, § 129 Rn. 216; *Kubis*, in: MünchKomm. AktG, § 119 Rn. 174; weitergehend *Butzke*, HV AG, D. Rn. 65 (Fn. 127), der bei besonders schweren Verstößen gar einen sofortigen Wortentzug ohne vorherige Androhung für zulässig hält.

[1022] *Wicke*, in: Spindler/Stilz, BeckOGK AktG, § 129 Rn. 58; *Butzke*, HV AG, D. Rn. 65 (Fn. 127).

[1023] Siehe auch *Siepelt*, AG 1995, 254 (258), der zutreffend darauf hinweist, dass ein inhaltlicher Bezug dann nicht mehr gegeben ist, wenn der Aktionär bei einer Aufteilung der Tagesordnungspunkte in Blöcke bereits Ausführungen zu einem erst später zu verhandelnden Verhandlungsblock macht.

[1024] *Schaaf*, ZIP 1997, 1324 (1327); vgl. auch LG Frankfurt a. M., Urt. v. 22. 2. 1984 – 3/9 O 123/83, AG 1984, 192 (194).

[1025] *Kubis*, in: MünchKomm. AktG, § 119 Rn. 174; vgl. auch LG Frankfurt a. M., Urt. v. 22. 2. 1984 – 3/9 O 123/83, AG 1984, 192 (194).

In Bezug auf die Frage, wie der Versammlungsleiter die Redezeitbeschränkung im Einzelfall zu bemessen hat, bestehen keine starren Vorgaben.[1026] Zu berücksichtigen hat er zum einen die Zeit, die der betreffende Aktionär bereits in Anspruch genommen hat.[1027] Zum anderen wird sich der Versammlungsleiter in qualitativer Hinsicht aber auch an den bisherigen Redeinhalten des Aktionärs orientieren müssen. Insoweit ist von Bedeutung, ob die Ausführungen des Aktionärs einen Bezug zur Tagesordnung aufweisen oder ob es sich um nicht sachbezogene Wiederholungen oder gar Anfeindungen gegen die Verwaltung handelt. Insbesondere dann, wenn von dem Aktionär keine sachbezogenen Ausführungen mehr zur erwarten sind, kann der Versammlungsleiter eine nur kurze verbleibende Restredezeit festsetzen.[1028] Gleiches muss aber auch dann gelten, wenn der Versammlungsleiter bereits eine generelle Redezeitbeschränkung angeordnet hat.

*(2) Individuelle Einschränkung der Fragezeit*

Ebenso wie die Anordnung einer generellen Redezeitbeschränkung, lässt auch die individuelle Redezeitbeschränkung das Fragerecht der Aktionäre grundsätzlich unberührt mit der Folge, dass der Aktionär auch nach Verstreichen einer vom Versammlungsleiter gesetzten Redefrist weitere Fragen zu den Angelegenheiten der Gesellschaft nach Maßgabe von § 131 Abs. 1 AktG stellen kann.[1029] Eine satzungs- oder geschäftsordnungsmäßige Bestimmung nach § 131 Abs. 2 Satz 2 AktG mit dem Inhalt, dass eine individuelle Redezeitbeschränkung gleichzeitig auch das Fragerecht erfasst, kommt nicht in Betracht, da § 131 Abs. 2 Satz 2 AktG auf generelle Rede- und Fragezeitbeschränkungen zugeschnitten ist und individuelle Beschränkungen des Rede- und Fragerechts einer abstrakten Regelung in der Satzung oder Geschäftsordnung von vornherein nicht zugänglich sind.[1030]

Aufgrund der auch nach Einführung des § 131 Abs. 2 Satz 2 AktG bestehenden relativen Höherwertigkeit des Fragerechts gegenüber dem Rederecht, kommt eine individuelle Einschränkung des Fragerechts grundsätzlich nur als Ultima-Ratio-Maßnahme in Betracht, d.h. erst nach erfolgloser Ausschöpfung der möglichen redezeitbegrenzenden Maßnahmen.[1031] Unabhängig davon ist eine individuelle Einschränkung des Fragerechts aber auch dann möglich, wenn ein Missbrauch des Fragerechts in Rede steht.[1032] Hierzu wurden in Rechtsprechung und Literatur ver-

---

[1026] Vgl. BGH, Urt. v. 11.11.1965 – II ZR 122/63, NJW 1966, 43 (45 f.).

[1027] *Quack*, AG 1985, 145 (147).

[1028] *Quack*, AG 1985, 145 (147).

[1029] *Butzke*, HV AG, D. Rn. 67; *Quack*, AG 1985, 145 (146); *Kubis*, in: MünchKomm. AktG, § 119 Rn. 175.

[1030] *Kersting*, in: KölnKomm. AktG, § 131 Rn. 274.

[1031] *Kubis*, in: MünchKomm. AktG, § 131 Rn. 108; *Drinhausen*, in: Hölters AktG, § 131 Rn. 25; *Martens*, AG 2004, 238 (242); für die relative Höherwertigkeit des Fragerechts im Ergebnis auch BGH, Urt. v. 8.2.2010 – II ZR 94/08, AG 2010, 292 (293).

[1032] Zu den verfassungsrechtlichen Schranken des Fragerechts siehe auch BVerfG, Beschl. v. 20.9.1999 – 1 BvR 636/95, ZIP 1999, 1798 (1799 ff.) – „Wenger/Daimler-Benz AG".

schiedene Fallgruppen entwickelt.[1033] Von einem gezielten Missbrauch ist etwa dann auszugehen, wenn der Aktionär das Fragerecht nur als Deckmantel benutzt, um sich die Gelegenheit für lange Sachausführungen zu erschleichen oder angeordnete Redezeitbegrenzungen zu unterlaufen.[1034] Ebenfalls ist die Zulässigkeit individueller Fragezeitbeschränkungen für die Fälle eines sog. quantitativen Fragenexzesses, d. h. einer übermäßigen Inanspruchnahme des Fragerechts anerkannt.[1035] Eine derartige Überschreitung der Ausübungsgrenzen kann bspw. in der Weise erfolgen, dass der betreffende Aktionär einen ausufernden Fragenkatalog einreicht, dessen Abhandlung den für die Hauptversammlung gesetzten zeitlichen Rahmen sprengen würde.[1036] Besondere Relevanz hat diese Fallgruppe im Kontext von virtuellen Hauptversammlungen, da dort aufgrund des vergleichsweise komfortablen Zugangs über das Online-Portal eine erhöhte Gefahr für die Einreichung überschießender Fragen- bzw. Nachfragenkataloge besteht.[1037]

Eine individuelle Fragezeitbeschränkung scheidet hingegen in der Regel aus, wenn eine Beantwortung innerhalb des gesetzten Zeitrahmens an einer ungenügenden Vorbereitung des Vorstands scheitert.[1038] Insbesondere dann, wenn die Gesellschaft in den vergangenen Hauptversammlungen bereits mit vielen kritischen Fragen konfrontiert wurde, besteht eine Pflicht der Gesellschaft, sachkundige Personen und zur Fragenbeantwortung erforderliche Unterlagen bereitzuhalten.[1039] Auch kann die Erstellung von Q&A-Katalogen im Vorfeld der Hauptversammlung geboten sein, um das Fragenaufkommen während der laufenden Hauptversammlung zu reduzieren.[1040] Da in der Hauptversammlung der Mündlichkeitsgrundsatz gilt, besteht eine Pflicht der Aktionäre, die Fragen in der Hauptversammlung mündlich zu stellen bzw. zu verlesen wobei die Antworten vom Vorstand ebenfalls mündlich zu erteilen sind.[1041] Eine Obliegenheit des Aktionärs zur vorherigen Übersendung von Fragen kann vor diesem Hintergrund nur in eng begrenzten Ausnahmefällen anerkannt werden, insbesondere dann, wenn es sich um Fragen handelt, mit denen der

---

[1033] Vgl. *Decher*, in: Großkomm. AktG, § 131 Rn. 336 f.; siehe dazu auch die Übersicht bei *Mutter*, Auskunftsansprüche des Aktionärs in der HV, S. 60 f.

[1034] Siehe *Bahr* in: Schaaf, Praxis HV, Rn. 689.

[1035] Siehe BVerfG, Beschl. v. 20. 9. 1999 – 1 BvR 636/95, ZIP 1999, 1798 (1800) – „Wenger/ Daimler-Benz AG"; OLG Düsseldorf, Beschl. v. 11. 8. 2006 – I-15 W 110/05, Der Konzern 2006, 768 (773); *J. Koch*, AktG, § 131 Rn. 68.

[1036] *Reuter*, DB 1988, 2615 (2617); *Butzke*, HV AG, D. Rn. 67; vgl. dazu auch *Hoppe*, NZG 2019, 1401 (1404 f.).

[1037] Siehe zu den technischen Möglichkeiten der Fragenübersendung auch RefE des BMJ – Entwurf eines Gesetzes zur Einführung virtueller Hauptversammlungen von Aktiengesellschaften v. 9. 2. 2022, S. 37.

[1038] Vgl. zu den diesbezüglichen an den Vorstand zu stellenden Anforderungen auch BGH, Urt. v. 7. 4. 1960 – II ZR 143/58, NJW 1960, 1150 (1152 f.).

[1039] *Reger*, in: Bürgers/Körber/Lieder, AktG, § 131 Rn. 15.

[1040] *Kersting*, in: KölnKomm. AktG, § 131 Rn. 419.

[1041] *Hoppe*, NZG 2019, 1401 (1405); *Pöschke/Vogel*, in: ArbeitsHdb. HV, § 11 Rn. 27 f.; *Drinhausen*, in: Hölters, AktG, § 131 Rn. 13, 23.

Vorstand auch bei pflichtgemäßer Vorbereitung nicht zu rechnen brauchte.[1042] Anders stellt sich dies im Rahmen der Corona-HV und der virtuellen HV-RefE dar. Nach Maßgabe von Art. 2, § 1 Abs. 2 Satz 2 Hs. 2 COVID-19-Gesetz bzw. § 131 Abs. 1a AktG-RefE kann der Vorstand die Einreichung von Fragen auf das Vorfeld der Hauptversammlung beschränken. Im Fall der Corona-HV kann eine Nachfragemöglichkeit in der laufenden Hauptversammlung zur Gänze ausgeschlossen werden, während in der virtuellen HV-RefE nach § 131 Abs. 1d AktG-RefE ein Nachfragerecht nur bei gegebenem sachlichen Zusammenhang zur Vorfrage eingeräumt werden muss.

Uneinigkeit besteht in Bezug auf die Frage, welche rechtlichen Folgen es hat, wenn der Versammlungsleiter nach Debattenende bei den Aktionären nachfragt, ob noch Fragen offen sind. Teilweise wird bei einer solchen salvatorischen „catch-all-Frage" von einer Rügeobliegenheit der Aktionäre ausgegangen mit der Folge, dass die Aktionäre im Falle des Schweigens keine Beeinträchtigung ihres Fragerechts mehr geltend machen können.[1043] Nach anderer Auffassung kann ein Schweigen der Aktionäre zu keinem Rechtsverlust führen, da es der Versammlungsleiter ansonsten in der Hand hätte die Verantwortung für eine pflichtgemäße Fragenbeantwortung auf die Aktionäre abzuwälzen.[1044] Die Frage, ob das Schweigen der Aktionäre zu einem Anfechtungsausschluss in Bezug auf die Verletzung des Fragerechts führen kann, erfordert eine differenzierende Betrachtung. Sofern eine unzureichende Beantwortung auf eine mangelhafte Vorbereitung des Vorstands oder lückenhafte Ausführungen zurückzuführen ist, kann eine salvatorische Auffangfrage des Versammlungsleiters nicht dazu führen, dass der Vorstand von seiner Pflicht zur erschöpfenden Beantwortung von Aktionärsfragen nach § 131 Abs. 1 AktG freigestellt wird, wenn die Aktionäre auf die Frage des Versammlungsleiters hin schweigen. Das Erfordernis einer Rügeobliegenheit als Voraussetzung für die Sicherung der Rechte der Aktionäre hat keine Grundlage im Aktiengesetz. Etwas anderes kann sich jedoch aus dem zwischen Aktionären und Gesellschaft bestehenden Treueverhältnis ergeben.[1045] Insbesondere dann, wenn alle Fragen beantwortet wurden, der Versammlungsleiter keine Einschränkungen der Fragezeit vornehmen musste und den Aktionären zwischendurch Gelegenheit gegeben hat Nachfragen zu stellen, wird durch das Schweigen der Aktionäre am Ende der Debatte ein Vertrauenstatbestand ge-

---

[1042] OLG Düsseldorf, Beschl. v. 17.7.1991 – 19 W 2/91, AG 1992, 34 (35); *Hoppe*, NZG 2019, 1401 (1405).

[1043] Siehe OLG Stuttgart, Urt. v. 11.8.2004 – 20 U 3/04, NZG 2004, 966 (969); LG Mainz, Beschl. v. 13.7.1987 – 10 HO 141/86, AG 1988, 169 (170f.); LG Braunschweig, Urt. v. 6.4.1990 – 22 O 97/89, AG 1991, 36 (37); LG München I, Urt. v. 28.8.2008 – 5 HKO 2522/08, NZG 2009, 143 (147); *Hoffmann-Becking*, in: MünchHdb. GesR AG, § 37 Rn. 70; differenzierend *Bredol*, NZG 2012, 613 (616), der eine Rügeobliegenheit dann verneint, wenn der Versammlungsleiter lediglich anbietet, noch offene Fragen zu Protokoll zu geben.

[1044] OLG Köln, Urt. v. 28.7.2011 – 18 U 213/10, NZG 2011, 1150f.; *Hoppe*, NZG 2019, 1401 (1405); *J. Koch*, AktG, § 131 Rn. 69.

[1045] Zu dem zwischen Gesellschaft und Aktionär bestehenden (Dauer-)Schuldverhältnis siehe *Looschelders/Olzen*, in: Staudinger BGB, § 242 Rn. 999.

schaffen. Dies hat zur Folge, dass sich die nachträgliche Geltendmachung der Verletzung des Fragerechts in diesem Fall als rechtsmissbräuchlich darstellen kann. Dies gilt jedenfalls dann, wenn auch am Ende der Debatte noch ausreichend Zeit für etwaige weitere Fragen zur Verfügung steht, und die salvatorische Frage damit nicht nur dem Ziel dient, sich der Verantwortung hinsichtlich der Nichterfüllung des Auskunftsanspruchs nach § 131 Abs. 1 AktG zu entledigen.

#### ff) Wortentzug

Einem Redner kann das Wort zur Gänze entzogen werden, wenn dieser eine bereits bestehende generelle und/oder individuelle Rede- und/oder Fragezeitbeschränkung überschreitet und auch eine daraufhin erfolgende Abmahnung des Versammlungsleiters ignoriert.[1046] Darüber hinaus kommt ein Wortentzug – auch ohne vorherige Abmahnung – in Betracht, wenn der Aktionär das Rede- oder Fragerecht in destruktiver oder beleidigender Art und Weise oder mit evidentem Störungswillen ausübt.[1047] Die Zuständigkeit für den Wortentzug liegt ebenfalls beim Versammlungsleiter und nicht bei der Hauptversammlung.[1048] Die Anordnung eines Wortentzuges hat auch eine Beschneidung des Fragerechts zur Folge. Vor diesem Hintergrund ergibt sich die Verpflichtung des Versammlungsleiters die strikte Einhaltung der allgemeinen Rechtsprinzipien der Sachdienlichkeit, Neutralität, Verhältnismäßigkeit und Gleichbehandlung (§ 53a AktG) vor Anordnung eines Wortentzugs besonders gründlich zu prüfen.[1049] Im Kontext der virtuellen Hauptversammlung kann der Wortentzug über einen forcierten Abbruch der Video- oder Audiokommunikation umgesetzt werden.

#### gg) Schließung der Rednerliste als rede- und fragezeitbeschränkende Maßnahme

Eine weitere, dem Versammlungsleiter zu Gebote stehende Ordnungsmaßnahme stellt die Schließung der Rednerliste dar.[1050] Sie hat zur Folge, dass keine weiteren

[1046] *Hoffmann-Becking*, in: MünchHdb. GesR AG, § 37 Rn. 78; *Wicke*, NZG 2007, 771 (773); *Marsch-Barner/von der Linden*, in: Marsch-Barner/Schäfer, Hdb. börsennotierte AG, § 36 Rn. 8; strenger *Max*, AG 1991, 77 (93) und *Grüner*, NZG 2000, 770 (774), die sich für eine mehrmalige Abmahnung aussprechen.

[1047] *Wicke*, NZG 2007, 771 (773); *Quack*, AG 1985, 145 (147 f.); ebenso *Zetsche*, in: KölnKomm. AktG, Anh. § 119 Rn. 180, der aber auch bei unsachlichen Äußerungen eine vorherige Abmahnung und Androhung für notwendig hält.

[1048] LG München I, Urt. v. 2.9.2010 – 5 HK O 6069/10, AG 2011, 763 (764); LG Frankfurt a. M., Urt. v. 22.2.1984 – 3/9 O 123/83, AG 1984, 192 (194); *Mülbert*, in: Großkomm. AktG, § 129 Rn. 217; *J. Koch*, AktG, § 129 Rn. 26.

[1049] *Kubis*, in: MünchKomm. AktG, § 119 Rn. 176; siehe auch *Butzke*, HV AG, D. Rn. 67, wonach der Entzug des Fragerechts nur als Ultima Ratio in Betracht kommt.

[1050] Siehe nur *Ziemons*, in: K. Schmidt/Lutter, AktG, § 129 Rn. 94; *Wicke*, in: Spindler/Stilz, BeckOGK AktG, § 129 Rn. 57; *J. Koch*, AktG, § 131 Rn. 49.

Wortmeldungen mehr berücksichtigt werden, wobei die bereits abgegebenen Wortmeldungen aber noch abgehandelt werden.[1051] Einer vorherigen Ankündigung der Schließung bedarf es nach zutreffender Auffassung nicht, da ansonsten die Gefahr besteht, dass Aktionäre in konzentrierter Form eine Vielzahl von Anträgen stellen, um diese noch rechtzeitig „unterzubringen"; dies würde aber den verfahrenslenkenden Zweck dieser Maßnahme konterkarieren.[1052] Diese Umgehungsmöglichkeit besteht indes nicht im Rahmen der virtuellen HV-RefE, da die Redebeiträge zwingend nach Maßgabe von § 130a Abs. 5 AktG-RefE bereits im Vorfeld der Hauptversammlung anzumelden sind.

Die Schließung der Rednerliste stellt sich gegenüber der generellen Redezeitbeschränkung als die weitreichendere Ordnungsmaßnahme dar, da sie neben dem Rederecht auch das Fragerecht erfasst. Nach umstrittener Auffassung gilt dies auch dann, wenn keine Ermächtigung in der Satzung oder Geschäftsordnung nach § 131 Abs. 2 Satz 2 AktG vorliegt.[1053] Voraussetzung ist aber, dass das Fragerecht wiederholt missbraucht wird oder die Hauptversammlung ohne Schließung der Rednerliste nicht in dem zeitlich zur Verfügung stehenden Rahmen abgewickelt werden kann.[1054] Insoweit ist vom Versammlungsleiter zwecks Wahrung des Grundsatzes der Verhältnismäßigkeit stets zu prüfen, ob die Einhaltung des zeitlichen Rahmens nicht auch durch zusätzliche Begrenzungen des Rederechts sichergestellt werden kann.[1055]

Der Versammlungsleiter kann die Schließung der Rednerliste nicht allein darauf stützen, dass die Aussprache zu dem betreffenden Tagesordnungspunkt inhaltlich und argumentativ erschöpfend absolviert wurde.[1056] Auch muss der Versammlungsleiter nach Schließung der Rednerliste darauf hinwirken, dass der Vorstand keine ausschweifenden und übergebührlich langen Antworten gibt, um die den

[1051] Siehe *Marsch-Barner/von der Linden*, in: Marsch-Barner/Schäfer, Hdb. börsennotierte AG, § 36 Rn. 9.

[1052] Siehe *Kubis*, in: MünchKomm. AktG, § 119 Rn. 172; einschränkend *Butzke*, HV AG, D. Rn. 63, der insbesondere bei langen Wortmeldelisten eine Ankündigung der Schließung empfiehlt; für eine Ankündigung sich aussprechend auch *Marsch-Barner/von der Linden*, in: Marsch-Barner/Schäfer, Hdb. börsennotierte AG, § 36 Rn. 9.

[1053] Dafür BVerfG, Beschl. v. 20.9.1999 – 1 BvR 636/95, AG 2000, 74 (75) – „Wenger/ Daimler-Benz AG"; *Ziemons*, in: K. Schmidt/Lutter, AktG, § 129 Rn. 10, 94 f.; *J. Koch*, AktG, § 131 Rn. 50; dagegen *Martens*, Leitfaden HV, S. 66; *Kubis*, in: MünchKomm. AktG, § 119 Rn. 171.

[1054] *Marsch-Barner/von der Linden*, in: Marsch-Barner/Schäfer, Hdb. börsennotierte AG, § 36 Rn. 9.

[1055] OLG München, Urt. v. 28.9.2011 – 7 U 711/11, BB 2011, 3021 (3026); LG Stuttgart, Urt. v. 27.4.1994 – 7 KfH O 122/93, AG 1994, 425 (426); großzügiger aber *J. Koch*, AktG, § 131 Rn. 49, wonach die Wahl zwischen fortschreitender Verkürzung der Redezeit und Schluss der Rednerliste grundsätzlich im Ermessen des Versammlungsleiters stehen soll.

[1056] So *Schaaf*, in: Schaaf, Praxis HV, Rn. 668; ebenso *Marsch-Barner/von der Linden*, in: Marsch-Barner/Schäfer, Hdb. börsennotierte AG, § 36 Rn. 9; großzügiger insoweit aber *Max*, AG 1991, 77 (92) und *Martens*, Leitfaden HV, S. 66.

Aktionären verbliebene Redezeit nicht noch weiter zu verkürzen.[1057] Der Versammlungsleiter kann eine Aussprache nicht dadurch vereiteln, indem er eine Schließung der Rednerliste bereits vor Aufruf des betroffenen Tagesordnungspunktes anordnet.[1058] Er muss zudem fortlaufend überprüfen, ob die Voraussetzungen für die Aufrechterhaltung der Maßnahme noch gegeben sind. Stellt sich heraus, dass dies nicht der Fall ist, etwa weil im Verlauf der Versammlung zeitliche Kapazitäten wieder frei geworden sind, so muss der Versammlungsleiter die Schließung der Rednerliste zurücknehmen und die Rednerliste wieder eröffnen.[1059]

#### hh) Schließung der Aussprache als rede- und fragezeitbeschränkende Maßnahme

Als weitere Ordnungsmaßnahme steht dem Versammlungsleiter die Schließung der Aussprache zur Verfügung. Die Anordnung einer Schließung der Aussprache hat zur Folge, dass die in den Wortmeldelisten erscheinenden Aktionäre, unabhängig davon, ob sie bereits Redebeiträge hatten oder nicht, keine Möglichkeit mehr haben zu sprechen oder Fragen zu stellen.[1060] Auch wenn die Eintragung in der Rednerliste keinen Anspruch begründet auch aufgerufen zu werden[1061], so handelt es sich bei einer vorzeitigen Schließung der Aussprache dennoch um einen besonders weitreichenden Eingriff in das Mitgliedschaftsrecht.[1062] Die Anordnung ist daher unter dem Gesichtspunkt der Verhältnismäßigkeit nur zulässig, wenn andere weniger einschneidende Maßnahmen wie etwa Rede- und/oder Fragezeitbeschränkungen oder eine Schließung der Rednerliste eine Abwicklung der Hauptversammlung innerhalb des zumutbaren zeitlichen Rahmens nicht gewährleisten können.[1063] Teilweise wird vertreten, der Versammlungsleiter müsse die Schließung der Aussprache nur dann androhen, wenn er nicht zuvor bereits die Rednerliste geschlossen hat, da dies zur Folge habe, dass weitere Wortmeldungen ohnehin nicht mehr möglich seien.[1064] Dagegen spricht jedoch, dass bei vorzeitiger Schließung der Debatte auch das Rede- und Fragerecht derjenigen Aktionäre beschränkt wird, die bereits vor Anordnung der Schließung der Rednerliste auf der Meldeliste standen. Insoweit geht die beschneidende Wirkung einer vorzeitigen Debattenschließung über die mit der

[1057] *Kubis*, in: MünchKomm. AktG, § 119 Rn. 172.

[1058] Siehe *Kubis*, in: MünchKomm. AktG, § 119 Rn. 172.

[1059] *Kubis*, in: MünchKomm. AktG, § 119 Rn. 172.

[1060] *Butzke*, HV AG, D. Rn. 64; *Marsch-Barner/von der Linden*, in: Marsch-Barner/Schäfer, Hdb. börsennotierte AG, § 36 Rn. 10.

[1061] OLG München, Urt. v. 28.9.2011 – 7 U 711/11, BB 2011, 3021 (3026); ebenso *Reger*, in: Bürgers/Körber/Lieder, AktG, § 131 Rn. 18a.

[1062] *Mülbert*, in: Großkomm. AktG, § 129 Rn. 211 f.; *Max*, AG 1991, 77 (92).

[1063] OLG Frankfurt a.M., Beschl. v. 5.11.2007 – 5 W 22/07, ZIP 2008, 138 (144); *Kubis*, in: MünchKomm. AktG, § 119 Rn. 173.

[1064] *Hoffmann-Becking*, in: MünchHdb. GesR AG, § 37 Rn. 71; *Kubis*, in: MünchKomm. AktG, § 119 Rn. 173; a. A. *Butzke*, HV AG, D. Rn. 64, der eine Androhung unter Hinweis auf die fehlende Reaktionsmöglichkeit der Aktionäre in keinem Fall für zwingend geboten hält.

Schließung der Rednerliste verbundenen Einschränkungen hinaus, was für die Notwendigkeit einer gesonderten Abmahnung streitet.

Sofern einzelne Fragen noch nicht erschöpfend beantwortet wurden, kann der Versammlungsleiter nach pflichtgemäßem Ermessen entscheiden, ob er nach vorzeitiger Schließung der Aussprache dem Vorstand noch einmal Gelegenheit gibt, zu diesen offenen Fragen erneut Stellung zu beziehen.[1065] Gleichfalls in seinem pflichtgemäßen Ermessen liegt in diesem Fall die Entscheidung hinsichtlich einer erneuten Eröffnung der Aussprache sowie der Möglichkeit zur Stellung von Nachfragen.[1066]

### *e) Zulassung fremdsprachiger Redebeiträge*

Die Versammlungssprache ist grundsätzlich Deutsch, sofern nicht nach der hier vertretenen Auffassung mit qualifizierter Drei-Viertel-Mehrheit eine nicht-deutsche Versammlungssprache bestimmt wird.[1067] Ist die Versammlungssprache deutsch, haben ausländische Versammlungsteilnehmer keinen Anspruch auf Zulassung von Wortbeiträgen oder Stellung von Fragen in ihrer jeweiligen Muttersprache.[1068] Dies gilt selbst dann, wenn der betreffende ausländische Aktionär in Begleitung eines ebenfalls zur Hauptversammlung zugelassenen Dolmetschers ist, der für eine Simultan-Übersetzung in die deutsche Versammlungssprache sorgen könnte.[1069]

Der Versammlungsleiter kann nicht über die Geltung einer nicht-deutschen Verhandlungssprache aus eigener Kompetenz bestimmen.[1070] Davon zu unterscheiden ist aber die Frage, ob der Versammlungsleiter kraft seiner Leitungskompetenz nach pflichtgemäßem Ermessen einzelne Redebeiträge oder Fragen in fremder Sprache zulassen kann. Zwar kann bereits die Zulassung eines einzelnen fremdsprachigen Redebeitrags oder einer fremdsprachigen Frage zu einer mittelbaren Beeinträchtigung des Teilnahmerechts der übrigen Aktionäre führen, sofern diese die fremdsprachigen Ausführungen nicht verstehen können. Das daraus resultierende Kommunikationsdefizit kann sich zudem noch verstärken, wenn auch der Vorstand

---

[1065] *Hoffmann-Becking*, in: MünchHdb. GesR AG, § 37 Rn. 72, wonach dies insbesondere dann relevant werden kann, wenn ein Aktionär zwischenzeitlich nicht beantwortete Fragen nach § 131 Abs. 5 AktG zu Protokoll des Notars erklärt hat.

[1066] *Hoffmann-Becking*, in: MünchHdb. GesR AG, § 37 Rn. 72.

[1067] Siehe dazu oben 2. Kapitel C. II. 1. b) cc) (S. 115).

[1068] *Ek*, Praxisleitfaden HV, 3. Teil § 12 Rn. 313; *Krause/Jenderek*, NZG 2007, 246; *Martens*, Leitfaden HV, S. 73.

[1069] *Krause/Jenderek*, NZG 2007, 246; siehe auch *Kubis*, in: MünchKomm. AktG, § 118 Rn. 82, der darauf hinweist, dass auch kein Anspruch gegen die Gesellschaft auf Bereitstellung einer Möglichkeit zur Übersetzung in die deutsche Sprache besteht; a. A. *Mohamed*, NZG 2015, 1263 (1264), der dem ausländischen Aktionär das Recht zugesteht sich eines Dolmetschers als Stimmboten zu bedienen.

[1070] Siehe oben unter 2. Kapitel C. II. 1. b) ff) (S. 117).

eine Frage in der jeweiligen Fremdsprache beantwortet.[1071] Gleichwohl wäre es unverhältnismäßig und auch unpraktikabel die Zulässigkeit eines einzelnen fremdsprachigen Redebeitrags oder einer einzelnen Frage stets von einem Hauptversammlungsbeschluss abhängig zu machen. Es ist daher von einer grundsätzlichen Entscheidungskompetenz des Versammlungsleiters auszugehen punktuell fremdsprachige Aktionärsausführungen nach seinem pflichtgemäßen Ermessen zuzulassen, wobei er insoweit auch die Aktionärsstruktur und den Anteil ausländischer Aktionäre zu berücksichtigen hat.[1072] Um eine Aushöhlung der Aktionärsrechte zu vermeiden, bedarf diese Kompetenz jedoch Einschränkungen in zweierlei Hinsicht. Zum einen ist sie nur dann zuzugestehen, wenn für eine Übersetzung zumindest der wesentlichen Inhalte gesorgt ist.[1073] Zum anderen muss die Entscheidungsbefugnis des Versammlungsleiters auf Einzelfälle beschränkt bleiben. Unzulässig wäre es etwa, einer großen Anzahl von ausländischen Aktionären ohne Mandat der Hauptversammlung Ausführungen in ihrer jeweiligen Landessprache zu ermöglichen. Diese Grundsätze müssen entsprechend auch für die Zulassung deutschsprachiger Redebeiträge gelten, wenn die Hauptversammlung die Geltung einer nicht-deutschen Versammlungssprache beschlossen hat.

Der Versammlungsleiter muss bei der Ausübung seines pflichtgemäßen Ermessens hinsichtlich der Zulassung bzw. Versagung von fremdsprachigen Aktionärsausführungen besondere Vorsicht walten lassen. Es besteht die Gefahr, dass entweder der fremdsprachige Aktionär die Versagung oder die übrigen Aktionäre die Gewährung eines fremdsprachigen Redebeitrags unter Berufung auf eine Verkürzung ihres Teilnahmerechts zum Anlass nehmen eine Beschlussanfechtungsklage zu erheben. Fremdsprachige Ausführungen ohne Übersetzung sind daher vom Versammlungsleiter in jedem Fall zu unterbinden. Dies gilt insbesondere für den Fall, dass er bereits generelle oder individuelle Beschränkungen des Rederechts angeordnet hat.[1074]

Im Kontext virtueller Hauptversammlungen entschärft sich die vorstehend skizzierte Problematik für den Versammlungsleiter, da die Möglichkeit besteht, Übersetzungen von fremdsprachigen Aktionärsausführungen digital über das Online-Portal oder die jeweiligen Aktionärsaccounts umzusetzen. Anders als bei einer Präsenzversammlung hätte es so jeder Aktionär selbst in der Hand, bei Bedarf von der Übersetzungsmöglichkeit Gebrauch zu machen. Auch ergibt sich bei einer in-

---

[1071] *Decher*, in: Großkomm. AktG, § 131 Rn. 276; siehe auch *Spindler*, in: K. Schmidt/Lutter, AktG, § 131 Rn. 61, wonach die Auskünfte unabhängig von der Nationalität zwingend in deutscher Sprache zu geben sind und eine Erteilung in einer weiteren nicht-deutschen Sprache nur zusätzlich und nach freiem Ermessen der Gesellschaft erfolgen kann.

[1072] So auch *Martens*, Leitfaden HV, S. 74; weitergehend *Mohamed*, NZG 2015, 1263 (1266), der die Ermöglichung eines fremdsprachigen Redebeitrags auch auf Grundlage eines einfachen Mehrheitsbeschlusses für zulässig hält.

[1073] Ebenso *Krause/Jenderek*, NZG 2007, 246; *Martens*, Leitfaden HV, S. 74; *Kubis*, in: MünchKomm. AktG, § 118 Rn. 82; *Butzke*, HV AG, D. Rn. 27.

[1074] Siehe *Kubis*, in: MünchKomm. AktG, § 118 Rn. 82.

dividuell zur Verfügung stehenden digitalen Übersetzungsfunktion nicht das Problem einer Vermischung der akustischen Signale. Überdies stellt sich auch die Frage nicht, ob separate Räumlichkeiten vorzuhalten sind, in denen die Übersetzung zu übertragen ist.[1075]

#### *f) Förmliche Schließung der Aussprache*

Die förmliche Schließung der Aussprache erfolgt grundsätzlich nach dem letzten Redebeitrag eines Aktionärs und der letzten Auskunft des Vorstands.[1076] Auch wenn den Versammlungsleiter keine Rechtspflicht trifft vor der förmlichen Schließung bei den Aktionären nachzufragen, ob noch Antworten auf ihre Fragen ausstehen, ist dies gleichwohl übliche Praxis.[1077] Sofern es sich nicht um eine vorzeitige Schließung der Debatte im Sinne einer Ordnungsmaßnahme handelt, kommt der förmlichen Schließung durch den Versammlungsleiter in rechtlicher Hinsicht eine rein deklaratorische Wirkung zu.[1078]

## 7. Rechte und Pflichten im Zusammenhang mit Beschlussanträgen

#### *a) Prüfungskompetenz und Prüfungspflicht*

Die Frage, ob und in welchem Umfang dem Versammlungsleiter eine Prüfungskompetenz und eine korrelierende Prüfungspflicht im Hinblick auf Beschlussanträge zukommt, muss unter Berücksichtigung von dessen Rechtsstellung und des aktienrechtlichen Beschlussmängelsystems untersucht werden.

##### aa) Treue- und Legalitätspflicht des Versammlungsleiters

Den Versammlungsleiter trifft aufgrund seiner Organstellung eine gegenüber der Gesellschaft bestehende Treue- und Legalitätspflicht.[1079] Als Ausfluss dieser organschaftlichen Pflichten muss der Versammlungsleiter auch darauf hinwirken, dass in der Versammlung nur rechtmäßige Beschlussfassungen erfolgen.[1080] Nicht ableiten lässt sich aus dem organschaftlichen Pflichtenprogramm aber eine umfassende

---

[1075] Vgl. dazu bereits die Ausführungen unter 2. Kapitel C. II. 3. (S. 119 f.).

[1076] *Hoffmann-Becking*, in: MünchHdb. GesR AG, § 37 Rn. 70.

[1077] Siehe zur diesbezüglichen Rügeobliegenheit der Aktionäre oben unter 2. Kapitel F. IV. 6. d) ee) (2) (S. 268 f.).

[1078] *Kubis*, in: MünchKomm. AktG, § 119 Rn. 153; gegen eine rein deklaratorische Wirkung aber *Butzke*, HV AG, D. Rn. 38, wonach als Folge der Schließung das Rede- und Fragerecht der Aktionäre entfallen soll.

[1079] Siehe *Mülbert*, in: Großkomm. AktG, § 129 Rn. 155; *Kubis*, in: MünchKomm. AktG, § 119 Rn. 155; vgl. auch *Fuhrmann/Heinen/Schilz*, NZG 2020, 1368 (1369).

[1080] *Zetsche*, in: KölnKomm. AktG, Anh. § 119 Rn. 101; *Mülbert*, in: Großkomm. AktG, § 129 Rn. 155.

inhaltliche Prüfungskompetenz des Versammlungsleiters in Bezug auf Beschlussanträge. Denn der Funktionsauftrag der Versammlungsleitung bezieht sich auf die verfahrensrechtliche Seite der Hauptversammlung nicht hingegen auf die materiellrechtliche Ebene. Dem Versammlungsleiter kann es daher im Grundsatz nicht gestattet sein die Beschlussanträge einer inhaltlichen Vorabüberprüfung zu unterziehen, da er ansonsten steuernd in die Meinungsbildung in der Hauptversammlung eingreifen würde. Zudem handelt es sich bei dem Versammlungsleiter zumeist um Personen ohne juristische Vorbildung, so dass sie kompetenziell gar nicht dazu befähigt wären eine materielle Rechtmäßigkeitsprüfung vorzunehmen. Hinzu kommt, dass Beschlussanträge grundsätzlich nicht vor der Hauptversammlung angekündigt werden müssen (§ 124 Abs. 4 Satz 2 AktG), so dass für den Versammlungsleiter im Regelfall auch nicht die Möglichkeit einer Vorbefassung mit den damit im Zusammenhang stehenden Rechtsfragen besteht.[1081] Schließlich muss auch berücksichtigt werden, dass die vom Versammlungsleiter zu treffenden Entscheidungen in der Regel besonders eilbedürftig sind und damit gar nicht die Zeit für eine umfassende Rechtsprüfung vorhanden ist. Zwar ist es so, dass der Versammlungsleiter im Verlauf der Hauptversammlung typischerweise durch versierte juristische Berater unterstützt wird. Gerade kleine und mittlere Gesellschaften verfügen aber häufig nicht über ein back-office, das mit professionellen Beratern besetzt ist. Die Größe und personelle Ausstattung einer Gesellschaft können aber nicht ausschlaggebend für die Frage sein, ob dem Versammlungsleiter bezogen auf Antragstellungen eine umfassende Prüfungskompetenz einzuräumen ist oder nicht. Vor diesem Hintergrund kann vom Versammlungsleiter auch in Ansehung seiner Treue- und Legalitätspflicht nur eine summarische Rechtsprüfung verlangt werden, die sich zudem auf mögliche Verfahrensfehler zu beschränken hat.[1082]

#### bb) Wertungen des aktienrechtlichen Beschlussmängelsystems

Gegen die Zuerkennung einer umfassenden Kompetenz des Versammlungsleiters zur inhaltlichen Rechtmäßigkeitskontrolle von Beschlussanträgen sprechen darüber hinaus auch zwingende Wertungen des aktienrechtlichen Beschlussmängelsystems. Nach der Systematik des Aktienrechts kann die Hauptversammlung auch rechtswidrige Beschlüsse fassen.[1083] Dies ergibt sich schon daraus, dass auch rechtswidrige Beschlüsse in Bestandskraft erwachsen können, sofern sie nicht mit der Anfechtungsklage angegriffen werden. Aus § 245 AktG lässt sich folgern, dass der Gesetzgeber das Klagerecht und damit die Möglichkeit zur Verhinderung des Eintritts der Bestandskraft eines nach § 243 AktG anfechtbaren Beschlusses den Aktionären, dem Vorstand und Aufsichtsrat und den einzelnen Mitgliedern von Vorstand und

---

[1081] Siehe dazu *Müller*, in: Heidel, AktienR u. KapitalmarktR, § 124 AktG Rn. 26 f.

[1082] So auch *E. Vetter*, in: FS Bergmann, S. 799 (818 f.); diesen Maßstab im Vorstandskontext bei eilbedürftigen Entscheidungen anlegend auch *Fleischer*, in: Spindler/Stilz, BeckOGK AktG, § 93 Rn. 38; *Buck-Heeb*, BB 2013, 2247 (2256).

[1083] Siehe nur *Butzke*, HV AG, D. Rn. 43.

Aufsichtsrat, nicht jedoch dem Versammlungsleiter zugewiesen hat. Nach der Logik des Aktiengesetzes soll es also gerade nicht von der Entscheidungsgewalt des Versammlungsleiters abhängen, ob ein rechtswidriger Beschluss unangetastet bleibt und in Bestandskraft erwächst oder im Klageweg angegriffen wird.[1084] Eine umfassende Prüfungskompetenz würde aber dazu führen, dass die Entscheidung über das rechtliche Schicksal des betreffenden Antrages bzw. Beschlusses in systemwidriger Weise in die Hände des Versammlungsleiters gelegt würde. Eine damit verbundene weite Prüfungspflicht würde zudem die Gefahr von Fehlentscheidungen und damit die Haftungsträchtigkeit der Versammlungsleitung substanziell erhöhen. Auch würden die Rechtsschutzmöglichkeiten der Aktionäre signifikant verkürzt, da den Aktionären gegen die Entscheidung des Versammlungsleiters zur Zurückweisung eines Antrags in der Hauptversammlung keine effektiven Rechtsmittel zur Verfügung stehen und insoweit letztlich nur die Abwahl des Versammlungsleiters oder die Einberufung einer neuen Hauptversammlung nach § 122 AktG als Reaktionsmöglichkeit verbleiben.[1085] Insbesondere bestünde für die Aktionäre auch keine Möglichkeit, eine isolierte positive Beschlussfeststellungsklage zu erheben, da diese nur auf die rechtlich zutreffende Feststellung eines tatsächlich gefassten Beschlusses abzielt, nicht hingegen die ersetzende Feststellung eines nicht gefassten Beschlusses ermöglicht.[1086]

#### cc) Keine umfassende Prüfungskompetenz und Prüfungspflicht in Bezug auf Nichtigkeitsgründe

Von einer umfassenden Prüfungskompetenz und Prüfungspflicht des Versammlungsleiters kann auch nicht im Hinblick auf zur Nichtigkeit führende Beschlussmängel nach §§ 241, 249 AktG ausgegangen werden. Auch die Geltendmachung der Nichtigkeit im Wege der Feststellungsklage steht nach § 249 Abs. 1 Satz 1 AktG nur den Aktionären, Vorstand und Aufsichtsrat bzw. deren Mitgliedern zu, nicht hingegen dem Versammlungsleiter.[1087] *Langenbach* weist in diesem Zusammenhang zwar zutreffend darauf hin, dass die Nichtigkeit eines Beschlusses ipso iure eintritt und damit anders als bei einer bloßen Anfechtbarkeit nicht von dem Willen eines gesetzlich festgelegten Personenkreises abhängt; weiter führt er aus, dass die Nichtigkeit außerhalb einer Nichtigkeitsklage von jedermann geltend gemacht werden könne, was sich aus § 249 Abs. 1 Satz 2 AktG ergebe.[1088] Diese an sich zutreffende Erkenntnis ändert jedoch nichts daran, dass auch § 249 Abs. 1 Satz 2 AktG nach seiner Systematik von einer Geltendmachung der Nichtigkeit erst nach

[1084] *Lochner/Beneke*, ZIP 2015, 2010 (2011); ebenso *Langenbach*, VersL in der AG, S. 52 f.

[1085] *Lochner/Beneke*, ZIP 2015, 2010 (2011); *Langenbach*, VersL in der AG, S. 3.

[1086] OLG Köln, Urt. v. 6.6.2012 – 18 U 240/11, NZG 2012, 946 (950); ebenso *Heer*, ZIP 2012, 803 (808).

[1087] Ebenso *Lochner/Beneke*, ZIP 2015, 2010 (2011).

[1088] *Langenbach*, VersL im AktR, S. 54, 60; siehe auch *J. Koch*, AktG, § 249 Rn. 19; *Schäfer*, in: MünchKomm. AktG, § 241 Rn. 89.

Beschlussfassung ausgeht.[1089] Zudem wohnt der Argumentation von *Langenbach* ein gewisser Widerspruch auch insoweit inne, als sie einerseits das „Jedermann-Recht" zur Geltendmachung der Nichtigkeit betont, andererseits aber unweigerlich zu einer Konterkarierung dieses Rechts führt. Denn wenn es in der Hand des Versammlungsleiters läge, stets ein abschließendes Urteil über die Frage der Nichtigkeit zu fällen, indem er den Antrag gar nicht erst zur Abstimmung stellt, dann käme der Geltendmachung der Nichtigkeit durch andere Personen zwangsläufig keine Bedeutung zu, da es bereits an einer anknüpfbaren Beschlussfassung fehlt. Unberücksichtigt bliebe zudem, dass auch ein nichtiger Beschluss, ebenso wie ein anfechtbarer Beschluss, nachträglich noch volle Wirksamkeit erlangen kann. Dies zwar nicht allein wie im Fall der Anfechtbarkeit durch das Verstreichenlassen einer Klagefrist, wohl aber durch heilende Eintragung im Handelsregister nach Maßgabe von § 242 AktG. Ebenso wie der Versammlungsleiter aber nicht in das Entscheidungsrecht eingreifen kann, ob ein anfechtbarer Beschluss angefochten wird, kann er auch nicht die Entscheidung vorwegnehmen, ob ein Nichtigkeitsmangel geheilt wird. Wenn aber nichtige Beschlüsse per se schon nicht zur Abstimmung zu stellen sind, läuft auch die im Aktiengesetz vorgesehene Heilungsmöglichkeit leer. Schließlich darf nicht außer Acht gelassen werden, dass die Frage der Nichtigkeit eine Rechtsfrage ist, die sich als ebenso schwer und kompliziert erweisen kann wie die Frage, ob ein Beschluss der Anfechtbarkeit unterliegt.

Aufgrund der vorstehenden Überlegungen kann es daher nicht auf die Abgrenzung zwischen anfechtbaren und nichtigen Beschlüssen ankommen, sondern allein auf die Frage, ob und in welchem Umfang den Versammlungsleiter ein Recht und eine korrespondierende Pflicht trifft Beschlussanträge auf ihre Rechtmäßigkeit zu überprüfen und ggf. zurückzuweisen. Es besteht insoweit weder eine umfassende Prüfungskompetenz, da eine solche wie gezeigt mit den Wertungen des aktienrechtlichen Beschlussmängelsystems nicht zu vereinbaren wäre, noch eine korrespondierende umfassende Prüfungspflicht, da diese das Pflichtenprogramm des Versammlungsleiters überspannen würde. Der Versammlungsleiter ist im Ausgangspunkt daher grundsätzlich dazu verpflichtet sämtliche Beschlussanträge zur Abstimmung zu stellen, und zwar unabhängig von der Frage ihrer etwaigen Anfechtbarkeit oder Nichtigkeit.[1090]

### *b) Kompetenz und Pflicht zur Rechtmäßigkeitsprüfung sowie Antragszurückweisung bei evident mangelbehafteten Beschlussanträgen*

Die grundsätzliche Pflicht des Versammlungsleiters, sämtliche Beschlussanträge der Hauptversammlung als Willensbildungsorgan zugänglich zu machen, bedarf

[1089] Siehe nur *Englisch*, in: Hölters, AktG, § 249 Rn. 33.

[1090] *Stützle/Walgenbach*, ZHR (155) 1991, 516 (530f.); *Heidel*, in: Heidel, AktienR u. KapitalmarktR, Vor §§ 129ff. AktG Rn. 42; *Martens*, WM 1981, 1010 (1015); *Lochner/Beneke*, ZIP 2015, 2010 (2011); a. A. *Rieckers/Vetter*, in: KölnKomm. AktG, § 147 Rn. 172; zur Unzulässigkeit einer Beschlussfassung nach § 124 Abs. 4 AktG siehe *Scholz*, AG 2008, 11ff.

indes einer korrigierenden Einschränkung. Das Erfordernis dafür ergibt sich aus dem Funktionsauftrag des Versammlungsleiters.

### aa) Auswirkungen des Funktionsauftrags des Versammlungsleiters auf die Prüfungskompetenz und Prüfungspflicht

Der Funktionsauftrag des Versammlungsleiters hat im Zusammenhang mit der Prüfung von Beschlussanträgen zwei Implikationen. Zum einen folgt daraus die Kompetenz des Versammlungsleiters, im Interesse einer zügigen und vor allem rechtzeitigen Durchführung der Hauptversammlung solche Anträge abzulehnen, die offensichtlich sinnlos sind.[1091] Zum anderen ergibt sich daraus aber richtigerweise auch eine korrelierende Pflicht des Versammlungsleiters, die Hauptversammlung nicht mit sinnlosen Anträgen zu überfrachten.[1092] Tut er dies doch, so verstößt er damit gegen seine Leitungspflichten.[1093] Werden offensichtlich sinnlose Anträge zur Abstimmung gestellt und angefochten oder verzögert sich dadurch die Hauptversammlung in einer Weise, dass sie nicht mehr innerhalb des vorgegebenen zeitlichen Rahmens abgewickelt werden kann, so kann der Versammlungsleiter für daraus resultierende Schäden auch ggf. haftungsrechtlich zur Verantwortung gezogen zu werden.[1094] Ein relevanter Schaden kann sich insoweit etwa aus den mit der notwendigen Einberufung einer weiteren Hauptversammlung verbundenen Kosten ergeben.

Die so verstandene Pflicht des Versammlungsleiters zur Antragszuweisung sowie die mit einem entsprechenden Pflichtenverstoß einhergehende Gefahr eines persönlichen Haftungsrisikos des Versammlungsleiters rechtfertigen einen Eingriff in das durch das Aktienrecht festgelegte Beschlussmängelsystem und bilden zugleich auch die legitimierende Grundlage für eine inhaltliche Prüfungskompetenz des Versammlungsleiters nicht nur in Bezug auf offensichtlich sinnlose, sondern auch in Bezug auf offensichtlich rechtswidrige Beschlussanträge. Eine umfassende Rechtmäßigkeitsprüfung kann vom Versammlungsleiter wie vorstehend ausgeführt nicht verlangt werden. Es stellt sich daher die Frage, wie die Reichweite der Prüfungskompetenz und Prüfungspflicht jenseits von eindeutigen Fällen offensichtlicher Sinnlosigkeit auf ein adäquates Maß begrenzt werden kann.

---

[1091] So auch *Langenbach*, VersL im AktR, S. 64.

[1092] *Mülbert*, in: Großkomm. AktG, § 129 Rn. 155 f.; *Austmann*, in: MünchHdb. GesR AG, § 40 Rn. 13; *Kubis*, in: MünchKomm. AktG, § 119 Rn. 155.

[1093] *Kubis*, in: MünchKomm. AktG, § 119 Rn. 155; *Austmann*, in: MünchHdb. GesR, § 40 Rn. 13; *Mülbert*, in: Großkomm. AktG, § 129 Rn. 155 f.; a. A. wohl *Martens*, WM 1981, 1010 (1015), der lediglich auf eine Berechtigung, nicht hingegen auf eine Pflicht des Versammlungsleiters zur Ablehnung evident anfechtbarer oder nichtiger Beschlussanträge abhebt.

[1094] Siehe dazu unten unter 3. Kapitel A. XII. 2. a) (S. 327).

### bb) Besondere Schwere des Mangels

Zum Teil wird in der Literatur eine besondere Schwere des Mangels gefordert.[1095] Dieses Kriterium erweist sich aber für Zwecke der inhaltlichen Konturierung der Prüfungskompetenz und Prüfungspflicht des Versammlungsleiters als untauglich. Es besteht nämlich keine zwingende Korrelation zwischen der Schwere eines Mangels und dem erforderlichen Prüfungsaufwand. Denkbar sind schwere Mängel, die offensichtlich sind und gleichsam „ins Auge springen", ebenso wie schwere Mängel, die erst nach einer gründlichen, vom Versammlungsleiter im Rahmen der laufenden Hauptversammlung in der Regel nicht zu leistenden Rechtsprüfung erkennbar werden. Es besteht überdies auch kein zwingender Gleichlauf zwischen schweren Mängeln und zur Nichtigkeit führenden Mängeln, so dass auch die vom Aktiengesetz getroffene systematische Unterscheidung zwischen Beschlussanfechtbarkeit und Beschlussnichtigkeit insoweit nicht weiterführt.[1096] Ganz grundsätzlich fehlt es auch an klaren verbindlichen Leitlinien, wann ein Fehler den notwendigen Schweregrad erreicht, so dass im Ergebnis der Versammlungsleiter über diese Frage nach eigenem Ermessen entscheiden würde. Eine solche inhaltsbezogene Entscheidungskompetenz widerspräche aber der funktionalen Trennung zwischen der Versammlungsleitung, die in erster Linie für die Sicherstellung der verfahrensmäßigen Ordnung zuständig ist, und der Hauptversammlung, der die alleinige inhaltliche Sachentscheidungskompetenz zugewiesen ist.

### cc) Evidenz des Mangels als maßgebliches Abgrenzungskriterium

#### *(1) Allgemeine Leitprämisse*

Im Interesse einer sachgerechten Begrenzung des Prüfungsumfangs des Versammlungsleiters ist auf das Kriterium der Evidenz bzw. Offenkundigkeit eines Mangels abzustellen. Eine korrelierende Prüfungspflicht des Versammlungsleiters ist danach auf diejenigen Mängel zu beschränken, die auch unter den hektischen Bedingungen der Hauptversammlung auf Grundlage einer summarischen Prüfung identifiziert werden können.[1097] Ein Beschlussantrag kann vor diesem Hintergrund nur dann als evident mangelhaft qualifiziert werden, wenn die Mangelhaftigkeit in tatsächlicher und rechtlicher Hinsicht eindeutig und zweifelsfrei ist und eine ab-

---

[1095] Dafür *Butzke*, HV AG, D. Rn. 43.

[1096] Siehe *Langenbach*, VersL im AktR, S. 62, der als Beispiel für einen schweren, gleichwohl aber nicht zur Nichtigkeit führenden Mangel anführt, dass ein wesentlicher Strukturbeschluss unter eklatanter Missachtung eines Stimmverbots zustande gekommen ist; für eine Differenzierung nach anfechtbarkeitsbegründenden (mit der Folge einer grundsätzlichen Verneinung einer Zurückweisungskompetenz) und nichtigkeitsbegründenden Mängeln (mit der Folge einer grundsätzlichen Bejahung einer Zurückweisungskompetenz) aber *Zetsche*, in: KölnKomm. AktG, Anh. § 119 Rn. 88 ff.

[1097] So auch *Austmann*, in: MünchHdb. GesR AG, § 40 Rn. 13; *Wicke*, in: Spindler/Stilz, BeckOGK AktG, § 129 Rn. 53; *Kubis*, in: MünchKomm. AktG, § 119 Rn. 155; *Schatz*, AG 2015, 696 (697 f.); ablehnend *Langenbach*, VersL in der AG, S. 66 ff.

weichende Beurteilung nicht vertretbar erscheint.[1098] Darüber hinaus muss dem Versammlungsleiter auch ohne juristische Kenntnisse eine Überprüfung anhand der bekanntgemachten Tagesordnungspunkte möglich sein. Die nähere inhaltliche Konturierung des Evidenzkriteriums entzieht sich damit einer pauschalen Formel, sondern kann nur anhand der Umstände des jeweiligen Einzelfalls bestimmt werden.

*(2) Konkretisierung des Evidenzkriteriums anhand von Fallgruppen*

Die Entscheidung über die Evidenz eines Mangels kann ebenso wie bei dem bereits für untauglich befundenen Kriterium der besonderen Schwere eines Mangels nicht allein in das Ermessen des Versammlungsleiters gestellt werden. Es ist daher geboten eine fallgruppenbezogene Konkretisierung des Evidenzkriteriums vorzunehmen.

Eine Mangelevidenz ist vor diesem Hintergrund insbesondere für solche Anträge anzunehmen, die nicht nach Maßgabe von § 124 Abs. 4 Satz 1 AktG zu ordnungsgemäß bekanntgemachten Gegenständen der Tagesordnung gestellt werden, sofern kein Fall einer Vollversammlung nach § 121 Abs. 6 AktG vorliegt, bei der kein Aktionär der Antragstellung widerspricht.[1099] Eine evidente Mangelhaftigkeit wird darüber hinaus regelmäßig bei offenbar fehlendem Antragsrecht sowie bei solchen Verfahrensanträgen in Betracht kommen, die ersichtlich außerhalb der Entscheidungskompetenz der Hauptversammlung liegen.[1100] Gleiches gilt für Gegenanträge der Aktionäre zu Beschlussvorschlägen der Verwaltung (§§ 124 Abs. 3 Satz 1 AktG, 126 AktG), die lediglich angekündigt, aber nicht in der Hauptversammlung gestellt wurden.[1101] Im Kontext der virtuellen HV-RefE liegt umgekehrt eine offensichtliche Mangelhaftigkeit dann vor, wenn Gegenanträge in der laufenden Versammlung gestellt werden, ohne dass dies in der Einberufung ausdrücklich gestattet wurde (§ 126 Abs. 4 Satz 3 AktG-RefE). Gleiches gilt, wenn Anträge entgegen § 118a Abs. 7 Satz 2, 3 AktG-RefE während der ausschließlich dem Rederecht vorbehaltenen Videodirektkommunikation gestellt werden. Die erforderliche Evidenz ist auch bei Anträgen gegeben, die offensichtlich rechtsmissbräuchlich sind und einen rein querulatorischen Zweck verfolgen.[1102] Schließlich kann sich die Mangelevidenz

[1098] *Schatz*, AG 2015, 696 (698), der insoweit insbesondere darauf abstellt, ob der in Rede stehende Mangel bereits Gegenstand einer höchstrichterlichen Prüfung war; ebenso OLG Köln, Urt. v. 9.3.2017 – 18 U 19/16, NZG 2017, 1344 (1348 f.); siehe auch *Zetsche*, in: KölnKomm. AktG, Anh. § 119 Rn. 103.

[1099] *Austmann*, in: MünchHdb. GesR AG, § 40 Rn. 13; *Mülbert*, in: Großkomm. AktG, § 129 Rn. 156; *Butzke*, HV AG, D. Rn. 43.

[1100] Siehe *Austmann*, in: MünchHdb. GesR AG, § 40 Rn. 13, der als Beispiel für einen offensichtlich rechtswidrigen Beschluss die Ausschüttung einer Sachdividende ohne Satzungsermächtigung gemäß § 58 Abs. 5 AktG anführt.

[1101] Siehe *Butzke*, HV AG, D. Rn. 44; *Martens*, WM 1981, 1015.

[1102] *Mülbert*, in: Großkomm. AktG, § 129 Rn. 156.

auch daraus ergeben, dass ein bereits von der Hauptversammlung negativ beschiedener Antrag inhaltsgleich erneut gestellt wird.[1103]

An der Evidenz des Mangels fehlt es hingegen, wenn die diesbezügliche Einschätzung des Versammlungsleiters aus dem Aktionärskreis nachvollziehbar begründeten Widerspruch erfährt.[1104] Eine gegebene Mangelevidenz ist zudem dann unbeachtlich, wenn alle anwesenden Anfechtungsbefugten (§ 245 AktG) die Beschlussfassung einstimmig fordern.[1105]

Generell fehlt es an der Evidenz auch bei diffizilen Sach- und Rechtsfragen.[1106] Ein Indikator für die Komplexität einer rechtlichen Fragestellung kann insbesondere eine uneinheitliche Rechtsprechung sein.[1107] Wenn schon die Gerichte in einer Rechtsfrage unterschiedliche Positionen vertreten, kann dem Versammlungsleiter nicht zugemutet werden über eine solche Rechtsfrage abschließend und unter Eingriff in die der Hauptversammlung obliegende Beschlussfassungskompetenz zu entscheiden.

#### dd) Pflicht zur Antragszurückweisung

Der Versammlungsleiter verstößt gegen den Grundsatz einer verfahrensökonomischen Durchführung der Hauptversammlung, wenn er evident sinnlose oder rechtswidrige Anträge zur Abstimmung stellt.[1108] Daraus folgt zugleich, dass den Versammlungsleiter in diesen Fällen auch eine korrelierende und in das aktienrechtliche Beschlussmängelsystem eingreifende Zurückweisungspflicht trifft.[1109]

---

[1103] Siehe *Höreth/Linnerz*, Anträge in der HV, S. 39 f., 86.

[1104] *Mülbert*, in: Großkomm. AktG, § 129 Rn. 155; siehe auch *Butzke*, HV AG, D. Rn. 45, der zwecks Vermeidung unnötiger Risiken empfiehlt, einen Antrag im Zweifel nicht formell zurückzuweisen, wenn ohnehin nicht mit seiner Annahme zu rechnen ist.

[1105] *Butzke*, HV AG, D. Rn. 43 (Fn. 70); a. A. *Stützle/Walgenbach*, ZHR (155) 1991, 516 (531), die darauf hinweisen, dass § 124 Abs. 4 Satz 1 AktG auch den nicht anwesenden Aktionär schützt.

[1106] Ebenso *Schatz*, AG 2015, 696 (698 f.).

[1107] *Schatz*, AG 2015, 696 (698).

[1108] *Mülbert*, in: Großkomm. AktG, § 129 Rn. 155 f.; *Wicke*, in: Spindler/Stilz, BeckOGK AktG, § 129 Rn. 53; *Rieckers/Vetter*, in: KölnKomm. AktG, § 147 Rn. 172; *Grunsky*, ZIP 1991, 778 (780); ebenso für unzulässige Anträge OLG Hamburg, Urt. v. 18. 11. 1960 – 1 U 76/60, AG 1960, 333 (336); siehe auch *Schmid*, in: Ziemons/Binnewies, Handb. AG, I. Teil Rn. 10.801.

[1109] *Mülbert*, in: Großkomm. AktG, § 129 Rn. 155 f.; *Zetsche*, in: KölnKomm. AktG, Anh. § 119 Rn. 103; *Austmann*, in: MünchHdb. GesR AG, § 40 Rn. 13; *Kubis*, in: MünchKomm. AktG, § 119 Rn. 155; *Rieckers/Vetter*, in: KölnKomm. AktG, § 147 Rn. 172 (in Bezug auf einen Antrag nach § 147 Abs. 1 AktG); *Grunsky*, ZIP 1991, 778 (780); weitergehend *Bayer/Scholz/Weiß*, AG 2013, 742 (748 f.), die sich für eine umfassende Zurückweisungskompetenz des Versammlungsleiters aussprechen; einschränkend *Butzke*, HV AG, D. Rn. 43, der zusätzlich in qualitativer Hinsicht fordert, dass sich der evidente Mangel auch als gravierend darstellt; einschränkend *Langenbach*, VersL im AktR, S. 90 f., der eine Pflicht zur Zurückweisung nur in Fällen anerkennt, in denen die Antragstellung einen Verstoß gegen sonstige Handlungspflichten

Eine Ausnahme von der Zurückweisungspflicht des Versammlungsleiters ist nur für die Fälle anzuerkennen, in denen trotz gegebener evidenter Anfechtbarkeit oder Nichtigkeit aufgrund eines Einverständnisses sämtlicher Aktionäre nicht mit der Erhebung einer Beschlussmängelklage gerechnet werden muss.[1110] Nicht ausreichend ist das Einverständnis der anwesenden Aktionäre aber dann, wenn auch den nicht erschienenen Aktionären nach Maßgabe von § 245 Nr. 2 AktG ein Anfechtungsrecht zukommt.[1111] Bezogen auf den Fall der Nichtigkeit muss dies entsprechend auch dann gelten, wenn der Versammlungsleiter davon ausgehen kann, dass sowohl die Verwaltung als auch das Aktionariat die heilende Eintragung im Handelsregister (§ 242 Abs. 1 AktG) konsentieren. Dabei sind jedoch an den Grad der Gewissheit des Einverständnisses strenge Anforderungen zu stellen. Das Einverständnis muss aus Sicht des Versammlungsleiters mit Sicherheit feststehen. Keinesfalls darf ein verbleibendes Prognoserisiko hinsichtlich der Erhebung etwaiger Beschlussmängelklagen oder der Eintragung im Handelsregister dem Versammlungsleiter aufgebürdet werden. Denn wenn er einen evident sinnlosen oder rechtswidrigen Antrag zur Abstimmung gestellt hat, kann er für die Folgen einer – wenn auch unerwarteten – Beschlussanfechtung oder ausbleibenden Heilung durch Eintragung im Handelsregister ggf. auch haftungsrechtlich zur Verantwortung gezogen werden.[1112] Aus dem gleichen Grund kann dem Evidenzkriterium auch nicht dessen Tauglichkeit mit dem Argument abgesprochen werden, dass der Versammlungsleiter sich nicht anmaßen dürfe das Recht der Aktionäre, auch evident anfechtbare Beschlüsse in Bestandskraft erwachsen zu lassen, durch eine Zurückweisung zu umgehen.[1113] Es wäre nämlich unbillig den Versammlungsleiter mit dem Risiko einer möglichen Beschlussanfechtung oder Geltendmachung der Nichtigkeit außerhalb des vorstehend dargestellten Ausnahmefalls eines sicheren Einverständnisses sämtlicher Aktionäre zu belasten. Dies gilt umso mehr vor dem Hintergrund, dass das Risiko einer Beschlussmängelklage bei evidenten Mängeln in der Regel höher sein dürfte als bei Mängeln, die eine tiefergehende Rechtsprüfung erfordern.

### *c) Prüfungskompetenz und Prüfungspflicht bei einem Antrag nach § 147 Abs. 1 Satz 1 AktG*

Auch im Fall von Beschlussfassungen hinsichtlich der Geltendmachung von Ersatzansprüchen der Gesellschaft gegen Mitglieder des Vorstands und/oder des

---

des Versammlungsleiters, etwa das Gebot der Gleichbehandlung oder Neutralität, darstellt; a. A. wohl *Martens*, WM 1981, 1010 (1015).

[1110] So auch *J. Koch*, AktG, § 124 Rn. 40; kritisch *E. Vetter*, in: FS Bergmann, S. 799 (812).

[1111] So auch im Kontext eines Verstoßes gegen Bekanntmachungspflichten nach § 124 Abs. 1–3 AktG *Priester*, in: Liber amicorum Happ, S. 213 (225 f.).

[1112] Siehe *Kubis*, in: MünchKomm. AktG, § 119 Rn. 155, der die Pflicht des Versammlungsleiters aber auf die Verhinderung nichtiger Beschlüsse beschränkt; vgl. dazu auch *Lochner/Beneke*, ZIP 2015, 2010 (2011); *Bayer/Scholz/Weiß*, AG 2013, 742 (748).

[1113] So aber *Langenbach*, VersL im AktR, S. 67 f.

Aufsichtsrats nach Maßgabe von § 147 Abs. 1 Satz 1 AktG stellt sich für den Versammlungsleiter die bedeutsame Frage, ob und in welchem Umfang diesem eine Prüfungskompetenz und Prüfungspflicht in Bezug auf die entsprechende Antragstellung zukommt. Die Klärung dieser Frage hat eine besondere praktische Relevanz, da immer mehr Gesellschaften dazu übergehen die Geltendmachung von Ersatzansprüchen nach § 147 Abs. 1 Satz 1 AktG einschließlich der Bestellung von besonderen Vertretern zwecks Durchsetzung der Ersatzansprüche gegenüber der Gesellschaft (§ 147 Abs. 2 Satz 1 AktG) in die Tagesordnungen der Hauptversammlungen aufzunehmen.

Die Erzwingung der Geltendmachung von Ersatzansprüchen der Gesellschaft ist für die Anspruchsgegner, insbesondere für Mitglieder des Vorstands und des Aufsichtsrats naturgemäß ein unangenehmes und heikles Thema. Nicht zuletzt aus diesem Grund werden in der Hauptversammlung nach § 147 Abs. 1 Satz 1 AktG gestellte Beschlussanträge vom Versammlungsleiter, bei dem es sich in aller Regel um den Aufsichtsratsvorsitzenden handelt, häufig unter Hinweis auf einen angeblichen Rechtsmissbrauch erst gar nicht zur Abstimmung gestellt.[1114]

Die große Mehrzahl der Satzungen weist die Versammlungsleitung dem Aufsichtsratsvorsitzenden oder einem anderen Mitglied des Aufsichtsrats zu. In diesen Fällen ergeben sich mit Blick auf die Anerkennung einer Prüfungskompetenz des Versammlungsleiters bei Anträgen nach § 147 AktG erhebliche rechtliche Bedenken, insbesondere dann, wenn der mit der Versammlungsleitung betraute Aufsichtsratsvorsitzende bzw. das entsprechende Aufsichtsratsmitglied selbst Anspruchsgegner einer der Ersatzansprüche ist. Würde man in diesen Fällen dem Versammlungsleiter eine rechtliche Prüfungskompetenz dahin einräumen, dass er eigenverantwortlich über die Zulassung des Antrags zur Abstimmung entscheiden kann, hätte er es selbst in der Hand, ob Ansprüche gegen ihn geltend gemacht werden oder nicht. Zwingende Folge wäre ein unauflöslicher Interessenkonflikt in der Person des Versammlungsleiters, der mit einem tragenden Prinzip des Gesellschaftsrechts, wonach eine Mitbestimmung in eigenen Angelegenheiten ausgeschlossen ist (§§ 136 Abs. 1 Satz 1 AktG, 47 Abs. 4 GmbHG), unvereinbar wäre.[1115] Darüber hinaus würde eine derartige Prüfungskompetenz auch mit dem vom Versammlungsleiter strikt zu beachtenden Neutralitätsgebot konfligieren; dieses verbietet es dem Versammlungsleiter nämlich im Rahmen seiner Amtsausübung Einfluss auf Abstimmungsprozesse und Beschlussergebnisse zu nehmen.[1116] Ein Verstoß gegen das Neutralitätsgebot begründet überdies einen wichtigen Grund zur Abwahl.[1117] Bei einer persönlichen Betroffenheit des Versammlungsleiters muss daher auch eine Prü-

---

[1114] *Lochner/Beneke*, ZIP 2015, 2010.

[1115] *Lochner/Beneke*, ZIP 2015, 2010.

[1116] *Zetsche*, in: KölnKomm. AktG, Anh. § 119 Rn. 140.

[1117] So *Rose*, NZG 2007, 241 (244) bei persönlicher Verstrickung des Versammlungsleiters im Kontext von Ersatzansprüchen nach § 147 Abs. 1 Satz 1 AktG; vgl. zu der Parallelproblematik bei § 122 Abs. 3 Satz 2 AktG OLG Köln, Beschl. v. 16.6.2015 – 18 Wx 1/15, ZIP 2015, 1585 f. – „Strabag"; OLG Hamburg, Urt. v. 16.12.2011 – 11 W 89/11, AG 2012, 294 f.

fungskompetenz im Hinblick auf Anträge nach § 147 Abs. 1 AktG zur Gänze ausscheiden.

Prüfungsrechte und Prüfungspflichten können für den Versammlungsleiter aber auch dann nur in sehr eingeschränkter Form bestehen, wenn er im Hinblick auf die den Beschlussanträgen nach § 147 Abs. 1 AktG zugrundeliegenden Ersatzforderungen nicht persönlich betroffen ist. Da für den Antrag nach § 147 Abs. 1 AktG weder eine sachliche Rechtfertigung noch eine schlüssige Darlegung der Erfolgsaussichten bzw. der Anspruchsgrundlagen erforderlich ist, kann den Versammlungsleiter schon mangels substantiierter Prüfungsgrundlagen weder ein Recht noch eine Pflicht zu einer Schlüssigkeitsprüfung in Bezug auf die Ansprüche bzw. deren Erfolgsaussichten treffen.[1118] Der Versammlungsleiter kann einen Antrag nach § 147 AktG nur dann zulässigerweise zurückweisen, wenn der Antrag evident rechtsmissbräuchlich ist was angesichts der Komplexität der mit einem entsprechenden Antrag verbundenen Rechtsfragen nur sehr selten der Fall sein wird. Der Versammlungsleiter überschreitet aber seinen Kompetenzrahmen, wenn er einen Antrag allein aufgrund mangelnder Erfolgsaussichten nicht zur Abstimmung stellt. Auch kann eine Rechtsmissbräuchlichkeit der Antragstellung im Fall des § 147 Abs. 1 AktG nicht allein mit einer fehlenden Schlüssigkeit des Sachverhalts oder des Anspruchs begründet werden, da für die Antragstellung gerade keine schlüssige Anspruchsdarlegung erforderlich ist.[1119]

#### *d) Prüfungskompetenz und Prüfungspflicht im Kontext des § 122 AktG*

Im Kontext des § 122 AktG ist hinsichtlich der Prüfungskompetenz und Prüfungspflicht des Versammlungsleiters danach zu unterscheiden, ob die Einberufung der Hauptversammlung bzw. die Ergänzung der Tagesordnung auf einer Entscheidung des Vorstands nach § 122 Abs. 1 AktG oder einer gerichtlichen Ermächtigung nach § 122 Abs. 3 AktG beruht.

Mit der gerichtlichen Ermächtigung nach § 122 Abs. 3 AktG ist eine Bindungswirkung für die Hauptversammlung dahingehend verbunden, dass diese über die von der gerichtlichen Ermächtigung erfassten Tagesordnungspunkte zwingend eine Sachentscheidung zu treffen hat.[1120] Diese gerichtliche Bindungswirkung darf durch eine Antragszurückweisung des Versammlungsleiters nicht umgangen werden.[1121] Dies folgt insbesondere auch daraus, dass das Gericht selbst eine Pflicht trifft solche Beschlussvorschläge, die auf einen gesetzes- oder satzungswidrigen Beschluss gerichtet sind, zurückzuweisen.[1122] Nach Auffassung von *Schatz* ist die

---

[1118] *Tielmann/Gahr*, AG 2016, 199 (207); *Lochner/Beneke*, ZIP 2015, 2010 (2012).

[1119] *Lochner/Beneke*, ZIP 2015, 2010 (2012).

[1120] Siehe oben unter 2. Kapitel F. IV. 5. d) cc) (1) (S. 236 f.).

[1121] A. A. *Reger*, in: Bürgers/Körber/Lieder, AktG, § 122 Rn. 19a.

[1122] Vgl. OLG Stuttgart, Beschl. v. 25. 11. 2008 – 8 W 370/08, AG 2009, 169 (170); OLG München, Beschl. v. 9. 11. 2009 – 31 Wx 134/09, AG 2010, 84 (85 f.).

Prüfungs- und Zurückweisungskompetenz des Versammlungsleiters in diesem Fall nicht vollumfänglich ausgeschlossen, sondern lediglich auf die Aspekte beschränkt, die nicht Gegenstand der gerichtlichen Überprüfung waren.[1123] Eine solche Differenzierung wäre aber für den Versammlungsleiter mit großen Rechtsunsicherheiten verbunden. Konsequenz dieses Ansatzes wäre nämlich, dass man vom Versammlungsleiter verlangen würde die gerichtliche Entscheidung juristisch zu überprüfen, um das verbleibende „Reservoir" seiner Prüfungs- und Zurückweisungskompetenz zu ermitteln. Dies würde den Pflichtenkatalog des Versammlungsleiters, der regelmäßig noch nicht einmal juristisch vorgebildet ist, ersichtlich überspannen. Selbst bei Hilfestellung durch Berater verbliebe ein zusätzliches Anfechtungs- und Haftungsrisiko für den Versammlungsleiter, wenn sich die Entscheidung zur Zurückweisung als pflichtwidrig herausstellt. Aufgrund der vorstehend skizzierten Prüfungspflicht des Gerichts kann sich der Versammlungsleiter vielmehr darauf verlassen, dass ein Fall einer evidenten Rechtswidrigkeit bzw. Rechtsmissbräuchlichkeit nicht gegeben ist. *Rieckers* weist zwar zutreffend darauf hin, dass das Gericht im Rahmen des Verfahrens nach § 122 Abs. 3 AktG keine vollständige Rechtmäßigkeitskontrolle absolvieren muss.[1124] Darauf kommt es aber aus Versammlungsleiterperspektive nicht an. Maßgeblich ist allein, dass das Gericht evident rechtswidrige bzw. rechtsmissbräuchliche Anträge, jedenfalls in aller Regel, zurückweisen wird und damit die auch vom Versammlungsleiter geforderte Evidenzkontrolle mit präjudizierender Wirkung vorwegnimmt. Der Versammlungsleiter muss daher diejenigen Beschlussanträge, die sich auf die von der gerichtlichen Ermächtigung erfassten Tagesordnungspunkte beziehen, selbst dann zur Abstimmung stellen, wenn er diese entgegen der gerichtlichen Einschätzung für evident rechtswidrig hält.[1125]

Geht die Ergänzung des Tagesordnungspunktes hingegen nach Maßgabe von § 122 Abs. 1 AktG auf eine Entscheidung des Vorstands zurück, so besteht kein Anspruch der Aktionärsminderheit auf Sachentscheidung.[1126] Es gelten für den rechtlichen Umgang mit den ergänzten Tagesordnungspunkten vielmehr die gleichen rechtlichen Maßstäbe wie für die sonstigen vom Vorstand auf die Tagesordnung gesetzten Tagesordnungspunkte.[1127] Die Hauptversammlung kann daher auch über eine Absetzung oder Vertagung entscheiden.[1128] Für den Versammlungsleiter gilt insoweit die auch bei sonstigen Tagesordnungspunkten bestehende Pflicht zur Vornahme einer Evidenzkontrolle. Hält er einen Sachantrag der Aktionärsminderheit

[1123] *Schatz*, AG 2015, 696 (700).

[1124] *Rieckers*, in: Spindler/Stilz, BeckOGK AktG, § 122 Rn. 68 m. w. N.

[1125] So auch *Grunewald*, AG 2015, 689 (690 f.); a. A. *Rieckers*, in: Spindler/Stilz, BeckOGK AktG, § 122 Rn. 68.

[1126] Siehe oben unter 2. Kapitel F. IV. 5. d) cc) (2) (S. 237 f.).

[1127] Siehe oben unter 2. Kapitel F. IV. 5. d) cc) (2) (S. 237 f.).

[1128] Siehe oben unter 2. Kapitel F. IV. 5. d) cc) (2) (S. 237 f.).

im Kontext des § 122 Abs. 1 AktG für evident rechtswidrig, so ist dieser demnach nicht zur Abstimmung zu stellen.[1129]

### *e) Ergebnis*

Der Versammlungsleiter hat im Zusammenhang mit Beschlussanträgen der Aktionäre grundsätzlich weder ein umfassendes Recht noch eine korrelierende Pflicht zur Überprüfung der Rechtmäßigkeit von Beschlüssen. Der Gesetzgeber hat diese Kompetenz den Gerichten zugewiesen. Darüber hinaus liegt nach den Wertungen des aktienrechtlichen Beschlussmängelsystems die Entscheidung darüber, ob die Rechtswidrigkeit von Beschlüssen geltend gemacht wird nicht beim Versammlungsleiter, sondern in erster Linie bei Verwaltung und Aktionären. Der Versammlungsleiter ist daher verpflichtet, sämtliche Beschlussanträge zur Abstimmung zu stellen, und zwar unabhängig von ihrer etwaigen Anfechtbarkeit oder Nichtigkeit. Aus dem Funktionsauftrag des Versammlungsleiters, für eine zügige Abwicklung der Hauptversammlung zu sorgen, ergibt sich gleichzeitig aber auch dessen Pflicht die Hauptversammlung nicht mit evident sinnlosen oder rechtswidrigen Anträgen zu befrachten und entsprechende Anträge zurückzuweisen. An eine rechtliche Fehlbewertung können sich für den Versammlungsleiter haftungsrechtliche Konsequenzen knüpfen. Dies insbesondere dann, wenn evident rechtswidrige Beschlüsse angefochten werden oder die Hauptversammlung aufgrund einer Überfrachtung mit sinnlosen Anträgen nicht in einem für die Aktionäre zumutbaren zeitlichen Rahmen abgewickelt werden kann und in der Folge etwa eine Neueinberufung erforderlich wird. Die Prüfungskompetenz und Prüfungspflicht des Versammlungsleiters muss sich daher im Ergebnis auf eine Evidenzkontrolle beschränken. Evidente Mängel können nur solche sein, die im Rahmen einer summarischen Rechtmäßigkeitsprüfung auch im Rahmen eines hektischen Versammlungsverlaufs identifiziert werden können und bei denen die Rechtslage sich nicht als unklar oder umstritten darstellt. Im Übrigen muss das Evidenzkriterium durch fallgruppenbezogene Betrachtungen näher konturiert werden. Keine Pflicht und Kompetenz zur Evidenzkontrolle besteht hingegen bei Anträgen, die sich auf Tagesordnungspunkte beziehen, die auf einer gerichtlichen Ermächtigung nach § 122 Abs. 3 AktG beruhen sowie bei Anträgen nach § 147 Abs. 1 Satz 1 AktG, sofern die in Rede stehenden Ersatzansprüche sich gegen den mit der Versammlungsleitung betrauten Aufsichtsratsvorsitzenden richten. Dies mit der Folge, dass entsprechende Anträge vom Versammlungsleiter zwingend zur Abstimmung zu stellen sind.

---

[1129] So auch *Reger*, in: Bürgers/Körber/Lieder, AktG, § 122 Rn. 19a; *Ziemons*, in: K. Schmidt/Lutter, AktG, § 122 Rn. 52; ebenso in Bezug auf nichtige Beschlussanträge *Kubis*, in: MünchKomm. AktG, § 122 Rn. 46; a. A. *Butzke*, in: Großkomm. AktG, § 122 Rn. 73; differenzierend *Grunewald*, AG 2015, 689 (692), die eine Prüfungs- und Zurückweisungskompetenz nur in Bezug auf die vom Vorstand außer Acht gelassenen Aspekte bejaht.

### 8. Rechte und Pflichten im Zusammenhang mit der Abstimmung

Nach förmlicher Schließung der Aussprache zu dem jeweiligen Tagesordnungsordnungspunkt bzw. nach Schließung der Generaldebatte leitet der Versammlungsleiter zur Abstimmung über, in deren Rahmen der Wille der Hauptversammlung in Form von konkreten Beschlussfassungen gebildet wird. Der Versammlungsleiter hat die Pflicht die gestellten Verfahrens- und Sachanträge zu administrieren und zu leiten sowie sämtliche Abstimmungsergebnisse festzustellen und zu verkünden.

#### *a) Vorbereitung und Erläuterung des Abstimmungsverfahrens*

Der Versammlungsleiter muss die Abstimmung zu den bekanntgemachten Tagesordnungspunkten ordnungsgemäß vorbereiten. Er hat zudem das Abstimmungsverfahren zu erläutern; erforderlich sind vorbereitende Erklärungen des Versammlungsleiters zu der Form der Abstimmung und zu der Art der Ermittlung des Abstimmungsergebnisses.[1130]

Im Rahmen des Abstimmungsverfahrens werden die Stimmen erfasst und ausgezählt. Für die Form der Stimmenabgabe stehen dem Versammlungsleiter verschiedene Möglichkeiten zur Verfügung, die sich insbesondere in Abhängigkeit von der Anzahl der präsenten Aktionäre als mehr oder weniger sinnvoll erweisen. Bei Publikumsaktiengesellschaften bietet sich im Rahmen von Präsenzversammlungen der Einsatz von Stimmkarten in Kombination mit mobilen Datenerfassungsgeräten an.[1131] Im Kontext der virtuellen Hauptversammlung kann die Stimmenabgabe über das jeweilige Online-Portal der Gesellschaft erfolgen.[1132]

Nach § 134 Abs. 4 AktG ist die Festlegung der Form der Abstimmung grundsätzlich dem Satzungsgeber vorbehalten. Üblicherweise enthält die Satzung jedoch eine Klausel, wonach die Entscheidungsbefugnis zur Festlegung der Form der Abstimmung auf den Versammlungsleiter übertragen wird.[1133] Nach ganz herrschender Auffassung ist diese Delegation nicht reversibel, so dass die Hauptversammlung das Abstimmungsverfahren nicht mehr zum Gegenstand eines Verfahrensbeschlusses machen kann.[1134] Ein darauf gerichteter Verfahrensantrag ist daher vom Versammlungsleiter zurückzuweisen. Sofern die Satzung sich zu der Form der Abstimmung ausschweigt und die Entscheidung darüber auch nicht dem Versammlungsleiter

---

[1130] *Kubis*, in: MünchKomm. AktG, § 119 Rn. 161.

[1131] Siehe ausführlich zu den verschiedenen in Betracht kommenden Methoden *Austmann*, in: MünchHdb. GesR AG, § 40 Rn. 26.

[1132] Siehe *Hüther*, Aktionärsbeteiligung und Internet, S. 296.

[1133] *Krebs*, in: Hölters, AktG, § 134 Rn. 63; *Butzke*, HV AG, D. Rn. 41 (Fn. 69).

[1134] *J. Koch*, AktG, § 134 Rn. 34; *Spindler*, in: K. Schmidt/Lutter, AktG, § 134 Rn. 72; *U. H. Schneider*, in: FS Peltzer, S. 425 (434); *Butzke*, HV AG, E. Rn. 102; einschränkend aber *Max*, AG 1991, 77 (87), der eine Revisionsmöglichkeit der Hauptversammlung im Fall eines einstimmigen Beschlusses zulässt.

überantwortet, ist letzterer gleichwohl befugt die Form der Abstimmung festzulegen.[1135] In diesem Fall verbleibt der Hauptversammlung jedoch die Kompetenz, durch einfachen Mehrheitsbeschluss die Form der Abstimmung selbst zu bestimmen und dadurch gleichzeitig eine etwaige Entscheidung des Versammlungsleiters zu revidieren.[1136] Daraus folgt zugleich, dass der Versammlungsleiter bei Fehlen einer satzungsmäßigen Bestimmung einen auf Festlegung der Form der Abstimmung gerichteten Verfahrensantrag noch vor dem Sachantrag zur Abstimmung stellen muss, sofern ein solcher Antrag nicht nur als Anregung zu verstehen ist.[1137] In Bezug auf diesen konkreten Verfahrensantrag liegt die alleinige Kompetenz zur Bestimmung der Art und Weise der Abstimmung jedoch beim Versammlungsleiter.[1138]

Der Versammlungsleiter muss vor der Abstimmung zudem verständlich darlegen, wie die Stimmen konkret abzugeben sind.[1139] Dazu gehören im Zusammenhang mit der Stimmabgabe in elektronischer Form insbesondere auch die erforderlichen Erklärungen in technischer Hinsicht. Er kann auch darüber entscheiden, ob die Abstimmung offen oder geheim durchgeführt wird.[1140] Eines Hinweises bedarf es insoweit aber nur, wenn der Versammlungsleiter entgegen der Norm und üblichen Praxis zu einer geheimen Abstimmung optiert. Bei virtuellen Hauptversammlungen wird der Versammlungsleiter ganz besonders darauf achten müssen, dass jeder Aktionär die Möglichkeit zur Stimmabgabe hat und das technische Procedere verstanden hat. Bei unzulänglichen Erklärungen drohen Anfechtungsrisiken, wenn die Aktionäre infolgedessen an der Stimmrechtsausübung gehindert sind.

Der Versammlungsleiter legt insbesondere fest, ob für Zwecke der Stimmenauszählung das sog. Additionsverfahren oder das sog. Subtraktionsverfahren Anwendung finden soll.[1141] Der Versammlungsleiter muss das anzuwendende Verfahren

---

[1135] *Austmann*, in: MünchHdb. GesR AG, § 40 Rn. 25; *Marsch-Barner/von der Linden*, in: Marsch-Barner/Schäfer, Hdb. börsennotierte AG, § 36 Rn. 71; ebenso *Kubis*, in: MünchKomm. AktG, § 119 Rn. 160, der insoweit von einer „*Erstkompetenz*" des Versammlungsleiters spricht.

[1136] *J. Koch*, AktG, § 134 Rn. 34; *Max*, AG 1991, 77 (87); *Martens*, WM 1981, 1010 (1014); *U. H. Schneider*, in: FS Peltzer, S. 425 (435); *Stützle/Walgenbach*, ZHR (155) 1991, 516 (534 f.); *Zetsche*, in: KölnKomm. AktG, Anh. § 119 Rn. 117; a. A. *Mülbert*, in: Großkomm. AktG, § 129 Rn. 168; für Alleinzuständigkeit des Versammlungsleiters auch *Reinicke*, Rechtsstellung des Vorsitzenden einer HV, S. 87.

[1137] *Arnold*, in: MünchKomm. AktG, § 134 Rn. 89; *J. Koch*, AktG, § 134 Rn. 34; a. A. *von der Linden*, NZG 2012, 930 (934); ablehnend wohl auch *Ihrig*, in: FS Goette, S. 205 (211), der eine Entscheidungskompetenz der Hauptversammlung bei Verfahrensanträgen nur dann anerkennen will, wenn der betreffende Verfahrensantrag eine präjudizierende Wirkung für die Sachentscheidung hat, was in Bezug auf die Form der Abstimmung nicht der Fall sein dürfte.

[1138] *Martens*, WM 1981, 1010 (1014).

[1139] Siehe auch *Austmann*, in: MünchHdb. GesR AG, § 40 Rn. 26, der darauf hinweist, dass zumeist lange vor der Hauptversammlung zu entscheiden ist, welches Abstimmungsverfahren angewandt werden soll, da mehr oder weniger aufwändige technische Voraussetzungen zu schaffen sind.

[1140] *U. H. Schneider*, in: FS Peltzer, S. 425 (432 f.).

[1141] Siehe dazu sogleich unter 2. Kapitel F. IV. 8. b) bb) (S. 291 f.).

in Vorbereitung auf die Abstimmung verständlich erläutern.[1142] Er muss bei reinen Präsenzversammlungen und bei der Hybrid-HV den Präsenzbereich, für den bei Passivität der Aktionäre im Rahmen des Subtraktionsverfahrens eine Stimmabgabe fingiert wird, vor der Abstimmung eindeutig definieren.[1143] Darüber hinaus trifft ihn auch eine Hinweispflicht, wenn er über mehrere Beschlussvorschläge zu einem oder mehreren Tagesordnungspunkten in einem Wahlgang bzw. im Wege der Blockabstimmung abstimmen lassen will und dazu die entsprechenden Stimmkarten im Verbund eingesammelt werden sollen.[1144]

#### *b) Durchführung der Abstimmung und Ermittlung des Abstimmungsergebnisses*

Die Art der Ermittlung des Abstimmungsergebnisses ist von dem Satzungsvorbehalt des § 134 Abs. 4 AktG nicht erfasst. Die Bestimmung der Modus der Stimmenauszählung fällt damit in den originären Kompetenzbereich des Versammlungsleiters, und zwar unabhängig davon, ob ihm die Verantwortung per Satzung zugewiesen ist.[1145] Anders als bei der Form der Abstimmung besteht insoweit auch keine konkurrierende Entscheidungszuständigkeit der Hauptversammlung, so dass ein entsprechender Verfahrensantrag aufgrund evidenter Unzulässigkeit vom Versammlungsleiter nicht zur Abstimmung zu stellen ist.[1146] Gleiches gilt nach zutreffender Auffasung auch in Bezug auf die Kompetenz des Versammlungsleiters hinsichtlich der Festlegung von Einzelwahl, Simultanwahl, Alternativwahl oder Blockwahl.[1147]

##### aa) Überwachungspflicht und Evidenzkontrolle

Um die Richtigkeit des Beschlussergebnisses zu gewährleisten, muss der Versammlungsleiter das Abstimmungsverfahren nachvollziehen und überwachen, wobei er sich jedoch auf eine Evidenzkontrolle auf der Grundlage bestmöglicher

[1142] *Kubis*, in: MünchKomm. AktG, § 119 Rn. 161.

[1143] *Kubis*, in: MünchKomm. AktG, § 119 Rn. 161.

[1144] *Hoffmann-Becking*, in: MünchHdb. GesR AG, § 37 Rn. 98.

[1145] *Kubis*, in: MünchKomm. AktG, § 119 Rn. 161; ebenso *Butzke*, HV AG, D. Rn. 48, der darauf hinweist, dass dies selbst dann gilt, wenn für die Form der Ausübung des Stimmrechts ausnahmsweise die Hauptversammlung zuständig ist.

[1146] *Stützle/Walgenbach*, ZHR (155) 1991, 516 (535); *Butzke*, HV AG, D. Rn. 48; *Kubis*, in: MünchKomm. AktG, § 119 Rn. 161; a. A. aber *Spindler*, in: K. Schmidt/Lutter, AktG, § 133 Rn. 22; *Max*, AG 1991, 77 (87); für eine Letztentscheidungskompetenz der Hauptversammlung auch noch *Eckardt*, in: G/H/E/K Kommentar AktG, § 134 Rn. 70.

[1147] Siehe *Marsch-Barner/von der Linden*, in: Marsch-Barner, Hdb. börsennotierte AG, § 36 Rn. 70 f. m. w. N.

Information über die Sach- und Rechtslage beschränken kann.[1148] Da die organisatorische Verantwortung für die ordnungsgemäße Stimmenauszählung beim Vorstand liegt[1149], muss sich der Versammlungsleiter bei festgestellten Unregelmäßigkeiten im Auszählungsprozess mit diesem abstimmen, um den Mängeln abhelfen zu können. Der Versammlungsleiter kann sich bei der Überwachung der ordnungsgemäßen Durchführung des Abstimmungsverfahrens gesellschaftsinterner oder externer Hilfskräfte bedienen.[1150] Zu einer höchstpersönlichen Überprüfung ist er nur dann verpflichtet, wenn sich begründete Anhaltspunkte für eine fehlende Ordnungsgemäßheit bzw. Richtigkeit der Ergebnisermittlung ergeben.[1151] Sofern den Hilfskräften im Rahmen des Auszählungsprozesses Fehler unterlaufen, können diese dem Versammlungsleiter grundsätzlich nicht nach Maßgabe von § 278 BGB zugerechnet werden, da die Hilfskräfte insoweit im Pflichtenkreis des Vorstands tätig werden.

Der Versammlungsleiter muss überdies bei jedem Tagesordnungspunkt sicherstellen, dass jeder stimmberechtigte Aktionär die Möglichkeit zur Stimmausübung hat, bevor er die Abstimmung dazu schließt.[1152] Er muss sodann überprüfen, ob ein Beschlussantrag die notwendige Mehrheit erreicht hat, also angenommen wurde oder nicht.[1153] Grundsätzlich bedürfen Beschlüsse nach Maßgabe von § 133 Abs. 1 AktG der einfachen Mehrheit der abgegebenen Stimmen. In einigen Fällen sieht das Gesetz aber auch eine qualifizierte Drei-Viertel-Mehrheit vor, so etwa für die Abberufung von Aufsichtsratsmitgliedern (§ 103 Abs. 1 Satz 2 AktG). Ein Beschlussantrag kann von der Gesellschafterversammlung nur ohne Änderung angenommen oder abgelehnt werden.[1154] Nach § 133 Abs. 1 AktG ist ein Beschlussvorschlag mit der erforderlichen einfachen Mehrheit angenommen, wenn die Zahl der gültigen Ja-Stimmen die der gültigen Nein-Stimmen übersteigt, ansonsten ist der Beschlussantrag abgelehnt.[1155] Auch bei Stimmengleichstand gilt der Beschluss als abgelehnt.[1156] Enthaltungen sind als nicht abgegebene Stimmen zu qualifizieren und damit auch nicht als Nein-Stimmen zu berücksichtigen.[1157] Die Nichtannahme eines

---

[1148] *Zetsche*, in: KölnKomm. AktG, Anh. § 119 Rn. 118; *Kubis*, in: MünchKomm. AktG, § 119 Rn. 161; siehe zu der besonderen Herausforderung einer Plausibilitätskontrolle im Kontext der virtuellen Hauptversammlung auch *Heckschen/Hilser*, ZIP 2022, 670 (676).

[1149] *Bezzenberger*, ZGR 1998, 352 (360); *Butzke*, HV AG, C. Rn. 31.

[1150] *Stützle/Walgenbach*, ZHR (155) 1991, 516 (535); *Marsch-Barner/von der Linden*, in: Marsch-Barner/Schäfer, Hdb. börsennotierte AG, § 36 Rn. 67; *Butzke*, HV AG, D. Rn. 48.

[1151] *Kubis*, in: MünchKomm. AktG, § 119 Rn. 161; ebenso *Butzke*, HV AG, D. Rn. 48, wonach der Versammlungsleiter sich grundsätzlich auf die Unterstützung der Mitarbeiter und der technischen Hilfsmittel verlassen kann; weitergehend *Tröger*, in: KölnKomm. AktG, § 133 Rn. 104, der bei kleineren Hauptversammlungen eine höchstpersönliche Stimmenauszählung durch den Versammlungsleiter verlangt.

[1152] *Butzke*, HV AG, D. Rn. 48; *Kubis*, in: MünchKomm. AktG, § 119 Rn. 161.

[1153] *Holzborn*, in: Bürgers/Körber/Lieder, AktG, § 133 Rn. 10.

[1154] *Leuering/Rubner*, NJW-Spezial 2016, 591.

[1155] *Krebs*, in: Hölters, AktG, § 133 Rn. 29.

[1156] *Holzborn*, in: Bürgers/Körber/Lieder, § 133 Rn. 13.

[1157] *Krebs*, in: Hölters, AktG, § 133 Rn. 29.

Beschlussantrags stellt inhaltlich einen (negativen) Beschluss dar, der zum Gegenstand einer Anfechtungsklage gemacht werden kann, die ihrerseits mit einer positiven Beschlussfeststellungsklage verbunden werden kann.[1158]

### bb) Wahl zwischen Additions- und Subtraktionsmethode

Für die Ermittlung des Abstimmungsergebnisses kann der Versammlungsleiter auf die Additions- oder die Subtraktionsmethode zurückgreifen. Im Rahmen der Additionsmethode erfolgt eine getrennte Auszählung der gültigen Ja-Stimmen und Nein-Stimmen, wobei ungültige Stimmen und Enthaltungen unberücksichtigt bleiben.[1159] Bei großen Hauptversammlungen konnte das Additionsverfahren den verantwortlichen Versammlungsleiter in früheren Zeiten vor Probleme stellen, da die Stimmabgaben aller Aktionäre zu erfassen und auszuwerten sind und dies insbesondere bei Publikumsaktiengesellschaften mit einem erheblichen, den ordnungsgemäßen Ablauf der Hauptversammlung gefährdenden Zeitaufwand verbunden war. Durch die verbesserten technischen Möglichkeiten der Stimmenerfassung hat sich dieses Problem jedoch deutlich entschärft. Insbesondere bei elektronisch teilnehmenden Aktionären kann die Stimmenerfassung effizient über das von dem jeweiligen Hauptversammlungsdienstleister betriebene Online-Portal bzw. über entsprechende digitale Zählsysteme umgesetzt werden.[1160] Das Additionsverfahren hat sich daher inzwischen zum dominierenden Zählverfahren entwickelt.[1161] Auf die Funktionsfähigkeit technischer bzw. digitaler Hilfsmittel kann sich der Versammlungsleiter grundsätzlich verlassen, sofern er die organisatorische Vorbereitung durch die Gesellschaft überprüft und für sachgerecht befunden hat.[1162] Gleichwohl bleibt er verpflichtet, auch das laufenden Auszählungsverfahren einer Evidenzkontrolle zu unterziehen und bei Unstimmigkeiten sofort einzuschreiten.

Ausgangspunkt der Subtraktionsmethode sind nicht die abgegebenen Ja- und Nein-Stimmen, sondern die Gesamtzahl der Teilnehmer und die von ihnen gehaltenen Stimmen, die um etwaige Stimmverbote zu bereinigen sind.[1163] Von der Gesamtzahl der Stimmen sind zunächst die Enthaltungen und sodann die Nein-Stimmen in Abzug zu bringen, um die Ja-Stimmen zu ermitteln.[1164] Findet das Subtraktionsverfahren Anwendung und ist der Versammlungsleiter seinen Erläuterungspflichten im Vorfeld der Abstimmung in ausreichendem Umfang nachgekommen, kann er auch die Untätigkeit derjenigen Aktionäre, die sich bei der Präsenzversammlung im Vorbereich des Hauptversammlungssaals aufhalten und die Vorgänge

---

[1158] *Leuering/Rubner*, NJW-Spezial 2016, 591.

[1159] *Arnold*, in: MünchKomm. AktG, § 133 Rn. 32.

[1160] *Zetsche*, in: KölnKomm. AktG, Anh. § 119 Rn. 118.

[1161] Siehe *Austmann*, in: MünchHdb. GesR AG, § 40 Rn. 36.

[1162] *Kruchen*, DZWIR 2020, 431 (460); *Tröger*, in: KölnKomm. AktG, § 133 Rn. 104.

[1163] *Holzborn*, in: Bürgers/Körber/Lieder, AktG, § 133 Rn. 12.

[1164] *Holzborn*, in: Bürgers/Körber/Lieder, AktG, § 133 Rn. 12.

lediglich über die Bildschirme verfolgen, als positive Stimmabgabe berücksichtigen.[1165]

Aus Sicht der Versammlungsleitung ist das Subtraktionsverfahren dann besonders effektiv, wenn damit zu rechnen ist, dass Beschlüsse mit überwiegender Mehrheit gefasst werden. Es kann in diesem Fall davon ausgegangen werden, dass nur wenige Stimmabgaben erfolgen, nämlich die derjenigen Gesellschafter, die mit Nein stimmen oder sich enthalten wollen.[1166] Jedenfalls im Rahmen einer Präsenzversammlung bedeutet dies für die Versammlungsleitung weniger Aufwand, da weniger Stimmen eingesammelt und ausgezählt werden müssen.[1167] Sofern der Versammlungsleiter mit relativer Verlässlichkeit von einer Ablehnung des betreffenden Antrags ausgehen kann, kann er das Subtraktionsverfahren auch in der Weise zur Anwendung bringen, dass er die Ja-Stimmen und Stimmenthaltungen einsammeln und zählen lässt und von den ermittelten Gesamtstimmen in Abzug bringt.[1168]

Sofern der Versammlungsleiter zu einer Anwendung des Subtraktionsverfahrens optiert, muss er dafür Sorge tragen, dass die Gesamtanzahl der in der Hauptversammlung präsenten Stimmen verlässlich ermittelt wird, da ansonsten Fehler bei der Ergebnisfeststellung drohen. Der Versammlungsleiter muss die Präsenz daher fortlaufend überwachen, um zu gewährleisten, dass die Stimmenanzahl der bei der jeweiligen Beschlussfassung anwesenden bzw. vertretenen Gesellschafter auf dem neuesten Stand ist.[1169] Er muss vor diesem Hintergrund auch etwaige Fluktuationen im Teilnehmerbestand im Auge behalten. Diese können sich etwa daraus ergeben, dass Aktionäre oder Aktionärsvertreter frühzeitig die Hauptversammlung verlassen oder erst zu einem späteren Zeitpunkt dazustoßen.[1170] Bei der Hybrid-HV, der Corona-HV und der virtuellen HV RefE muss entsprechend laufend überprüft werden, ob die Aktionäre elektronisch zugeschaltet sind und damit der Aktionärspräsenz zugerechnet werden können.

---

[1165] *Holzborn*, in: Bürgers/Körber/Lieder, AktG, § 133 Rn. 12; einschränkend *Stützle/Walgenbach*, ZHR (155) 1991, 516 (535), wonach der bloße Hinweis des Versammlungsleiters auf die Möglichkeit zur Stimmkartenabgabe nicht ausreicht, sondern auch in allen Nebenräumen die Möglichkeit zur Stimmkartenabgabe vorgesehen werden muss.

[1166] *Leuering/Rubner*, NJW-Spezial 2016, 591 (592).

[1167] *Leuering/Rubner*, NJW-Spezial 2016, 591 (592).

[1168] *Leuering/Rubner*, NJW-Spezial 2016, 591 (592), die aber auch auf das mit der Abwandlung verbundene Konfusionspotential hinweisen.

[1169] *Leuering/Rubner*, NJW-Spezial 2016, 591 (592).

[1170] *Leuering/Rubner*, NJW-Spezial 2016, 591 (592), die zu Recht darauf hinweisen, dass dies insbesondere bei Publikumsaktiengesellschaften mit einem großen Gesellschafterbestand eine administrative Herausforderung für die Versammlungsleitung darstellt; siehe auch *J. Koch*, AktG, § 133 Rn. 24, der die Anwendung der Subtraktionsmethode nur für zulässig hält, wenn eine hinreichend verlässliche Ermittlung der Präsenz und der Gesamtstimmenanzahl gewährleistet ist.

### cc) Prüfungsumfang bei ungültigen Stimmen

Eine besondere Herausforderung stellt für den Versammlungsleiter die Identifizierung ungültiger Stimmen dar. Dazu gehört insbesondere die in seine originäre Entscheidungskompetenz fallende Überprüfung von Stimmverboten (siehe §§ 136 Abs. 1 AktG, § 142 Abs. 1 Satz 2 AktG, §§ 20, 21 AktG und §§ 33, 44 Abs. 1 WpHG) sowie von treuwidrigen Stimmrechtsausübungen.[1171] Erlangt der Versammlungsleiter Kenntnis von einem Stimmrechtsverbot, so muss er den betreffenden Aktionär von den Abstimmungen ausschließen.[1172] Im Fall eines Rechtsverlusts nach §§ 20, 21 AktG oder nach § 44 Abs. 1 Satz 1 WpHG kann der Versammlungsleiter dem betreffenden Aktionär auch den Zugang zur Hauptversammlung versagen.[1173]

Den Versammlungsleiter trifft insoweit aber nur eine beschränkte Prüfungspflicht in der Weise, dass er bei konkreten Anhaltspunkten für ein Stimmverbot diesen in Form einer Schlüssigkeitsprüfung nachgehen muss und nur evident verbotswidrig abgegebene Stimmen bei der Ermittlung des Abstimmungsergebnisses außer Acht zu lassen hat.[1174] Alles andere würde die Pflichten des Versammlungsleiters überspannen, da dieser in der Hektik des Versammlungsgeschehens aus zeitlichen und fachlichen Gründen regelmäßig nicht imstande ist eine tiefergehende rechtliche Prüfung zu absolvieren.[1175] Zudem ist zu berücksichtigen, dass dem Versammlungsleiter nicht die organisatorische Vorbereitung der Hauptversammlung obliegt, so dass bei der Frage, ob eine unterlassene Überprüfung von gesetzlich erforderlichen Stimmrechtsmitteilungen (vgl. §§ 33, 44 Abs. 1 WpHG) einen Fahrlässigkeitsvorwurf begründet, Zurückhaltung geboten ist. Teilweise wird die Empfehlung

---

[1171] *U. H. Schneider*, AG 2021, 58 (59); *Zetsche*, in: KölnKomm. AktG, Anh. § 119 Rn. 120; *Austmann*, in: MünchHdb. GesR AG, § 40 Rn. 51; *Butzke*, HV AG, D. Rn. 49; *Stützle/Walgenbach*, ZHR (155) 1991, 516 (536).

[1172] *Drinhausen/Marsch-Barner*, AG 2014, 757 (760); *Happ*, in: FS K. Schmidt, S. 545 (558).

[1173] Siehe BGH, Urt. v. 25.9.2018 – II ZR 190/17, NJW 2019, 219 (220); *Quack*, in: FS Semler, S. 581 (588); *S. H. Schneider/U. H. Schneider*, ZIP 2006, 493 (494); siehe auch *Drinkuth/Heider*, in: FS 25 Jahre WpHG, S. 237 (239), wonach das Recht auf Anmeldung zur Hauptversammlung nicht vom Rechtsverlust betroffen ist.

[1174] *Tielmann/Gahr*, AG 2016, 199 (206 f.); *Drinkuth/Heider*, in: FS 25 Jahre WpHG, S. 237 (244, 255 f.); *Marsch-Barner*, ZHR (157) 1993, 172 (189); *Kubis*, in: MünchKomm. AktG, § 119 Rn. 163; *U. H. Schneider*, AG 2021, 58 (61 f.); a. A. *Oelrichs*, GmbHR 1995, 863 (868), der eine materielle Prüfungspflicht kategorisch ausschließt; auch die Gesellschaft trifft eine Pflicht zur Vornahme einer Plausibilitätsprüfung sowie eine daraus resultierenden Informationspflicht gegenüber dem Versammlungsleiter, siehe *Paudtke/Glauer*, NZG 2016, 125 (132).

[1175] *Timm*, WM 1991, 481 (486); *Seibt*, ZIP 2014, 1909 (1915); *Tielmann/Gahr*, AG 2016, 199 (206), im Zusammenhang mit einer aufgespaltenen Beschlussfassung nach § 147 AktG; ebenso *Kubis*, in: MünchKomm. AktG, § 119 Rn. 163, wonach der Versammlungsleiter aber nicht daran gehindert ist auch komplexere Stimmrechtsverbotsprobleme zu untersuchen, sofern dies für ihn zeitlich und kompetenziell darstellbar ist; zum Informationsanspruch des Versammlungsleiters gegenüber den Aktionären siehe *Drinkuth/Heider*, in: FS 25 Jahre WpHG, S. 237 (245 ff.).

ausgesprochen, dass der Versammlungsleiter Stimmen bei einer Unklarheit hinsichtlich ihrer Wirksamkeit im Zweifelsfall berücksichtigen sollte.[1176] Diese Vorgehensweise bietet für den Versammlungsleiter jedoch auch keine uneingeschränkte Rechtssicherheit, da der Beschluss auch dann anfechtbar sein kann, wenn sich im Nachhinein herausstellt, dass die Stimme nicht hätte berücksichtigt werden dürfen. Während die rechtswidrige Nichtberücksichtigung einer Stimme aufgrund des damit verbundenen Eingriffs in das Mitgliedschaftsrecht aber stets zur Beschlussanfechtbarkeit führt[1177], bedarf es bei einer fehlerhaften Berücksichtigung von Stimmen des zusätzlichen Nachweises, dass sich die fehlerhafte Stimme auf das Beschlussergebnis im Sinne mathematischer Kausalität ausgewirkt hat.[1178] Zudem ist zu berücksichtigen, dass der jeweilige Kläger im Rahmen eines Anfechtungsprozesses die Beweislast hinsichtlich der Rechtswidrigkeit der Stimmrechtsausübung trägt.[1179]

#### *c) Feststellung der Beschlussfassung*

Die Pflicht des Versammlungsleiters zur Feststellung der Beschlussfassung ergibt sich aus § 130 Abs. 2 Satz 1 AktG.[1180] Die herrschende Auffassung geht zutreffend davon aus, dass die ausschließliche Zuständigkeit für die Beschlussfeststellung und die Verkündung in der Hauptversammlung stets auch dann bei dem jeweiligen Versammlungsleiter liegt, wenn die Versammlungsleitung nicht vom Aufsichtsratsvorsitzenden übernommen wird.[1181] Dies gilt ungeachtet dessen, dass das Gesetz in § 130 Abs. 1 Satz 3 AktG im Fall der nichtbörsennotierten Gesellschaft ausdrücklich auf den Aufsichtsratsvorsitzenden abhebt. Die konkrete Inbezugnahme des Aufsichtsratsvorsitzenden ist damit zu erklären, dass der Gesetzgeber von dem praktischen Regelfall ausging, dass die Verantwortung für die Versammlungsleitung beim Aufsichtsratsvorsitzenden liegt.[1182]

Die Beschlussfeststellung dient der Verkündung des Beschlussergebnisses gegenüber der Hauptversammlung.[1183] Sie beinhaltet neben der Mitteilung des rechnerischen Auszählungsergebnisses auch eine eigenständige rechtliche Erklärung des Versammlungsleiters dahin, ob der Beschluss mit dem entsprechenden Inhalt gefasst

---

[1176] So *J. Koch*, AktG, § 136 Rn. 24; *Grunsky*, ZIP 1991, 778 (781); *Drinkuth/Heider*, in: FS 25 Jahre WpHG, S. 237 (272).

[1177] Siehe BGH, Urt. v. 11.11.1965 – II ZR 122/63, NJW 1966, 43 (44).

[1178] Siehe dazu oben unter 2. Kapitel F. III. 3. a) dd) (S. 202).

[1179] *Grunsky*, ZIP 1991, 778 (780 f.).

[1180] Entbehrlich ist eine förmliche Beschlussfeststellung bei der Einmann-AG und bei Mehrpersonengesellschaften, sofern nur ein Aktionär an der Hauptversammlung teilnimmt, siehe oben unter 2. Kapitel B. II. 1. b) (S. 81 ff.).

[1181] *Hoffmann-Becking*, NZG 2017, 281 (288 f.); *Mülbert*, in: Großkomm. AktG, § 130 Rn. 87, 91; *J. Koch*, AktG, § 130 Rn. 22; vgl. auch OLG Karlsruhe, Urt. v. 9.10.2013 – 7 U 33/13, NZG 2013, 1261 (1265); a. A. *Ziemons*, in: K. Schmidt/Lutter, AktG, § 130 Rn. 50.

[1182] Vgl. OLG Köln, Urt. v. 28.2.2008 – 18 U 3/08, ZIP 2008, 1767 (1769).

[1183] *Austmann*, in: MünchHdb. GesR AG, § 40 Rn. 48.

wurde oder abgelehnt wurde.[1184] Der Mitteilung des rechnerischen Abstimmungsergebnisses geht die korrekte zahlenmäßige Erfassung und Auszählung der Stimmen voraus. Sofern Stimmverbote nicht bereits bei der Auszählung Berücksichtigung finden, kann die nachfolgende Feststellung des Versammlungsleiters von dem zahlenmäßig ermittelten Abstimmungsergebnis auch abweichen.[1185]

Die rechtliche Erklärung des Versammlungsleiters als Teil der Beschussfeststellung beinhaltet zum einen die Mitteilung, ob der Antrag angenommen oder abgelehnt wurde und zum anderen im Fall der Annahme eines Antrags auch eine Beschreibung des materiellen Beschlussinhalts.[1186] Nicht erforderlich ist eine wörtliche Wiedergabe des Beschlussinhalts, soweit eine sonstige Identifizierung, etwa durch Verweis auf die Einladung oder sonstige der Hauptversammlung zur Verfügung stehende Textdokumente, möglich ist.[1187] Der Beschlussfeststellung kommt auf Grundlage ihrer notariellen Protokollierung eine konstitutive Wirkung zu mit der Folge, dass der jeweilige Beschluss mit dem Inhalt wirksam wird, den der Versammlungsleiter verkündet hat, sofern kein Nichtigkeitsgrund nach Maßgabe von § 241 AktG gegeben ist.[1188] Dies gilt folglich auch bei einer unrichtigen Stimmenauszählung oder bei fehlerhafter Wiedergabe des Antragsinhalts durch den Versammlungsleiter.[1189] Der Schutz der Aktionäre wird insoweit über die Möglichkeit eines Beschlussmängelprozesses in Form der Anfechtungsklage sichergestellt.[1190] Zudem ist die fehlerhafte Feststellung des Abstimmungsergebnisses nach Maßgabe von § 244 Satz 1 AktG einer die Anfechtung ausschließenden Bestätigung durch einen Zweitbeschluss zugänglich.[1191]

Mit Inkrafttreten des ARUG I sind in § 130 Abs. 2 Satz 2 AktG Zusatzinformationen gesetzlich kodifiziert worden, die Gegenstand von Beschlussfeststellungen bei börsennotierten Gesellschaften sein müssen. Dazu gehört die Zahl der Aktien, für die gültige Stimmen abgegeben wurden, der Anteil des durch die gültigen Stimmen

---

[1184] *Wicke*, in: Spindler/Stilz, BeckOGK AktG, § 130 Rn. 58; *Mülbert*, in: Großkomm. AktG, § 130 Rn. 107; *J. Koch*, AktG, § 130 Rn. 22.

[1185] Siehe *Butzke*, HV AG, D. Rn. 49, der zudem zu Recht darauf hinweist, dass der Versammlungsleiter aufgrund der Regelung des § 130 Abs. 2 Satz 2 Nr. 1 AktG, wonach bei börsennotierten Gesellschaften auch die Zahl der Aktien, für die gültige Stimmen abgegeben wurden, in der notariellen Niederschrift anzugeben ist, gehalten ist seine Entscheidungen hinsichtlich der Gültigkeit zweifelhafter Stimmabgaben zu dokumentieren.

[1186] *Austmann*, in: MünchHdb. GesR AG, § 40 Rn. 48; *Rieckers*, in: Spindler/Stilz, BeckOGK AktG, § 133 Rn. 55.

[1187] OLG München, Beschl. v. 3.9.2008 – 7 W 1432/08, ZIP 2008, 2117 (2119); OLG Düsseldorf, Beschl. v. 15.12.2008 – I-6 W 24/08, AG 2009, 538 (541 f.); *Reger*, in: Bürgers/Körber/Lieder, AktG, § 130 Rn. 17; *Martens*, Leitfaden HV, S. 95.

[1188] *Austmann*, in: MünchHdb. GesR AG, § 40 Rn. 51; *Marsch-Barner/von der Linden*, in: Marsch-Barner/Schäfer, Hdb. börsennotierte AG, § 36 Rn. 68.

[1189] *Austmann*, in: MünchHdb. GesR, § 40 Rn. 51.

[1190] *Austmann*, in: MünchHdb. GesR, § 40 Rn. 51.

[1191] BGH, Urt. v. 12.12.2005 – II ZR 253/03, AG 2006, 158 f.; *Zetsche*, in: KölnKomm. AktG, Anh. § 119 Rn. 122.

vertretenen Grundkapitals sowie die Zahl der für einen Beschluss abgegebenen Stimmen, Gegenstimmen und gegebenenfalls die Zahl der Enthaltungen. Nach § 130 Abs. 2 Satz 3 AktG sind diese Angaben in der Beschlussfeststellung dann entbehrlich, wenn kein Aktionär sie verlangt mit der Folge, dass der Versammlungsleiter sich auf die Angabe, dass die erforderliche Mehrheit erreicht wurde, beschränken kann.[1192]

### 9. Ordnungsmaßnahmen bei Störungen

Der Versammlungsleiter muss sich bei der Anordnung von Ordnungsmaßnahmen strikt an den Grundsatz der Verhältnismäßigkeit halten, d. h. vor Anordnung einer Maßnahme ist stets gewissenhaft zu prüfen, ob die Störung nicht durch eine gleich geeignete, aber weniger einschneidende Maßnahme beseitigt werden kann.[1193] Er muss zudem darauf achten, die Anordnung von Ordnungsmaßnahmen nur auf der Grundlage transparenter und für jedermann verständlicher Kriterien zu treffen, um sich nicht dem Vorwurf der Parteilichkeit auszusetzen.[1194] Unabhängig davon können die Aktionäre aber niemals eine begünstigende, aber gleichzeitig pflichtwidrige Behandlung durch den Versammlungsleiter verlangen; dies auch dann nicht, wenn eine solche in einem vergleichbaren Fall gegenüber einem anderen Aktionär vollzogen wurde.[1195] Die Aktionäre haben insofern also keinen Anspruch auf Gleichbehandlung im Unrecht.

Die Anordnung von Ordnungsmaßnahmen unterfällt dem originären Kompetenzbereich des Versammlungsleiters, so dass die Hauptversammlung die Entscheidung über den Einsatz von Ordnungsmitteln nicht durch Gesellschafterbeschluss an sich ziehen kann.[1196] Nach zutreffender Auffassung kann der Versammlungsleiter die Entscheidung über die Anordnung von Ordnungsmaßnahmen auch nicht auf die Hauptversammlung delegieren, da er als Verantwortlicher für die Durchführung der Hauptversammlung die Pflicht hat die Rechtmäßigkeit der Maßnahme selbst zu beurteilen.[1197] Möglich ist es für den Versammlungsleiter le-

---

[1192] *Austmann*, in: MünchHdb. GesR AG, § 40 Rn. 50, der darauf hinweist, dass in der Praxis ein solches Verlangen seitens der Aktionäre auf Nachfragen des Versammlungsleiters zumeist nicht gestellt wird.

[1193] BGH, Urt. v. 11.11.1965 – II ZR 122/63, NJW 1966, 43 (45 f.); *Ziemons*, in: K. Schmidt/Lutter, AktG, § 129 Rn. 70, 98; *J. Koch*, AktG, § 129 Rn. 27.

[1194] *Butzke*, HV AG, D. Rn. 70.

[1195] Siehe *Butzke*, HV AG, D. Rn. 70, wonach kein Anspruch der Aktionäre auf Gleichbehandlung im Unrecht besteht.

[1196] BGH, Urt. v. 11. 11. 1965 – II ZR 122/63, NJW 1966, 43 (44); LG München I, Urt. v. 2. 9. 2010 – 5 HK O 6069/10, AG 2011, 763 (764); LG Frankfurt a. M., Urt. v. 22. 2. 1984 – 3/9 O 123/83, AG 1984, 192 (194); *Wicke*, in: Spindler/Stilz, BeckOGK AktG, § 129 Rn. 49; *J. Koch*, AktG, § 129 Rn. 22; *Gehling*, in: ArbeitsHdb. HV, § 9 Rn. 243.

[1197] *Wicke*, in: Spindler/Stilz, BeckOGK AktG, § 129 Rn. 49; *Ziemons*, in: K. Schmidt/Lutter, AktG, § 129 Rn. 92; *Reinicke*, Rechtsstellung des Vorsitzenden einer HV, S. 40; *Dietrich*, NZG 1998, 921 (923); *Hoffmann-Becking*, in: MünchHdb. GesR AG, § 37 Rn. 48;

diglich, die Hauptversammlung mit unverbindlicher Wirkung zu befragen, um ein Stimmungsbild für die erwogene Ordnungsmaßnahme einzuholen.[1198]

### *a) Ausschluss von Störern*

Zwecks Gewährleistung eines ordnungsgemäßen Ablaufs der Hauptversammlung kann der Versammlungsleiter hartnäckige Störer von der weiteren Versammlung ausschließen.[1199] In Betracht kommen zum einen eine Verweisung aus dem Saal und zum anderen als Ultima-Ratio-Maßnahme eine vollumfängliche Verweisung aus der gesamten Hauptversammlung. Ein Ausschluss kann gegenüber sämtlichen Versammlungsteilnehmern ausgesprochen werden. Neben den Aktionären kommen als Adressaten somit auch Mitglieder der Verwaltung sowie Gäste in Betracht.[1200]

#### aa) Verweisung aus dem Saal und der Versammlung im Rahmen einer Präsenzversammlung

Im Rahmen der Präsenzversammlung kommt ein Saalverweis zwecks Durchsetzung einer angeordneten Einschränkung des Rede- und Fragerechts dann in Betracht, wenn der betreffende Redner einem Wortentzug nicht Folge leistet.[1201] In extremen Fällen, insbesondere bei körperlichen Übergriffen, ist auch ein sofortiger Saalverweis möglich, ohne dass damit gegen den Verhältnismäßigkeitsgrundsatz verstoßen wird.[1202] Gegenstand des Saalverweises ist die Aufforderung, den Saal zu verlassen und sich in den noch zum Präsenzbereich gehörenden Vorraum zu begeben.[1203] Sofern es sich bei dem Redner um einen Aktionär oder Aktionärsvertreter handelt, muss der Versammlungsleiter den Saalverweis vorher androhen.[1204] Das Gleiche gilt auch bei der Anordnung eines Saalverweises gegenüber Aktionären, die den Ablauf der Hauptversammlung durch fortgesetzte laute Zwischenrufe oder

---

ebenso für Geschäftsordnungsanträge *Höreth/Linnerz*, Anträge in der HV, S. 107 f.; a. A. *Mülbert*, in: Großkomm. AktG, § 129 Rn. 131; *Kubis*, in: MünchKomm. AktG, § 119 Rn. 128; *Martens*, WM 1981, 1010 (1012 f.).

[1198] *Hoffmann-Becking*, in: MünchHdb. GesR AG, § 37 Rn. 48; *Wicke*, in: Spindler/Stilz, BeckOGK AktG, § 129 Rn. 49; *Butzke*, HV AG, D. Rn. 70, der aber einschränkend darauf hinweist, dass ein solches Vorgehen Zeit kostet und den Versammlungsleiter nicht davon freistellt eine eigene Sachentscheidung zu treffen.

[1199] BVerfG, Beschl. v. 20. 9. 1999 – 1 BvR 636/95, NJW 2000, 349 (351) – „Wenger/Daimler-Benz AG"; BGH, Urt. v. 11. 11. 1965 – II ZR 122/63, NJW 1966, 43 (44); LG Frankfurt a. M., Urt. v. 22. 2. 1984 – 3/9 O 123/83, AG 1984, 192 (194).

[1200] *Zetsche*, in: KölnKomm. AktG, Anh. § 119 Rn. 159.

[1201] *Gehling*, in: ArbeitsHdb. HV, § 9 Rn. 251; *Kubis*, in: MünchKomm. AktG, § 119 Rn. 177; *Mülbert*, in: Großkomm. AktG, § 129 Rn. 221.

[1202] Siehe *Höreth*, AG Report 2012, R 25.

[1203] *Hoffmann-Becking*, in: MünchHdb. GesR AG, § 37 Rn. 79; siehe auch OLG Bremen, Beschl. v. 10. 4. 2007 – 2 U 113/06, AG 2007, 550 (551).

[1204] *Mülbert*, in: Großkomm. AktG, § 129 Rn. 221; *Siepelt*, AG 1995, 254 (259).

Sprechchöre aus dem Plenum stören.[1205] Der Versammlungsleiter kann nach seinem Ermessen eine Zeitspanne festlegen, nach deren Ablauf dem Aktionär ein Zutritt zum Versammlungssaal wieder gestattet ist.[1206]

Da der Versammlungsleiter bei Anordnung von Ordnungsmaßnahmen gegenüber den Aktionären stets den Grundsatz der Verhältnismäßigkeit zu beachten hat, wird teilweise gefordert, dass er zunächst versuchen muss die Ordnung durch eine Stummschaltung des Mikrofons wiederherzustellen, sofern ein weiteres Mikrofon zur Verfügung steht, mit dem die Versammlung fortgesetzt werden kann.[1207] Dagegen spricht jedoch, dass der Aktionär auch nach Stummschaltung des Mikrofons weiter stören kann und der Versammlungsleiter nicht verpflichtet ist dieses Risiko einzugehen, wenn bereits Rede- und Fragezeitbeschränkungen und ein Wortentzug den Störungen nicht abhelfen konnten.[1208]

Aus der korporationsrechtlichen Stellung des Versammlungsleiters leitet sich dessen Befugnis und die korrelierende Verpflichtung ab, die Rechte der Gesellschaft gegenüber den Versammlungsteilnehmern durchzusetzen.[1209] Da Gäste in keinem schuldrechtlichen Verhältnis zur Gesellschaft stehen, folgt die Kompetenz des Versammlungsleiters zur Anordnung von Ausschlüssen insoweit aus dem Hausrecht, das der Versammlungsleiter in Vertretung für die Gesellschaft kraft seiner organschaftlichen Stellung ausübt.[1210] Störende Gäste der Hauptversammlung, die vom Versammlungsleiter zur Hauptversammlung zugelassen wurden, aber kein aus der Aktionärseigenschaft abgeleitetes Teilnahmerecht (§ 118 AktG) besitzen, können

---

[1205] *Kubis*, in: MünchKomm. AktG, § 119 Rn. 178, der aber darauf verweist, dass das Hochhalten von Transparenten aufgrund des davon ausgehenden geringeren Störungseffekts in der Regel einen Saalverweis nicht zu rechtfertigen vermag.

[1206] *Hoffmann-Becking*, in: MünchHdb. GesR AG, § 37 Rn. 79; dem verwiesenen Aktionär steht indes kein Anspruch auf späteren Wiederzutritt zum Saal zu, siehe LG Frankfurt a. M., Urt. v. 22. 2. 1984 – 3/9 O 123/83, AG 1984, 192 (194); siehe auch *Mülbert*, in: Großkomm. AktG, § 129 Rn. 221, wonach der Versammlungsleiter nicht verpflichtet ist dem Störer eine „Abkühlphase" durch Befristung des Saalverweises einzuräumen; abweichend aber *Martens*, WM 1981, 1010 (1012), wonach der Versammlungsleiter dazu verpflichtet ist den Saalverweis und den damit verbundenen Entzug des Teilnahmerechts zurückzunehmen, sofern der störende Aktionär glaubhaft nachweist, dass von ihm keine weiteren Störungen ausgehen.

[1207] Siehe *Siepelt*, AG 1995, 254 (259); *Hennerkes/Kögel*, DB 1999, 81 (85); *Grüner*, NZG 2000, 770 (774).

[1208] So auch *Kubis*, in: MünchKomm. AktG, § 119 Rn. 177; *Bahr*, in: Schaaf, Praxis HV, Rn. 697; siehe auch LG Stuttgart, Urt. v. 27. 4. 1994 – 7 KfH O 122/93, AG 1994, 425 (427).

[1209] *Niemz*, VL im AktR, S. 127.

[1210] *Wicke*, NZG 2007, 771 (774); *Niemz*, VL im AktR, S. 128; *Butzke*, HV AG, D. Rn. 20; *Kubis*, in: MünchKomm. AktG, § 119 Rn. 125, 179; *Pliquett*, Haftung des HVL, S. 28; *Heidel*, in: Heidel, AktienR u. KapitalmarktR, Vor §§ 129–132 AktG Rn. 49; *Martens*, Leitfaden HV, S. 69; einschränkend *Reinicke*, Rechtsstellung des Vorsitzenden einer HV, S. 27 f., wonach sich das Hausrecht nicht aus der Rechtsstellung des Versammlungsleiters ableitet, sondern rechtsgeschäftlich von der Gesellschaft auf den Versammlungsleiter zu übertragen ist; die Kompetenz des Versammlungsleiters zur Ausübung des Hausrechts gänzlich ablehnend *Siepelt*, AG 1995, 254 (260).

daher ohne Beachtung der vorstehend skizzierten Einschränkungen aus dem Saal verwiesen werden.[1211] Der Versammlungsleiter kann insoweit seine Entscheidung zur Zulassung jederzeit revidieren, wenn er dies für angezeigt hält.[1212] Er muss den Saalverweis bei fehlendem Teilnahmerecht auch nicht vorher androhen und ist auch nicht strikt an die Grundsätze der Verhältnismäßigkeit und der Gleichbehandlung gebunden.[1213]

Wenn ein Saalverweis nicht ausreicht um den störenden Aktionär zur Ordnung zu rufen oder der Versammlungsleiter von vornherein davon ausgehen muss, dass sich der Störer auch durch einen Saalverweis nicht disziplinieren lassen wird, kann der Versammlungsleiter auch eine unbefristete Verweisung des Störers aus der Versammlung anordnen.[1214] Der Versammlungsleiter muss in diesem Fall jedoch dem störenden Aktionär – nicht hingegen einem störenden Gast – Gelegenheit geben einen Vertreter zu bevollmächtigen und Widerspruch zu Protokoll zu erklären.[1215]

Der Versammlungsleiter kann sowohl den Saalverweis als auch die Verweisung aus der Versammlung kraft seiner ordnungsrechtlichen Kompetenz bzw. kraft des Hausrechts gegenüber Aktionären bzw. Gästen zwangsweise durchsetzen.[1216] Leistet der Störer einem Saalverweis oder einer Verweisung aus der Versammlung nicht Folge, so begeht er Hausfriedensbruch (§ 123 StGB), was wiederum die Grundlage bildet für ein Einschreiten von Ordnungskräften der Gesellschaft oder in extremen Fällen auch der Polizei.[1217] Der Versammlungsleiter muss die zwangsweise

---

[1211] *Heidel*, in: Heidel, AktienR u. KapitalmarktR, Vor §§ 129–132 AktG Rn. 49; *Mülbert*, in: Großkomm. AktG, § 129 Rn. 228.

[1212] *Butzke*, HV AG, D. Rn. 76; *Stützle/Walgenbach*, ZHR (155) 1991, 516 (527), weisen zutreffend darauf hin, dass der Versammlungsleiter auch dann für einen Saalverweis zuständig ist, wenn die Zulassung des betreffenden Gastes zur Hauptversammlung auf einem Hauptversammlungsbeschluss beruhte, da es sich insoweit um eine im ausschließlichen Kompetenzbereich des Versammlungsleiters liegende Ordnungsmaßnahme handelt.

[1213] *Mülbert*, in: Großkomm. AktG, § 129 Rn. 228; *Wicke*, in: Spindler/Stilz, BeckOGK AktG, § 129 Rn. 60; *Schwartzkopff*, HV, 3. Kap. Rn. 370; *Kubis*, in: MünchKomm. AktG, § 119 Rn. 179; *Martens*, WM 1981, 1010 (1012); ebenso *Niemz*, VL im AktR, S. 129 f.; unklar *Hoffmann-Becking*, in: MünchHdb. GesR AG, § 37 Rn. 79, der eine vergebliche vorherige „Ermahnung" auch bei Gästen fordert; zu den Reaktionsmöglichkeiten des Versammlungsleiters bei Störungen von Gästen aus dem Plenum siehe auch *Butzke*, HV AG, D. Rn. 74 f.

[1214] LG Frankfurt a. M., Urt. v. 22. 2. 1984 – 3/9 O 123/83, AG 1984, 192 (194); siehe dazu auch BGH, Urt. v. 11. 11. 1965 – II ZR 122/63, WM 1965, 1207 (1208).

[1215] *Hoffmann-Becking*, in: MünchHdb. GesR AG, § 37 Rn. 80.

[1216] *Kubis*, in: MünchKomm. AktG, § 119 Rn. 180.

[1217] *Hoffmann-Becking*, in: MünchHdb. GesR AG, § 37 Rn. 80; *Martens*, WM 1981, 1010 (1011), der zu Recht darauf hinweist, dass ein Polizeieinsatz im Vergleich zu dem Einschreiten der hauseigenen Ordnungskräfte auch aus Sicht der übrigen Aktionäre als schwerwiegender wahrgenommen wird und in der Folge zu einer atmosphärischen Zuspitzung in der Hauptversammlung führen kann.

Durchsetzung grundsätzlich nicht vorher androhen, da der Störer mit einer jederzeitigen Durchsetzung des angeordneten Verweises rechnen muss.[1218]

#### bb) Sperrung des digitalen Zugangs bei Hybrid-HV und virtueller Hauptversammlung

Bei elektronischer Teilnahme von Aktionären, sei es im Rahmen der Hybrid-HV, der Corona-HV oder der virtuellen HV-RefE, kommt eine Verweisung aus dem Saal naturgemäß nicht in Betracht. Stattdessen kann ein Ausschluss störender Aktionäre nach entsprechender Androhung unter Berücksichtigung der Grundsätze der Verhältnismäßigkeit und Gleichbehandlung durch zunächst vorübergehende und, bei fortgesetzten Störungen, auch durch endgültige Sperrung bzw. Schließung des betreffenden Online-Accounts umgesetzt werden. Die konkrete Umsetzung der Sperrung hängt davon ab, wie die elektronische Teilnahme ausgestaltet ist. Hat die Gesellschaft die Möglichkeit einer Live-Übertragung des jeweils sprechenden Aktionärs in Bild und Ton ermöglicht, so wie dies für die virtuelle HV-RefE nach § 130a Abs. 4 Satz 1 AktG-RefE für das Rederecht verpflichtend vorgesehen ist, so muss die Bildübertragung des betreffenden Aktionärs gesperrt werden und die Audiofunktion abgeschaltet werden.[1219] Besteht hingegen nur die Möglichkeit, sich im Wege von Textnachrichten in der Hauptversammlung zu äußern, so muss die Übermittlung derartiger Textnachrichten unterbunden werden. Den vorstehenden Handlungsalternativen ist gemein, dass sie schnell, effektiv und ohne viel Aufsehen von der Versammlungsleitung umgesetzt werden können. Zum anderen ist aber auch gewährleistet, dass weitere Störungen des betreffenden Aktionärs nicht mehr möglich sind. Anders als bei einem Präsenzaktionär, der auch nach Aussprache eines Saalverweises weiter stören kann, ist bei elektronisch teilnehmenden Aktionären der Einsatz von Ordnungskräften oder gar der Polizei entbehrlich. Darüber hinaus können die Maßnahmen auch bei Bedarf jederzeit wieder zurückgenommen werden, wenn weitere Störungen des Aktionärs nicht zu befürchten sind.

### *b) Räumung der Versammlung*

Der Versammlungsleiter kann auch mit Fallkonstellationen konfrontiert werden, in denen externe Umstände für die Störung verantwortlich sind. Zu denken ist insoweit insbesondere an einen Feueralarm, Bombendrohungen oder starke Lärmimmissionen.[1220] In derartigen Fällen muss der Versammlungsleiter der Störung in der Regel durch eine Räumung des Saales oder gar des gesamten Gebäudes begegnen.[1221] In Abhängigkeit von dem Schweregrad der Störung und den Möglich-

[1218] LG Stuttgart, Urt. v. 27.4.1994 – 7 KfH O 122/93, AG 1994, 425 (427); LG Frankfurt a.M., Urt. v. 22.2.1984 – 3/9 O 123/83, AG 1984, 192 (194).

[1219] Siehe auch *Quass*, NZG 2021, 261 (264).

[1220] *Butzke*, HV AG, D. Rn. 77.

[1221] *Hoffmann-Becking*, in: MünchHdb. GesR AG, § 37 Rn. 81.

keiten einer Störungsbeseitigung wird der Versammlungsleiter entweder eine temporäre Unterbrechung oder eine Schließung der Hauptversammlung anordnen. In Betracht kommt als weniger einschneidendes Mittel unter Umständen auch eine Fortsetzung der Hauptversammlung in Ersatzräumlichkeiten, wenn diese zur Verfügung stehen.[1222]

Auch insoweit stellen sich virtuelle Hauptversammlungsmodelle für die Versammlungsleitung als weniger problematisch dar. Insbesondere sind Räumungen selbst bei Bestehen eines Rumpfpräsenzortes, so wie im Kontext der Corona-HV und der virtuellen HV-RefE, sehr viel leichter umzusetzen, da nur eine sehr überschaubare Personenanzahl physisch präsent ist.

### 10. Förmliche Schließung der Hauptversammlung

Nach Erledigung der Tagesordnung und ordnungsgemäßer Feststellung aller gefassten Beschlüsse hat der Versammlungsleiter die Hauptversammlung zu schließen.[1223] Die förmliche Schließung der Hauptversammlung ist für den Versammlungsleiter verpflichtend, da sie den Aktionären Klarheit verschafft, dass weitere Beschlussfassungen ausgeschlossen sind.[1224] Die Schließung muss auch dann erfolgen, wenn sich abzeichnet, dass die Hauptversammlung an dem Tag, für den sie einberufen wurde, nicht zu Ende gebracht werden kann, und eine Fortsetzung am nächsten Tag in der Einberufung nicht vorgesehen war.[1225] Gleiches gilt, wenn die Hauptversammlung beschlossen hat, noch offene Tagesordnungspunkte zu vertagen oder nicht zu behandeln.[1226] Eine vorzeitige Schließung der Hauptversammlung kann der Versammlungsleiter ohne Zustimmung der Hauptversammlung nur im Ausnahmefall anordnen, etwa wenn sich herausstellt, dass die Einberufung der Hauptversammlung mangelhaft war, eine von der Satzung vorgesehene Beschlussfähigkeit nicht gegeben ist oder eine dauerhafte Räumung des Versammlungssaales erfolgen muss.[1227]

Das Recht die Schließung der Hauptversammlung anzuordnen liegt nach allgemeiner Meinung beim Versammlungsleiter.[1228] Es ist jedoch weitestgehend anerkannt, dass die Hauptversammlung diese Entscheidung durch einen Fortsetzungs-

---

[1222] *Hoffmann-Becking*, in: MünchHdb. GesR AG, § 37 Rn. 81.

[1223] *Marsch-Barner/von der Linden*, in: Marsch-Barner/Schäfer, Hdb. börsennotierte AG, § 35 Rn. 9.

[1224] *Mülbert*, in: Großkomm. AktG, § 129 Rn. 179.

[1225] *Kubis*, in: MünchKomm. AktG, § 119 Rn. 164.

[1226] *Butzke*, HV AG, D. Rn. 50.

[1227] *Max*, AG 1991, 77 (93); *Noack*, BOARD 2011, 120 (121); *Butzke*, HV AG, D. Rn. 51.

[1228] Siehe nur *Mülbert*, in: Großkomm. AktG, § 129 Rn. 179; *Martens*, Leitfaden HV, S. 96; *Max*, AG 1991, 77 (94); *Reinicke*, Rechtsstellung des Vorsitzenden einer HV, S. 103.

beschluss mit einfacher Mehrheit überstimmen kann.[1229] Teilweise wird dies nur einschränkend für den Fall anerkannt, dass noch kein Aktionär oder Aktionärsvertreter den Saal verlassen hat bzw. im Fall elektronischer Teilnahme seine virtuelle Zuschaltung beendet hat.[1230] Wird der auf Fortsetzung der Hauptversammlung gerichtete Antrag nicht unmittelbar im Anschluss an die durch den Versammlungsleiter angeordnete Schließung gestellt und die diesbezügliche Beschlussfassung nicht unmittelbar danach vollzogen, handelt es sich rechtlich um eine neue Hauptversammlung, deren Beschlüsse aufgrund einer insoweit fehlenden ordentlichen Einberufung nach Maßgabe von § 241 Nr. 1 AktG i. V. m. § 121 Abs. 3 AktG unheilbar nichtig sind.[1231]

Weigert sich der Versammlungsleiter den Fortsetzungsbeschluss der Hauptversammlung zu akzeptieren und die Hauptversammlung weiter zu leiten, liegt darin eine konkludente Amtsniederlegung, die zur Folge hat, dass ein neuer Versammlungsleiter zu wählen bzw. entsprechend den satzungsmäßigen Vorgaben zu bestimmen ist, sofern der Fortsetzungsbeschluss nicht evident unbeachtlich oder rechtsmissbräuchlich ist.[1232] Eine evidente Unbeachtlichkeit oder Rechtsmissbräuchlichkeit des Fortsetzungsbeschlusses liegt etwa dann vor, wenn bei eintägigen Hauptversammlungen die zumutbare Versammlungsdauer mit Erreichen von Mitternacht überschritten werden wird und deshalb eine Fortsetzung signifikante Risiken für die Wirksamkeit auch aller bereits gefassten Beschlüsse nach sich ziehen würde.[1233] Sofern die Hauptversammlung von sich aus eine Schließung gegen den Willen des Versammlungsleiters beschießt, kann die Hauptversammlung indes wegen der insoweit bestehenden originären Entscheidungskompetenz des Versammlungsleiters fortgesetzt werden.[1234]

---

[1229] *Mülbert*, in: Großkomm. AktG, § 129 Rn. 180; *Kubis*, in: MünchKomm. AktG, § 119 Rn. 164; *Zetsche*, in: KölnKomm. AktG, Anh. § 119 Rn. 133; *Butzke*, HV AG, D. Rn. 52; *Martens*, Leitfaden HV, S. 97; *Stützle/Walgenbach*, ZHR (155) 1991, 516 (539); einschränkend *Max*, AG 1991, 77 (93), der einen Fortsetzungsbeschluss der Hauptversammlung nur im Fall einer unberechtigten Schließung durch den Versammlungsleiter anerkennt; abweichend auch *Reinicke*, Rechtsstellung des Vorsitzenden einer HV, S. 104, der für den Fortsetzungsbeschluss Einstimmigkeit fordert; a. A. *Gehling*, in: ArbeitsHdb. HV, § 9 Rn. 460.

[1230] *Höreth/Linnerz*, Anträge in der HV, S. 233 f.; ebenso *Wicke*, in: Spindler/Stilz, BeckOGK AktG, § 129 Rn. 53.

[1231] *Kubis*, in: MünchKomm. AktG, § 119 Rn. 164; *Zetsche*, in: KölnKomm. AktG, Anh. § 119 Rn. 134; *Stützle/Walgenbach*, ZHR (155) 1991, 516 (539).

[1232] *Mülbert*, in: Großkomm. AktG, § 129 Rn. 180; *Butzke*, HV AG, D. Rn. 52; *Kubis*, in: MünchKomm. AktG, § 119 Rn. 164.

[1233] Siehe *Butzke*, HV AG, D. Rn. 53.

[1234] *Zetsche*, in: KölnKomm. AktG, Anh. § 119 Rn. 135; *Pickert/Gehling*, in: ArbeitsHdb. HV, § 9 Rn. 457; *Butzke*, HV AG, D. Rn. 50; a. A. *Mülbert*, in: Großkomm. AktG, § 129 Rn. 180.

## 11. Kompetenzabgrenzung und Abstimmungsbedarf zwischen Versammlungsleiter und Notar

Der Funktionsbereich des Versammlungsleiters ist von demjenigen des Notars strikt zu trennen.[1235] In bestimmten Bereichen gehen die Pflichtenkreise von Notar und Versammlungsleiter jedoch fließend ineinander über, so dass eine trennscharfe Unterscheidung während der laufenden Hauptversammlung mit besonderen Schwierigkeiten verbunden sein kann. Es bedarf aus Gründen der Rechtssicherheit und im Interesse einer effizienten und reibungslosen Durchführung der Hauptversammlung einerseits einer möglichst klaren Kompetenzabgrenzung und andererseits aber auch einer koordinierten Abstimmung zwischen Versammlungsleiter und Notar.

### *a) Notarielles Protokoll der Hauptversammlung*

#### aa) Bezug des Protokollinhalts zur Sphäre der Versammlungsleitung

Die nach § 130 Abs. 1 Satz 1 AktG grundsätzlich erforderliche notarielle Beurkundung erfolgt in Form eines Tatsachenprotokolls i. S. v. § 36 f. BeurkG, das nicht zu verlesen, und lediglich von dem Notar und nicht auch von den übrigen Versammlungsteilnehmern, einschließlich des Versammlungsleiters, zu unterschreiben ist (§ 130 Abs. 4 Satz 1 AktG).[1236] Das Tatsachenprotokoll gibt Aufschluss über die Wahrnehmungen des Notars.[1237]

Nach herrschender Ansicht kann mangels näherer Vorgaben in § 130 Abs. 1 Satz 1 AktG eine Beurkundung auch nach den Maßstäben der Beurkundung einer Willenserklärung i. S. v. §§ 8 ff. BeurkG erfolgen, was allerdings nur bei einem kleinen Teilnehmerkreis als zweckmäßig erachtet wird.[1238] Uneinigkeit besteht hinsichtlich der Frage, ob es auch bei Beurkundungen i. S. v. §§ 8 ff. BeurkG ungeachtet der Verlesung der Niederschrift durch den Notar und der Unterzeichnung durch die übrigen Versammlungsteilnehmer einer förmlichen Feststellung des Beschlusses durch den Versammlungsleiter bedarf.[1239] Solange keine höchstrichterliche Klärung dieser Frage erfolgt, sollte aus Gründen der Rechtssicherheit und um gegenüber querulierenden Aktionären kein Einfallstor für eine Nichtigkeitsklage nach § 241 Nr. 2 AktG i. V. m. § 130 Abs. 2 Satz 1 AktG zu schaffen, auf eine Be-

---

[1235] *Hauschild/Zetsche*, AG 2020, 557 (564); *Reul*, AG 2002, 543 (549 f.).

[1236] Siehe *Herrler*, in: Grigoleit, AktG, § 130 Rn. 36.

[1237] *Angerer/Backhaus*, AG 2022, 16 (20); *Hauschild/Zetsche*, AG 2020, 557 (560).

[1238] OLG München, Beschl. v. 3. 2. 2010 – 31 Wx 135/09 (mit Anm. *Priester*), DNotZ 2011, 142 (146, 148); ebenso *Herrler*, NJW 2018, 585 (586), der aber darauf hinweist, dass in diesem Fall nachträgliche Protokollberichtigungen nur eingeschränkt möglich sind.

[1239] Für eine Entbehrlichkeit der Einhaltung der Vorgaben des § 130 Abs. 2 Satz 1 AktG LG Stuttgart, Urt. v. 11. 10. 2007 – 34 T 5/07 (abrufbar beim Deutschen Notarinstitut (DNotI)); ebenso *Herrler*, NJW 2018, 585 (586); a. A. *Terbrack/Lohr*, in: Heidel, AktienR u. KapitalmarktR, § 130 Rn. 15; *Ziemons*, in: K. Schmidt/Lutter, § 130 Rn. 59.

schlussfeststellung durch den Versammlungsleiter auch im Falle einer Beurkundung nach §§ 8 ff. BeurkG nicht verzichtet werden.[1240]

Die Erstellung der notariellen Niederschrift ist fehleranfällig und bedarf der Abstimmung zwischen Versammlungsleiter und Notar.[1241] In das Protokoll muss nach § 130 Abs. 2 Satz 1 AktG unter anderem die Art der Abstimmung aufgenommen werden. Erforderlich ist insoweit die Beschreibung des Zustandekommens des Beschlusses, etwa durch Stimmkarte, Handzeichen oder elektronische Abstimmung.[1242] Nach Auffassung des BGH ist hingegen die Angabe des Rechtsgrundes für die gewählte Abstimmungsart kein aktienrechtlich zwingender Protokollinhalt i. S. v. § 130 Abs. 2 Satz 1 AktG.[1243] Eine derartige Angabe soll aber dann beurkundungsrechtlich geboten sein, wenn die gewählte Abstimmungsart nicht auf einer Satzungsregelung, sondern lediglich auf einer Anordnung des Versammlungsleiters beruht.[1244] Auch nähere Erläuterungen des Versammlungsleiters zur Handhabung der Stimmenauszählung sollen nach teilweise vertretener Auffassung zum aktienrechtlich gebotenen Protokollinhalt gehören.[1245] Nach herrschender Auffassung sind auch Maßnahmen des Versammlungsleiters betreffend die Einhaltung und Durchsetzung von Stimmverboten sowie gegebenenfalls zur Berücksichtigung unterschiedlicher Stimmkraft im Protokoll zu dokumentieren.[1246] Zum notwendigen Protokollinhalt gehört nach § 130 Abs. 2 Satz 1 AktG auch das Ergebnis der Abstimmung. Dies beinhaltet den Gegenstand der Abstimmung (Beschlussantrag), das zahlenmäßige Ergebnis der Abstimmung (Ja- und Nein-Stimmen sowie beim Subtraktionsverfahren zusätzlich die Enthaltungen) sowie die Einstufung des Versammlungsleiters als Annahme oder als Ablehnung des Beschlussantrags.[1247]

Nach Maßgabe von § 130 Abs. 5 AktG kann der Aktionär im Fall der Auskunftsverweigerung verlangen, dass die Frage und der Grund für die Auskunftsverweigerung in das Protokoll aufgenommen werden. Für den Versammlungsleiter kann dies zum Problem werden, wenn die Aktionäre ihre Fragen vom Rednerpult zu Protokoll diktieren und dadurch übergebührlich viel Zeit in Anspruch nehmen.

---

[1240] Siehe *Herrler*, NJW 2018, 585 (586).

[1241] Vgl. zu den möglichen Haftungsrisiken im Zusammenhang mit Protokollfehlern *Harnos*, AG 2015, 732 (740 f.); zum Abstimmungsbedarf mit Versammlungsleiter und Verwaltung siehe *Sigel/Schäfer*, BB 2005, 2137 f.; siehe zu möglichen rechtlichen Problemen im Zusammenhang mit dem Abschluss der Hauptversammlungsniederschrift *Brambring*, in: FS Lüer, S. 161 ff.

[1242] Siehe BGH, Urt. v. 10.10.2017 – II ZR 375/15, NJW 2018, 52 (53).

[1243] Siehe BGH, Urt. v. 10.10.2017 – II ZR 375/15, NJW 2018, 52 (54 f.).

[1244] Siehe *Herrler*, in: Grigoleit, AktG, § 130 Rn. 36.

[1245] *Kubis*, in: MünchKomm. AktG, § 130 Rn. 57; a. A. *Herrler*, NJW 2018, 585 (586).

[1246] *Ziemons*, in: K. Schmidt/Lutter, AktG, § 130 Rn. 16; *J. Koch*, AktG, § 130 Rn. 18; a. A. *Herrler*, NJW 2018, 585 (586), der insoweit lediglich von einer beurkundungsverfahrensrechtlichen Verpflichtung zur Aufnahme in die Niederschrift ausgeht mit der Folge, dass ein Verstoß keine Nichtigkeitsfolgen aus §§ 241 Nr. 2 AktG i. V. m. § 130 Abs. 2 Satz 1 AktG auslösen kann.

[1247] *Herrler*, NJW 2018, 585 (586).

Richtigerweise muss der Versammlungsleiter die damit verbundene Hemmung der Versammlung nicht hinnehmen, sondern kann zur Abstimmung übergehen und den Aktionär anweisen, die Fragen unmittelbar beim protokollführenden Notar anzubringen.[1248]

### bb) Prüfungs- und Hinweispflichten des Notars

Auch wenn der Notar im Rahmen der Protokollerstellung für die Hauptversammlung nicht den weitreichenden Aufklärungs- und Beratungspflichten unterworfen ist wie bei der Beurkundung von Willenserklärungen nach § 17 BeurkG, geht die ganz herrschende Auffassung gleichwohl davon aus, dass den Notar jedenfalls Prüfungs- und Hinweispflichten in Bezug auf evidente Verstöße gegen das Gesetz oder die Satzung treffen.[1249] Dies folgt daraus, dass der Notar auch Organ der Rechtspflege ist und damit materiell rechtswidrigen Vorgängen nicht zur Durchsetzung verhelfen darf.[1250] Der Notar hat in Ausübung seiner Prüfungspflichten primär den formalen Ablauf des Hauptversammlungsgeschehens in den Blick zu nehmen.[1251] Die Prüfungs- und Hinweispflichten beziehen sich u. a. auf die Ordnungsmäßigkeit der Einberufung, die Zuständigkeit des Versammlungsleiters sowie das Abstimmungsverfahren und die Ermittlung des Abstimmungsergebnisses.[1252] Hinsichtlich der inhaltlichen Richtigkeit der Beschlussfassungen kann sich der Notar auf eine summarische Rechtmäßigkeitskontrolle beschränken.[1253] Er muss aber nicht die Stimmenauszählung überwachen, da dies in den alleinigen Aufgabenbereich des Versammlungsleiters fällt.[1254] Verstöße des Notars gegen die ihm obliegenden Prüfungspflichten können aufgrund einer darin liegenden vertraglichen Sorgfaltspflichtverletzung eine Haftung des Notars im Innenverhältnis gegenüber der Ge-

---

[1248] Zutreffend *Krieger*, in: FS Priester, S. 387 (401 f.).

[1249] OLG Düsseldorf, Urt. v. 28. 3. 2003 – 16 U 79/02, AG 2003, 510 (512); *Wicke*, in: Spindler/Stilz, BeckOGK AktG, § 130 Rn. 34; *Hoffmann-Becking*, in: MünchHdb. GesR AG, § 41 Rn. 19.

[1250] Siehe *Angerer/Backhaus*, AG 2022, 16 (20).

[1251] Vgl. OLG Düsseldorf, Urt. v. 28. 3. 2003 – 16 U 79/02, AG 2003, 510 (512).

[1252] Siehe dazu die detaillierte Aufzählung bei *Pöschke/Vogel*, in: ArbeitsHdb. HV, § 13 Rn. 28; zur Kontrollpflicht des Notars im Zusammenhang mit der Stimmenauszählung siehe *Tröger*, in: KölnKomm. AktG, § 133 Rn. 117.

[1253] *Angerer/Backhaus*, AG 2022, 16 (21); *Ziemons*, in: K. Schmidt/Lutter, AktG, § 130 Rn. 62; *Krieger*, ZIP 2002, 1597 (1601); *J. Koch*, AktG, § 130 Rn. 12.

[1254] *Hauschild/Zetsche*, AG 2020, 557 (564); *Krieger*, ZIP 2002, 1597 (1601); a. A. *Sigel/Schäfer*, BB 2005, 2137 (2141), die bei kleinem Aktionärskreis von einer Pflicht des Notars zur Überprüfung des Auszählungsprozesses ausgehen – dies überzeugt aber schon deswegen nicht, da der Pflichtenumfang des Notars nicht von dem Zuschnitt der Aktionärsstruktur abhängig sein kann,

sellschaft nach sich ziehen. Die Wirksamkeit der Beurkundung bleibt davon jedoch unberührt.[1255]

Der Notar muss den Versammlungsleiter zwar über festgestellte Mängel unmittelbar in Kenntnis setzen und ggf. auch auf diesen einwirken damit dieser entsprechende Maßnahmen zur Mängelbeseitigung ergreifen kann.[1256] Den Notar trifft aber keine Pflicht die Mängelbeseitigung selbst vorzunehmen oder einzuleiten.[1257] Gleichwohl ergibt sich aus der Prüfungsfunktion des Notars eine Überschneidung mit dem Kompetenzbereich des Versammlungsleiters, da letzterer ebenfalls für eine mangelfreie Abwicklung der Hauptversammlung Sorge zu tragen hat und im Hinblick auf die Stimmenauszählung auch einer Pflicht zur Evidenzkontrolle unterliegt.[1258] Der Notar muss daher darauf achten, sich keine Befugnisse des Versammlungsleiters im Verhältnis zur Hauptversammlung anzumaßen.[1259] Für den Fall, dass der Versammlungsleiter die Situation anders beurteilt und den Mängeln nicht abhilft, stellt sich die Frage, ob den Notar die Pflicht trifft, auch die Hauptversammlung über die festgestellten Unzulänglichkeiten in Kenntnis zu setzen.[1260] Dagegen spricht jedoch, dass der Notar damit zu weitgehend in die originäre Leitungskompetenz des Versammlungsleiters eingreifen würde. Denn als Ausfluss seiner autonomen Leitungskompetenz kann der Versammlungsleiter auch entscheiden dem vom Notar identifizierten Mangel, etwa aufgrund einer divergierenden rechtlichen Einschätzung, nicht abzuhelfen.[1261] Nur in seltenen Ausnahmefällen, wenn mit einem Beschluss erkennbar unerlaubte oder unredliche Zwecke verfolgt werden, ist der Notar dazu verpflichtet die Beurkundung nach Maßgabe von § 4 BeurkG i. V. m. § 14 Abs. 2 BNotO zu verweigern.[1262] Dem Notar steht aber kein Recht zu, die Beurkundung von anfechtbaren oder nichtigen Beschlüssen zu ver-

---

[1255] BGH, Urt. v. 16.2.2009 – II ZR 185/07, ZIP 2009, 460 (463); OLG Stuttgart, Urt. v. 10.11.2004 – 20 U 16/03, NZG 2005, 432 (437).

[1256] *Mülbert*, in: Großkomm. AktG, § 130 Rn. 42 f.; gegen eine Pflicht zur Einwirkung auf den Versammlungsleiter aber *Ziemons*, in: K. Schmidt/Lutter, AktG, § 130 Rn. 62.

[1257] *Wicke*, in: Spindler/Stilz, BeckOGK AktG, § 130 Rn. 37; *Hoffmann-Becking*, in: MünchHdb. GesR AG, § 41 Rn. 19; *Mülbert*, in: Großkomm. AktG, § 130 Rn. 42 f.; siehe auch *Butzke*, HV AG, N. Rn. 9, wonach eine Übernahme verfahrensleitender Maßnahmen durch den Notar jedoch auf Grundlage eines gesonderten Auftrags durch die Gesellschaft oder den Versammlungsleiter möglich ist.

[1258] Siehe oben 2. Kapitel F. IV. 8. b) aa) (S. 289 f.).

[1259] OLG Düsseldorf, Urt. v. 28.3.2003 – 16 U 79/02, NZG 2003, 816 (819); *Reul*, AG 2002, 543 (550); *Fleischhauer*, in: Zetsche, Virtuelle HV, S. 174 Rn. 230; *Sigel/Schäfer*, BB 2005, 2137 (2139 f.).

[1260] So *Priester*, DNotZ 2001, 661 (669).

[1261] Ebenso OLG Düsseldorf, Urt. v. 28.3.2003 – 16 U 79/02, NZG 2003, 816 (819); *Fleischhauer*, in: Zetsche, Virtuelle HV, S. 174 Rn 230; einschränkend *Butzke*, HV AG, N. Rn. 10 (Fn. 28), der sich für ein Einschreiten des Notars ausspricht, sofern es um eine grobe Benachteiligung von Minderheitsaktionären geht.

[1262] *Kubis*, in: MünchKomm. AktG, § 130 Rn. 45.

weigern, da er ansonsten in das aktienrechtliche Beschlussmängelsystem eingreifen würde.[1263]

### *b) Teilnehmerverzeichnis*

Wie bereits ausgeführt, ist der Versammlungsleiter zu einer ordnungsgemäßen Führung des Teilnehmerverzeichnisses verpflichtet.[1264] Diese Verpflichtung des Versammlungsleiters überschneidet sich mit dem Kompetenzbereich des Notars insoweit, als dass letzterer das Teilnehmerverzeichnis zumindest einer Plausibilitätsprüfung zu unterziehen hat.[1265] Der Notar fungiert in diesem Zusammenhang demnach als eine zweite Kontrollinstanz neben dem Versammlungsleiter. Auch daraus ergibt sich ein Abstimmungsbedarf zwischen Notar und Versammlungsleiter.

### *c) Abstimmungsbedarf zwischen Versammlungsleiter und Notar im Rahmen der virtuellen Hauptversammlung*

Im Rahmen der Corona-HV und der virtuellen HV-RefE besteht ebenfalls eine Präsenzpflicht des Notars.[1266] Auch ansonsten sehen weder das COVID-19-Gesetz noch der RefE für die virtuelle HV Besonderheiten hinsichtlich der Beurkundungserfordernisse, dem Beurkundungsverfahren oder den Protokollinhalten vor. Dennoch hat die Digitalisierung von Hauptversammlungen auch Auswirkungen auf die notarielle Praxis. Elektronisch teilnehmende bzw. virtuell zugeschaltete Aktionäre (§ 129 Abs. 1 Satz 3 AktG-RefE) gelten als „*erschienen*“ i. S. v. §§ 121 Abs. 6, 129 Abs. 1 Satz 2 AktG und sind demgemäß rechtlich wie Präsenzaktionäre zu behandeln.[1267] Der Notar muss daher in dem Protokoll auch Feststellungen zur Identität der elektronisch teilnehmenden Aktionäre treffen.[1268] Insoweit ist er auf die informative Rückkopplung mit dem Versammlungsleiter angewiesen, da dieser für die Überwachung des ordnungsgemäßen Identifikations- und Anmeldeprozesses verantwortlich ist.[1269] Darüber hinaus muss sich der Notar auch ganz grundsätzlich mit der Funktionsweise des Online-Portals vertraut machen und sollte sich dazu vom

---

[1263] Ebenso *Butzke*, HV AG, N. Rn. 12; a. A. *Kubis*, in: MünchKomm. AktG, § 130 Rn. 45, der dem Notar das Recht zugesteht in Fällen evidenter Nichtigkeit die Mitwirkung zu verweigern.

[1264] Siehe oben 2. Kapitel F. IV. 4. a) (S. 221 f.).

[1265] *Wicke*, in: Spindler/Stilz, BeckOGK AktG, § 129 Rn. 21; *Mülbert*, in: Großkomm. AktG, § 129 Rn. 50 f.; a. A. *Marsch-Barner/von der Linden*, in: Marsch-Barner/Schäfer, Hdb. börsennotierte AG, § 35 Rn. 42; siehe zu den Prüfungs- und Überwachungspflichten des Notars auch *Hoffmann-Becking*, in: MünchHdb. GesR AG, § 41 Rn. 19 f.

[1266] Siehe oben unter 1. Kapitel E. III. (S. 64).

[1267] *Drinhausen*, in: Hölters AktG, § 118 Rn. 17; *Wicke*, in: Spindler/Stilz, BeckOGK AktG, § 130 Rn. 13; *Wälzholz/Bayer*, DNotZ 2020, 285 (287).

[1268] *Wälzholz/Bayer*, DNotZ 2020, 285 (287).

[1269] Siehe oben unter 2. Kapitel F. III. 3. b) bb) (S. 207).

Versammlungsleiter oder von anderen zuständigen Mitarbeitern der Gesellschaft die entsprechenden Abläufe erklären lassen.[1270]

## V. Delegationsfähigkeit der Kompetenzen des Versammlungsleiters

Im Zusammenhang mit den Kompetenzen des Versammlungsleiters stellt sich die Frage, ob und in welchem Umfang der Versammlungsleiter diese an die Hauptversammlung und/oder Hilfskräfte delegieren kann.

### 1. Übertragung von Leitungskompetenzen auf die Hauptversammlung

Fraglich ist, ob und in welchem Umfang der Versammlungsleiter die ihm zustehenden originären Kompetenzen an die Hauptversammlung delegieren kann.[1271] Es zeigt sich hier ein differenziertes Meinungsbild. Nach einigen Stimmen in der Literatur soll eine solche Delegationsmöglichkeit grundsätzlich ohne Einschränkung bestehen mit der Folge, dass der Versammlungsleiter an den entsprechenden Mehrheitsbeschluss der Hauptversammlung gebunden ist, sofern dieser nicht wegen Verstoßes gegen zwingendes Verfahrensrecht rechtswidrig ist.[1272] Teilweise wird die Einschränkung gemacht, dass es sich bei den zu delegierenden Kompetenzen nicht ausschließlich um Rechtsfragen, wie etwa bei Entscheidungen zur Legitimation der Aktionäre oder zur Reichweite von Stimmrechtsvollmachten, handeln dürfe, da man den Erkenntnisvorsprung des Versammlungsleiters in diesen Fällen nicht durch eine Abstimmung in der Hauptversammlung aufs Spiel setzen dürfe.[1273] Andere erkennen eine Delegationsbefugnis des Versammlungsleiters nur insoweit an, als es sich um Ordnungsmaßnahmen handelt.[1274] Ein gewichtiger Stimmenanteil lehnt insgesamt

---

[1270] Siehe *Hauschild/Zetsche*, AG 2020, 557 (558), wonach sich eine Abstimmung zwischen Notar und Versammlungsleiter auch dann als zweckmäßig erweisen kann, wenn sich die Zusammenführung der über verschiedene Medien abgegebenen Briefwahlstimmen sehr zeitaufwendig gestaltet.

[1271] Siehe auch BGH, Urt. v. 11. 11. 1965 – II ZR 122/63, WM 1965, 1207 f., der diese Frage ausdrücklich offenlässt; ebenso BGH, Urt. v. 11. 11. 1965 – II ZR 122/63, NJW 1966, 43 (44).

[1272] Dafür *Martens*, WM 1981, 1010 (1012 f.).

[1273] *Kubis*, in: MünchKomm. AktG, § 119 Rn. 128 (Fn. 491); ähnlich *Sauerwald*, VersL im AktR, S. 278, der zwischen delegierbaren Zweckmäßigkeitsentscheidungen und nicht delegierbaren rechtlichen Geschäftsordnungsmaßnahmen des Versammlungsleiters differenziert; nach *Zetsche*, in: KölnKomm. AktG, Anh. § 119 Rn. 9 soll eine Delegation von Ordnungsmaßnahmen und Kernaufgaben des Versammlungsleiters unzulässig sein – insoweit bleibt aber die Frage offen, wie der Kernbereich des Versammlungsleiters genau zu definieren ist.

[1274] Dafür *Max*, AG 1991, 77 (92 f.), der aber von einer Delegation aufgrund der damit verbundenen Verzögerungen abrät.

die Zulässigkeit zur Delegation von Kompetenzen des Versammlungsleiters an die Hauptversammlung ab.[1275]

Nach der hier vertretenen Auffassung ist der Versammlungsleiter ein mit eigenen Rechten und Pflichten ausgestattetes Organ der Gesellschaft, das nicht lediglich Teil der Hauptversammlung ist, sondern dieser selbständig gegenübersteht.[1276] Der Versammlungsleiter hat die Hoheit über den prozeduralen Rahmen der Hauptversammlung. Die der Durchführung der Hauptversammlung dienenden Leitungskompetenzen des Versammlungsleiters sind organgebundene Rechte und entziehen sich einer Übertragung auf ein anderes Organ. Dagegen lässt sich auch nicht anführen, dass nicht alle Leitungsaufgaben höchstpersönlich durch den Versammlungsleiter ausgeübt werden müssen und er auf Hilfskräfte zurückgreifen kann. Denn insoweit geht es lediglich um unterstützende Tätigkeiten bei der Vollziehung von Leitungskompetenzen, nicht hingegen um eine Delegation organeigener Entscheidungskompetenzen. Auch bei einer temporären Übertragung auf einen Interimsleiter entledigt sich der Versammlungsleiter nicht seiner rechtlichen Entscheidungskompetenz, da sich die Entscheidungsbefugnis des temporär die Versammlungsleitung übernehmenden Leiters auf reine Hilfstätigkeiten beschränkt.[1277] Schließlich unterscheidet sich eine Delegation von Befugnissen an die Hauptversammlung auch von dem Fall, in dem es zu einer Aufspaltung der Versammlungsleitung etwa dadurch kommt, dass der primär verantwortliche Versammlungsleiter die Hauptversammlung zu einem bestimmten Tagesordnungspunkt aufgrund von Befangenheit nicht selbst leiten kann und die Leitung punktuell durch eine andere Person erfolgt. Auch insoweit geht es nicht um eine Delegation von Leitungskompetenzen an ein anderes Organ, sondern um die Ausübung der Versammlungsleitung durch zwei verschiedene Organwalter.[1278] Aufgrund der selbständigen Organstellung des Versammlungsleiters kann eine Kompetenz der Hauptversammlung zur Entscheidung in originären Angelegenheiten der Versammlungsleitung auch nicht mit ihrem Selbstorganisationsrecht begründet werden.

Eine Delegation von Befugnissen an die Hauptversammlung würde zudem mit der Verpflichtung des Versammlungsleiters, als neutrale Instanz auch für einen Schutz der Minderheitsaktionäre zu sorgen, in Konflikt geraten, da die Hauptversammlungsmehrheit die übertragenen Leitungsbefugnisse zum Nachteil der Hauptversammlungsminderheit ausüben könnte.[1279] Die Delegation von Leitungskompetenzen an die Hauptversammlung birgt daher auch das Risiko, dass die Neutralität und auch die Autorität des Amtes der Versammlungsleitung Schaden nimmt.

---

[1275] *Ziemons*, in: K. Schmidt/Lutter, AktG, § 129 Rn. 72; *Wicke*, in: Spindler/Stilz, BeckOGK AktG, § 129 Rn. 49; *Dietrich*, NZG 1998, 921 (923); *Kuhn*, WM 1966, 50 (57 f.); *Hoffmann-Becking*, in: MünchHdb. GesR AG, § 37 Rn. 48; ebenso in Bezug auf Ordnungsmaßnahmen *Schmid*, in: Ziemons/Binnewies, Handb. AG, I. Teil Rn. 10.816.

[1276] Siehe oben unter 2. Kapitel D. IV. (S. 122 ff.).

[1277] Siehe dazu oben unter 2. Kapitel C. I. 2. a) dd) (S. 99).

[1278] Siehe dazu oben unter 2. Kapitel E. III. 2. (S. 169 f.).

[1279] Zutreffend *Dietrich*, NZG 1998, 921 (923).

Der Versammlungsleiter wäre überdies gezwungen, bei jeder Leitungsmaßnahme spontan zu prüfen und zu entscheiden, ob diese übertragbar ist oder nicht, was angesichts fehlender klarer Leitlinien in dieser Frage eine rechtssichere Versammlungsleitung signifikant erschweren würde.[1280] Bei der in der Literatur zum Teil vertretenen Auffassung, wonach lediglich Ordnungsmaßnahmen übertragbar sein sollen[1281], ließe sich in Grenzfällen nicht immer verlässlich bestimmen, ob es sich um eine „normale" Leitungsmaßnahme, die der sachgemäßen Abwicklung der Hauptversammlung dient, oder bereits um eine Ordnungsmaßnahme, die der Sicherung eines geordneten Verfahrensablaufs dient[1282], handelt. Unklar wäre auch, welche rechtlichen Auswirkungen die Delegation der Entscheidungskompetenz an das Plenum haben soll, insbesondere, ob sich der Versammlungsleiter eine rechtswidrige Entscheidung des Plenums zurechnen lassen müsste mit der Folge eines daraus resultierenden persönlichen Haftungsrisikos.[1283] Nicht gefolgt werden kann auch der teilweise befürworteten Einschränkung, eine Delegation dann zuzulassen, wenn der Versammlungsleiter davon ausgehen kann, dass die Hauptversammlung keine die Aktionärsminderheit beeinträchtigende Entscheidung trifft.[1284] Richtig ist zwar, dass die Unabhängigkeit der Versammlungsleitung auch dem Schutz der Aktionärsminderheit dient. Darin erschöpft sie sich jedoch nicht. Der Versammlungsleiter hat vor allem auch die Funktion einer von der Hauptversammlung unabhängigen Leitungsinstanz. Dies setzt aber voraus, dass die originären Kompetenzen des Versammlungsleiters diesem unentziehbar zur Verfügung stehen und auch nicht disponibel sind.

Eine Delegationsfähigkeit der originären Kompetenzen des Versammlungsleiters ist daher im Ergebnis abzulehnen. Die Annahme, dass der Versammlungsleiter seine Kompetenzen an die Hauptversammlung delegieren könne, ist mit dessen Rechtsstellung als unabhängiges Leitungsorgan nicht in Einklang zu bringen und überdies mit erheblichen Rechtsunsicherheiten verbunden. Eine unverbindliche Meinungsbefragung des Plenums kann der Versammlungsleiter hingegen jederzeit vornehmen, wobei er aber stets verpflichtet bleibt eine eigene Entscheidung zu treffen.[1285]

---

1280 So auch *Dietrich*, NZG 1998, 921 (923), der die kritische Folgefrage aufwirft, ob im Falle der Anerkennung der Delegationsfähigkeit bei bestimmten besonders einschneidenden Maßnahmen gar von einer Delegationspflicht des Versammlungsleiters ausgegangen werden müsste.

1281 Siehe *Max*, AG 1991, 77 (92 f.).

1282 Siehe zu dieser Unterscheidung *Kubis*, in: MünchKomm. AktG, § 119 Rn. 132.

1283 Für die Zurechenbarkeit eines aus der Beschlussfassung der Hauptversammlung resultierenden Verfahrensfehlers mit der Folge einer Beschussanfechtbarkeit sich aussprechend *Kubis*, in: MünchKomm. AktG, § 119 Rn. 128.

1284 Dafür aber *Mülbert*, in: Großkomm. AktG, § 129 Rn. 131; ebenso *Niemz*, VL im AktR, S. 133.

1285 Siehe BGH, Urt. v. 11. 11. 1965 – II ZR 122/63, WM 1965, 1207; BGH, Urt. v. 11. 11. 1965 – II ZR 122/63, NJW 1966, 43 (44); *Hoffmann-Becking*, in: MünchHdb. GesR AG, § 37 Rn. 48; *Höreth/Linnerz*, Anträge in der HV, S. 12.

### 2. Einsatz von Hilfskräften

#### *a) Grundsätze*

Auch wenn der Versammlungsleiter seine Aufgaben nicht delegieren und sich folgerichtig bei der Ausübung seines Amtes grundsätzlich auch nicht durch Dritte vertreten lassen kann[1286], kann er sich im Einzelfall zur Erfüllung der ihm obliegenden Pflichten und zwecks Durchführung der von ihm angeordneten Maßnahmen doch weiterer Hilfskräfte bedienen, wenn und soweit dies für eine sachgemäße Abwicklung der Hauptversammlung erforderlich ist.[1287] Bei den Hilfskräften kann es sich um Mitarbeiter der Gesellschaft oder um externe Personen handeln.[1288] Die Hinzuziehung von Hilfspersonen ist für den Versammlungsleiter insbesondere möglich im Zusammenhang mit der Legitimationsprüfung der Teilnahmerechte, bei der Durchführung und/oder Überprüfung von Sicherheitskontrollen im Eingangsbereich, bei der Überprüfung der Stimmenauszählung und Funktionsfähigkeit der elektronischen Systeme sowie bei der Erstellung der Niederschrift, sofern diese nach Maßgabe von § 130 Abs. 1 Satz 3 AktG im Verantwortungsbereich des Versammlungsleiters und nicht des Notars liegt.[1289] In bestimmten Fällen kann auch eine Pflicht zum Einsatz von Hilfspersonen bestehen, so etwa dann, wenn der Versammlungsleiter der deutschen Sprache nicht mächtig ist und er auf einen Simultan-Dolmetscher zurückgreifen muss.[1290] Auch ein nur temporär tätiger Interimsleiter ist aufgrund seiner nur eingeschränkten Leitungsbefugnisse letztlich als eine Hilfskraft des Versammlungsleiters zu qualifizieren.[1291]

#### *b) Differenzierung zwischen höchstpersönlichen Rechtsentscheidungen und Vollzugshandlungen*

Ob eine Hinzuziehung von Hilfskräften im Einzelfall zulässig ist, erfordert eine Einzelfallbetrachtung und muss unter Berücksichtigung der in Rede stehenden Maßnahme entschieden werden. Das primäre Abgrenzungskriterium muss dabei sein, ob sich der Versammlungsleiter durch den Einsatz von Hilfskräften einer eigenen Sach- oder Rechtsentscheidung entledigt oder ob er lediglich den Vollzug

---

[1286] *Wicke*, in: Spindler/Stilz, BeckOGK AktG, § 129 Rn. 49; *Herrler*, in: Grigoleit, AktG, § 129 Rn. 43; *Ziemons*, in: K. Schmidt/Lutter, AktG, § 129 Rn. 71.

[1287] *Wicke*, in: Spindler/Stilz, BeckOGK AktG, § 129 Rn. 49; *Kocher/Feigen*, NZG 2015, 620 (621); *Gehling*, in: ArbeitsHdb. HV, § 9 Rn. 256; *Schwartzkopff*, HV, 3. Kap. Rn. 315.

[1288] *Marsch-Barner/von der Linden*, in: Marsch-Barner/Schäfer, Hdb. börsennotierte AG, § 35 Rn. 25.

[1289] *Kubis*, in: MünchKomm. AktG, § 119 Rn. 131; *Ziemons*, in: K. Schmidt/Lutter, AktG, § 129 Rn. 71; *Mülbert*, in: Großkomm. AktG, § 129 Rn. 132; *Blanke*, BB 1994, 1505 (1510); zur Zulässigkeit des Einsatzes von Hilfspersonen durch den Hauptversammlungsnotar siehe *Reul/Zetsche*, AG 2007, 561 (567 f.).

[1290] Siehe dazu bereits die Ausführungen unter 2. Kapitel C. II. 2. a) (S. 118).

[1291] Siehe dazu oben unter 2. Kapitel C. I. 2. a) dd) (S. 98 f.).

einer Maßnahme überantwortet.[1292] Maßnahmen, die einer vorherigen Ermessensausübung durch den Versammlungsleiter bedürfen, sind der erstgenannten Fallgruppe zuzuordnen und können daher nicht übertragen werden. Bei Ordnungsmaßnahmen wie Redezeitbeschränkungen oder Saalverweisen muss sich der Einsatz von Hilfskräften daher auf den Vollzug der Maßnahme, etwa das Abschalten des Mikrofons, das Hinausbefördern aus dem Versammlungssaal oder die Unterbrechung der Videokommunikation beschränken.

Gleiches muss konsequenterweise auch für sonstige Leitungsentscheidungen gelten, die eine Ermessensentscheidung des Versammlungsleiters erfordern. Dazu gehört etwa die Festlegung der Reihenfolge der Tagesordnungspunkte, die Gestattung der Erörterung nicht angekündigter Angelegenheiten, die Unterbrechung der Hauptversammlung sowie die Festlegung des Abstimmungsverfahrens.[1293] Zulässig – und bei Hauptversammlungen von Publikumsaktiengesellschaften in der Regel auch unabdingbar – ist der Einsatz von Hilfskräften bei solchen Leitungsmaßnahmen, die keine höchstpersönliche Entscheidung des Versammlungsleiters erfordern bzw. bei denen eine solche nicht gesetzlich vorgegeben ist.[1294] Zu denken ist insoweit an die bei der Einlasskontrolle zu treffende Entscheidung bezüglich der Zulassung eines teilnahmeberechtigten Aktionärs oder die Frage des Vorliegens von Stimmrechtsverboten. Etwas anderes kann aber auch hier gelten, wenn der zugrundeliegende Sachverhalt unklar ist, etwa weil die Teilnahmeberechtigung durch einen Aktionär oder das Vorliegen eines Stimmrechtsverbotes nicht zweifelsfrei nachgewiesen werden kann.[1295] Die Entscheidung, ob der betreffende Aktionär in Ansehung dieser Unsicherheiten bezüglich seiner Legitimation zur Hauptversammlung zugelassen wird bzw. sein Stimmrecht ausüben kann, kann dann nur vom Versammlungsleiter selbst getroffen werden.[1296] Unproblematisch möglich ist eine Delegation aber dann, wenn es um rein faktische Tätigkeiten wie etwa das Einsammeln und Auszählen von Stimmzetteln oder das Verlesen der Tagesordnung geht.

### *c) Zurechenbarkeit des Fehlverhaltens von Hilfskräften*

Sofern der Versammlungsleiter sich interner oder externer Hilfskräfte bedient und diese selbst ausgewählt hat, muss er sich grundsätzlich auch deren Handlungen und schuldhafte Pflichtverletzungen nach Maßgabe von § 278 BGB zurechnen lassen, da die Hilfskräfte insoweit im Pflichtenkreis des Versammlungsleiters tätig werden.[1297] Daneben kommt auch ein Verschulden des Versammlungsleiters selbst in Betracht,

[1292] Zutreffend auf diese Differenzierung abhebend *Kocher/Feigen*, NZG 2015, 620 (621).

[1293] *Kocher/Feigen*, NZG 2015, 620 (622).

[1294] *Kocher/Feigen*, NZG 2015, 620 (622 f.).

[1295] Siehe *U. H. Schneider*, AG 2021, 58 (63).

[1296] So auch *Kocher/Feigen*, NZG 2015, 620 (622).

[1297] Siehe *Kubis*, in: MünchKomm. AktG, § 119 Rn. 131, wonach die Entscheidungen derartiger Hilfskräfte stets im Namen des Versammlungsleiters ergehen; ebenso *Sauerwald*, VersL im AktR, S. 243.

wenn er bei der Auswahl der Hilfskräfte nicht die erforderliche Sorgfalt hat walten lassen. Eine Zurechnung von Fehlverhalten der Hilfskräfte erscheint jedoch in solchen Fällen unbillig, in denen die Gesellschaft die Hilfskräfte auswählt und der Versammlungsleiter hierauf keinen Einfluss hat.[1298] Zwar ist der Versammlungsleiter auch darauf angewiesen, dass die Gesellschaft bestimmte Hilfskräfte im Vorfeld der Hauptversammlung gewissenhaft ausbildet und auswählt.[1299] Bei einer einschränkungslosen Zurechenbarkeit des Fehlverhaltens dieser Hilfskräfte würde sich das persönliche Haftungsrisiko des Versammlungsleiters jedoch nahezu uferlos potenzieren.[1300]

Soweit *Niemz* eine Zurechenbarkeit des Verschuldens von Hilfskräften kategorisch mit der Begründung ausschließt, dass diese stets und ausschließlich im Pflichtenkreis der Gesellschaft tätig werden[1301], erscheint dies zu undifferenziert. So wäre kaum begründbar, dass etwa externe Hilfskräfte, die von einem ebenfalls externen professionellen Versammlungsleiter für Zwecke der Erfüllung des mit der Gesellschaft geschlossenen Geschäftsbesorgungsvertrags (§ 675 BGB) von diesem ausgesucht und eingesetzt werden ausschließlich im Pflichtenkreis der Gesellschaft tätig sein sollen. Näher liegt es daher, für die Frage der Zurechenbarkeit nach dem jeweiligen Kontext zu unterscheiden, in dem die Hilfskraft eingesetzt wird. So ist bei Hilfskräften im Zusammenhang mit der Einlasskontrolle eine Zurechnung von Fehlverhalten an den Versammlungsleiter in der Regel ausgeschlossen, da die organisatorische Verantwortung für die Bereitstellung des Personals insoweit beim Vorstand liegt.[1302] Gleiches gilt im Rahmen der Überprüfung der Zugangsberechtigung und der Stimmenauszählung.[1303] Aufgrund der diesbezüglichen organisatorischen Vorrangzuständigkeit des Vorstands kann auch der Annahme von *Mülbert* und *Kubis*, dass das eingesetzte Sicherheitspersonal im Namen des Versammlungsleiters tätig werde und dessen Handlungen dem Versammlungsleiter zuzurechnen seien[1304], nicht gefolgt werden. Zudem wäre mit der Zurechenbarkeit des Fehlverhaltens sämtlicher Hilfskräfte ein unüberschaubares Haftungsrisiko für den Versammlungsleiter verbunden.

Eine Zurechnung des Fehlverhaltens von Rechtsberatern an den Versammlungsleiter kommt grundsätzlich nicht in Betracht, da diese im Interesse der Ge-

[1298] *Theusinger/Schilha*, BB 2015, 131 (140), die zutreffend darauf hinweisen, dass dies insbesondere dann der Fall ist, wenn der Versammlungsleiter aufgrund einer ad hoc-Wahl der Hauptversammlung in sein Amt gelangt.

[1299] *Theusinger/Schilha*, BB 2015, 131 (140).

[1300] Siehe ausführlich zur Haftung des Versammlungsleiters sogleich unter 3. Kapitel (S. 315 ff.).

[1301] *Niemz*, VL im AktR, S. 171.

[1302] *Butzke*, HV AG, C. Rn. 31; *Bezzenberger*, ZGR 1998, 352 (360); *Sauerwald*, VersL im AktR, S. 72; siehe auch *Drinkuth/Heider*, in: FS 25 Jahre WpHG, S. 237 (241).

[1303] Siehe oben unter 2. Kapitel F. IV. 8. b) aa) (S. 290).

[1304] *Mülbert*, in: Großkomm. AktG, § 129 Rn. 140; *Kubis*, in: MünchKomm. AktG, § 119 Rn. 131.

sellschaft tätig werden. Insoweit kann nichts anderes gelten als für Vorstandsmitglieder.[1305] Etwas anderes ergibt sich aber dann, wenn der Versammlungsleiter einen externen Berater selbst ausgesucht und beauftragt hat. *Heidel* billigt dem Versammlungsleiter gegen die Gesellschaft gar einen Anspruch darauf zu, dass eine juristisch versierte Person seines Vertrauens in seiner Nähe verfügbar ist.[1306] Dem ist zuzustimmen. Der Versammlungsleiter muss sich als unabhängiges Leitungsorgan nicht auf die Rechtsberater des Vorstands und des Aufsichtsrats verweisen lassen. Die Tatsache, dass der Versammlungsleiter einen Anspruch darauf hat einen Rechtsberater seines persönlichen Vertrauens hinzuzuziehen, streitet aber gleichzeitig dafür, diesen Rechtsberater als Hilfsperson des Versammlungsleiters einzuordnen. Daran ändert auch der Umstand nichts, dass die Kosten für eingesetzte Berater üblicherweise von der Gesellschaft getragen werden, da es für die Anwendung des § 278 BGB allein darauf ankommt, dass der Versammlungsleiter die Hilfskraft in seinem rechtlichen Pflichtenkreis einsetzt.[1307] Die Richtigkeit dieses Befundes wird besonders anschaulich, wenn es sich um einen professionellen externen Versammlungsleiter handelt, der anders als der Aufsichtsratsvorsitzende nicht in die Gesellschaft eingebunden ist und die Versammlungsleitung in Erfüllung eines entgeltlichen Geschäftsbesorgungsvertrages übernimmt. Auch in diesem Fall ist ein vom Versammlungsleiter hinzugezogener Rechtsberater (etwa ein Kollege der gleichen Anwaltsgesellschaft) ersichtlich als Hilfskraft des Versammlungsleiters und nicht der Gesellschaft zu qualifizieren.[1308]

---

[1305] Vgl. BGH, Urt. v. 20.9.2011 – II ZR 234/09, NZG 2011, 1271 (1273), wonach die beauftragten Rechtsberater typischerweise im Pflichtenkreis der Gesellschaft und nicht des Vorstands tätig werden.

[1306] *Heidel*, in: Heidel, AktienR u. KapitalmarktR, Vor §§ 129 – 132 AktG Rn. 15.

[1307] Vgl. *Grundmann*, in: MünchKomm. BGB, § 278 Rn. 20.

[1308] Siehe auch *E. Vetter*, in: FS Bergmann, S. 799 (817).

*3. Kapitel*

# Das Haftungsregime der Versammlungsleitung

Die persönliche haftungsrechtliche Verantwortlichkeit der handelnden Organe einer Aktiengesellschaft ist in den letzten Jahren verstärkt in den Fokus der rechtswissenschaftlichen Diskussion gerückt.[1] Neben dem schwerpunktmäßig diskutierten Themenbereich der Organhaftung von Vorstand und Aufsichtsrat, erfuhr auch die Frage der persönlichen Haftung des Versammlungsleiters eine zunehmende Aufmerksamkeit. Wie die bisherige Untersuchung gezeigt hat, können bereits kleine Fehler bei der Versammlungsleitung zur Beschlussanfechtbarkeit und in der Folge zu erheblichen wirtschaftlichen Schäden für die betroffene Gesellschaft führen. Ein solcher kausaler Schaden kann vor allem in den entstehenden Prozesskosten für gerichtliche Beschlussmängelverfahren, zusätzlichen Aufwendungen für eine notwendig werdende Wiederholung der Hauptversammlung[2] oder in wirtschaftlichen Nachteilen bzw. entgangenen Gewinnen (§ 252 BGB) bestehen, die sich daraus ergeben, dass wichtige Strukturmaßnahmen nicht oder nur verspätet umgesetzt werden können.[3]

Die Frage, ob der Versammlungsleiter für die finanziellen Folgen fehlerhafter Leitungsmaßnahmen haftungsrechtlich verantwortlich ist, wurde in Literatur und Rechtsprechung lange Zeit kaum problematisiert. Die Rechtsprechung hat erstmalig durch ein Urteil des LG Ravensburg[4] zu dieser Frage Stellung bezogen. Das LG Ravensburg hat die Haftung eines Aufsichtsratsmitglieds, das die Versammlungsleitung in satzungswidriger Weise übernommen hatte, was zum Abbruch der

---

[1] Vgl. nur *Bayer*, NJW 2014, 2546 ff.; *Bachmann*, in: Gutachten zum 70. Deutschen Juristentag, E 1 (E 9 ff.); *Wagner*, ZHR (178) 2014, 227 ff.; zu den Folgen bei Verfahrensfehlern des Versammlungsleiters im Zusammenhang mit der Abstimmung über die Entlastung des Aufsichtsrats siehe bereits *Brox*, DB 1965, 731 (734 f.) und daran anknüpfend *Brox*, DB 1965, 1203 f.

[2] *Marsch-Barner*, in: FS Brambring, S. 267 (281); siehe zu den Kosten der Hauptversammlung *Loitz*, DB 2014, 133 (136).

[3] *Theusinger/Schilha*, BB 2015, 131 (135); *von der Linden*, EWiR 2014, 551 f.; *Schürnbrand*, NZG 2014, 1211 (1213); *Drinhausen/Marsch-Barner*, AG 2014, 757 (766 ff.); ebenso *Sauerwald*, VersL im AktR, S. 403 f., wonach sämtliche dieser Schadenspositionen dem Versammlungsleiter im Falle rechtswidriger Leitungsmaßnahmen haftungsrechtlich zurechenbar sind; a. A. *E. Vetter*, in: FS Bergmann, S. 799 (820), der eine haftungsrechtliche Relevanz von auf Leitungsentscheidungen des Versammlungsleiters basierender Beschlussanfechtungen ohne nähere Begründung ablehnt.

[4] LG Ravensburg, Urt. v. 8. 5. 2014 – 7 O 51/13 KfH 1, AG 2014, 910.

Hauptversammlung geführt hatte, abgelehnt.[5] Das Gericht führt aus, dass eine Organhaftung als Aufsichtsratsmitglied nach Maßgabe von §§ 93 Abs. 2, 116 Satz 1 AktG nicht in Betracht komme, da die Versammlungsleitung nicht zum gesetzlichen Pflichtenkreis des Aufsichtsrats gehöre und dem Versammlungsleiter selbst keine Organqualität zukomme.[6] Nach Auffassung des Gerichts gehört auch die Bestimmung eines Mitglieds des Aufsichtsrats zum Versammlungsleiter nicht zur Sphäre des Organs Aufsichtsrat, sondern stellt eine der Übernahme der Versammlungsleitung vorgelagerte und damit von der Aufsichtsratstätigkeit zu trennende Aufgabe dar, für die kein anderes Haftungssystem gelte als für die Ausübung der Versammlungsleitung selbst.[7] Eine schuldrechtliche Haftung des Versammlungsleiters nach § 280 Abs. 1 BGB lehnt das Gericht mit der nicht näher begründeten Annahme ab, dass durch die Übernahme der Versammlungsleitung ein haftungsbegründendes Schuldverhältnis nicht zur Entstehung gelange.[8] Eine deliktische Haftung nach Maßgabe von § 826 Abs. 1 BGB hält das Gericht zwar grundsätzlich für möglich, verneint aber in dem zur Entscheidung stehenden Fall die Voraussetzungen einer vorsätzlichen sittenwidrigen Schädigung.[9] Im Anschluss an das Urteil des LG Ravensburg hat sich in der rechtswissenschaftlichen Literatur eine breite rechtsdogmatische Diskussion hinsichtlich der Voraussetzungen und Grenzen einer persönlichen Haftung des Versammlungsleiters entsponnen, die im Folgenden eingehend dargestellt und kritisch untersucht werden soll.

## A. Überblick über die haftungsrelevanten Pflichtverletzungen des Versammlungsleiters

Die bisherige Untersuchung hat gezeigt, dass mit dem Amt des Versammlungsleiters ein umfangreicher Aufgabenkatalog verbunden ist. Davon ausgehend gibt die nachfolgende Darstellung einen sich an dem chronologischen Ablauf der Hauptversammlung orientierenden Überblick über mögliche Pflichtverletzungen des Versammlungsleiters, die im Hinblick auf eine persönliche Haftung desselben von besonderer Bedeutung sind. Darüber hinaus können die Pflichtverletzungen des Versammlungsleiters aber auch für die Gesellschaft eine haftungsbegründende Wirkung haben. Da es sich bei dem Versammlungsleiter nach der hier vertretenen Auffassung um ein eigenständiges Organ handelt, das die Gesellschaft im Rahmen der Hauptversammlung bei der Anordnung von Leitungsmaßnahmen und in Ausübung des Hausrechts nach innen und nach außen vertritt, muss sich die Gesellschaft

[5] LG Ravensburg, Urt. v. 8.5.2014 – 7 O 51/13 KfH 1, AG 2014, 910.

[6] LG Ravensburg, Urt. v. 8.5.2014 – 7 O 51/13 KfH 1, AG 2014, 910f.

[7] LG Ravensburg, Urt. v. 8.5.2014 – 7 O 51/13 KfH 1, AG 2014, 910 (911).

[8] LG Ravensburg, Urt. v. 8.5.2014 – 7 O 51/13 KfH 1, AG 2014, 910 (911).

[9] LG Ravensburg, Urt. v. 8.5.2014 – 7 O 51/13 KfH 1, AG 2014, 910 (911).

etwaige Pflichtverletzungen des Versammlungsleiters in entsprechender Anwendung von §§ 31, 89 BGB zurechnen lassen.[10]

## I. Unzulässige Übernahme der Versammlungsleitung

Die Unzulässigkeit der Übernahme der Versammlungsleitung kann einmal daraus folgen, dass die Amtsausübung durch eine dafür inkompatible Person, wie etwa ein Vorstandsmitglied, erfolgt.[11] Sie kann ihre Ursache aber auch darin haben, dass die Versammlungsleitung durch eine von der Hauptversammlung berufene Person übernommen wird, die nicht die für eine Bestellung erforderliche Stimmenmehrheit erhalten hat.[12] Die unzulässige Übernahme der Versammlungsleitung führt zur Anfechtbarkeit sämtlicher Beschlüsse, die unter der Leitung des unbefugten Versammlungsleiters getroffen werden.[13] Daraus kann sich eine Regresshaftung des Versammlungsleiters gegenüber der Gesellschaft ergeben, wenn der Gesellschaft infolge der Beschlussanfechtung Schäden entstehen.

## II. Pflichtwidrige Einberufung oder Absage der Hauptversammlung

Der Gesellschaft steht nach Maßgabe von § 121 Abs. 2 Satz 3 AktG die Möglichkeit offen, den Versammlungsleiter im Wege einer entsprechenden Satzungsbestimmung zur Einberufung der Hauptversammlung zu ermächtigen. Pflichtwidrig verhält sich der Versammlungsleiter, wenn er die Hauptversammlung einberuft, ohne dafür zuständig zu sein, wenn er eine ihm obliegende Einberufung der Hauptversammlung unterlässt oder wenn eine durch ihn erfolgte Einberufung inhaltliche Mängel aufweist. Gleiches gilt bei Fehlern im Zusammenhang mit der Absage der Hauptversammlung, insbesondere bei Missachtung der an die Rechtzeitigkeit der Absage zu stellenden Anforderungen oder bei einem Verstoß gegen die Pflicht zur Absage der Hauptversammlung. Daraus können Schäden der Aktionäre insbesondere in Form von aufgewendeten Kosten für Reise und Unterbringung resultieren. Auch wenn dieser Anspruch zunächst nur gegenüber der Gesellschaft besteht, so kann sich daraus – ebenso wie im Fall einer fehlerhaften Absage durch den zuständigen Vorstand – eine Regresshaftung des Versammlungsleiters gegenüber der Gesellschaft ergeben.

---

[10] *Zetsche*, in: KölnKomm. AktG, Anh. § 119 Rn. 54; ebenso *Grunewald*, AG 2015, 689 (695), die für die Zurechnung auf §§ 31, 278 BGB abstellt; für eine Zurechenbarkeit auch *Niemz*, VL im AktR, S. 137; a. A. *Sauerwald*, VersL im AktR, S. 370.

[11] Siehe dazu oben unter 2. Kapitel C. I. 3. a) cc) (S. 102 ff.).

[12] Siehe oben unter 2. Kapitel E. II. 1. f) cc) (S. 161 f.).

[13] Siehe 2. Kapitel C. I. 3. c) (S. 106).

## III. Verfrühte oder verspätete Eröffnung der Hauptversammlung

Die förmliche Eröffnung der Hauptversammlung durch den Versammlungsleiter ist übliche Praxis. In zeitlicher Hinsicht darf die Eröffnungserklärung nicht von dem in der Einberufung enthaltenen Zeitpunkt für den Beginn der Hauptversammlung abweichen. Eröffnet der Versammlungsleiter die Hauptversammlung früher als in der Einberufung mitgeteilt, so können später erscheinende bzw. sich elektronisch zuschaltende Aktionäre eine Verletzung ihres Mitgliedschaftsrechts geltend machen und nachfolgend gefasste Beschlüsse anfechten.[14] Dies kann eine persönliche Regresshaftung des Versammlungsleiters gegenüber der Gesellschaft für daraus entstehende Schäden nach sich ziehen. Gleiches gilt bei nicht nur geringfügig verspäteten Eröffnungen, sofern sich daraus aufgrund zeitlicher Probleme spätere Einschränkungen des Rede- und Fragerechts der Aktionäre ergeben.[15]

## IV. Unzulässige Zutrittsverweigerung und Zutrittsgewährung

### 1. Fehler bei der Überprüfung der Anmeldung und Teilnahme- sowie Stimmrechtsberechtigung

Sofern eine unzulässige Zutrittsverweigerung auf Fehler beim Anmeldeprozess zurückzuführen ist, stellt sich die Frage, inwieweit dies eine haftungsbegründende Pflichtverletzung des Versammlungsleiters darstellen kann. Zu unterscheiden ist insoweit danach, ob der in Rede stehende Fehler aus der Sphäre der Gesellschaft oder der des Aktionärs stammt. Unzweifelhaft ist zunächst, dass der Versammlungsleiter nicht für solche Fehler verantwortlich sein kann, die der Aktionär selbst verschuldet hat.[16] Nichts anderes kann gelten, wenn der Fehler durch die Depotbank des Aktionärs verursacht wird, denn der Aktionär muss sich deren Verhalten zurechnen lassen.[17] Unklar ist aber, ob und unter welchen Voraussetzungen der Versammlungsleiter für Fehler im Zusammenhang mit dem Anmeldeprozess, die ihren Ursprung in der Sphäre der Gesellschaft haben, verantwortlich ist.

Fehler im Anmeldeprozess aus der Sphäre der Gesellschaft sind dem Verantwortungsbereich des Versammlungsleiters dann nicht zuzuordnen, wenn sie etwa darauf beruhen, dass die von der Gesellschaft beauftragte Sammelstelle für die eingehenden Anmeldungen aus technischen Gründen nicht funktioniert, bspw. aufgrund eines Ausfalls oder Störungen beim E-Mail-Server. Zwar gehört es zum Verantwortungsbereich des Versammlungsleiters, die Einhaltung der Anmeldevor-

---

14 Siehe dazu oben unter 2. Kapitel F. IV. 1. a) (S. 216).

15 Siehe dazu oben unter 2. Kapitel F. IV. 1. a) (S. 216 f.).

16 So auch *Kuthe*, BB 2019, 776 (778).

17 Siehe *Kubis*, in: MünchKomm. AktG, § 123 Rn. 51; *Kuthe*, BB 2019, 776 (778).

aussetzungen zu überprüfen.[18] Für die Bereitstellung der für den Anmeldeprozess erforderlichen technischen und sonstigen Infrastruktur ist aber der Vorstand als organisatorischer Ausrichter der Hauptversammlung zuständig.[19] Damit liegt auch die haftungsrechtliche Verantwortlichkeit gegenüber der Gesellschaft bei Mängeln bezüglich der technischen Infrastruktur zunächst einmal beim Vorstand. Der Versammlungsleiter muss den Vorstand aber auf erkannte Mängel unverzüglich hinweisen. Unterlässt er dies, kann neben die Haftung des Vorstands auch eine Haftung des Versammlungsleiters treten. Ist für den Aktionär aufgrund technischer Störungen eine Anmeldung nämlich nicht möglich, kann dies wegen einer darin liegenden Verletzung des Teilnahme- und Stimmausübungsrechts zu signifikanten Anfechtungsrisiken führen.[20] Diese Anfechtungsrisiken können sich in Schäden der Gesellschaft auswachsen, wenn Hauptversammlungsbeschlüsse angefochten werden, die bedeutsame wirtschaftliche Entscheidungen der Gesellschaft zum Gegenstand haben. Nimmt die Gesellschaft bei Eintritt eines entsprechenden Schadens den Versammlungsleiter in die Regresshaftung, so muss sie sich den auf den Vorstand entfallenden Verschuldensanteil nach § 78 Abs. 1 AktG zurechnen lassen. Nach Maßgabe von § 254 Abs. 1 BGB ist dann eine entsprechende, den jeweiligen Verschuldensanteilen von Vorstand und Versammlungsleiter gerecht werdende Anspruchskürzung vorzunehmen. Sofern der Versammlungsleiter – so wie bei Publikumsaktiengesellschaften üblich – im Zusammenhang mit der Überprüfung der Einhaltung der Anmeldeerfordernisse Hilfspersonen selbst auswählt und einsetzt, muss er sich deren Fehlverhalten nach Maßgabe von § 278 BGB zurechnen lassen. Eine Zurechnung der von der Gesellschaft eingesetzten Hilfskräfte scheidet hingegen aus, da diese in Erfüllung einer der Gesellschaft obliegenden Pflicht, namentlich der organisatorischen Vorbereitung der Hauptversammlung, tätig werden. Die gleichen Grundsätze gelten, wenn dem Versammlungsleiter Fehler bei der Überprüfung der Identität und/oder der Teilnahme- und Stimmrechtsberechtigung unterlaufen.[21]

### 2. Rechtswidrige Eingangskontrollen

Eine haftungsbegründende Pflichtverletzung des Versammlungsleiters kann sich als Folge von unverhältnismäßigen Eingangskontrollen ergeben. Ebenso möglich sind ungerechtfertigte Eingriffe in das allgemeine Persönlichkeitsrecht von Aktio-

---

[18] Siehe oben 2. Kapitel F. III. 3. a) aa) (S. 197 f.).

[19] *von Holten/Bauerfeind*, AG 2015, 489 (491); *Bezzenberger*, ZGR 1998, 352 (360); *Butzke*, HV AG, C. Rn. 31; ebenso *Stelmaszcyk*, DNotZ 2021, 930 (945) in Bezug auf die Bild- und Tonübertragung.

[20] *Hüther*, Aktionärsbeteiligung und Internet, S. 291 f.

[21] Siehe auch *Höreth/Linnerz*, Anträge in der HV, S. 34, wonach eine Zurückweisung des Aktionärs von der Teilnahme nur dann erfolgen sollte, wenn die fehlende Teilnahmeberechtigung offenkundig ist; nach *Seibt*, ZIP 2014, 1909 (1915) kommt bei Fehlern des Versammlungsleiters im Zusammenhang mit der Überprüfung von Stimmrechtsverboten eine Haftung nur in Evidenzfällen und unter den engen Voraussetzungen des § 826 BGB in Betracht.

nären, etwa durch seitens des Versammlungsleiters ohne sachlichen Grund angeordnete körperliche Durchsuchungen im Rahmen der Sicherheitskontrolle, die von einem Einlass begehrenden und teilnahmeberechtigten Aktionär abgelehnt werden.[22] Gleiches gilt bei gesetzlich nicht gebotenen oder unverhältnismäßigen infektionsschutzrechtlichen Maßnahmen.[23]

Unzureichende bzw. fehlerhafte Sicherheitskontrollen können zu einer Schadensersatzpflicht der Gesellschaft – und bei pflichtwidrigem Handeln des Versammlungsleiters auch zu einer diesen treffenden Regresshaftung – führen.[24] Unzulässige Eingangskontrollen greifen zudem in das Mitgliedschaftsrecht des Aktionärs ein und berechtigen zur Anfechtung der in der Hauptversammlung gefassten Beschlüsse.[25] Eine Zurechnung der Fehler von Hilfskräften bei der Einlasskontrolle an den Versammlungsleiter kommt indes nur dann in Betracht, wenn die Hilfskraft auf direkte Weisung des Versammlungsleiters handelt. Dies deshalb, da die Bereitstellung der sachlichen und personellen Infrastruktur im Eingangsbereich in die primäre organisatorische Verantwortung des Vorstands fällt.[26] In beiden Fällen ergibt sich aber eine Überwachungspflicht des Versammlungsleiters hinsichtlich der Ordnungsgemäßheit der Abläufe. Diese verpflichtet ihn darauf bei erkannten Unstimmigkeiten unverzüglich einzuschreiten und den Vorstand zu instruieren damit dem Fehler schnell und effektiv abgeholfen werden kann. Liegt ein Mitverschulden sowohl bei der Gesellschaft, etwa weil sie eine unzuverlässige Hilfskraft ausgewählt hat, als auch beim Versammlungsleiter aufgrund eines Verstoßes gegen seine Überwachungspflicht, so ist eine adäquate Schadensquotelung auf Grundlage von § 254 BGB vorzunehmen.[27]

## V. Pflichtverletzungen im Zusammenhang mit der Übersetzung, Übertragung und Aufzeichnung der Hauptversammlung

Der Versammlungsleiter muss dafür Sorge tragen, dass seine Ausführungen simultan in die jeweils geltende Versammlungssprache übersetzt werden, sofern er dieser nicht mächtig ist.[28] Gleiches gilt bei der in seinem Ermessen liegenden punktuellen Zulassung von fremdsprachigen Redebeiträgen.[29] Darüber hinaus muss er sicherstellen, dass die Hauptversammlung in den gesamten Präsenzbereich des Versammlungsortes bzw. bei der virtuellen Hauptversammlung störungsfrei in di-

[22] Siehe dazu die Ausführungen unter 2. Kapitel F. III. 3. d) aa) (S. 211).

[23] Siehe dazu die Ausführungen unter 2. Kapitel F. III. 3. d) bb) (S. 212 ff.).

[24] *Mayer/Jenne*, BB 2020, 835 (838).

[25] Siehe oben unter 2. Kapitel F. III. 3. d) aa) (S. 211).

[26] Siehe oben unter 2. Kapitel F. III. 3. d) aa) (S. 210 f.).

[27] Siehe *Theusinger/Schilha*, BB 2015, 131 (140).

[28] Siehe oben unter 2. Kapitel C. II. 2. a) (S. 118).

[29] Siehe oben unter 2. Kapitel F. IV. 6. e) (S. 273).

gitaler Form übertragen wird. Verstöße gegen diese Pflichten ziehen eine Verletzung des Teilnahmerechts der Aktionäre nach sich und führen damit zu einer Beschlussanfechtbarkeit.[30] Zwar trifft den Vorstand die primäre Verantwortung für die technische Ausstattung und die räumliche Aufteilung sowie die damit in Verbindung stehenden Mängel.[31] Eine Pflichtverletzung des Versammlungsleiters kann aber darin liegen, dass dieser den Vorstand nicht auf erkannte Mängel hinweist und die Hauptversammlung trotz des Mangels unter Inkaufnahme der Verletzung der Aktionärsrechte fortsetzt.

Der Versammlungsleiter muss die Aktionäre auf eine Tonband- oder Filmaufzeichnung der Hauptversammlung hinweisen. Unterlässt er dies, können die Aktionäre eine Verletzung ihres allgemeinen Persönlichkeitsrechts (Art. 2 Abs. 1 GG i. V. m. Art. 1 Abs. 1 GG) geltend machen; etwas anderes gilt nur dann, wenn die Hauptversammlung nach Maßgabe von § 118 Abs. 4 AktG ohnehin öffentlich übertragen wird.[32]

## VI. Pflichtverletzungen im Zusammenhang mit technischen Störungen bei der Hybrid-HV und bei virtuellen Hauptversammlungen

Der Versammlungsleiter muss als Teil seiner organisatorischen Leitungsverantwortung auch dafür Sorge tragen, dass die elektronischen Prozesse im Rahmen der Hybrid-HV und der virtuellen Hauptversammlung (Corona-HV und virtuelle HV-RefE) technisch störungsfrei ablaufen. Bei Fehlern, die im Verantwortungsbereich des Aktionärs liegen, wie etwa servereigene Probleme, kann keine Rechtsverletzung geltend gemacht werden, da der Aktionär selbst für die Funktionsfähigkeit der in seiner Sphäre eingesetzten technischen Hilfsmittel verantwortlich ist.[33] Dies ergibt sich aus einem wertenden Vergleich mit der Präsenzversammlung, bei der anerkannt ist, dass allgemeine Hinderungsgründe für die Anfahrt der Aktionäre zum Versammlungsort keine Rechtsverletzung und damit auch keine Anfechtbarkeit der in der Hauptversammlung gefassten Beschlüsse begründen können.[34] Die Gesellschaft muss den Aktionären jedoch mit den erforderlichen Zugangsdaten ausstatten. In der Einberufung muss zudem erläutert werden, welche Software für die Teilnahme erforderlich ist und wie diese zu handhaben ist.[35] Für die virtuelle HV-RefE sieht § 121 Abs. 4b AktG-RefE insoweit ausdrücklich vor, dass in der Einberufung Angaben

---

[30] Siehe oben unter 2. Kapitel C. II. 1. b) ee) (S. 116 f.).

[31] *Noack/Zetsche*, in: KölnKomm. AktG, § 121 Rn. 32; *Sauerwald*, VersL im AktR, S. 72.

[32] Siehe oben unter 2. Kapitel F. IV. 3. (S. 220).

[33] Siehe auch *Noack/Spindler*, Unternehmensrecht und Internet, S. 27.

[34] So auch *Hüther*, Aktionärsbeteiligung und Internet, S. 292.

[35] *Hüther*, Aktionärsbeteiligung und Internet, S. 292.

dazu zu machen sind, wie sich die Aktionäre und ihre Bevollmächtigten elektronisch zur Versammlung zuschalten können.

Eine Pflichtverletzung des Versammlungsleiters im Zusammenhang mit technischen Fehlern scheidet aber auch im Übrigen in der Regel aus, da der Vorstand die primäre organisatorische Verantwortung für die technische Infrastruktur trägt.[36] Aus diesem Grund kommt auch die Zurechnung des Fehlverhaltens von Hilfskräften in diesem Zusammenhang in der Regel nicht in Betracht. Etwas anderes gilt nur dann, wenn der Versammlungsleiter die pflichtwidrig handelnde Hilfskraft selbst ausgewählt und instruiert hat. Anknüpfungspunkt für ein Fehlverhalten des Versammlungsleiters kann aber ein Verstoß gegen dessen Überwachungspflicht sein. Er muss den Vorstand auf festgestellte Mängel und Unregelmäßigkeiten im Zusammenhang mit der elektronischen Teilnahme unverzüglich hinweisen und auch sonst die notwendigen Voraussetzungen für eine Mängelbeseitigung schaffen, insbesondere die Versammlung sofort unterbrechen.[37] Einschränkend zu berücksichtigen sind in diesem Zusammenhang aber die auf technische Störungen bezogenen weitreichenden Anfechtungsbeschränkungen von Art. 2, § 1 Abs. 7 COVID 19-Gesetz und § 243 Abs. 3 Nr. 1–3 AktG-RefE, die dem Eintritt eines Schadens auf Seiten der Gesellschaft aufgrund einer erfolgreichen Beschlussanfechtung in aller Regel entgegenstehen werden. Darüber hinaus kann sich die Gesellschaft im Kontext der virtuellen HV-RefE nach Maßgabe von § 130a Abs. 6 Satz 2 AktG-RefE in der Einberufung vorbehalten, die Zulassung von Redebeiträgen von der überprüften Funktionsfähigkeit der Videokommunikation abhängig zu machen.

## VII. Unzulässige Festlegungen in Bezug auf die Reihenfolge der Redner

Der Versammlungsleiter kann die Reihenfolge der Redner nach pflichtgemäßem Ermessen festlegen.[38] § 130a Abs. 4 Satz 4 AktG-RefE sieht dies ausdrücklich vor. Verstößt der Versammlungsleiter dabei aber gegen die Grundsätze der Gleichbehandlung (§ 53a AktG) und/oder der Verhältnismäßigkeit, so kann dies zu einer Beschlussanfechtbarkeit führen, wenn die insoweit ungleichbehandelten Aktionäre aufgrund einer von der Reihenfolge der Wortmeldungen abweichenden Rednerreihenfolge von späteren Rede- und/oder Fragezeitbeschränkungen betroffen sind.[39] Schäden der Gesellschaft aufgrund daraus resultierender erfolgreicher Beschlussanfechtungsklagen können wiederum eine persönliche Regresshaftung des Versammlungsleiters nach sich ziehen.

---

[36] *Stelmaszcyk*, DNotZ 2021, 930 (945); *Bezzenberger*, ZGR 1998, 352 (360).

[37] Siehe *Hüther*, Aktionärsbeteiligung und Internet, S. 293.

[38] Siehe oben unter 2. Kapitel F. IV. 6. b) (S. 243 f.).

[39] *Kubis*, in: MünchKomm. AktG, § 119 Rn. 148.

## VIII. Pflichtverletzungen im Zusammenhang mit dem Teilnehmerverzeichnis

Verstößt der Versammlungsleiter gegen seine Pflicht zur ordnungsgemäßen Führung des Teilnehmerverzeichnisses während der Hauptversammlung und führt dies zu einer Unrichtigkeit oder Unvollständigkeit des Verzeichnisses, so kann dies nach Maßgabe von § 243 Abs. 1 AktG einen Anfechtungsgrund darstellen und im Falle eines der Gesellschaft aus der Anfechtung entstehenden Schadens ebenfalls zu einer persönlichen Regresshaftung des Versammlungsleiters führen. Eine anfechtungsrelevante und damit gleichzeitig auch potentiell haftungsbegründende Pflichtverletzung des Versammlungsleiters kann sich zudem auch aus einer nicht ordnungsgemäßen Offenlegung des Teilnehmerverzeichnisses ergeben.[40] Dabei ist jedoch einschränkend zu berücksichtigen, dass den in dem Teilnehmerverzeichnis enthaltenen Informationen nur eine geringe Bedeutung im Hinblick auf die Ausübung des Stimmrechts zukommt. Insbesondere sind aus dem Teilnehmerverzeichnis die Briefwahlstimmen und der (vollständige) Kreis der repräsentierten Aktionäre nicht ersichtlich.[41] Unter Zugrundelegung der Relevanztheorie werden daher nur gewichtige Mängel, wie etwa das vollständige Fehlen der nach § 129 Abs. 1 Satz 2, Abs. 2 u. 3 AktG erforderlichen Angaben, eine Anfechtbarkeit begründen können.[42]

## IX. Pflichtwidriges Wiederaufgreifen abgeschlossener Tagesordnungspunkte

Nach förmlicher Beschlussfassung ist ein Wiederaufgreifen von Tagesordnungspunkten durch den Versammlungsleiter nur dann möglich, wenn ein wichtiger Grund vorliegt.[43] Ein solcher Grund kann insbesondere darin liegen, dass sich im Laufe der Generaldebatte neue wesentliche Erkenntnisse ergeben, die eine Neubewertung des Tagesordnungspunktes erforderlich machen oder gar die Rechtmäßigkeit der Beschlussfassung in Zweifel ziehen.[44] Eröffnet der Versammlungsleiter pflichtwidrig ohne Vorliegen eines wichtigen Grundes einen durch Beschlussfassung abgeschlossenen Tagesordnungspunkt erneut, so können sich diejenigen Aktionäre, die sich im Vertrauen auf den Bestand des Beschlusses von der Hauptversammlung entfernt haben, auf eine Verletzung ihres Mitgliedschaftsrechts berufen und den Beschluss anfechten. Etwaige daraus resultierende Schäden der Gesellschaft können dann gegebenenfalls im Wege einer Regresshaftung an den Versammlungsleiter weitergereicht werden.

---

[40] Vgl. *Marsch-Barner/von der Linden*, in: Marsch-Barner/Schäfer, Hdb. börsennotierte AG, § 35 Rn. 49.

[41] *Mülbert*, in: Großkomm. AktG, § 129 Rn. 38.

[42] So auch *Wicke*, in: Spindler/Stilz, BeckOGK AktG, § 129 Rn. 34.

[43] Siehe oben unter 2. Kapitel F. IV. 5. c) bb) (S. 232).

[44] Siehe oben unter 2. Kapitel F. IV. 5. c) bb) (S. 232).

## X. Unzulässige Einschränkungen des Rede- und Fragerechts

Einschränkungen des Rede- und Fragerechts seitens des Versammlungsleiters können auf verschiedene Art und Weise erfolgen. Neben generellen und individuellen Rede- und Fragezeitbeschränkungen zählen dazu auch der Wortentzug, die Schließung der Rednerliste sowie eine vorzeitige Schließung der Aussprache. Der Versammlungsleiter muss sich bei der Anordnung dieser Maßnahmen an die Gebote der Sachdienlichkeit, Verhältnismäßigkeit und Gleichbehandlung (§ 53a AktG) halten, und zwar unabhängig davon, ob es sich um eine Präsenzversammlung, eine Hybrid-HV oder eine virtuelle Hauptversammlung handelt. Sofern der Versammlungsleiter willkürlich und ohne sachlichen Grund die nach Maßgabe von § 131 Abs. 2 Satz 2 AktG in der Satzung oder Geschäftsordnung bestimmten Befugnisse in Bezug auf die Einschränkung des Rede- und Fragerechts überschreitet, kann darin ebenfalls eine pflichtwidrige Ausübung des dem Versammlungsleiter insoweit zustehenden Ermessens liegen.[45] Leitungsfehler dieser Art führen zur Beschlussanfechtbarkeit und können in der Folge auch eine haftungsrechtliche Verantwortlichkeit des Versammlungsleiters nach sich ziehen.

Als Anknüpfungspunkt für eine zur Haftung führende Pflichtverletzung kommt auch eine verfrühte Schließung der Debatte in Betracht. Eine Schließung der Debatte kann vom Versammlungsleiter erst dann angeordnet und vollzogen werden, wenn sonstige redezeitverkürzende Maßnahmen eine Beendigung der Hauptversammlung innerhalb des zeitlichen Rahmens nicht gewährleisten können und der gesetzlich noch verbleibende Zeitrahmen nach der Einschätzung des Versammlungsleiters bis zum Ende der Hauptversammlung in vollem Umfang für noch ausstehende Beschlussfassungen benötigt wird.[46] Es besteht insoweit ein erhöhtes Risiko für Fehlprognosen und damit auch ein erhöhtes Anfechtungs- und Haftungsrisiko.[47]

## XI. Ungerechtfertigte sonstige Ordnungsmaßnahmen

Sonstige Ordnungsmaßnahmen wie etwa die Anordnung eines Saalverweises oder die Räumung des Versammlungssaales müssen ebenfalls verhältnismäßig sein und dürfen nicht gegen den Grundsatz der Gleichbehandlung verstoßen. Dies gilt jedenfalls dann, wenn der Versammlungsleiter die betreffenden Ordnungsmaßnahmen gegenüber Aktionären verhängt.[48] Verstöße gegen diese Grundsätze führen ebenfalls zur Anfechtbarkeit der in der Hauptversammlung gefassten Beschlüsse und tragen damit das Risiko einer Regresshaftung des Versammlungsleiters gegenüber der Gesellschaft in sich.

---

[45] Siehe oben unter 2. Kapitel F. IV. 6. d) cc) (S. 254).

[46] *Kubis*, in: MünchKomm. AktG, § 119 Rn. 173.

[47] Auf das besondere Anfechtungsrisiko hinweisend auch *Butzke*, HV AG, D. Rn. 64.

[48] Siehe oben unter 2. Kapitel F. IV. 9. a) aa) (S. 298 f.).

## XII. Pflichtverletzungen im Zusammenhang mit Beschlussanträgen

### 1. Pflichtwidriges Übergehen von Verfahrensanträgen

Allgemein können sich im Zusammenhang mit Verfahrensanträgen Pflichtverletzungen des Versammlungsleiters daraus ergeben, dass dieser einen Verfahrensantrag pflichtwidrig nicht oder nur verspätet zur Abstimmung stellt.[49] Bei den nachstehend dargestellten Verfahrensanträgen gelten zudem besondere rechtliche Prämissen, die vom Versammlungsleiter zu beachten sind.

#### *a) Abwahlantrag*

Der Versammlungsleiter muss einen gegen ihn gerichteten Antrag zur Abstimmung zu stellen, sofern ein wichtiger Grund zur Abwahl schlüssig dargelegt wird.[50] Dies gilt unabhängig davon, ob ein wichtiger Grund objektiv vorliegt oder nicht. Verstößt er gegen diese Pflicht, oder setzt er die Versammlungsleitung entgegen eines mit der notwendigen Mehrheit gefassten Abberufungsbeschlusses fort, so begründet dies die Anfechtbarkeit der nachfolgend gefassten Beschlüsse.[51] Eine erfolgreiche Beschlussanfechtung kann wiederum zu einer Regresshaftung des Versammlungsleiters führen, wenn der Gesellschaft daraus ein Schaden entsteht.

#### *b) Antrag auf Absetzung oder Vertagung von Tagesordnungspunkten und auf Vertagung der Hauptversammlung*

Auch im Zusammenhang mit Anträgen, die auf die Absetzung oder Vertagung von Tagesordnungspunkten oder auf die Vertagung der gesamten Hauptversammlung gerichtet sind, kann sich für den Versammlungsleiter eine haftungsrelevante Pflichtverletzung dann ergeben, wenn er einen solchen Antrag trotz schlüssiger Darlegung eines wichtigen Grundes nicht zur Abstimmung stellt.[52] Eine die Anfechtbarkeit der Beschlussfassungen begründende Pflichtverletzung liegt jedoch nur dann vor, wenn der Versammlungsleiter den ihm in Bezug auf die Frage des Vorliegens eines wichtigen Grundes einzuräumenden Beurteilungsspielraum überschritten hat.[53]

---

[49] Zur Abgrenzung zwischen echten Geschäftsordnungsanträgen, die einer Entscheidung der Hauptversammlung bedürfen und unechten Geschäftsordnungsanträgen, über die autonom vom Versammlungsleiter zu entscheiden ist, siehe *Höreth/Linnerz*, Anträge in der HV, S. 9 ff.

[50] Siehe oben unter 2. Kapitel E. II. 1. b) bb) (1) (S. 149 f.).

[51] Siehe oben unter 2. Kapitel E. II. 1. f) cc) (S. 161 ff.).

[52] Siehe oben unter 2. Kapitel F. IV. 5. d) bb) (S. 235).

[53] Siehe oben unter 2. Kapitel F. IV. 5. d) bb) (S. 235).

### 2. Sonstige Pflichtverletzungen im Zusammenhang mit Beschlussanträgen

Im Zusammenhang mit der Behandlung von Beschlussanträgen können sich haftungsrelevante Pflichtverletzungen des Versammlungsleiters insbesondere aus einem Verstoß gegen Prüfungspflichten sowie aus einer Missachtung von Stimmverboten im Rahmen der Auszählung ergeben.

#### *a) Verstoß gegen Prüfungspflichten*

Der Versammlungsleiter hat hinsichtlich der Überprüfung der Rechtmäßigkeit von Beschlussanträgen sowohl die Kompetenz als auch die Pflicht zur Vornahme einer Evidenzkontrolle.[54] Diesbezügliche Fehleinschätzungen des Versammlungsleiters können zu einer persönlichen Haftung sowohl gegenüber der Gesellschaft als auch gegenüber einzelnen Aktionären führen. Dies insbesondere dann, wenn es infolge von Beschlussanfechtungen bzw. Nichtigkeitsklagen oder der notwendigen Neudurchführung einer Hauptversammlung zu Schäden der Gesellschaft und/oder der Aktionäre kommt.

Stellt der Versammlungsleiter einen Antrag nicht zur Abstimmung, obwohl es keine Anhaltspunkte für eine evidente Mangelhaftigkeit gibt, kann dies aufgrund des damit verbundenen Eingriffs in das Teilnahmerecht zum einen zu einer Schadensersatzpflicht des Versammlungsleiters gegenüber den Aktionären, und zum anderen aufgrund der Zurechenbarkeit des Fehlverhaltens des Versammlungsleiters nach §§ 31, 89 BGB analog auch zu einer Schadensersatzpflicht der Gesellschaft gegenüber den Aktionären führen.[55] Ein möglicher Schaden kann insbesondere in den Kosten einer zwecks Nachholung der Beschlussfassung einzuberufenden außerordentlichen Hauptversammlung liegen.[56] Dies ist nach Maßgabe von § 122 Abs. 4 AktG etwa dann der Fall, wenn eine Aktionärsminderheit nach § 122 Abs. 2 AktG die Ergänzung der Tagesordnung um einen Tagesordnungspunkt verlangt und der Versammlungsleiter diesen Tagesordnungspunkt nicht zur Abstimmung stellt und infolgedessen die Einberufung einer weiteren Hauptversammlung erforderlich wird.[57] Ein weitergehender Schaden der Aktionäre kann dann auch in den für die gerichtliche Durchsetzung des Ergänzungsverlangens aufgewendeten Rechtsbera-

---

[54] Siehe oben unter 2. Kapitel F. IV. 7. e) (S. 286).

[55] *Austmann*, in: MünchHdb. GesR AG, § 40 Rn. 13; *Kubis*, in: MünchKomm. AktG, § 118 Rn. 78; einschränkend aber *Mülbert*, in: Großkomm. AktG, § 118 Rn. 82, wonach Schadensersatzansprüche dann ausscheiden sollen, wenn der Aktionär die Entstehung eines Schadens durch Erhebung einer Anfechtungsklage hätte verhindern können.

[56] *Bachmann*, EWiR 2000, 157 (158); *Hoffmann*, in: Spindler/Stilz, BeckOGK AktG, § 118 Rn. 24; ebenso im Kontext von Anfechtungs- und Nichtigkeitsklagen aufgrund von Leitungsfehlern des Versammlungsleiters *Reinicke*, Rechtsstellung des Vorsitzenden einer HV, S. 170; vgl. zu den Kosten der Hauptversammlung *Butzke*, in: Großkomm. AktG, § 122 Rn. 112ff.

[57] *Lochner/Beneke*, ZIP 2015, 2010 (2012).

tungskosten liegen.[58] Darüber hinaus greift eine unzulässige Antragszurückweisung aber auch in das Teilnahmerecht der Aktionäre ein und führt zur Beschlussanfechtbarkeit. Die daraus entstehenden Schäden können zu einer Regresshaftung des pflichtwidrig handelnden Versammlungsleiters gegenüber der Gesellschaft führen.

Der Versammlungsleiter verhält sich aber auch dann pflichtwidrig, wenn er Anträge, die an einem offensichtlichen Mangel leiden bzw. offensichtlich sinnlos oder rechtsmissbräuchlich sind, gleichwohl zur Abstimmung stellt.[59] Insoweit kann sich wiederum eine Regresshaftung des Versammlungsleiters gegenüber der Gesellschaft ergeben, wenn die Fehlerhaftigkeit des Antrags zum Gegenstand einer Anfechtungsklage gemacht wird und der Gesellschaft daraus Schäden entstehen. Möglich ist in diesem Fall aber auch eine Haftung für Schäden der Gesellschaft, die sich aus einer durch die Antragstellungen und Beschlussfassungen bewirkten Verspätung der Hauptversammlung ergeben, etwa dann, wenn die Hauptversammlung infolge der Befrachtung mit sinnlosen Anträgen nicht mehr an einem Tag abgewickelt werden kann und der Gesellschaft Kosten für eine Neueinberufung entstehen. Dies kann insbesondere dann relevant werden, wenn der Versammlungsleiter in einer Hauptversammlung über mehrere evident sinnlose oder rechtsmissbräuchliche Anträge abstimmen lässt.

### *b) Fehler bei der Ermittlung und Feststellung des Beschlussergebnisses*

Der Versammlungsleiter hat die Pflicht, eine korrekte Ermittlung der Abstimmungsergebnisse sicherzustellen.[60] Da die organisatorische Verantwortung für die tatsächliche Auszählung beim Vorstand liegt, muss der Versammlungsleiter den Auszählungsvorgang überwachen, wobei er insoweit auf Hilfskräfte zurückgreifen kann.[61] Aufgrund der primären organisatorischen Verantwortung des Vorstands ist das Fehlverhalten von Hilfskräften dem Versammlungsleiter indes nur in engen Grenzen und insbesondere nur unter der Voraussetzung zurechenbar, dass er die fehlerhaft handelnde Hilfskraft selbst ausgesucht und eingesetzt hat. Haftungsrelevante Pflichtverstöße des Versammlungsleiters können aber daraus resultieren, dass dieser den Vorstand auf festgestellte Mängel nicht hinweist bzw. nicht auf deren Beseitigung hinwirkt oder bei belastbaren Anhaltspunkten für Mängel diese nicht selbst überprüft. Dies gilt insbesondere im Hinblick auf evident ungültige Stimmabgaben. Der Versammlungsleiter verstößt zudem dann gegen seine Pflichten, wenn er das Beschlussergebnis unrichtig mit konstitutiver Wirkung nach Maßgabe von § 130 Abs. 2 AktG feststellt.[62] Die vorstehend benannten Leitungsfehler ziehen eine

---

[58] *Lochner/Beneke*, ZIP 2015, 2010 (2012).

[59] Siehe oben unter 2. Kapitel F. IV. 7. e) (S. 286).

[60] Siehe zum diesbezüglichen Prüfungsumfang oben unter 2. Kapitel F. IV. 8. b) aa) (S. 289 f.).

[61] Siehe oben unter 2. Kapitel F. IV. 8. b) aa) (S. 290).

[62] Siehe oben unter 2. Kapitel F. IV. 8. c) (S. 295).

Beschlussanfechtbarkeit nach sich und daraus resultierende Schäden der Gesellschaft können wiederum Anknüpfungspunkt für eine Regresshaftung des Versammlungsleiters sein.

### XIII. Pflichtverletzungen im Zusammenhang mit der privatschriftlichen Niederschrift

Die Erstellung der privatschriftlichen Niederschrift nach § 130 Abs. 1 Satz 3 AktG fällt in den Verantwortungsbereich des Versammlungsleiters, und zwar unabhängig davon, ob die Versammlungsleitung durch den Aufsichtsratsvorsitzenden oder eine aufsichtsratsfremde Person übernommen wird.[63] Auch wenn das Gesetz eine Unterzeichnung durch den Aufsichtsratsvorsitzenden vorsieht, begründet dies keine Organpflicht des Aufsichtsratsmitglieds. Der Unterzeichner übernimmt mit seiner Unterschrift zwar die Verantwortlichkeit für die Richtigkeit des Inhalts; dies tut er aber ausschließlich in seiner Eigenschaft als Organwalter des Organs „Versammlungsleiter" und nicht als Mitglied des Aufsichtsrats.[64] Dafür spricht entscheidend, dass das bei einer Pflichtverletzung anzuwendende Haftungsregime nicht davon abhängig sein kann, ob die Versammlungsleitung durch ein Aufsichtsratsmitglied oder eine nicht dem Aufsichtsrat angehörige Person übernommen wird.

Für eine haftungsbegründende Pflichtverletzung des Versammlungsleiters kommen vor diesem Hintergrund mehrere Anknüpfungspunkte in Betracht. Sofern er Hilfspersonen mit der Erstellung der privatschriftlichen Niederschrift beauftragt, muss er sich deren Fehlverhalten zurechnen lassen. Daneben ist er auch zu einer uneingeschränkten Überwachung in Bezug auf deren Arbeit verpflichtet.[65] Fehler des Protokollführers werden daher regelmäßig mit einem Verstoß des Versammlungsleiters gegen seine Überwachungspflicht korrelieren. Schließlich übernimmt der Versammlungsleiter mit seiner Unterschrift auch die Verantwortung für die Richtigkeit des Protokollinhalts. Bei Fehlern des Protokolls kommt eine Enthaftung des Versammlungsleiters damit faktisch nicht in Betracht.

## B. Haftungsgrundlagen

In Bezug auf die möglichen Haftungsgrundlagen des Versammlungsleiters bei Pflichtverstößen ist zwischen einer Innenhaftung gegenüber der Gesellschaft und

[63] So auch *Harnos*, AG 2015, 732 (740).

[64] So auch *Kubis*, in: MünchKomm. AktG, § 130 Rn. 38.

[65] *Kubis*, in: MünchKomm. AktG, § 130 Rn. 22; siehe auch *Harnos*, AG 2015, 732 (740) m. w. N., wonach eine eigenständige Haftung der zur Protokollführung eingesetzten Hilfsperson neben der Haftung des unterzeichnenden Versammlungsleiters nicht in Betracht kommt.

einer Außenhaftung gegenüber Aktionären und gesellschaftsfremden Dritten zu unterscheiden.

## I. Innenhaftung des Versammlungsleiters

Bei der Innenhaftung geht es um die Haftung des Versammlungsleiters gegenüber der Gesellschaft.

### 1. Innenhaftung gegenüber der Gesellschaft gemäß §§ 93 Abs. 2, 116 Satz 1 AktG

Zum Teil wird in der Literatur eine Haftung des Versammlungsleiters gegenüber der Gesellschaft auf Grundlage einer direkten Anwendung der Organhaftungsvorschriften der §§ 93 Abs. 2, 116 Satz 1 AktG befürwortet, wenn die Versammlungsleitung dem Aufsichtsratsvorsitzenden oder einem anderen Mitglied des Aufsichtsrats zugewiesen ist.[66] Dem kann aus den nachstehenden Gründen nicht gefolgt werden.

#### *a) Trennung von Organsphären*

Dieser Ansatz sieht sich durchgreifenden dogmatischen Bedenken ausgesetzt. Inhärente Prämisse dieser Sichtweise ist nämlich, dass die Stellung als Versammlungsleiter in der Stellung als Aufsichtsratsmitglied aufgeht und demzufolge die Organhaftungsvorschriften der §§ 93 Abs. 2, 116 Satz 1 AktG auch die Tätigkeit des Aufsichtsratsmitglieds in seiner Eigenschaft als Versammlungsleiter erfassen. Die Versammlungsleitung gehört aber gerade nicht zur Organ- und Aufgabensphäre des Aufsichtsrats, sondern ist von dieser strikt zu trennen.[67]

#### *b) Gebot der Satzungsstrenge*

Wenn man im Einklang mit der üblichen Praxis davon ausgeht, dass dem Aufsichtsratsvorsitzenden oder einem anderen Aufsichtsratsmitglied die Versammlungsleitung im Wege einer Satzungsbestimmung übertragen ist, vermag auch dies eine konstitutive Erweiterung des Kompetenzbereichs des Aufsichtsratsmitglieds nicht zu begründen. Da die Übertragung der Versammlungsleitung eine Erweiterung

---

[66] *Drygala*, in: K. Schmidt/Lutter, AktG, § 107 Rn. 22; *Decher*, in: FS Heidel, S. 201 (211 f., 215); *Pliquett*, Haftung des HVL, S. 60; ebenso *Rose*, NZG 2007, 241 (245) für den Fall einer unrechtmäßigen Weigerung eines mit der Versammlungsleitung betrauten Aufsichtsratsmitglieds über einen Antrag, gerichtet auf dessen Abwahl, abstimmen zu lassen.

[67] Siehe dazu bereits oben unter 2. Kapitel D. IV. 4. (S. 127); siehe auch LG Ravensburg, Urt. v. 8. 5. 2014 – 7 O 51/13 KfH 1, AG 2014, 910 (911); a. A. *Mutter*, AG-Report 2013, R 161; *Pliquett*, Haftung des HVL, S. 66 f.

des gesetzlich festgelegten Kompetenzbereichs des Aufsichtsratsmitglieds darstellt, ist deren Zulässigkeit an § 23 Abs. 5 Satz 2 AktG zu messen. Danach sind ergänzende Bestimmungen der Satzung nur dann zulässig, wenn das Gesetz keine abschließende Regelung enthält. Die den Aufsichtsrat betreffende Kompetenzzuweisungsnorm des § 111 AktG ist zwar hinsichtlich der Festschreibung der Aufgaben und Rechte des Aufsichtsrats nicht abschließend, da sich im Aktiengesetz zahlreiche weitere Aufgaben- und Befugniszuweisungen an den Aufsichtsrat finden.[68] § 111 AktG ist in seinem Regelungsgehalt aber gegenüber der Satzung zwingend und abschließend, soweit es nicht um die satzungsmäßige Festlegung zustimmungsbedürftiger Geschäfte i. S. v. § 111 Abs. 4 Satz 2 AktG geht.[69] Der Auffassung von *Pliquett*, wonach der Sinn und Zweck von § 23 Abs. 5 AktG einer Kompetenzerweiterung nicht entgegenstehe[70], da die Versammlungsleitung von Gesetzes wegen keinem Organ zugeteilt sei, kann schon deswegen nicht gefolgt werden, da dem Versammlungsleiter eine eigene Organstellung zukommt, in die auch nicht auf Grundlage einer Satzungsregelung eingegriffen werden kann.[71] Das Argument von *Langenbach*, dass § 111 AktG nur insoweit abschließend sei, als das Verhältnis von Vorstand und Aufsichtsrat betroffen ist, hat zwar einiges für sich.[72] Auf diese Frage kommt es aufgrund der Organstellung des Versammlungsleiters aber im Ergebnis nicht an. Denn eine Verschränkung unabhängiger Organkompetenzen ist dem Aktienrecht fremd.[73] Auch bei Verneinung der Organqualität des Versammlungsleiters würde eine satzungsmäßige Zuweisung mit dem Leitsatz des BGH[74] in Konflikt geraten, wonach dem Versammlungsleiter seine Leitungskompetenzen aus *„eigenem Recht"* zustehen.[75] Dies schließt aber aus, dass der Versammlungsleiter seine Rechte lediglich als Teil der Rechte eines Aufsichtsratsmitglieds wahrnimmt. Im Ergebnis

[68] Hervorzuheben sind insbesondere die Bestellung und Abberufung des Vorstands und ggf. des Vorstandsvorsitzenden (§ 84 AktG), die Vertretung der Gesellschaft gegenüber den Mitgliedern des Vorstands (§ 112 AktG), die Anforderung und Entgegennahme von Vorstandsberichten (§ 90 AktG), die Prüfung von Jahresabschluss, Lagebericht und Gewinnverwendungsvorschlag (§ 171 AktG), die Mitwirkung bei der Feststellung des Jahresabschlusses (§ 172 AktG); ggf. die sprachliche Abänderung der Satzung (§ 179 Abs. 1 Satz 2 AktG), die Festlegung der Konditionen beim genehmigten Kapital (§ 204 Abs. 1 Satz 2 AktG) sowie die Prüfung des Abhängigkeitsberichts (§ 314 Abs. 1 AktG).

[69] *J. Koch*, AktG, § 111 Rn. 1; *Sauerwald*, VersL im AktR, S. 358.

[70] *Pliquett*, Haftung des HVL, S. 65.

[71] Siehe dazu oben unter 2. Kapitel D. IV. 2. (S. 123 f.).

[72] *Langenbach*, VersL im AktR, S. 169.

[73] Siehe auch *Harnos*, AG 2015, 732 (740) in Bezug auf die systemwidrige Vermengung von Kompetenzen des Versammlungsleiters mit denen des Aufsichtsrats.

[74] BGH, Urt. v. 11. 11. 1965 – II ZR 122/63, NJW 1966, 43 (44 f.).

[75] Dies verkennend *Langenbach*, VersL im AktR, S. 170, 179, der zu dem Ergebnis einer funktionalen Trennung zwischen Aufsichtsratsmandat und Versammlungsleitermandat erst auf Grundlage einer wertenden Auslegung der insoweit einschlägigen satzungsmäßigen Bestimmungen kommt.

scheitert eine satzungsmäßige Ausweitung des Aufgabenbereichs des Aufsichtsrats somit an dem aktienrechtlichen Gebot der Satzungsstrenge nach § 23 Abs. 5 AktG.[76]

### *c) Inkonsistentes Haftungsregime*

Darüber hinaus kann die Auffassung, die Versammlungsleitung sei Bestandteil des originären Aufgabenbereichs des Aufsichtsratsvorsitzenden bzw. Aufsichtsratsmitglieds auch aus rechtspraktischen Erwägungen nicht überzeugen. Folge wäre nämlich, dass die Anwendung der organschaftlichen Haftungsregelungen davon abhängen würde, ob ein Aufsichtsratsmitglied oder ein unternehmensfremder Dritter mit der Versammlungsleitung betraut wird. Das anzuwendende Haftungsregime der Versammlungsleitung kann aber nicht von der Person abhängig sein, die das Amt ausübt, sondern muss sich nach einheitlich anzuwendenden Rechtsgrundsätzen bemessen.[77]

### *d) Unanwendbarkeit der aktienrechtlichen Organhaftungsvorschriften bei provisorischer Versammlungsleitung*

Soweit teilweise eine unmittelbare Anwendbarkeit der Organhaftungsregeln auf den provisorischen Versammlungsleiter, also typischerweise ein Vorstandsmitglied, das im Fall der Wahl des eigentlich verantwortlichen Versammlungsleiters vorübergehend die Versammlungsleitung bis zu dessen Bestimmung übernimmt, bejaht wird[78], kann auch dem nicht zugestimmt werden. Denn auch den provisorischen Versammlungsleiter treffen bis zur Bestimmung eines regulären Versammlungsleiters sämtliche aus der Amtsinhaberschaft fließenden Rechte und Pflichten.[79] Es ist somit sachgerecht für die Versammlungsleitung, auch wenn diese ausnahmsweise provisorisch durch ein Vorstandsmitglied ausgeübt wird, ein identisches Haftungsregime anzuwenden. Die unmittelbare Anwendung der organschaftlichen Haftungsregelungen gemäß §§ 93 Abs. 2, 116 Satz 1 AktG auf den provisorischen

---

[76] *Poelzig*, AG 2015, 476 (478); dies verkennend aber *Mutter*, AG Report 2013, R 161.

[77] *Poelzig*, AG 2015, 476 (478); im Ergebnis ebenso *von der Linden*, NZG 2013, 208 (209); ein divergierendes Haftungsregime resultiert hingegen aus dem Ansatz von *Pliquett*, Haftung des HVL, S. 67, 104, wonach eine Haftung nach den Organhaftungsregelungen der §§ 93 Abs. 2, 116 AktG nur dann in Betracht kommt, wenn die Versammlungsleitung durch ein Aufsichtsratsmitglied der Gesellschaft übernommen wird und diese Amtsübernahme in der Satzung der Gesellschaft angeordnet ist.

[78] So *Theusinger/Schilha*, BB 2015, 131 (137), der die Auffassung vertritt, dass das betreffende Vorstandsmitglied die provisorische Leitung als Teil seiner organschaftlichen Vorstandsaufgaben übernimmt; ebenso *Niemz*, VL im AktR, S. 158 und *Sauerwald*, VersL im AktR, S. 363.

[79] So auch *E. Vetter*, in: FS Bergmann, S. 799 (804 f.); *Wicke*, in: Spindler/Stilz, BeckOGK AktG, § 129 Rn. 42 f.

Versammlungsleiter ist daher sowohl aus dogmatischen als auch aus rechtspraktischen Überlegungen abzulehnen.[80]

## 2. Innenhaftung gegenüber der Gesellschaft gemäß §§ 93 Abs. 2, 116 Satz 1 AktG analog

Eine verbreitete Auffassung in der Literatur geht davon aus, dass die persönliche Haftung des Versammlungsleiters in Gesamtanalogie zu den Organhaftungsnormen der §§ 93 Abs. 2, 116 Satz 1 AktG zu bestimmen sei, und zwar unabhängig davon, ob dieser gleichzeitig Aufsichtsratsvorsitzender oder Mitglied des Aufsichtsrats ist.[81] Rechtsdogmatisch begründet dieser Ansatz eine Gesamtanalogie zu den ihrem Wortlaut nach nur auf Vorstand und Aufsichtsrat anwendbaren Haftungsvorschriften der §§ 93 Abs. 2, 116 Satz 1 AktG mit der Organstellung des Versammlungsleiters.[82] Auch *Schürnbrand* schien zunächst auf dieser Linie zu liegen, da er davon ausging, dass der Versammlungsleiter sich gegenüber der Gesellschaft nach den „*allgemeinen Maßstäben organschaftlicher Haftung*" zu verantworten habe.[83] In einem späteren Beitrag hat *Schürnbrand* indes klargestellt, dass eine Analogie zur Geschäftsleiterhaftung nach den §§ 93 Abs. 2, 116 Satz 1 AktG nicht in Betracht komme und sich die Haftung des Versammlungsleiters allein nach der allgemeinen schuldrechtlichen Haftungsnorm des § 280 Abs. 1 BGB zu richten habe.[84]

### *a) Erforderlichkeit einer normativen Konkretisierung der Organhaftung*

Dem Ansatz einer Gesamtanalogie zu den Organhaftungsnormen der §§ 93 Abs. 2, 116 Satz 1 AktG kann im Ergebnis nicht gefolgt werden. Zwar ist auch nach der hier vertretenen Auffassung davon auszugehen, dass der Versammlungsleiter eine eigenständige Organstellung innehat.[85] Daraus folgt jedoch noch nicht, dass die

---

[80] Ebenso *Kubis*, in: MünchKomm. AktG, § 119 Rn. 188; *Marsch-Barner*, in: FS Brambring, S. 267 (281); ablehnend auch *Reinicke*, Rechtsstellung des Vorsitzenden einer HV, S. 170 (Fn. 6); a. A. *Pliquett*, Haftung des HVL, S. 68.

[81] *Mülbert*, in: Großkomm. AktG, § 129 Rn. 248; *U. H. Schneider*, AG 2021, 58 (65); *Niemz*, VL im AktR, S. 159; einschränkend *Noack*, BOARD 2011, 120 (123), der eine analoge Anwendung der Vorschriften über die Aufsichtsratshaftung wohl nur dann in Betracht zieht, wenn die Versammlungsleitung durch ein Aufsichtsratsmitglied übernommen wird; siehe auch *Heidel*, in: Heidel, AktienR u. KapitalmarktR, Vor §§ 129–132 AktG Rn. 18, der zwar eine analoge Anwendung der §§ 93, 116 AktG ablehnt, gleichwohl aber den für Vorstands- und Aufsichtsratsmitglieder geltenden Sorgfaltsmaßstab entsprechend auf den Versammlungsleiter anwendet und eine Haftung auf Grundlage des allgemeinen Leistungsstörungsrechts gänzlich ablehnt.

[82] Siehe *Mülbert*, in: Großkomm. AktG, § 129 Rn. 248.

[83] *Schürnbrand*, Organschaft im Recht der privaten Verbände, S. 146; ähnlich auch *Zöllner*, in: KölnKomm. AktG (1. Auflage), § 136 Rn. 61.

[84] *Schürnbrand*, NZG 2014, 1211 (1212 f.).

[85] Siehe oben 2. Kapitel D. IV. (S. 122 ff.).

speziell für Vorstand und Aufsichtsrat geschaffenen Organhaftungsvorschriften entsprechend auch auf den Versammlungsleiter anzuwenden sind. Auch geht die Annahme fehl, dass die Organstellung aus sich heraus und ohne normative Anbindung bereits eine haftungsbegründende Wirkung entfalten könne.[86] Aus der Organstellung lässt sich zwar ein bestimmter Zurechnungsmechanismus in Bezug auf die Handlungen des Organs im Sinne einer organschaftlichen Vertretungsbefugnis für die Gesellschaft ableiten[87]; die Haftung ergibt sich jedoch erst aus den jeweils einschlägigen gesetzlichen Haftungsnormen.[88] Dass der Organstellung aus sich heraus noch keine haftungsbegründende Wirkung zukommt, zeigt sich auch am Beispiel der Hauptversammlung, die zwar Organ ist, gleichwohl aber keiner eigenständigen Organhaftung unterliegt.[89] Haftungsadressat sind vielmehr die einzelnen Aktionäre.[90] *Niemz* weist zwar zu Recht darauf hin, dass sich auch die Organhaftungsnormen der §§ 93 Abs. 2, 116 Satz 1 AktG nicht gegen Aufsichtsrat und Vorstand als Gesamtorgan, sondern gegen deren jeweilige Mitglieder richten.[91] Dies ändert aber nichts daran, dass für die Haftung des Organwalters des Organs „Versammlungsleiter" eine spezielle aktienrechtliche Regelung fehlt. Die Organhaftung bzw. Organwalterhaftung bedarf aber nicht zuletzt auch wegen der ansonsten unklaren Frage des anzuwendenden Sorgfaltsmaßstabes und der Möglichkeiten einer Enthaftung einer normativen Grundlage. Entscheidend ist daher die Frage, ob für Zwecke der insoweit zwingend erforderlichen normativen Konkretisierung der Organhaftung des Versammlungsleiters an die §§ 93 Abs. 2, 116 Satz 1 AktG angeknüpft werden kann.

### *b) Fehlende Voraussetzungen für eine Analogiebildung*

Die Frage nach einer analogen Anwendbarkeit der organschaftlichen Haftungsvorschriften der §§ 93 Abs. 2, 116 Satz 1 AktG kann nicht losgelöst von der Rechtsstellung des Versammlungsleiters beantwortet werden. Der Versammlungsleiter verfügt über originäre Rechte und Pflichten und ist eine aktienrechtlich vorgeschriebene Institution der Aktiengesellschaft. Er ist insbesondere nicht nur als Funktionsgehilfe der Gesellschaft bzw. der Hauptversammlung einzuordnen, sondern ihm kommt Organqualität zu.[92]Ausgehend von dieser rechtlichen Qualifikation des Versammlungsleiters käme eine Anwendung der organschaftlichen Haftungs-

---

[86] So aber *Niemz*, VL im AktR, S. 158, die bezogen auf den Versammlungsleiter aber gleichwohl die haftungsbegründenden Voraussetzungen in Gesamtanalogie zu den Organhaftungsnormen der §§ 93, 116 AktG bestimmen will.

[87] Siehe dazu oben 2. Kapitel D. IV. 1. (S. 122 f.).

[88] So auch für den besonderen Vertreter *Humrich*, Der besondere Vertreter im AktR, S. 116 f.

[89] *Heidel*, in: Heidel, AktienR u. KapitalmarktR, Vor §§129–132 Rn. 71.

[90] *Heidel*, in: Heidel, AktienR u. KapitalmarktR, Vor §§ 129–132 Rn. 71.

[91] *Niemz*, VL im AktR, S. 157.

[92] Siehe oben unter 2. Kapitel D. IV. 5. (S. 128 ff.).

vorschriften auf Grundlage einer analogen Anwendung zwar grundsätzlich in Betracht. Die rechtlichen Voraussetzungen einer Analogiebildung liegen indes nicht vor.

Zum einen fehlt es an der erforderlichen planwidrigen Regelungslücke. *Poelzig* weist insoweit zu Recht darauf hin, dass der Gesetzgeber bestimmte Haftungsregelungen nachträglich geändert (vgl. §§ 93 Abs. 2, 116 Satz 1 AktG) bzw. nachträglich eingeführt hat (so etwa für den Sonderprüfer nach § 144 AktG i. V. m. § 323 HGB), ohne jedoch eine Haftungsgrundlage für den Versammlungsleiter im Aktiengesetz zu verankern.[93] Dieser Umstand spricht gegen das Vorliegen einer planwidrigen Regelungslücke.

Darüber hinaus kommt eine analoge Anwendung aber auch aufgrund des Fehlens einer vergleichbaren Interessenlage nicht in Betracht. Die Funktion und Stellung des Versammlungsleiters unterscheidet sich signifikant von derjenigen des Vorstands und des Aufsichtsrats. Während Aufgabe sowohl von Vorstand als auch von Aufsichtsrat u. a. die dauerhafte treuhänderische Verwaltung des Gesellschaftsvermögens ist, beschränkt sich die Kernpflicht des Versammlungsleiters auf die punktuelle und verfahrensökonomische Abwicklung der Hauptversammlung.[94] Auch ist die Rechtsstellung des Versammlungsleiters mit derjenigen des besonderen Vertreters, der ebenfalls als Organ anerkannt ist, nicht zu vergleichen. Denn anders als der Versammlungsleiter verdrängt der besondere Vertreter im Rahmen seines Funktionsauftrags nach § 147 Abs. 2 Satz 1 AktG den Vorstand und Aufsichtsrat, was nach überwiegender Auffassung in der Literatur eine analoge Anwendung der §§ 93 Abs. 2, 116 Satz 1 AktG im Grundsatz rechtfertigt.[95] Auch die nach § 93 Abs. 2 Satz 2 AktG auf Ebene der Pflichtverletzung greifende Beweislastumkehr, die ihre Rechtfertigung darin findet, dass die Organmitglieder von Vorstand und Aufsichtsrat aufgrund ihres auf Dauer angelegten Aufgabenbereichs einen besseren Einblick in das Innenleben der Gesellschaft haben und folglich den Nachweis eines pflichtgemäßen Handelns leichter führen können als die geschädigte Gesellschaft, kann auf die Haftungslage beim Versammlungsleiter nicht übertragen werden.[96] Die Leitungsmaßnahmen des Versammlungsleiters vollziehen sich in Anwesenheit der Teilnehmer der Hauptversammlung und werden zudem in der notariellen oder pri-

---

[93] *Poelzig*, AG 2015, 476 (479).

[94] *Sauerwald*, VersL im AktR, S 366; *Poelzig*, AG 2015, 476 (479); *von der Linden*, NZG 2013, 208 (210).

[95] LG München I, Urt. v. 4. 10. 2007 – 5 HK O 12615/07, ZIP 2007, 2420 (2423); *Mock*, in: Spindler/Stilz, BeckOGK AktG, § 147 Rn. 174; *Spindler*, in: K. Schmidt/Lutter, AktG, § 147 Rn. 23; *Humrich*, Der besondere Vertreter im AktR, S. 154 f.; *Ziemons*, in: Ziemons/Binnewies, Handb. AG, I. Teil Rn. 11.216; *Kling*, ZGR 2009, 190 (225 f.); *Böbel*, Die Rechtsstellung der besonderen Vertreter gem. § 147 AktG, S. 114 f.; a. A. *Arnold*, in: MünchKomm. AktG, § 147 Rn. 107 und *Rieckers/Vetter*, in: KölnKomm. AktG, § 147 Rn. 731, die sich für eine Anwendung der allgemeinen schuldrechtlichen Haftung nach § 280 Abs. 1 BGB aussprechen.

[96] *Schürnbrand*, NZG 2014, 1211 (1212 f.); *Poelzig*, AG 2015, 476 (479).

vatschriftlichen Niederschrift festgehalten.[97] Einer Beweislastumkehr in Bezug auf Pflichtverstöße des Versammlungsleiters bedarf es daher nicht. Eine Gesamtanalogie zu den §§ 93 Abs. 2, 116 Satz 1 AktG als normative Grundlage für das Haftungsregime des Versammlungsleiters ist daher abzulehnen.[98]

### 3. Innenhaftung gegenüber der Gesellschaft auf schuldrechtlicher Grundlage

Für eine schuldrechtliche Haftung des Versammlungsleiters gegenüber der Gesellschaft kommen zwei unterschiedliche rechtliche Anknüpfungspunkte in Betracht.

#### *a) Haftung auf Grundlage eines korporationsrechtlichen Schuldverhältnisses*

Nach einer weiteren, in der Literatur vermehrt vertretenen Ansicht haftet der Versammlungsleiter auf Grundlage eines zu der Gesellschaft bestehenden korporationsrechtlichen Schuldverhältnisses, das durch die Annahme des Amtes zustande kommt, nach § 280 Abs. 1 BGB, da diese Haftungsnorm anerkanntermaßen auch auf alle außerhalb des Schuldrechts bestehenden gesetzlichen und korporationsrechtlichen Schuldverhältnisse Anwendung findet.[99]

---

[97] *Angerer/Backhaus*, AG 2022, 16 (19); *Wicke*, in: Spindler/Stilz, BeckOGK AktG, § 130 Rn. 17.

[98] So auch LG Ravensburg, Urt. v. 8.5.2014 – 7 O 51/13 KfH 1, AG 2014, 910 f.; *von der Linden*, NZG 2013, 208 (210); *Schürnbrand*, NZG 2014, 1211 (1212 f.); *E. Vetter*, in: FS Bergmann, S. 799 (821); *Zetsche*, in: KölnKomm. AktG, Anh. § 119 Rn. 58; *Theusinger/Schilha*, BB 2015, 131 (137 f.); im Ergebnis auch *Marsch-Barner*, in: FS Brambring, S. 267 (281), der den Ausschluss einer analogen Anwendung der §§ 116, 93 Abs. 2 AktG aber mit einer fehlenden Organstellung des Versammlungsleiters begründet.

[99] *Wicke*, in: Spindler/Stilz, BeckOGK AktG, § 129 Rn. 61; *von der Linden*, EWiR 2014, 551 (552); *ders.*, NZG 2013, 208 (211); *Poelzig*, AG 2015, 476 (479); *Rieckers*, in: FS Krieger, S. 753 (761); *E. Vetter*, in: FS Bergmann, S. 799 (822); *Tröger*, in: KölnKomm. AktG, § 136 Rn. 100; *Schürnbrand*, NZG 2014, 1211 (1212); *Langenbach*, VersL im AktR, S. 201; *Drinkuth/Heider*, in: FS 25 Jahre WpHG, S. 237 (271); *Marsch-Barner/von der Linden*, in: Marsch-Barner/Schäfer, Hdb. börsennotierte AG, § 35 Rn. 41; *Theusinger/Schilha*, BB 2015, 131 (138); *Rose*, NZG 2007, 241 (245), der auf das „*durch die Bestellung begründete Rechtsverhältnis zur Gesellschaft*" abhebt, sofern es sich bei dem Versammlungsleiter nicht um ein Aufsichtsratsmitglied handelt; für eine Haftung nach allgemeinen schuldrechtlichen Grundsätzen auch *J. Koch*, AktG, § 129 Rn. 25; a. A. *Heidel*, in: Heidel, AktienR u. KapitalmarktR, Vor §§ 129–132 AktG Rn. 71; *U. H. Schneider*, AG 2021, 58 (65); *Wardenbach*, GWR 2014, 503.

### *b) Haftung auf Grundlage eines vertraglichen Schuldverhältnisses*

#### aa) Auftragsverhältnis oder entgeltlicher Geschäftsbesorgungsvertrag

Zum Teil wird von denjenigen, die eine Haftung auf Grundlage des § 280 Abs. 1 BGB befürworten, eine weitere Haftungsgrundlage anerkannt. So soll neben das korporationsrechtliche Rechtsverhältnis eine vertragliche Haftungsebene treten können.[100] Diese könne ihre Grundlage in einem vertraglichen oder – insbesondere im Falle einer Bestellung durch das Gericht nach § 122 Abs. 3 Satz 2 AktG – auch einem vertragsähnlichen Rechtsverhältnis haben.[101] In Abhängigkeit davon, ob eine Vergütung vereinbart sei oder nicht, handele es sich dabei entweder um einen unentgeltlichen Auftrag gemäß § 662 BGB oder aber um eine entgeltliche Geschäftsbesorgung nach Maßgabe von §§ 675, 611 BGB.[102]

#### bb) Zustandekommen des Vertrags

Da ein schuldrechtlicher Vertrag, anders als das korporative Rechtsverhältnis, einen Austausch korrespondierender Willenserklärungen voraussetzt, stellt sich die Frage, wie ein entsprechender Vertragsschluss rechtlich konstruierbar ist. Insoweit sind verschiedene Fallkonstellationen zu unterscheiden.

*(1) Beauftragung durch den Vorstand*

Wird ein externer Versammlungsleiter auf entgeltlicher Basis vom Vorstand mit der Versammlungsleitung beauftragt, so bereitet der Nachweis des Zustandekommens eines entgeltlichen Geschäftsbesorgungsvertrages aufgrund dessen Vertretungskompetenz (§ 78 Abs. 1 Satz 1 AktG) in der Regel keine rechtlichen Probleme. Sofern, wie in der Praxis üblich, eine Satzungsklausel die Übernahme der Versammlungsleitung durch ein Aufsichtsratsmitglied vorsieht, wird regelmäßig ein unentgeltliches Auftragsverhältnis nach §§ 662 ff. BGB vorliegen.[103] Dessen Zustandekommen wird häufig schon daraus folgen, dass sich Vorstand und Versammlungsleiter im Vorfeld der Hauptversammlung zu bestimmten Themen, etwa

---

[100] *Theusinger/Schilha*, BB 2015, 131 (138 f.); *Sauerwald*, VersL im AktR, S. 170; *von der Linden*, NZG 2013, 208 (210 f.); *Wicke*, in: Spindler/Stilz, BeckOGK AktG, § 129 Rn. 61; *Drinkuth/Heider*, in: FS 25 Jahre WpHG, S. 237 (271); *Poelzig*, AG 2015, 476 (479); *E. Vetter*, in: FS Bergmann, S. 799 (812); a. A. *Drinhausen/Marsch-Barner*, AG 2014, 757 (767 f.) und *Marsch-Barner*, in: FS Brambring, S. 267 (281), die für eine ausschließlich schuldvertragliche Haftung plädieren; offengelassen von *Tröger*, in: KölnKomm. AktG, § 136 Rn. 100.

[101] *Poelzig*, AG 2015, 476 (479); *Theusinger/Schilha*, BB 2015, 131 (138 f.); ablehnend für den Fall einer gerichtlichen Bestimmung des Versammlungsleiters aber *von der Linden*, NZG 2013, 208 (211).

[102] *Marsch-Barner*, in: FS Brambring, S. 267 (281); *Drinhausen/Marsch-Barner*, AG 2014, 757 (767).

[103] *Drinhausen/Marsch-Barner*, AG 2014, 757 (767); kritisch aber *von der Linden*, NZG 2013, 208 (211).

im Zusammenhang mit der Durchführung von Einlasskontrollen und der Überprüfung der Teilnahmelegitimation, bereits abgestimmt haben.[104]

*(2) Konkludentes Vertragsangebot in der Satzung*

Fehlt es an einer Beauftragung durch den Vorstand, so kann sich ein konkludentes Angebot auf Abschluss eines Auftragsverhältnisses oder Geschäftsbesorgungsvertrages nach teilweiser vertretener Auffassung aber auch unmittelbar aus der jeweiligen, den Versammlungsleiter bestimmenden Satzungsbestimmung ergeben und dieses konkludente Angebot mit der faktischen Aufnahme der Versammlungsleitertätigkeit ebenfalls konkludent angenommen werden.[105] Dem ist zuzustimmen. Zwar ist es so, dass grundsätzlich nicht die Hauptversammlung, sondern der Vorstand nach Maßgabe von §§ 83 Abs. 2, 77 AktG für den Abschluss eines schuldrechtlichen Vertrags zuständig ist.[106] Aus der originären, in dem Selbstorganisationsrecht der Hauptversammlung wurzelnden Kompetenz zur Bestimmung eines Versammlungsleiters folgt im Sinne einer Annexkompetenz aber auch eine unmittelbare Befugnis der Hauptversammlung zum Abschluss eines (schuldrechtlichen) Vertrages mit dem Versammlungsleiter mit Wirkung für und gegen die Gesellschaft.[107] Insoweit besteht ein Gleichlauf mit der in Bezug auf die Bestellung des Sonderprüfers nach § 142 Abs. 1 AktG ebenfalls überwiegend anerkannten Annex-Vertretungskompetenz der Hauptversammlung.[108]

Eine von der Hauptversammlung abgeleitete Annexkompetenz zum Abschluss eines Vertrages mit dem Versammlungsleiter besteht auch für den Aufsichtsratsvorsitzenden, sofern diesem durch die Satzung die Befugnis zur Berufung eines Versammlungsleiters zugewiesen wurde.[109]

*(3) Konkludentes Vertragsangebot bei Wahl des Versammlungsleiters in der Hauptversammlung*

Auch bei einer ad hoc-Wahl des Versammlungsleiters in der Hauptversammlung kann in dem Wahlbeschluss aufgrund der bestehenden Annex-Vertretungskompetenz der Hauptversammlung ein (konkludentes) Angebot auf Abschluss eines Auftragsverhältnisses oder Geschäftsbesorgungsvertrages gesehen werden.[110] Aus Gründen der Rechtssicherheit und um Unklarheiten im Hinblick auf die Vertretungskompetenz aus dem Weg zu gehen, kann der Vorstand den Versammlungsleiter kurz vor Aufnahme der Versammlungsleitertätigkeit fragen, ob dieser die Wahl

---

[104] *Theusinger/Schilha*, BB 2015, 131 (138).

[105] *Drinhausen/Marsch-Barner*, AG 2014, 757 (767); ebenso wohl auch *Marsch-Barner*, in: FS Brambring, S. 267 (281).

[106] *Theusinger/Schilha*, BB 2015, 131 (138).

[107] So auch *Sauerwald*, VersL im AktR, S. 167.

[108] Siehe *J. Koch*, AktG, § 142 Rn. 11 m. w. N.

[109] Ebenso auch *E. Vetter*, in: FS Bergmann, S. 799 (814).

[110] So auch für den Sonderprüfer *Spindler*, in: K. Schmidt/Lutter, AktG, § 142 Rn. 35.

annimmt bzw. mit der Übernahme der Versammlungsleitung einverstanden ist. Dieses Angebot kann dann entweder ausdrücklich durch Beantwortung der Frage oder wiederum konkludent durch Aufnahme der Versammlungsleitung angenommen werden. Für diese Vorgehensweise spricht, dass aufgrund der Protokollierung der Hauptversammlung eine Nachweisführung in Bezug auf das Zustandekommen des Vertrags deutlich erleichtert wird.

*(4) Vertragsschluss bei gerichtlicher Bestimmung des Versammlungsleiters*

Problematisch ist die Begründung eines konkludenten Vertragsschlusses dann, wenn der Versammlungsleiter qua gerichtlicher Bestellung in sein Amt gelangt. Das Gericht hat im Rahmen einer gerichtlichen Bestellung eines Versammlungsleiters nach Maßgabe von § 122 Abs. 3 Satz 2 AktG keine Befugnis einen schuldrechtlichen Vertrag mit Wirkung für und gegen die Gesellschaft abzuschließen.[111] Das Zustandekommen eines zusätzlichen schuldrechtlichen Vertrages erfordert in diesem Fall daher eine auf den Vertragsschluss gerichtete Willensäußerung des Vorstands. Diese kann wiederum darin liegen, dass der Vorstand den Versammlungsleiter kurz vor Aufnahme der Versammlungsleitertätigkeit fragt, ob dieser mit der Übernahme der Versammlungsleitung einverstanden ist. Die Annahme kann dann entweder ausdrücklich durch Bejahung der Frage oder konkludent durch faktische Aufnahme der Versammlungsleitertätigkeit erfolgen. Diese rechtlich denkbare Konstruktion hat aber wohl nur eine theoretische Bedeutung. Da im Fall des § 122 Abs. 3 Satz 2 AktG der Gesellschaft ein Versammlungsleiter aufgezwungen wird, erscheint es nämlich eher fernliegend, dass der Vorstand den notwendigen Rechtsbindungswillen zum Abschluss eines optionalen schuldrechtlichen Vertrags hat. Auch ein den gerichtlich bestimmten Versammlungsleiter bestätigender Hauptversammlungsbeschluss wird in aller Regel nicht gefasst werden. Aus diesem Grund muss die gerichtlich zur Einberufung oder Ergänzung der Tagesordnung ermächtigte Aktionärsminderheit im eigenen Namen mit dem bestellten Versammlungsleiter einen entsprechenden Vertrag abschließen, wobei die daraus resultierenden Kosten nach Maßgabe von § 122 Abs. 4 AktG an die Gesellschaft weitergereicht werden können.[112]

## 4. Innenhaftung gegenüber der Gesellschaft nach Maßgabe des Deliktsrechts

In Betracht kommt eine deliktsrechtliche Innenhaftung gegenüber der Gesellschaft nach Maßgabe von §§ 823 Abs. 1, 823 Abs. 2 BGB sowie § 826 BGB.[113]

---

[111] Siehe *von der Linden*, NZG 2013, 208 (211).

[112] *Noack/Zetsche*, in: KölnKomm. AktG, § 122 Rn, 126, 128; *von der Linden*, NZG 2013, 208 (211).

[113] Vgl. LG Ravensburg, Urt. v. 8. 5. 2014 – 7 O 51/13 KfH 1, AG 2014, 910 (911); ebenso *Kubis*, in: MünchKomm. AktG, § 119 Rn. 190, der eine mögliche Haftung auf § 826 BGB beschränkt.

### *a) Haftung nach Maßgabe von § 823 Abs. 1 BGB*

Eine Haftung des Versammlungsleiters gemäß § 823 Abs. 1 BGB gegenüber der Gesellschaft kommt schon deswegen nicht in Betracht, da die aus einer rechtswidrigen Leitungsmaßnahme des Versammlungsleiters potentiell resultierenden Kosten, wie etwa Prozesskosten eines Beschlussmängelverfahrens, entgangene Geschäftschancen bzw. Gewinne (§ 252 BGB) oder Kosten für die Wiederholung einer Hauptversammlung, als reine Vermögensschäden nicht dem Schutzbereich des § 823 Abs. 1 BGB unterfallen.[114]

### *b) Haftung nach Maßgabe von § 823 Abs. 2 BGB i. V. m. einem anknüpfbaren Schutzgesetz*

Es stellt sich die Frage, ob eine Haftung des Versammlungsleiters gegenüber der Gesellschaft nach Maßgabe von § 823 Abs. 2 BGB i. V. m. mit einem Schutzgesetz denkbar ist.[115] Eine Anknüpfung an § 266 StGB scheidet insoweit aus, da der Versammlungsleiter als solcher keiner Vermögensbetreuungspflicht unterliegt.[116] Kennzeichnendes Merkmal der Versammlungsleitung ist der punktuelle Funktionsauftrag zur ordnungsgemäßen Durchführung der Versammlung und – anders als etwa bei Vorstand und Aufsichtsrat – keine auf Dauer angelegte Vermögensbetreuungspflicht gegenüber der Gesellschaft.[117] Nichts anderes gilt, wenn ein Aufsichtsratsmitglied die Versammlungsleitung übernimmt, da der Funktionsbereich der Versammlungsleitung von der Sphäre des Aufsichtsratsmandats strikt zu trennen ist.[118]

In Betracht kommt aber eine Haftung nach § 823 Abs. 2 BGB i. V. m. § 136 AktG, wenn dem Versammlungsleiter im Zusammenhang mit der Überprüfung von Stimmverboten Fehler unterlaufen.[119] Die Stimmverbote sind als Schutzgesetze zugunsten der Gesellschaft zu qualifizieren.[120] Entsteht der Gesellschaft aufgrund der Fehlerhaftigkeit der Abstimmung ein Schaden, etwa weil ein zu Unrecht von der Abstimmung ausgeschlossener Aktionär den Beschluss erfolgreich anficht, so kann die Gesellschaft daraus resultierende Schäden im Regresswege gegenüber dem

---

[114] *von der Linden*, NZG 2013, 208 (212); *Theusinger/Schilha*, BB 2015, 131 (136); im Ergebnis ebenso *Kubis*, in: MünchKomm. AktG, § 119 Rn. 190; *Pliquett*, Haftung des HVL, S. 139 f., weist zudem zutreffend darauf hin, dass mangels eines unmittelbaren betriebsbezogenen Eingriffs auch eine Verletzung des Rechts am eingerichteten und ausgeübten Gewerbebetrieb nicht in Betracht kommt.

[115] Dies ausschließend *von der Linden*, NZG 2013, 208 (212).

[116] *Theusinger/Schilha*, BB 2015, 131 (136); a. A. *Drinhausen/Marsch-Barner*, AG 2014, 757 (768); *Heidel*, in: Heidel, AktienR u. KapitalmarktR, Vor §§ 129–132 AktG Rn. 71.

[117] *Poelzig*, AG 2015, 476 (479).

[118] *Theusinger/Schilha*, BB 2015, 131 (136).

[119] Siehe zum diesbezüglichen Prüfungsumfang oben unter 2. Kapitel F. IV. 8. b) cc) (S. 293 f.); siehe dazu auch *Tielmann/Gahr*, AG 2016, 199 (207 f.).

[120] *Tröger*, in: KölnKomm. AktG, § 136 Rn. 99.

Versammlungsleiter geltend machen.[121] Dabei ist jedoch einschränkend zu berücksichtigen, dass die organisatorische Verantwortung für die Auszählung der Stimmen beim Vorstand liegt. Fehler der insoweit vom Vorstand eingesetzten Hilfskräfte können dem Versammlungsleiter nicht nach Maßgabe von § 278 BGB zugerechnet werden.[122] Es muss vor diesem Hintergrund daher jeweils im Einzelfall genau geprüft werden, ob die Missachtung von Stimmverboten auf eine fehlerhafte Einschätzung des Versammlungsleiters zurückgeht oder ihre Ursache in einem Auszählungsfehler der vom Vorstand eingesetzten Hilfskräfte hat.

#### *c) Haftung nach Maßgabe von § 826 BGB*

Möglich ist eine Haftung des Versammlungsleiters gegenüber der Gesellschaft aufgrund einer vorsätzlichen sittenwidrigen Schädigung gemäß § 826 BGB, da insoweit auch das Vermögen als Ganzes geschützt ist.[123] Der Versammlungsleiter müsste mit Schädigungsvorsatz handeln, also den Schadenseintritt bei der Gesellschaft voraussehen oder zumindest billigend in Kauf nehmen.[124] Der Nachweis eines entsprechenden Vorsatzes wird in der Praxis seitens der Gesellschaft jedoch kaum zu führen sein. Darüber hinaus muss das Verhalten des Versammlungsleiters bei wertender Betrachtung in besonderem Maße als verwerflich bzw. unlauter erscheinen.[125] Aufgrund dieser sehr engen tatbestandlichen Voraussetzungen wird eine Haftung aus § 826 BGB nur in seltenen Ausnahmefällen in Betracht kommen.

### 5. Zusammenfassende Betrachtung

Mangels direkter oder analoger Anwendbarkeit der für Vorstands- und Aufsichtsratsmitglieder geschaffenen Organhaftungsnormen der §§ 93 Abs. 2, 116 Satz 1 AktG, ist die allgemeine schuldrechtliche Haftungsnorm des § 280 Abs. 1 BGB als normative Grundlage für die Haftung des Versammlungsleiters heranzuziehen. Das insoweit erforderliche haftungsbegründende Schuldverhältnis ist primär in dem korporationsrechtlichen Rechtsverhältnis zu erblicken, das – ebenso wie bei einem Vorstands- und Aufsichtsratsmitglied – mit der Übernahme des Amts der

---

[121] *J. Koch*, AktG, § 136 Rn. 24; siehe auch *Lochner/Beneke*, ZIP 2015, 2010 (2014) für den umgekehrten Fall einer fehlerhaften Nichtberücksichtigung bestehender Stimmverbote durch den Versammlungsleiter; ebenso *Krebs*, in: Hölters AktG, § 136 Rn. 38.

[122] Im Ergebnis ebenso *Sauerwald*, VersL im AktR, S. 386 f., der insoweit lediglich eine organisationsrechtliche, nicht hingegen eine haftungsrechtliche Zurechnung bejaht.

[123] LG Ravensburg, Urt. v. 8.5.2014 – 7 O 51/13 KfH 1, AG 2014, 910 (911); *Heidel*, in: Heidel, AktienR u. KapitalmarktR, Vor §§ 129–132 AktG Rn. 71; *Mülbert*, in: Großkomm. AktG, § 129 Rn. 250; *Kubis*, in: MünchKomm. AktG, § 119 Rn. 190; siehe zum Schadensbegriff *Wagner*, in: MünchKomm. BGB, § 826 Rn. 1, 44.

[124] *Wagner*, in: MünchKomm. BGB, § 826 Rn. 26 f.

[125] LG Ravensburg, Urt. v. 8.5.2014 – 7 O 51/13 KfH 1, AG 2014, 910 (911); vgl. zur Haftung von Vorstandsmitgliedern auch BGH, Urt. v. 19.7.2004 – II ZR 402/02, NZG 2004, 907 (909).

Versammlungsleitung entsteht.[126] Die möglichen Schadenspositionen sind in Abhängigkeit davon, ob sie durch eine Nachholung bzw. Wiederholung der Hauptversammlung behoben werden können als Schadensersatz neben der Leistung gemäß § 280 BGB oder §§ 280 Abs. 2, 286 BGB (etwa Kosten für die Durchführung einer weiteren Hauptversammlung) oder als Schadensersatz statt der Leistung nach Maßgabe der §§ 280 Abs. 1 u. 3, 281, 283 BGB (etwa verpasste und nicht mehr nachholbare Geschäftschancen) ersatzfähig.

Neben das korporationsrechtliche Rechtsverhältnis kann zudem eine schuldvertragliche Rechtsbeziehung treten, wobei dies aber nicht zwingend ist. Im Falle der Übernahme der Versammlungsleitung durch einen unternehmensfremden Dritten wird in der Regel ein entgeltlicher Geschäftsbesorgungsvertrag (§§ 675, 611 BGB) abgeschlossen. Bei Übernahme der Versammlungsleitung durch ein Aufsichtsratsmitglied liegt häufig ein unentgeltliches Auftragsverhältnis (§ 662 BGB) zugrunde, dessen (konkludenter) Abschluss aber von der Gesellschaft im Falle eines Haftungsprozesses nachzuweisen ist. Der Hauptversammlung kommt in Bezug auf die Bestellung des Versammlungsleiters eine Annex-Vertretungskompetenz zum Abschluss eines (zusätzlichen) schuldrechtlichen Vertrags zu, so dass ein entsprechendes (konkludentes) Vertragsangebot auch in einer Satzungsbestimmung und in einem Wahlbeschluss liegen kann.

Pflichtwidrigkeiten, die noch vor der (faktischen) Übernahme der Versammlungsleitung erfolgen, unterliegen nicht den vorstehend skizzierten Haftungsgrundlagen der Versammlungsleitung. Entgegen der Auffassung des LG Ravensburg[127] ergibt sich eine Haftung von Aufsichtsratsmitgliedern vielmehr unmittelbar aus §§ 93 Abs. 2, 116 Satz 1 AktG, sofern die Pflichtverletzung im Zusammenhang mit der Übernahme der Versammlungsleitung steht. Weigert sich etwa ein Aufsichtsratsmitglied kurzfristig die Leitung zu übernehmen, so kann darin ein Verstoß gegen die Treuepflicht liegen.[128]

In deliktsrechtlicher Hinsicht scheidet eine Haftung nach Maßgabe von § 823 Abs. 1 BGB gegenüber der Gesellschaft mangels Ersatzfähigkeit bloßer Vermögensschäden aus. Eine Haftung des Versammlungsleiters aufgrund eines Verstoßes gegen Stimmrechtsverbote gemäß § 823 Abs. 2 BGB i. V. m. § 136 AktG kommt nur dann in Betracht, wenn die Missachtung eines Stimmverbots dem Verantwortungsbereich des Versammlungsleiters zugeordnet werden kann. Dies ist nur dann der Fall, wenn der Versammlungsleiter nachweislich eine falsche Bewertung von Stimmverboten vorgenommen hat. Eine Haftung des Versammlungsleiters gegen-

---

[126] Ebenso *Theusinger/Schilha*, BB 2015, 131 (138) und *von der Linden*, NZG 2013, 208 (211), die aber trotz Annahme eines haftungsbegründenden korporativen Schuldverhältnisses eine Organstellung des Versammlungsleiters verneinen; nach *U. H. Schneider*, AG 2021, 58 (65) soll kein korporationsrechtliches Rechtsverhältnis, wohl aber ein organisationsrechtliches Rechtsverhältnis zwischen Versammlungsleiter und der Gesellschaft bestehen, wobei aber der strukturelle Unterschied unklar bleibt.

[127] Siehe LG Ravensburg, Urt. v. 8.5.2014 – 7 O 51/13 KfH 1, AG 2014, 910 (911).

[128] Zutreffend *Niemz*, VL im AktR, S. 158.

über der Gesellschaft nach Maßgabe von § 826 BGB ist zwar denkbar; die engen tatbestandlichen Voraussetzungen einer vorsätzlichen sittenwidrigen Schädigung dürften in der Praxis jedoch nur selten vorliegen und nachweisbar sein.

## II. Außenhaftung gegenüber Aktionären

Neben einer Innenhaftung gegenüber der Gesellschaft steht eine mögliche Außenhaftung des Versammlungsleiters gegenüber den Aktionären.

### 1. Außenhaftung nach §§ 93 Abs. 2, 116 Satz 1 AktG analog

Nachstehend soll zunächst grob skizziert werden, ob die Organhaftungsvorschriften der §§ 93 Abs. 2, 116 Satz 1 AktG in Rahmen ihres originären Anwendungsbereichs, d. h. im Rahmen von Pflichtverletzungen von Mitgliedern des Vorstands bzw. Aufsichtsrats, eine Außenhaftung gegenüber Aktionären zulassen. Davon ausgehend wird untersucht, ob die diesbezüglichen Rechtsgrundsätze entsprechend auf die Haftung des Versammlungsleiters übertragen werden können.

#### *a) Aktienrechtlicher Grundsatz der Haftungskonzentration*

Nach §§ 93 Abs. 2, 116 Satz 1 AktG haften die Mitglieder des Vorstands bzw. des Aufsichtsrats bei Verletzung ihrer Pflichten nur gegenüber der Gesellschaft, nicht jedoch gegenüber den Aktionären.[129] Nach allgemeiner Meinung kann eine unmittelbare Haftung der Vorstands- bzw. Aufsichtsratsmitglieder gegenüber den Aktionären auch nicht auf eine analoge Anwendung der §§ 93 Abs. 2, 116 Satz 1 AktG gestützt werden, da die Haftungsnorm den Schutz des Gesellschaftsvermögens, nicht jedoch den der Aktionäre bezweckt.[130] Da es sich bei §§ 93 Abs. 2, 116 Satz 1 AktG um einen originär der Gesellschaft zustehenden Anspruch handelt, sind die Aktionäre darauf beschränkt nach Maßgabe von § 147 Abs. 1 AktG im Wege eines Hauptversammlungsbeschlusses die Geltendmachung dieses Anspruchs der Gesellschaft entweder dem Aufsichtsrat zu überlassen (sofern eine Haftung der Vorstandsmitglieder in Rede steht), oder die Geltendmachung durch Bestellung eines besonderen Vertreters gemäß § 147 Abs. 2 AktG zu erzwingen.[131] Alternativ steht den Aktionären die Möglichkeit offen, nach Durchführung des Klagezulassungs-

---

[129] *Altmeppen*, in: Hdb. Managerhaftung, § 7 Rn. 3 f.; *Bürgers*, in: Bürgers/Körber/Lieder, AktG, § 93 Rn. 43, 56; *Hölters/Hölters*, in: Hölters, AktG, § 93 Rn. 354.

[130] Siehe nur *Krause*, BB 2009, 1370 (1372); *Thümmel*, Haftung von Managern u. Aufsichtsräten, 8. Kap. Rn. 401; *Hopt/Roth*, in: Großkomm. AktG, § 93 Rn. 28 f.

[131] *Hölters/Hölters*, in: Hölters, AktG, § 93 Rn. 322.

verfahrens gemäß § 148 AktG im eigenen Namen den Anspruch der Gesellschaft einzuklagen.[132]

### *b) Konsequenzen für die Haftung des Versammlungsleiters*

Das organschaftliche Verantwortlichkeitsrecht weist die aus Pflichtverletzungen der handelnden Organwalter resultierenden Ansprüche unzweideutig der Gesellschaft und nicht ihren Aktionären zu. Aus diesem Grund ist eine analoge Anwendung der §§ 93 Abs. 2, 116 Satz 1 AktG bereits im unmittelbaren Anwendungsbereich einer Organhaftung des Vorstands bzw. des Aufsichtsrats dogmatisch nicht begründbar. Erst recht muss dies aber dann im Kontext einer zu diskutierenden Haftung des Versammlungsleiters gegenüber den Aktionären der Gesellschaft gelten. Denn die Heranziehung der §§ 93 Abs. 2, 116 Satz 1 AktG als Haftungsgrundlage für eine Außenhaftung des Versammlungsleiters gegenüber den Aktionären würde insofern eine Doppelanalogie erfordern. Wie bereits im Zusammenhang mit der Innenhaftung des Versammlungsleiters gegenüber der Gesellschaft dargestellt[133], fehlt es aber bereits an den rechtlichen Voraussetzungen für eine einfache Analogiebildung im Zusammenhang mit den Organhaftungsvorschriften der §§ 93 Abs. 2, 116 Satz 1 AktG.[134]

## 2. Außenhaftung auf schuldrechtlicher Grundlage

Für eine schuldrechtliche Haftung des Versammlungsleiters gegenüber den Aktionären fehlt es an einer tragfähigen dogmatischen Grundlage. Zwischen dem Versammlungsleiter und den Aktionären besteht kein unmittelbares Rechtsverhältnis, das als Anknüpfungspunkt für eine schuldrechtliche Haftung nach Maßgabe von § 280 Abs. 1 BGB in Betracht käme.[135] Auch entfaltet ein etwaiges zwischen dem Versammlungsleiter und der Gesellschaft bestehendes Schuldverhältnis keine Schutzwirkung zugunsten der Aktionäre. Zwar ließe sich argumentieren, dass die Aktionäre im Sinne der erforderlichen Leistungsnähe den Risiken fehlerhafter Leitungsmaßnahmen in gleichem Maße ausgesetzt sind wie die Gesellschaft und diese in Entsprechung des Gebots der Gläubigernähe auch ein berechtigtes Interesse an der Einbeziehung der Aktionäre in den Schutzbereich des Schuldverhältnisses hat. Die Leistungsnähe wäre aber jedenfalls für den Versammlungsleiter nicht erkennbar,

---

[132] *Bürgers*, in: Bürgers/Körber/Lieder, § 93 Rn. 55.

[133] Siehe oben unter 3. Kapitel B. I. 2. b) (S. 333 ff.).

[134] A. A. aber *Lochner/Beneke*, ZIP 2015, 2010 (2014), die sich ohne nähere Begründung für eine Außenhaftung des Versammlungsleiters gegenüber den Aktionären auf Grundlage einer analogen Anwendung der §§ 93, 116 AktG aussprechen.

[135] So auch *Reinicke*, Rechtsstellung des Vorsitzenden einer HV, S. 171; *Rieckers*, in: FS Krieger, S. 753 (763); im Ergebnis ebenso *Tröger*, in: KölnKomm. AktG, § 136 Rn. 62; eine besondere Rechtsbeziehung zwischen Versammlungsleiter und Aktionären verneinend auch *Drinhausen/Marsch-Barner*, AG 2014, 757 (766).

da die Einbeziehung in das Schuldverhältnis aufgrund des aktienrechtlichen Gleichbehandlungsgebotes für das gesamte Aktionariat gelten müsste, und zwar unabhängig von der Teilnahme an der Hauptversammlung.[136]

Für eine Haftung aus einem vorvertraglichen Rechtsverhältnis nach Maßgabe von §§ 280 Abs. 1, 311 Abs. 2 u. 3, 241 Abs. 2 AktG ist ebenfalls kein Raum, da es an einem rechtsgeschäftsähnlichen Kontakt zwischen Versammlungsleiter und Aktionären fehlt. Der Versammlungsleiter handelt zudem als unabhängiges Organ und nicht etwa als Gehilfe des Vorstands, so dass auch eine Haftung nach Maßgabe von § 311 Abs. 3 BGB ausscheiden muss.

### 3. Außenhaftung nach Maßgabe des Deliktsrechts

Eine Außenhaftung gegenüber den Aktionären nach § 823 Abs. 1 AktG setzt die Verletzung eines absoluten Rechts voraus. Eine durch Pflichtverletzungen des Versammlungsleiters eingetretene Vermögensschädigung der Aktionäre kann nicht als Anknüpfungspunkt dienen, da das Vermögen kein absolutes Recht i. S. v. § 823 Abs. 1 AktG darstellt. Ebenfalls um einen reinen nicht ersatzfähigen Vermögensschaden handelt es sich dann, wenn der Kurswert aufgrund unrichtiger Informationen sinkt.[137] Die Mitgliedschaft des Aktionärs ist indes als ein sonstiges Recht i. S. v. § 823 Abs. 1 AktG anerkannt.[138] Der Inhaber des Mitgliedschaftsrechts kann daher den Anspruch aus § 823 Abs. 1 AktG aufgrund eines unmittelbaren Eingriffs gegen den Bestand des Mitgliedschaftsrechts oder die in diesem verkörperten Rechte geltend machen.[139] Ausgehend von dem Pflichtenkreis des Versammlungsleiters kommt ein direkter Eingriff in das Mitgliedschaftsrecht eines Aktionärs zum Beispiel dann in Betracht, wenn der Versammlungsleiter einem Aktionär unberechtigterweise den Zugang zur Hauptversammlung verwehrt und ihn dadurch an der Ausübung seiner Stimmrechte hindert. Ein daraus resultierender ersatzfähiger Schaden der Aktionäre kann sich im Rahmen der Präsenzversammlung insbesondere aus nutzlos aufgewendeten Anfahrts- bzw. Reisekosten ergeben.

Bildet der Eingriff in das Mitgliedschaftsrecht, etwa die Missachtung des Gebotes der Gleichbehandlung der Aktionäre gemäß § 53a AktG im Zusammenhang mit der Anordnung von individuellen Rede- und Fragezeitbeschränkungen, die Grundlage für eine (erfolgreiche) Anfechtungsklage, so schlägt sich eine daraus resultierende Schädigung der Gesellschaft regelmäßig auch in Form einer Wertminderung der Gesellschaftsbeteiligung des Aktionärs nieder. Auch wenn dem Aktionär damit grundsätzlich ein eigener Schadensersatzanspruch gegen den Versammlungsleiter zusteht, kann dieser nach der ständigen Rechtsprechung des BGH gleichwohl keine

---

[136] Zutreffend *Sauerwald*, VersL im AktR, S. 368 f.

[137] Siehe OLG Stuttgart, Urt. v. 8. 2. 2006 – 20 U 24/04, ZIP 2006, 511 (514 f.).

[138] Siehe nur *Spindler*, in: MünchKomm. AktG, § 93 Rn. 337; ebenso *Wagner*, in: MünchKomm. BGB, § 823 Rn. 351 m. w. N.

[139] *Spindler*, in: MünchKomm. AktG, § 93 Rn. 337.

Leistung an sich verlangen, da sich aus den §§ 117 Abs. 1 Satz 2, 317 Abs. 1 Satz 2 AktG der allgemeine Grundsatz ableiten lässt, dass der Ausgleich von Vermögensschäden in Form von Wertverlusten an Gesellschaftsanteilen primär über das Gesellschaftsvermögen zu erfolgen hat.[140] Demzufolge kann der Aktionär nur Leistung an die Gesellschaft verlangen.[141] Etwas anderes muss in entsprechender Anwendung der Rechtsprechung des BGH aber dann gelten, wenn die Gesellschaft den ihr zustehenden Schadensersatzanspruch nicht verfolgen will oder aus anderen Gründen, zum Beispiel aufgrund von Verjährung, an der Durchsetzbarkeit gehindert ist.[142] Denn in diesem Fall wird der Schaden des Aktionärs gerade nicht durch ein erfolgreiches Vorgehen der Gesellschaft gegen den Versammlungsleiter mitausgeglichen[143]; der Aktionär muss daher auch die Möglichkeit haben Leistung unmittelbar an sich zu verlangen.

Eine Haftung des Versammlungsleiters nach Maßgabe von § 823 Abs. 2 BGB setzt den Verstoß gegen ein Schutzgesetz voraus. Ein haftungsrelevantes Schutzgesetz ist jedoch nicht ersichtlich. Die Einberufungsvorschriften der §§ 111 Abs. 3, 121 Abs. 1 AktG sind nicht als Schutzgesetze i. S. d. § 823 Abs. 2 BGB zu qualifizieren.[144] Gleiches gilt bei einer Missachtung von Stimmrechtsverboten, da § 136 AktG keinen Individualschutz zugunsten der Aktionäre bezweckt.[145] § 266 StGB kommt aufgrund fehlender Vermögensbetreuungspflicht des Versammlungsleiters ebenfalls nicht als Schutzgesetz i. S. v. § 823 Abs. 2 BGB in Betracht. Anknüpfungspunkt kann aber ein Verstoß des Versammlungsleiters gegen die ihn im Zusammenhang mit der ordnungsgemäßen Führung des Teilnehmerverzeichnisses treffenden Pflichten sein, da § 129 Abs. 1 Satz 2 AktG nach zutreffender Auffassung als ein Schutzgesetz zugunsten der Abstimmungsteilnehmer, nicht hingegen der Gesellschaft, zu qualifizieren ist.[146] Eine Schadensersatzpflicht kann zum Beispiel daraus entstehen, dass ein Aktionär im Vertrauen auf die Richtigkeit des Teilnehmerverzeichnisses von der Einlegung eines Widerspruchs Abstand nimmt und in der

---

[140] BGH, Urt. v. 21. 3. 2013 – III ZR 260/11, NJW 2013, 1434 (1437); *Hopt*, in: Großkomm. AktG, § 93 Rn. 471.

[141] BGH, Urt. v. 29. 6. 1987 – II ZR 173/86, NJW 1988, 413 (415); BGH, Urt. v. 10. 11. 1986 – II ZR 140/85, NJW 1987, 1077 (1079).

[142] Vgl. zur Haftung des Liquidators einer GmbH BGH, Urt. v. 23. 6. 1969 – II ZR 272/67, NJW 1969, 1712; ebenso zur Haftung des GmbH-Geschäftsführers BGH, Urt. v. 24. 1. 1967 – VI ZR 92/65, WM 1967, 287 (288).

[143] Vgl. BGH, Urt. v. 23. 6. 1969 – II ZR 272/67, NJW 1969, 1712; ebenso BGH, Urt. v. 24. 1. 1967 – VI ZR 92/65, WM 1967, 287 (288).

[144] Siehe *Rieckers*, in: Spindler/Stilz, BeckOGK AktG, § 121 Rn. 115 m. w. N.

[145] *Zöllner*, in: KölnKomm. AktG, § 136 Rn. 62.

[146] *Wicke*, in: Spindler/Stilz, BeckOGK AktG, § 129 Rn. 35; *J. Koch*, AktG, § 129 Rn. 16; ebenso *Reger*, in: Bürgers/Körber/Lieder, AktG, § 129 Rn. 35, der aber trotz Schutzgesetzqualität eine Schadensersatzpflicht des Versammlungsleiters ohne nähere Begründung ausschließt; a. A. *Reinicke*, Rechtsstellung des Vorsitzenden einer HV, S. 172 f.; zu den Pflichten des Versammlungsleiters im Zusammenhang mit dem Teilnehmerverzeichnis siehe oben unter 2. Kapitel D. III. 4. d) ( S. 218 ff.).

Folge sein Anfechtungsrecht einbüßt.[147] Sofern der Versammlungsleiter im Zusammenhang mit der in seinen Verantwortungsbereich fallenden Erstellung einer privatschriftlichen Niederschrift (§ 130 Abs. 1 Satz 3 AktG) ein Aktionärsverlangen nach § 131 Abs. 5 AktG oder einen Widerspruch nach § 245 Nr. 1 AktG pflichtwidrig nicht aufnimmt, kommt zudem eine Schadensersatzpflicht gegenüber den betroffenen Aktionären nach Maßgabe von § 823 Abs. 2 BGB i. V. m. §§ 131 Abs. 5, 245 Nr. 1 AktG in Betracht. Die drittschützende Wirkung der §§ 131 Abs. 5, 245 Nr. 1 AktG leitet sich aus der Beweisfunktion der Niederschrift ab.[148]

Denkbar ist zudem eine Haftung des Versammlungsleiters gegenüber den Aktionären aufgrund einer vorsätzlichen sittenwidrigen Schädigung nach Maßgabe von § 826 BGB. Insoweit ergeben sich jedoch die bereits beschriebenen Herausforderungen bei der den Aktionären obliegenden Nachweisführung hinsichtlich des Vorliegens einer Schädigungsabsicht.

### 4. Ergebnis

Eine unmittelbare haftungsrechtliche Verantwortlichkeit des Versammlungsleiters gegenüber den Aktionären kann nicht auf Grundlage einer analogen Anwendung der für die Mitglieder von Vorstand und Aufsichtsrat geltenden Organhaftungsvorschriften der §§ 93 Abs. 2, 116 Satz 1 AktG konstruiert werden. Dieses scheitert bereits daran, dass die Organhaftungsvorschriften der §§ 93 Abs. 2, 116 Satz 1 AktG aus gesetzessystematischen Gründen weder direkt noch analog auf den Versammlungsleiter angewendet werden können. Selbst wenn man aber mit vereinzelten Stimmen in der Literatur eine analoge Anwendung der §§ 93 Abs. 2, 116 Satz 1 AktG auf die persönliche Haftung des Versammlungsleiters im Grundsatz für zulässig hielte, so wäre eine Haftung des Versammlungsleiters gegenüber den Aktionären gleichwohl gesetzessystematisch nicht begründbar, da der Gesetzgeber den Organhaftungsanspruch als einen reinen Innenhaftungsanspruch der Gesellschaft konzipiert hat.

Eine Direkthaftung des Versammlungsleiters gegenüber den Aktionären kommt in Ermangelung einer schuldrechtlichen Beziehung zwischen Versammlungsleiter und Aktionären nur auf Grundlage deliktsrechtlicher Vorschriften in Betracht. Das Mitgliedschaftsrecht ist als absolutes Recht i. S. v. § 823 Abs. 1 BGB geschützt. Eine persönliche Haftung des Versammlungsleiters ist jedoch nur für solche Pflichtverletzungen des Versammlungsleiters denkbar, die sich als ein unmittelbar mitgliedschaftsbezogener Eingriff darstellen. Dazu gehören etwa unberechtigte Zutrittsverweigerungen oder unverhältnismäßige oder gegen den Gleichheitsgrundsatz verstoßende Rede- und Fragezeitbeschränkungen oder sonstige Ordnungsmaßnahmen. Als ersatzfähige Schadensposition kommen etwa vergebliche Reisekosten in Betracht. Eine Minderung des Gesellschaftsanteils kann der Aktionär als eine ihm

---

[147] *Noack/Zetsche*, in: KölnKomm. AktG, § 129 Rn. 107.

[148] Zutreffend *Harnos*, AG 2015, 732 (741).

gegenüber zu kompensierende Schadensposition nur dann in Ansatz bringen, wenn die Gesellschaft einen korrelierenden Innenhaftungsanspruch gegen den Versammlungsleiter nicht durchsetzen will oder kann.

Für eine Haftung nach § 823 Abs. 2 BGB kommen als anknüpfbare Schutzgesetze die §§ 131 Abs. 5, 245 Nr. 1 AktG sowie § 129 Abs. 1 Satz 2 AktG in Betracht. Denkbar ist zudem eine Haftung des Versammlungsleiters aus § 826 BGB. Aufgrund der in der Praxis schwierigen Nachweisführung hinsichtlich des Vorliegens einer Schädigungsabsicht, wird eine solche Haftung indes nur in seltenen Ausnahmefällen durchgreifen können.

### III. Außenhaftung gegenüber gesellschaftsfremden Dritten

Auch in Bezug auf eine persönliche Haftung des Versammlungsleiters gegenüber gesellschaftsfremden Dritten, wie etwa Gästen der Hauptversammlung, soll ausgehend von einer Analyse der Haftung von Mitgliedern des Vorstands und Aufsichtsrats untersucht werden, ob die diesbezüglichen Grundsätze auf den Versammlungsleiter übertragbar sind.

Neben den Aktionären der Gesellschaft können auch Dritte durch das pflichtwidrige Handeln oder Unterlassen eines Vorstandsmitglieds unmittelbar geschädigt werden. Exemplarisch ist an die Situation zu denken, in der Dritte durch unrichtige Angaben des Vorstands bezüglich der wirtschaftlichen Situation der Gesellschaft zu einem Erwerb von Aktien der Gesellschaft motiviert werden und diese Aktien infolge einer nachträglichen Korrektur der Angaben an Wert verlieren und nur mit Verlust verkauft werden können.[149] Die Abgrenzung zu Schädigungen von Aktionären ist hierbei freilich fließend. Eine Schädigung gesellschaftsfremder Dritter kann aber auch durch bestimmte Geschäftsentscheidungen des Vorstands herbeigeführt werden, so zum Beispiel durch das Unterlassen eines Rückrufs gesundheitsgefährdender Güter[150] oder durch wettbewerbswidrige Maßnahmen.[151]

Im Kontext der Versammlungsleitung wäre eine Schädigung gesellschaftsfremder Dritter etwa dann denkbar, wenn dritte Personen Aktien im Vertrauen auf den Bestand eines Gesellschafterbeschlusses, der eine wesentliche Strukturmaßnahme wie etwa eine Kapitalerhöhung zum Gegenstand hat, erwerben. Wird nun dieser Gesellschafterbeschluss infolge eines Verfahrensfehlers des Versammlungsleiters erfolgreich angefochten mit der Folge, dass die betreffende Strukturmaßnahme nicht

---

[149] Vgl. LG München, Urt. v. 28.6.2001 – 12 O 10157/01, WM 2001, 1948 ff.; siehe zur deliktsrechtlichen Haftung der Vorstandsmitglieder auch *Fleischer*, ZIP 2005, 1805 ff.

[150] Vgl. BGH, Urt. v. 6.7.1990 – 2 StR 549/89, ZIP 1990, 1413 (1414 ff.) – „Lederspray".

[151] So für den GmbH-Geschäftsführer BGH, Urt. v. 26.9.1985 – I ZR 86/83, NJW 1987, 127 (129).

umgesetzt werden kann, so kann in der Folge eine Wertminderung der erworbenen Unternehmensbeteiligung eintreten.[152]

### 1. Außenhaftung nach Maßgabe von §§ 93 Abs. 2, 116 Satz 1 AktG und allgemeinen schuldrechtlichen Grundsätzen

Im Kontext der Haftung von Mitgliedern des Vorstands und des Aufsichtsrats gegenüber gesellschaftsfremden Dritten kommt eine Anwendung der Organhaftungsregelungen der §§ 93 Abs. 2, 116 Satz 1 AktG nicht in Betracht, da diese Haftungsnormen allein das Innenverhältnis zwischen Vorstand bzw. Aufsichtsrat und Gesellschaft betreffen.[153] Die durch eine Handlung des Vorstandsmitglieds bzw. Aufsichtsratsmitglieds geschädigten gesellschaftsfremden Dritten stehen zu diesen in keinem unmittelbaren Rechtsverhältnis.[154] Es ist daher weitestgehend anerkannt, dass den geschädigten Dritten gegen den Vorstand keine Ansprüche aus § 93 Abs. 2 AktG, sondern nur Ansprüche aus *culpa in contrahendo* gemäß §§ 311 Abs. 3, 280 Abs. 1, 241 Abs. 2 BGB oder deliktische Ansprüche gemäß §§ 823, 826 BGB zustehen können.[155] Nichts anderes kann für Aufsichtsratsmitglieder gelten, wobei anders als beim Vorstand für eine Haftung aus der Rechtsfigur der *culpa in contrahendo* gemäß §§ 311 Abs. 3, 280 Abs. 1, 241 Abs. 2 BGB mangels eines geschäftlichen Handelns des Aufsichtsrats im Außenverhältnis grundsätzlich kein Raum ist.

Ebenso wie bei Vorstand und Aufsichtsrat besteht auch zwischen Versammlungsleiter und externen Versammlungsteilnehmern keine schuldvertragliche Beziehung. In Abgrenzung zum Vorstand ist aber auch eine Haftung aus der Rechtsfigur der *culpa in contrahendo* nicht konstruierbar, da es auch an einem vorvertraglichen Schuldverhältnis zwischen Versammlungsleiter und gesellschaftsfremden Dritten fehlt. Der Versammlungsleiter wird darüber hinaus auch nicht als Gehilfe des Vorstands tätig, sondern ist selbständiges Organ.[156] Eine Haftung nach Maßgabe von § 311 Abs. 3 BGB kommt somit ebenfalls nicht in Betracht.

---

[152] Vgl. im Zusammenhang mit einer falschen ad hoc-Meldung des Vorstands LG Augsburg, Urt. v. 24.9.2001 – 3 O 4995/00, WM 2001, 1944 ff.

[153] Siehe oben unter 3. Kapitel B. II. 1. a) (S. 342).

[154] Siehe *Spindler*, in: MünchKomm. AktG, § 93 Rn. 333 f., der zudem zutreffend darauf hinweist, dass auch der zwischen Vorstandsmitglied und Gesellschaft bestehende Anstellungsvertrag keine Schutzwirkung zugunsten Dritter entfaltet.

[155] Dies gilt unabhängig davon, dass die Gesellschaft nach Maßgabe von § 31 BGB analog für einen Schaden, der durch eine Handlung des Vorstands oder eines Vorstandsmitglieds bei einem Dritten eingetreten ist, haftbar gemacht werden kann, da dies die persönliche Haftung der Organperson nicht entfallen lässt, siehe *Spindler*, in: MünchKomm. AktG, § 93 Rn. 333; zur Haftung von Geschäftsleitern aus *culpa in contrahendo* siehe *Altmeppen*, in: Hdb. Managerhaftung, § 7 Rn. 19 ff.

[156] Siehe oben unter 2. Kapitel D. IV. (S. 122 ff.).

Auch eine analoge Anwendung der §§ 93 Abs. 2, 116 Satz 1 AktG als Grundlage für die Haftung des Versammlungsleiters gegenüber gesellschaftsfremden Dritten scheidet aus. Wie bereits im Zusammenhang mit einer möglichen Innenhaftung des Versammlungsleiters gegenüber der Gesellschaft aufgezeigt, fehlt es an der dazu erforderlichen planwidrigen Regelungslücke.[157]

## 2. Außenhaftung nach Maßgabe des Deliktsrechts

Eine Außenhaftung gemäß § 823 Abs. 1 BGB kommt nicht in Betracht, da an der Hauptversammlung teilnehmende gesellschaftsfremde Dritte, anders als Aktionäre, über kein Mitgliedschaftsrecht verfügen, in das eingegriffen werden könnte. Reflexartige reine Vermögensschäden, die sich etwa aus einem Vertrauen in den Bestand einer Strukturmaßnahme, die später aufgrund eines Verfahrensfehlers des Versammlungsleiters mit Erfolg angefochten wird, ergeben, werden vom Schutzbereich des § 823 Abs. 1 BGB nicht erfasst.

Ebenso ist kein Anknüpfungspunkt für eine haftungsbegründende Schutzgesetzverletzung i. S. v. § 823 Abs. 2 BGB ersichtlich. Die Pflicht des Versammlungsleiters zur ordnungsgemäßen Führung des Teilnehmerverzeichnisses nach § 129 AktG Abs. 1 Satz 2 AktG vermittelt keinen Drittschutz zugunsten von Gästen, da diese über keine mitgliedschaftlichen Rechte in der Hauptversammlung verfügen. Gleiches gilt für Pflichtwidrigkeiten des Versammlungsleiters im Zusammenhang mit der Erstellung der privatschriftlichen Niederschrift (§ 130 Abs. 1 Satz 3 AktG). Das aus der Organstellung folgende korporationsrechtliche Rechtsverhältnis sowie ein etwaiges daneben bestehendes schuldvertragliches Rechtsverhältnis bestehen ausschließlich im Verhältnis zur Gesellschaft. Somit kann auch § 280 BGB als Haftungsgrundlage für rechtswidrige Leitungsmaßnahmen keinen Drittschutz vermitteln und scheidet damit als anknüpfbares Schutzgesetz aus.

Möglich bleibt zwar theoretisch eine Haftung auf Grundlage einer vorsätzlichen sittenwidrigen Schädigung gemäß § 826 BGB. Die Anspruchsvoraussetzungen werden aber nur in sehr seltenen Ausnahmefällen überhaupt vorliegen und in der Praxis kaum nachweisbar sein.

## 3. Ergebnis

Eine Haftung des Versammlungsleiters gegenüber gesellschaftsfremden Dritten lässt sich weder aufgrund einer direkten oder analogen Anwendung der Organhaftungsvorschriften der §§ 93 Abs. 2, 116 Satz 1 AktG noch aufgrund allgemeiner schuldrechtlicher Haftungsvorschriften begründen. Im Bereich des Deliktsrechts kommt nur eine Haftung aufgrund einer vorsätzlichen sittenwidrigen Schädigung gemäß § 826 BGB in Betracht, die in der Praxis aber kaum jemals durchgreifen wird.

---

[157] Siehe oben unter 3. Kapitel B. I. 2. b) (S. 333 ff.).

## C. Begrenzung des Haftungsrisikos des Versammlungsleiters

Die bisherige Untersuchung hat gezeigt, dass sich für den Versammlungsleiter eine persönliche Haftung in zweierlei Hinsicht ergeben kann. Zum einen im Innenverhältnis gegenüber der Gesellschaft auf Grundlage eines korporationsrechtlichen (§ 280 Abs. 1 BGB) oder schuldvertraglichen Rechtsverhältnisses (§§ 662, 675 BGB) sowie aufgrund von deliktsrechtlichen Vorschriften (§ 823 Abs. 2 BGB i. V. m. § 136 AktG und § 826 BGB). Zum anderen eine Außenhaftung gegenüber den Aktionären nach Maßgabe von § 823 Abs. 1 BGB und § 823 Abs. 2 i. V. m. § 129 Abs. 1 Satz 2 AktG bzw. §§ 131 Abs. 5, 245 Nr. 1 AktG und im Falle eines unmittelbaren mitgliedschaftsbezogenen Eingriffs nach § 826 BGB sowie gegenüber gesellschaftsfremden Dritten ebenfalls nach Maßgabe von § 826 BGB.

Dem Versammlungsleiter trifft in allen Fällen das Risiko einer unbeschränkten persönlichen Haftung, da die für eine Haftung von Vorstands- und Aufsichtsratsmitgliedern geltenden D&O-Versicherungen in Bezug auf die Tätigkeit als Versammlungsleiter in der Regel nicht greifen.[158] Dies gilt auch dann, wenn die Versammlungsleitung durch ein Aufsichtsratsmitglied übernommen wird.[159] Vergegenwärtigt man sich insbesondere die wirtschaftlichen Schäden, die aus einer erfolgreichen Anfechtung eines wesentlichen Strukturbeschlusses als Folge eines Verfahrensfehlers des Versammlungsleiters resultieren können, wird deutlich, dass der Versammlungsleiter betragsmäßig einem signifikanten Haftungsrisiko ausgesetzt ist.[160] Vor diesem Hintergrund kommt der Frage, welche rechtlichen Möglichkeiten zur Begrenzung des Haftungsrisikos des Versammlungsleiters bestehen, eine wesentliche Bedeutung zu.[161]

### I. Allgemeiner Sorgfaltsmaßstab für die Versammlungsleitung

Für den Versammlungsleiter gilt im Kontext einer Haftung nach § 280 Abs. 1 oder § 823 Abs. 1, 2 BGB der allgemeine Sorgfaltsmaßstab des § 276 Abs. 1 Satz 1, 2 BGB. Der Versammlungsleiter haftet damit grundsätzlich auch für leicht fahrlässiges Fehlverhalten.[162] Dabei besteht kein praktisch relevanter Unterschied zu dem

---

[158] Siehe *Sauerwald*, VersL im AktR, S. 417.

[159] *von der Linden*, NZG 2013, 208 (212).

[160] *Bachmann*, EWiR 2000, 157 (158); *Pliquett*, Haftung des HVL, S. 80; *Theusinger/Schilha*, BB 2015, 131 (135); *Reinicke*, Rechtsstellung des Vorsitzenden einer HV, S. 170; ebenso Mutter, AG Report 2013, R 161, der exemplarisch auf die Kosten für eine eventuell erforderlich werdende Wiederholung der Hauptversammlung verweist.

[161] *Mutter*, AG Report 2013, R 161, warnt zu Recht davor, dass die Versammlungsleitung nicht zu *„einer Spielwiese mutiger Altruisten"* verkommen darf.

[162] Siehe *von der Linden*, NZG 2013, 208 (211); *Drinkuth/Heider*, in: FS 25 Jahre WpHG, S. 237 (272).

Sorgfaltsmaßstab des § 93 Abs. 1 Satz 1 AktG, der auf die „*Sorgfalt eines ordentlichen und gewissenhaften Geschäftsleiters*" abstellt und damit ebenso alle Formen fahrlässigen Fehlverhaltens erfasst.[163] § 276 Abs. 2 BGB spricht insoweit von der „*im Verkehr erforderlichen Sorgfalt*". Im Ergebnis hat sich der Sorgfaltsmaßstab im Grundsatz daher an einem sorgfältigen und gewissenhaften Versammlungsleiter zu orientieren.[164] Der wesentliche strukturelle Unterschied zwischen einer Anwendung von §§ 93 Abs. 2, 116 Satz 1 AktG und § 280 BGB beschränkt sich somit darauf, dass bei der Haftung nach § 280 BGB die Beweislastumkehr des § 93 Abs. 2 Satz 2 AktG zulasten des Versammlungsleiters in Bezug auf pflichtwidrige Leitungsmaßnahmen nicht greift.[165]

## II. Rechtsdogmatische Ansätze zur Begrenzung des persönlichen Haftungsrisikos

### 1. Analoge Anwendung der gesetzlichen Haftungsprivilegien für unentgeltliche Verträge

In Abweichung von dem auch für Pflichtverletzungen des Versammlungsleiters nach § 276 Abs. 1 Satz 1 BGB grundsätzlich geltenden Verschuldensmaßstab für vorsätzliches oder fahrlässiges Fehlverhalten wird in der Literatur teilweise eine analoge Anwendung der gesetzlichen Haftungsbegrenzungen auf Vorsatz und grobe Fahrlässigkeit bei Schenkung und Leihe gemäß §§ 521, 599 BGB sowie auf die Sorgfalt in eigenen Angelegenheiten bei der unentgeltlichen Verwahrung gemäß §§ 690, 277 BGB in Erwägung gezogen.[166]

Eine Gesamtanalogie zu den gesetzlichen Haftungsbeschränkungen gemäß §§ 521, 599 BGB bzw. §§ 690, 277 BGB wäre dogmatisch jedoch nur dann begründbar, wenn die Tätigkeit des Versammlungsleiters als unentgeltlich zu qualifizieren wäre. Allein die Freiwilligkeit der Übernahme der Versammlungsleitung vermag für sich allein eine Analogie nicht zu rechtfertigen.[167] Unterschieden werden muss in diesem Zusammenhang zwischen der Übernahme der Versammlungsleitung durch ein Aufsichtsratsmitglied und der Versammlungsleitung durch einen unternehmensfremden Dritten.

---

[163] *Grunewald*, AG 2013, 813 (815); *Fleischer*, in: Spindler/Stilz, BeckOGK AktG, § 93 Rn. 244.

[164] So auch *Heidel*, in: Heidel, AktienR u. KapitalmarktR, Vor §§ 129–132 AktG Rn. 71.

[165] *Theusinger/Schilha*, BB 2015, 131 (135).

[166] Siehe *Bachmann*, EWiR 2000, 157 (158); für eine Beschränkung der Haftung auf Vorsatz und grobe Fahrlässigkeit auch *Heidel*, in: Heidel, AktienR u. KapitalmarktR, Vor §§ 129–132 AktG Rn. 72; *Drinhausen/Marsch-Barner*, AG 2014, 757 (767); ablehnend *Theusinger/Schilha*, BB 2015, 131 (140).

[167] Siehe auch *Drinhausen/Marsch-Barner*, AG 2014, 757 (767), die sowohl auf die Freiwilligkeit als auch auf die Unentgeltlichkeit abstellen.

### *a) Unentgeltlichkeit der Versammlungsleitung*

#### aa) Einbeziehung der Tätigkeit des Versammlungsleiters in die Vergütung der Aufsichtsratsmitglieder

Bei einer Versammlungsleitung durch den Aufsichtsratsvorsitzenden oder durch ein anderes Mitglied des Aufsichtsrats wäre dann von einer Entgeltlichkeit der Tätigkeit auszugehen, wenn die Vergütung der Aufsichtsratstätigkeit den Aufgabenbereich der Versammlungsleitung mitumfassen würde. Gegen die Annahme, dass die Vergütung des Aufsichtsrats auch die Tätigkeit als Versammlungsleiter abdeckt, spricht, dass diese Sichtweise von einer Verschränkung der Pflichtenkreise von Aufsichtsrat und Versammlungsleiter ausgeht. Die Stellung als Versammlungsleiter geht aber nicht in derjenigen des Aufsichtsratsmitglieds auf, sondern ist von dieser funktional strikt zu trennen. Das OLG Köln vertritt zwar die Auffassung, dass die Erstellung eines Leitfadens von der regulären Aufsichtsratsvergütung abgedeckt ist und damit einer Sondervergütungsvereinbarung nach Maßgabe von § 114 AktG nicht zugänglich ist.[168] Diese Judikatur steht aber einer Trennung von Aufsichtsratsvergütung und Versammlungsleitervergütung nicht entgegen. Denn zu der Versammlungsleitung zählen grundsätzlich nicht solche Tätigkeiten, die ausschließlich vorbereitender Natur sind und zeitlich vor der eigentlichen Übernahme der Versammlungsleitung liegen. Für einen Versammlungsleiter, der erst aufgrund einer Wahl der Hauptversammlung in sein Amt gelangt, liegt dies auf der Hand. Bei einem satzungsmäßig bestimmten Versammlungsleiter kann die faktische Aufnahme der Versammlungsleitung zwar auch bereits im Vorfeld der Hauptversammlung liegen.[169] Die Erstellung eines Leitfadens bzw. deren Beauftragung wird jedoch typischerweise in einem sehr frühen Stadium erfolgen und damit in der Regel auch (noch) nicht als eine faktische Aufnahme der Versammlungsleitertätigkeit qualifiziert werden können.[170]

Auch aus der Regelung des § 113 Abs. 1 Satz 3 AktG lässt sich nicht auf die Entgeltlichkeit der Tätigkeit des Versammlungsleiters schließen. § 113 Abs. 1 Satz 3 AktG ermöglicht es, im Rahmen der Festsetzung der Aufsichtsratsvergütung zusätzliche Tätigkeiten zu berücksichtigen; dies mit der Folge, dass auch eine höhere Vergütung einzelner Aufsichtsratsmitglieder gerechtfertigt sein kann.[171] Nach dem Sinn und Zweck des § 113 Abs. 1 Satz 1 AktG sind jedoch nur solche Tätigkeiten erfasst, die dem funktionalen Aufgabenbereich des Aufsichtsratsmitglieds zuzurechnen sind wie bspw. die Tätigkeit in Ausschüssen (§ 107 Abs. 3 Satz 1 AktG).[172] Ist die Tätigkeit als Versammlungsleiter jedoch von der Aufgabensphäre des Aufsichtsratsmitglieds strikt zu trennen, können die mit der Versammlungsleitung

---

[168] Siehe OLG Köln, Urt. v. 31. 1. 2013 – 18 U 21/12, NZG 2013, 548 (551).

[169] Vgl. oben 2. Kapitel F. III. (S. 178 ff.).

[170] Im Ergebnis ebenso OLG Köln, Urt. v. 31. 1. 2013 – 18 U 21/12, NZG 2013, 548 (551).

[171] Siehe *Mertens/Cahn*, in: KölnKomm. AktG, § 113 Rn. 9 f.; *J. Koch*, AktG, § 113 Rn. 20.

[172] *Spindler*, in: Spindler/Stilz, BeckOGK AktG, § 113 Rn. 42 m. w. N.

verbundenen Rechte und Pflichten folgerichtig auch nicht als bloßer Annex zu der Stellung als Aufsichtsratsmitglied behandelt werden. Es ist daher davon auszugehen, dass die mit der Versammlungsleitung verbundenen Tätigkeiten nicht von der Vergütung für den Aufsichtsrat gemäß § 113 AktG erfasst werden und insoweit auch nicht auf deren entgeltlichen Charakter geschlossen werden kann.

#### bb) Die Versammlungsleitung als Gegenstand einer Sondervergütungsvereinbarung

Mit der Übernahme der Versammlungsleitung entsteht zwischen dem jeweiligen Organwalter und der Aktiengesellschaft ein korporationsrechtliches Schuldverhältnis, das die Grundlage für die dem Amt des Versammlungsleiters immanenten Rechte und Pflichten bildet.[173] Es enthält als solches aber keine Regelungen zu einer etwaigen Entgeltlichkeit der Versammlungsleitung. Möglich ist es jedoch die Versammlungsleitertätigkeit nach Maßgabe der in § 114 AktG aufgestellten Voraussetzungen zum Gegenstand einer mit der Gesellschaft abzuschließenden Sondervergütungsvereinbarung, etwa in Form eines Geschäftsbesorgungsvertrages nach § 675 BGB, zu machen.[174] Dies würde in der Konsequenz der Versammlungsleitung einen entgeltlichen Charakter verleihen. Dabei ist jedoch zu berücksichtigen, dass ein solcher zusätzlicher schuldrechtlicher Vertrag ebenso wie bei der eigentlichen Tätigkeit als Aufsichtsratsmitglied (und anders als in Bezug auf die Tätigkeit im Vorstand) nicht obligatorisch ist, sondern gesondert abgeschlossen werden muss und der Abschluss von der Gesellschaft nachzuweisen ist.[175] Auch bei einer gerichtlichen Bestellung des Versammlungsleiters (§ 122 Abs. 3 Satz 2 AktG) ergibt sich ein schuldrechtliches Vertragsverhältnis nicht bereits aus der gerichtlichen Ermächtigung, da das Gericht kein Mandat hat mit dem Kandidaten einen schuldrechtlichen Vertrag zu Lasten der Gesellschaft abzuschließen.[176] Wird ein solcher schuldrechtlicher Vertrag demnach nicht gesondert abgeschlossen oder lässt sich ein Abschluss nicht nachweisen, verbleibt es bei der Unentgeltlichkeit der Versammlungsleitertätigkeit.[177]

---

[173] Siehe oben unter 2. Kapitel D. IV. 9. (S. 133 ff.).

[174] So auch *Poelzig*, AG 2015, 476 (480).

[175] *von der Linden*, NZG 2013, 208 (210 f.); siehe auch *Theusinger/Schilha*, BB 2015, 131 (138), der auf die praktischen Probleme und das Prozesskostenrisiko hinweist, das sich aus der Beweislast der Gesellschaft hinsichtlich des Zustandekommens eines konkludenten Vertragsschlusses ergibt.

[176] Zutreffend *von der Linden*, NZG 2013, 208 (211); im Ergebnis ebenso *Sauerwald*, VersL im AktR, S. 175, der das Nichtzustandekommen eines schuldrechtlichen Vertrages mit dem fehlenden Rechtsbindungswillen der Gesellschaft begründet; a. A. aber *Poelzig*, AG 2015, 476 (481) (Fn. 47), die von einem vertragsähnlichen Rechtsverhältnis ausgeht und insoweit einen Vergleich zu der Rechtsstellung des Sonderprüfers zieht.

[177] Siehe zum Zustandekommen des schuldrechtlichen Vertrages oben unter 3. Kapitel B. I. 3. b) bb) (S. 336 ff.).

Im Fall der Übernahme der Versammlungsleitertätigkeit durch ein Aufsichtsratsmitglied auf entgeltlicher Basis ist die zugrundeliegende Sondervergütungsvereinbarung als Geschäftsbesorgungsvertrag (§§ 675, 611 BGB) zu qualifizieren.[178] Nach Maßgabe von § 114 Abs. 2 AktG bedürfte ein solcher Vertrag der Zustimmung durch den Aufsichtsrat, um als sondervergütungsfähiger Vertrag behandelt werden zu können. In den Fällen, in denen ein entsprechender Vertrag nicht oder ohne entsprechende Zustimmung des Aufsichtsrats geschlossen wurde, ist die Tätigkeit des Aufsichtsratsmitglieds als Versammlungsleiter demnach als unentgeltlich einzuordnen. Gleiches muss freilich für den Fall gelten, dass ein zusätzlich abgeschlossener Vertrag eine Vergütung von vornherein nicht vorsieht, es sich also – wie regelmäßig bei Übernahme der Versammlungsleitung durch den Aufsichtsratsvorsitzenden – um ein Auftragsverhältnis (§ 662 BGB) handelt.[179]

#### cc) Entgeltlichkeit bei Übernahme der Versammlungsleitung durch eine externe Person

Die Übernahme der Versammlungsleitung durch externe Personen stellt sich in Bezug auf die hier relevante Fragestellung nach der Unentgeltlichkeit der Versammlungsleitertätigkeit als weniger problematisch dar. Die Gesellschaft wird mit einem unternehmensfremden Dritten schon aus eigenem Interesse einen Geschäftsbesorgungsvertrag (§ 675 BGB) abschließen, um die einzelnen Rechte und Pflichten des Versammlungsleiters klar zu umreißen und insbesondere auch Art und Höhe der Vergütung festzulegen.[180] Für den eher theoretischen Fall, dass Regelungen zur Vergütung fehlen, ist von einem (konkludenten) unentgeltlichen Auftragsverhältnis (§ 662 BGB) auszugehen.

### *b) Ablehnung einer Gesamtanalogie*

Eine analoge Anwendung der für unentgeltliche Verträge geltenden gesetzlichen Haftungsprivilegien auf die Haftung des Versammlungsleiters ist aus mehreren Gründen abzulehnen.

---

[178] *Schürnbrand*, NZG 2014, 1211 (1212); *Marsch-Barner*, in: FS Brambring, S. 267 (281); *Theusinger/Schilha*, BB 2015, 131 (138); a. A. LG Ravensburg, Urt. v. 8.5.2014 – 7 O 51/13 KfH 1, AG 2014, 910 (911).

[179] *Theusinger/Schilha*, BB 2015, 131 (138); *Marsch-Barner*, in: FS Brambring, S. 267 (281).

[180] A. A. aber *Heidel*, in: Heidel, AktienR u. KapitalmarktR, Vor §§ 129–132 AktG Rn. 71, der ausschließlich von dem Bestehen eines korporationsrechtlichen Schuldverhältnisses ausgeht.

#### aa) Unanwendbarkeit der gesetzlichen Haftungsprivilegien bei entgeltlicher Versammlungsleitung

Nach dem Gesetzeszweck der gesetzlichen Haftungsprivilegien der §§ 521, 599 BGB bzw. §§ 690, 277 BGB ist die Beschränkung auf grobe Fahrlässigkeit das direkte Korrelat zu der Unentgeltlichkeit einer Tätigkeit. Sofern der Versammlungsleiter für seine Tätigkeit eine Vergütung erhält, fehlt es bereits an der für eine analoge Anwendung erforderlichen vergleichbaren Interessenlage.

Selbst bei unentgeltlichen Tätigkeiten wird von der Rechtsprechung und weiten Teilen in der Literatur eine Gesamtanalogie zu den gesetzlichen Haftungsbeschränkungen sowohl im Bereich von Gefälligkeiten als auch im Kontext des Auftragsrechts abgelehnt.[181] Begründet wird dies insbesondere mit dem Fehlen der für eine Analogiebildung erforderlichen planwidrigen Regelungslücke.[182] Selbst wenn man aber im Falle einer unentgeltlichen Tätigkeit des Versammlungsleiters eine analoge Anwendung der gesetzlichen Haftungsbeschränkungen gemäß §§ 521, 599 BGB bzw. §§ 690, 277 BGB für zulässig halten würde, so hätte dies zur Folge, dass die Haftungsprivilegierung im Ergebnis davon abhängig wäre, ob die Versammlungsleitung durch ein Aufsichtsratsmitglied und damit in der Regel unentgeltlich oder durch eine unternehmensexterne Person auf dann in der Regel entgeltlicher Grundlage erfolgt. Ein Organhaftungsregime kann aber nicht personenbezogen ausgestaltet sein, sondern muss einheitlichen Regeln folgen.

#### bb) Kein Durchschlagen der gesetzlichen Haftungsprivilegien auf die korporative Ebene

Die gesetzlichen Haftungsprivilegien der §§ 521, 599 BGB bzw. §§ 690, 277 BGB finden auf privatautonome einseitig verpflichtende schuldrechtliche Verträge Anwendung. Die Haftung des Versammlungsleiters nach § 280 BGB hat ihre Grundlage aber primär in einem korporationsrechtlichen Rechtsverhältnis. Dieses korporationsrechtliche Rechtsverhältnis entsteht mit der auf dem jeweiligen Bestellungsakt basierenden Aufnahme der Versammlungsleitertätigkeit und nicht durch den Austausch zweier korrespondierender Willenserklärungen. Die Anwendbarkeit der gesetzlichen Haftungsprivilegien der §§ 521, 599, 690 BGB würde demnach eine rechtlich nicht begründbare Analogie erfordern. Sofern neben das korporationsrechtliche Rechtsverhältnis noch ein zusätzliches schuldvertragliches Rechtsver-

---

[181] BGH, Urt. v. 30.4.1959 – II ZR 126/57, NJW 1959, 1221 (1223); BGH, Urt. v. 22.6. 1956 – I ZR 198/54, NJW 1956, 1313 f., wonach der Grad des Verschuldens bei Gefälligkeitshandlungen einzelfallabhängig zu bestimmen ist; so auch schon RG, Urt. v. 22.11. 1934 – VI 288/34, RGZ 145, 390 (394 f.); ebenso *Martinek/Omlor*, in: Staudinger, BGB, § 662 Rn. 42; *von der Linden*, NZG 2013, 208 (211); *Poelzig*, AG 2015, 476 (481); *Theusinger/Schilha*, BB 2015, 131 (140); *Schürnbrand*, NZG 2014, 1211 (1213).

[182] Siehe *Martinek/Omlor*, in: Staudinger BGB, § 662 Rn. 42, der im Kontext des Auftragsrechts zutreffend darauf hinweist, dass der Beauftragte sich – wenn auch unentgeltlich – dazu verpflichtet im fremden Interesse tätig zu werden.

hältnis in Form eines unentgeltlichen Auftrags oder eines Geschäftsbesorgungsvertrages tritt, würde dies somit nicht zu einer Haftungsbegrenzung auf Seiten des Versammlungsleiters führen, da eine (analoge) Anwendung der §§ 521, 599, 690 BGB jedenfalls die daneben auf Grundlage des korporationsrechtlichen Rechtsverhältnisses bestehende Haftung des Versammlungsleiters unberührt ließe.

Ließe man die gesetzlichen Haftungsprivilegierungen trotz Fehlens einer tragfähigen dogmatischen Grundlage entgegen der hier vertretenen Auffassung dennoch auf die korporationsrechtliche Ebene durchschlagen, so würde dies im Ergebnis gleichwohl zu einer ungleichmäßigen Haftungsreduktion führen. Dies deshalb, da eine Anwendung der gesetzlichen Haftungsprivilegien von vornherein nur im Falle eines unentgeltlichen Auftragsverhältnisses (§ 662 BGB), nicht jedoch bei Abschluss eines entgeltlichen Geschäftsbesorgungsvertrages (§ 675 BGB) in Betracht käme. Dies hätte im Ergebnis zur Folge, dass Aufsichtsratsmitglieder, bei denen regelmäßig ein unentgeltliches Auftragsverhältnis zugrunde liegt, gegenüber externen Versammlungsleitern haftungsrechtlich privilegiert wären. Neben den rechtlichen Bedenken, die sich in Bezug auf die daraus resultierende Ungleichmäßigkeit des Haftungsregimes stellen würden, ergäbe sich in praktischer Hinsicht auch die nachteilige Folge, dass es sich infolge des erhöhten Haftungsrisikos deutlich schwieriger gestalten würde professionelle externe Kräfte für die Übernahme der Versammlungsleitung zu gewinnen. Im Ergebnis ist daher eine analoge Anwendung der für unentgeltliche Verträge geschaffenen gesetzlichen Haftungsprivilegien auf die Haftung des Versammlungsleiters abzulehnen.

### 2. Analoge Anwendung von §§ 31a, 31b BGB

Es stellt sich die Frage, ob eine analoge Anwendung der §§ 31a, 31b BGB, die eine Haftungsprivilegierung für unentgeltlich tätige Organmitglieder von Vereinen bzw. Vereinsmitglieder auf Vorsatz und grobe Fahrlässigkeit enthalten, für Zwecke einer Haftungsprivilegierung des Versammlungsleiters in Betracht kommt. Für die Haftung von Vorstand und GmbH-Geschäftsführer wird dies ganz überwiegend abgelehnt.[183]

Ausgehend von der Erkenntnis, dass der Verein als die Grundform einer Körperschaft zu qualifizieren ist, ist anerkannt, dass die §§ 21 ff. BGB entsprechend auf die Aktiengesellschaft angewendet werden können, soweit aktienrechtliche Sonderregelungen nicht entgegenstehen und soweit die in Rede stehende Fallkonstellation vom Normzweck der jeweiligen vereinsrechtlichen Vorschrift umfasst ist.[184]

---

[183] Siehe nur *Paefgen*, AG 2014, 554 (570f.); *Burgard*, ZIP 2010, 358 (362); ebenso *Fleischer*, in: MünchKomm. GmbHG, § 43 Rn. 256b, der aber bei ehrenamtlicher Tätigkeit in einer gemeinnützigen GmbH eine Haftungsmilderung analog § 31a Abs. 1 Satz 1 BGB auch de lege lata nicht kategorisch ausschließt; a. A. *Piper*, WM 2011, 2211 (2214).

[184] *Heider*, in: MünchKomm. AktG, § 1 Rn. 15; *Bachmann*, in: Großkomm. AktG, § 1 Rn. 25ff.; *Piper*, WM 2011, 2211 (2214); siehe zur Anwendbarkeit vereinsrechtlicher Regelungen auf den Versammlungsleiter oben unter 2. Kapitel F. II. 1. (S. 175).

Eine analoge Anwendung der §§ 31a, 31b BGB kommt jedoch aufgrund des Fehlens einer planwidrigen Regelungslücke nicht in Betracht. *Poelzig*[185] weist insoweit auf den Wortlaut der entsprechenden Gesetzesbegründung hin, wonach der Verein in Bezug auf die Geltung der Haftungsprivilegierung ausdrücklich von der GmbH abgegrenzt wird und zieht daraus den zutreffenden Schluss, dass von einer bewussten Regelungslücke für Kapitalgesellschaften auszugehen ist.[186] Auch der Hinweis darauf, dass der eingetragene Verein sich in Abgrenzung zur Aktiengesellschaft nicht wirtschaftlich betätigen darf und damit die Anwendung einer Haftungsprivilegierung beim eingetragenen Verein aufgrund des geringeren Gefährdungspotentials für die Gläubiger gerechtfertigt ist, vermag zu überzeugen.[187] Im Ergebnis ist daher eine analoge Anwendung der §§ 31a, 31b BGB auf die Haftung des Versammlungsleiters abzulehnen.

### 3. Analoge Anwendung von § 708 BGB

Teilweise wird auch eine entsprechende Anwendung der *diligentia quam in suis* (§ 708 BGB) angeregt.[188] Auch dieser Ansatz ist abzulehnen. § 708 BGB ist auf die besondere persönliche Beziehung der Gesellschafter untereinander in Personengesellschaften zugeschnitten, die mit der Beziehung unter Aktionären bei einer Publikumsaktiengesellschaft nicht vergleichbar ist.[189] Bei Aktiengesellschaften mit kleinem Aktionärskreis mag eine Vergleichbarkeit mit der Personengesellschaft zwar näher liegen. Die Anwendung von Haftungsprivilegien kann aber nicht von der Beschaffenheit der Aktionärsstruktur abhängig sein. Ganz grundsätzlich stünde die Anwendung eines subjektiven Sorgfaltsmaßstabes auch in einem Spannungsverhältnis zu den dem Versammlungsleiter gegenüber der Gesellschaft obliegenden organschaftlichen Schutz- und Treuepflichten.

### 4. Haftungsbeschränkung aufgrund der besonderen Umstände der Hauptversammlung

Eine Haftungsbeschränkung des Versammlungsleiters kann auch nicht mit der besonderen Hektik der Versammlungssituation begründet werden, da der adäquate Umgang mit der oft hektischen Grundstimmung der Hauptversammlung einer Publikumsaktiengesellschaft zum genuinen Aufgabenbereich des Versammlungsleiters

---

185 *Poelzig*, AG 2015, 476 (481).

186 BegrRegE Gesetz zur Begrenzung der Haftung von ehrenamtlich tätigen Vereinsvorständen, BT-Drucks. 16/10120, S. 6.

187 *Poelzig*, AG 2015, 476 (481).

188 Dafür *Mutter*, AG Report 2013, R 161.

189 *Poelzig*, AG 2015, 476 (480) (Fn. 57); ebenso *Theusinger/Schilha*, BB 2015, 131 (140), die darauf hinweisen, dass § 708 BGB bereits keine unmittelbare Anwendung bei Publikumspersonengesellschaften findet.

gehört.[190] Zwar ist Bedacht darauf zu nehmen, dass der Versammlungsleiter in einem stetigen Spannungsverhältnis zwischen seiner Pflicht zur verfahrensökonomischen Abwicklung der Hauptversammlung und der Vermeidung eigener Haftungsrisiken steht. Diese Erkenntnis bildet aber keine tragfähige rechtliche Grundlage für eine Haftungsbeschränkung.

### 5. Haftungsbeschränkung wegen Fremdnützigkeit

Des Weiteren ist zu untersuchen, ob sich eine Haftungsbeschränkung des Versammlungsleiters mit der Fremdnützigkeit der Versammlungsleitertätigkeit begründen lässt.

#### *a) Entsprechende Anwendung der arbeitsrechtlichen Grundsätze über den innerbetrieblichen Schadensausgleich*

Sofern Arbeitnehmer ihren Arbeitgeber im Rahmen einer betrieblich veranlassten Tätigkeit schädigen, haften sie nach den Grundsätzen über den innerbetrieblichen Schadensausgleich in Abhängigkeit von dem Verschuldensgrad gar nicht oder nur begrenzt.[191] Danach ist eine Haftung der Arbeitnehmer für leicht fahrlässiges Fehlverhalten ausgeschlossen, während es bei mittlerer Fahrlässigkeit zu einer Quotelung der Schadenssumme kommt.[192] Die Rechtfertigung für diese abgestufte Haftungsprivilegierung ist darin zu sehen, dass die Schäden in Ausübung einer betrieblich veranlassten und weisungsgebundenen Tätigkeit entstanden sind, die dem Interesse des Betriebes dienen.[193]

Eine Anwendung der arbeitsrechtlichen Grundsätze auf die aktienrechtliche Organhaftung wird unter Hinweis auf den Anwendungsvorrang der speziellen Organhaftungsregelungen der §§ 93 Abs. 2, 116 Satz 1 AktG in Rechtsprechung und Literatur abgelehnt.[194] Da jedoch eine Haftung des Versammlungsleiters weder auf eine direkte noch eine analoge Anwendung der §§ 93 Abs. 2, 116 Satz 1 AktG gestützt werden kann, kann das Argument eines Anwendungsvorrangs einer Übertragung der Grundsätze des innerbetrieblichen Schadensausgleichs auf den Versammlungsleiter prima facie nicht entgegenstehen. Eine entsprechende Anwendung ist indes mit dem Sinn und Zweck dieser im Wege der Rechtsfortbildung geschaffenen Haftungsprivilegierung nicht in Einklang zu bringen. Sie soll einen Ausgleich dafür schaffen, dass der Arbeitnehmer nach Weisung des Arbeitgebers in dessen

---

[190] Siehe *von der Linden*, NZG 2013, 208 (211).

[191] *Henssler*, in: MünchKomm. BGB, § 619a Rn. 6.

[192] Siehe ausführlich dazu *Henssler*, in: MünchKomm. BGB, § 619a Rn. 6.

[193] Siehe *Henssler*, in: MünchKomm. BGB, § 619a Rn. 8 f.

[194] Siehe nur BGH, Urt. v. 27.2.1975 – II ZR 112/72, WM 1975, 467 (469); OLG Düsseldorf, Urt. v. 22.6.1995 – 6 U 104/94, AG 1995, 416 (420); *Hopt*, in: Großkomm. AktG, § 93 Rn. 340 ff.; *Paefgen*, AG 2014, 554 (568).

Interesse tätig wird. Insoweit besteht ein wesentlicher struktureller Unterschied zur Rechtsstellung des Versammlungsleiters, da dieser als Organ der Gesellschaft selbständig und vor allem ohne Weisungsabhängigkeit von der Hauptversammlung sein Amt ausübt.[195] Eine Übertragung der betrieblichen Grundsätze über den innerbetrieblichen Schadensausgleich auf die Haftung des Versammlungsleiters ist daher dogmatisch nicht begründbar.

### *b) Gesellschaftsrechtliche Regressreduzierung*

In Betracht kommt zudem eine Haftungsmilderung aufgrund einer entsprechenden Anwendung der Grundsätze der gesellschaftsrechtlichen Regressreduzierung. Dieses Rechtsinstitut lehnt sich an die vorstehend skizzierten Grundsätze des arbeitsrechtlichen innerbetrieblichen Schadensausgleichs an und findet seine rechtliche Grundlage im Wesentlichen in der Fürsorgepflicht der Gesellschaft und dem Gebot der Verhältnismäßigkeit.[196] Im Ergebnis führt die Anwendung der Grundsätze der gesellschaftlichen Regressreduzierung zu einer Haftungsbegrenzung im Bereich der leicht fahrlässigen Pflichtverletzungen.[197] Gerechtfertigt wird diese Haftungsprivilegierung damit, dass die Organmitglieder in einer mit der Situation von Arbeitnehmern vergleichbaren Art und Weise dauerhaft in die Gesellschaft eingebunden sind und für diese tätig werden, was zu einem erhöhten Schadenspotential des Organhandelns führt und in der Konsequenz auch das Risiko einer existenzvernichtenden Haftung mit sich bringt.[198]

Eine Übertragung der Grundsätze einer gesellschaftlichen Regressreduzierung auf die Versammlungsleitung ist im Ergebnis abzulehnen. Zwar ist der Versammlungsleiter nach der hier vertretenen Auffassung ebenso wie Vorstand und Aufsichtsrat als ein dauerhaftes Organ zu qualifizieren.[199] Der Versammlungsleiter bzw. der jeweilige Organwalter ist in Abgrenzung zu Vorstand und Aufsichtsrat aber nicht dauerhaft in die Gesellschaft eingebunden, sondern wird nur punktuell und versammlungsbezogen tätig, so dass das mit der Tätigkeit des Versammlungsleiters verknüpfte Schadenspotential als geringer einzustufen ist.[200] Zwar kann auch im

---

[195] Siehe *Poelzig*, AG 2015, 476 (482), die zutreffend darauf hinweist, dass die arbeitsrechtliche Haftungsprivilegierung auch für leitende Angestellte bislang nur insoweit anerkannt ist, als die Schädigung nicht in Ausübung der weisungsunabhängigen Leitungsfunktion eingetreten ist; vgl. auch *Paefgen*, AG 2014, 554 (568), der bezogen auf Vorstandsmitglieder und GmbH-Gesellschafter-Geschäftsführer ebenfalls auf den Aspekt der Eigenverantwortlichkeit und Selbständigkeit abstellt.

[196] Siehe *Mertens/Cahn*, in: KölnKomm. AktG, § 93 Rn. 38.

[197] *Mertens/Cahn*, in: KölnKomm. AktG, § 93 Rn. 38; siehe auch *Bayer*, in: FS K. Schmidt, S. 85 (97), der sich am Beispiel von Regressforderungen der Gesellschaft gegen Vorstandsmitglieder aufgrund von Kartellverstößen für eine Begrenzung des Regresses auf eine angemessene Höhe ausspricht.

[198] *Mertens/Cahn*, in: KölnKomm. AktG, § 93 Rn. 38; *Bayer*, in: FS K. Schmidt, S. 85 (97).

[199] Siehe oben 2. Kapitel D. IV. (S. 122 ff.).

[200] Siehe *Poelzig*, AG 2015, 476 (482).

Rahmen der Versammlungsleitung die persönliche Haftung theoretisch ein existenzvernichtendes Ausmaß erreichen. Das mit der Versammlungsleitung verbundene Schadensrisikoprofil ist jedoch als weniger kritisch zu bewerten, da existenzvernichtende Haftungstatbestände durch eine gewissenhafte Vorbereitung und Beratung durch versierte Berater während der Hauptversammlung vermieden werden können. Entscheidend ist aber vor allem, dass die Haftung des Versammlungsleiters anders als die Organhaftung von Vorstands- und Aufsichtsratsmitgliedern nach §§ 93 Abs. 2, 116 Satz 1 AktG nicht unabdingbar, sondern einer statutarischen oder vertraglichen Einschränkung zugänglich ist.[201] Im Ergebnis kommt eine gesellschaftliche Regressreduzierung für den Versammlungsleiter daher nicht in Betracht.

### 6. Haftungsbeschränkung wegen rechtlicher Unsicherheiten

Die Leitung der Hauptversammlung ist mit besonderen Herausforderungen und Risiken für die Person des Versammlungsleiters verbunden. Der Versammlungsleiter kann im Laufe der Versammlung mit einer Vielzahl rechtlich komplexer Fragestellungen konfrontiert werden. Exemplarisch sei nur auf die Angemessenheit von Ordnungsmaßnahmen, die Kompetenz und Pflicht zur Antragszurückweisung sowie die Prüfung und Berücksichtigung von Stimmrechtsverboten verwiesen. Vor diesem Hintergrund stellt sich die Frage, ob die aus der Hauptversammlungssituation erwachsenen rechtlichen Unsicherheiten als Rechtfertigung für eine Beschränkung der Haftung des Versammlungsleiters im Innenverhältnis gegenüber der Gesellschaft herangezogen werden können. Insoweit kommen verschiedene Modelle einer Haftungsbeschränkung in Betracht.

#### *a) Beschränkung auf Vorsatz*

Zu untersuchen ist zunächst, ob die in der „Girmes"-Entscheidung aufgestellten Grundsätze des BGH auf den Versammlungsleiter übertragen werden können. In der Entscheidung ging der BGH im Zusammenhang mit einer Stimmrechtsausübung, die sich aus eigennützigen Gründen gegen eine mehrheitlich angestrebte Sanierung der Gesellschaft richtete, von einer Beschränkung der Haftung der betreffenden Aktionäre auf vorsätzliches Verhalten aus.[202] Der BGH qualifizierte das Verhalten der Aktionäre zwar als eine Verletzung der gegenüber der Gesellschafter und den Mitgesellschaftern bestehenden Treuepflicht, sah es aber gleichzeitig als geboten an eine Haftungsbegrenzung auf Vorsatz vorzunehmen, da der einzelne Aktionär in der häufig angespannten und hektischen Atmosphäre der Hauptversammlung nicht

---

[201] Siehe zur Abbedingung der Haftung des Versammlungsleiters auf Grundlage von Vertrag, Satzung oder Geschäftsordnung sogleich unter 3. Kapitel C. III. 3. (S. 373 ff.).

[202] BGH, Urt. v. 20.3.1995 – II ZR 205/94, AG 1995, 368 (375).

sachgerecht und verlässlich einordnen könne, ob seine Handlungen als rechtswidrig oder rechtmäßig zu bewerten seien.[203]

Für eine Übertragung der die Entscheidung tragenden Argumente auf die Situation des Versammlungsleiters spricht auf den ersten Blick, dass auch der Versammlungsleiter der besonderen Hektik und Angespanntheit der Hauptversammlung ausgesetzt ist. Er muss unter Zeitdruck entscheiden und sieht sich dabei häufig auch mit rechtlichen Unsicherheiten konfrontiert.[204] Die sachgerechte Handhabung einer auch hektischen Hauptversammlung gehört jedoch zum genuinen Aufgaben- und Verantwortungsbereich der Versammlungsleitung. Der für Präsenzhauptversammlungen von Publikumsaktiengesellschaften wesenstypische Zeitdruck vermag für sich allein eine Beschränkung der Haftung auf vorsätzliche Pflichtwidrigkeiten nicht zu rechtfertigen.

Zu berücksichtigen ist zudem, dass der BGH bei der Begründung seiner Entscheidung darauf abhebt, dass nur durch eine entsprechende Haftungsbeschränkung sichergestellt sei, dass auch der Kleinaktionär sein Stimmrecht auf der Hauptversammlung ausüben könne, ohne durch eine drohende Haftung gehemmt zu sein.[205] Insoweit stellt der BGH die Ausübung der aus der Mitgliedschaft fließenden Rechte in den Mittelpunkt seiner Begründung. Anders als den Aktionären stehen dem Versammlungsleiter aber keine Mitgliedschaftsrechte zu.[206] Dies gilt auch dann, wenn der Versammlungsleiter gleichzeitig auch Aktionär der Gesellschaft ist, da die Aktionärsstellung und die mit ihr verbundenen Rechte und Pflichten von der Sphäre der Versammlungsleitung zu trennen sind. Die dem Versammlungsleiter originär zukommende Aufgabe besteht zudem gerade darin, auch bei schwierigen Rahmenbedingungen und angespannter Lage eine ordnungsgemäße Durchführung der Hauptversammlung zu gewährleisten, so dass sich die auf den Schutz von Kleinaktionären zugeschnittenen Rechtsprechungsgrundsätze auf den Versammlungsleiter aufgrund seiner Stellung als organschaftlicher Funktionsträger nicht übertragen lassen.[207]

#### *b) Business Judgment Rule gemäß § 93 Abs. 1 Satz 2 AktG*

Es fragt sich zudem, ob zwecks Begrenzung der Haftung des Versammlungsleiters im Innenverhältnis gegenüber der Gesellschaft eine entsprechende Heranziehung der in § 93 Abs. 1 Satz 2 AktG verankerten Business Judgment Rule in Betracht kommt.

---

[203] BGH, Urt. v. 20.3.1995 – II ZR 205/94, AG 1995, 368 (375).

[204] Siehe *Poelzig*, AG 2015, 476 (483).

[205] BGH, Urt. v. 20.3.1995 – II ZR 205/94, AG 1995, 368 (375).

[206] Darauf zutreffend hinweisend *Poelzig*, AG 2015, 476 (483).

[207] So auch *Poelzig*, AG 2015, 476 (483); *Schürnbrand*, NZG 2014, 1211 (1213).

### aa) Grundlagen, Voraussetzungen und Rechtsfolgen der normierten Business Judgment Rule gemäß § 93 Abs. 1 Satz 2 AktG

Auf Grundlage der in § 93 Abs. 1 Satz 2 AktG normierten Business Judgment Rule handelt ein Vorstandsmitglied pflichtgemäß, wenn es bei einer unternehmerischen Entscheidung vernünftigerweise annehmen durfte, auf der Grundlage angemessener Informationen zum Wohle der Gesellschaft zu handeln.[208] Dadurch verlagert sich die rechtliche Frage nach der Einhaltung der Sorgfaltspflicht von der konkreten unternehmerischen Entscheidung auf deren Vorbereitung.[209] Gleichzeitig gelangt darin eine gesetzgeberische Grundwertung insoweit zum Ausdruck, als der Gesetzgeber anerkennt, dass das Handeln des Vorstands maßgeblich auch von unsicheren Faktoren geprägt wird und typischerweise prognostische Elemente beinhaltet. Die Entscheidungen des Vorstandsmitglieds sollen daher nicht einer erst ex post eingreifenden gerichtlichen Kontrolle unterliegen.[210] Der Sinn und Zweck besteht darin zu verhindern, dass Gerichte auf Grundlage der Kenntnis erst später eingetretener Tatsachen einen überzogen strengen Maßstab in Bezug auf die Einhaltung der organschaftlichen Sorgfaltspflicht anlegen.[211]

Das Vorstandsmitglied trifft hinsichtlich des Vorliegens der Voraussetzungen der Business Judgment Rule die Beweislast.[212] Liegen die Voraussetzungen der Business Judgment Rule nach § 93 Abs. 1 Satz 2 AktG vor und gelingt es dem Vorstandsmitglied den entsprechenden Nachweis zu führen, so ist dessen Handeln auch dann nicht als pflichtwidrig zu qualifizieren, wenn sich die wirtschaftlichen Konsequenzen der Entscheidung für das Unternehmen als negativ herausstellen.[213] Der Gesetzgeber bedient sich hier regelungstechnisch der insbesondere aus angelsächsischen Jurisdiktionen entlehnten Rechtsfigur des sog. „safe harbor".[214] Zur Gewährleistung von Rechtssicherheit wird der Normadressat bei Vorliegen spezifizierter Voraussetzungen von dem Vorwurf der Pflichtwidrigkeit ohne jede Einschränkung freigestellt, so dass es auf die Frage des Verschuldens nicht mehr ankommt.[215] Liegen die Voraussetzungen des § 93 Abs. 1 Satz 2 AktG vor, so ist

---

[208] Während der Vorstand unternehmerische Entscheidungen im Rahmen seiner Geschäftsleitungsverantwortung nach § 76 Abs. 1 AktG trifft, wird der Aufsichtsrat dann unternehmerisch tätig, wenn er über die Erteilung der Zustimmung zu einem Geschäft entscheidet (§ 111 Abs. 4 Satz 2 AktG).

[209] Vgl. OLG Frankfurt a. M., Urt. v. 12. 12. 2007 – 17 U 111/07, AG 2008, 453 (454); *Holle*, AG 2011, 778 (783).

[210] *Bürgers*, in: Bürgers/Körber/Lieder, AktG, § 93 Rn. 9; *Hoffmann-Becking*, in: MünchHdb. GesR AG, § 25 Rn. 54.

[211] *Fleischer*, in: Spindler/Stilz, BeckOGK AktG, § 93 Rn. 80.

[212] OLG Frankfurt a. M., Urt. v. 12. 12. 2007 – 17 U 111/07, AG 2008, 453 (454); *Blasche*, WM 2011, 343 (345).

[213] *Lutter*, ZIP 2007, 841 (842); *Holle*, AG 2011, 778 (779).

[214] *Paefgen*, AG 2014, 554 (556); *Fleischer*, ZHR (168) 2004, 673 (700 f.).

[215] *Krieger*, in: Hdb. Managerhaftung, § 3 Rn. 11.

demzufolge ein Rückgriff auf die Haftungsnorm des § 93 Abs. 2 Satz 1 AktG ausgeschlossen.[216]

Im Falle eines Nichteingreifens der Business Judgment Rule nach § 93 Abs. 1 Satz 2 AktG unterliegt die in Rede stehende Entscheidung des Vorstandsmitglieds im Rahmen eines etwaigen Haftungsprozesses der vollen gerichtlichen Überprüfung, wobei Gegenstand der gerichtlichen Kontrolle insbesondere die Frage ist, ob das betreffende Organmitglied beim Abwägen von Pro und Contra der jeweiligen Entscheidung die notwendige Sorgfalt hat walten lassen.[217] Nach Maßgabe von § 93 Abs. 2 Satz 2 AktG trifft das Organmitglied sodann die Beweislast dafür, dass es seinen Sorgfaltspflichten nachgekommen ist, es diesen unverschuldet nicht nachkommen konnte oder dass der Schaden auch bei pflichtgemäßem Alternativverhalten eingetreten wäre.[218]

#### bb) Entsprechende Anwendung der Business Judgment Rule auf die Haftung des Versammlungsleiters

Die Business Judgment Rule findet grundsätzlich nur Anwendung auf solche Entscheidungen von Organmitgliedern, bei denen ein unternehmerisches Ermessen eröffnet ist.[219] Nicht anwendbar ist sie bei gebundenen Entscheidungen, d. h. in Fällen, in denen von Rechts wegen keine Handlungsalternativen bestehen.[220]

Eine analoge Anwendung von § 93 Abs. 1 Satz 2 AktG auf den Versammlungsleiter kommt schon deswegen nicht in Betracht, da dessen Leitungsentscheidungen nach klaren rechtlichen Vorgaben erfolgen und somit nicht mit unternehmerischen Ermessensentscheidungen vergleichbar sind.[221] Auch wenn dem Versammlungsleiter bei bestimmten Entscheidungen und in bestimmten Grenzen auch ein rechtlicher Ermessensspielraum eröffnet ist, so ändert dieses nichts daran, dass im Zeitpunkt der getroffenen Entscheidung feststeht, ob diese rechtmäßig oder rechtswidrig ist. Auch die Ermessensentscheidung des Versammlungsleiters ist in der Sache eine rechtlich gebundene Entscheidung insoweit, als die Ermessensgrenzen nicht überschritten werden dürfen. Die vom Versammlungsleiter einzuhaltenden Ermessensgrenzen erfahren durch Rechtsprechung und Literatur eine (fortlaufende) Konkretisierung und sind damit in Abgrenzung zur unternehmeri-

---

216 *Fleischer*, ZIP 2004, 685 (688 f.).

217 *Lutter*, in: FS Canaris, S. 245 (247); *Spindler*, in: MünchKomm. AktG, § 93 Rn. 47.

218 OLG Frankfurt a. M., Urt. v. 12. 12. 2007 – 17 U 111/07, AG 2008, 453 (454).

219 *J. Koch*, AktG, § 93 Rn. 35; *Bürgers*, in: Bürgers/Körber/Lieder, AktG, § 93 Rn. 11.

220 *U. H. Schneider*, DB 2011, 99 (100).

221 *Poelzig*, AG 2015, 476 (484); ebenso *Pliquett*, Haftung des HVL, S. 73, der sich aber gleichwohl für eine direkte Anwendung der Organhaftungsregelungen der §§ 93 Abs. 2, 116 Satz 1 AktG auf die Versammlungsleitung ausspricht.

schen Entscheidung auch voll justiziabel.[222] Die Leitungsentscheidungen des Versammlungsleiters können daher nicht als unternehmerische bzw. geschäftliche Ermessensentscheidungen qualifiziert werden, so dass eine analoge Anwendung der Business Judgment Rule gemäß § 93 Abs. 1 Satz 2 AktG auf Pflichtverletzungen des Versammlungsleiters abzulehnen ist.[223]

### *c) Anwendung einer Legal Judgment Rule*

In der Literatur wird zum Teil die Auffassung vertreten, dass eine Entscheidung bei unsicherer Rechtslage weitestgehend vergleichbar sei mit einer unternehmerischen Entscheidung, bei der sich das handelnde Organmitglied zwischen mehreren Handlungsalternativen entscheiden muss.[224] Vor diesem Hintergrund stellt sich die Frage, ob in Anknüpfung an die Business Judgment Rule eine sogenannte Legal Judgment Rule im Wege einer analogen Anwendung von § 93 Abs. 1 Satz 2 AktG in Betracht gezogen werden kann.[225] Da § 93 Abs. 1 Satz 2 AktG für unternehmerische Entscheidungen des Vorstands geschaffen wurde, würde die Anwendung einer Legal Judgment Rule auf Entscheidungen des Versammlungsleiters im Ergebnis eine doppelte Analogie erfordern.

Zwar ist es so, dass der Versammlungsleiter regelmäßig auch mit einer gewissen rechtlichen Unsicherheit behaftete Entscheidungen zu treffen hat. Der Sinn und Zweck von § 93 Abs. 1 Satz 2 AktG besteht jedoch darin, zu einer gesunden Risikobereitschaft des Vorstands beizutragen und dem Umstand Rechnung zu tragen, dass Richter die Sachverhalte in der Rückschau unter Prämissen bewerten, die der ex ante-Entscheidungssituation des handelnden Vorstandsmitglieds nicht gerecht werden.[226] Bei Entscheidungen des Versammlungsleiters ist die Gefahr von sich aufgrund einer ex post-Betrachtung ergebender Fehler jedoch weniger ausgeprägt als bei unternehmerischen Entscheidungen des Vorstands. Die Richtigkeit von Leitungsentscheidungen hängt nicht vom unternehmerischen Sachverstand des Versammlungsleiters ab, sondern allein von dessen Fähigkeit bzw. der Fähigkeit seiner Berater die Situation rechtlich zutreffend einzuschätzen.[227] Auch Ermessensentscheidungen des Versammlungsleiters lassen sich anhand der von Rechtsprechung und Literatur ausdifferenzierten rechtlichen Kategorien bewerten und einordnen und können damit nicht mit unternehmerischen Entscheidungen, denen naturgemäß ein

---

[222] Vgl. RegBegr. UMAG, BT-Drucks. 15/5092, 11, wonach Gegenstand einer unternehmerischen Entscheidung in die Zukunft bezogene und damit nicht justiziable Einschätzungen sind.

[223] So im Ergebnis auch *Poelzig*, AG 2015, 476 (484).

[224] Siehe *Thole*, ZHR (173) 2009, 504 (523 f.); siehe zur Anwendung einer Legal Judgment Rule auf Mitglieder von Leitungsorganen, *Buck-Heeb*, BB 2013, 2247 (2252 f.); *Koch*, in: FS Bergmann, S. 413 (415 ff.).

[225] Ablehnend *Fuhrmann/Heinen/Schilz*, NZG 2020, 1368 (1373).

[226] *Poelzig*, AG 2015, 476 (484); siehe auch RegBegr. UMAG, BT-Drucks. 15/5092, 11.

[227] *Poelzig*, AG 2015, 476 (484).

starkes Prognoseelement innewohnt, gleichgesetzt werden. Auch rechtliche Ermessensentscheidungen sind von ihrer Natur rechtlich gebundene Entscheidungen.[228] Dass auch rechtliche Entscheidungen gerade in Grenzfällen mit einer gewissen Unsicherheit verbunden sein können, ist hingegen kein spezifisches Phänomen der Versammlungsleitung, so dass sich daraus auch keine rechtlich tragfähige Legitimation für eine Haftungsbeschränkung ableiten lässt.

#### *d) Haftungsbegrenzung aufgrund entschuldigenden Rechtsirrtums*

Schließlich stellt sich noch die Frage, ob eine Haftungsbegrenzung des Versammlungsleiters auf Grundlage eines entschuldigenden Rechtsirrtums und demzufolge auf der Ebene des Verschuldens erfolgen kann.[229]

##### aa) Grundsätze der „ISION"-Rechtsprechung des BGH und deren Auswirkungen auf den Versammlungsleiter

Der BGH geht in Bezug auf das Leistungsstörungs- und Deliktsrecht in ständiger Rechtsprechung davon aus, dass ein Rechtsirrtum bei unklarer Rechtslage nur dann entschuldigend wirken kann, wenn der Schädiger nach sorgfältiger Prüfung der Rechtslage *„mit einer anderen Beurteilung durch die Gerichte nicht zu rechnen brauchte"*.[230] Der BGH hat in der „ISION"-Entscheidung[231] die an das Vorliegen eines entschuldigenden Rechtsirrtums zu stellenden Anforderungen bei Vorstandsmitgliedern konkretisiert und insoweit strenge Maßstäbe aufgestellt. Danach muss sich das Vorstandsmitglied *„unter umfassender Darstellung der Verhältnisse der Gesellschaft und Offenlegung der erforderlichen Unterlagen von einem unabhängigen, für die zu klärende Frage fachlich qualifizierten Berufsträger beraten lassen und den erteilten Rechtsrat einer sorgfältigen Plausibilitätskontrolle unterziehen."*[232]

---

[228] So auch *Paefgen*, AG 2014, 554 (560); vgl. auch *Holle*, AG 2011, 778 (784), der bezogen auf den Vorstand gesetzliche Pflichtaufgaben auch dann vom Anwendungsbereich der Business Judgment Rule ausklammern will, wenn diese einen Beurteilungs- und Ermessensspielraum eröffnen; ebenso *Fuhrmann/Heinen/Schilz*, NZG 2020, 1368 (1372 f.).

[229] Im Kontext der Vorstandshaftung wird insoweit teilweise bereits auf Ebene der Pflichtverletzung angeknüpft, siehe *Spindler*, in: MünchKomm. AktG, § 93 Rn. 97; *Fleischer*, in: Spindler/Stilz, BeckOGK AktG, § 93 Rn. 41; dogmatisch überzeugender ist es indes einen entschuldigenden Rechtsirrtum auf Verschuldensebene zu berücksichtigen, dafür auch BGH, Urt. v. 20. 9. 2011 – II ZR 234/09, AG 2011, 876 (877); BGH, Urt. v. 28. 4. 2015 – II ZR 63/14, NZG 2015, 792 (794); *Buck-Heeb*, BB 2013, 2247 (2254); *Verse*, ZGR 2017, 174 (192); *J. Koch*, AktG, § 93 Rn. 40, 79.

[230] Siehe BGH, Urt. v. 30. 4. 2014 – VIII ZR 103/13, NJW 2014, 2720 (2722); BGH, Urt. v. 24. 9. 2013 – I ZR 187/12, NJW-RR 2014, 733 (735); BGH, Urt. v. 26. 1. 1983 – IV b ZR 351/81, NJW 1983, 2318 (2321).

[231] BGH, Urt. v. 20. 9. 2011 – II ZR 234/09, ZIP 2011, 2097.

[232] BGH, Urt. v. 20. 9. 2011 – II ZR 234/09, ZIP 2011, 2097 (2099); vgl. auch die konkretisierenden Ausführungen des an der Entscheidung beteiligten stellvertretenden Vorsitzenden des II. Zivilsenats *Strohn*, ZHR (176) 2012, 137 (138 ff.); vgl. hierzu auch bereits BGH,

Die entsprechende Anwendung dieser vom BGH aufgestellten Beurteilungsgrundsätze auf den Versammlungsleiter hätte zur Folge, dass dieser vor jeder im Rahmen der Hauptversammlung zu treffenden Entscheidung fachlichen Rechtsrat einholen müsste.[233] Anders als ein Vorstandsmitglied, das seine unternehmerischen Entscheidungen regelmäßig von langer Hand planen kann, steht der Versammlungsleiter in der Pflicht während der laufenden Versammlung eine Vielzahl spontaner Entscheidungen treffen zu müssen. Dies betrifft zum Beispiel eine kurzfristige Verkürzung des Rederechts, disziplinierende Maßnahmen gegenüber den Aktionären und sonstige sitzungsleitende Maßnahmen. Angesichts der besonderen Angespanntheit und Hektik in der Hauptversammlungssituation wird es dem Versammlungsleiter kaum möglich sein vor jeder zu treffenden Entscheidung einen fachkundigen Berater zu konsultieren. Denkbar wäre es zwar, zwecks Einholung eines entsprechenden sachkundigen Rates die Versammlung zu unterbrechen. Angesichts der nicht verlässlich abzuschätzenden Häufigkeit von problembehafteten Entscheidungen würde dieses aber zu einer faktischen Lähmung der Hauptversammlung führen.

Darüber hinaus würde auch das Erfordernis einer Plausibilitätsprüfung den Versammlungsleiter vor große Probleme stellen. So ist schon nicht vorstellbar, dass die zeitlich eng getaktete Hauptversammlung überhaupt den erforderlichen zeitlichen Spielraum für die Plausibilisierung eines entsprechenden Rechtsrats bieten kann. Auch insoweit wäre nur denkbar, dass die Überprüfung im Rahmen einer Unterbrechung der Hauptversammlung erfolgt, was den zeitlichen Rahmen solcher Pausen aber nur noch weiter ausdehnen würde.

Erschwerend kommt hinzu, dass nach der Rechtsprechung des BGH für die Einholung von Rechtsrat grundsätzlich die Schriftform erforderlich ist.[234] Erwägenswert wäre, in besonders eilbedürftigen Situationen – wie sie im Rahmen einer Hauptversammlung häufig auftreten – eine Ausnahme von dem grundsätzlichen Schriftformerfordernis anzuerkennen. Der BGH hat diese Möglichkeit zwar angedeutet, im Ergebnis aber offengelassen.[235] In der Literatur wird auch eine mündliche Auskunftserteilung für ausreichend erachtet, sofern der mündliche Rat aufgrund des hohen Zeitdrucks die einzig mögliche Auskunftsform darstellt.[236] Selbst wenn man aber im Kontext der Versammlungsleitung von dem Schriftformerfordernis abrückte, verbliebe das Problem, dass die inhaltliche Prüfung der Rechtsauskunft auf Plausibilität den Versammlungsleiter aufgrund der bereits beschriebenen zeitlichen Verzögerungen in ernste Bedrängnis bringen kann. Aber auch inhaltlich erweist sich

---

Urt. v. 14.5.2007 – II ZR 48/06, ZIP 2007, 1265 (1266 f.); siehe dazu den Meinungsüberblick bei *Fuhrmann/Heinen/Schilz*, NZG 2020, 1368 (1375 f.).

[233] Zu den persönlichen und fachlichen Anforderungen an den qualifizierten Rechtsrat siehe *Krieger*, ZGR 2012, 496 ff.; *U. H. Schneider*, DB 2011, 99 (102 f.); *Merkt/Mylich*, NZG 2012, 525 (528 ff.).

[234] BGH, Urt. v. 20.9.2011 – II ZR 234/09, ZIP 2011, 2097 (2100).

[235] BGH, Urt. v. 20.9.2011 – II ZR 234/09, ZIP 2011, 2097 (2100).

[236] Siehe nur *Fleischer*, in: FS Hüffer, S. 187 (196 f.).

eine solche Prüfung für den Versammlungsleiter als schwierige Aufgabe. So kann es etwa erforderlich werden, bei Unstimmigkeiten der Rechtsauskunft eine weitere qualifizierte und unabhängige Meinung einzuholen, was wiederum mit einer zusätzlichen zeitlichen Verzögerung und zudem nur dann möglich wäre, wenn in dem back-office ausreichend viele qualifizierte Berater verfügbar sind.[237] Selbst wenn man der in der Literatur vertretenen Auffassung folgen würde, wäre es letztlich doch so, dass ein schuldausschließender Rechtsirrtum zugunsten des Versammlungsleiters bei ansonsten konsequenter Anwendung der vom BGH aufgestellten Maßstäbe nur in Ausnahmefällen möglich und die Schaffung der Voraussetzungen dafür mit nicht unerheblichen Kosten für die Gesellschaft verbunden wäre.[238]

#### bb) Übertragbarkeit des für den Wohnungseigentumsverwalter geltenden Sorgfaltsmaßstabes auf das Innenverhältnis zwischen Versammlungsleiter und Gesellschaft

Es darf nicht unberücksichtigt bleiben, dass die Grundlagen der allgemeinen zivilrechtlichen Außenhaftung im Leistungsstörungs- und Deliktsrecht sowie die vom BGH in der „ISION"-Entscheidung aufgestellten strengen Vorgaben hinsichtlich des Vorliegens eines entschuldigenden Rechtsirrtums auf dem Leitgedanken fußen, dass derjenige, der seine eigenen Interessen trotz zweifelhafter Rechtslage auf Kosten fremder Rechte wahrnimmt, das Risiko von daraus resultierenden Fehleinschätzungen nicht auf den Geschädigten überwälzen kann.[239] Diese Prämisse trifft aber auf den Versammlungsleiter nur insoweit zu, als es um eine deliktsrechtliche Haftung gegenüber den Aktionären oder gesellschaftsfremden Dritten geht. Nicht übertragbar sind die „ISION"-Rechtsprechungsgrundsätze auf das Innenverhältnis zwischen Versammlungsleiter und Gesellschaft. Denn im Innenverhältnis ist die Tätigkeit des Versammlungsleiters eher von Fremdnützigkeit geprägt, da er im Interesse der Gesellschaft eine ordnungsgemäße Willensbildung in der Hauptversammlung sicherstellt und seine Handlungen ausschließlich der Gesellschaft zugutekommen.[240] *Poelzig* verweist insoweit zu Recht auf die Parallele zur Stellung des Wohnungseigentumsverwalters und auf die diesbezügliche Rechtsprechung des BGH[241], wonach bezogen auf den Wohnungseigentumsverwalter von einem entschuldigenden Rechtsirrtum bereits dann auszugehen ist, wenn dieser mit der gebotenen Sorgfalt – wenngleich auch im Ergebnis fehlerhaft – zu der Einschätzung gelangt, dass seine Entscheidung rechtmäßig ist.[242] Ebenso wie der Verwalter von

---

[237] Siehe *Poelzig*, AG 2015, 476 (485); ebenso für den Vorstand *Merkt/Mylich*, NZG 2012, 525 (529).

[238] So auch *Poelzig*, AG 2015, 476 (485).

[239] BGH, Urt. v. 26.1.1983 – IV b ZR 351/81, NJW 1983, 2318 (2321); *Verse*, ZGR 2017, 174 (186f.).

[240] *Poelzig*, AG 2015, 476 (485); ebenso *Niemz*, VL im AktR, S. 178.

[241] BGH, Urt. v. 21.12.1995 – V ZB 4/94, NJW 1996, 1216 (1218).

[242] *Poelzig*, AG 2015, 476 (485).

Wohnungseigentum muss auch der Versammlungsleiter kurzfristige Entscheidungen treffen, die häufig mit einer gewissen Rechtsunsicherheit verbunden sind. Darüber hinaus kann sich der Versammlungsleiter der Entscheidung auch nicht dadurch entziehen, indem er seine Kompetenzen auf die Hauptversammlung überträgt.[243] Vor dem Hintergrund dieser Parallelität ist es sachgerecht den vom BGH für den Verwalter von Wohneigentum entwickelten gemilderten Verschuldensmaßstab auf das Innenverhältnis zwischen Versammlungsleiter und Gesellschaft zu übertragen.[244]

Unklar ist indes, wie der gemilderte Maßstab der *„gebotenen Sorgfalt“* näher zu konkretisieren ist. Der Rechtsprechung des BGH lässt sich dazu nur entnehmen, dass ein Verschulden nicht bereits darin liegt, dass der Verwalter mit einer anderen Beurteilung rechnen musste.[245] In Bezug auf den Versammlungsleiter ist zu berücksichtigen, dass diesem in Ausübung seines Amtes ein Ermessensspielraum zur Verfügung steht und sich die Beurteilung eines etwaigen schuldhaften Sorgfaltsverstoßes daher nach der ex ante-Perspektive in der konkreten Entscheidungssituation zu bemessen hat.[246] Sofern der Versammlungsleiter die ihm in der Entscheidungssituation zur Verfügung stehenden Erkenntnismöglichkeiten ausschöpft, kann ihm ein Verschuldensvorwurf daher nur gemacht werden, wenn er eine objektiv unvertretbare Entscheidung trifft.[247]

Im Außenverhältnis zu den Aktionären und gesellschaftsfremden Dritten kommt eine Anwendung des vorstehend skizzierten gemilderten Sorgfaltsmaßstabes nicht in Betracht. Denn der Versammlungsleiter handelt nicht in deren Interesse, sondern im Interesse der Gesellschaft. Im Außenverhältnis ist seine Tätigkeit daher auch nicht von Fremdnützigkeit gekennzeichnet. Greift der Versammlungsleiter durch rechtswidrige Leitungsmaßnahmen in das Mitgliedschaftsrecht von Aktionären ein oder schädigt er Dritte, wäre es unbillig, wenn diese das Risiko einer rechtlich fehlerhaften Entscheidung des Versammlungsleiters zu tragen hätten.[248] Im Außenverhältnis gelten daher auch beim Versammlungsleiter die allgemeinen und nach Maßgabe der Grundsätze der „ISION“-Rechtsprechung zu spezifizierenden Sorgfaltsmaßstäbe.

---

[243] Siehe oben 2. Kapitel F. V. 1. (S. 308 ff.).

[244] Ebenso im Kontext der Geschäftsleiterhaftung *Verse*, ZGR 2017, 174 (186 f.).

[245] BGH, Urt. v. 21.12.1995 – V ZB 4/94, NJW 1996, 1216 (1218).

[246] *Reger*, in: Bürgers/Körber/Lieder, AktG, § 129 Rn. 48a; *Schürnbrand*, NZG 2014, 1211 (1213); *Marsch-Barner*, in: FS Brambring, S. 267 (281); ebenso *Pliquett*, Haftung des HVL, S. 77, wonach es darauf ankommt, *„was von einem umsichtigen und gewissenhaft agierenden durchschnittlichen Versammlungsleiter in der jeweiligen Situation erwartet werden kann“*.

[247] *Zetsche*, in: KölnKomm. AktG, Anh. § 119 Rn. 61; *von der Linden*, NZG 2013, 208 (211); *Marsch-Barner*, in: FS Brambring, S. 267 (281 f.).

[248] Zutreffend *Niemz*, VL im AktR, S. 178.

#### 7. Ergebnis

Eine Haftungsbegrenzung bei Pflichtverletzungen des Versammlungsleiters kann nicht allein daraus abgeleitet werden, dass der Versammlungsleiter regelmäßig Entscheidungen treffen muss, bei denen ein rechtliches Unsicherheitsmoment besteht. Ebenso wenig können die Merkmale der Unentgeltlichkeit und Fremdnützigkeit eine Haftungsbeschränkung rechtfertigen. Eine analoge Anwendung der in § 93 Abs. 1 Satz 2 AktG kodifizierten Business Judgment Rule kommt nicht in Betracht, da der Versammlungsleiter keine unternehmerischen Entscheidungen, sondern rechtlich gebundene Entscheidungen trifft. Die auf Grundlage einer Doppelanalogie denkbare Anwendung eine Legal Judgment Rule auf den Versammlungsleiter scheitert im Ergebnis an einer vergleichbaren Interessenlage.

Eine Haftung des Versammlungsleiters besteht grundsätzlich bei allen (auch leicht) fahrlässigen Pflichtverletzungen und umfasst die Schäden, die bei der Gesellschaft und/oder den Aktionären als Folge der Pflichtverletzung eintreten. Dazu gehören insbesondere diejenigen Schäden, die der Gesellschaft infolge einer erfolgreichen und auf einen Leitungsfehler gestützten Anfechtungsklage entstehen. Der aufgrund des daraus resultierenden nicht unerheblichen Haftungsrisikos gebotenen Haftungsbegrenzung ist auf Schuldebene Rechnung zu tragen. Der Versammlungsleiter kann sich in dem von Fremdnützigkeit geprägten Innenverhältnis gegenüber der Gesellschaft auf einen haftungsbefreienden entschuldigenden Rechtsirrtum berufen, wenn er bei der in Rede stehenden Fehlentscheidung die gebotene Sorgfalt hat walten lassen und er die ihm in der Entscheidungssituation zur Verfügung stehenden Erkenntnismöglichkeiten ausgeschöpft hat. Im Außenverhältnis zu Aktionären und Dritten findet hingegen der allgemeine und unter Berücksichtigung der Grundsätze der „ISION“-Rechtsprechung des BGH zu spezifizierende Sorgfaltsmaßstab Anwendung.

## III. Rechtspraktische Ansätze zur Begrenzung des Haftungsrisikos

Unabhängig von rechtsdogmatischen Lösungskonzepten stellt sich die Frage, welche rechtspraktischen Maßnahmen zur Begrenzung des Haftungsrisikos des Versammlungsleiters in Betracht kommen.

### 1. Einsatz eines professionellen externen Versammlungsleiters

Da nur die wenigsten Versammlungsleiter über eine fundierte juristische Vorbildung verfügen, stoßen sie bei der adäquaten Handhabung von konfliktträchtigen Hauptversammlungen schnell an ihre Grenzen und sind daher auf den Rat ihrer Rechtsberater im back-office angewiesen. Nicht selten verschiebt sich dadurch auch der Kommunikationsschwerpunkt aus Sicht der Aktionäre hin zu den Rechtsberatern. Zudem kann der Austausch mit den Aktionären auch durch fehlende Sprachkenntnisse des Versammlungsleiters erschwert werden.[249] Vor diesem Hintergrund spricht aus rechtlicher sowie aus praktischer Sicht viel dafür, die Versammlungsleitung in die Hände einer rechtskundigen Person zu legen.[250]

Die Neutralität und Unabhängigkeit eines externen Versammlungsleiters lässt diesen aus Sicht der Aktionäre nicht in gleichem Ausmaß wie etwa ein Aufsichtsratsmitglied als Teil der Gesellschaft erscheinen. Die Wahrnehmung als unabhängige Leitungsinstanz macht ihn insgesamt weniger angreifbar. Vor dem Hintergrund des nicht unerheblichen persönlichen Haftungsrisikos erlangt vor allem die fachliche Kompetenz eines professionellen Versammlungsleiters eine besondere Bedeutung. Anders als etwa Aufsichtsratsmitglieder, die häufig über keinerlei juristische Vorbildung verfügen, vermag ein entsprechend fachlich versierter Versammlungsleiter Entscheidungen schneller und im Zweifel auch in rechtlich belastbarer Art und Weise zu treffen. Zwar ist zu berücksichtigen, dass ein externer Versammlungsleiter in der Regel nicht in gleicher Weise mit der Organisation und den Verhältnissen der Gesellschaft vertraut sein wird wie ein Verwaltungsmitglied. Die daraus resultierende Distanz kann aber auch als Vorteil verstanden werden, da sie einer „Betriebsblindheit" entgegenwirkt und sich dadurch förderlich auf die Objektivität der Leitungsentscheidungen auswirkt. Auch wird der externe Versammlungsleiter regelmäßig eigene Hilfskräfte haben, die ihn im Bedarfsfall unterstützen können. Hinzu kommt, dass ein professioneller Versammlungsleiter auf Erfahrungswerte zurückgreifen könnte, die er im Zusammenhang mit anderen Hauptversammlungen erworben hat. Möglich ist nach der hier vertretenen Auffassung auch die Übertragung der Versammlungsleitung auf Rechtsberatungsgesellschaften, die sich auf die Beratung und Leitung von Hauptversammlungen spezialisiert haben.[251] Ein profundes juristisches Fachwissen vermindert das Risiko von Leitungsfehlern und daraus resultierender Beschlussanfechtungen sowie damit im Ergebnis auch das persönliche Haftungsrisiko des Versammlungsleiters. Schließlich könnten auch zeitliche Verzögerungen infolge des ansonsten sehr häufigen Zwischenaustauschs zwischen Versammlungsleiter und Berater reduziert werden und damit auch mögliche Probleme im Zusammenhang mit der Einhaltung eines zumutbaren Zeitrahmens vermieden werden.

---

[249] Siehe *E. Vetter*, in: FS Bergmann, S. 799 (801).

[250] Auch wenn das Aktiengesetz den Rückgriff auf unternehmensfremde Personen nicht untersagt, so stehen der Übernahme der Versammlungsleitung durch Unternehmensfremde häufig die Satzungen der Publikumsaktiengesellschaften entgegen, die die Bestellung eines unternehmensfremden Dritten – wenn überhaupt – in der Regel nur bei Verhinderung der Aufsichtsratsmitglieder zulassen.

[251] Siehe zur Zulässigkeit der Übertragung der Versammlungsleitung auf eine juristische Person oben unter 2. Kapitel C. I. 4. (S. 107 f.).

## 2. Abschluss einer Haftpflichtversicherung für den Versammlungsleiter

Der Abschluss einer speziellen Haftpflichtversicherung für den Vorstand und den Aufsichtsrat (D&O-Versicherung) ist bereits ein übliches Mittel zur Risikobegrenzung der jeweiligen Organmitglieder.[252] Da der Versammlungsleiter trotz des Eingreifens eines im Innenverhältnis gemilderten Verschuldensmaßstabs nach wie vor einem nicht unerheblichen persönlichen Haftungsrisiko ausgesetzt ist, sollte künftig auch die Versammlungsleitertätigkeit zum Gegenstand einer entsprechenden Haftpflichtversicherung gemacht werden.[253] In Parallele zur D&O-Versicherung ist es nicht zwingend erforderlich, dass der Versammlungsleiter selbst Versicherungsnehmer wird, da auch ein Vertrag zwischen Versicherer und Gesellschaft, der dem Versammlungsleiter als Versicherten eigene Ansprüche einräumt, abgeschlossen werden kann.[254] Der Gesellschaft steht mit Abschluss der Versicherung im Haftungsfall ein solventer Schuldner zur Verfügung. Wird der Schaden nicht vom Versicherer reguliert, so bleibt der Gesellschaft die Möglichkeit im Innenverhältnis gegen den Versammlungsleiter vorzugehen. Aus Sicht der Versammlungsleitung bietet der Abschluss einer D&O-Versicherung den Vorzug, dass der Versammlungsleiter im Rahmen seiner Amtsführung nicht mehr unter dem Damoklesschwert einer persönlichen Haftung stünde. Dies erhöht zugleich die Chancen, dass versierte und fähige Personen sich zur Übernahme der Versammlungsleitung bereit erklären.[255]

Nach Auffassung von *Heidel* sind Aufsichtsratsmitglieder, die mit der Versammlungsleitung betraut sind, vom D&O-Versicherungsschutz mitumfasst.[256] Er verweist insoweit auf den Wortlaut der Musterbedingungen des Gesamtverbandes der Deutschen Versicherungswirtschaft e. V., wonach die Versicherung Schutz bietet für den Fall, dass ein Mitglied des Aufsichtsrats, Vorstands oder der Geschäftsführung *„wegen einer bei Ausübung dieser Tätigkeit begangenen Pflichtverletzung"* einen Schaden verursacht. Vor diesem Hintergrund argumentiert *Heidel*, dass das Aufsichtsratsmitglied bei satzungsmäßiger Zuweisung allein aufgrund seiner Funktion im Aufsichtsrat die Versammlungsleitung übernehme. Insoweit erfolge die Versammlungsleitung demnach auch in Ausübung der Aufsichtsratstätigkeit.[257]

---

[252] Siehe *Paefgen*, AG 2014, 554 (581) m.w.N.

[253] So auch *Mutter*, AG Report, R 161; *Theusinger/Schilha*, BB 2015, 131 (140); einschränkend *Poelzig*, AG 2015, 476 (488), die darauf hinweist, dass eine Versicherungslösung aufgrund etwaiger Deckungsausschlüsse nicht ausnahmslos geeignet ist, einer unverhältnismäßigen und existenzvernichtenden Haftung vorzubeugen; ebenso *Paefgen*, AG 2014, 554 (582).

[254] *von der Linden*, NZG 2013, 208 (212).

[255] So auch *von der Linden*, NZG 2013, 208 (212); siehe zur rechtspolitischen Einordnung der D&O-Versicherung auch *Fleischer*, in: Spindler/Stilz, BeckOGK AktG, § 93 Rn. 281 f.

[256] *Heidel*, in: Heidel, AktienR u. KapitalmarktR, Vor §§ 129–132 AktG Rn. 74; ebenso *Drinhausen/Marsch-Barner*, AG 2014, 757 (768).

[257] *Heidel*, in: Heidel, AktienR u. KapitalmarktR, Vor §§ 129–132 AktG Rn. 74.

Die Sichtweise von *Heidel* ist nicht unproblematisch. Zweifelhaft ist schon, ob die satzungsmäßige Zuweisung der Versammlungsleitung an die Organstellung als Aufsichtsratsmitglied in der Weise anknüpft, dass mit der Aufsichtsratsmitgliedschaft auch die Berechtigung zur Versammlungsleitung „stehen und fallen" soll. Die darin liegende Verkopplung zweier Organsphären konfligiert mit der Leitprämisse, dass die Organstellung des Versammlungsleiters unabhängig von derjenigen des Aufsichtsratsmitglieds zu betrachten ist. Eine für die Übernahme der Versammlungsleitung konstitutive Anknüpfung an das Aufsichtsratsmandat führt auch zu dogmatischen Friktionen, wenn sich die Bestellung zum Aufsichtsratsmitglied nachträglich als fehlerhaft erweist.[258] Selbst wenn man aber eine per Satzung geschaffene funktionale Verbindung zwischen Aufsichtsratsmandat und Versammlungsleitermandat zuließe, so könnte daraus zunächst nur gefolgert werden, dass die Versammlungsleitung der betreffenden Person gerade wegen ihrer Stellung als Aufsichtsratsmitglied überantwortet ist, da dieser Person eine besondere Kompetenz zugesprochen wird. Damit ist aber nicht gesagt, dass die Versammlungsleitung auch *in Ausübung* der Aufsichtsratstätigkeit erfolgt. Vielmehr kann der insoweit geltende Grundsatz der strikten Sphärentrennung zwischen Aufsichtsrat und Versammlungsleitung auch nicht per Satzungsbestimmung aufgeweicht werden und der Aufgabenbereich des Aufsichtsrats demzufolge auch nicht um die Versammlungsleitung ergänzt werden.[259] Im Ergebnis ist daher eine Erstreckung des Versicherungsschutzes auf die Versammlungsleitung mit dem Wortlaut der vorstehend zitierten Musterbedingung kaum in Einklang zu bringen.[260] Aufgrund der insoweit bestehenden Rechtsunsicherheiten sollte daher entweder eine gesonderte Haftpflichtversicherung für den Versammlungsleiter abgeschlossen werden oder der Versammlungsleiter in den bestehenden D&O-Versicherungen ausdrücklich benannt werden. Dies gilt erst recht für den Fall, in dem die Versammlungsleitung nicht einem Aufsichtsratsmitglied zugewiesen ist, sondern von einer externen Person übernommen wird. Gleichwohl wird auch durch den Abschluss einer Haftpflichtversicherung in der Regel keine vollständige Absicherung für den Versammlungsleiter zu erreichen sein. Aufgrund der potentiell hohen Haftungssummen, die mit einer fehlerhaften Versammlungsleitung verbunden sein können, ist zu erwarten, dass die betragsmäßige Höhe des Versicherungsschutzes durch entsprechende Deckungshöchstsummen begrenzt ist.[261]

---

[258] Siehe dazu oben unter 2. Kapitel C. I. 2. a) bb) (2) (S. 96 f.).

[259] Siehe OLG München, Beschl. v. 29. 2. 2008 – 7 U 3037/07, openJur 2012, 90272 Rn. 5; OLG Frankfurt a. M., Beschl. v. 8. 6. 2009 – 23 W 3/09, AG 2009, 549.

[260] Ebenso *v. Schenck*, in: Semler/v. Schenck/Wilsing, ArbeitsHdb. AR, § 1 Rn. 177; *von der Linden*, NZG 2013, 208 (212); *Sauerwald*, VersL im AktR, S. 417.

[261] So auch für die D&O-Versicherung von Vorstandsmitgliedern *Grunewald*, AG 2013, 813 (815).

### 3. Haftungsbeschränkung aufgrund individueller Vereinbarung mit der Gesellschaft

Es fragt sich, ob eine Haftungsbeschränkung des Versammlungsleiters auf Grundlage einer Individualvereinbarung mit der Gesellschaft erreicht werden kann. Insoweit ist nach dem jeweiligen haftungsbegründenden Rechtsverhältnis zu differenzieren.

#### *a) Haftungsbeschränkung bei schuldvertraglicher oder deliktsrechtlicher Haftungsgrundlage*

Soweit eine Haftung des Versammlungsleiters auf einem schuldvertraglichen Rechtsverhältnis wie etwa einem Auftragsverhältnis (§ 662 BGB) oder einem Geschäftsbesorgungsvertrag (§ 675 BGB) beruht oder sich aus deliktsrechtlichen Vorschriften ergibt, bestehen gegen eine individualvertragliche Haftungsbeschränkung keine Bedenken, da das Gesetz eine solche in den Grenzen des § 276 Abs. 1 Satz 1 Var. 1, Abs. 3 BGB ausdrücklich zulässt.[262]

#### *b) Haftungsbeschränkung in Bezug auf das korporationsrechtliche Rechtsverhältnis*

Unklar ist, ob eine individualvertragliche Haftungsbeschränkung auch mit Wirkung für das korporationsrechtliche Schuldverhältnis abgeschlossen werden kann. Verneint man dies, würde eine entsprechende Haftungsbegrenzung letztlich ins Leere laufen, da eine Haftung des Versammlungsleiters stets auf Grundlage des mit Übernahme des Amts der Versammlungsleitung entstehenden korporationsrechtlichen Schuldverhältnisses möglich bliebe.

##### aa) Kein Ausschluss einer individuellen Haftungsbeschränkung aufgrund der Organstellung des Versammlungsleiters

*Mülbert*[263] und *Niemz*[264], die jeweils von einer Organstellung des Versammlungsleiters ausgehen, lehnen eine individuelle Haftungsbegrenzung mit dem nicht näher begründeten Hinweis ab, dass eine solche bei der Organhaftung nicht möglich sei. Folgt man dem, wäre in der Konsequenz auch eine Haftungsbegrenzung für das korporationsrechtliche Rechtsverhältnis ausgeschlossen.[265] *Langenbach*[266] und *von*

---

[262] Siehe zur Ausstrahlungswirkung einer vertraglichen Haftungsmilderung auf die konkurrierende Deliktshaftung *Grundmann*, in: MünchKomm. BGB, § 276 Rn. 37 m. w. N.

[263] *Mülbert*, in: Großkomm. AktG, § 129 Rn. 254.

[264] *Niemz*, VL im AktR, S. 187.

[265] So auch *Hopt/Roth*, in: Großkomm. AktG, § 101 Rn. 111 im Zusammenhang mit dem Aufsichtsratsmitglied; vgl. für den besonderen Vertreter auch *Humrich*, Der besondere Vertreter im AktR, S. 126; a. A. *E. Vetter*, in: FS Bergmann, S. 799 (823), der eine vertragliche Haf-

*der Linden*[267] suchen diese Schlussfolgerung zu vermeiden, indem sie eine Organstellung des Versammlungsleiters verneinen und in der Folge von einem „Durchschlagen“ einer vertraglichen Haftungsbegrenzung auf die korporationsrechtliche Ebene ausgehen.[268] Unklar bleibt dabei aber, wo der genaue materielle Unterschied zwischen einer korporationsrechtlichen Haftung qua Amtsübernahme und einer organschaftlichen Haftung liegen soll. Richtigerweise handelt es sich um eine schwerpunktmäßig begriffliche Unterscheidung, die aber keine tragfähige Begründung für eine divergierende Reichweite einer individuellen Haftungsbegrenzung liefert.[269]

Ein kategorischer Ausschluss einer individuellen Haftungsbegrenzung kann schon deswegen nicht allein mit der Organstellung des Versammlungsleiters begründet werden, da diese aus sich heraus noch keine haftungsbegründende Wirkung entfaltet. Haftungsbegründend wirkt die Organstellung vielmehr erst in Verbindung mit der jeweils einschlägigen normativen Haftungsgrundlage.[270]

### bb) Unabdingbarkeit der Vorstands- und Aufsichtsratshaftung

Nicht verkannt werden kann, dass die Organhaftung für Vorstands- und Aufsichtsratsmitglieder nach ganz überwiegender Meinung nicht individualvertraglich ausgeschlossen oder begrenzt werden kann.[271] Gleiches gilt für die Haftung des Abschlussprüfers nach § 323 Abs. 4 HGB[272], dem nach Auffassung des BGH

---

tungsbegrenzung trotz angenommener Organstellung des Versammlungsleiters für zulässig hält.

[266] *Langenbach*, VersL im AktR, S. 249 (Fn. 2).

[267] *von der Linden*, NZG 2013, 208 (210 f.).

[268] Im Ergebnis ebenso *Marsch-Barner*, in: FS Brambring, S. 267 (281), der aber ausschließlich auf ein vertragliches und nicht auf ein korporationsrechtliches Rechtsverhältnis abstellt.

[269] Siehe *Wolff*, Organschaft und juristische Person, Bd. 2, S. 240; ebenso *Schürnbrand*, Organschaft im Recht der privaten Verbände, S. 146, 230, der am Beispiel des Versammlungsleiters und des Prokuristen veranschaulicht, dass eine solche Unterscheidung letztlich rein begrifflicher Natur ist; siehe auch *E. Vetter*, in: FS Bergmann, S. 799 (808), wonach die Organstellung des Versammlungsleiters als korporatives Rechtsverhältnis zur Gesellschaft mit der Annahme des Amtes begründet wird.

[270] Siehe oben 3. Kapitel B. I. 2. a) (S. 333).

[271] *J. Koch*, AktG, § 93 Rn. 4; *Paefgen*, AG 2014, 554 (570); *Geßler*, Komm. AktG, § 93 Rn. 6; *Hopt*, in: Großkomm. AktG, § 93 Rn. 23; *Mertens/Cahn*, in: KölnKomm. AktG, § 93 Rn. 8; *Sailer-Coceani*, in: K. Schmidt/Lutter, AktG, § 93 Rn. 3; a. A. *Hoffmann*, NJW 2012, 1393 (1395), der eine vertragliche Begrenzung der Vorstands- und Aufsichtsratsinnenhaftung für möglich hält; für die Zulässigkeit der Vereinbarung von Haftungshöchstsummen plädierend *Grunewald*, AG 2013, 813 (815 ff.).

[272] *Verse*, in: Großkomm. AktG, § 144 Rn. 56; *Rieckers/Vetter*, in: KölnKomm. AktG, § 144 Rn. 92.

ebenfalls Organqualität zukommt.[273] Dessen Haftung ist jedoch nach § 323 Abs. 2 HGB bei Fahrlässigkeit betragsmäßig begrenzt.[274] Für den ebenfalls als Organ zu qualifizierenden besonderen Vertreter wird eine vertragliche Haftungsbegrenzung hingegen teilweise für zulässig erachtet.[275]

Der Ausschluss einer vertraglichen Haftungsbegrenzung für Vorstand und Aufsichtsrat ist mit dem Telos der §§ 93, 116 AktG zu begründen, der nicht darauf zielt nur für einen haftungsrechtlichen Ausgleich im Binnenverhältnis zwischen Organ und Gesellschaft zu sorgen, sondern gleichzeitig auch das Interesse der Gläubiger und mittelbar auch des Rechtsverkehrs im Blick hat.[276] Dies überzeugt insoweit, als dass Vorstands- und Aufsichtsratsmitglieder einer Vermögensbetreuungspflicht in Bezug auf das Gesellschaftsvermögen unterliegen und die §§ 93, 116 AktG auch das Vertrauen der Gläubiger darauf, dass die Vermögensmasse nicht durch unsorgfältiges Organhandeln vermindert wird, schützen.[277] Diese für Vorstands- und Aufsichtsratsmitglieder zutreffende Überlegung kann aber auf die Rechtsstellung des Versammlungsleiters nicht übertragen werden. Der Versammlungsleiter unterliegt keiner Vermögensbetreuungspflicht gegenüber der Gesellschaft, da der jeweilige Organwalter nur versammlungsbezogen tätig wird und nicht dauerhaft in die Gesellschaft eingebunden ist.

Soweit der persönlichen Haftung nach §§ 93 Abs. 2 Satz 1, 116 Satz 1 AktG ein mittelbarer Schutz auch des Rechtsverkehrs zugesprochen wird[278], kann auch dies keine Geltung für den Versammlungsleiter beanspruchen. Der Funktionsauftrag des Versammlungsleiters beschränkt sich darauf einen ordnungsgemäßen Ablauf der Hauptversammlung sicherzustellen. Er ist nur insoweit zur Vertretung der Gesellschaft nach außen berechtigt, als dies der Sicherung und Aufrechterhaltung der Ordnung in der Hauptversammlung dient. Dies ist insbesondere bei der Anordnung von Ordnungsmaßnahmen gegenüber Gästen der Fall. Der Versammlungsleiter nimmt aber nicht am Rechtsverkehr teil und hat auch keine Kompetenz die Gesellschaft nach außen rechtsgeschäftlich zu vertreten. Er nimmt demnach auch kein besonderes Vertrauen des Rechtsverkehrs in Anspruch, für das eine unabdingbare haftungsrechtliche Absicherung gerechtfertigt werden könnte.

---

[273] BGH, Urt. v. 15.12.1954 – II ZR 322/53, WM 1955, 150 (152); BGH, Urt. v. 24.3. 1980 – II ZR 88/79, WM 1980, 526 (527); ebenso *Heidel*, in: Heidel, AktienR u. KapitalmarktR, Vor §§ 129–132 AktG Rn. 18; a. A. BayOblG, Beschl. v. 17.9.1987 – 3 Z 76/87, WM 1987, 1361 (1365).

[274] Die Haftungshöchstgrenze liegt bei 4 Mio. EUR im Fall von börsennotierten Gesellschaften, ansonsten bei 1 Mio. EUR.

[275] Dafür *Rieckers/Vetter*, in: KölnKomm. AktG, § 147 Rn. 744; a. A. *U. H. Schneider*, ZIP 2013, 1985 (1991).

[276] *Hopt/Roth*, in: Großkomm. AktG, § 93 Rn. 47; *Grunewald*, AG 2013, 813 (816).

[277] *Fleischer*, in: Spindler/Stilz, BeckOGK AktG, § 93 Rn. 2 f.; *Krieger*, in: Hdb. Managerhaftung, § 3 Rn. 8.

[278] Siehe nur *Hopt/Roth*, in: Großkomm. AktG, § 93 Rn. 30.

Schließlich kann der Ausschluss einer individuellen Haftungsbegrenzung auch nicht mit einem Verstoß gegen das Gebot der Satzungsstrenge nach § 23 Abs. 5 Satz 1 AktG begründet werden. Die §§ 93, 116 AktG sind in ihrem gesamten Regelungsgehalt und damit einschließlich der Regelung des § 93 Abs. 4 Satz 3 AktG, wonach ein Verzicht auf Ersatzansprüche gegen Mitglieder des Vorstands bzw. des Aufsichtsrats erst drei Jahre nach der Entstehung des Anspruchs und nur mit Zustimmung der Hauptversammlung möglich ist, weder direkt noch analog auf den Versammlungsleiter anwendbar.[279]

#### cc) Kein Ausschluss einer individuellen Haftungsbeschränkung aus Gründen des Aktionärsschutzes

Soweit *Heidel* den Ausschluss einer vertraglichen Haftungsbegrenzung unter Hinweis auf einen gebotenen Aktionärsschutz begründet[280], vermag auch dies nicht zu überzeugen. Der Versammlungsleiter übt sein Amt nicht für die Aktionäre, sondern für die Gesellschaft aus. Die Aktionäre sind auch nicht in den Schutzbereich des zwischen Gesellschaft und Versammlungsleiter bestehenden Rechtsverhältnisses einbezogen.[281]

Darüber hinaus ist zu berücksichtigen, dass eine individualvertragliche Haftungsreduktion nur die Innenhaftung des Versammlungsleiters gegenüber der Gesellschaft betrifft, die (deliktsrechtliche) Außenhaftung des Versammlungsleiters gegenüber den Aktionären aber grundsätzlich unberührt lässt.[282] Dies muss schon deswegen gelten, da sich die individuelle Haftungsbegrenzung ansonsten als ein unzulässiger Vertrag zulasten der Aktionäre darstellen würde. Zwar können die Aktionäre nach der Rechtsprechung des BGH zur Schadenskongruenz zwischen den Aktionären und der Gesellschaft gegenüber dem Versammlungsleiter grundsätzlich keine Leistung an sich verlangen, sofern sich der gesellschaftliche Schaden auch in einer Anteilsminderung niederschlägt.[283] Dies gilt jedoch nur insoweit, als die Schadenskompensation durch die Innenhaftung auch sichergestellt ist. So spricht sich auch der BGH dafür aus Ausnahmen dann zuzulassen, wenn die Durchsetzung des Innenhaftungsanspruchs seitens der Gesellschaft nicht gewollt oder nicht möglich ist.[284] Es stellt sich in dem Zusammenhang die weitergehende Frage, ob diese Rechtsprechungsgrundsätze auf die Situation einer individuellen Haftungsbeschränkung übertragbar sind. In rechtlicher Hinsicht besteht ein Unterschied, da

---

[279] Siehe oben 3. Kapitel B. I. 2. b) (S. 333 ff.).

[280] *Heidel*, in: Heidel, AktienR u. KapitalmarktR, Vor §§ 129–132 AktG Rn. 73.

[281] Siehe oben 3. Kapitel B. II. 2. (S. 343 f.).

[282] A. A. wohl *Hoffmann*, NJW 2012, 1393 (1395), der in Bezug auf den Gläubigeranspruch gemäß § 93 Abs. 5 AktG davon ausgeht, dass „*auch der Gläubiger letztlich nur so viel verlangen kann, wie es die Gesellschaft könnte*“.

[283] Siehe oben 3. Kapitel B. II. 3. (S. 344 f.).

[284] Vgl. BGH, Urt. v. 23.6.1969 – II ZR 272/67, NJW 1969, 1712; BGH, Urt. v. 24.1. 1967 – VI ZR 92/65, WM 1967, 287 (288).

die vertragliche Haftungsbeschränkung bereits die Entstehung eines durchsetzbaren Schadensersatzanspruchs verhindert. Die Ausführungen des BGH knüpfen jedoch an einen bestehenden Schadensersatzanspruch an, den die Gesellschaft nicht durchsetzen kann oder will. Wertungsmäßig kann es aber keinen Unterschied machen, ob das Ausbleiben der Schadenskompensation darauf beruht, dass die Gesellschaft von einer Anspruchsdurchsetzung willentlich absieht oder darauf zurückzuführen ist, dass eine individuelle Haftungsbegrenzung mit dem Versammlungsleiter vereinbart wird, die bereits die Entstehung eines ansonsten gegebenen Schadensersatzanspruchs verhindert. Den Aktionären muss eine Durchsetzung ihrer deliktsrechtlichen Ansprüche gegenüber dem Versammlungsleiter ungeachtet einer individuellen Haftungsbegrenzung im Innenverhältnis daher möglich bleiben.

Schließlich darf auch nicht außer Acht gelassen werden, dass den Aktionären die Gesellschaft als Haftungsadressat erhalten bleibt. Die Handlungen des Versammlungsleiters sind aufgrund dessen Organstellung der Gesellschaft nach Maßgabe von §§ 31, 89 BGB analog zuzurechnen mit der Folge, dass bei verschuldeten rechtswidrigen Leitungsmaßnahmen, die zu einem Eingriff in das Mitgliedschaftsrecht und zu einem Schaden der Aktionäre führen, eine Schadloshaltung der Aktionäre auch gegenüber der Gesellschaft möglich ist.[285] Eine grundsätzlich mögliche Regresshaftung des Versammlungsleiters aufgrund des insoweit bestehenden Haftungsschadens der Gesellschaft kommt indes nicht in Betracht, da anderenfalls die individuelle Haftungsbegrenzung leerlaufen würde.

Zwar ist es so, dass eine individuelle Haftungsbegrenzung in den Fällen, in denen eine Schadloshaltung von Aktionären und Gläubigern mangels eines Eingriffs in eine geschützte Rechtsposition oder aufgrund des Fehlens eines im Verhältnis zur Gesellschaft ersatzfähigen Schadens nicht möglich ist, das Risiko für wirtschaftliche Schäden aus einer fehlerhaften Versammlungsleitung auf die Gesellschaft und damit letztlich auch auf die Aktionäre und Gläubiger verlagert.[286] Dabei ist aber relativierend zu berücksichtigen, dass eine persönliche Innenhaftung des Versammlungsleiters aufgrund der nur begrenzten monetären Kompensationsfähigkeit einer Individualperson und angesichts der potentiell sehr hohen Schadenssummen in der Regel nur von untergeordneter wirtschaftlicher Bedeutung für die Gesellschaft sein wird.[287]

Eine individuell vereinbarte Haftungsbegrenzung in Bezug auf die Binnenhaftung zwischen Versammlungsleiter und Gesellschaft ist daher im Ergebnis möglich, wobei jedoch nach § 276 Abs. 3 BGB eine Haftung für vorsätzliches Verhalten nicht

---

[285] *Zetsche*, in: KölnKomm. AktG. Anh. § 119 Rn. 54; ebenso *Grunewald*, AG 2015, 689 (695), die für die Zurechnung auf §§ 31, 278 BGB abstellt; a. A. *Sauerwald*, VersL im AktR, S. 370.

[286] *Poelzig*, AG 2015, 476 (487 f.); vgl. auch *Paefgen*, AG 2014, 554 (570).

[287] Darauf zutreffend im Zusammenhang mit der Vorstandshaftung hinweisend *Grunewald*, AG 2013, 813 (816).

im Voraus ausgeschlossen werden kann.[288] Die haftungsbegrenzende Wirkung für den Versammlungsleiter erfährt zudem aufgrund einer ggf. weiterhin möglichen (deliktsrechtlichen) Inanspruchnahme durch die Aktionäre eine Einschränkung.

### *c) Zustandekommen der individuellen Haftungsbegrenzung*

In Parallele zu den denkbaren Szenarien des Zustandekommens eines schuldvertraglichen Rechtsverhältnisses[289] sind auch in Bezug auf den Abschluss einer individuellen Haftungsbegrenzung verschiedene Konstellationen zu unterscheiden.

Festzustellen ist zunächst, dass eine individuelle Haftungsbegrenzung ausdrücklich vereinbart werden muss. Für eine konkludente Haftungsbeschränkung fehlt es im Kontext der Versammlungsleitung an den vom BGH postulierten Voraussetzungen.[290] Erforderlich ist danach, dass sich der Geschädigte dem Ansinnen einer Haftungsbeschränkung unter Berücksichtigung der Grundsätze von Treu und Glauben (§ 242 BGB) billigerweise nicht verweigern kann.[291] Aus den äußeren Umständen der Versammlungsleitung, insbesondere aus den Aspekten der Fremdnützigkeit und Unentgeltlichkeit, kann dies jedoch nicht abgeleitet werden.[292] Auch ist die Erfahrenheit des Versammlungsleiters kein taugliches Abgrenzungskriterium, da völlig unklar ist, welches Maß an Erfahrung einer konkludenten Haftungsbeschränkung entgegenstehen würde. Dies würde die mit dem Amt der Versammlungsleitung ohnehin schon verbundenen Rechtsunsicherheiten aber nur noch weiter erhöhen.

Möglich ist zunächst die (ausdrückliche) Vereinbarung einer individuellen Haftungsbeschränkung mit dem Vorstand. Dessen Vertretungsbefugnis ergibt sich aus § 78 Abs. 1 Satz 1 AktG.[293] Wird der Versammlungsleiter durch die Hauptversammlung gewählt, kann eine individuelle Haftungsbegrenzung ihre Grundlage auch in dem betreffenden Beschluss der Hauptversammlung haben. Die Annex-Vertretungskompetenz der Hauptversammlung hinsichtlich des Abschlusses eines schuldvertraglichen Rechtsverhältnisses mit dem Versammlungsleiter[294] umfasst auch die Vereinbarung einer individuellen Haftungsbegrenzung mit Wirkung für und

---

[288] So auch *von der Linden*, NZG 2013, 208 (211); *J. Koch*, AktG, § 129 Rn. 25; *Marsch-Barner*, in: FS Brambring, S. 267 (281); *Heidel*, in: Heidel, AktienR u. KapitalmarktR, Vor §§ 129–132 AktG Rn. 73 weist insoweit aber zu Recht darauf hin, dass eine individuelle vertragliche Haftungsbegrenzung bei einem gerichtlich bestellten Versammlungsleiter und regelmäßig auch bei einem ad hoc durch die Hauptversammlung gewählten Versammlungsleiter regelmäßig nicht in Betracht kommen wird.

[289] Siehe oben unter 3. Kapitel B. 3. b) bb) (S. 336 ff.).

[290] Vgl. BGH, Urt. v. 14.11.2002 – III ZR 87/02, WM 2003, 85 (86); BGH, Urt. v. 11.2. 1964 – VI ZR 271/62, NJW 1964, 860.

[291] Vgl. BGH, Urt. v. 14.11.2002 – III ZR 87/02, WM 2003, 85 (86).

[292] Vgl. dazu oben unter 3. Kapitel C. II. 1./5. (S. 352 ff./S. 358 ff.).

[293] So auch *Rieckers*, in: FS Krieger, S. 753 (762); *von der Linden*, NZG 2013, 208 (211).

[294] Siehe oben unter 3. Kapitel B. I. 3. b) bb) (2) (S. 337).

gegen die Gesellschaft. Dazu muss die Haftungsbegrenzung sich aber ausdrücklich aus der Beschlussfassung ergeben, da für eine konkludente Haftungsbeschränkung wie gezeigt kein Raum ist. Wird dem Aufsichtsrat oder dem Aufsichtsratsvorsitzenden die Befugnis zur Bestimmung eines Versammlungsleiters in der Satzung zugewiesen, so kann auch dieser als Ausfluss seiner von der Hauptversammlung abgeleiteten Annex-Vertretungskompetenz eine individuelle Haftungsbegrenzung mit dem Versammlungsleiter vereinbaren.

Bei einer gerichtlichen Bestimmung des Versammlungsleiters nach Maßgabe von § 122 Abs. 3 Satz 2 AktG stellt sich die Konstruktion einer individuellen Haftungsbegrenzung schwieriger dar. Das Gericht selbst hat kein Mandat mit dem Versammlungsleiter ein schuldvertragliches Rechtsverhältnis mit Wirkung für und gegen die Gesellschaft abzuschließen.[295] Gleiches muss denknotwendig dann auch für die Vereinbarung einer individuellen Haftungsbeschränkung gelten. Zwar kann die Aktionärsminderheit einen schuldrechtlichen Vertrag mit dem Versammlungsleiter im eigenen Namen abschließen und die Kosten nach Maßgabe von § 122 Abs. 4 AktG an die Gesellschaft weiterreichen.[296] Die Aktionärsminderheit hat aber keine Kompetenz die Gesellschaft vertraglich zu binden.[297] Damit scheidet auch die Vereinbarung einer individuellen Haftungsbegrenzung mit Wirkung für und gegen die Gesellschaft aus. Eine individuelle Haftungsbeschränkung erfordert im Fall der gerichtlichen Bestellung des Versammlungsleiters daher eine zusätzliche ausdrückliche Vereinbarung mit dem Vorstand oder einen entsprechenden Beschluss der Hauptversammlung. Vor dem Hintergrund, dass der Gesellschaft und der Hauptversammlung in den Fällen des § 122 Abs. 3 Satz 2 AktG ein Versammlungsleiter aufgezwungen wird, dürfte beiden Möglichkeiten aber nur eine theoretische Bedeutung zukommen.

### 4. Haftungsbeschränkung in der Satzung oder Geschäftsordnung

Neben einer individuellen Haftungsbeschränkung ist auch eine in der Satzung oder Geschäftsordnung geregelte Haftungsbeschränkung des Versammlungsleiters denkbar.[298] Der Grundsatz der Satzungsstrenge nach § 23 Abs. 5 AktG verbietet eine solche Regelung nicht. Die Organhaftungsregelungen der §§ 93, 116 AktG finden weder direkte noch analoge Anwendung auf den Versammlungsleiter, so dass eine

---

[295] Siehe oben unter 3. Kapitel B. I. 3. b) bb) (4) (S. 338); a. A. aber *Sauerwald*, VersL im AktR, S. 175, 401 f., der sich auch in diesem Fall für die Möglichkeit einer konkludenten Haftungsbeschränkung ohne Erfordernis eines konkludenten Vertragsverhältnisses unter Bezugnahme auf den Grundsatz von Treu und Glauben (§ 242 BGB) ausspricht, sofern der Versammlungsleiter besonders unerfahren ist.

[296] Siehe oben unter 3. Kapitel B. I. 3. b) bb) (4) (S. 338).

[297] *Noack/Zetsche*, in: KölnKomm. AktG, § 122 Rn. 128.

[298] *Bachmann*, EWiR 2000, 157 (158); *Theusinger/Schilha*, BB 2015, 131 (140); *Poelzig*, AG 2015, 476 (487 f.); a. A. *Pliquett*, Haftung des HVL, S. 89.

Gesetzesabweichung i. S. d. § 23 Abs. 5 Satz 1 AktG nicht vorliegt.[299] In Anbetracht des in der Regel unentgeltlichen und fremdnützigen Charakters der Versammlungsleitung erscheint es sachgerecht in der Satzung oder Geschäftsordnung die Haftung für leicht fahrlässige Pflichtverletzungen auszuschließen und im Übrigen die Haftung auf eine näher zu definierende Schadenshöchstsumme zu begrenzen.[300]

Anders als bei einer individuellen Haftungsbegrenzung ist bei einer Haftungsbegrenzung in der Satzung oder Geschäftsordnung auch keine Ausnahme vom Grundsatz des Anspruchsausschlusses der Aktionäre bei gegebener Schadenskongruenz zwischen Gesellschaft und Aktionär zu machen. Denn anders als bei einer individuell zwischen Gesellschaft und Versammlungsleiter vereinbarten Haftungsbegrenzung haben die Aktionäre es bei einer Regelung in der Satzung oder Geschäftsordnung durch Fassung eines entsprechenden satzungsändernden Beschlusses (§ 179 AktG) selbst in der Hand über die Haftungsbegrenzung zu entscheiden.[301] Eine satzungs- oder geschäftsordnungsmäßige Haftungsbeschränkung stellt sich daher auch nicht als eine Regelung zulasten Dritter dar.

## D. Durchsetzung von Haftungsansprüchen der Gesellschaft gegenüber dem Versammlungsleiter

### I. Pflicht des Vorstands zur Anspruchsverfolgung

Die Durchsetzung eines Schadensersatzanspruchs der Gesellschaft gegenüber dem Versammlungsleiter aus § 280 Abs. 1 BGB oder nach deliktsrechtlichen Vorschriften obliegt nach Maßgabe von § 78 Abs. 1 Satz 1 AktG dem Vorstand als Vertretungsorgan der Gesellschaft.[302] Es fragt sich aber, ob den Vorstand eine Rechtspflicht trifft bestehende Ansprüche gegen den Versammlungsleiter auch durchzusetzen, oder ob er unter bestimmten Voraussetzungen das Recht hat von einer Anspruchsverfolgung abzusehen.

Nach der „ARAG/Garmenbeck“-Entscheidung des BGH besteht eine grundsätzliche Pflicht des Aufsichtsrats, Schadensersatzansprüche nach § 93 Abs. 2 Satz 1 AktG gegen den Vorstand durchzusetzen.[303] Diese Pflicht leitet der BGH einerseits aus der Überwachungsfunktion des Aufsichtsrats (§ 111 Abs. 1 AktG), andererseits aber auch aus dessen Vertretungsbefugnis gegenüber dem Vorstand gemäß § 112

[299] *Theusinger/Schilha*, BB 2015, 131 (140).

[300] Ebenso *Poelzig*, AG 2015, 476 (488); vgl. auch *Grunewald*, AG 2013, 813 (815 f.), die sich für die Zulässigkeit einer satzungsmäßigen Haftungshöchstsumme auch bei Vorstandsmitgliedern ausspricht.

[301] Siehe auch *Poelzig*, AG 2015, 476 (487 f.).

[302] Siehe allgemein zur Durchsetzungskompetenz des Vorstands *Fleischer*, in: Spindler/Stilz, BeckOGK AktG, § 93 Rn. 116f.

[303] BGH, Urt. v. 21.4.1997 – II ZR 175/95, AG 1997, 377 (378) – „ARAG/Garmenbeck“.

AktG ab.[304] Ein Absehen von der Anspruchsdurchsetzung soll nach dem BGH aufgrund der Regelung des § 93 Abs. 4 Satz 3 AktG, wonach ein Anspruchsverzicht nur nach Ablauf von drei Jahren und mit Zustimmung der Hauptversammlung möglich ist, nur in Ausnahmefällen möglich sein, nämlich dann, wenn gewichtige Gründe der Gesellschaft für eine Nichtdurchsetzung sprechen und diese Gründe in ihrer Bedeutung mit den Interessen an einer Anspruchsverfolgung zumindest gleichzusetzen sind.[305] Ein solcher Grund kann etwa darin bestehen, dass eine Anspruchsdurchsetzung zu einem substanziellen Reputationsschaden der Gesellschaft in der Öffentlichkeit führt.[306] Ein für den Organwalter existenzbedrohendes Ausmaß einer persönlichen Inanspruchnahme soll für sich allein aber grundsätzlich noch nicht ausreichen, um ein Absehen von der Anspruchsdurchsetzung zu rechtfertigen.[307]

Die Grundsätze der „ARAG/Garmenbeck"-Rechtsprechung lassen sich auf das Verhältnis zwischen Versammlungsleiter und Vorstand sinngemäß übertragen. Zwar ist der Vorstand nicht zur Überwachung der Versammlungsleitung berufen. Seine grundsätzliche Verpflichtung Schadensersatzansprüche zu prüfen und durchzusetzen leitet sich aber aus dessen Pflicht ab die Gesellschaft nach außen gerichtlich und außergerichtlich zu vertreten (§ 78 Abs. 1 Satz 1 AktG).[308] Es besteht insoweit auch keine ausschließliche oder konkurrierende Entscheidungskompetenz der Hauptversammlung.[309]

Bei der Frage, unter welchen Voraussetzungen ein Absehen von der Anspruchsverfolgung möglich sein soll, ist zu berücksichtigen, dass die Vorschrift des § 93 Abs. 4 Satz 3 AktG auf die organschaftliche Innenhaftung des Versammlungsleiters keine Anwendung findet, so dass ein Verzicht auf Innenhaftungsansprüche gegen den Versammlungsleiter nicht zwingend an eine Drei-Jahres-Frist und auch nicht an eine Zustimmung der Hauptversammlung gebunden ist. Vor diesem Hintergrund ist es daher auch nicht gerechtfertigt die vom BGH im Rahmen der „ARAG/Garmenbeck"-Rechtsprechung aufgestellten strengen Vorgaben hinsichtlich der Einschränkung der Durchsetzungspflicht auf die Innenhaftung des Versammlungsleiters zu übertragen. Der Vorstand muss sich bei der Frage, ob er auf die Durchsetzung eines Anspruchs gegenüber dem Versammlungsleiter verzichtet, vielmehr an die allgemeinen außerhalb des Anwendungsbereichs des § 93 Abs. 4 Satz 3 AktG geltenden Maßstäbe halten.[310] Danach kann der Vorstand im Rahmen

---

[304] BGH, Urt. v. 21.4.1997 – II ZR 175/95, AG 1997, 377 (378) – „ARAG/Garmenbeck".

[305] BGH, Urt. v. 21.4.1997 – II ZR 175/95, AG 1997, 377 (379) – „ARAG/Garmenbeck".

[306] BGH, Urt. v. 21.4.1997 – II ZR 175/95, AG 1997, 377 (379) – „ARAG/Garmenbeck".

[307] BGH, Urt. v. 21.4.1997 – II ZR 175/95, AG 1997, 377 (379) – „ARAG/Garmenbeck"; *Sailer-Coceani*, in: K. Schmidt/Lutter, AktG, § 93 Rn. 46.

[308] So auch *Poelzig*, AG 2015, 476 (486).

[309] Siehe zu den ungeschriebenen Zuständigkeiten der Hauptversammlung *Kubis*, in: MünchKomm. AktG, § 119 Rn. 31 ff.

[310] Ebenso *Sauerwald*, VersL im AktR, S. 414 f.

des ihm zustehenden unternehmerischen Ermessens bereits dann von der Anspruchsdurchsetzung absehen, wenn vernünftige Gründe für diese Entscheidung vorliegen.[311] So kann er etwa von der Anspruchsverfolgung absehen, wenn er bei pflichtgemäßer Überzeugungsbildung zu der objektiv vertretbaren Auffassung kommt, dass die mit einer Anspruchsverfolgung verbundenen Kosten und Imageschäden für die Gesellschaft außer Verhältnis zu dem erwartbaren Nutzen der Anspruchsdurchsetzung stehen.[312] Auf Grundlage dieses im Vergleich zur „ARAG/Garmenback"-Rechtsprechung großzügigeren Maßstabes ist davon auszugehen, dass der Vorstand auch bei Zahlungsunfähigkeit und existenzbedrohender Wirkung der Anspruchsverfolgung von dieser Abstand nehmen kann.[313] Dies muss jedenfalls dann gelten, wenn das pflichtwidrige Verhalten des Versammlungsleiters nicht allzu schwerwiegend war und die der Gesellschaft zugefügten Schäden verhältnismäßig gering sind.[314] Zu berücksichtigen ist jedoch, dass bei einem Absehen von der Anspruchsverfolgung eine (deliktsrechtliche) Haftung des Versammlungsleiters gegenüber den Aktionären möglich bleibt.[315]

## II. Absicherung der Anspruchsdurchsetzung aufgrund analoger Anwendung der §§ 147, 148 AktG

Da dem Vorstand bei der Verfolgung von Ersatzansprüchen gegenüber dem Versammlungsleiter ein im Verhältnis zur „ARAG/Garmenbeck"-Rechtsprechung großzügigerer Ermessensspielraum zur Verfügung steht, stellt sich die Frage, ob die Rechtsdurchsetzung gegenüber dem Versammlungsleiter durch eine analoge Anwendung der §§ 147, 148 AktG abgesichert werden kann. Nach § 147 Abs. 1, 2 AktG kann die Hauptversammlung den Vorstand mit einfachem Mehrheitsbeschluss dazu verpflichten Ersatzansprüche geltend zu machen oder nach § 147 Abs. 2 AktG einen besonderen Vertreter mit der Anspruchsdurchsetzung beauftragen. Das in § 148 AktG geregelte Klagezulassungsverfahren ermöglicht es Aktionären zudem unter bestimmten Voraussetzungen den in Rede stehenden Ersatzanspruch im eigenen Namen auf dem Klageweg geltend zu machen. Der Gesetzgeber hat mit Einführung dieser Sicherungsinstrumente auf eine unzureichende Durchsetzung der Organhaftungsansprüche reagiert, die insbesondere in der wechselseitigen pflichtgemäßen Verbundenheit der beiden Verwaltungsorgane wurzelt.[316] So besteht bei einer An-

[311] Siehe *Fleischer*, in: Spindler/Stilz, BeckOGK AktG, § 93 Rn. 116; *Mertens/Cahn*, in: KölnKomm. AktG, § 93 Rn. 89.

[312] *Fleischer*, in: Spindler/Stilz, BeckOGK AktG, § 93 Rn. 116.

[313] Auf dieser Linie auch *Fleischer*, in: Spindler/Stilz, BeckOGK AktG, § 93 Rn. 116, der ein Absehen von der Anspruchsverfolgung auch aus Kulanzgründen für möglich hält.

[314] Vgl. BGH, Urt. v. 21.4.1997 – II ZR 175/95, AG 1997, 377 (379) – „ARAG/Garmenbeck".

[315] Siehe oben 3. Kapitel C. III. 3. b) cc) (S. 376).

[316] Siehe BegrRegE UMAG, BT-Drucks. 15/5092, 19f.; *Paefgen*, AG 2014, 554 (574).

spruchsdurchsetzung des Aufsichtsrats gegenüber dem Vorstand stets die latente Gefahr, dass sich gleichsam als Korrelat der in Frage stehenden Pflichtverletzung des Vorstands auch ein Verstoß gegen die dem Aufsichtsrat nach § 111 Abs. 1 AktG obliegende Überwachungspflicht offenbart.[317] Mit „umgekehrten Vorzeichen" gilt dies auch bei einer Anspruchsverfolgung des Vorstands gegenüber dem Aufsichtsrat, da Bezugspunkt eines Überwachungsverschuldens in der Regel ein sorgfaltswidriges Verhalten des Vorstands ist.[318]

Eine direkte Anwendung der §§ 147, 148 AktG kommt nicht in Betracht, da die aus § 280 Abs. 1 BGB abzuleitenden Haftungsansprüche gegen den Versammlungsleiter nicht zu den Ersatzansprüchen der Gesellschaft aus Gründung und Nachgründung oder aus der Geschäftsführung gegen die Mitglieder des Vorstands und des Aufsichtsrats (§§ 93 Abs. 2 Satz 1, 116 Satz 1 AktG) gehören. In Betracht kommt aber eine analoge Anwendbarkeit. Aufgrund des allgemein nur fragmentarischen Regelungsbestandes im Aktiengesetz in Bezug auf die Versammlungsleitung kann von einer planwidrigen Regelungslücke ausgegangen werden. Fraglich ist aber, ob auch eine vergleichbare Interessenlage gegeben ist. Die vorstehenden Ausführungen hinsichtlich der Motivlage des Gesetzgebers zur Einführung der §§ 147, 148 AktG können nicht auf das Verhältnis zwischen Vorstand und Versammlungsleiter übertragen werden, da der Versammlungsleiter weder Aufsichtsorgan ist noch gegenüber dem Vorstand einer Überwachung unterliegt. Eine Erhöhung der Hemmschwelle zur Durchsetzung von Ansprüchen kann ihren Ursprung zwar auch in einer kollegialen Verbundenheit zwischen Vorstands- und Aufsichtsratsmitgliedern haben.[319] Insoweit wäre zu berücksichtigen, dass die Versammlungsleitung in aller Regel durch den Aufsichtsratsvorsitzenden wahrgenommen wird. Der schwerpunktmäßige Grund für eine unsachgemäße Zurückhaltung bei der Durchsetzung von Ersatzansprüchen liegt aber in der beschriebenen Wechselwirkung der Pflichtenkreise von Vorstand und Aufsichtsrat. Das Argument einer kollegialen Verbundenheit würde zudem dann nicht zum Tragen kommen, wenn die Versammlungsleitung durch eine externe Person übernommen wird. Dann hinge die (analoge) Anwendung der Regelungen der §§ 147, 148 AktG aber von der Person des Organwalters ab. Für das Organ „Versammlungsleiter" muss aber ein einheitliches Haftungsregime gelten, und zwar sowohl in Bezug auf die normative Grundlage der Organhaftungsansprüche als auch hinsichtlich der Frage ihrer Durchsetzbarkeit. Im Ergebnis ist daher für eine analoge Anwendung der §§ 147, 148 AktG auf Organhaftungsansprüche gegen den Versammlungsleiter kein Raum.[320]

---

317 *Spindler*, in: K. Schmidt/Lutter, AktG, § 147 Rn. 1; *J. Koch*, AktG, § 147 Rn. 1.

318 *Arnold*, in: MünchKomm. AktG, § 147 Rn. 19.

319 Siehe nur *Wagner*, ZHR (178) 2014, 227 (239).

320 So auch *Poelzig*, AG 2015, 476 (487); *Spindler*, in: K. Schmidt/Lutter, AktG, § 147 Rn. 3; a. A. *Sauerwald*, VersL im AktR, S. 415.

# E. Der Versammlungsleiter im Anfechtungs- und Haftungsprozess

Vor dem Hintergrund der vorstehend für den Versammlungsleiter entwickelten Haftungsgrundsätze soll nachfolgend beleuchtet werden, welche Stellung der Versammlungsleiter in einem Anfechtungs- und Haftungsprozess einnimmt. Dabei sind verschiedene prozessuale Konstellationen zu unterscheiden. Zum einen geht es um die Frage, ob eine gerichtliche Vertretung der Aktiengesellschaft durch den Versammlungsleiter im Beschlussmängelprozess möglich ist, wenn ein Beschluss aufgrund eines Verfahrensfehlers des Versammlungsleiters angefochten wird. Zum anderen ist die Situation in den Blick zu nehmen, in der ein Versammlungsleiter selbst Partei eines Haftungsprozesses ist.

## I. Der Versammlungsleiter als gerichtlicher Vertreter der Gesellschaft im Anfechtungsprozess

### 1. Grundsatz der gerichtlichen Inzidenzkontrolle

Leitungsmaßnahmen des Versammlungsleiters, die in die durch Gesetz oder Satzung eingeräumten Rechte der Aktionäre rechtswidrig eingreifen, können nicht selbständig mit der Anfechtungs- und Nichtigkeitsklage angegriffen werden, da der Versammlungsleiter Leitungs- und Ordnungsmaßnahmen als verfahrensleitende Verfügung und nicht in Form eines Beschlusses anordnet.[321] Es erfolgt daher lediglich eine inzidente gerichtliche Überprüfung der Rechtmäßigkeit des Versammlungsleiterhandelns, sofern gegen Beschlüsse der Hauptversammlung aufgrund eines Leitungsfehlers mit der Anfechtungs- oder Nichtigkeitsklage vorgegangen wird.[322] Aufgrund des dem Versammlungsleiter zu Gebote stehenden Leitungsermessens, beschränkt sich der gerichtliche Prüfungsumfang in der Regel auf die Frage, ob die in Rede stehende Maßnahme des Versammlungsleiters gegen die Grundsätze der Verhältnismäßigkeit, Neutralität, Sachdienlichkeit und Gleichbehandlung verstoßen hat.[323] Dieser eingeschränkte gerichtliche Kontrollmaßstab gilt

---

[321] Vgl. BGH, Urt. v. 11.11.1965 – II ZR 122/63, NJW 1966, 43 (44); BGH, Urt. v. 8.2. 2010 – II ZR 94/08, NJW 2010, 1604 (1606); *Mülbert*, in: Großkomm. AktG, § 129 Rn. 229; *Kubis*, in: MünchKomm. AktG, § 119 Rn. 181; *Stützle/Walgenbach*, ZHR (155) 1991, 516 (543).

[322] Vgl. BGH, Urt. v. 11.11.1965 – II ZR 122/63, NJW 1966, 43 (44); BGH, Urt. v. 8.2. 2010 – II ZR 94/08, NZG 2010, 423 (426); *Kubis*, in: MünchKomm. AktG, § 119 Rn. 181; *Drinhausen/Marsch-Barner*, AG 2014, 757 (765).

[323] *von der Linden*, NZG 2013, 208 (211); *Marsch-Barner*, in: FS Brambring, S. 267 (275 f.).

auch im Rahmen eines sich an den Anfechtungsprozess anschließenden Haftungsprozesses gegen den Versammlungsleiter.[324]

Zu berücksichtigen ist, dass nicht jede Verletzung von Gesetz oder Satzung im Zusammenhang mit dem Zustandekommen eines Beschlusses zu einer erfolgreichen Beschlussanfechtung führt.[325] Vielmehr bedarf es einer qualitativen Verknüpfung zwischen Verfahrensfehler und Beschlussergebnis, so dass insbesondere geringfügige Verstöße nicht automatisch auch eine Nichtigerklärung des angefochtenen Beschlusses nach Maßgabe von §§ 241 Abs. 1 Nr. 5, 248 AktG zur Folge haben.[326] Maßgeblich sind insoweit vielmehr die Umstände des Einzelfalls.[327] Die Rechtsprechung tendiert dazu, eine Anfechtungsrelevanz zu bejahen, wenn die in Rede stehende Maßnahme rechtswidrig in substanzielle Rechte der Aktionäre, wie etwa das Rede- und Fragerecht[328] sowie das Teilnahmerecht[329], eingreift.

Eine allgemeine Feststellungsklage nach § 256 ZPO kommt neben dem nachgelagerten inzidenten Rechtsschutz grundsätzlich nicht in Betracht, da sich die Leitungsmaßnahmen des Versammlungsleiters nach Beendigung der Hauptversammlung regelmäßig erledigen und in der Konsequenz das Rechtsschutzinteresse der klagenden Aktionäre entfällt.[330] Etwas anderes gilt nur in seltenen Ausnahmefällen, wenn eine rechtswidrige Leitungsmaßnahme, etwa in Form einer Ehrverletzung, über die Hauptversammlung hinauswirkt[331] oder eine Wiederholungsgefahr[332] besteht. Der BGH erkennt jedoch im Zusammenhang mit rechtswidrigen Beschlussfeststellungen des Versammlungsleiters die Möglichkeit einer positiven

---

[324] *von der Linden*, NZG 2013, 208 (211); zur Frage der Bindungswirkung des vorangegangenen Anfechtungsprozesses hinsichtlich der Rechtswidrigkeit des Handelns des Versammlungsleiters siehe *Pliquett*, Haftung des HVL, S. 74 ff.

[325] Siehe *Marsch-Barner*, in: FS Brambring, S. 267 (279).

[326] Siehe zu den unterschiedlichen Ansätzen zur Bestimmung einer anfechtungsrelevanten Eingriffsintensität *Schäfer*, in: MünchKomm. AktG, § 243 Rn. 27 ff.; *Marsch-Barner*, in: FS Brambring, S. 267 (279 f.); siehe auch LG Frankfurt a. M., Urt. v. 22. 2. 1984 – 3/9 O 123/83, ZIP 1984, 321 (324 f.); LG München I, Urt. v. 19. 11. 2020 – 5 HK O 14532/19, NJW-RR 2021, 348 (350).

[327] Siehe dazu *Kubis*, in: MünchKomm. AktG, § 119 Rn. 182 ff.

[328] Vgl. LG München I, Urt. v. 14. 10. 1999 – 5 HKO 8024/98, AG 2000, 139 – „Macrotron AG"; bezogen auf Einschränkungen des Fragerechts liegt eine Anfechtungsrelevanz regelmäßig dann vor, wenn das gesetzliche Relevanzkriterium des § 243 Abs. 4 AktG erfüllt ist und die Erforderlichkeit i. S. d. § 131 Abs. 1 AktG gegeben ist, vgl. BGH, Urt. v. 18. 10. 2004 – II ZR 250/02, NJW 2005, 828 (830).

[329] Siehe nur OLG Frankfurt a. M., Beschl. v. 16. 2. 2007 – 5 W 43/06, NZG 2007, 310 (312).

[330] Siehe BGH, Urt. v. 11. 11. 1965 – II ZR 122/63, NJW 1966, 43 (44); ebenso *Pliquett*, Haftung des HVL, S. 50.

[331] Siehe *Drinhausen/Marsch-Barner*, AG 2014, 757 (765); *Kubis*, in: MünchKomm. AktG, § 119 Rn. 181.

[332] *Marsch-Barner*, in: FS Brambring, S. 267 (271); kritisch *Pliquett*, Haftung des HVL, S. 50 f.

Beschlussfeststellungsklage in Kombination mit einer Anfechtungsklage an.[333] Darüber hinaus haben die Aktionäre grundsätzlich die Möglichkeit die Durchführung eines für rechtswidrig erachteten Beschlusses der Hauptversammlung im Wege einer einstweiligen Verfügung vorläufig zu verhindern.[334] Dies wird aber nur für solche Beschlüsse in Betracht kommen, die sich nicht bereits mit Ablauf der Hauptversammlung erledigen.[335] Relevant sind insoweit insbesondere solche Beschlüsse, die noch einer Handelsregistereintragung bedürfen, um wirksam zu werden.[336]

Nach teilweise in der Literatur vertretener Auffassung ist bei (drohenden) rechtswidrigen Maßnahmen des Versammlungsleiters, insbesondere im Kontext eines einstweiligen Verfügungsverfahrens, auch eine vorbeugende Unterlassungsklage möglich.[337] Dabei soll der Versammlungsleiter in einem einstweiligen Verfügungsverfahren auch Antragsgegner sein können.[338] Der BGH hat indes im Zusammenhang mit einer Unterlassungsklage aufgrund einer drohenden rechtswidrigen Maßnahme des Vorstands entschieden, dass die Klage gegen die Gesellschaft zu richten ist.[339] Für den Versammlungsleiter kann aber nichts anderes gelten. Auch er ist Organ der Gesellschaft. Sein Handeln wird der Gesellschaft daher entsprechend §§ 31, 89 BGB zugerechnet.[340] Eine (drohende) Beeinträchtigung des Mitgliedschaftsrechts kann nur gegenüber der Gesellschaft auf Grundlage des zu dieser bestehenden mitgliedschaftsrechtlichen Rechtsverhältnisses geltend gemacht werden.[341] Zwischen Versammlungsleiter und Aktionären besteht hingegen keine

---

[333] Siehe BGH, Urt. v. 13.3.1980 – II ZR 54/78, NJW 1980, 1465 (1467); vgl. zur GmbH auch BGH, Urt. v. 26.10.1983 – II ZR 87/83, NJW 1984, 489 (491 f.); siehe dazu bereits oben unter 2. Kapitel E. II. 1. g) aa) (S. 163 f.).

[334] Vgl. OLG Köln, Urt. v. 26.10.2000 – 18 U 79/00, AG 2001, 426 f.; *Damm*, ZHR (154) 1990, 413 (437 f.); eine Verhinderung der Einberufung, Beschlussfassung oder Stimmrechtsausübung kommt indes grundsätzlich nicht in Betracht, da den Aktionären zumutbar ist, gegen den jeweiligen Beschluss im Wege der Anfechtungs- und Nichtigkeitsklage vorzugehen, vgl. nur OLG München, Urt. v. 13.9.2006 – 7 U 2912/06, NZG 2007, 152 (153 f.); OLG Jena, Urt. v. 4.12.2001 – 8 U 751/01, NZG 2002, 89 f.

[335] Ein Beispiel für einen sich mit Beendigung der Hauptversammlung erledigenden Beschluss ist die Abwahl eines Versammlungsleiters.

[336] *Buchta*, DB 2008, 913 (917).

[337] Siehe *Heidel*, in: Heidel, AktienR u. KapitalmarktR, Vor §§ 129–132 AktG Rn. 68; ebenso *Buchta*, DB 2008, 913 (916), in Bezug auf die einstweilige Untersagung einen bestimmten Tagesordnungspunkt zur Abstimmung zu stellen; ablehnend LG Berlin, Urt. v. 26.5. 1994 – 104 O 19/94, AG 1995, 41 (43); *Drinhausen/Marsch-Barner*, AG 2014, 757 (766); kritisch insoweit auch *Marsch-Barner*, in: FS Brambring, S. 267 (273 f.) und *Leuering/Simon*, NJW-Spezial 2005, 411.

[338] So *Buchta*, DB 2008, 913 (916); zweifelnd LG München I, Beschl. v. 28.7.2008 – 5 HK O 12504/08, WM 2008, 1977 (1978).

[339] BGH, Urt. v. 23.6.1997 – II ZR 132/93, NJW 1997, 2815 (2816).

[340] *Zetsche*, in: KölnKomm. AktG, Anh. § 119 Rn. 54; ebenso *Grunewald*, AG 2015, 689 (695), die aber auf §§ 31, 278 BGB abstellt.

[341] *Hölters/Hölters*, in: Hölters AktG, § 93 Rn. 381 f.

schuldrechtliche Sonderbeziehung. Unabhängig von der Frage der Passivlegitimation des Versammlungsleiters muss aber ohnehin konstatiert werden, dass einem solchen vorbeugenden Unterlassungsanspruch nur eine geringe praktische Relevanz zukommt, da auch einstweiliger gerichtlicher Rechtsschutz während der laufenden Hauptversammlung schon aus zeitlichen Gründen in aller Regel nicht zu erreichen sein wird.[342] Die nachstehenden Untersuchungen fokussieren daher auf die Konstellation eines Anfechtungs- und Haftungsprozesses.

### 2. Prozessführungsbefugnis des Versammlungsleiters

Der Versammlungsleiter handelt als Vertreter der Gesellschaft, etwa wenn er gegenüber Aktionären Ordnungsmaßnahmen verhängt oder das Hausrecht gegenüber Dritten durchsetzt.[343] Unterlaufen dem Versammlungsleiter dabei Fehler, können daraufhin gefasste Beschlüsse von den betroffenen Aktionären angefochten werden. Darüber hinaus kann bei Leitungsfehlern des Versammlungsleiters auch den Vorstand eine Pflicht zur Anfechtung treffen, wenn der Gesellschaft ein Schaden droht.[344] Ebenso kann es vorkommen, dass die Wahl eines Versammlungsleiters in der Hauptversammlung durch einen Aktionär angefochten wird.

Als juristische Person ist die Aktiengesellschaft parteifähig (§ 50 Abs. 1 ZPO) und auf Grundlage der Organtheorie auch prozessfähig (§ 51 Abs. 1 Var. 1 ZPO), so dass die Klage gegen sie zu richten ist.[345] Insoweit erhebt sich die Frage, ob der Versammlungsleiter aufgrund des in den vorstehend skizzierten Fällen gegebenen Sachzusammenhangs zur Sphäre der Versammlungsleitung die Befugnis hat, die Gesellschaft gerichtlich zu vertreten (§ 51 Abs. 1 ZPO). Nach § 78 Abs. 1 Satz 1 AktG i. V. m. § 51 Abs. 1 Var. 2 ZPO obliegt die gerichtliche Vertretung der Aktiengesellschaft grundsätzlich dem Vorstand. Zwar ist der Vorstand in einigen Sonderfällen von der gerichtlichen Vertretung der Gesellschaft ausgeschlossen. Darunter fallen insbesondere Rechtsstreitigkeiten der Gesellschaft mit Vorstandsmitgliedern, bei denen die Gesellschaft nach § 112 AktG durch den Aufsichtsrat als Organ vertreten wird.[346] Ebenso betrifft dies Fälle, in denen ein besonderer Vertreter oder eine andere Person nach § 147 Abs. 2 Satz 1 u. 2 AktG zur Geltendmachung von Er-

---

[342] Ebenso *Drinhausen/Marsch-Barner*, AG 2014, 757 (766), wonach es dem Aktionär grundsätzlich zumutbar sei, den tatsächlichen Verlauf der Hauptversammlung abzuwarten und ggf. von den Rechtsschutzmöglichkeiten der Anfechtungs- und Nichtigkeitsklage Gebrauch zu machen.

[343] So auch *Schürnbrand*, Organschaft im Recht der privaten Verbände, S. 146.

[344] *J. Koch*, AktG, § 245 Rn. 36; *Ihrig/Schäfer*, Rechte und Pflichten des Vorstands, § 30 Rn. 1200 f.

[345] *Link*, in: Wachter, AktG, § 78 Rn. 3; *Grigoleit*, in: Grigoleit, AktG, § 78 Rn. 3 f.; *Seibt*, in: K. Schmidt/Lutter, AktG, § 78 Rn. 4; *Weber*, in: Hölters, AktG, § 78 Rn. 5; vgl. zum eingetragenen Verein auch BGH, Urt. v. 9. 6. 1983 – I ZR 73/81, NJW 1984, 668.

[346] Vgl. BGH, Beschl. v. 14. 5. 2013 – II ZB 1/11, NZG 2013, 792 (794).

satzansprüchen der Gesellschaft bestellt worden ist.[347] Sind keine Vorstandsmitglieder zur Prozessvertretung der Gesellschaft vorhanden, kann auch das Prozessgericht nach § 57 Abs. 1 ZPO bei Gefahr im Verzug einen besonderen Vertreter bestellen.[348] Bei bestimmten gegen die Gesellschaft gerichteten Klagen sind Vorstand und Aufsichtsrat auch nur gemeinsam zur Vertretung der Gesellschaft berufen (sog. Doppelvertretung).[349] Eine gerichtliche Vertretung der Gesellschaft durch den Versammlungsleiter sieht das Aktienrecht aber nicht vor. Eine Prozessführungsbefugnis des Versammlungsleiters lässt sich auch nicht im Wege einer Rechtsfortbildung begründen. Dies belegt ein vergleichender Blick auf die zur Prozessführungsbefugnis des besonderen Vertreters ergangene Judikatur des BGH.

Der BGH hat nicht nur die Organqualität des besonderen Vertreters anerkannt, sondern auch dessen Parteifähigkeit (§ 50 ZPO) bejaht.[350] Letztere bestehe nach Ansicht des BGH für den besonderen Vertreter schon in seiner Eigenschaft als natürliche Person (§ 50 ZPO), so dass es einer Unterscheidung zwischen Organ und Organmitglied nicht bedürfe.[351] Diese Feststellungen können auf den Versammlungsleiter übertragen werden, da auch dieser nach der hier vertretenen Auffassung als ein mit eigenen Rechten und Pflichten ausgestattetes Organ zu qualifizieren ist. Der BGH nimmt jedoch darüber hinaus eine Begrenzung insoweit vor, als dass eine Prozessführungsbefugnis des sich an einem Rechtsstreit beteiligenden besonderen Vertreters nur in dem Umfang anzuerkennen sei, in dem aus seiner Rechtsstellung gerichtlich zu verfolgende Rechte und Pflichten abgeleitet werden können.[352] Konsequent stellt der BGH daher fest, dass der besondere Vertreter nur insoweit gesetzlicher Vertreter der Gesellschaft ist, als seine Befugnis reicht, Ersatzansprüche im Namen der Gesellschaft nach Maßgabe von § 147 Abs. 2 AktG zu verfolgen. Nur in diesem Rahmen handele es sich um einen abgespaltenen Teil der umfassenden gesetzlichen Vertretungsmacht des Vorstands.[353] Der BGH folgert weiter, dass der besondere Vertreter die Gesellschaft bei der Anfechtung seiner Bestellung durch Aktionäre nicht vertritt, er insofern also Vorstand und Aufsichtsrat nicht verdrängt.[354] Auch spricht der BGH der Hauptversammlung die Kompetenz ab, den besonderen

[347] *Seibt*, in: K. Schmidt/Lutter, AktG, § 78 Rn. 4.

[348] *Weber*, in: Hölters, AktG, § 78 Rn. 6.

[349] Dies gilt etwa für Anfechtungs- und Nichtigkeitsklagen gegen Hauptversammlungsbeschlüsse (§§ 246 Abs. 2, 249 Abs. 1, 250 Abs. 3, 253, 254 Abs. 2, 255 Abs. 3 AktG) und gegen die Feststellung des Jahresabschlusses (§§ 256 Abs. 7, 257 Abs. 2, 246 Abs. 2 Satz 2 AktG) sowie bei Klagen auf Nichtigerklärung (§§ 246 Abs. 2 Satz 2, 275 Abs. 4 AktG).

[350] BGH, Beschl. v. 28.4.2015 – II ZB 19/14, ZIP 2015, 1286 (1288).

[351] BGH, Beschl. v. 28.4.2015 – II ZB 19/14, ZIP 2015, 1286 (1288).

[352] BGH, Beschl. v. 28.4.2015 – II ZB 19/14, ZIP 2015, 1286 (1288).

[353] BGH, Beschl. v. 28.4.2015 – II ZB 19/14, ZIP 2015, 1286 (1288).

[354] BGH, Beschl. v. 28.4.2015 – II ZB 19/14, ZIP 2015, 1286 (1288); siehe auch LG München I, Urt. v. 4.10.2007 – 5 HK O 12615/07, ZIP 2007, 2420 (2421); a.A. *Böbel*, Die Rechtsstellung der besonderen Vertreter gem. § 147 AktG, S. 145 ff., der sich dafür ausspricht, dass der besondere Vertreter im Anfechtungsprozess gegen die Beschlüsse nach § 147 AktG abweichend von § 246 Abs. 2 Satz 2, 3 AktG die Gesellschaft vertritt.

Vertreter im Wege eines entsprechenden Beschlusses zu einer Vertretung der Gesellschaft in einem gegen diese gerichteten Anfechtungsprozess zu ermächtigen.[355]

Aus der vorstehend skizzierten Rechtsprechung des BGH ist zu folgern, dass der Hauptversammlung nicht die Kompetenz zusteht in Abweichung von den gesetzlich festgelegten prozessualen Befugnissen von Vorstand und Aufsichtsrat eine vom Gesetz nicht vorgesehene prozessuale Vertretungsbefugnis des besonderen Vertreters zu begründen.[356] Nichts anderes kann aber für den Versammlungsleiter gelten, so dass eine gerichtliche Vertretung der Aktiengesellschaft unabhängig davon, ob es sich um einen Aktiv- oder Passivprozess handelt, nicht in Betracht kommt und insbesondere auch nicht im Wege einer Satzungsermächtigung oder eines Beschlusses durch die Hauptversammlung begründet werden kann.

### 3. Streitverkündung nach § 72 ZPO durch die Gesellschaft

Die Gesellschaft hat im Rahmen eines gegen sie geführten Anfechtungsprozesses die Option dem Versammlungsleiter nach Maßgabe von § 72 ZPO den Streit zu verkünden. Dies folgt daraus, dass für die Gesellschaft die Möglichkeit besteht, sich im Falle eines Unterliegens im Anfechtungsprozess beim Versammlungsleiter im Wege des Regresses schadlos zu halten.[357] Die aus der Streitverkündung folgende Interventionswirkung gemäß § 74 Abs. 1, 3 ZPO i. V. m. § 68 ZPO umfasst im Gegensatz zur subjektiven Rechtskraftwirkung des § 248 AktG auch die rechtlichen und tatsächlichen Feststellungen des Anfechtungsprozesses einschließlich der Feststellungen betreffend die Rechtswidrigkeit des Handelns des Versammlungsleiters.[358] Im Ergebnis kann die Gesellschaft mit der Streitverkündung gegenüber dem Versammlungsleiter damit sicherstellen, dass die Frage der Rechtswidrigkeit der in Rede stehenden Leitungsmaßnahme in einem sich anschließenden Haftungsprozess nicht anders beurteilt wird.[359]

### 4. Recht des Versammlungsleiters zur Nebenintervention nach § 66 Abs. 1 ZPO

Für den besonderen Vertreter hat der BGH klargestellt, dass dieser der Anfechtungsklage gegen die Beschlüsse über die Verfolgung von Ersatzansprüchen und über seine Bestellung auf Seiten der Gesellschaft als Nebenintervenient gemäß § 66

---

[355] BGH, Beschl. v. 28.4.2015 – II ZB 19/14, ZIP 2015, 1286 (1288); a. A. aber *Verhoeven*, ZIP 2008, 245 (250), der eine Vertretung im Anfechtungsprozess durch den besonderen Vertreter für zulässig hält, sofern dies im Bestellungsbeschluss festgelegt wird.

[356] *Lochner/Beneke*, ZIP 2015, 2010 (2015).

[357] So auch *Pliquett*, Haftung des HVL, S. 75.

[358] Vgl. *Schultes*, in: MünchKomm. ZPO, § 68 Rn. 15; *Weth*, in: Musielak/Voit, ZPO, § 68 Rn. 3.

[359] Siehe *Pliquett*, Haftung des HVL, S. 76.

Abs. 1 ZPO beitreten kann.[360] Der BGH führt insoweit aus, der besondere Vertreter habe ein rechtliches Interesse am Obsiegen der Gesellschaft im Anfechtungsprozess betreffend die Beschlüsse zu seiner Bestellung sowie an der Verfolgung von Schadensersatzansprüchen nach § 147 Abs. 1, 2 AktG.[361]

Überträgt man diese Ausführungen des BGH auf den Versammlungsleiter so ergibt sich, dass es auch diesem möglich sein muss im Beschlussanfechtungsprozess hinsichtlich einer rechtswidrigen Leitungsmaßnahme oder seiner Bestellung in der Hauptversammlung auf Seiten der Gesellschaft als Nebenintervenient gemäß § 66 Abs. 1 ZPO beizutreten. Eine Nichtigerklärung des Bestellungsbeschlusses betrifft den Versammlungsleiter unmittelbar, weil er sein Amt und seinen Auftrag verliert. Daran ändert auch die Erkenntnis nichts, dass es grundsätzlich nicht zum genuinen Pflichtenkatalog der Versammlungsleitung gehört die Gesellschaft gegen Anfechtungsklagen zu verteidigen. Entscheidend ist vielmehr, dass die Gestaltungswirkung der Nichtigerklärung das Amt des Versammlungsleiters und damit seine Organstellung berührt.[362] Ebenso hat die auf einem Leitungsfehler beruhende Beschlussanfechtungsklage Auswirkungen auf die Rechtsstellung des Versammlungsleiters. Dies ergibt sich schon daraus, dass im Anfechtungsprozess die Fehlerhaftigkeit der Maßnahme des Versammlungsleiters inzident untersucht wird. Zudem ist der Ausgang des Prozesses für den Versammlungsleiter auch insoweit von Bedeutung, als die Gesellschaft im Falle eines Unterliegens ggf. versuchen wird, den Versammlungsleiter in einem Folgeprozess in Regress zu nehmen, so dass auch in dieser Konstellation ein Recht zur Nebenintervention nach § 66 Abs. 1 ZPO bestehen muss. Da der Versammlungsleiter nicht als Vertreter der Gesellschaft handelt, kann er in dem Anfechtungsprozess auch als Zeuge vernommen werden.[363] § 455 Abs. 1 ZPO steht dem nicht entgegen, da danach nur die Mitglieder des Vertretungsorgans, unabhängig davon, ob sie an der Prozessführung beteiligt sind oder nicht, nicht als Zeugen auftreten, sondern nur als Partei vernommen werden können.[364]

Sofern in der Literatur zum Teil in Bezug auf den besonderen Vertreter davon ausgegangen wird, dass dessen Interventionsrecht sich zu einer Interventionspflicht verdichten könne, sofern der Schutz des Hauptversammlungswillens dies gebiete,[365] kann dies auf den Versammlungsleiter nicht übertragen werden. Anders als der besondere Vertreter im Falle des § 147 AktG ist der Versammlungsleiter nicht Ausführungsorgan des Hauptversammlungswillens. Seine originäre Funktion be-

---

[360] BGH, Beschl. v. 28.4.2015 – II ZB 19/14, ZIP 2015, 1286 (1288); ebenso *Tretter*, in: MAH AktR, § 41 Rn. 59; *Westermann*, AG 2009, 237 (244); *Nietsch*, ZGR 2011, 589 (625 f.); a. A. OLG München, Beschl. v. 7.10.2008 – 7 W 1034/08, ZIP 2008, 2173 (2174).

[361] BGH, Beschl. v. 28.4.2015 – II ZB 19/14, ZIP 2015, 1286 (1288).

[362] So auch für den besonderen Vertreter BGH, Beschl. v. 28.4.2015 – II ZB 19/14, ZIP 2015, 1286 (1289).

[363] Vgl. *Habersack*, in: Großkomm. AktG, § 78 Rn. 21.

[364] *Fleischer*, in: Spindler/Stilz, BeckOGK AktG, § 78 Rn. 7; *Link*, in: Wachter, AktG, § 78 Rn. 4.

[365] So *Lochner/Beneke*, ZIP 2015, 2010 (2016).

steht vielmehr darin, einen reibungslosen Ablauf der Hauptversammlung als unabhängige Leitungsinstanz zu gewährleisten. Eine Pflicht zur Nebenintervention kann auch nicht aus dem zwischen Versammlungsleiter und Gesellschaft bestehenden korporationsrechtlichen oder sonstigen schuldvertraglichen Rechtsverhältnis bzw. einer daraus resultierenden Treuepflicht und/oder Nebenpflicht abgeleitet werden, da der Versammlungsleiter als solcher keiner Vermögensbetreuungspflicht unterliegt. Gegen eine Pflicht zur Nebenintervention spricht zudem, dass der Gesellschaft in den Fällen, in denen ein Fehler bei der Versammlungsleitung den Anlass für eine gegen die Gesellschaft gerichtete Beschlussanfechtungsklage geliefert hat, die Möglichkeit verbleibt, bei einem Erfolg der Klage einen Regressprozess gegen den Versammlungsleiter anzustrengen.

## II. Der Versammlungsleiter als Beklagter im Haftungsprozess

Eine persönliche Haftung des Versammlungsleiters kann in zwei denkbaren Konstellationen relevant werden. Zum einen kommt eine Innenhaftung gegenüber der Gesellschaft in Betracht, wenn gefasste Beschlüsse wegen eines Fehlers des Versammlungsleiters mit Erfolg angefochten werden und der Gesellschaft daraus ein Schaden entsteht. Die Gesellschaft kann den Versammlungsleiter dann persönlich für die entsprechenden Schäden in Regress nehmen.[366] Auch wenn bereits mit der Erhebung der auf einen Leitungsfehler gestützten Anfechtungsklage ein Schaden der Gesellschaft insoweit eintreten kann, als die Umsetzung des Beschlussgegenstands blockiert wird[367], vermag dies eine Regresshaftung des Versammlungsleiters noch nicht zu begründen. Anderenfalls hätte jeder mit einer Beschlussmängelklage behauptete Leitungsfehler eine haftungsbegründende Wirkung. Neben der Innenhaftung kommt zudem unter bestimmten Voraussetzungen auch eine unmittelbare Außenhaftung des Versammlungsleiters gegenüber den Aktionären oder gesellschaftsfremden Dritten in Betracht.[368] In beiden Konstellationen muss die Möglichkeit bestehen, den Versammlungsleiter in seiner Eigenschaft als Organ der Gesellschaft vor Gericht zu verklagen. Dem Versammlungsleiter ist vor diesem Hintergrund ebenso wie dem besonderen Vertreter die Parteifähigkeit nach § 50 ZPO zuzuerkennen. Ein zwingender rechtlicher Grund, der es rechtfertigen würde, dem besonderen Vertreter eine entsprechende Prozessstellung einzuräumen, dem Versammlungsleiter dagegen nicht, ist nicht ersichtlich.

---

[366] *Pliquett*, Haftung des HVL, S. 75; *von der Linden*, NZG 2013, 208 (209); *Poelzig*, AG 2015, 476 (477); *Reinicke*, Rechtsstellung des Vorsitzenden einer HV, S. 170; ebenso wohl auch *Marsch-Barner*, in: FS Brambring, S. 267 (281); a. A. *E. Vetter*, in: FS Bergmann, S. 799 (820).

[367] Siehe zu den negativen wirtschaftlichen Auswirkungen eines schwebenden Anfechtungsverfahrens *Pliquett*, Haftung des HVL, S. 44 f.

[368] Siehe dazu die Ausführungen unter 3. Kapitel B. II./III. (S. 342 ff./S. 347 ff.).

### III. Zusammenfassende Betrachtung

Der Versammlungsleiter ist ein von Vorstand, Aufsichtsrat und Hauptversammlung unabhängiges und mit eigenen Rechten ausgestattetes Organ der Gesellschaft und in dieser Eigenschaft folgerichtig auch parteifähig (§ 50 ZPO). In Analogie zu der in Bezug auf die prozessuale Rechtsstellung des besonderen Vertreters ergangenen Rechtsprechung des BGH[369] besteht die Parteifähigkeit des Versammlungsleiters bereits hinsichtlich dessen Eigenschaft als natürliche Person. Dogmatisch konsequent muss die Parteifähigkeit jedoch auch dem Organ Versammlungsleiter zuerkannt werden, auch wenn dieser Unterscheidung nur eine rechtstheoretische Bedeutung zukommt. Der Versammlungsleiter kann daher im Haftungsfall von der Gesellschaft oder von den Aktionären und gesellschaftsfremden Dritten vor Gericht verklagt werden.

Nach der gesetzlichen Kompetenzordnung ist dem Versammlungsleiter nicht die Aufgabe der gesetzlichen Vertretung der Gesellschaft im Prozess zugewiesen. Dies unterscheidet ihn vom besonderen Vertreter, für den das Gesetz eine Prozessvertretung im Falle eines Beschlusses zur Geltendmachung von Ersatzansprüchen gemäß § 147 Abs. 2 Satz 1, 2 AktG vorgesehen hat. Sofern eine Anfechtungsklage gegen die Gesellschaft auf Fehler des Versammlungsleiters gestützt wird oder der Wahlbeschluss hinsichtlich des Versammlungsleiters angefochten wird, kann die Gesellschaft dem Versammlungsleiter nach Maßgabe von § 72 ZPO den Streit verkünden. Da der Anfechtungsprozess nicht selten vorgreiflich für einen sich daran anschließenden Regresshaftungsprozess der Gesellschaft gegen den Versammlungsleiter selbst sein wird, ist den Interessen des Versammlungsleiters dadurch Rechnung zu tragen, dass ihm ein Recht zur Nebenintervention nach § 66 ZPO eingeräumt wird. Eine Pflicht zur Nebenintervention ist dagegen für den Versammlungsleiter nicht begründbar.

---

[369] Vgl. BGH, Beschl. v. 28.4.2015 – II ZB 19/14, ZIP 2015, 1286.

*4. Kapitel*

# Auswirkungen der digitalen Transformation von Hauptversammlungen auf die Versammlungsleitung

Vor Inkrafttreten des COVID-19-Gesetzes war dem geltenden Aktienrecht das Modell einer virtuellen Hauptversammlung fremd. Zwar haben verschiedene Gesetzesänderungen zu einer Erleichterung der durch Vertreter vermittelten Anwesenheit (§ 134 Abs. 3 AktG) und der Teilnahme durch elektronische Kommunikation geführt.[1] So wurden insbesondere die schon länger bestehenden Bestrebungen, die Präsenzversammlung durch eine elektronische Teilnahme zu ergänzen, im Zuge der Umsetzung der Aktionärsrechterichtlinie durch das ARUG I verwirklicht.[2] Gleichwohl war die vollständige Ersetzung der Präsenzversammlung durch eine virtuelle Hauptversammlung bis zum Inkrafttreten des COVID-19-Gesetzes nicht zulässig.[3]

Schon lange vor Inkrafttreten des COVID-19-Gesetzes gab es im Schrifttum jedoch zahlreiche Stimmen, die sich für das Modell einer virtuellen Hauptversammlung stark gesagt haben.[4] Mit dem Erlass des COVID-19-Gesetzes ist die virtuelle Hauptversammlung erstmalig zur Rechtswirklichkeit geworden. Aufgrund der positiven Erfahrungswerte im Umgang mit der Corona-HV in den Jahren 2020 und 2021 hat der Gesetzgeber den RefE für die virtuelle HV ausgearbeitet und am 9. Februar 2022 vorgelegt. Im Folgenden soll vor diesem Hintergrund als Ausgangspunkt zunächst die Frage der Vereinbarkeit der virtuellen Hauptversammlungsform mit höherrangigem Recht untersucht werden. Im Anschluss daran wird näher beleuchtet, welche Besonderheiten sich für die Versammlungsleitung im Hinblick auf die Leitung der Corona-HV sowie im Kontext der virtuellen HV-RefE ergeben. Davon ausgehend werden rechtliche Leitlinien für die Versammlungsleitung in der virtuellen Hauptversammlung de lege ferenda formuliert.

---

[1] Siehe NaStraG vom 18. 1. 2001, BGBl. 2001 Teil I Nr. 4, 123; TransPuG vom 19. 7. 2002, BGBl. 2002 Teil I Nr. 50, 2681; ARUG vom 30. 7. 2009, BGBl. 2009 Teil I Nr. 50, 2479; ausführlich zum RegE des ARUG *Paschos/Goslar*, AG 2009, 14 ff.; zum RefE ARUG vgl. *Seibert*, ZIP 2008, 906 ff.

[2] Vgl. zur gesetzlichen Entwicklung *Noack*, NZG 2004, 297 ff.; siehe zum Entwurf des NaStraG *Spindler*, ZGR 2000, 420 ff.

[3] *Muthers/Ulbrich*, WM 2005, 215 (216); *Noack*, NZG 2001, 1057 (1058 ff.).

[4] Siehe nur *Noack*, in: Zetsche, Virtuelle HV, S. 14 Rn. 5 ff.; *Than*, in: FS Peltzer, S. 577 (596 f.); *Claussen*, AG 2001, 161 (171); *Habersack*, ZHR (165) 2001, 172 (195 f.); *Noack*, BB 1998, 2533 (2535); ebenso *Pielke*, Die virtuelle HV, S. 136 ff.

# A. Vereinbarkeit des virtuellen Hauptversammlungsformats mit höherrangigem Recht

Die Rechtsprechung geht von einer Vereinbarkeit des COVID-19-Gesetzes mit europarechtlichen und verfassungsrechtlichen Vorgaben aus. Das LG Köln hat in einem Hinweisbeschluss vom 26. Februar 2021 klargestellt, dass der Gesetzgeber sich angesichts der fehlenden Erfahrungswerte im Umgang mit technischen Plattformen hinsichtlich der Durchführung einer interaktiven virtuellen Hauptversammlung darauf beschränken konnte, vorübergehend und unter Inkaufnahme erheblicher Einschränkungen von Aktionärsrechten lediglich eine virtuelle Hauptversammlung in Form einer technisch einfachen Bild- und Tonübertragung zur Verfügung zu stellen.[5] Auch das LG Frankfurt a. M. hat ausdrücklich die Verfassungs- und Europarechtskonformität des COVID-19-Gesetzes festgestellt und das COVID-19-Gesetz als eine zulässige Inhalts- und Schrankenbestimmung i. S. v. Art. 14 Abs. 2 GG qualifiziert.[6] Diese Rechtsauffassung wurde in der Folge vom KG Berlin[7] und vom OLG München[8] bestätigt. Auch der BGH hat die Verfassungs- und Europarechtskonformität nicht per se in Zweifel gezogen, sondern im Rahmen eines zum Genossenschafts- und Umwandlungsrecht ergangenen Beschlusses lediglich klargestellt, dass ein virtuelles Hauptversammlungsformat in funktionaler Hinsicht mit einer Präsenzversammlung vergleichbar sein muss.[9] Schließlich geht auch der RefE für die virtuelle HV von der Europarechtskonformität der virtuellen Hauptversammlungsform aus.[10]

Die Rechtsansicht der Gerichte und des RefE für die virtuelle HV verdient im Grundsatz Zustimmung. Die Pflicht der Gesellschaft zur Beantwortung der Aktionärsfragen hat ihre Grundlage in Art. 9 Abs. 1 Satz 2 der „*Richtlinie 2007/36/EG des Europäischen Parlaments und des Rates vom 11. Juli 2007 über die Ausübung bestimmter Rechte von Aktionären in börsennotierten Gesellschaften*“ (im Folgenden:

---

[5] LG Köln, Hinweisbeschl. v. 26. 2. 2021 – 82 0 53/20, AG 2021, 446; die Frage der Verfassungsmäßigkeit des COVID-19-Gesetzes hingegen offengelassen von LG Köln, Urt. v. 4. 3. 2021 – 91 0 12/20, AG 2021, 447 sowie LG München I, Beschl. v. 26. 5. 2020 – 5 HK O 6378/20, ZIP 2020, 1241 (1242).

[6] LG Frankfurt a. M., Urt. v. 23. 2. 2021 – 3 – 05 0 64/20, AG 2021, 441 (442); zust. *Bungert/Strothotte*, DB 2021, 830; *Marsch-Barner/von der Linden*, in: Marsch-Barner/Schäfer, Hdb. börsennotierte AG, § 35 Rn. 71; siehe auch *Heckschen/Hilser*, ZIP 2022, 461 (471), wonach virtuelle Hauptversammlungen jedenfalls dann rechtlich zulässig sind, wenn sie eine gesetzliche oder satzungsmäßige Grundlage haben.

[7] KG Berlin, Beschl. v. 25. 3. 2021 – 12 AktG 1/21, openJur 2021, 18195 Rn. 43 f.

[8] OLG München, Beschl. v. 28. 7. 2021 – 7 AktG 4/21, openJur 2021, 23515 Rn. 91 ff.

[9] Siehe BGH, Beschl. v. 5. 10. 2021 – II ZB 7/21, ZIP 2021, 2276 ff.; siehe dazu auch *Heckschen/Hilser*, ZIP 2022, 461 (467 ff.).

[10] Siehe RefE des BMJ – Entwurf eines Gesetzes zur Einführung virtueller Hauptversammlungen von Aktiengesellschaften v. 9. 2. 2022, S. 16; zust. *Bungert/Rieckers*, DB 2022, 581 (582).

*Aktionärsrechte-RL*).[11] Dieser Pflicht kann die Gesellschaft nach Maßgabe von Art. 9 Abs. 2 Unterabs. 2 Aktionärsrechte-RL auch dadurch gerecht werden, indem sie die Fragen und die entsprechenden Antworten schriftlich über die Website den Aktionären verfügbar macht. Damit ist auch eine Beschränkung der Einreichung von Fragen auf das Vorfeld der Hauptversammlung grundsätzlich mit höherrangigem Recht vereinbar, da sich aus Art. 9 Abs. 1 Satz 1 Aktionärsrechte-RL keine Vorgabe dahin ableiten lässt, dass die Ausübung des Fragerechts während der laufenden Versammlung in verbaler Form ermöglicht werden muss.[12] Ein vollständiges Entfallen der Pflicht zur Beantwortung von Fragen kommt jedoch nach Art. 9 Abs. 2 Satz 1 Aktionärsrechte-RL und im Hinblick auf die das Mitgliedschaftsrecht umfassende Eigentumsgarantie des Art. 14 Abs. 1 GG nur dann in Betracht, wenn die Nichtbeantwortung nötig ist, um die ordnungsgemäße Vorbereitung oder den ordnungsgemäßen Ablauf der Versammlung zu gewährleisten.[13] Vor diesem Hintergrund gilt auch im Rahmen der Corona-HV die grundsätzliche rechtliche Prämisse, dass Verwaltung und Versammlungsleitung für eine Beantwortung von noch offenen Fragen – notfalls auch während der laufenden Versammlung – zu sorgen haben, soweit dies der zeitliche Rahmen der Hauptversammlung zulässt und eine erschöpfende Beantwortung noch nicht im Vorfeld der Hauptversammlung erfolgt ist.[14] Dieser Vorgabe wurde im RefE für die virtuelle HV durch Einfügung des § 131 Abs. 1d AktG-RefE, der ein sachbezogenes Nachfragerecht in der Versammlung vorsieht, Rechnung getragen.

Anders als bei der Hybrid-HV, in deren Rahmen ein Ausschluss des Rederechts in der laufenden Versammlung mit der stets alternativ möglichen Präsenzteilnahme gerechtfertigt werden kann, ist der Ausschluss des Rederechts bei der Corona-HV (Art. 2, § 1 Abs. 2 Nr. 2 COVID-19-Gesetz) nach Art. 8 Abs. 2 Aktionärsrechte-RL nur dann zulässig, wenn dies zur Feststellung der Identität der Aktionäre und zur Gewährleistung der Sicherheit der elektronischen Kommunikation erforderlich ist. Daraus lässt sich folgern, dass die Gesellschaft es den Aktionären auch im Rahmen der Corona-HV grundsätzlich ermöglichen muss ihr Rederecht im Wege der elektronischen Teilnahme auszuüben, sofern die technische Ausstattung der Gesellschaft und die damit verbundene Kostenlast dies erlauben.[15] Der in der Praxis bislang

---

[11] ABl. EU (L184) 17.

[12] *Noack*, in: FS Heidel, S. 307 (317); *Tröger*, BB 2020, 1092 (1094); *Heidel/Lochner*, in: Hirte/Heidel, Handkomm. neues AktR, 2. Teil, Art. 2, § 1 Rn. 53; *Lieder*, ZIP 2021, 161 (166); siehe auch RefE des BMJ – Entwurf eines Gesetzes zur Einführung virtueller Hauptversammlungen von Aktiengesellschaften v. 9.2.2022, S. 16.

[13] *Schäfer*, NZG 2020, 481 (483 f.); *Noack/Zetsche*, AG 2020, 265 (271).

[14] *Noack/Zetsche*, AG 2020, 265 (271); *Tröger*, BB 2020, 1092 (1094); zust. LG Köln, Hinweisbeschl. v. 26.2.2021 – 82 0 53/20, AG 2021, 446.

[15] Ebenso *Tröger*, BB 2020, 1092 (1095), wonach es ermessensfehlerhaft wäre, wenn die Verwaltung die Rechtsausübung in der laufenden Versammlung ohne technische Not auf die Stimm- und Fragerechtsausübung begrenzt; siehe auch RefE des BMJ betreffend eine Verordnung zur Verlängerung von Maßnahmen im Gesellschafts-, Genossenschafts-, Vereins- und Stiftungsrecht zur Bekämpfung der Auswirkungen der COVID-19-Pandemie, S. 6, wonach die

übliche vollumfängliche Ausschluss des Rederechts kann daher nur mit der pandemiebedingten Ausnahmesituation und den fehlenden (technischen) Erfahrungswerten im Hinblick auf die Durchführung einer virtuellen Hauptversammlung gerechtfertigt werden. Insoweit konsequent betont auch das LG Köln den nur vorübergehenden Geltungsbereich des COVID-19-Gesetzes.[16] Der RefE für die virtuelle HV sieht anders als die Corona-HV nach Maßgabe von § 130a Abs. 4 AktG-RefE ein Rederecht der Aktionäre in der Hauptversammlung im Wege der Videokommunikation vor, so dass insoweit den Vorgaben von Art. 8 Abs. 1 b) Aktionärsrechte-RL entsprochen wird. Im Ergebnis bestehen daher weder in Bezug auf das temporär geltende COVID-19-Gesetz noch in Bezug auf den RefE für die virtuelle HV durchgreifende verfassungsrechtliche oder europarechtliche Bedenken.

## B. Die Leitung der Corona-HV

### I. Einordnung der praktischen Erfahrungswerte

Die Corona-HV ermöglichte es den Aktiengesellschaften kurzfristig auf die Pandemie zu reagieren und ihre Hauptversammlungen in einem weitestgehend rechtssicheren Rahmen trotz signifikanter infektionsrechtlicher Beschränkungen durchzuführen. Zwar war die Umstellung auf das neue virtuelle Hauptversammlungsformat für die Gesellschaften auch mit einigen Herausforderungen verbunden. So mussten innerhalb kurzer Zeit erprobte administrative Vorgänge grundlegend umgestellt werden und die notwendige (technische) Infrastruktur für die Durchführung einer virtuellen Hauptversammlung geschaffen werden. Ungeachtet dessen ist die Corona-HV in der Praxis aber auf breite Akzeptanz gestoßen. So hatten bereits im April 2020 kurz nach Inkrafttreten des COVID-Gesetzes in seiner Ursprungsfassung 74 Prozent der Gesellschaften davon Gebrauch gemacht.[17] Von den im DAX zu diesem Zeitpunkt gelisteten 30 börsennotierten Aktiengesellschaften konnten in der Hauptversammlungssaison 2020 lediglich zwei Aktiengesellschaften (Siemens AG und Infineon Technologies AG) die Hauptversammlung noch als traditionelle Präsenzversammlung durchführen.[18] Alle anderen DAX-Unternehmen und insgesamt mehr als 350 börsennotierte Unternehmen mit Sitz in Deutschland mussten in Anbetracht der infektionsschutzrechtlichen Auflagen ab April 2020 auf die Corona-

Gesellschaften im Rahmen der im Einzelfall zur Verfügung stehenden technischen Möglichkeiten die Einreichung von Fragen auch noch während der Hauptversammlung ermöglichen sollen.

[16] LG Köln, Hinweisbeschl. v. 26.2.2021 – 82 0 53/20, AG 2021, 446.

[17] *Andres/Kujović*, GWR 2020, 213, die sich auf eine Auswertung der Link Market Services GmbH vom 17.4.2020 betreffend alle Einberufungen im BAnz. ab dem 30.3.2020 beziehen; siehe dazu auch die rechtstatsächliche Auswertung bei *Cyglakow*, Virtuelle HV, S. 107 ff.

[18] Siehe die Analyse der Barkow Consulting GmbH (https://www.barkowconsulting.com/neuer-rekord-bei-hv-praesenz-2020-im-dax-30/); vgl. auch die empirische Auswertung der ersten Saison der virtuellen Hauptversammlung bei *Danwerth*, AG 2020, 776 ff.

HV umschwenken.[19] In der Hauptversammlungssaison 2021 haben sämtliche DAX- und MDAX-Unternehmen, die ihren Sitz in Deutschland haben und eine Hauptversammlung zwischen Februar 2021 und Ende Juli 2021 einberufen haben, diese als virtuelle Hauptversammlung ohne physische Präsenz der Aktionäre und ihrer Bevollmächtigten durchgeführt.[20]

Mit der Einführung der Corona-HV durch das COVID-19-Gesetz ging eine signifikante Einschränkung von Aktionärsrechten einher.[21] Fragen mussten vorab gestellt werden und die klassische Generaldebatte und mit ihr auch der direkte Austausch mit dem Management entfielen.[22] Ungeachtet dessen kann für das Modell der Corona-HV eine überwiegend positive Resonanz aus der Praxis konstatiert werden.[23] Zweifelsohne ist dies insbesondere auch darauf zurückzuführen, dass die Hauptversammlungssaisons 2020 und 2021 insgesamt verhältnismäßig ruhig abgelaufen sind und es den Gesellschaften aufgrund der Fristenerleichterungen des COVID-19-Gesetzes weitestgehend möglich war, den üblichen Zeitkorridor ihrer jährlichen ordentlichen Hauptversammlung beizubehalten.[24] Auch für die Versammlungsleitung war der Umgang mit der Corona-HV nicht mit großen Problemen verbunden, was nicht zuletzt auch auf die fehlende Interaktion zwischen Verwaltung, Aktionären und Versammlungsleitung zurückzuführen ist.[25] Es gab zudem auch keine größeren technischen Probleme bei den Bild- und Tonübertragungen oder im Zusammenhang mit der elektronischen Stimmrechtsausübung.[26] Auch konnten in aller Regel sämtliche der im Vorfeld eingereichten Fragen der Aktionäre beantwortet werden.[27]

Die Versammlungsleitung gehört in Ansehung der bisherigen Erfahrungswerte damit zu den Profiteuren der Corona-HV. Die Überwachung der elektronischen

---

[19] Siehe *Seibt*, in: DAI – Virtuelle Hauptversammlungen 2020 Rückblick und Ausblick, S. 6. (abrufbar unter https://www.dai.de/studien/#/pressemitteilungen/dokumenttitel/virtuelle-hauptversammlungen-2020-rueckblick-und-ausblick).

[20] *Danwerth*, AG 2021, 613 (614); *Rieckers*, DB 2022, 172.

[21] Siehe dazu oben unter 1. Kapitel D. III. 3. b) bb) (S. 49 ff.).

[22] Siehe *Rieckers*, DB 2022, 172 (175), wonach in der Hauptversammlungssaison 2022 in Abgrenzung zu den Jahren 2020 und 2021 zumindest teilweise eine Nachfragemöglichkeit in der Versammlung eingeräumt wurde.

[23] Siehe nur *Seibt*, in: DAI – Virtuelle Hauptversammlungen 2020 Rückblick und Ausblick, S. 7. (abrufbar unter https://www.dai.de/studien/#/pressemitteilungen/dokumenttitel/virtuelle-hauptversammlungen-2020-rueckblick-und-ausblick).

[24] *Wettich*, WPg, 2020, 535 (538).

[25] Vgl. *Hauschild/Zetsche*, AG 2020, 557 (565); siehe auch *Noack*, NZG 2021, 1233 (1234), wonach in der Hauptversammlungssaison 2021 lediglich zehn Prozent der Emittenten der DAX-Indizes Nachfragen bzw. Stellungnahmen während der Corona-HV ermöglicht haben.

[26] *Rieckers*, DB 2022, 172; *Noack/Zetsche*, AG 2020, 721 (724); VGR, Vorschläge zur Reform der Hauptversammlung börsennotierter Gesellschaften vom 26. 4. 2021, AG 2021, 380.

[27] *Danwerth*, AG 2021, 613 (618); kritisch hinsichtlich der Qualität und des Umfangs der Fragenbeantwortung aber die Stellungnahme der DSW zum RefE für die virtuelle HV v. 11. 3. 2022, S. 5 f. (abrufbar unter https://www.dsw-info.de/publikationen/stellungnahmen/deutschland/).

Voraussetzungen einschließlich der elektronischen Stimmrechtsausübung, die als notwendige Grundlagenschaffung für die Durchführung einer virtuellen Hauptversammlung auch in den Verantwortungsbereich des Versammlungsleiters fällt, hat in der Praxis trotz der plötzlich auftretenden Dynamik der COVID-19-Pandemie keine signifikanten Probleme bereitet.[28] Ungeachtet zahlreicher eingelegter Widersprüche und einiger Anfechtungsklagen gegen das Format der Corona-HV, kann der Durchführung der Corona-HV bislang auch keine besondere Konfliktträchtigkeit attestiert werden.[29]

Die mit dem COVID-19-Gesetz einhergehende Entlastung der Versammlungsleitung, insbesondere aufgrund der eröffneten Möglichkeit des Ausschlusses einer Generaldebatte, der Beschränkung der Einreichung von Fragen auf das Vorfeld der Hauptversammlung sowie der damit verbundenen zeitlichen Straffung der Hauptversammlung, wurde indes um den Preis einer nicht unerheblichen Einschränkung der Aktionärsrechte erkauft. Eine aktive elektronische Teilnahme der Aktionäre wurde seitens der Gesellschaften nur in sehr seltenen Fällen ermöglicht, so dass die Generaldebatte als wesentliches Kernelement der bisherigen Hauptversammlungspraxis weitestgehend entfallen ist.[30] Den Erfahrungswerten im Umgang mit der Corona-HV kann aufgrund dieser signifikanten Einschränkungen daher auch nur eine eingeschränkte Aussagekraft im Hinblick auf die sich für die Versammlungsleitung im Rahmen der virtuellen HV de lege ferenda potentiell stellenden Problemkreise zugesprochen werden. Dies insbesondere deshalb, da der RefE für die virtuelle HV in Teilen eine Wiederherstellung der Aktionärsrechte in der laufenden Hauptversammlung, insbesondere in Form eines Rederechts per Videokommunikation sowie eines Nachfragerechts, vorsieht (§§ 130a Abs. 4, 131 Abs. 1d AktG-RefE).[31]

## II. Substanzielle Einschränkungen des Rede- und Fragerechts

Das mit dem COVID-19-Gesetz eingeführte Modell der virtuellen Hauptversammlung ermöglicht es das Rederecht in der Versammlung zur Gänze auszuschließen.[32] Auch das Fragerecht erfuhr zunächst signifikante Einschränkungen, die dann im weiteren Verlauf vom Gesetzgeber zum Teil zurückgenommen wurden. So wurde die in der Erstfassung des COVID-19-Gesetzes gewährte bloße Fragemöglichkeit in ein Fragerecht umgewandelt mit der Folge, dass das Vorstandsermessen

---

[28] Siehe *Lieder*, ZIP 2021, 161 f., wonach die virtuellen Treffen in technischer Hinsicht störungsfrei abliefen; ebenso *Rieckers*, DB 2021, 98 (99).

[29] Siehe *Seibt/Danwerth*, NZG 2020, 1241 (1243 ff.); *Noack/Zetsche*, AG 2020, 721 (724).

[30] *Quass*, NZG 2021, 261; *Teichmann/Krapp*, DB 2020, 2169 (2175); *Danwerth*, AG 2020, 776 (783 f.); *Lieder*, ZIP 2021, 161 (165); siehe zur Bedeutung eines offenen und direkten Diskurses durch die Aktionäre *Heckschen/Hilser*, ZIP 2022, 461 (463 f.).

[31] Siehe dazu oben unter 1. Kapitel D. IV. 2. (S. 54 ff.).

[32] Siehe oben unter 1. Kapitel D. III. 3. b) bb) (S. 50).

sich nicht mehr auf das „Ob“ einer Fragebeantwortung bezieht, sondern nur noch auf das „Wie“ der Beantwortung.[33] Nach Auffassung des Ausschusses für Recht und Verbraucherschutz erfuhr das Fragerecht dadurch zwar eine Stärkung, steht aber auch nach dieser am 28. Februar 2021 in Kraft getretenen nachträglichen Aufwertung nicht dem in § 131 AktG geregelten Fragerecht gleich, da ein Ermessen des Vorstands jedenfalls insoweit fortbestehe, als er Fragen und deren Beantwortung zusammenfassen könne, wenn ihm dies sinnvoll erscheine.[34] Diese Bewertung verkennt jedoch, dass im Rahmen des § 131 AktG auch schon vor Inkrafttreten des COVID-19-Gesetzes anerkannt war, dass Fragen in zusammengefasster Form beantwortet werden können.[35] Unabhängig davon kann der Vorstand jedoch nach wie vor vorgeben, dass Fragen bis spätestens einen Tag vor der Versammlung im Wege elektronischer Kommunikation einzureichen sind (Art. 2, § 1 Abs. 2 Satz 2 Hs. 2 COVID-19-Gesetz).[36] Ebenso wie das Rederecht wird dadurch auch die Ausübung des Fragerechts während der laufenden Versammlung ausgeschlossen. Darüber hinaus wird den Aktionären auch die Möglichkeit genommen, auf Ausführungen der Verwaltung während der laufenden Versammlung mit Nachfragen zu reagieren.[37]

---

[33] BGBl. 2020 Teil I Nr. 67, 3328 (3332).

[34] So ausdrücklich der Bericht des Ausschusses für Recht und Verbraucherschutz BT-Drucks. 19/25322, 22.

[35] Siehe auch *Götze*, NZG 2021, 213 (214); *Rieckers*, DB 2022, 172 (173); *Rubner/Pospiech*, NJW-Spezial 2021, 79; *Jaspers/Pehrsson*, NZG 2021, 1244 (1248); *Lieder*, ZIP 2021, 161 (167).

[36] Nach *Andres/Kujović*, GWR 2020, 213 (215) haben laut einer Studie der Link Market Services GmbH von dieser Möglichkeit 31 Prozent der Gesellschaften Gebrauch gemacht, wobei 59 Prozent Fragen auch bereits im Geltungsbereich der Erstfassung des COVID-19-Gesetzes noch bis einen Tag vor der Hauptversammlung zugelassen haben; der Vorstand kann jede Form der elektronischen Kommunikation vorsehen, insbesondere Einreichungen per E-Mail aber auch die Übermittlung von Audio- oder Videodateien, siehe *Simons/Hauser*, NZG 2020, 488 (495).

[37] Siehe die statistischen Erhebungen von *Danwerth*, AG 2020, 776 (780) und *ders.*, AG 2021, 613 (617), wonach 99 % der im Jahr 2020 untersuchten Börsenunternehmen und in der Hauptversammlungssaison 2021 sämtliche der untersuchten DAX, MDAX, SDAX und TecDAX- Unternehmen von der Möglichkeit Gebrauch gemacht haben die Einreichung von Fragen auf das Vorfeld der Hauptversammlung zu beschränken; nach *Tröger*, BB 2020, 1092 (1095 f.) muss die diesbezügliche Ermessensentscheidung des Vorstands durch das Prinzip der Verhältnismäßigkeit begrenzt werden, so dass eine Vorverlagerung nur dann in Betracht kommen soll, wenn eine Beantwortung während der Versammlung aus zeitlichen, finanziellen oder technischen Gründen nicht darstellbar ist; für die Einräumung einer (freiwilligen) Nachfragemöglichkeit plädierend *Seibt/Danwerth*, AG 2021, 369 (377 f.).

## III. Besonderheiten bei Antragstellungen

### 1. Antragsrechte der Aktionäre

Nach dem COVID-19-Gesetz fallen alle Antragsrechte in der Hauptversammlung weg, sofern die Corona-HV nach Maßgabe von Art. 2, § 1 Abs. 2 Nr. 2 COVID-19-Gesetz nur mit Briefwahl durchgeführt wird.[38] Dies deshalb, da die Aktionäre in diesem Fall aus aktienrechtlicher Sicht nicht Teilnehmer der Hauptversammlung sind und Gegenanträge und Wahlvorschläge nach §§ 126, 127 AktG nach allgemeiner Meinung während der laufenden Versammlung gestellt werden müssen, und zwar auch dann, wenn diese nach §§ 126 Abs. 1, 127 Satz 1 AktG im Vorfeld der Versammlung bereits veröffentlicht wurden.[39] Der Versammlungsleiter musste daher auch schon vor Inkrafttreten des COVID-19-Gesetzes den bloß angekündigten aber nicht in der Versammlung erneut gestellten Gegenantrag bzw. Wahlvorschlag zurückweisen.[40]

Zu der Frage, wie der Versammlungsleiter mit Gegenanträgen und Wahlvorschlägen von Aktionären (§§ 126, 127 AktG) umzugehen hat, verhielt sich das COVID-19-Gesetz zunächst nicht. Im Zuge des „*Gesetzes zur weiteren Verkürzung des Restschuldbefreiungsverfahrens und zur Anpassung pandemiebedingter Vorschriften im Gesellschafts-, Genossenschafts-, Vereins- und Stiftungsrecht sowie im Miet- und Pachtrecht*“ vom 22. Dezember 2020[41] wurde Art. 2, § 1 Abs. 2 Satz 3 COVID-19-Gesetz insoweit ergänzt, als dass im Vorfeld der virtuellen Hauptversammlung gestellte Anträge oder Wahlvorschläge von Aktionären (§§ 126, 127 AktG) nunmehr so zu behandeln sind, als seien sie in dieser (nochmals) gestellt worden. Die im Zusammenhang mit der Erstfassung des COVID-19-Gesetzes in der Literatur[42] kontrovers diskutierte Frage, ob der Gesetzgeber die aktionärsseitigen Rechte in Bezug auf Gegenanträge und Wahlvorschläge entziehen wollte, sofern die Antragsrechte nur mit Briefwahl ausgeübt werden konnten, hat sich damit geklärt. Die Rechtsposition der Aktionäre ist in Bezug auf das Antragsrecht gleichwohl nach wie vor verkürzt, da auch weiterhin spontane Anträge, etwa auf Abwahl des Versammlungsleiters, ausgeschlossen werden können.[43]

---

[38] BegrRegE COVID-19-Gesetz BT-Drucks. 19/18110, 26.

[39] Siehe *J. Koch*, AktG, § 126 Rn. 1; *Gehling*, in: ArbeitsHdb. HV, § 9 Rn. 173.

[40] *Simons/Hauser*, NZG 2020, 488 (493); nach *Herb/Merkelbach*, DStR 2020, 811 (813) soll die Gesellschaft aber auch dann die Möglichkeit haben im Rahmen der Corona-HV vorab ordnungsgemäß eingereichte Gegenanträge und Wahlvorschläge zur Abstimmung zu stellen, wenn die Stimmrechtsausübung auf die elektronische Briefwahl beschränkt ist.

[41] BGBl. 2020 Teil I Nr. 67, 3328.

[42] Siehe dazu *Andres/Kujović*, GWR 2020, 213 (215); *Simons/Hauser*, NZG 2020, 488 (493 f.).

[43] *Rubner/Pospiech*, NJW-Spezial 2021, 79 (80).

### 2. Antragsrechte des Versammlungsleiters und der Verwaltung

Auch im Rahmen der Corona-HV ist die physische Anwesenheit eines Versammlungsleiters und zumindest des jeweiligen Vorsitzenden von Vorstand und Aufsichtsrat zwingend.[44] Neben den Aktionären haben auch der Versammlungsleiter[45] sowie der Vorstand und der Aufsichtsrat[46] das Recht in der Hauptversammlung Anträge zu stellen, sofern es sich dabei um Verfahrensanträge handelt. Ein Sachantragsrecht steht hingegen nur dem Vorstand und dem Aufsichtsrat als Organ, nicht jedoch den einzelnen Mitgliedern der Verwaltung oder dem Versammlungsleiter zu, da diesen keine Einflussnahme auf den sachlichen Meinungsbildungsprozess der Aktionäre während der laufenden Hauptversammlung gestattet ist.[47]

Die Regierungsbegründung zum COVID-19-Gesetz verhält sich nur zu den Antragsrechten der Aktionäre.[48] Für den Fall, dass die Corona-HV nach Maßgabe von Art. 2, § 1 Abs. 2 Nr. 2 COVID-19-Gesetz ohne elektronische Teilnahme durchgeführt wird, kann ein Antragsrecht des Versammlungsleiters und der Verwaltung während der Versammlung denknotwendig nur dann bestehen, wenn die Aktionäre auch die Möglichkeit haben, ihr Stimmrecht während der Versammlung auszuüben und insofern nicht auf die elektronische Briefwahl im Vorfeld der Versammlung beschränkt sind.

### 3. Antragstellungen über den Stimmrechtsvertreter der Gesellschaft

Im Rahmen der Corona-HV sind nicht nur die Aktionäre, sondern auch deren Stimmrechtsvertreter von einer physischen Teilnahme an der Versammlung ausgeschlossen. Dies hat zur Konsequenz, dass sich auch die jeweiligen Stimmrechtsvertreter der Aktionäre der Briefwahl oder des Stimmrechtsvertreters der Gesellschaft, dessen Anwesenheit ausweislich der Gesetzesmaterialien zum COVID-19-Gesetz[49] vor Ort möglich sein soll, bedienen müssen.

Im Anwendungsbereich des COVID-19-Gesetzes stellt sich insoweit die Frage, ob die Aktionäre dem vor Ort anwesenden Stimmrechtsvertreter der Gesellschaft (proxy voter) die Weisung erteilen können, Anträge für sie zu stellen. Bejaht wird

---

[44] Siehe oben 1. Kapitel D. III. 3. b) cc) (S. 52).

[45] *Mülbert*, in: Großkomm. AktG, § 118 Rn. 90; siehe auch *Höreth/Linnerz*, Anträge in der HV, S. 31 f., wonach dem Antragsrecht des Versammlungsleiters jedoch nur eine geringe praktische Relevanz zukommt.

[46] *Schaaf*, in: Schaaf, Praxis HV, Rn. 537; *Mülbert*, in: Großkomm. AktG, § 118 Rn. 51; *Kubis*, in: MünchKomm. AktG, § 118 Rn. 109; a.A. *Austmann*, in: FS Hoffmann-Becking, S. 45 (60 f.).

[47] *Mülbert*, in: Großkomm. AktG, § 118 Rn. 51; *Austmann*, in: FS Hoffmann-Becking, S. 45 (60); *Kubis*, in: MünchKomm. AktG, § 118 Rn. 109; *Spindler*, in: K. Schmidt/Lutter, AktG, § 118 Rn. 40.

[48] Siehe BegrRegE COVID-19-Gesetz BT-Drucks. 19/18110, 26.

[49] BegrRegE BT-Drucks. 19/18110, 26.

dieses in der Literatur teilweise mit Hinweis darauf, dass der Vorstand bei der Organisation der Vertretung auch im Interesse der Aktionäre handeln müsse.[50] Dagegen spricht aber, dass die Gesellschaft grundsätzlich nach freiem Ermessen über die Bereitstellung eines proxy voters entscheiden kann und sie keine diesbezügliche Verpflichtung trifft.[51] Wenn aber schon keine Bereitstellungspflicht besteht, dann kann die (freiwillige) Zurverfügungstellung eines Stimmrechtsvertreters auch keine Pflicht der Gesellschaft bzw. des Versammlungsleiters auslösen, den Aktionären zu ermöglichen, dass diese über den Stimmrechtsvertreter der Gesellschaft Anträge in der Hauptversammlung stellen können.[52] Sofern die Aktionäre entsprechende Anträge über den Stimmrechtsvertreter der Gesellschaft einbringen wollen, obliegt es daher dem freien Ermessen des Versammlungsleiters, ob er solche Anträge zulässt.

### 4. Marginalisierung des Aufgabenbereichs des Versammlungsleiters

Auch im Rahmen der Corona-HV war bislang stets ein Versammlungsleiter am Rumpfpräsenzort anwesend, der die Versammlungsleitung eröffnet und anschließend die erforderlichen Hinweise zum weiteren Ablauf der Versammlung gegeben hat.[53] Das COVID-19-Gesetz räumt dem Vorstand zwar zusätzliche Befugnisse ein, lässt aber den Kompetenzbereich des Versammlungsleiters unberührt. Der Versammlungsleiter kann daher auch im Rahmen der Corona-HV grundsätzlich sämtliche Ordnungsmaßnahmen anordnen, die ihm auch in der Präsenzversammlung zur Verfügung stehen.[54] Die Corona-HV und die mit ihr verbundenen Einschränkungen der Aktionärsrechte haben in der Praxis jedoch zu einer signifikanten Ausdünnung des Aufgabenbereichs des Versammlungsleiters geführt. Aufgrund des Wegfalls eines Frage- und Rederechts während der Versammlung ist die Notwendigkeit für die Anordnung von Ordnungsmaßnahmen aufgrund etwaiger Störungen während der Generaldebatte entfallen. Die Kommunikation beschränkte sich in den Hauptversammlungssaisons 2020 und 2021 in aller Regel auf die Beantwortung der im Vorfeld eingereichten Fragen, so dass auch seitens des Versammlungsleiters kein Erfordernis für die Anordnung von Unterbrechungen zwecks Vorbereitung weiterer Antworten bestand.[55] Dies hat nicht zuletzt auch zu einer nicht unerheblichen zeitlichen Straffung bei der Abwicklung geführt und damit eine der wesentlichen Aufgaben und Herausforderungen der Versammlungsleitung, namentlich die Einhaltung eines

---

[50] *Noack/Zetsche*, AG 2020, 265 (269); unentschieden in der Frage *Götze/Roßkopf*, DB 2020, 768 (771 f.).

[51] *Kruchen*, DZWIR 2020, 431 (448); *Danwerth*, AG 2021, 613 (623); *J. Koch*, AktG, § 134 Rn. 26b.

[52] *Herb/Merkelbach*, DStR 2020, 811 (813).

[53] *Rieckers*, DB 2021, 98 (99).

[54] *Vetter/Tielmann*, NJW 2020, 1175 (1177); zu den zusätzlichen Befugnissen des Versammlungsleiters im Rahmen der Corona-HV siehe *Seibt/Danwerth*, AG 2021, 369 (378).

[55] *Rieckers*, DB 2021, 98 (99).

zumutbaren zeitlichen Rahmens sicherzustellen, de facto obsolet gemacht.[56] Auch der Abstimmungsprozess stellte sich aus Sicht des Versammlungsleiters bislang als nahezu unproblematisch dar, da die Briefwahlstimmen und Weisungen an den proxy voter der Gesellschaft bereits vorab elektronisch erfasst waren.[57]

## IV. Zwischenfazit

Die Corona-HV hat sich aufgrund substanzieller Einschränkungen der Aktionärsrechte weit von dem normativen Leitbild der Hauptversammlung als Plattform eines konzentrierten Diskurses zwischen Verwaltung und Aktionären entfernt. Der mit der Versammlungsleitung verbundenen Ordnungs- und Korrekturfunktion kam aufgrund des Fehlens einer Generaldebatte, des Wegfalls der Ausübung der Aktionärsrechte in der Versammlung und der daraus resultierenden zeitlichen Straffung nur noch eine geringe Bedeutung zu. Der Aufgabenbereich des Versammlungsleiters beschränkt sich im Rahmen der Corona-HV unter dem Strich darauf, die Abstimmungen anzukündigen und deren Beendigung anzuzeigen sowie die Beschlussergebnisse festzustellen und zu verkünden.[58]

Die Verlagerung der Fragemöglichkeit in das Vorfeld der Hauptversammlung bietet zwar den Vorteil, dass der Versammlungsleiter nicht ad hoc während der laufenden virtuellen Versammlung mit einer Flut von elektronisch eingereichten Fragen konfrontiert werden kann. Sie hat aber auch die einschneidende Folge, dass ein direkter kommunikativer Austausch mit dem Management faktisch ausgeschlossen wird. Dadurch wird die Hauptversammlung um eine ihrer bisher wesenstypischen Komponenten beraubt. Zwar ist zu berücksichtigen, dass sich Willensbildung und Willensäußerung im Kontext börsennotierter Gesellschaften typischerweise bereits im Vorfeld der Hauptversammlung und nicht erst auf Grundlage der Generaldebatte vollziehen.[59] Dies betrifft jedoch in erster Linie die institutionellen Investoren. Für Privat- und Kleinanleger stellt die Generaldebatte in der Hauptversammlung aber regelmäßig die einzige Möglichkeit eines direkten Austausches mit dem Management dar. Darüber hinaus bliebe den Aktionären bei zwingender vorheriger Einreichung der Fragen nach Muster der Corona-HV auch keine Gelegenheit etwa auf Aspekte in der Rede des Vorstandsvorsitzenden im Wege der Fragestellung einzugehen oder Nachfragen zu den Antworten des Vorstands zu stellen.[60] Nicht zuletzt aus diesem Grund können die mit der Corona-HV verbun-

---

[56] Siehe zum Rückgang der Versammlungsdauer die Untersuchung von *Redenius-Hövermann/Bannier*, ZIP 2020, 1885 (1891).

[57] *Rieckers*, DB 2021, 98 (100).

[58] *Reger*, in: Bürgers/Körber/Lieder AktG, § 129 Rn. 45d.

[59] Anschaulich *Seibt/Danwerth*, AG 2021, 369 (370 ff.).

[60] Vgl. *Danwerth*, AG 2021, 613 (618), wonach lediglich 7,5 % der in den DAX-Indizes gelisteten Unternehmen auf freiwilliger Basis ihren Aktionären eine Nachfragemöglichkeit während der Corona-HV angeboten haben; siehe auch *Seibt*, in: DAI – Virtuelle Hauptver-

denen Einschränkungen der Aktionärsrechte nur mit der zwingenden Notwendigkeit, eine adäquate gesetzgeberische Antwort auf die Krisensituation zu geben und die Handlungsfähigkeit der Gesellschaften zu bewahren, gerechtfertigt werden. Das COVID-19-Gesetz und mit ihm die Corona-HV unterliegen daher aus gutem Grund einer zeitlichen Befristung.[61]

## C. Die Versammlungsleitung in der virtuellen Hauptversammlung de lege ferenda

Aufgrund der überwiegend positiven praktischen Erfahrungswerte im Umgang mit der Corona-HV zeichnete sich mehr und mehr ein über die akute Krisensituation hinausdeutender rechtspolitischer Mehrheitswille in Bezug auf eine nachhaltige digitale Transformation der Hauptversammlung ab. So wurde ein langfristiges, aktienrechtlich verankertes virtuelles Hauptversammlungsmodell nicht nur von der (digitalen) Konferenz der Justizministerinnen und Justizminister am 16. Juni 2021 gefordert[62], sondern auch in der rechtswissenschaftlichen Literatur zum Gegenstand zahlreicher Reformvorschläge gemacht.[63] All dies mündete schließlich in der Ausarbeitung des RefE für die virtuelle HV.

Ausgehend von einem generellen Petitum für die Einführung eines langfristigen virtuellen Hauptversammlungsmodells, soll nachfolgend untersucht werden, welche Auswirkungen die in dem RefE für die virtuelle HV vorgesehenen aktienrechtlichen Regelungen auf die Versammlungsleitung haben. Dabei sollen insbesondere aus Perspektive der Versammlungsleitung relevante Schwachstellen und Ungenauig-

---

sammlungen 2020 Rückblick und Ausblick, S. 7 (abrufbar unter https://www.dai.de/studien/#/pressemitteilungen/dokumenttitel/virtuelle-hauptversammlungen-2020-rueckblick-und-ausblick), der darauf hinweist, dass die vorab gestellten Fragen in der Regel erst während der laufenden Versammlung und nicht vorab im Sinne eines schriftlichen Q&A-Katalogs beantwortet wurden.

[61] Ebenso *Wettich*, WPg, 2020, 535 (540); *J. Koch*, AktG, § 118 Rn. 37; *Herb/Merkelbach*, BOARD 2020, 113 (114); *Redenius-Hövermann/Bannier*, ZIP 2020, 1885 (1896); *Hoffmann*, in: Spindler/Stilz, BeckOGK AktG, § 118 Rn. 84; *Noack/Zetsche*, AG 2020, 721 (723 f.); *Atta*, WM 2020, 1047 (1052 f.); *Seibt/Danwerth*, NZG 2020, 1241 (1248); zur zukünftigen Gestaltung virtueller Hauptversammlungen siehe auch *Schindler/Schaffner*, Virtuelle Beschlussfasssung, § 2 Rn. 344 ff.

[62] Siehe TOP I. 9 Nr. 2 des Beschlusses der 92. Konferenz der Justizministerinnen und Justizminister vom 16. Juni 2021: *„Die Konferenz der Justizministerinnen und Justizminister hält es daher für angezeigt, die virtuelle Hauptversammlung als dauerhaftes Instrument im Gesellschaftsrecht zu verankern.*".

[63] Vgl. *Teichmann/Wicke*, ZGR 2021, 173 ff.; *Klöhn*, ZHR (185) 2021, 182 (210 ff.); *Redenius-Hövermann/Bannier*, ZIP 2020, 1885 (1892 ff.); *Seibt/Danwerth*, NZG 2020, 1241 (1248 ff.); *Franzmann/Brouwer*, AG 2020, 921 ff.; *Noack/Zetsche*, AG 2020, 721 (725 ff.); siehe auch Positionspapier des BDI vom 26. Juli 2021: Dauerhafte Verankerung der virtuellen Hauptversammlung im Aktiengesetz; VGR, Vorschläge zur Reform der Hauptversammlung börsennotierter Gesellschaften vom 26. 4. 2021, AG 2021, 380.

keiten herausgearbeitet werden und daran anknüpfend Leitlinien für eine rechtssichere Versammlungsleitung in der virtuellen Hauptversammlung de lege ferenda definiert werden.

## I. Generelles Petitum für die Einführung eines aktienrechtlich verankerten virtuellen Hauptversammlungsformats

Ganz grundsätzlich wird von Kritikern der virtuellen Hauptversammlung vor allem auf die Unkontrollierbarkeit des Internets sowie das Fehlen eines für die Willensbildung wichtigen persönlichen Kontakts und einer daraus resultierenden Gefährdung der Aktionärsdemokratie hingewiesen.[64] Auch werden vielfach Sicherheitsbedenken im Zusammenhang mit dem Einsatz des Internets geltend gemacht.[65] *Hüther* begründete im Jahr 2002 eine Verletzung des Teilnahmerechts der Aktionäre mit der mangelnden Verbreitung des Internets und dessen Störanfälligkeit.[66] Dies mag im Jahr 2002 noch ein plausibler Einwand gegen die Einführung einer virtuellen Hauptversammlung gewesen sein. Im Jahr 2022 vermag er aber aufgrund des hohen Verbreitungsgrades des Internets nicht (mehr) zu überzeugen.[67] Auch von einer Entrechtung der Aktionäre kann nicht mehr ausgegangen werden, da durch ein virtuelles Hauptversammlungsformat die Teilnahme für die Aktionäre nicht unzumutbar erschwert wird.[68] Die zunehmende Digitalisierung macht auch vor Gesellschafterversammlungen nicht halt. Vor dem Hintergrund, dass in vielen Lebensbereichen ein digitaler Austausch über E-Mail-Verkehr und Videokommunikation bereits zum Standard geworden ist, kann davon ausgegangen werden, dass die ganz überwiegende Mehrzahl der Aktionäre über ein internetfähiges Endgerät wie einen Computer oder ein Smartphone verfügt.[69] Darüber hinaus ist nach dem tech-

---

[64] Siehe *Redeke*, AG 2022, 98 (99) m. w. N.; *Claussen*, AG 2011, 161 (165); *Spindler*, ZGR 2000, 420 (436 f.); siehe auch zu der diesbezüglichen Kritik der Stimmrechtsberater *Seibt/Danwerth*, AG 2021, 369 (377).

[65] Siehe dazu *Pielke*, Die virtuelle HV, S. 64 m. w. N.

[66] *Hüther*, Aktionärsbeteiligung und Internet, S. 288 f., 317.

[67] So schreibt auch *Hüther*, Aktionärsrechte und Internet, S. 317, der virtuellen Hauptversammlung das Potential zu zum *„Modell der Zukunft"* zu werden, wenn das Internet als Kommunikationsplattform zum Standard geworden ist, und die technischen Möglichkeiten bestehen die Aktionäre audiovisuell in die Hauptversammlung einzubinden; siehe auch *Kort*, NZG 2007, 653 (654), der darauf hinweist, dass sich die Übertragung der Hauptversammlung im Internet bereits zum Zeitpunkt des Inkrafttretens des TransPuG im Jahr 2002 zunehmend zum Standard entwickelt hatte; kritisch aber *Heckschen/Hilser*, ZIP 2022, 670 (671).

[68] Ebenso *Hasselbach/Schumacher*, ZGR 2000, 258 (264 f.).

[69] So auch *Dubovitskaya*, NZG 2020, 647 (650); *Redeke*, AG 2022, 98 (100); a. A. *Hüther*, Aktionärsbeteiligung und Internet, S. 289, wonach die Nutzung eines Computers keine *„naturgegebene Fähigkeit"* sei; auch dieses Argument ist im Kontext des Jahres 2002 zu sehen und aufgrund der technologischen Durchdringung in allen Gesellschafsteilen jedenfalls in der Gegenwart kaum noch als valide einzustufen.

nischen Entwicklungsstand sowohl eine audio-visuelle[70] als auch eine textbasierte Beteiligung[71] der Aktionäre in der Hauptversammlung möglich. Zweifel bestehen indes noch daran, ob bei großen Publikumsaktiengesellschaften mit mehreren tausend Aktionären eine echte Zwei-Wege-Kommunikation, so wie sie § 130a Abs. 4 Satz 1 AktG-RefE vorsieht, technisch darstellbar ist. Aus diesem Grund ist es zu begrüßen, dass den Gesellschaften nach dem RefE für die virtuelle HV auch weiterhin die Möglichkeit offensteht, eine Ausübung der Aktionärsrechte in elektronischer Form im Wege der Hybrid-HV nach Maßgabe von § 118 Abs. 1 Satz 2 AktG und damit auch ohne Live-Zuschaltung vorzusehen.[72]

Wesentliche Prämisse für die virtuelle Hauptversammlung de lege ferenda und die Befugnisse des Versammlungsleiters einer solchen muss aber sein, dass die Einschränkungen der Aktionärsrechte, insbesondere hinsichtlich des Rede-, Frage-, Einsichtnahme- und Antragsrechts, auf das Wesentliche begrenzt werden und grundsätzlich nicht hinter denjenigen des Präsenzaktionärs zurückbleiben.[73] Der RefE für die virtuelle HV hat die Aktionärsrechte im Vergleich zur Corona-HV zwar gestärkt und der Rechtsposition eines Präsenzaktionärs angenähert.[74] Es ist vor diesem Hintergrund auch nicht rechtlich geboten ein gesetzliches Aktionärsminderheitenrecht zur Einberufung einer Präsenzversammlung oder im Kontext nichtbörsennotierter Gesellschaften ein Austrittsrecht gegen Abfindung vorzusehen.[75] Gleichwohl kann aber nicht verkannt werden, dass die Stellung des Aktionärs nach der Konzeption des RefE für die virtuelle HV auch in einigen wesentlichen Aspekten hinter derjenigen des Präsenzaktionärs zurückbleibt. So haben die Aktionäre etwa keine Möglichkeit, auf aktuelle Geschehnisse nach Ablauf der viertägigen Vorlauffrist für die Einreichung von Fragen während der laufenden Versammlung mit neuen Fragen zu reagieren (§ 131 Abs. 1a Satz 1 AktG-RefE). Durch die Entkopplung des Rederechts vom Fragerecht wird den Aktionären auch die Möglichkeit genommen, die jeweiligen Fragen durch entsprechende Vorreden in einen inhaltli-

---

[70] Siehe *Seibt/Danwerth*, AG 2021, 369 (377 f.), die u. a. auch auf die Deutsche Bank AG verweisen, die in ihrer Hauptversammlung vom 27. Mai 2021 Redebeiträge live in Bild und Ton in einem beschränkten zeitlichen Umfang zugelassen hat; siehe auch LG Köln, Hinweisbeschl. v. 26. 2. 2021 – 82 O 53/20, AG 2021, 446, das von der grundsätzlichen technischen Möglichkeit einer interaktiven Zwei-Wege-Kommunikation für virtuelle Hauptversammlungen ausgeht, gleichzeitig aber auch relativierend auf die noch fehlende Standardisierung entsprechender Online-Plattformen hinweist.

[71] Siehe *Wohlwend*, HV im Wandel, S. 136 ff.

[72] Vgl. RefE des BMJ – Entwurf eines Gesetzes zur Einführung virtueller Hauptversammlungen von Aktiengesellschaften v. 9. 2. 2022, S. 22; siehe auch die Empfehlungen der VGR, Vorschläge zur Reform der Hauptversammlung börsennotierter Gesellschaften vom 26. 4. 2021, AG 2021, 380 (387); ebenso *Roth*, NZG 2021, 393 (394).

[73] So auch *Redenius-Hövermann/Bannier*, ZIP 2020, 1885 (1895); *Stelmaszcyk*, DNotZ 2021, 930 (963); *Noack*, NZG 2021, 1233 (1234); siehe auch VGR, Vorschläge zur Reform der Hauptversammlung börsennotierter Gesellschaften vom 26. 4. 2021, AG 2021, 380 (384).

[74] Siehe oben unter 1. Kapitel D. IV. (S. 53 ff.).

[75] Siehe zu dieser Anregung *Dubovitskaya*, NZG 2020, 647 (650) m. w. N.

chen Kontext zu setzen und dadurch in einen unmittelbaren Dialog mit dem Management einzutreten (§ 130a Abs. 7 Satz 1 AktG-RefE). Die wohl wesentlichste Einschränkung gegenüber der Stellung des Präsenzaktionärs ergibt sich aber daraus, dass der Vorstand bereits im Voraus und unabhängig vom konkreten Versammlungsverlauf die Anzahl und die Länge von Redebeiträgen sowie den Umfang der einreichbaren Fragen nach eigenem Ermessen beschränken kann. Insbesondere aufgrund der vorstehend skizzierten Einschränkungen ist der RefE für die virtuelle HV daher bei Aktionärsverbänden auf deutliche Kritik gestoßen.[76] Der streitige Diskurs über die adäquate Wahrung der Aktionärsrechte in der virtuellen Hauptversammlung de lege ferenda ist damit in vollem Gange. Eine vertiefte Analyse und Auseinandersetzung mit den jeweiligen Positionen und rechtlichen Argumenten muss indes anderen Abhandlungen vorbehalten bleiben.[77]

## II. Auswirkungen des RefE für die virtuelle HV auf die Versammlungsleitung

Dem RefE für die virtuelle HV muss aus Perspektive der Versammlungsleitung eine Janusköpfigkeit attestiert werden. Die vorgesehenen Regelungen haben einerseits das Potential, die Versammlungsleitung zu entlasten. Andererseits ergeben sich aufgrund einiger regelungstechnischer Unklarheiten aber auch neue rechtliche Problembereiche.

### 1. Entlastung der Versammlungsleitung

Der RefE für die virtuelle HV führt, wenngleich auch nicht in dem gleichen Ausmaß wie das COVID-19-Gesetz, zu einer Verschlankung des Funktionsbereichs des Versammlungsleiters. Dies ist zum einen bedingt durch die Verlagerung von Informations- und Kommunikationsprozessen sowie von Aktionärsrechten in das Vorfeld der Versammlung und die dadurch bedingte Entzerrung der Hauptversammlung, zum anderen aber auch durch die Verschiebung bislang ausschließlich dem Versammlungsleiter obliegender Entscheidungskompetenzen hin zum Vorstand.

#### *a) Einreichung von Stellungnahmen im Vorfeld der Hauptversammlung*

Die nach § 130a Abs. 1 AktG-RefE für die Aktionäre neu geschaffene Möglichkeit zur Einreichung von Stellungnahmen fällt in den Zuständigkeitsbereich des

[76] Siehe nur die Stellungnahme der DSW zum RefE für die virtuelle HV v. 11.3.2022, S. 12 ff. (abrufbar unter https://www.dsw-info.de/publikationen/stellungnahmen/deutschland/) sowie die Stellungnahme des BVI zum RefE für die virtuelle HV v. 11.3.2022, S. 7 ff. (abrufbar unter https://www.bvi.de/positionen/stellungnahmen-von-a-z/).

[77] Vgl. dazu etwa *Cyglakow*, Virtuelle HV, S. 179 ff.

Vorstands. Dieser entscheidet über die Auswahl und damit auch über die Frage, ob ein Bezug zur Tagesordnung besteht oder die nach § 130a Abs. 3 Satz 2 AktG-RefE entsprechend anwendbaren Ausschlussgründe des § 126 Abs. 2 Satz 1 Nr. 1, 3 u. 6 AktG vorliegen.[78] Da die Hauptversammlung in der Regel auch durch den Vorstand einberufen wird, entscheidet dieser, nicht hingegen der Versammlungsleiter, nach Maßgabe von § 130a Abs. 1 Satz 2 AktG-RefE auch über die Beschränkung des Umfangs der Stellungnahmen. Die Stellungnahmen müssen auch nicht zwingend in der Hauptversammlung gezeigt werden, sondern können auch schon im Vorfeld der Hauptversammlung über die Website der Gesellschaft zugänglich gemacht werden.[79] Sie ermöglichen daher keinen direkten Dialog mit dem Management, können aber gleichzeitig das Redevolumen in der Hauptversammlung selbst reduzieren, was zu einer Entzerrung der Hauptversammlung und damit auch zu einer Entlastung der Versammlungsleitung beitragen kann.

#### *b) Verlagerung von Entscheidungsbefugnissen zur Einschränkung des Rede- und Fragerechts auf den Vorstand*

Die Entscheidung über die Beschränkung der Anzahl der zuzulassenden Redebeiträge sowie den Gesamtzeitraum des in der Hauptversammlung zu gewährenden Rederechts wird in das Vorfeld verlagert und nach Maßgabe von § 130a Abs. 4 Satz 3 AktG-RefE durch die Gesellschaft getroffen. Zwar lässt sich weder dem Gesetzestext noch der Gesetzesbegründung eindeutig entnehmen, ob die Kompetenz zur Festlegung von Einschränkungen dem Vorstand oder dem Versammlungsleiter obliegt. Da der Versammlungsleiter ebenso wie der Vorstand nach hier vertretener Auffassung Organ der Gesellschaft ist, kann eine Gesellschaftsverantwortlichkeit grundsätzlich auch als eine Pflicht des Versammlungsleiters verstanden werden. Für eine Kompetenz des Vorstands spricht aber zum einen, dass die Beschränkungen in der Einberufung festzulegen sind und der Vorstand nach § 121 Abs. 1 Satz 1 AktG die primäre Zuständigkeit für die Einberufung trägt. Darüber hinaus streitet gegen eine diesbezügliche Kompetenz des Versammlungsleiters auch entscheidend der Wortlaut des § 130a Abs. 4 Satz 4 AktG-RefE, der die Kompetenz zur Festlegung der Reihenfolge in der Versammlung ausdrücklich dem Versammlungsleiter zuweist. Daraus ergibt sich im Wege eines Umkehrschlusses, dass der RefE für die virtuelle HV die Einschränkungskompetenzen im Vorfeld der Hauptversammlung beim Vorstand angesiedelt hat, da der Versammlungsleiter insoweit keine ausdrückliche Erwähnung findet. Eine weitere, von der Aufgabensphäre des Versammlungsleiters nicht erfasste Einschränkungsmöglichkeit ergibt sich in Bezug auf das Rederecht zudem aus § 130a Abs. 6 Satz 2 AktG-RefE, wonach die Gewährung des Rederechts

---

[78] Da § 130a Abs. 7 AktG-RefE die Einreichung von Fragen und Anträgen als Teil einer Stellungnahme nicht ausschließt, muss der Vorstand letztlich auch prüfen, ob in den Stellungnahmen entsprechende Fragen oder Anträge enthalten sind.

[79] Siehe RefE des BMJ – Entwurf eines Gesetzes zur Einführung virtueller Hauptversammlungen von Aktiengesellschaften v. 9.2.2022, S. 32.

von der vorherigen Überprüfung der Funktionsfähigkeit der elektronischen Kommunikation abhängig gemacht werden kann.

Auch die nach Maßgabe von § 131 Abs. 1a AktG-RefE vorgesehene Verlagerung der Ausübung des Fragerechts in das Vorfeld der Hauptversammlung führt, ebenso wie schon im Kontext der Corona-HV, zu einer Entlastung des Versammlungsleiters. Die Beschränkung des Fragerechts kann nach Maßgabe von § 131 Abs. 1b AktG-RefE abstrakt und ohne Ansehung des konkreten Versammlungsverlaufs bereits in der Einberufung vorgenommen werden. Da der Vorstand nach § 131 Abs. 1a AktG-RefE ausdrücklich für die Vorverlagerung der Fragen zuständig ist, ist davon auszugehen, dass diesem nach dem Willen des RefE für die virtuelle HV auch die Kompetenz zur Einschränkung des Fragerechts in der Einberufung zustehen soll.[80] Insoweit besteht auch ein konsistenter Gleichlauf mit der vorstehend aufgezeigten Kompetenz des Vorstands zur Einschränkung des Rederechts.

### *c) Entkopplung des Rederechts vom Frage- und Antragsrecht*

Nach dem Willen des RefE für die virtuelle HV soll das Fragerecht nicht als Teil des Rederechts ausgeübt werden können und damit von diesem separiert werden (§ 130a Abs. 7 Satz 1 AktG-RefE). Dies hat aus Sicht der Versammlungsleitung zwei wesentliche entlastende Implikationen. Zum einen wird den Aktionären die Möglichkeit genommen sich unter dem Deckmantel ihres Frage- oder Antragsrechts eine Verlängerung ihrer Redezeit oder eine bevorzugte Stellung in der Rednerliste zu erschleichen. Dies mit der Folge, dass insoweit kein Interventions- bzw. Prüfungserfordernis für den Versammlungsleiter mehr besteht.[81] Zum anderen wirkt die Entkopplung des Rederechts von den Fragen auch der Entwicklung einer hitzigen und den Versammlungsleiter fordernden Generaldebatte entgegen. Denn der Vorstand muss weder auf die Redebeiträge noch auf die vorher eingereichten Stellungnahmen reagieren, während gleichzeitig den Aktionären hinsichtlich der Beantwortung ihrer Nachfragen keine weitere Reaktionsmöglichkeit zur Verfügung steht. Da die Stellung von Anträgen nach § 130a Abs. 7 Satz 2 u. 3 AktG-RefE im Rahmen von Redebeiträgen ausgeschlossen ist, kann der Versammlungsleiter gleichwohl gestellte Anträge kategorisch und ohne weitere Prüfung zurückweisen.

### *d) Partielle Abkehr vom Mündlichkeitsgrundsatz*

In Bezug auf Gegenanträge und Wahlvorschläge erfolgt nach § 126 Abs. 4 AktG-RefE keine Stellung in der Hauptversammlung mehr, so dass allein der Vorstand über die Voraussetzungen der Antragstellung zu befinden hat. Insoweit wird von dem bislang geltenden Mündlichkeitsgrundsatz, wonach Anträge (erneut) in der lau-

---

[80] Etwas anderes mag aber dann gelten, wenn der Versammlungsleiter auch für die Einberufung zuständig ist, siehe dazu oben 2. Kapitel F. III. 1. a) (S. 178 ff.)

[81] Siehe dazu oben 2. Kapitel F. IV. 6. d) ee) (2) (S. 266 f.).

fenden Hauptversammlung gestellt werden müssen[82], abgerückt. Auch wenn sonstige Sachanträge oder Verfahrensanträge nach § 118a Abs. 1 Satz 2 Nr. 3 AktG-RefE auch spontan in der Versammlung gestellt werden können, führt die partielle Abkehr vom Mündlichkeitsgrundsatz ebenfalls zu einer Entlastung für den Versammlungsleiter. Insbesondere entfällt insoweit das Erfordernis für eine Evidenzkontrolle und die damit teils schwierig zu beurteilende Frage einer Antragszurückweisungskompetenz.[83] Gleiches gilt für die Prüfung der für Gegenanträge erforderlichen Tagesordnungsbezogenheit.[84]

### *e) Weitreichende Anfechtungsbeschränkung in Bezug auf technische Störungen*

Ein Entlastungsfaktor für die Versammlungsleitung ergibt sich auch aus der Ausweitung der in § 243 Abs. 3 AktG enthaltenen Anfechtungsbeschränkung in Bezug auf technische Mängel auf vorsätzliches und grob fahrlässiges Fehlverhalten. Zwar trägt der Vorstand die primäre organisatorische Verantwortung für die Funktionsfähigkeit der technischen Infrastruktur. Den Versammlungsleiter trifft insoweit aber eine Überprüfungspflicht.[85] Durch die umfassende Anfechtungsbeschränkung des § 243 Abs. 3 AktG-RefE werden Anfechtungsrisiken im Zusammenhang mit technischen Mängeln auch im Kontext der virtuellen HV-RefE auf das rechtlich gebotene Maß begrenzt, so dass insbesondere eine Aufrechterhaltung des weitergehenden Anfechtungsausschlusses des COVID-19-Gesetzes nicht angezeigt ist.[86] Dies gilt umso mehr, als ausweislich der Begründung zum RefE für die virtuelle HV ein Verschulden bei Beauftragung eines technischen Dienstleisters faktisch ausgeschlossen sein soll.[87] Soweit technische Mängel nicht zu einer Beschlussanfechtbarkeit führen, entfällt damit gleichzeitig der primäre Anknüpfungspunkt für einen Schaden der Gesellschaft und eine sich daran potentiell anschließende (quotale) Innenregresshaftung des Versammlungsleiters.[88] Einschränkend zu berücksichtigen ist jedoch, dass nach Maßgabe von § 243 Abs. 3 Satz 2 Hs. 2 AktG-RefE in der Satzung auch ein strengerer Haftungsmaßstab bestimmt werden kann.

---

[82] Siehe dazu *Höreth/Linnerz*, Anträge in der HV, S. 44 f.

[83] Siehe zu dem Problemkomplex ausführlich oben unter 2. Kapitel F. IV. 7. a) (S. 274 ff.).

[84] Siehe *Noack/Zetsche*, in: KölnKomm. AktG, § 126 Rn. 22.

[85] Siehe oben unter 3. Kapitel A. IV. 1. (S. 318 f.).

[86] *Lieder*, ZIP 2021, 161 (170); *Seibt/Danwerth*, NZG 2020, 1241 (1250); siehe auch *Hüther*, Aktionärsbeteiligung und Internet, S. 293, wonach es dem Aktionär bei einmaligem Serverabsturz und daraus resultierender Unterbrechung durch den Versammlungsleiter verwehrt sein soll eine Verletzung seines Teilnahmerechts geltend zu machen, sofern er auf die Möglichkeit derartiger technischer Komplikationen hingewiesen wurde.

[87] Siehe RefE des BMJ – Entwurf eines Gesetzes zur Einführung virtueller Hauptversammlungen von Aktiengesellschaften v. 9. 2. 2022, S. 39.

[88] Siehe oben unter 3. Kapitel A. IV. 1. (S. 319).

### 2. Risikofaktoren

Ungeachtet der vorstehend skizzierten Entlastungsfaktoren eröffnet der RefE für die virtuelle HV aus Sicht der Versammlungsleitung gleichzeitig auch einige neue rechtliche und praktische Problemfelder.

#### *a) Rechtliche Unsicherheiten im Umgang mit dem Rede- und Fragerecht in der Versammlung*

Anders als in der Corona-HV steht den Aktionären im Rahmen der virtuellen HV-RefE auch während der laufenden Hauptversammlung ein Rederecht (§ 130a Abs. 4 AktG-RefE) und ein Nachfragerecht (§ 131 Abs. 1d AktG-RefE) zu.[89] Für den Versammlungsleiter ergeben sich insoweit auf mehreren Ebenen neue rechtliche Unsicherheiten und praktische Herausforderungen.

##### aa) Fehlen eines klar definierten Kompetenzrahmens für den Versammlungsleiter

Die Kompetenzen des Versammlungsleiters sind im Gesetzestext des RefE für die virtuelle HV nicht definiert. Einzige Ausnahme ist die Regelung des § 130a Abs. 4 Satz 4 AktG-RefE, wonach der Versammlungsleiter über die Reihenfolge der Redebeiträge in der Versammlung zu entscheiden hat. Zwar lässt sich darüber hinaus der Begründung zum RefE für die virtuelle HV entnehmen, dass § 131 Abs. 2 Satz 2 AktG Anwendung findet und dem Versammlungsleiter in Bezug auf das nach Maßgabe von § 130a Abs. 4 AktG-RefE zu gewährende Rederecht die gleichen rechtlichen Mittel zur Begrenzung zustehen wie in der Präsenzversammlung, und zwar unabhängig von dem Bestehen einer Ermächtigung i. S. v. § 131 Abs. 2 Satz 2 AktG.[90] Im Interesse eines rechtssicheren und transparenten Rechtsrahmens für die Versammlungsleitung wäre aber eine unmittelbare Klarstellung im Gesetzestext angezeigt gewesen.

Darüber hinaus sorgt für Unklarheit, dass die Begründung in Bezug auf die Einschränkung des Nachfragerechts nach § 131 Abs. 1d AktG-RefE expressis verbis nur von einer Einschränkungsmöglichkeit auf Grundlage einer satzungs- oder geschäftsordnungsmäßigen Ermächtigung i. S. v. § 131 Abs. 2 Satz 2 AktG ausgeht.[91] Insoweit dürfte zwar von einem Redaktionsversehen auszugehen sein. Es ist nämlich kein überzeugender Rechtsgrund dafür ersichtlich, warum der Versammlungsleiter nicht auch außerhalb des Anwendungsbereichs des § 131 Abs. 2 Satz 2 AktG zu einer angemessenen Beschränkung des Nachfragerechts berechtigt sein soll. Wenn

---

[89] Siehe dazu bereits oben unter 1. Kapitel D. IV. 2. a) (S. 55 f.).

[90] Vgl. RefE des BMJ – Entwurf eines Gesetzes zur Einführung virtueller Hauptversammlungen von Aktiengesellschaften v. 9. 2. 2022, S. 33.

[91] Siehe RefE des BMJ – Entwurf eines Gesetzes zur Einführung virtueller Hauptversammlungen von Aktiengesellschaften v. 9. 2. 2022, S. 37.

aufgrund des bestehenden Nachfragevolumens die Einhaltung des zeitlichen Rahmens der virtuellen Hauptversammlung gefährdet ist, ist der Versammlungsleiter kraft seiner organschaftlichen Leitungsaufgabe sogar dazu verpflichtet, durch entsprechende Ordnungsmaßnahmen steuernd auf den Hauptversammlungsverlauf einzuwirken.[92] Auch insoweit wäre eine Klarstellung im Gesetzestext geboten.

#### bb) Unklare Entscheidungsbefugnis hinsichtlich des Sachzusammenhangs einer Nachfrage

Eine Einschränkungsmöglichkeit ist in § 131 Abs. 1d Satz 2 AktG-RefE bereits angelegt. Danach werden solche Fragen, die in keinem Zusammenhang zu der vorab eingereichten Frage stehen, nicht beantwortet. Offen lässt der RefE für die virtuelle HV, ob die Entscheidung über den sachlichen Zusammenhang beim Versammlungsleiter oder beim Vorstand liegt.[93]

Für eine Entscheidungsbefugnis des Vorstands spricht, dass dieser kompetenziell eher dazu in der Lage ist zu beurteilen, ob eine inhaltliche Sachnähe zu den von ihm gegebenen Antworten besteht. Beim Versammlungsleiter ist zudem mit Blick auf dessen primär verfahrensrechtlichen Funktionsauftrag bei der Zuschreibung inhaltlicher Beurteilungskompetenzen Zurückhaltung geboten. Auf der anderen Seite könnte die Hauptversammlung leicht überfrachtet werden und an ihre zeitlichen Grenzen stoßen, wenn der Versammlungsleiter jede Frage zunächst an den Vorstand durchreichen müsste. Es ist daher davon auszugehen, dass der Versammlungsleiter die Überprüfung des nach § 131 Abs. 1d AktG-RefE erforderlichen Sachzusammenhangs nach pflichtgemäßen Ermessen vornehmen kann und jedenfalls bei evidentem Fehlen die Frage zurückweisen kann. Ebenso wie im Kontext des regulären Fragerechts nach § 131 Abs. 1 AktG wird man aber verlangen müssen, dass der Versammlungsleiter den insoweit darlegungspflichtigen Aktionär zunächst zu einer Konkretisierung bzw. Erläuterung des Sachzusammenhangs auffordert.[94] Kommt der Aktionär dem nicht nach, kann der Versammlungsleiter die Nachfrage ohne Anfechtungsrisiko zurückweisen.[95] Gleiches gilt, wenn der Sachzusammenhang zur Vorfrage bzw. Antwort des Vorstands auch trotz der Konkretisierung des Aktionärs nach Auffassung des Versammlungsleiters evident fehlt, wobei diesbezügliche Fehleinschätzungen dann aber eine Beschlussanfechtbarkeit nach sich ziehen kön-

---

[92] LG Stuttgart, Urt. v. 27.4.1994 – 7 KfH O 122/93, AG 1994, 425 (426); siehe dazu auch oben unter 2. Kapitel F. IV. 6. d) dd) (S. 255 ff.).

[93] Vgl. RefE des BMJ – Entwurf eines Gesetzes zur Einführung virtueller Hauptversammlungen von Aktiengesellschaften v. 9.2.2022, S. 37.

[94] Siehe BGH, Beschl. v. 21.9.2009 – II ZR 223/08, ZIP 2009, 2203; OLG Hamburg, Beschl. v. 12.12.1969 – 11 W 34/69, AG 1970, 50 (51); ebenso *Spindler*, in: K. Schmidt/Lutter, AktG, § 131 Rn. 46; *Decher*, in: Großkomm. AktG, § 131 Rn. 152; *Kubis*, in: MünchKomm. AktG, § 131 Rn. 46.

[95] So im Kontext von § 131 Abs. 1 AktG auch *Kersting*, in: KölnKomm. AktG, § 131 Rn. 479.

nen. In Zweifelsfällen ist der Versammlungsleiter daher gehalten die Nachfrage dem Vorstand vorzulegen.[96] Etwas anderes muss aber dann gelten, wenn eine Einschränkung des Nachfragerechts aufgrund zwingender zeitlicher Gründe erforderlich ist oder eine missbräuchliche Ausübung in Rede steht. Insoweit ist auf die zu § 131 Abs. 1 AktG dargestellten Grundsätze zurückzugreifen.[97]

#### cc) Gefahr eines ausufernden Nachfragevolumens

Ausgehend von den Erfahrungswerten im Umgang mit der Corona-HV[98] steht zu erwarten, dass das Frage- bzw. Nachfragevolumen auch im Rahmen der virtuellen HV de lege ferenda messbar zunehmen wird. Dies insbesondere deshalb, da die Hemmschwelle der Aktionäre zur Stellung von Fragen und Nachfragen bei rein elektronischer Ausübung niedriger ist.[99] Für den Versammlungsleiter stellt sich das Problem, dass er nicht in gleicher Weise wie in der Präsenzversammlung mit einer Schließung der Redner- bzw. Fragenliste reagieren kann.[100] Dies hat im Wesentlichen zwei Gründe. Zum einen ergeben sich insoweit rechtliche Bedenken, da der vom RefE für die virtuelle HV in Bezug genommene § 131 Abs. 2 Satz 2 AktG lediglich zeitliche Begrenzungen vorsieht, nicht hingegen eine isolierte Begrenzung der Fragenanzahl.[101] Zum anderen stößt diese Ordnungsmaßnahme aber auch in praktischer Hinsicht an ihre Grenzen, wenn eine große Masse von Nachfragen gebündelt und zeitgleich im Wege der elektronischen Kommunikation eingereicht wird. Dies deshalb, da die Schließung der Redner- bzw. Fragenliste nur einen Ausschluss noch nicht eingereichter Fragen bewirken kann.[102]

Bei hohen Frage- bzw. Nachfragevolumina steht der Versammlungsleiter in der Verantwortung, unter der Drucksituation einer laufenden Hauptversammlung eine belastbare Einschätzung abzugeben, ob sämtliche Fragen und Nachfragen innerhalb des Zeitrahmens erschöpfend adressiert werden können. Da der RefE für die virtuelle

---

[96] Siehe auch RefE des BMJ – Entwurf eines Gesetzes zur Einführung virtueller Hauptversammlungen von Aktiengesellschaften v. 9.2.2022, S. 37, wonach im Zweifel von einem sachlichen Zusammenhang auszugehen ist.

[97] Siehe dazu oben unter 2. Kapitel F. IV. 6. d) ee) (2) (S. 266 ff.).

[98] Siehe *Redeke*, AG 2022, 98 (102, 104); *Noack*, in: FS Heidel, S. 307 (311, 323); *Herb/Merkelbach*, BOARD 2020, 113 f.; VGR, Vorschläge zur Reform der Hauptversammlung börsennotierter Gesellschaften vom 26.4.2021, AG 2021, 380 f.; DAI, Stellungnahme zum RefE für die virtuelle HV v. 11.3.2022, S. 4, 12 (abrufbar unter https://www.dai.de/positionspapiere/#/positionspapiere/dokumenttitel/virtuelle-hauptversammlungen-ermoeglichen-und-punktuell-nachjustieren-1).

[99] Vgl. *Hüther*, Aktionärsbeteiligung und Internet, S. 298; *Kruchen*, DZWIR 2020, 431 (455).

[100] Siehe auch *Kruchen*, DZWIR 2020, 431 (455); *Heidel/Lochner*, in: Hirte/Heidel, Handkomm. neues AktR, 2. Teil, Art. 2, § 1 Rn. 56.

[101] Vgl. RefE des BMJ – Entwurf eines Gesetzes zur Einführung virtueller Hauptversammlungen von Aktiengesellschaften v. 9.2.2022, S. 37.

[102] Siehe oben 2. Kapitel F. IV. 6. d) gg) (S. 269 f.).

HV für die Stellung von Nachfragen keine Anmeldung vorsieht, hat der Versammlungsleiter auch keine Möglichkeit, sich im Vorfeld einen Überblick über das Nachfragevolumen zu verschaffen. Auch kann sich ein hohes Nachfragevolumen in der virtuellen Hauptversammlung sehr viel schneller aufbauen als in der Präsenzversammlung, da die Einreichung über das Online-Portal nur wenig Zeit in Anspruch nimmt. So kann ein einzelner Aktionär theoretisch innerhalb weniger Minuten Dutzende von Nachfragen an die Gesellschaft bzw. den Versammlungsleiter übermitteln, ohne dass dieser adäquat mit Ordnungsmaßnahmen dem vorbeugen könnte.[103] Erschwerend kommt hinzu, dass nach dem Wortlaut von § 131 Abs. 1d AktG-RefE das Recht zur Einreichung von Nachfragen nicht auf den jeweiligen Urheber der Vorfrage beschränkt ist. In der Konsequenz dessen liegt es, dass jeder Aktionär, der selbst Fragen im Vorfeld eingereicht hat, auch Nachfragen zu Fragen stellen kann, die von anderen Aktionären stammen.[104] Auch sieht der RefE für die virtuelle HV, anders als in Bezug auf das Rederecht und die vorher einzureichenden Fragen, keine Möglichkeit zu einer antizipativen Beschränkung des Nachfragerechts in der Einberufung vor. Möglich soll nach der Entwurfsbegründung allein eine Einschränkung auf Grundlage des § 131 Abs. 2 Satz 2 AktG sein.[105]

### *b) Unklarheiten hinsichtlich der Stellung des Stimmrechtsvertreters der Versammlung*

Nach § 118 Abs. 2 Satz 2 AktG-RefE „*kann*“ ein von der Gesellschaft benannter Stimmrechtsvertreter am Ort der Versammlung teilnehmen. Die Bereitstellung eines physisch präsenten Stimmrechtsvertreters steht damit im Ermessen der Gesellschaft. Die gewählte Formulierung lässt indes offen, ob eine Teilnahme des Stimmrechtsvertreters auch im Wege der virtuellen Zuschaltung erfolgen kann und ob der Stimmrechtsvertreter auch in diesem Fall als Sammelstelle für die Anträge der Aktionäre fungieren kann. Diese Frage hat eine direkte Rückwirkung auf die Versammlungsleitung, da diese in der Pflicht steht zu entscheiden, ob spontane, über den Stimmrechtsvertreter eingereichte Anträge zu berücksichtigen sind oder nicht. Hierzu bedarf es demnach einer entsprechenden Klarstellung im Gesetzestext oder zumindest in der Gesetzesbegründung.

---

[103] Siehe auch *Seibt/Danwerth*, AG 2022, 177 (183), wonach im Rahmen der Corona-HV einzelne Aktionäre teilweise mehr als 100 Fragen in „copy-and-paste-Manier“ bei den Gesellschaften eingestellt haben; siehe auch *Noack*, in: FS Heidel, S. 307 (332), der auf die Gefahr einer Vervielfältigung von Fragen durch den Einsatz automatisiert arbeitender „Fragenbots“ hinweist.

[104] Für diese Lesart auch *Drinhausen/Keinath*, BB 2022, 451 (456).

[105] Siehe RefE des BMJ – Entwurf eines Gesetzes zur Einführung virtueller Hauptversammlungen von Aktiengesellschaften v. 9.2.2022, S. 37.

### *c) Fehlen einer gesetzlichen Kompetenz zur Beschränkung des Umfangs der Fragenbeantwortung*

Der RefE für die virtuelle HV verhält sich nicht zu der Frage, ob und in welchem Umfang zeitliche Einschränkungen in Bezug auf die Beantwortung der im Vorfeld einzureichenden Fragen möglich sind. Da die Beantwortung der Fragen nach § 131 Abs. 1d AktG-RefE für die virtuelle HV „*in*" der Hauptversammlung zu erfolgen hat, bedarf es für die Versammlungsleitung auch insoweit klar definierter rechtlicher Leitplanken, um einen reibungslosen und zeitgerechten Ablauf der Hauptversammlung gewährleisten zu können. Dies gilt umso mehr, als das Verlesen der Fragen in der Versammlung sehr viel Zeit in Anspruch nehmen kann. Es ist demnach unmittelbar im Gesetzestext klarzustellen, dass der Versammlungsleiter den angesetzten Zeitraum für das Verlesen der Fragen beschränken kann, sofern dies erforderlich ist, um eine zeitgerechte Abwicklung der Hauptversammlung sicherzustellen.

### *d) Unklare Konnotation des Begriffs der elektronischen Zuschaltung*

Der RefE für die virtuelle HV knüpft an verschiedenen Stellen an den Begriff der elektronischen Zuschaltung an ohne diesen aber zu definieren. Unklar ist zum einen, ob die elektronische Zuschaltung auch an eine zeitliche Dauer geknüpft ist oder ob jeder noch so kurze Login-Vorgang schon ausreichend ist. Dem Gesetzeswortlaut lässt sich nicht entnehmen, dass die elektronische Zuschaltung von einer bestimmten Dauer abhängig ist. Kontradiktorisch zu dieser Annahme verhält sich jedoch der Begründungstext. Dieser führt bezogen auf die Einlegung eines Widerspruchs als notwendige Voraussetzung für die Anfechtungsbefugnis aus, dass ein Aktionär nur dann vom Anfechtungsrecht Gebrauch machen können soll, wenn er „*... sämtliche Informationen, die im Vorfeld und während der Versammlung gegeben und ausgetauscht worden sind, überblickt.*"[106] Bei einer elektronischen Zuschaltung für wenige Minuten kann ersichtlich nicht davon ausgegangen werden, dass der Aktionär sämtliche Informationen der Hauptversammlung zur Kenntnis genommen hat oder sich, so wie es die Entwurfsbegründung ebenfalls vorsieht, an den „*Entscheidungs- und Abstimmungsprozessen*" beteiligt hat.[107] Die Frage hat Auswirkungen auf das Haftungsrisiko des Versammlungsleiters, da dieses maßgeblich von dem Beschlussanfechtungsrisiko und damit auch von dem Kreis der potentiell Anfechtungsberechtigten bestimmt wird. Qualifiziert man jeden auch nur punktuell elektronisch zugeschalteten Aktionär als „*erschienenen*" Aktionär i. S. v. § 245 Nr. 1 AktG, so würden die vom Aktiengesetz errichteten Barrieren zur Erlangung der Anfechtungsbefugnis doch deutlich aufgeweicht. Denn im Rahmen der Präsenz-

---

[106] Siehe RefE des BMJ – Entwurf eines Gesetzes zur Einführung virtueller Hauptversammlungen von Aktiengesellschaften v. 9. 2. 2022, S. 39.

[107] Siehe RefE des BMJ – Entwurf eines Gesetzes zur Einführung virtueller Hauptversammlungen von Aktiengesellschaften v. 9. 2. 2022, S. 40.

versammlung ist nach § 245 Nr. 1 AktG eine physische Präsenz des Aktionärs grundsätzlich zwingende Voraussetzung für die Erlangung der Anfechtungsbefugnis. Auch die Ausübung des Widerspruchsrechts bildet bei der virtuellen HV-RefE insoweit kein Korrektiv, da dieses ebenfalls bequem und schnell über das Online-Portal ausgeübt werden kann. Es bedarf insoweit nur eines „Mausclicks".[108] Ebenfalls entfallen ist die noch unter dem COVID-19-Gesetz bestehende Einschränkung, wonach die Ausübung des Widerspruchsrechts von der Ausübung des Stimmrechts abhängig ist.[109] Im Ergebnis stünde bei Zugrundelegung dieses Begriffsverständnisses bezüglich der elektronischen Zuschaltung damit zu erwarten, dass sich der Kreis der Anfechtungsberechtigten im Vergleich zur Präsenzversammlung beträchtlich erhöht.

Problematisch ist die unklare begriffliche Einordnung für die Versammlungsleitung aber auch im Zusammenhang mit dem Teilnehmerverzeichnis. Dem Versammlungsleiter obliegt während der Versammlung die ordnungsgemäße Führung des Teilnehmerverzeichnisses.[110] Insoweit ist für diesen eine klare Begriffsklärung in Bezug auf die elektronische Zuschaltung von Aktionären von großer Bedeutung. Nach § 129 Abs. 1 Satz 1 AktG-RefE sind alle elektronisch zugeschalteten Aktionäre und deren Vertreter in das Teilnehmerverzeichnis aufzunehmen. Dies soll ausweislich der Entwurfsbegründung unabhängig davon gelten, ob die zugeschalteten Aktionäre in der Versammlung tatsächlich Rechte ausüben.[111] In Abweichung zu der bisherigen Rechtslage wären damit auch Briefwähler in das Teilnehmerverzeichnis aufzunehmen, sofern sie sich elektronisch zuschalten. Aus Sicht der Versammlungsleitung stellt sich die Frage, ob eine elektronische Zuschaltung bereits darin zu sehen ist, dass der betreffende Aktionär die Übertragung der Hauptversammlung im Internet verfolgt. Dagegen spricht aber schon, dass in diesem Fall eine Erfassung der an der Hauptversammlung elektronisch teilnehmenden Aktionäre unmöglich wäre. Notwendige Bedingung für den Status der elektronischen Zuschaltung muss daher zumindest eine vorherige Registrierung bzw. ein entsprechender Login-Vorgang sein. Probleme bereitet aber auch hier die unklare Frage der erforderlichen zeitlichen Dauer der Zuschaltung. Geht man davon aus, dass eine einmalige Registrierung ohne Rücksicht auf die zeitliche Dauer den Status eines erschienenen Aktionärs dauerhaft sichert, so hätte eine spätere Abmeldung keinen Einfluss auf die Teilnehmerliste. Näher liegt es indes davon auszugehen, dass der Teilnehmerstatus in Parallele zur Präsenzversammlung nur für den Zeitraum besteht, in dem Aktionäre auch tatsächlich eingeloggt und zugeschaltet sind. Dies hat zur

[108] Siehe auch RefE des BMJ – Entwurf eines Gesetzes zur Einführung virtueller Hauptversammlungen von Aktiengesellschaften v. 9.2.2022, S. 25, der die Einrichtung eines „*Widerspruchs-Buttons*" anregt.

[109] Siehe RefE des BMJ – Entwurf eines Gesetzes zur Einführung virtueller Hauptversammlungen von Aktiengesellschaften v. 9.2.2022, S. 39.

[110] Siehe oben unter 2. Kapitel F. IV. 4. a) (S. 221 ff.).

[111] Siehe RefE des BMJ – Entwurf eines Gesetzes zur Einführung virtueller Hauptversammlungen von Aktiengesellschaften v. 9.2.2022, S. 30.

Folge, dass sich jede An- und Abmeldung auf den Teilnehmerbestand und damit auch auf das Teilnehmerverzeichnis auswirkt. Der Versammlungsleiter ist insoweit auf den Einsatz verlässlich arbeitender digitaler Präsenzerfassungsprogramme angewiesen, um das Teilnehmerverzeichnis fortlaufend auf einem aktuellen Stand halten zu können.[112]

## III. Leitlinien zur Gewährleistung einer rechtssicheren und praktisch handhabbaren Versammlungsleitung im Rahmen der virtuellen Hauptversammlung de lege ferenda

Vor dem Hintergrund der vorstehend skizzierten Risikofaktoren und der aufgezeigten Schwächen des RefE für die virtuelle HV im Besonderen, werden im Folgenden Vorschläge für regelungstechnische Modifikationen aufgezeigt, die zu einer rechtssicheren Rahmengesetzgebung für den Versammlungsleiter in der virtuellen Hauptversammlung de lege ferenda beitragen sollen.

### 1. Unmittelbare gesetzliche Verankerung der Kompetenzen des Versammlungsleiters

Der Versammlungsleiter muss sich auch im Rahmen der virtuellen Hauptversammlung de lege ferenda auf seinen Funktionsauftrag berufen können eine Abwicklung der Hauptversammlung in einem zumutbaren zeitlichen Rahmen zu gewährleisten.[113] Ihm muss dazu ein gesicherter Rechtsrahmen für die Anordnung entsprechender Ordnungsmaßnahmen zur Verfügung stehen. Dies setzt zunächst einmal voraus, dass sich die Rechte und Pflichten des Versammlungsleiters unmittelbar und möglichst engmaschig aus dem Gesetz ergeben und sich nicht lediglich aus dem begleitenden Begründungstext deduzieren lassen. Der RefE für die virtuelle HV wird dem nur insoweit gerecht, als er dem Versammlungsleiter die Kompetenz zuweist über die Reihenfolge der Rednerbeiträge in der Versammlung zu entscheiden (§ 130a Abs. 4 Satz 4 AktG-RefE).

Der in die Entwurfsbegründung ausgelagerte Hinweis auf die entsprechende Anwendbarkeit des § 131 Abs. 2 Satz 2 AktG sollte unmittelbar in den Gesetzestext integriert werden, und zwar sowohl in Bezug auf das in der Versammlung auszuübende Rederecht (§ 130a Abs. 4 AktG-RefE) als auch hinsichtlich des Nachfragerechts (§ 131 Abs. 1d AktG-RefE). Dabei sollte in beiden Fällen klargestellt werden, dass die Kompetenz des Versammlungsleiters zur Einschränkung des Rede- und Nachfragerechts unabhängig von dem Bestehen einer satzungs- oder ge-

[112] Davon geht wohl auch der Gesetzgeber aus, vgl. BegrRegE NaStraG, BT-Drucks. 14/4051, S. 14 f.; siehe dazu auch bereits oben unter 2. Kapitel F. IV. 4. b) (S. 226).

[113] So im Ergebnis auch *Andres/Kujović*, GWR 2020, 213 (214); *Schäfer*, NZG 2020, 481 (487).

schäftsordnungsmäßigen Ermächtigung i. S. d. § 131 Abs. 2 Satz 2 AktG besteht. Darüber hinaus sollte die Einschränkungsbefugnis des Versammlungsleiters explizit auch auf die Beantwortung der Fragen in der Versammlung erstreckt werden. Spiegelbildlich dazu bedarf es aber auch einer gesetzlichen Klarstellung dahin, dass der Versammlungsleiter vom Vorstand in der Einberufung angeordnete Beschränkungen des Rederechts revidieren kann und auch muss, sofern sich auf Grundlage des tatsächlichen Versammlungsverlaufs herausstellt, dass die zeitlichen Beschränkungen zu restriktiv angesetzt wurden.

### 2. Nachjustierung des Nachfragerechts

Die in Bezug auf das Nachfragerecht aufgezeigten rechtlichen und praktischen Bedenken sind durch eine Nachschärfung des Gesetzestextes Rechnung zu tragen. Es ist klarzustellen, dass über den Wortlaut des § 131 Abs. 2 Satz 2 AktG hinaus die Nachfragen nicht nur in zeitlicher Hinsicht beschränkt werden können, sondern dem Versammlungsleiter darüber hinaus auch eine Begrenzung der Nachfragenanzahl möglich ist. Es sollte in Entsprechung der zum Auskunftsrecht ergangenen Judikatur zudem ein konkreter oder enger Sachzusammenhang zu den Antworten des Vorstands bzw. den Vorfragen erforderlich sein und dies auch im Gesetzestext verankert werden.[114] Auch sollte der Hinweis im Begründungstext, wonach im Zweifel von einem Sachzusammenhang auszugehen ist, Eingang in den Normtext finden. Zudem sollte auch die bislang verwendete Formulierung, wonach Nachfragen ohne Sachzusammenhang „*nicht beantwortet werden*", sprachlich abgemildert und durch eine das Ermessen betonende Formulierung ersetzt werden.[115] Um einen für die Versammlungsleitung praktisch handhabbaren Umgang mit dem Nachfragerecht zu gewährleisten, sollte im Gesetzestext darüber hinaus ausdrücklich klargestellt werden, dass Nachfragen sich ausschließlich auf die von dem jeweiligen Aktionär im Vorfeld eingereichten Fragen und die diesbezüglichen Antworten, nicht hingegen auf die Vorfragen anderer Aktionäre und die darauf gegebenen Antworten, beziehen können. Diese gesetzlichen Nachschärfungen tragen zu einer verbesserten und verlässlicheren Entscheidungsgrundlage für den Versammlungsleiter bei.

In Bezug auf das Nachfragerecht muss der Versammlungsleiter ebenso wie im Kontext der Präsenzversammlung die Möglichkeit haben, Auskunftsverweigerungsrechte nach § 131 Abs. 3 AktG zu berücksichtigen und eine Beschränkung auf solche Nachfragen vorzunehmen, die zur sachgerechten Beurteilung des Gegen-

---

[114] Vgl. BGH, Beschl. v. 5.11.2013 – II ZB 28/12, NJW 2014, 541 (546); OLG Hamburg, Urt. v. 12.1.2001 – 11 U 162/00, AG 2001, 359 (360).

[115] In Betracht kommt etwa die Formulierung: „Nachfragen, die in keinem sachlichen Zusammenhang zu der vorab eingereichten Frage und zu der Antwort des Vorstands stehen, müssen nicht beantwortet werden."

stands der Tagesordnung i. S. v. § 131 Abs. 1 AktG erforderlich sind.[116] Auch dies sollte im Gesetzestext, jedenfalls aber in dem begleitenden Begründungstext klargestellt werden. Der Versammlungsleiter darf jedoch auch in der virtuellen Hauptversammlung de lege ferenda keine Nachfragen zu unliebsamen oder konfliktträchtigen Themen ohne nachvollziehbare Differenzierung von der Beantwortung ausklammern oder Nachfragen von bestimmten Aktionärsfraktionen oder Aktionärsminderheiten gezielt außer Acht lassen.[117]

### 3. Vorabveröffentlichung von Antworten

Die erleichterten Möglichkeiten einer elektronischen Teilnahme lassen erwarten, dass sich mit zunehmender Etablierung des virtuellen Hauptversammlungsformats und der damit verbundenen Professionalisierung und Routinisierung der technischen Abwicklung auch die Anzahl der Versammlungsteilnehmer erhöhen wird. Die damit verbundene Gefahr einer aus der „Komfortzone" der Ferne und Anonymität erwachsenden Fragenflut ist aus Sicht der Versammlungsleitung eine ernst zu nehmende Herausforderung. Vor diesem Hintergrund stellt sich die in dem RefE für die virtuelle HV in Aussicht genommene Vorverlagerung der Frageneinreichung als ein probates Mittel dar, um die Hauptversammlung zu entzerren und die Versammlungsleitung zu entlasten. Aufgrund des in der Hauptversammlung spontan auszuübenden Nachfragerechts kann ungeachtet dessen aber nach wie vor die Situation entstehen, dass sich der Versammlungsleiter mit einem zeitlich und organisatorisch nicht handhabbaren Nachfragevolumen konfrontiert sieht. Um dem entgegenzusteuern bietet es sich einmal an, das Nachfragerecht, ebenso wie das Rederecht, von einer vorherigen Anmeldung abhängig zu machen. Eine unzumutbare Beeinträchtigung der Aktionärsrechte ist damit nicht verbunden, da eine Anmeldung schnell und ohne Aufwand über das Online-Portal erfolgen kann. Gleichzeitig würde die Versammlungsleitung aber in die Lage versetzt, sich ein Bild von dem möglichen Nachfragevolumen zu machen.

Eine weitere potentielle Reduktion des Nachfragevolumens in der Hauptversammlung könnte zudem durch ein Recht des Vorstands zur Vorabveröffentlichung von Antworten im Vorfeld der Hauptversammlung, insbesondere in Form von Q&A-Fragenkatalogen, erreicht werden. Diese Möglichkeit sieht der RefE für die virtuelle HV, anders als das COVID-19-Gesetz, nicht vor. Es ist aber nicht verständlich, warum nach § 131 Abs. 1d Satz 1 AktG-RefE die Fragebeantwortung erst in der Hauptversammlung erfolgen soll. Europarechtliche Vorgaben verlangen dies nicht.[118] Auch der in der Entwurfsbegründung enthaltene Hinweis auf einen ver-

---

[116] Vgl. auch *Simons/Hauser*, NZG 2020, 488 (496 ff.), die zutreffend darauf hinweisen, dass die gesetzlichen Auskunftsverweigerungsgründe gemäß § 131 Abs. 3 AktG nur als Grobfilter für die Auswahl der Fragen fungieren; ebenso *Schäfer*, NZG 2020, 481 (487).

[117] Vgl. auch *Schäfer*, NZG 2020, 481 (487).

[118] Siehe oben unter 4. Kapitel A. (S. 394 ff.).

meintlich mit einer Vorabbeantwortung verbundenen unverhältnismäßigen Aufwand[119] vermag nicht zu überzeugen. Die bisherigen Praxiserfahrungen im Umgang mit der Corona HV haben gezeigt, dass sämtliche Antworten bereits im Vorfeld der Versammlung final vorbereitet werden konnten, so dass diese während der Versammlung nur noch verlesen werden mussten.[120] Gerade das Verlesen von Antworten in der Versammlung stellt sich aber als sehr zeitaufwendig dar und zwingt die Aktionäre unnötigerweise dazu stundenlang auf den Beginn der Abstimmung zu warten.[121] Die Möglichkeit der Gesellschaft die Fragen bereits im Vorfeld der Hauptversammlung zu adressieren käme daher nicht nur der Versammlungsleitung zugute, sondern läge gleichzeitig auch im Aktionärsinteresse. Dies insbesondere auch deshalb, da verbleibende Nachfragen besser auf die Antworten zugeschnitten und gründlicher vorbereitet werden könnten. Eine organisatorische Überforderung der Gesellschaft ließe sich zudem ausschließen, wenn die Vorabbeantwortung von Fragen lediglich als optionales Recht und nicht als Pflicht der Gesellschaft ausgestaltet wird.

### 4. Übertragung der Kompetenz zur Auswahl der Redebeiträge auf den Versammlungsleiter

In Bezug auf die Anmeldung zur Rednerliste sieht § 130a Abs. 6 Satz 1 AktG-RefE eine Priorisierung ausschließlich nach der zeitlichen Reihenfolge des Eingangs der Anmeldungen vor. Das damit verbundene Windhundprinzip ist aber weder aus Sicht der Versammlungsleitung noch aus Sicht der Aktionäre sachgerecht. Es besteht die Gefahr, dass sich Aktionäre untereinander abstimmen, um in organisierter Form besonders schnell eine Anmeldung abschicken zu können, um dadurch die zur Verfügung stehenden Kapazitäten zu blockieren. Dadurch wären sie in der Lage auch die Themensetzung in der Hauptversammlung zu bestimmen. Angesichts begrenzter Kapazitäten muss die übergeordnete Zielstellung aber sein, dass die Redebeiträge möglichst die für das Gesamtaktionariat relevanten Themen in der Breite abbilden. Dem kann aber nur dann Rechnung getragen werden, wenn in die Auswahl der Redebeiträge auch qualitative Überlegungen, wie etwa die Größe der Anteilsbeteiligung oder das besondere Gewicht von Aktionärsvereinigungen, einfließen können. Im Rahmen der Präsenzversammlung ist anerkannt, dass der Versammlungsleiter auf solche qualitativen Auswahlparameter zurückgreifen kann.[122] Dies

---

[119] Siehe RefE des BMJ – Entwurf eines Gesetzes zur Einführung virtueller Hauptversammlungen von Aktiengesellschaften v. 9.2.2022, S. 36.

[120] Siehe nur *Rieckers*, DB 2021, 98 (99).

[121] Der mit dem Verlesen von Antworten verbundene Zeitverlust ließe sich dadurch abmildern, indem dem Versammlungsleiter das Recht eingeräumt wird, die Beschlussfeststellung stets in verkürzter Form i. S. v. § 130 Abs. 2 Satz 3 AktG vorzunehmen; siehe zu den Möglichkeiten einer verkürzten Beschlussfeststellung in der virtuellen Hauptversammlung auch *Link/Hess*, DB 2022, 851 ff.

[122] Siehe oben unter 2. Kapitel F. IV. 6. b) (S. 243 f.).

muss in gleicher Weise auch für die virtuelle Hauptversammlung de lege ferenda gelten. Dazu sollten die Auswahlkriterien im Gesetzestext auch klar benannt werden.

Darüber hinaus sollte die Zuständigkeit für die Auswahl der Redebeiträge nicht beim Vorstand, sondern beim Versammlungsleiter angesiedelt sein. Zum einen ist es der genuine Funktionsauftrag des Versammlungsleiters für eine ordnungsgemäße Durchführung der Hauptversammlung zu sorgen. Insoweit ist es konsequent und sachgerecht, dass er auch über die Auswahl der Redebeiträge entscheidet. Durch die Einbeziehung qualitativer Kriterien lassen sich Redundanzen bei den Redebeiträgen vermeiden. Dem Versammlungsleiter ist dadurch eine bessere Steuerung der Versammlung möglich. Zum anderen ist die Auswahl der Redebeiträge durch den Versammlungsleiter aber auch aufgrund dessen neutraler Stellung vorzuziehen. Eine Auswahl durch den Vorstand, der gleichzeitig auch Adressat der Redebeiträge ist, lässt den Selektionsprozess aus Sicht der Aktionäre weniger objektiv erscheinen und birgt damit mehr Konfliktpotential.

### 5. Pflicht des Vorstands zur Einbindung des Versammlungsleiters im Vorfeld der Hauptversammlung

Die nach dem RefE für die virtuelle HV vorgesehene Vorverlagerung der Kommunikations- und Entscheidungsprozesse führt zu einer erhöhten Abhängigkeit der Versammlungsleitung von den Entscheidungen des Vorstands. Die Kompetenzen des Vorstands zur Beschränkung des Frage- und Rederechts in der Einberufung bestehen unabhängig vom konkreten Versammlungsverlauf (§§ 130a Abs. 4 Satz 3, 131 Abs. 1b AktG-RefE). Zwar kann der Vorstand sich an dem Umfang der eingereichten Fragen und der Anzahl der für das Rederecht erforderliche Anmeldungen orientieren. Gerade weil der konkrete Versammlungsverlauf aber nicht verlässlich antizipiert werden kann, besteht bei den Entscheidungen des Vorstands ein nicht unerhebliches prognostisches Risiko. Hinzu kommt, dass der RefE für die virtuelle HV es versäumt hat, die in Bezug auf die Beschränkung des Rederechts nach § 130a Abs. 4 Satz 3 AktG-RefE geforderte Angemessenheit in zeitlicher Hinsicht näher zu konkretisieren. Schätzt der Vorstand die Situation falsch ein und setzt er die Beschränkungen zu niedrig an, so muss der Versammlungsleiter in der Hauptversammlung nachjustieren. Andererseits hat der Versammlungsleiter aber auch die Pflicht fortlaufend zu kontrollieren, ob Beschränkungen wieder zu lockern oder gar gänzlich aufzuheben sind.[123]

Die Verlagerung der Einschränkungsbefugnisse auf den Vorstand bedeutet zudem eine Abkehr von den prozeduralen Gesetzmäßigkeiten der Präsenzversammlung, wo die diesbezügliche Entscheidungskompetenz ausschließlich beim Versammlungsleiter liegt.[124] Bedenken ergeben sich insoweit unter dem Gesichtspunkt des Neutralitätsgebots. Sinn und Zweck der Versammlungsleitung ist es, in der Hauptver-

---

[123] Siehe oben unter 2. Kapitel E. III. 3. (S. 171).

[124] Siehe ausführlich dazu oben unter 2. Kapitel F. IV. 6. d) (S. 245 ff.).

sammlung als neutrales „Scharnier“ die Gesellschaftssphäre und die Aktionärssphäre miteinander zu verbinden. Die Ausdünnung seines Kompetenzbereichs läuft diesem Prinzip zuwider und erhöht das Konfliktpotential zwischen Gesellschaft und Aktionären. In der virtuellen Hauptversammlung de lege ferenda ist somit sicherzustellen, dass der Versammlungsleiter an den Entscheidungsprozessen im Vorfeld der Hauptversammlung, insbesondere in Bezug auf die Einschränkung des Rede- und Fragerechts, beteiligt wird. Rechtstechnisch könnte dies über eine entsprechende gesetzliche Klarstellung, dass der Vorstand sich bei der Bemessung von Einschränkungen des Umfangs der Fragen (§ 131 Abs. 1b AktG-RefE) und des Rederechts (§ 130a Abs. 4 Satz 3 AktG-RefE) mit dem Versammlungsleiter abzustimmen hat, umgesetzt werden.

### 6. Gesetzliche Konkretisierung des Begriffs der elektronischen Zuschaltung

Der Status der elektronischen Zuschaltung ist wie vorstehend aufgezeigt auf mehreren Ebenen für die Versammlungsleitung von besonderer Bedeutung.[125] Der RefE für die virtuelle HV hat indes davon abgesehen, diesen Begriff eindeutig zu definieren. Im Interesse eines hinreichend klar konturierten Rechtsrahmens für die Versammlungsleitung ist für die virtuelle HV de lege ferenda gesetzlich klarzustellen, dass eine elektronische Zuschaltung nur bei erfolgreichem Abschluss des Registrierungsvorgangs auf dem Online-Portal gegeben ist und auch nur für die Dauer der Registrierung besteht. Gleichzeitig bedarf es aber einer gesetzlichen Präszisierung dahin, dass entgegen dem Aussagegehalt in der Begründung zum RefE für die virtuelle HV[126] keine dauerhafte elektronische Zuschaltung für die Ausübung von Aktionärsrechten, einschließlich der Einlegung eines Widerspruchs, erforderlich ist. Naturgemäß kann die Ausübung des Rede- und Nachfragerechts aber nur während einer bestehenden elektronischen Zuschaltung erfolgen. Aus Klarstellungsgründen sollte der in der Entwurfsbegründung enthaltene Hinweis, dass der Status einer elektronischen Zuschaltung nicht von der Ausübung von Aktionärsrechten abhängig ist[127], ebenfalls im Gesetzestext abgebildet werden.

Die vorstehenden gesetzlichen Modifikationen ermöglichen es dem Versammlungsleiter, auch im Rahmen der virtuellen Hauptversammlung de lege ferenda seiner Pflicht zu einer fortlaufenden Präsenzkontrolle gerecht werden zu können. Da es für die Ausübung der Aktionärsrechte nicht auf die Dauer der virtuellen Zuschaltung oder zwischenzeitliche Unterbrechungen derselben ankommen kann, kann sich der Versammlungsleiter darauf beschränken vor jeder Beschlussfassung die tatsächlichen virtuellen Zuschaltungen bzw. Registrierungen zugrunde zu legen. Für

---

[125] Siehe oben unter 4. Kapitel C. II. 2. d) (S. 415 ff.).

[126] Siehe oben 4. Kapitel C. II. 2. d) (S. 415).

[127] Siehe RefE des BMJ – Entwurf eines Gesetzes zur Einführung virtueller Hauptversammlungen von Aktiengesellschaften v. 9. 2. 2022, S. 30.

die Frage, ob bestimmte gesetzlich vorgeschriebene Präsenzquoten erreicht sind, ist es nicht von Relevanz, ob ein registrierter und virtuell zugeschalteter Aktionär sich tatsächlich auch vor dem betreffenden elektronischen Endgerät befindet und die Hauptversammlung verfolgt. Denn auch in der Präsenzversammlung können sich Aktionäre etwa in Nebenräumen aufhalten, ohne dass dies Auswirkungen auf die Präsenz hätte. Es besteht darüber hinaus auch keine Verpflichtung der Aktionäre, das Versammlungsgeschehen aktiv zu verfolgen, und spiegelbildlich dazu auch keine Verpflichtung des Versammlungsleiters, die Aufmerksamkeit der Aktionäre zu kontrollieren. Die gleichen Maßstäbe müssen dann aber auch für die virtuelle Hauptversammlungsform de lege ferenda gelten. Für diese Sichtweise spricht zudem entscheidend, dass der Versammlungsleiter gar nicht dazu in der Lage ist zu überprüfen, ob ein teilnehmender Aktionär das Versammlungsgeschehen auf seinem Endgerät tatsächlich mitverfolgt oder sich auf eine rein passive elektronische Zuschaltung beschränkt.[128] Dies gilt insbesondere vor dem Hintergrund, dass der RefE für die virtuelle HV keine Sichtbarkeit der Aktionäre verlangt.[129]

### 7. Klare Abgrenzung zwischen Gegenanträgen und sonstigen Anträgen

Nach dem Willen des RefE für die virtuelle HV soll eine Stellung von Gegenanträgen in der Versammlung nicht mehr möglich sein, sofern dies nicht ausdrücklich in der Einberufung gestattet ist (§ 126 Abs. 4 Satz 3 AktG-RefE). Die Stellung sonstiger Anträge soll nach Maßgabe von § 118a Abs. 1 Satz 2 Nr. 3 AktG-RefE in Abkehr von dem Regelungsregime der Corona-HV auch in der Versammlung wieder zulässig sein. Ist eine Einreichung von Gegenanträgen in der Versammlung ausgeschlossen, muss der Versammlungsleiter diese zwingend zurückweisen. Als potentiell problematisch kann sich für den Versammlungsleiter in diesem Zusammenhang die teilweise unklare und umstrittene Abgrenzung zwischen Gegenanträgen und sonstigen Sachanträgen erweisen.[130] Denn die Zurückweisung eines fälschlicherweise als Gegenantrag qualifizierten Sachantrags ist eine Pflichtverletzung, die zu einer Beschlussanfechtbarkeit und in der Folge auch zu einer Regresshaftung des Versammlungsleiters führen kann.[131] Pflichtwidrig verhält sich der Versammlungsleiter aber auch dann, wenn er einen Gegenantrag trotz Ausschlusses zur Abstimmung zulässt. Vor diesem Hintergrund sollte eine gesetzliche Klarstellung jedenfalls dahingehend erfolgen, wie die in der Praxis gängigsten Anträge, bei denen die rechtliche Qualifikation umstritten ist, einzuordnen sind. Dazu gehört insbesondere

---

[128] Darauf hinweisend auch *Heckschen/Hilser*, ZIP 2022, 670 (673 f.).

[129] RefE des BMJ – Entwurf eines Gesetzes zur Einführung virtueller Hauptversammlungen von Aktiengesellschaften v. 9. 2. 2022, S. 22.

[130] Siehe dazu *J. Koch*, AktG, § 126 Rn. 2a m. w. N.; *Noack/Zetsche*, in: KölnKomm. AktG, § 126 Rn. 22 ff.

[131] Siehe oben unter 3. Kapitel A. XII. 2. a) (S. 326 f.).

der Antrag auf Absetzung und Vertagung von Tagesordnungspunkten.[132] Für die virtuelle HV de lege ferenda sollte zudem klargestellt werden, ob ein Antrag, der sich in der bloßen Ablehnung des Verwaltungsvorschlags erschöpft, als Gegenantrag einzuordnen ist oder ob es eines über die Ankündigung der Ablehnung hinausgehenden Inhalts bedarf.[133] Darüber hinaus muss für den Versammlungsleiter ein rechtssicherer Umgang mit Ergänzungsverlangen i. S. v. § 122 Abs. 2 AktG ermöglicht werden. Es bedarf inswoweit einer klaren gesetzlichen Regelung, ob auch Ergänzungsverlängen der Fiktionswirkung des § 126 Abs. 4 Satz 1 AktG-RefE unterfallen. Eine entsprechende Geltung der Fiktionswirkung hätte für die Versammlungsleitung die begrüßenswerte Folge, dass in der Versammlung gestellte Ergänzungsverlangen ohne Anfechtungs- und Haftungsrisiko zurückgewiesen werden könnten.

Abzulehnen ist hingegen der Ansatz, die vorstehenden Unsicherheiten dadurch zu umgehen, indem das Antragsrecht in Fortsetzung des Regelungsregimes der Corona-HV insgesamt auf das Vorfeld verlagert wird. Den Aktionären muss die Möglichkeit zustehen, auch spontane Anträge in der Versammlung zu stellen. Ein vollumfänglicher Ausschluss des Antragsrechts in der laufenden Versammlung würde den bislang geltenden Mündlichkeitsgrundsatz zu sehr untergraben und das Teilnahmerecht der Aktionäre in unverhältnismäßiger Weise beschneiden. Grundsätzlich denkbar wäre es zwar das Antragsrecht in der Versammlung nur insoweit zuzulassen, als es sich auf neue Aspekte stützt.[134] Dies würde aber dem Versammlungsleiter die Pflicht aufbürden in kurzer Zeit und in der Hektik des Versammlungsgeschehens zu prüfen und zu entscheiden, ob der dem Antrag zugrundeliegende Sachverhalt bereits vor oder erst nach der Versammlung entstanden ist. Damit wäre aber für einen sicheren Rechtsrahmen der Versammlungsleitung nichts gewonnen. Eine Minderung des Antragsvolumens und damit auch eine Entlastung der Versammlungsleitung könnte aber dadurch erreicht werden, indem die Behandlung eines im Vorfeld der Hauptversammlung einzureichenden Gegenantrags und die Finalisierung des bereits im Vorfeld beginnenden Abstimmungsprozesses (§ 126 Abs. 4 AktG-RefE) von der ordnungsgemäßen Anmeldung und Zuschaltung des antragstellenden Aktionärs abhängig gemacht wird. Fehlt es daran, wäre der Versammlungsleiter in der Konsequenz berechtigt, den Gegenantrag in der Hauptversammlung ohne Anfechtungsrisiko, und damit vor allem auch ohne eigenes Haftungsrisiko, zurückzuweisen.

---

[132] *J. Koch*, AktG, § 126 Rn. 2a; siehe zum Antrag auf ad hoc-Bestellung eines Sonderprüfers auch *Seibt/Danwerth*, AG 2022, 177 (188).

[133] Vgl. zum diesbezüglichen Meinungsstand *Noack/Zetsche*, in: KölnKomm. AktG, § 126 Rn. 23.

[134] So die Anregung der VGR, Vorschläge zur Reform der Hauptversammlung börsennotierter Gesellschaften vom 26. 4. 2021, AG 2021, 380 (385).

### 8. Geeignete technische Rahmenbedingungen für die Strukturierung der Hauptversammlung und die Umsetzung von Ordnungsmaßnahmen

Aufgrund des aus Sicht der Aktionäre vereinfachten elektronischen Zugangs zur Hauptversammlung steht zu erwarten, dass auch das Rede- und Fragevolumen in der virtuellen Hauptversammlung de lege ferenda steigen wird.[135] Für den Versammlungsleiter bedeutet dies, dass er mehr als zuvor auf die Einhaltung des zeitlichen Rahmens wird achten müssen und in noch größerem Umfang von den ihm zur Verfügung stehenden Ordnungsinstrumenten wie Rede- und Fragezeitbeschränkungen wird Gebrauch machen müssen. Von maßgeblicher Bedeutung ist daher, ob die insoweit notwendigen Ordnungsmaßnahmen vom Versammlungsleiter auch technisch umgesetzt werden können.[136] Es müssen die technischen und infrastrukturellen Voraussetzungen dafür geschaffen werden, dass Rede- und Fragezeitbeschränkungen effektiv über entsprechende Accountsperrungen durchgesetzt werden können. Gleiches gilt für den Fall, dass ein Aktionär zur Gänze aus der Versammlung verwiesen werden soll. Der Versammlungsleiter könnte die elektronische Teilnahme der Aktionäre und die technische Umsetzung von Ordnungsmaßnahmen als Host etwa über spezielle Apps steuern.[137]

Die Festlegung der konkreten Form der Videokommunikation obliegt nach § 130a Abs. 4 Satz 2 AktG-RefE der Gesellschaft.[138] Richtigerweise sollte für die virtuelle HV de lege ferenda aber eine Pflicht der Gesellschaft bestehen, ein Online-Portal zur Verfügung zu stellen bzw. einen entsprechend spezialisierten Dienstleister mit der Einrichtung und dem Betrieb eines solchen zu beauftragen, so dass allen Aktionären die Ausübung des Rederechts auf technisch verlässlicher Grundlage möglich ist.[139] Anders als bei einer physischen Aussprache könnte der Versammlungsleiter die elektronische Debatte dann auch ordnen und strukturieren, indem er etwa tagesordnungspunktbezogene Foren auf dem Online-Portal einrichtet.[140] Nachfragen in der Versammlung könnten dadurch umgesetzt werden, indem die Aktionäre ihre

---

[135] Siehe *Schäfer*, NZG 2020, 481 (484).

[136] Siehe auch *Redenius-Hövermann*, NZG 2022, 337, die sich für eine Reform des Beschlussmängelrechts stark sagt, um den Versammlungsleitern eine „angstfreie" Nutzung der diesen zu Gebote stehenden Leitungs- und Ordnungskompetenzen zu ermöglichen.

[137] Siehe *Tröger*, BB 2020, 1091 (1095).

[138] Die Deutsche Bank AG hat ihren Aktionären bereits in der Hauptversammlungssaison 2021 die Möglichkeit eines Live-Rederechts eröffnet, siehe *Rieckers*, DB 2022, 172 (175, Fn. 30).

[139] Siehe zum Verbreitungsgrad und der Marktaufteilung von HV-Dienstleistern im Rahmen der Corona-HV die Studie von *Danwerth*, AG 2020, 776 (788); *ders.*, AG 2021, 613 (626); siehe auch RefE des BMJ – Entwurf eines Gesetzes zur Einführung virtueller Hauptversammlungen von Aktiengesellschaften v. 9.2.2022, S. 39, wonach im Zusammenhang mit technischen Störungen der Vorwurf eines vorsätzlichen oder grob fahrlässigen Verhaltens ausscheidet, wenn die Gesellschaft einen professionellen Dienstleister mit der Durchführung der Hauptversammlung beauftragt hat.

[140] Siehe *Pielke*, Die virtuelle HV, S. 167.

Nachfragen durch Ausfüllen eines digitalen Formulars direkt an den Versammlungsleiter oder seine Hilfspersonen übersenden.[141]

Die Gewährleistung einer verlässlichen technischen Infrastruktur kommt aber auch im Kontext der dem Versammlungsleiter obliegenden Eingangskontrolle und der Überprüfung der Stimmrechtsausübungsbefugnis eine wesentliche Bedeutung zu. Fehler des Versammlungsleiters im Zusammenhang mit dem Identifikationsprozess können zur Beschlussanfechtbarkeit und als Resultat dessen auch zu einer Regresshaftung des Versammlungsleiters führen. Es müssen daher die technischen Voraussetzungen dafür geschaffen werden, dass der Versammlungsleiter bzw. dessen Hilfskräfte die Teilnehmer zweifelsfrei identifizieren können, um verlässlich ausschließen zu können, dass unberechtigte Personen an der Hauptversammlung teilnehmen bzw. ihre Stimme abgeben. Insoweit bedarf es der gesetzlichen Festlegung einzuhaltender technischer Mindeststandards. Neben digitalen Signaturen kommt insbesondere auch eine virtuelle Registrierung mittels einer sog. elektronischen Identität (e-ID) in Betracht.[142]

## D. Ergebnis und Ausblick

Das virtuelle Hauptversammlungsformat bietet gegenüber der Präsenzversammlung einige generelle Vorzüge. Zu nennen ist zunächst der offensichtliche Vorteil, dass der organisatorische und logistische Aufwand für die Durchführung der Hauptversammlung reduziert werden kann.[143] Für die Gesellschaft ergeben sich Kosteneinsparpotentiale, da keine großen Hallen angemietet werden müssen und auch keine Verpflegung der Aktionäre sichergestellt werden muss.[144] Für Aktionäre, insbesondere für solche aus dem Ausland, bietet eine virtuelle Hauptversammlung den Komfort eines erleichterten Zugangs ohne Anreise, was sich wiederum positiv auf die Präsenzquoten auswirken könnte.[145]

Die Versammlungsleitung ist infolge der fortschreitenden digitalen Transformation von Hauptversammlungen gefordert sich auf die veränderten, zunehmend technisch ausgestalteten administrativen Prozesse einzustellen. Damit verbunden sind sowohl Chancen als auch Risiken. Chancen insoweit, als eine digitale Abwicklung der Hauptversammlung zu einer messbaren Effizienzsteigerung in zeitlicher Hinsicht führen kann. Gleiches gilt für die digitale Umsetzung von Ordnungsmaßnahmen, wie etwa Beschränkungen des Rede- und Fragerechts. Die technischen Möglichkeiten vorausgesetzt, könnten diese nämlich effektiv und ge-

[141] Vgl. *Zetsche*, in: KölnKomm. AktG, Anh. § 119 Rn. 162.

[142] Siehe dazu *Wohlwend*, HV im Wandel, S. 142 ff.; *Heckschen/Hilser*, ZIP 2022, 670 (672 f.).

[143] *Hüther*, Aktionärsbeteiligung und Internet, S. 259.

[144] Siehe *Pielke*, Die virtuelle HV, S. 142 f.

[145] *Claussen*, AG 2001, 161 (164); *Heckschen/Hilser*, ZIP 2022, 461 (462).

räuschlos über die jeweilige Online-Plattform der Gesellschaft umgesetzt werden. Dem steht jedoch das Risiko gegenüber, dass die Digitalisierung der Hauptversammlung ein neues Einfallstor für querulierende Aktionäre bietet. Diese Gefahr besteht insbesondere dann, wenn die elektronische Teilnahme von querulierenden Aktionären als Einladung gesehen wird, um aus der „sicheren Ferne" ausschweifende sachfremde Redebeiträge bzw. Fragen in die Hauptversammlung hineinzutragen. Die Versammlungsleitung wird daher im Rahmen der virtuellen HV de lege ferenda in deutlich höherem Maße als zuvor von einer funktionsfähigen und verlässlich arbeitenden technischen Infrastruktur abhängig sein.

Im Kontext der Corona-HV haben sich die Anforderungen an eine adäquate Versammlungsleitung und die möglichen Fallstricke substanziell reduziert. Grund hierfür ist insbesondere die Möglichkeit des Ausschlusses von Rede-, Frage- und Antragsrechten der Aktionäre während der laufenden Versammlung sowie der damit verbundene Wegfall eines direkten Austausches zwischen Verwaltung, Versammlungsleiter und Aktionären. Demgemäß wurden aus der Praxis auch keine größeren Probleme im Zusammenhang mit der Leitung der Corona-HV gemeldet. Bei der Einordnung des Hauptversammlungsgeschehens darf aber nicht außer Acht gelassen werden, dass mit der Einführung der Corona-HV eine nicht unerhebliche Beschneidung der Aktionärsrechte einherging. Dem Regelungsregime der Corona-HV kann daher für das virtuelle Hauptversammlungsmodell de lege ferenda keine Vorbildwirkung zuerkannt werden.

Der RefE für die virtuelle HV ist aus Sicht der Versammlungsleitung ambivalent zu bewerten. Durch die intendierte Vorverlagerung der Entscheidungs- und Kommunikationsprozesse, insbesondere des Fragerechts und partiell auch des Antragsrechts, wird die Hauptversammlung entzerrt, was sich entlastend auf die Versammlungsleitung auswirkt. Auch die Übertragung der Beschränkungsbefugnisse hinsichtlich des Rede- und Fragerechts auf den Vorstand führt zu einer Verschlankung des Aufgabenbereichs des Versammlungsleiters. Andererseits ergeben sich aus dem RefE für die virtuelle HV auch neue rechtliche Unsicherheiten. Dies hat seinen Grund primär darin, dass der RefE für die virtuelle HV es versäumt hat, die Kompetenzen des Versammlungsleiters im Gesetzestext präziser abzubilden. Es bedarf insoweit diverser gesetzlicher Nachjustierungen, um einen sicheren Rechtsrahmen für die Versammlungsleitung in der virtuellen Hauptversammlung de lege ferenda gewährleisten zu können. Dies betrifft insbesondere das in der Versammlung auszuübende Nachfragerecht sowie die Reichweite der Ermächtigungsnorm des § 131 Abs. 2 Satz 2 AktG. Darüber hinaus bedarf es aus Sicht der Versammlungsleitung einiger terminologischer und inhaltlicher Konkretisierungen, insbesondere im Hinblick auf den Begriff der elektronischen Zuschaltung sowie die Abgrenzung zwischen Gegenanträgen und sonstigen Sachanträgen. Die Vorverlagerung von Entscheidungs- und Informationsprozessen erfordert zudem eine verpflichtende und engmaschige Einbindung des Versammlungsleiters bereits im Vorfeld der Hauptversammlung.

Der digitale Wandel verändert nicht nur die Gestalt der Hauptversammlung. Er hat auch großen Einfluss auf den Funktionsbereich des Versammlungsleiters. Die im Anwendungsbereich des COVID-19-Gesetzes vollzogene Marginalisierung des Aufgabenbereichs des Versammlungsleiters wird sich in der virtuellen Hauptversammlung de lege ferenda nicht mit der gleichen Signifikanz fortsetzen. Gleichwohl hat auch die virtuelle Hauptversammlung de lege ferenda das Potential die komplexe und herausfordernde Aufgabe der Versammlungsleitung einfacher zu gestalten. Dies wäre mit Blick auf die Vielzahl unklarer und rechtlich umstrittener Einzelfragen und das mit der Versammlungsleitung verbundene nicht unerhebliche Haftungsrisiko zu begrüßen. Notwendige Voraussetzung für einen Entlastungseffekt ist aber eine klare gesetzliche Festschreibung der Befugnisse des Versammlungsleiters, eine frühere und intensivere Abstimmung zwischen Vorstand und Versammlungsleiter sowie die Sicherstellung einer funktionsfähigen technischen Infrastruktur, die dem Versammlungsleiter eine verlässliche Umsetzung ordnungsbezogener Leitungsmaßnahmen ermöglicht. Im Interesse einer erhöhten Rechtssicherheit für die Versammlungsleitung wäre zudem eine bereits seit langem geforderte grundlegende Reform des Beschlussmängelrechts, insbesondere in Form der Einführung höherer Hürden für die Anfechtbarkeit und Kassation von Beschlüssen aufgrund von Verfahrensfehlern, wünschenswert. Dies würde die Haftungsträchtigkeit der Versammlungsleitung reduzieren und das nach wie vor von professionellen Anfechtungsklägern ausgehende Gefährdungspotential weiter begrenzen. In Abhängigkeit davon, ob und inwieweit der Gesetzgeber dem vorstehend aufgezeigten gesetzlichen Nachjustierungsbedarf gerecht wird, kann die virtuelle Hauptversammlung de lege ferenda jedenfalls aus Sicht der Versammlungsleitung auch zu einem Erfolgsmodell werden.

*5. Kapitel*

# Zusammenfassung der Untersuchungsergebnisse

1. Die Leitung der Hauptversammlung hat eine große unternehmenspolitische Bedeutung. Die Hauptversammlung als Forum der Aktionärsrechte ist das mediale „Aushängeschild“ der Gesellschaft. Entsprechend hoch sind die Anforderungen an die mit der Leitung der Hauptversammlung betraute Person. Der Versammlungsleiter bewegt sich bei Ausfüllung der Leitungsfunktion in einem stetigen Spannungsfeld. Einerseits muss er für eine verfahrensökonomische Abwicklung der Hauptversammlung Sorge tragen. Andererseits muss er darauf achten, keine Fehler bei der Versammlungsleitung zu begehen, da diese weitreichende wirtschaftliche und haftungsrechtliche Konsequenzen für die Gesellschaft insgesamt, aber auch für den Versammlungsleiter persönlich haben können.

2. Grundsätzlich muss jede Versammlung in der Aktiengesellschaft über einen Versammlungsleiter verfügen. Normativ lässt sich dies aus der Zusammenschau der §§ 130 Abs. 2 Satz 1, 130 Abs. 1 Satz 2, § 241 Nr. 2 AktG ableiten. Danach kann die förmliche Feststellung des Beschlussergebnisses, die ihrerseits eine Wirksamkeitsvoraussetzung der Beschlussfassung ist, nur von dem Leiter der Hauptversammlung getroffen werden. Das Fehlen eines Versammlungsleiters hätte eine systemwidrige Beschlussunfähigkeit der Hauptversammlung zur Folge und würde damit im Ergebnis zu einer Lähmung der Gesellschaft führen. Auch bei beschlusslosen Hauptversammlungen ist ein Versammlungsleiter zwingend erforderlich, da es jederzeit auch zu unplanmäßigen Beschlussfassungen kommen kann. Entbehrlich ist die Existenz eines Versammlungsleiters bei der Hauptversammlung einer Ein-Mann-AG, da nach der gesetzlichen Systematik weder die Aufstellung eines Teilnehmerverzeichnisses noch eine förmliche Beschlussfeststellung erforderlich sind. Es entfallen daher die normativen Anknüpfungspunkte, aus denen sich das zwingende Erfordernis eines Versammlungsleiters ableiten lässt. Es besteht aber die Möglichkeit, auch bei der Ein-Mann-AG einen Versammlungsleiter im Wege einer Satzungsbestimmung mit rechtsverbindlicher Wirkung vorzusehen. Entbehrlich ist ein Versammlungsleiter zudem bei Hauptversammlungen von Mehrpersonengesellschaften, wenn nur ein Gesellschafter anwesend ist. Ein Versammlungsleiter ist aber ebenso wie bei einer Ein-Mann-AG dann zwingend, wenn die Satzung dieses auch für den Fall, dass nur ein Aktionär anwesend ist, vorsieht.

Sowohl für die Versammlung einer nichtbörsennotierten Einmann-AG als auch für die Versammlung einer nichtbörsennotierten Mehrpersonengesellschaft bei Anwesenheit nur eines Aktionärs bzw. Aktionärsvertreters gilt im Fall der Aufnahme einer privatschriftlichen Niederschrift nach Maßgabe von § 130 Abs. 1 Satz 3 AktG die Prämisse, dass diese vorrangig durch den Aufsichtsratsvorsitzenden und im Verhinderungsfall durch dessen Stellvertreter (§ 107 Abs. 1 Satz 3 AktG) zu unterzeichnen ist. Stehen weder der Aufsichtsratsvorsitzende noch ein Stellvertreter zur Verfügung, kann die Unterzeichnung durch den Alleinaktionär bzw. im Fall der Mehrpersonengesellschaft durch den alleinig zur Hauptversammlung erschienenen Aktionär erfolgen. Die Bestellung eines Versammlungsleiters allein für Zwecke der Unterzeichnung der Niederschrift würde auf einen unnötigen Formalismus hinauslaufen und ist deshalb verzichtbar.

3. Das Gesetz stellt im Hinblick auf die Person des Versammlungsleiters keine ausdrücklichen Vorgaben auf. Entsprechende Anforderungen müssen daher aus der Funktion des Versammlungsleiters, für eine verfahrensökonomische Abwicklung der Hauptversammlung Sorge zu tragen, abgeleitet werden. Zwingend ausgeschlossen vom Amt der Versammlungsleitung sind nur Vorstandsmitglieder und der beurkundende Notar. Auch eine provisorische Übernahme der Versammlungsleitung durch ein Vorstandsmitglied oder einen Notar ist rechtlich unzulässig, da auch den provisorischen Versammlungsleiter sämtliche mit dem Amt des Versammlungsleiters verbundenen Rechte und Pflichten treffen.

Die Versammlungsleitung kann in rechtlich zulässiger Weise durch ein Aufsichtsratsmitglied übernommen werden. Der Pflichtenbereich des Aufsichtsrats (vgl. §§ 84 Abs. 1, 111 Abs. 1, 112 Abs. 1 AktG) steht in keinem Spannungsverhältnis zum Funktionsbereich des Versammlungsleiters. Auch aus § 131 Abs. 1 Satz 1 AktG ergibt sich keine Pflichtenkollision, da die interne organschaftliche Zuständigkeit hinsichtlich des Auskunftsanspruchs der Aktionäre ausschließlich beim Vorstand angesiedelt ist.

Die Übernahme der Versammlungsleitung durch einen Aktionär ist grundsätzlich ebenfalls möglich. Zwingende Rechtsgründe, insbesondere das aktienrechtliche Gebot der Gleichbehandlung (§ 53a AktG) sowie der Verhältnismäßigkeitsgrundsatz, stehen dem nicht entgegen. Die formale Leitungskompetenz des Versammlungsleiters umfasst nicht das Recht, sich inhaltlich in die Sachdebatte einzuschalten. Der Versammlungsleiter ist aber nicht daran gehindert, seine mit der Aktionärsstellung verbundenen Mitgliedschaftsrechte, wie etwa das Rede- und Fragerecht, auszuüben. Dies gilt jedoch nur insoweit, als er das Amt der Versammlungsleitung nicht dazu einsetzt, um sich im Rahmen der Rechtsausübung unzulässige Vorteile zu verschaffen. Verstößt er gegen diesen Grundsatz, können seine Leitungsmaßnahmen aufgrund von Befangenheit zum Gegenstand einer Beschlussanfechtungsklage und eines Antrags auf Abberufung gemacht werden. Gegen eine Verquickung von Aktionärseigenschaft und Versammlungsleitung können zudem rechtspraktische Gründe sprechen. Dies ist insbesondere dann der Fall, wenn es sich um einen ausländischen Großaktionär handelt, der mit den Gepflogenheiten deutscher Hauptversammlungen nicht vertraut ist.

Schließlich kommt auch eine Übernahme der Versammlungsleitung durch unternehmensfremde Dritte in Betracht. Eine Pflichtenkollision besteht nicht, da einen gesellschaftsfremden Dritten keine gesellschaftlichen Pflichten treffen. Die Übernahme der Versammlungsleitung durch einen externen und juristisch vorgebildeten Versammlungsleiter ist zu bevorzugen. Sie bietet den Vorteil, dass rechtlich kritische Situationen professionell und unmittelbar vom Versammlungsleiter gehandhabt werden können, was wiederum den notwendigen Beratungsbedarf durch Berater des back-office reduziert. Eine externe Person fügt sich auch besser in die neutrale Stellung der Versammlungsleitung ein. Möglich ist auch die Übertragung der Versammlungsleitung auf eine juristische Person, etwa eine Rechtsberatungsgesellschaft. Insoweit ist zwecks Wahrung des Neutralitätsgebots aber darauf zu achten, dass die betreffende Gesellschaft in keinem Beratungsverhältnis zur Gesellschaft steht.

4. Versammlungssprache bei der Durchführung von Hauptversammlungen ist grundsätzlich die deutsche Sprache. Das Gesetz schließt aber nicht aus, im Wege der Beschlussfassung eine andere Fremdsprache als Versammlungssprache festzulegen. In konsequenter Umsetzung des aktienrechtlichen Grundsatzes der Aktionärsdemokratie und des Gebots der Gleichbehandlung aller Aktionäre (§ 53a AktG) sowie in Parallele zur Umsetzung wichtiger Strukturmaßnahmen ist für die Wirksamkeit einer entsprechenden Beschlussfassung eine qualifizierte Drei-Viertel-Mehrheit (§ 179 Abs. 2 Satz 1 AktG) erforderlich, aber auch ausreichend. Bei Festlegung einer nicht-deutschen Versammlungssprache muss der Versammlungsleiter für eine Simultan-Übersetzung ins Deutsche Sorge tragen. Ist der Versammlungsleiter der deutschen Sprache bzw. der durch qualifizierten Mehrheitsbeschluss festgelegten nicht-deutschen Verhandlungssprache nicht mächtig, so steht dies einer Übernahme der Versammlungsleitung nicht entgegen. Der Versammlungsleiter muss jedoch in beiden Fällen für eine Simultan-Übersetzung seiner Ausführungen in die jeweils geltende Versammlungssprache sorgen, um eine Verletzung der Mitgliedschaftsrechte der Aktionäre zu vermeiden. Ebenso muss sichergestellt werden, dass das verbale Hauptversammlungsgeschehen für den Versammlungsleiter übersetzt wird. Verstöße gegen diese Verpflichtungen verletzen die Aktionäre in ihrem Teilnahmerecht und können eine Beschlussanfechtbarkeit und in der Folge auch eine persönliche Haftung des Versammlungsleiters nach sich ziehen. Im Kontext virtueller Hauptversammlungsformate wie der Corona-HV oder der virtuellen HV-RefE kann der Versammlungsleiter auf digitale Übersetzungsprogramme zurückgreifen, auf deren Funktionsfähigkeit er sich grundsätzlich verlassen darf. Der Versammlungsleiter muss aber den Vorstand über festgestellte technische Übersetzungsmängel unverzüglich in Kenntnis setzen.

5. Im Gegensatz zum GmbH-Gesetz geht das Aktiengesetz von der Existenz eines Versammlungsleiters aus. Der Versammlungsleiter ist kein bloßer Funktionsgehilfe der Hauptversammlung, sondern eigenständiges Organ, das mit originären Rechten und Pflichten ausgestattet ist. In dieser Eigenschaft fungiert der Versammlungsleiter einerseits als internes Willensbildungsorgan, wird andererseits aber auch als externes

Vertretungsorgan für die Gesellschaft tätig; Letzteres insbesondere bei der Verhängung von Ordnungsmaßnahmen gegenüber anwesenden Aktionären oder bei Ausübung des Hausrechts gegenüber Dritten. Rechtlich zu unterscheiden ist bei der Versammlungsleitung in Parallele zur Hauptversammlung zwischen dem Organ im abstrakt-funktionellen Sinn, das fortwährend Bestand hat, und der als Organwalter fungierenden Person, die lediglich im zeitlich-räumlichen Zusammenhang mit der konkreten Hauptversammlung tätig wird. Ebenso wie im Verhältnis zwischen Aufsichtsratsmitglied und Gesellschaft entsteht zwischen Versammlungsleiter und Gesellschaft ein korporationsrechtliches Schuldverhältnis, das untrennbar mit der Organstellung verknüpft ist. Dies gilt auch dann, wenn der Versammlungsleiter durch das Gericht gemäß § 122 Abs. 3 Satz 2 AktG bestimmt wird. Neben das korporationsrechtliche Schuldverhältnis kann zudem ein schuldvertragliches Rechtsverhältnis in Form eines Auftrags (§ 662 BGB) oder eines Geschäftsbesorgungsvertrags (§ 675 BGB) treten.

Der Versammlungsleiter nimmt seine Befugnisse aus eigenem Recht wahr und leitet diese nicht lediglich von der Hauptversammlung ab. Eine Delegation der originären Leitungsbefugnisse an die Hauptversammlung ist grundsätzlich nicht möglich. Eine ausschließliche Entscheidungskompetenz der Hauptversammlung in Bezug auf Verfahrensfragen besteht nur in besonderen Ausnahmekonstellationen, so etwa bei der Vertagung der Hauptversammlung oder der Absetzung einzelner Punkte von der Tagesordnung. Die Regelung des § 131 Abs. 2 Satz 2 AktG steht der Annahme eines originären Kompetenzbereichs des Versammlungsleiters nicht entgegen, da die Vorschrift nur eine Ergänzung von dessen Befugnissen ermöglichen soll. Da die Rechte und Pflichten originär in der organschaftlichen Stellung des Versammlungsleiters wurzeln, kann die Gesellschaft nicht durch Satzungs- oder Geschäftsordnungsbestimmungen über sie disponieren. Bestimmungen i. S. v. § 131 Abs. 2 Satz 2 AktG sind zwar vom Versammlungsleiter im Rahmen seiner pflichtgemäßen Ermessensausübung zu berücksichtigen; er bleibt aber gleichwohl verpflichtet die Rechtmäßigkeit der Anordnung einer Ordnungsmaßnahme im Einzelfall selbst zu prüfen.

6. Der Versammlungsleiter kann auf Grundlage einer Bestimmung in der Satzung oder der Geschäftsordnung der Gesellschaft in sein Amt gelangen. Daneben kommt auch eine Wahl des Versammlungsleiters durch die Hauptversammlung in Betracht. Die Hauptversammlung wählt einen Versammlungsleiter, wenn eine Bestimmung des Versammlungsleiters in Satzung oder Geschäftsordnung entweder gänzlich fehlt, und auch dann, wenn die Satzung oder Geschäftsordnung keinen ersatzweisen Versammlungsleiter für den Fall vorsieht, dass die originär berufene Person die Übernahme des Amtes ablehnt oder dazu nicht in der Lage ist. Für die Wahl des Versammlungsleiters durch die Hauptversammlung reicht die einfache Stimmenmehrheit. Sie muss zwingend zu Beginn der Hauptversammlung erfolgen, um die Handlungsfähigkeit der Hauptversammlung zu gewährleisten. Die im Gesetz vorgesehene gerichtliche Bestimmung des Versammlungsleiters (§ 122 Abs. 3 Satz 2 AktG) kommt sowohl bei der Ermächtigung zur Einberufung der Hauptversammlung

als auch bei einer Ermächtigung zur Ergänzung der Tagesordnung zur Anwendung. Im letzteren Fall beschränkt sich der Funktionsbereich des gerichtlich bestellten Versammlungsleiters auf die Gegenstände des Ergänzungsverlangens. Das grundsätzlich eröffnete gerichtliche Ermessen verdichtet sich zu einer Bestimmungspflicht, wenn eine ordnungsgemäße Verhandlungsführung durch den anderenfalls berufenen Versammlungsleiter nicht gewährleistet werden kann. Davon ist insbesondere dann auszugehen, wenn sich abzeichnet, dass ein unauflöslicher Interessenkonflikt in der Person des primär zuständigen Versammlungsleiters entsteht, der seine Befangenheit dokumentiert. Eine isolierte gerichtliche Bestimmung des Versammlungsleiters ist grundsätzlich nicht möglich. Etwas anderes gilt nur dann, wenn der Vorstand dem Aktionärsminderheitsbegehren erst nach förmlicher Einleitung und Rechtshängigkeit des gerichtlichen Verfahrens nachkommt.

7. Das Amt des Versammlungsleiters endet, wenn dieser durch Beschluss der Hauptversammlung abberufen wird oder sein Amt niederlegt. Die Abberufung eines durch die Hauptversammlung gewählten Versammlungsleiters ist grundsätzlich jederzeit mit einfacher Mehrheit (§ 133 Abs. 1 AktG) möglich. Dies gilt auch dann, wenn dem Aufsichtsrat als Gesamtorgan oder dem Aufsichtsratsvorsitzenden aufgrund einer entsprechenden Satzungsbestimmung das Recht eingeräumt wird, einen (stellvertretenden) Versammlungsleiter zu bestimmen. Schreibt die Satzung die Einhaltung bestimmter Stimmenmehrheiten für die Wahl des Versammlungsleiters vor, so gilt dies auch für dessen Abwahl. Die Abberufung eines unmittelbar durch die Satzung bestimmten Versammlungsleiters ist gleichfalls mit einfacher Mehrheit (§ 133 Abs. 1 AktG) möglich, bedarf jedoch eines wichtigen Grundes, der von dem antragstellenden Aktionär schlüssig darzulegen ist. Die Voraussetzungen eines wichtigen Grundes bemessen sich anhand der Umstände des Einzelfalls. In Betracht kommen insbesondere grobe Leitungsfehler oder eine klar belegbare Befangenheit des Versammlungsleiters. Bezieht sich die Befangenheit des Versammlungsleiters nur auf einen Tagesordnungspunkt, so stellt sich eine Abwahl für die gesamte Versammlung als unverhältnismäßig dar. Stattdessen muss der Aktionärsschaft das Recht eingeräumt werden zu beantragen, dass bezogen auf den in Rede stehenden Tagesordnungspunkt eine Überleitung der Versammlungsleitung auf einen nicht befangenen stellvertretenden Versammlungsleiter erfolgt. Zukünftige oder außerhalb des Versammlungskontextes liegende Umstände können einen wichtigen Grund zur Abwahl nur dann darstellen, wenn konkrete und belastbare Anhaltspunkte dafür vorliegen, dass eine ordnungsgemäße Versammlungsleitung nicht mehr gewährleistet ist. Den Versammlungsleiter trifft eine aus dem korporationsrechtlichen Rechtsverhältnis resultierende Pflicht bei Unklarheiten in Bezug auf das Vorliegen eines wichtigen Grundes sein Amt (zusätzlich) zu einem Abwahlbeschluss präventiv niederzulegen, um etwaige Schäden aufgrund einer nachträglichen Beschlussanfechtung von der Gesellschaft abzuwenden.

Auch die Abberufung des gerichtlich bestellten Versammlungsleiters kommt bei Vorliegen eines wichtigen Grundes in Betracht, da das gerichtliche Mandat nicht von der Verpflichtung zu einer rechtskonformen Versammlungsleitung befreit. An das

Vorliegen eines wichtigen Grundes sind ebenso wie bei der Abwahl eines satzungsmäßigen Versammlungsleiters strenge Anforderungen zu stellen. Darüber hinaus bedarf die Abwahl eines gerichtlich bestellten Versammlungsleiters zwingend einer qualifizierten Drei-Viertel-Mehrheit.

Aus Sicht der Versammlungsleitung gilt, dass ein Abwahlantrag nur dann nicht zur Abstimmung zu stellen ist, wenn das Vorliegen eines wichtigen Grundes evident ausscheidet. Unbeachtlich für die Pflicht zur Stellung des Antrags ist hingegen, ob ein wichtiger Grund objektiv vorlag. Stellt der Versammlungsleiter einen Abwahlantrag pflichtwidrig nicht zur Wahl, begründet dies einen Verfahrensfehler, der zur Grundlage nachfolgender Beschlussanfechtungsklagen gemacht werden kann. Entstehen der Gesellschaft aus einer erfolgreichen Anfechtungsklage Schäden, kommt eine Regresshaftung des Versammlungsleiters in Betracht. Die Aktionäre können gegen eine rechtswidrige Zurückweisung eines Abwahlantrags durch den Versammlungsleiter mangels eines anknüpfbaren Beschlusses nicht im Wege einer Anfechtungsklage vorgehen. Um eine systemwidrige Rechtsschutzlücke zu vermeiden, ist aber die Erhebung einer positiven Beschlussfeststellungsklage möglich, sofern der Versammlungsleiter nachweislich die Beschlussfassung in Bezug auf seine Abwahl bewusst und zielgerichtet vereitelt hat.

Eine Amtsniederlegung ist für den Versammlungsleiter unabhängig davon, auf welchem Weg er in sein Amt gelangt ist, jederzeit durch Erklärung gegenüber der Hauptversammlung bzw. gegenüber dem Gericht möglich. Die Amtsniederlegung ist nicht an besondere rechtliche Voraussetzungen geknüpft, insbesondere auch nicht an das Vorliegen eines wichtigen Grundes. Eine Amtsniederlegung ohne wichtigen Grund wird jedoch in der Regel eine Pflichtverletzung darstellen. Möglich ist auch eine konkludente Amtsniederlegung. Unterlässt der Versammlungsleiter die Feststellung eines gegen ihn gerichteten Abberufungsbeschlusses, so stellt dies in der Regel keine konkludente Amtsniederlegung dar. Der Versammlungsleiter ist in diesem Fall aber aufgrund seiner organschaftlichen Treuepflicht zur Niederlegung des Amtes verpflichtet. Verstöße können bei sich anschließender Anfechtung von Beschlüssen eine Haftung des Versammlungsleiters begründen.

In Abgrenzung zur Amtsniederlegung kann der Versammlungsleiter sein Amt auch nur vorübergehend ruhen lassen, so etwa bei Übertragung auf einen nur temporär tätig werdenden Stellvertreter. In diesem Fall bedarf die Wiederaufnahme der Versammlungsleitung keiner erneuten konstitutiven Bestätigung durch die Hauptversammlung.

8. Das Amt der Versammlungsleitung kann durch mehrere Personen während einer Versammlung ausgeübt werden, sofern dies auf Grundlage einer klar definierten Funktionsaufteilung in zeitlicher und sachlicher Hinsicht, wie etwa im Fall der gerichtlichen Ermächtigung eines Versammlungsleiters für einen bestimmten Tagesordnungspunkt nach §§ 122 Abs. 3 Satz 2, Abs. 2 AktG, erfolgt. Ein simultanes Tätigwerden mehrerer Versammlungsleiter ist aufgrund der damit verbundenen Friktionen jedoch ausgeschlossen. Bei Aufspaltung der Versammlungsleitung be-

halten die von dem primär bzw. zunächst zuständigen Versammlungsleiter getroffenen Leitungsmaßnahmen ihre Gültigkeit. Ein hinzutretender bzw. übernehmender Versammlungsleiter kann die bisherigen Leitungsmaßnahmen nur dann außer Kraft setzen, wenn er damit seiner rechtlichen Pflicht zur Wahrung des Verhältnismäßigkeitsgrundsatzes und des Gebots der Gleichbehandlung aller Aktionäre nachkommt. Im Fall des § 130 Abs. 1 Satz 3 AktG ist auch die Aufnahme mehrerer privatschriftlicher Niederschriften für die jeweils von den Versammlungsleitern zu verantwortenden Versammlungsabschnitte möglich.

9. Die einzelnen Rechte und Pflichten des Versammlungsleiters sind aus dessen Funktionsauftrag, für eine ordnungsgemäße und verfahrensökonomische Abwicklung der Hauptversammlung Sorge zu tragen, abzuleiten. Die privatautonomen Regelungen der Rechte und Pflichten des Versammlungsleiters in Satzung oder Geschäftsordnung (§ 131 Abs. 2 Satz 2 AktG) müssen an dem Funktionsauftrag des Versammlungsleiters ausgerichtet sein und unterliegen dem Korrektiv allgemeiner Rechtsprinzipien, insbesondere dem Grundsatz der Verhältnismäßigkeit, dem Grundsatz der Gleichbehandlung aller Aktionäre (§ 53 a AktG) und dem Grundsatz der Satzungsstrenge (§ 23 Abs. 5 AktG). Die originären Kompetenzen des Versammlungsleiters können nicht an die Hauptversammlung delegiert werden. Sie können auch nicht durch Bestimmungen in Satzung oder Geschäftsordnung entzogen oder verkürzt werden. Möglich sind hingegen die Ordnungskompetenz des Versammlungsleiters präzisierende Regelungen nach Maßgabe von § 131 Abs. 2 Satz 2 AktG, die jedoch die genuine Ordnungskompetenz des Versammlungsleiters nicht verdrängen.

Der Versammlungsleiter kann zur Erfüllung seiner Pflichten auf Hilfskräfte zurückgreifen, sofern es sich um rechtlich gebundene Leitungsmaßnahmen handelt, die keine Ermessensentscheidung des Versammlungsleiters erfordern. Fehler der unmittelbar in seinem Pflichtenkreis eingesetzten und vom Versammlungsleiter selbst ausgewählten Hilfskräfte muss sich dieser nach Maßgabe von § 278 BGB zurechnen lassen. Darüber hinaus kann Anknüpfungspunkt für eine Pflichtverletzung des Versammlungsleiters auch ein Auswahlverschulden in Bezug auf eingesetzte Hilfskräfte sein. Der Versammlungsleiter muss sich nicht auf die Rechtsberater von Vorstand und Aufsichtsrat verweisen lassen, sondern hat Anspruch auf die Beiziehung einer nur in seinem Pflichtenkreis tätigen und juristisch geschulten Person. Deren Fehlverhalten muss sich der Versammlungsleiter, anders als bei den Beratern von Vorstand und Aufsichtsrat, zurechnen lassen.

10. Im Vorfeld der Hauptversammlung kann der Versammlungsleiter nach Maßgabe einer satzungsmäßigen Bestimmung gemäß § 121 Abs. 2 Satz 3 AktG auch für die Einberufung der Hauptversammlung zuständig sein. Gleiches gilt im Kontext des RefE für die virtuelle HV, nicht hingegen im Anwendungsbereich des COVID-19-Gesetzes. Pflichtwidrig verhält sich der Versammlungsleiter, wenn er die Hauptversammlung einberuft, ohne dafür zuständig zu sein, wenn er eine ihm obliegende Einberufung der Hauptversammlung unterlässt oder wenn eine durch ihn

erfolgte Einberufung inhaltliche Mängel aufweist. Daraus resultierende Schäden der Gesellschaft können zu einer Regresshaftung des Versammlungsleiters und zu dessen Abwahl auch noch in einer späteren Versammlung führen. Der einberufende Versammlungsleiter kann ohne Beachtung der förmlichen Vorgaben der §§ 121, 123 AktG von einer einberufenen Präsenzversammlung auf eine Hybrid-HV umschwenken. Im Fall des nachträglichen Wechsels zu einer Corona-HV oder virtuellen HV-RefE bedarf es indes zwingend einer Absage und Neueinberufung der Hauptversammlung, wobei in Bezug auf die Neueinberufung die für die Einberufung von Hauptversammlungen geltenden Beschränkungen der §§ 121, 123 AktG eingehalten werden müssen.

Der einberufende Versammlungsleiter hat die alleinige Kompetenz zur Absage der Versammlung, und zwar unabhängig davon, ob er auch für die Einberufung zuständig war. Nach förmlicher Eröffnung der Hauptversammlung geht die Absagekompetenz auf die Hauptversammlung über. Erfolgt die förmliche Eröffnung erst nach dem in der Einberufung genannten Zeitpunkt, ist dieser für den Übergang der Absagekompetenz auf die Hauptversammlung maßgeblich. Eine pflichtwidrige Absage lässt deren Wirksamkeit unberührt. Unterlaufen dem Versammlungsleiter Fehler im Zusammenhang mit der Absage, erfolgt diese insbesondere nicht rechtzeitig, kann er sich jedoch gegenüber der Gesellschaft, nicht hingegen unmittelbar gegenüber den Aktionären, haftbar machen und ggf. auch noch in einer späteren Versammlung aus wichtigem Grund abberufen werden. Gleiches gilt, wenn er sich weigert, eine von ihm einberufene Hauptversammlung auf Verlangen des Vorstands wieder abzusagen. Aktionäre, die im Vertrauen auf die Wirksamkeit der Absage an der Hauptversammlung nicht teilnehmen oder sich von ihr entfernen bzw. bei elektronischer Teilnahme sich ausloggen, sind schutzwürdig und anfechtungsberechtigt, sofern die Unwirksamkeit der Absage nicht evident ist.

11. Der Versammlungsleiter entscheidet letztverbindlich über die Zulassung von Aktionären und Gästen zur Hauptversammlung. Die diesbezügliche Entscheidungskompetenz liegt nur dann beim Vorstand, wenn der Versammlungsleiter erst nachträglich durch Wahl der Hauptversammlung in sein Amt gelangt. Zum Verantwortungsbereich des Versammlungsleiters gehört es auch den Zugang zur Hauptversammlung zu überwachen und die Identität der Einlass begehrenden Personen sowie die Teilnahmevoraussetzungen zu überprüfen. Bei Fehlern im Zusammenhang mit dem Anmeldeprozess kommt eine Pflichtverletzung des Versammlungsleiters dann nicht in Betracht, wenn der Fehler auf eine mangelhafte technische Ausstattung zurückzuführen ist, da die Verantwortung insoweit beim Vorstand in seiner Eigenschaft als organisatorischer Ausrichter der Versammlung liegt. Den Versammlungsleiter trifft aber die Pflicht, den Anmeldeprozess zu überwachen und den Vorstand auf festgestellte Mängel unverzüglich hinzuweisen. Unterlässt er dies, kann neben die Haftung des Vorstands auch eine Haftung des Versammlungsleiters gegenüber der Gesellschaft treten, sofern der Gesellschaft aus einer auf eine unzulässige Zulassung oder Nichtzulassung gestützten Beschlussanfechtungsklage ein Schaden entsteht. Nimmt die Gesellschaft im Wege eines Re-

gresses den Versammlungsleiter in die Haftung, so muss sie sich den auf den Vorstand entfallenden Verschuldensanteil gemäß § 78 Abs. 1 AktG zurechnen lassen mit der Folge einer Anspruchskürzung nach Maßgabe von § 254 Abs. 1 BGB.

Auch im Rahmen der Hybrid-HV und der virtuellen Hauptversammlung (Corona-HV und virtuelle HV-RefE) trägt der Vorstand die organisatorische Verantwortung für die technische Ausstattung der Gesellschaft. Der Versammlungsleiter muss fortlaufend überprüfen, ob die Hauptversammlung ohne technische Mängel abläuft. Festgestellte Mängel muss er im Zusammenwirken mit dem Vorstand umgehend beseitigen. Der Versammlungsleiter kann insoweit auf eigene Hilfskräfte zurückgreifen, deren Fehlverhalten diesem nach Maßgabe von § 278 BGB zuzurechnen sind.

12. Der Versammlungsleiter kann bei Präsenzversammlungen im Interesse der Sicherheit der Versammlungsteilnehmer Sicherheitskontrollen im Eingangsbereich der Hauptversammlung durchführen lassen. Einer konkreten Gefährdung im polizeirechtlichen Sinne bedarf es dazu nicht. Der Versammlungsleiter muss aber stets den Grundsatz der Gleichbehandlung der Aktionäre und den Grundsatz der Verhältnismäßigkeit beachten. Anlasslose Untersuchungen des Körpers oder mitgebrachter Taschen sind dann unverhältnismäßig, wenn alternativ ein Durchleuchtungsgerät eingesetzt werden könnte. Ein Zuständigkeitsvorrang der Polizei besteht nur bei mit der Durchführung der Hauptversammlung zusammenhängenden Störungen der öffentlichen Sicherheit und Ordnung, zum Beispiel bei Demonstrationen, Versammlungen oder Bombendrohungen.

Der Versammlungsleiter kann im Rahmen der Einlasskontrolle auch Maßnahmen zur Feststellung von Krankheitssymptomen anordnen. Der mit den Maßnahmen verbundene datenschutzrechtliche Eingriff in das allgemeine Persönlichkeitsrecht (Art. 2 Abs. 1 GG i. V. m. Art. 1 GG) ist gerechtfertigt, sofern die Maßnahmen der Umsetzung zwingender infektionsschutzrechtlicher Vorgaben dienen. Ein Anspruch der Aktionäre auf Vornahme infektionspräventiver Maßnahmen bei der Einlasskontrolle besteht nur bei gesteigerten Infektionsrisiken.

Unverhältnismäßige Eingangskontrollen greifen in das Mitgliedschaftsrecht der Aktionäre ein, wenn der Aktionär diese ablehnt und ihm infolgedessen der Zutritt zur Hauptversammlung verwehrt wird. Eine Regresshaftung des Versammlungsleiters gegenüber der Gesellschaft aufgrund daraus resultierender erfolgreicher Beschlussanfechtungsklagen bzw. Schadensersatzansprüche kommt nur dann in Betracht, wenn der Versammlungsleiter selbst die Vornahme unverhältnismäßiger oder den Gleichbehandlungsgrundsatz verletzender Sicherheitskontrollen angeordnet hat. Im Übrigen liegt die organisatorische Primärverantwortung, einschließlich der Bereitstellung des dafür notwendigen Personals, beim Vorstand. Im Rahmen einer möglichen Regresshaftung des Versammlungsleiters ist den jeweiligen Verschuldensanteilen von Vorstand und Versammlungsleiter nach Maßgabe von § 254 BGB angemessen Rechnung zu tragen.

13. Im Rahmen der laufenden Versammlung ist der Versammlungsleiter insbesondere für die Abwicklung der Tagesordnung, einschließlich der ordnungsgemäßen Führung des Teilnehmerverzeichnisses, zuständig. Er bestimmt aus alleiniger Kompetenz über die Reihenfolge der Tagesordnungspunkte sowie die Struktur der Aussprache (Einzel- oder Generaldebatte). Gleiches gilt für das Wiederaufgreifen von Tagesordnungspunkten. Sofern eine Beschlussfassung bereits erfolgt ist, bedarf es für ein Wiederaufgreifen jedoch eines vom Versammlungsleiter schlüssig darzulegenden wichtigen Grundes. Die Entscheidung über die Vertagung oder Absetzung von einzelnen Tagesordnungspunkten sowie über die Vertagung der gesamten Hauptversammlung fällt dagegen in den alleinigen Zuständigkeitsbereich der Hauptversammlung. Ein entsprechender Antrag ist vom Versammlungsleiter nur dann zur Abstimmung zu stellen, wenn ein wichtiger Grund für die Vertagung oder Absetzung seitens des Antragsstellers schlüssig dargelegt wurde. Dem Versammlungsleiter steht bezogen auf das Vorliegen eines wichtigen Grundes ein gewisser sachbezogener Beurteilungsspielraum zu. Überschreitet der Versammlungsleiter diesen, so führt dies zur Beschlussanfechtbarkeit. Bei einem etwaigen aus dem Anfechtungsprozess resultierenden Schaden der Gesellschaft ist eine Regresshaftung des Versammlungsleiters möglich.

Im Kontext einer gerichtlichen Ermächtigung einer Aktionärsminderheit nach § 122 Abs. 2, 3 AktG bezüglich der Einberufung der Hauptversammlung oder Ergänzung der Tagesordnung ist eine Absetzung oder Vertagung ohne Zustimmung der Aktionärsminderheit nicht zulässig. Kommt der Vorstand hingegen nach Maßgabe § 122 Abs. 1 AktG dem Begehren der Aktionärsminderheit nach, so müssen sich auch die von dem Aktionärsminderheitsverlangen erfassten Tagesordnungspunkte dem Votum der Hauptversammlung stellen, was eine Entscheidung über deren Absetzung oder Vertagung mit einschließt.

14. Der Versammlungsleiter kann auf Grundlage einer satzungs- oder geschäftsordnungsmäßigen Ermächtigung nach § 131 Abs. 2 Satz 2 AktG generelle und individuelle Beschränkungen des Rede- und Fragerechts anordnen und beide Rechte einem gemeinsamen zeitlichen Rahmen unterstellen. Auch jenseits dieser Ermächtigungen bleibt der Versammlungsleiter aus eigenem Recht zur Anordnung von Rede- und Fragezeitbeschränkungen befugt. Eine Einschränkung des Fragerechts ist ohne eine entsprechende satzungs- oder geschäftsordnungsmäßige Ermächtigung jedoch nur in engen Grenzen möglich, insbesondere nur dann, wenn alle Möglichkeiten einer Redezeitbeschränkung ausgeschöpft sind oder von dem Fragerecht in evident missbräuchlicher Art und Weise Gebrauch gemacht wird. Die Ermächtigung nach § 131 Abs. 2 Satz 2 AktG entfaltet für den Versammlungsleiter keine strenge Bindungswirkung. Er bleibt verpflichtet, unabhängig von der satzungs- oder geschäftsordnungsmäßigen Ermächtigung im Einzelfall zu prüfen, ob eine Beschränkung des Rede- und Fragerechts angemessen ist. Willkürliche und grundlose Überschreitungen der in Satzung oder Geschäftsordnung festgelegten Befugnisse können aber eine pflichtwidrige Ermessensausübung des Versammlungsleiters darstellen.

Als weitere Ordnungsmaßnahmen kommen ein Wortentzug, die Schließung der Rednerliste und/oder Aussprache und ein Saalverweis in Betracht. Der Versammlungsleiter muss sich bei allen Ordnungsmaßnahmen stets an den Geboten der Verhältnismäßigkeit und der Gleichbehandlung der Aktionäre (§ 53a AktG) ausrichten. Dem Versammlungsleiter stehen auch im Rahmen der Corona-HV und der virtuellen HV-RefE die gleichen Ordnungsbefugnisse zu. Beschränkungen der Rede- und Fragezeit sowie Ausschlüsse von der weiteren Versammlung sind durch forcierte Unterbrechung der Video- und Audiokommunikation umzusetzen.

15. Dem Versammlungsleiter steht in Bezug auf Beschlussanträge keine umfassende inhaltliche Prüfungskompetenz zu. Der Versammlungsleiter muss daher auch potentiell anfechtbare und nichtige Anträge zur Abstimmung zulassen. Eine Ausnahme ist nur dann zu machen, wenn der Antrag an evidenten Mängeln leidet. Ergibt sich aufgrund der dem Versammlungsleiter insoweit obliegenden Pflicht zur Vornahme einer Evidenzkontrolle eine evidente Sinnlosigkeit oder Rechtswidrigkeit, so darf er den Antrag nur dann zur Abstimmung zu stellen, wenn er mit objektiver Sicherheit davon ausgehen kann, dass der Antrag nicht angefochten wird oder, im Fall der Nichtigkeit, eine Heilung nach Maßgabe von § 242 AktG erfolgt. Die gleichen Grundsätze gelten auch bei einem Antrag nach § 147 AktG. Da es für die Geltendmachung von Ersatzansprüchen nach § 147 AktG aber weder einer sachlichen Rechtfertigung noch einer schlüssigen Darlegung der Erfolgsaussichten bzw. der Anspruchsgrundlagen bedarf, wird eine Zurückweisung aufgrund evidenter Rechtswidrigkeit insoweit nur selten in Betracht kommen.

16. Die Kompetenzbereiche von Notar und Versammlungsleiter sind strikt voneinander zu trennen. Aufgrund zahlreicher Schnittmengen ergibt sich jedoch ein erhöhter Abstimmungsbedarf zwischen diesen beiden Funktionsträgern. Als Organ der Rechtspflege muss auch der Notar auf die Ordnungsgemäßheit der Versammlungsabläufe achten. Ihn trifft in Bezug auf mögliche Verfahrensfehler aber lediglich eine Pflicht zu einer summarischen Evidenzkontrolle. Insbesondere obliegt dem Notar keine allgemeine Überwachungspflicht in Bezug auf die Stimmenauszählung. Bei Feststellung evidenter Mängel muss der Notar den Versammlungsleiter davon in Kenntnis setzen. Er darf sich aber in keinem Fall die ausschließlich dem Versammlungsleiter zustehenden Leitungskompetenzen anmaßen und auf die Hauptversammlung steuernd einwirken. Der Notar hat auch kein Recht bei Beschlüssen, die nach seiner Auffassung anfechtbar oder nichtig sind, die Protokollierung zu verweigern. Etwas anderes gilt nur bei erkennbar unerlaubten oder unredlichen Beschlusszwecken i. S. v. § 4 BeurkG i. V. m. § 14 Abs. 2 BNotO. Im Rahmen der virtuellen Hauptversammlung muss der Notar auch Feststellungen zur Identität der elektronisch teilnehmenden Teilnehmer treffen. Er muss sich dazu mit dem Versammlungsleiter abstimmen und sich mit der Funktionsweise des Online-Portals vertraut machen.

17. Haftungsrelevante Pflichtverletzungen können sich für den Versammlungsleiter aus einer Vielzahl pflichtwidriger Leitungsmaßnahmen ergeben, insbesondere

aus einer unzulässigen Übernahme der Versammlungsleitung durch eine nicht legitimierte Person, aus der rechtswidrigen Verweigerung oder Gewährung des Zutritts zur Hauptversammlung, aus rechtswidrigen Ordnungsmaßnahmen sowie aus dem pflichtwidrigen Übergehen von Verfahrensanträgen bzw. allgemein aus Verstößen gegen die Evidenzkontrollpflicht bei Beschlussanträgen. Im Rahmen der Ermittlung des Beschlussergebnisses verstößt der Versammlungsleiter dann gegen seine Pflichten, wenn er die in der organisatorischen Verantwortung des Vorstands liegende Auszählung nicht adäquat überwacht bzw. überwachen lässt und bei festgestellten Mängeln, insbesondere bei evident ungültigen Stimmabgaben, nicht auf eine Beseitigung hinwirkt. Die Gewährleistung der Funktionsfähigkeit der elektronischen Prozesse im Rahmen der Hybrid-HV und von virtuellen Hauptversammlungen (Corona-HV und virtuelle HV-RefE) obliegt primär dem Vorstand. Den Versammlungsleiter trifft in Bezug auf die Störungsfreiheit aber eine Überwachungspflicht. Bei festgestellten Mängeln muss er den Vorstand unverzüglich informieren, um eine schnellstmögliche Mängelbeseitigung zu ermöglichen.

18. Die Organhaftungsvorschriften der §§ 93 Abs. 2, 116 Satz 1 AktG sind weder direkt noch analog auf den Versammlungsleiter anwendbar. Eine Innenhaftung des Versammlungsleiters gegenüber der Gesellschaft hat ihre normative Grundlage daher in § 280 BGB. Als haftungsbegründendes Rechtsverhältnis dient primär ein korporationsrechtliches Rechtsverhältnis, das zwischen dem Versammlungsleiter und der Gesellschaft im Zeitpunkt der Übernahme der Versammlungsleitung zur Entstehung gelangt. Daneben kann als weitere schuldvertragliche Haftungsgrundlage ein Auftragsverhältnis (§ 662 BGB) oder ein Geschäftsbesorgungsvertrag (§§ 662, 675 BGB) treten, deren Abschluss von der Gesellschaft in einem etwaigen Haftungsprozess nachzuweisen ist. Das Zustandekommen dieses weiteren schuldvertraglichen Rechtsverhältnisses kann auch auf konkludentem Weg erfolgen. Ein konkludentes Angebot kann in der Beauftragung durch den Vorstand, in dem Wahlbeschluss in der Hauptversammlung sowie in einer Bestimmung durch den Aufsichtsratsvorsitzenden oder Aufsichtsrat liegen, sofern diesem die Befugnis zur Bestimmung des Versammlungsleiters in der Satzung zugewiesen wurde. Das Gericht hat im Fall der Bestellung des Versammlungsleiters nach § 122 Abs. 3 Satz 2 AktG kein Mandat einen schuldrechtlichen Vertrag mit Wirkung für und gegen die Gesellschaft abzuschließen. Die Aktionärsminderheit kann in diesem Fall aber im eigenen Namen einen entsprechenden Vertrag abschließen und die Kosten nach Maßgabe von § 122 Abs. 4 AktG an die Gesellschaft weiterreichen.

Für eine deliktsrechtliche Haftung des Versammlungsleiters gegenüber der Gesellschaft nach § 823 Abs. 1 AktG ist kein Raum, da das Vermögen der Gesellschaft kein absolutes, dem Schutzbereich des § 823 Abs. 1 BGB unterfallendes Recht darstellt. Eine Haftung auf Grundlage von § 823 Abs. 2 BGB kommt dann in Betracht, wenn dem Versammlungsleiter im Zusammenhang mit der Überprüfung von Stimmverboten Fehler unterlaufen, da § 136 AktG als Schutzgesetz zugunsten der Gesellschaft zu qualifizieren ist. Da die primäre organisatorische Verantwortung für den Auszählungsvorgang aber beim Vorstand bzw. den von diesem eingesetzten

Hilfskräften liegt, kommt eine persönliche Haftung des Versammlungsleiters nur dann in Betracht, wenn die Missachtung und fehlerhafte Berücksichtigung eines Stimmverbots auf eine fehlerhafte Einschätzung des Versammlungsleiters zurückgeführt werden kann. § 266 StGB kommt als mögliches Schutzgesetz hingegen nicht in Betracht, da der Versammlungsleiter aufgrund seiner nur punktuellen Tätigkeit keiner auf Dauer angelegten Vermögensbetreuungspflicht gegenüber der Gesellschaft unterliegt. Möglich ist eine Haftung auf Grundlage von § 826 BGB, wobei der Nachweis einer vorsätzlichen sittenwidrigen Schädigung des Versammlungsleiters in der Praxis jedoch kaum zu führen sein wird.

19. Im Außenverhältnis gegenüber den Aktionären kommt eine Haftung des Versammlungsleiters auf schuldrechtlicher Grundlage nicht in Betracht, da zwischen Versammlungsleiter und Aktionären weder ein korporationsrechtliches noch ein schuldvertragliches Rechtsverhältnis besteht. Ebenso gibt es keine Grundlage für die Annahme eines vorvertraglichen Rechtsverhältnisses, so dass auch eine Haftung nach §§ 280 Abs. 1, 311 Abs. 2 u. 3, 241 Abs. 2 BGB ausscheidet. Auch eine Haftung nach § 311 Abs. 3 BGB kommt nicht in Betracht, da der Versammlungsleiter als unabhängiges Organ und nicht etwa als Gehilfe des Vorstands handelt.

Eine deliktsrechtliche Haftung nach Maßgabe von § 823 Abs. 1 BGB gegenüber den Aktionären ist möglich, da das Mitgliedschaftsrecht der Aktionäre als sonstiges Recht dem Schutzbereich des § 823 Abs. 1 BGB unterfällt. Ein daraus resultierender ersatzfähiger Schaden der Aktionäre kann sich im Rahmen der Präsenzversammlung insbesondere aus nutzlos aufgewendeten Anfahrts- bzw. Reisekosten ergeben. Sofern sich eine pflichtwidrige, in das Mitgliedschaftsrecht eingreifende Maßnahme des Versammlungsleiters gleichzeitig in einer Minderung des Gesellschaftsanteils niederschlägt, kann der Aktionär nach den Grundsätzen der Schadenskongruenz nur Ersatz an die Gesellschaft verlangen. Etwas anderes gilt aber dann, wenn die Gesellschaft den Innenhaftungsanspruch gegenüber dem Versammlungsleiter nicht durchsetzen kann oder will oder der Anspruch aufgrund einer individuell vereinbarten (nicht hingegen satzungsmäßigen) Haftungsbeschränkung schon nicht zur Entstehung gelangt ist.

Verstöße gegen die Pflicht zur ordnungsgemäßen Führung des Teilnehmerverzeichnisses (§ 129 Abs. 1 Satz 2 AktG) oder die Aufnahme der privatschriftlichen Niederschrift (§ 130 Abs. 1 Satz 3 AktG) können nach Maßgabe von § 823 Abs. 2 BGB i. V. m. § 129 Abs. 1 Satz 2 AktG bzw. §§ 131 Abs. 5, 245 Nr. 1 AktG zu einer Schadensersatzpflicht gegenüber den Aktionären führen. Eine Haftung nach § 826 BGB, die aber in der Praxis schwerlich nachweisbar sein wird, ist sowohl gegenüber den Aktionären als auch gegenüber gesellschaftsexternen Teilnehmern der Hauptversammlung möglich.

20. Den Versammlungsleiter trifft bei Ausübung seines Amtes ein nicht unerhebliches Haftungsrisiko. Die gebotene Begrenzung dieses Haftungsrisikos kann nicht im Wege einer Gesamtanalogie zu den gesetzlichen Haftungsbeschränkungen (§§ 521, 599 BGB bzw. §§ 690, 277 BGB) erreicht werden, da es insoweit an den

Voraussetzungen für eine Analogiebildung fehlt. Auch auf den Gesichtspunkt der Fremdnützigkeit der Versammlungsleitung lässt sich eine Haftungsbeschränkung nicht stützen. Gleiches gilt für eine entsprechende Heranziehung der Business Judgment Rule gemäß § 93 Abs. 1 Satz 2 AktG oder eine Haftungsbegrenzung auf Grundlage einer Legal Judgment Rule. Die gebotene Haftungsbegrenzung muss vielmehr auf der Verschuldensebene ansetzen. Eine Haftung des Versammlungsleiters ist in Anlehnung an die Rechtsprechung des BGH zum Verwalter von Wohneigentum nach den Grundsätzen eines entschuldigenden Rechtsirrtums ausgeschlossen, wenn der Versammlungsleiter mit der gebotenen Sorgfalt zu der Einschätzung gelangt ist, dass seine Entscheidung rechtmäßig ist. In rechtspraktischer Hinsicht kann eine Haftungsbegrenzung durch den Einsatz eines professionellen und juristisch versierten Versammlungsleiters und/oder den Abschluss einer die Haftungsschäden aus der Versammlungsleitung abdeckenden D&O-Versicherung erreicht werden. Möglich ist zudem eine (ausdrücklich zu vereinbarende) individualvertragliche Haftungsbeschränkung mit der Gesellschaft oder eine Haftungsbeschränkung auf Grundlage einer satzungs- oder geschäftsordnungsmäßigen Bestimmung.

21. Der Vorstand hat in Bezug auf die Frage der Durchsetzung von Ansprüchen gegen den Versammlungsleiter einen relativ weiten Ermessensspielraum. Er kann von einer Anspruchsdurchsetzung bereits dann absehen, wenn vernünftige Gründe für diese Entscheidung vorliegen. Eine Absicherung der Anspruchsdurchsetzung aufgrund einer analogen Anwendung der §§ 147, 148 AktG kommt mangels vergleichbarer Interessenlage nicht in Betracht.

22. Im Rahmen eines auf einen Leitungsfehler zurückgehenden und gegen die Gesellschaft geführten Anfechtungsprozesses kommt dem Versammlungsleiter trotz gegebenen Sachzusammenhangs des Prozesses zur Sphäre der Versammlungsleitung keine Kompetenz zur gerichtlichen Vertretung der Gesellschaft zu. Die Gesellschaft kann aber in Vorbereitung eines sich im Falle des Unterliegens anschließenden Regressprozesses dem Versammlungsleiter nach Maßgabe von § 72 ZPO den Streit verkünden. Der Versammlungsleiter hat zudem die Befugnis, nicht dagegen die Pflicht, zur Nebenintervention nach § 66 Abs. 1 ZPO. Dem Versammlungsleiter ist als Organ Parteifähigkeit nach § 50 ZPO zuzuerkennen, so dass sowohl die Gesellschaft in einem etwaigen Regressprozess als auch die Aktionäre oder gesellschaftsfremde Dritte diesen in seiner Eigenschaft als Gesellschaftsorgan verklagen können.

23. Für die Versammlungsleitung ergibt sich im Rahmen einer virtuellen Hauptversammlung insbesondere der Vorteil einer größeren Praktikabilität in der Handhabung der Versammlungsprozesse. So können Ordnungsmaßnahmen effizient und geräuschlos über das Online-Portal umgesetzt werden. Auch entfällt das Erfordernis einer Aufteilung auf mehrere Räume und das damit verbundene Problem der Übertragung der Hauptversammlung in sämtliche Nebenräume. Demgegenüber steht das Risiko einer signifikanten Erhöhung des Frage- und Redevolumens auf-

grund der vereinfachten elektronischen Teilnahmemöglichkeit sowie die Gefahr, dass querulierende Aktionäre die digitalen Erleichterungen ausnutzen, um die Versammlung gezielt zu behindern. Insgesamt ist die Versammlungsleitung im Kontext virtueller Hauptversammlungsformate im Vergleich zur Präsenzversammlung in deutlich höherem Maße von der Funktionsfähigkeit und Verlässlichkeit der technischen Infrastuktur abhängig.

24. Die Corona-HV hat aufgrund der weitreichenden Einschränkungen der Aktionärsrechte zu einer substanziellen Marginalisierung des Funktionsbereichs des Versammlungsleiters geführt. Der RefE für die virtuelle HV stellt die Aktionärsrechte in der Versammlung zum Teil wieder her. Die Auswirkungen auf die Versammlungsleitung sind ambivalent zu beurteilen. Zum einen führt der RefE für die virtuelle HV durch die Vorverlagerung von Entscheidungs- und Informationsprozessen und die Verschiebung von leitungsbezogenen Kompetenzen hin zum Vorstand zu einer Entlastung der Versammlungsleitung. Andererseits ergeben sich aufgrund des Fehlens klar definierter Befugnisse des Versammlungsleiters und teils unpräziser Begrifflichkeiten neue rechtliche Unsicherheiten für die Versammlungsleitung. Dem hat der Gesetzgeber durch gesetzliche Nachjustierungen Rechnung zu tragen.

# Literaturverzeichnis


*Altmeppen*, Holger: GmbHG Kommentar, 20. Auflage, München 2021 (zit.: *Altmeppen*, GmbHG Komm.).

*Ammon*, Ludwig/*Görlitz*, Stephan: Die kleine Aktiengesellschaft, Bielefeld 1995 (zit.: *Ammon/Görlitz*).

*Anders*, Ines: Die Geschäftsordnung der Hauptversammlung gemäß § 129 Abs. 1 S. 1 AktG, Bochum 2004, zugl. Diss. Bochum 2003 (zit.: *Anders*, GO der HV).

*Andres*, Ingrid/*Kujović*, Adela: Anfechtungs- und Haftungsrisiken bei Hauptversammlungen nach dem COVID-19-Gesetz, GWR 2020, S. 213–216.

*Angerer*, Lutz: Die Beschränkung des Rede- und Fragerechts des Aktionärs in der Hauptversammlung, ZGR 2011, S. 27–37.

*Angerer*, Lutz/*Backhaus*, Richard: Der Hauptversammlungsnotar als Zeuge im Beschlussmängelstreit, AG 2022, S. 16–21.

*Armbrüster*, Christian: Zur uneinheitlichen Stimmrechtsausübung im Gesellschaftsrecht, in: Westermann, Harm Peter/Mock, Klaus (Hrsg.), Festschrift für Gerold Bezzenberger zum 70. Geburtstag, Berlin 2000, S. 3–21.

*Arnold*, Michael: Beteiligung von Investmentgesellschaften und Hedgefonds an börsennotierten Gesellschaften, ZHR (185) 2021, S. 281–318.

*Arnold*, Michael: Kann das Fragerecht durch den Versammlungsleiter beschränkt werden?, AG-Report 2003, R329.

*Arnold*, Michael/*Steffen*, Peter/*Götze*, Carl Cornelius: Aktuelle Fragen bei der Durchführung der Hauptversammlung, AG 2011, S. 349–361.

*Atta*, Jasmin: Ausgewählte Fragestellungen virtueller und hybrider Hauptversammlungen nach dem COVID-19-Gesetz, WM 2020, S. 1047–1053.

*Austmann*, Andreas: Verfahrensanträge in der Hauptversammlung, in: Krieger, Gerd/Lutter, Marcus/Schmidt, Karsten (Hrsg.), Festschrift für Michael Hoffmann-Becking zum 70. Geburtstag, München 2013, S. 45–74.

*Bachmann*, Gregor: Anfechtbarkeit von Hauptversammlungsbeschlüssen bei sachwidriger Redezeitbeschränkung (Kurzkommentar zu LG München I, Urt. v. 14.10.1999 – 5HK O 8024/98 – „Macrotron AG"), EWiR 2000, S. 157–158.

*Bachmann*, Gregor: Die Einmann-AG, NZG 2001, S. 961–971.

*Bachmann*, Gregor: Die Geschäftsordnung der Hauptversammlung, AG 1999, S. 210–215.

*Bachmann*, Gregor: Reform der Organhaftung? – Materielles Haftungsrecht und seine Durchsetzung in privaten und öffentlichen Unternehmen, in: Ständige Deputation des Deutschen Juristentages (Hrsg.), Verhandlungen des 70. Deutschen Juristentages Hannover 2014 (Band I: Gutachten), München 2014, E 1 – E 124.

*Balthasar*, Stephan/*Hamelmann*, Uwe: Finanzkrise und Vorstandshaftung nach § 93 Abs. 2 AktG: Grenzen der Justiziabilität unternehmerischer Entscheidungen, WM 2010, S. 589–594.

*Baumbach*, Adolf (Begr.)/*Hueck*, Alfred/*Hueck*, Götz (Hrsg.): Aktiengesetz, 13. Auflage, München 1968 (zit.: *Baumbach/Hueck*, AktG, 13. Aufl. 1968).

*Baums*, Theodor/*Keinath*, Astrid/*Gajek*, Daniel: Fortschritte bei Klagen gegen Hauptversammlungsbeschlüsse? Eine empirische Studie, ZIP 2007, S. 1629–1650.

*Bayer*, Walter: Das Freigabeverfahren gem. § 246a AktG idF des ARUG als Instrument zur Bekämpfung räuberischer Aktionäre, in: Krieger, Gerd/Lutter, Marcus/Schmidt, Karsten (Hrsg.), Festschrift für Michael Hoffmann-Becking zum 70. Geburtstag, München 2013, S. 91–123.

*Bayer*, Walter: Legalitätspflicht der Unternehmensleitung, nützliche Gesetzesverstöße und Regress bei verhängten Sanktionen – dargestellt am Beispiel von Kartellverstößen –, in: Bitter, Georg/Lutter, Marcus/Priester, Hans-Joachim/Schön, Wolfgang/Ulmer, Peter (Hrsg.), Festschrift für Karsten Schmidt zum 70. Geburtstag, Köln 2009, S. 85–103.

*Bayer*, Walter: Vorstandshaftung in der AG de lege lata und de lege ferenda, NJW 2014, S. 2546–2550.

*Bayer*, Walter/*Hoffmann*, Thomas: Beschlussmängelklagen-Monitor 2019/2020, AG 2021, R147 – R151.

*Bayer*, Walter/*Hoffmann*, Thomas: Hauptversammlungsleitung: Statutarische Regelungen, AG-Report 2012, R339 – R341.

*Bayer*, Walter/*Scholz*, Philipp/*Weiß*, Christian: Anmeldung und Berechtigungsnachweis bei Einberufung einer Hauptversammlung durch die Aktionärsminderheit gem. § 122 Abs. 3 AktG, AG 2013, S. 742–752.

*Bayer*, Walter/*Scholz*, Philipp/*Weiß*, Christian: Die Absage der Hauptversammlung durch den Vorstand im Kontext des § 122 AktG, ZIP 2014, S. 1–9.

*Beck*, Lukas: Versammlungsleitung ohne Aufsichtsratsvorsitzenden, AG 2014, S. 275–279.

*Bezzenberger*, Gerold: Die Geschäftsordnung der Hauptversammlung, ZGR 1998, S. 352–366.

*Bezzenberger*, Gerold: Die Niederschrift über eine beurkundungsfreie Hauptversammlung, in: Bundesnotarkammer (Hrsg.), Festschrift für Helmut Schippel zum 65. Geburtstag, München 1996, S. 361–386.

*Blanke*, Gernot: Private Aktiengesellschaft und Deregulierung des Aktienrechts, BB 1994, S. 1505–1512.

*Blasche*, Sebastian: Auswirkungen von Verstößen gegen das KWG sowie von Abweichungen von den MaRisk auf die zivilrechtliche Haftung des Bankvorstands, WM 2011, S. 343–351.

*Blasche*, Sebastian: Zur Erforderlichkeit eines Versammlungsleiters bei der Einpersonen-Aktiengesellschaft, AG 2017, S. 16–22.

*Böbel*, Thomas: Die Rechtsstellung der besonderen Vertreter gem. § 147 AktG, Frankfurt a. M. 1999, zugl. Diss. Tübingen 1998.

*Boesebeck*, Ernst: In-Sich-Geschäfte des Gesellschafter-Geschäftsführers einer Einmann-GmbH, NJW 1961, S. 481–485.

*Brambring*, Günter: Abschluss der Hauptversammlungsniederschrift, in: Moll, Wilhelm (Hrsg.), Festschrift für Hans-Jochem Lüer zum 70. Geburtstag, München 2008, S. 161–172.

*Bredol*, Martin: „Noch offene Fragen?" – Zur Nachfrageobliegenheit des Aktionärs auf der Hauptversammlung, NZG 2012, S. 613–616.

*Brodmann*, Erich: Aktienrecht Kommentar, Berlin und Leipzig 1928.

*Brox*, Hans: Fehler bei der Leitung einer Hauptversammlung und ihre Folgen, DB 1965, S. 731–735.

*Brox*, Hans: Nochmals: Fehler bei der Leitung einer Hauptversammlung und ihre Folgen, DB 1965, S. 1203–1204.

*Buchta*, Jens: Einstweiliger Rechtsschutz gegen Fassung und Ausführung von Gesellschafterbeschlüssen, DB 2008, S. 913–917.

*Bücker*, Thomas/*Kulenkamp*, Sabrina/*Schwarz*, Simon/*Seibt*, Christoph/*Bonin*, Gregor von: Praxisleitfaden zur virtuellen Hauptversammlung (COVID-19-Pandemie-AuswBekG), DB 2020, S. 775–783.

*Buck-Heeb*, Petra: Die Haftung von Mitgliedern des Leitungsorgans bei unklarer Rechtslage, BB 2013, S. 2247–2257.

*Bungert*, Hartwin: Die UMAG-Hauptversammlung aus Sicht des Praktikers, in: Gesellschaftsrechtliche Vereinigung (VGR) (Hrsg.), Gesellschaftsrecht in der Diskussion 2004, Köln 2005, S. 59–101.

*Bungert*, Hartwin: Hauptversammlungen deutscher Aktiengesellschaften und Auslandsbezug, AG 1995, S. 26–35.

*Bungert*, Hartwin/*Rieckers*, Oliver: Die virtuelle Hauptversammlung in Permanenz – RefE zur Änderung des AktG vorgelegt, DB 2022, S. 581–590.

*Bungert*, Hartwin/*Strothotte*, Christian: Praxisfragen der virtuellen Hauptversammlung – Zugleich Besprechung des Urteils des LG Frankfurt/M. vom 23.02.2021–3–05 O 64/20, Deutsche Bank, DB 2021, S. 830–835.

*Bunke*, Caspar: Fragen der Vollmachtserteilung zur Stimmrechtsausübung nach §§ 134, 135 AktG, AG 2002, S. 57–72.

*Burgard*, Ulrich: Das Gesetz zur Begrenzung der Haftung von ehrenamtlich tätigen Vereinsvorständen, ZIP 2010, S. 358–365.

*Bürgers*, Tobias/*Körber*, Torsten/*Lieder*, Jan (Hrsg.): Heidelberger Kommentar zum Aktiengesetz, 5. Auflage, Heidelberg 2021 (zit.: *Bearbeiter*, in: Bürgers/Körber/Lieder AktG).

*Butenschön*, J.: Die Beschränkung der Redezeit der Aktionäre in der Hauptversammlung der Aktiengesellschaft durch den Vorsitzer, BB 1958, S. 398–400.

*Butzke*, Volker: Die Abwahl des Versammlungsleiters – ein neues Betätigungsfeld für „kritische" Aktionäre?, ZIP 2005, S. 1164–1168.

*Butzke*, Volker: Die Hauptversammlung der Aktiengesellschaft, 5. Auflage, Stuttgart 2011 (zit.: *Butzke*, HV AG).

*Butzke*, Volker: Umgang mit zulässigen Ergänzungsverlangen, in: Spindler, Gerald/Wilsing, Hans-Ulrich/Butzke, Volker (Hrsg.), Festschrift für Reinhard Marsch-Barner zum 75. Geburtstag, München 2018, S. 103–118.

*Chmielewicz*, Klaus: Zur Problematik einer kleinen oder privaten Aktiengesellschaft, in: Eichhorn, Peter (Hrsg.), Unternehmensverfassung in der privaten und öffentlichen Wirtschaft – Festschrift für Prof. Dr. Erich Potthoff zur Vollendung des 75. Lebensjahres, Baden-Baden 1989, S. 164–176.

*Claussen*, Carsten: Hauptversammlung und Internet, AG 2001, S. 161–171.

*Cyglakow*, Kristina: Die virtuelle Hauptversammlung, Jena 2021, zugl. Diss. Jena 2021 (zit.: *Cyglakow*, Virtuelle HV).

*Damm*, Reinhard: Einstweiliger Rechtsschutz im Gesellschaftsrecht, ZHR (154) 1990, S. 413–442.

*Danwerth*, Christopher: Die erste Saison der virtuellen Hauptversammlung börsennotierter Unternehmen, AG 2020, S. 776–789.

*Danwerth*, Christopher: Die virtuelle Hauptversammlung – Dritter Akt! Letzter Akt?, AG 2021, R283 – R284.

*Danwerth*, Christopher: Die zweite Saison der virtuellen Hauptversammlung der Unternehmen der DAX-Indexfamilie, AG 2021, S. 613–627.

*Decher*, Christian E.: Der Aufsichtsratsvorsitzende als Versammlungsleiter der Hauptversammlung – ein Zwitter?, in: Gehle, Burkhard/Hirte, Heribert/Lochner, Daniel (Hrsg.), Festschrift für Thomas Heidel, Baden-Baden 2021, S. 201–229.

*Decher*, Christian E.: Die kritische Hauptversammlung, in: Hoffmann-Becking, Michael/ Ludwig, Rüdiger (Hrsg.), Liber amicorum Wilhelm Happ zum 70. Geburtstag, Köln 2006, S. 17–30.

*Deutsches Notarinstitut*: Ausländische Sprache bei der Hauptversammlung einer AG und notarielle Hauptversammlungsniederschrift, DNotI-Report 2003, S. 81–82.

*Diekmann*, Hans/*Leuering*, Dieter: Der Referentenentwurf eines Gesetzes zur Unternehmensintegrität und Modernisierung des Anfechtungsrechts (UMAG), NZG 2004, S. 249–257.

*Dietrich*, Christian: Voraussetzungen und Inhalte einer Geschäftsordnung der Hauptversammlung, NZG 1998, S. 921–929.

*Drewes*, Klaus: Die Generalversammlung der Aktiengesellschaft, Stuttgart 1933 (zit.: Die Generalversamlung der AG).

*Drinhausen*, Florian/*Eckstein*, Hans-Martin (Hrsg.): Beck'sches Handbuch der AG, 3. Auflage, München 2018 (zit.: *Bearbeiter*, in: Beck'sches Hdb. AG).

*Drinhausen*, Florian/*Keinath*, Astrid: Referentenentwurf eines Gesetzes zur Einführung virtueller Hauptversammlungen von Aktiengesellschaften, BB 2022, S. 451–460.

*Drinhausen*, Florian/*Marsch-Barner*, Reinhard: Zur Rechtsstellung des Aufsichtsratsvorsitzenden als Leiter der Hauptversammlung einer börsennotierten Gesellschaft, AG 2014, S. 757–769.

*Drinkuth*, Henrik/*Heider*, Karsten: WpHG aus Sicht des Versammlungsleiters einer Hauptversammlung, in: Klöhn, Lars/Mock, Sebastian (Hrsg.), Festschrift 25 Jahre WpHG, Berlin 2019, S. 237–272.

*Drygala*, Tim/*Staake*, Marco/*Szalai*, Stephan: Kapitalgesellschaftsrecht, Berlin 2012 (zit.: *Drygala/Staake/Szalai*, KapitalGesR).

*Dubovitskaya*, Elena: Das Krisengesetz als Ideengrube für die künftige virtuelle Hauptversammlung, NZG 2020, S. 647–653.

*Duden*, Konrad: Gleichbehandlung bei Auskünften an Aktionäre, in: Taschner, Hans Claudius/König, Detlef/Kreuzer, Karl F./Leser, Hans G./Bieberstein, Wolfgang Frhr. Marschall von/Schlechtriem, Peter (Hrsg.), Festschrift für Ernst von Caemmerer zum 70. Geburtstag, Tübingen 1978, S. 499–516.

*Dürr*, Boris/*Kuthe*, Thorsten/*Sickinger*, Mirko: Der Referentenentwurf eines Gesetzes zur Einführung virtueller Hauptversammlungen von Aktiengesellschaften, ZIP 2022, S. 363–367.

*Eichten*, Rouven/*Weinmann*, Philipp Sebastian: Beeinträchtigungen von Aktionärsinteressen durch COVID-19 – Hauptversammlung und Dividende im Lichte der Pandemie, DStR 2020, S. 2314–2319.

*Ek*, Ralf: Praxisleitfaden für die Hauptversammlung, 3. Auflage, München 2018 (zit.: *Ek*, Praxisleitfaden HV).

*Erman*, Walter: Einige Fragen zur Hauptversammlung der Aktiengesellschaft, AG 1964, S. 101–102.

*Falkenhausen*, Joachim Frhr. von/*Kocher*, Dirk: Abwahlanträge gegen satzungsmäßig bestimmte Hauptversammlungsleiter, BB 2005, S. 1068–1070.

*Falkenhausen*, Kurt Frhr. von: Die nächste Hauptversammlung, BB 1966, S. 337–344.

*Faßbender*, Karl-Josef: Die Hauptversammlung der Aktiengesellschaft aus notarieller Sicht, RNotZ 2009, S. 425–457.

*Fleischer*, Holger: Das Gesetz zur Unternehmensintegrität und zur Modernisierung des Anfechtungsrechts, NJW 2005, S. 3525–3530.

*Fleischer*, Holger: Die „Business Judgment Rule“: Vom Richterrecht zur Kodifizierung, ZIP 2004, S. 685–692.

*Fleischer*, Holger: Gesetz und Vertrag als alternative Problemlösungsmodelle im Gesellschaftsrecht – Prolegomena zu einer Theorie gesellschaftsrechtlicher Regelsetzung, ZHR (168) 2004, S. 673–707.

*Fleischer*, Holger: Konturen der kapitalmarktrechtlichen Informationsdeliktshaftung, ZIP 2005, S. 1805–1812.

*Fleischer*, Holger: Rechtsrat und Organwalterhaftung im Gesellschafts- und Kapitalmarktrecht, in: Kindler, Peter/Koch, Jens/Ulmer, Peter/Winter, Martin (Hrsg.), Festschrift für Uwe Hüffer zum 70. Geburtstag, München 2010, S. 187–203.

*Fleischer*, Holger/*Goette*, Wulf (Hrsg.): Münchener Kommentar GmbHG (Band 2: §§ 35–52), 2. Auflage, München 2016 (zit.: *Bearbeiter*, in: MünchKomm. GmbHG).

*Franzmann*, Georg/*Brouwer*, Tobias: Wege zu einer verbesserten Aktionärsbeteiligung – Überlegungen und Vorschläge zur Reform der Hauptversammlung, AG 2020, S. 921–929.

*Frizen*, Klaus: Der Einfluß der Hauptversammlung in der Publikums-Aktiengesellschaft, DB 1981, S. 277–281.

*Frodermann*, Jürgen/*Jannott*, Dirk (Hrsg.): Handbuch des Aktienrechts, 9. Auflage, Heidelberg 2017 (zit.: *Bearbeiter*, in: Frodermann/Jannott, Hdb. AktR).

*Fuhrmann*, Lambertus/*Heinen*, Alexander/*Schilz*, Lukas: Gesetzliche Beurteilungs- und Ermessensspielräume als „spezialgesetzliche Business Judgment Rule", NZG 2020, S. 1368–1378.

*Gadow*, W./*Heinichen*, E./*Schmidt*, Eberhard/*Schmidt*, W./*Weipert*, O. (Begr.): Großkommentar Aktiengesetz, 2. Auflage, Berlin 1961 (zit.: *Bearbeiter*, in: Großkomm. AktG, 2. Aufl. 1961).

*Gantenberg*, Philipp: Die Reform der Hauptversammlung durch den Regierungsentwurf eines Gesetzes zur Unternehmensintegrität und Modernisierung des Anfechtungsrechts – UMAG, DB 2005, S. 207–2121.

*Gärditz*, Klaus: Grundrechtsschutz in der Pandemie, NJW 2021, S. 2761–2766.

*Gehrlein*, Markus: Der Anspruch auf Einsicht in ein Hauptversammlungsprotokoll – eine gesetzesferne, aber interessengerechte Rechtsschöpfung, WM 1994, S. 2054–2058.

*Geßler*, Ernst/*Hefermehl*, Wolfgang/*Eckardt*, Ulrich/*Kropff*, Bruno (Hrsg.): Kommentar zum Aktiengesetz (Band II: §§ 76–147), 2. u. 5. Lieferung, München 1973/1974 (zit.: *Bearbeiter*, in: G/H/E/K, Kommentar AktG).

*Geßler*, Jörg H. (Begr.)/*Käpplinger*, Markus (Hrsg.): Aktiengesetz Kommentar (Band 1: §§ 1–179), 78. Aktualisierungslieferung (Stand: Dezember 2019), Köln (zit.: *Geßler*, Komm. AktG).

*Godin*, Reinhard Frhr. von/*Wilhelim*, Hans (Begr.)/*Wilhelmi*, Silvester (Hrsg.): Aktiengesetz vom 6. September 1965 Kommentar (Band I: §§ 1–178), 4. Auflage, Berlin 1971 (zit.: *Bearbeiter*, in: von Godin/Wilhelmi, AktG Kommentar).

*Goette*, Wulf/*Habersack*, Mathias (Hrsg.): Münchener Kommentar Aktiengesetz (Band 1: §§ 1–75), 5. Auflage, München 2019 (zit.: *Bearbeiter*, in: MünchKomm. AktG).

*Goette*, Wulf/*Habersack*, Mathias (Hrsg.): Münchener Kommentar Aktiengesetz (Band 2: §§ 76–117), 5. Auflage, München 2019 (zit.: *Bearbeiter*, in: MünchKomm. AktG).

*Goette*, Wulf/*Habersack*, Mathias (Hrsg.): Münchener Kommentar Aktiengesetz (Band 3: §§ 118–178), 5. Auflage, München 2022 (zit.: *Bearbeiter*, in: MünchKomm. AktG).

*Goette*, Wulf/*Habersack*, Mathias (Hrsg.): Münchener Kommentar Aktiengesetz (Band 4: §§ 179–277), 5. Auflage, München 2021 (zit.: *Bearbeiter*, in: MünchKomm. AktG).

*Götze*, Cornelius: Die Änderungen im Recht der virtuellen Hauptversammlung nach dem Gesetz zur weiteren Verkürzung des Restschuldbefreiungsverfahrens, NZG 2021, S. 213–216.

*Götze*, Cornelius/*Roßkopf*, Gabriele: Die Hauptversammlung nach dem Gesetz zur Abmilderung der Folgen der COVID-19-Pandemie im Zivil-, Insolvenz- und Strafverfahrensrecht, DB 2020, S. 768–774.

*Grigoleit*, Hans Christoph (Hrsg.): Kommentar Aktiengesetz, 2. Auflage, München 2020 (zit.: *Bearbeiter*, in: Grigoleit, AktG).

*Gross*, Wolfgang: Abwahl des durch die Satzung bestimmten Leiters der Hauptversammlung?, in: Hoffmann-Becking, Michael/Ludwig, Rüdiger (Hrsg.), Liber amicorum Wilhelm Happ zum 70. Geburtstag, Köln 2006, S. 31–47.

*Groß*, Wolfgang: Informations- und Auksunftsrecht des Aktionärs, AG 1997, S. 97–107.

*Grüner*, Michael: Zeitliche Einschränkungen des Rede- und Fragerechts auf Hauptversammlungen, NZG 2000, S. 770–779.

*Grunewald*, Barbara: Die Bindung der Aktiengesellschaft an Beschlussanträge ihrer Aktionäre, AG 2015, S. 689–696.

*Grunewald*, Barbara: Haftungsvereinbarungen zwischen Aktiengesellschaft und Vorstandsmitgliedern, AG 2013, S. 813–818.

*Grunewald*, Barbara: Rückverlagerung von Entscheidungskompetenzen der Hauptversammlung auf den Vorstand, AG 1990, S. 133–139.

*Grunewald*, Barbara: Satzungsfreiheit für das Beschlussmängelrecht, NZG 2009, S. 967–970.

*Grunsky*, Wolfgang: Stimmrechtsbeschränkungen in der Hauptversammlung, ZIP 1991, S. 778–782.

*Guntermann*, Lisa Marleen: Das Recht der Aktionäre zur Teilnahme an der Hauptversammlung – Eine Betrachtung aus Anlass der COVID-19-Pandemie, ZGR 2021, S. 436–475.

*Habersack*, Mathias: Aktienrecht und Internet, ZHR (165) 2001, S. 172–203.

*Habersack*, Mathias/*Casper*, Matthias/*Löbbe*, Marc (Hrsg.): Großkommentar GmbHG (Band II: §§ 29–52), 3. Auflage, Tübingen 2020 (zit.: *Bearbeiter*, in: Großkomm. GmbhG).

*Happ*, Wilhelm: Zur Nachholung aktienrechtlicher Meldepflichten und damit verbundener prozessualer Fragen, in: Bitter, Georg/Lutter, Marcus/Priester, Hans-Joachim/Schön, Wolfgang/Ulmer, Peter (Hrsg.), Festschrift für Karsten Schmidt zum 70. Geburtstag, Köln 2009, S. 545–563.

*Happ*, Wilhelm/*Freitag*, Angelika: Die Mitternachtsstund' als Nichtigkeitsgrund?, AG 1998, S. 493–497.

*Happ*, Wilhelm/*Groß*, Wolfgang/*Möhrle*, Frauke/*Vetter*, Eberhard (Hrsg.): Aktienrecht (Handbuch – Mustertexte – Kommentar) Band I, 5. Auflage, Köln 2019 (zit.: *Bearbeiter*, in Happ, Aktienrecht).

*Harnos*, Rafael: Protokollierung der Hauptversammlungsbeschlüsse in der kleinen Aktiengesellschaft, AG 2015, S. 732–742.

*Harnos*, Rafael/*Piroth*, Annika Christina: Gesetzgeberische Maßnahmen zur Steigerung der Hauptversammlungspräsenzen in Namensaktiengesellschaften, ZIP 2015, S. 456–462.

*Hasselbach*, Kai/*Schumacher*, Stephan: Hauptversammlung im Internet, ZGR 2000, S. 258–286.

*Hauschild*, Armin/*Zetsche*, Dirk: Notar und Virtuelle Hauptversammlung, AG 2020, S. 557–566.

*Heckschen*, Heribert/*Herrler*, Sebastian/*Münch*, Christof (Hrsg.): Beck'sches Notar-Handbuch, 7. Auflage, München 2019.

*Heckschen*, Heribert/*Hilser*, Raphael: Die virtuelle Gesellschafterversammlung – Anforderungen an eine Funktionsäquivalenz zur Präsenzversammlung unter Berücksichtigung von kommunikationswissenschaftlichen Erkenntnissen, ZIP 2022, S. 670–682.

*Heckschen*, Heribert/*Hilser*, Raphael: Die virtuelle Gesellschafterversammlung – Bestandsaufnahme und aktuelle Entwicklungslinien, ZIP 2022, S. 461–472.

*Heer*, Philipp: Die positive Beschlussfeststellungsklage im Aktienrecht – Voraussetzungen und besondere Problemstellungen, ZIP 2012, S. 803–809.

*Heidel*, Thomas (Hrsg.): Aktienrecht und Kapitalmarktrecht, 5. Auflage, Baden-Baden 2020 (zit.: *Bearbeiter*, in: Heidel AktienR u. KapitalmarktR).

*Heidenhain*, Martin/*Meister*, Burkhardt W. (Hrsg.): Münchener Vertragshandbuch, Band 1: Gesellschaftsrecht, 7. Auflage, München 2011.

*Heidinger*, Andreas/*Leible*, Stefan/*Schmidt*, Jessica: GmbHG Kommentar, 3. Auflage, München 2017 (zit.: *Bearbeiter*, in: Michalski GmbHG).

*Heller*, Arne: Wirksamkeit von Hauptversammlungsbeschlüssen – Richtige Feststellung und Verkündung durch den falschen Versammlungsleiter, AG 2008, S. 493–495.

*Hemeling*, Peter: Die Durchführung der Hauptversammlung – die Chance des UMAG nutzen!, AG 2004, S. 262–263.

*Hennerkes*, Brun-Hagen/*Kögel*, Rainer: Eine Geschäftsordnung für die Hauptversammlung, DB 1999, S. 81–85.

*Henseler*, Karl-Heinrich: Die Abstimmung in der Hauptversammlung einer Aktiengesellschaft, BB 1962, S. 1023–1027.

*Henssler*, Martin/*Strohn*, Lutz (Hrsg.): Gesellschaftsrecht, 5. Auflage, München 2021 (zit.: *Bearbeiter*, in: Henssler/Strohn GesR).

*Henze*, Hartwig: Aspekte und Entwicklungstendenzen der aktienrechtlichen Anfechtungsklage in der Rechtsprechung des BGH, ZIP 2002, S. 97–108.

*Herb*, Anja/*Merkelbach*, Matthias: (Virtuelle) Hauptversammlung quo vadis – 10 Thesen zur Hauptversammlung der Zukunft, BOARD 2020, S. 113–115.

*Herb*, Anja/*Merkelbach*, Matthias: Die virtuelle Hauptversammlung 2020 – Vorbereitung, Durchführung und rechtliche Gestaltungsoptionen, DStR 2020, S. 811–817.

*Herrler*, Sebastian: Die virtuelle Hauptverssammlung nach dem COVID-19-Gesetz, DNotZ 2020, S. 468–505.

*Herrler*, Sebastian: Generelle Beschränkung der Frage- und Redezeit durch den Versammlungsleiter – erweiterte Befugnisse durch eine Regelung i. S. von § 131 Abs. 2 Satz 2 AktG, DNotZ 2010, S. 331–345.

*Heun*, Stefanie: Neue Regeln für die Vorbereitung der Hauptversammlungen durch das ARUG II: Eine erste Bewertung aus Perspektive der Praxis, WM 2021, S. 1412–1418.

*Hippeli*, Michael: Die Hauptversammlung im Corona-Zeitalter, DZWIR 2020, S. 263–269.

*Hirte*, Heribert/*Heidel*, Thomas (Hrsg.): Handkommentar – Das neue Aktienrecht nach ARUG II und Corona-Gesetzgebung, Baden-Baden 2020 (zit.: *Bearbeiter*, in: Hirte/Heidel, Handkomm. neues AktR).

*Hirte*, Heribert/*Mülbert*, Peter O./*Roth*, Markus (Hrsg.): Großkommentar Aktiengesetz (Band 1: §§ 1–22), 5. Auflage, Berlin 2017 (zit.: *Bearbeiter*, in: Großkomm. AktG).

*Hirte*, Heribert/*Mülbert*, Peter O./*Roth*, Markus (Hrsg.): Großkommentar Aktiengesetz (Band 4/1: §§ 76–91), 5. Auflage, Berlin 2015 (zit.: *Bearbeiter*, in: Großkomm. AktG).

*Hirte*, Heribert/*Mülbert*, Peter O./*Roth*, Markus (Hrsg.): Großkommentar Aktiengesetz (Band 4/2: §§ 92–94), 5. Auflage, 2015 (zit.: *Bearbeiter*, in: Großkomm. AktG).

*Hirte*, Heribert/*Mülbert*, Peter O./*Roth*, Markus (Hrsg.): Großkommentar Aktiengesetz (Band 5: §§ 95–116), 5. Auflage, Berlin 2019 (zit.: *Bearbeiter*, in: Großkomm. AktG).

*Hirte*, Heribert/*Mülbert*, Peter O./*Roth*, Markus (Hrsg.): Großkommentar Aktiengesetz (Band 7/1: §§ 118–130), 5. Auflage, Berlin 2017 (zit.: *Bearbeiter*, in: Großkomm. AktG).

*Hirte*, Heribert/*Mülbert*, Peter O./*Roth*, Markus (Hrsg.): Großkommentar Aktiengesetz (Band 7/2: §§ 131–146), 5. Auflage, Berlin 2020 (zit.: *Bearbeiter*, in: Großkomm. AktG).

*Hirte*, Heribert/*Mülbert*, Peter O./*Roth*, Markus (Hrsg.): Großkommentar Aktiengesetz (Band 8: §§ 150–178), 5. Auflage, Berlin 2018 (zit.: *Bearbeiter*, in: Großkomm. AktG).

*Hoffmann*, Gunter: Existenzvernichtende Haftung von Vorständen und Aufsichtsräten?, NJW 2012, S. 1393–1472.

*Hoffmann-Becking*, Michael: Der Aufsichtsrat der AG und sein Vorsitzender in der Hauptversammlung, NZG 2017, S. 281–291.

*Hoffmann-Becking*, Michael: Gesetz zur „kleinen AG" – unwesentliche Randkorrekturen oder grundlegende Reform?, ZIP 1995, S. 1–10.

*Hoffmann-Becking*, Michael (Hrsg.): Münchener Handbuch des Gesellschaftsrechts – Band 4: Aktiengesellschaft, 3. Auflage, München 2007 (zit.: *Bearbeiter*, in: MünchHdb. GesR AG (3. Aufl.)).

*Hoffmann-Becking*, Michael (Hrsg.): Münchener Handbuch des Gesellschaftsrechts – Band 4: Aktiengesellschaft, 5. Auflage, München 2020 (zit.: *Bearbeiter*, in: MünchHdb. GesR AG).

*Holle*, Philipp Maximilian: Rechtsbindung und Business Judgment Rule, AG 2011, S. 778–786.

*Holten*, Matthias von/*Bauerfeind*, Tobias: Die digitale Revolution im Aktienrecht?, AG 2015, S. 489–493.

*Holten*, Matthias von/*Bauerfeind*, Tobias: Die Online-Hauptversammlung in Deutschland und Europa, AG 2018, S. 729–738.

*Hölters*, Wolfgang/*Weber*, Markus (Hrsg.): Aktiengesetz Kommentar, 4. Auflage, München 2022 (zit.: *Bearbeiter*, in: Hölters/Weber, AktG).

*Holzborn*, Timo/*Bunnemann*, Jan: Änderungen im AktG durch den Regierungsentwurf für das UMAG, BKR 2005, S. 51–58.

*Hoppe*, Axel: Hauptversammlungssaison 2017: Rechte und Pflichten des Versammlungsleiters bei Wahlentscheidungen der Hauptversammlung, NZG 2017, S. 361–367.

*Hoppe*, Axel: Sind noch Fragen offen? Blind spots im Recht der Hauptversammlung der Aktiengesellschaft, NZG 2019, S. 1401–1406.

*Hopt*, Klaus/*Wiedemann*, Herbert (Hrsg.): Großkommentar Aktiengesetz (Band 6: §§ 150–220), 4. Auflage, Berlin 2006 (zit.: *Bearbeiter*, in: Großkomm. AktG).

*Hopt*, Klaus J./*Wiedemann*, Herbert (Hrsg.): Großkommentar Aktiengesetz (Band 7/2: §§ 241–277), 4. Auflage, Berlin 2013 (zit.: *Bearbeiter*, in: Großkomm. AktG).

*Höreth*, Matthias: Hauptversammlung: Ordnungsmaßnahmen im gesamten Präsenzbereich, auch im Foyer, AG-Report 2012, R25.

*Höreth*, Matthias: Wer ist der älteste anwesende Aktionär? – Praktische Überlegungen zur provisorischen Versammlungsleitung, AG-Report 2011, R318 – R319.

*Höreth*, Matthias/*Linnerz*, Markus: Geschäftsordnungsanträge in Hauptversammlungen, Frankfurt am Main 2012 (zit.: *Höreth/Linnerz*, Anträge in der HV).

*Horrwitz*, Hugo: Das Recht der Generalversammlungen der Aktiengesellschaften und Kommanditgesellschaften auf Aktien, Berlin 1913 (zit.: *Horrwitz*, Recht der Generalversammlungen).

*Huber*, Herwart: Die „geplant beschlußlose" Hauptversammlung, ZIP 1995, S. 1740–1745.

*Hüffer*, Uwe (Begr.)/*Koch*, Jens (Hrsg.): Aktiengesetz, 16. Auflage, München 2022 (zit.: *J. Koch*, AktG).

*Humrich*, Henrik: Der besondere Vertreter im Aktienrecht, Berlin 2013, zugl. Diss. Mainz 2012 (zit.: *Humrich*, Der besondere Vertreter im AktR).

*Hüther*, Mario: Aktionärsbeteiligung und Internet, 2002, zugl. Diss. Göttingen 2002.

*Ihrig*, Hans-Christoph: Zur Entscheidungskompetenz der Hauptversammlung in Fragen der Versammlungsleitung, in: Habersack, Mathias/Hommelhoff, Peter (Hrsg.), Festschrift für Wulf Goette zum 65. Geburtstag, München 2011, S. 205–218.

*Ihrig*, Hans-Christoph/*Schäfer*, Carsten: Rechte und Pflichten des Vorstands, 2. Auflage, Köln 2020 (zit.: *Ihrig/Schäfer*, Rechte u. Pflichten des Vorstands).

*Jäger*, Axel: Aktiengesellschaft unter besonderer Berücksichtigung der KGaA, München 2004 (zit.: *Jäger*, AG und KGaA).

*Jäger*, Axel: Die Entwicklung der Rechtsprechung zur Aktiengesellschaft in den Jahren 1994–1996, WiB 1996, S. 457–466.

*Jaspers*, Philipp/*Pehrsson*, Patricia-Eleanor: Die virtuelle Haupt- und Mitgliederversammlung im Praxistest, NZG 2021, S. 1244–1253.

*Jerczynski*, Marco: Beschränkungen des Frage- und Rederechts der Aktionäre in der Hauptversammlung, NJW 2010, S. 1566–1568.

*Kanzleiter*, Rainer: Die Berichtigung der notariellen Niederschrift über die Hautpversammlung einer Aktiengesellschaft und die Zulässigkeit mehrerer Niederschriften, DNotZ 2007, S. 804–811.

*Kemmerer*, Thomas: Vertagung von Tagesordnungspunkten als taktisches Instrument der Verwaltung, BB 2011, S. 3018–3021.

*Kersting*, Christian: Das Auskunftsrecht des Aktionärs bei elektronischer Teilnahme an der Hauptversammlung (§§ 118, 131 AktG), NZG 2010, S. 130–135.

*Kersting*, Christian: Eine Niederlage für Berufskläger? – Zur Zulässigkeit inhaltlicher Beschränkungen des Frage- und Rederechts der Aktionäre gem. § 131 II 2 AktG, NZG 2010, S. 446–449.

*Kießling*, Andrea (Hrsg.): Infektionsschutzgesetz Kommentar, 2. Auflage, München 2021 (zit.: *Bearbeiter*, in: IfSG Komm.).

*Kindler*, Peter: Die Aktiengesellschaft für den Mittelstand, NJW 1994, S. 3041–3048.

*Kling*, Michael: Der besondere Vertreter im Aktienrecht, ZGR 2009, S. 190–230.

*Klöhn*, Lars: Passive Investoren, Aktivisten und die Reform des deutschen Hauptversammlungsrechts, ZHR (185) 2021, S. 182–225.

*Koch*, Jens: Die Legal Judgment Rule: ein Fall für die Wolfsschlucht, in: Dreher, Meinrad/Drescher, Ingo/Mülbert, Peter O./Verse, Dirk A. (Hrsg.), Festschrift für Alfred Bergmann zum 65. Geburtstag am 13. Juli 2018, Berlin 2018, S. 413–434.

*Kocher*, Dirk: „Minderheitenrechte mit Hindernissen – Praxis sollte weiterhin an förmlicher Eröffnung der Hauptversammlung festhalten“, BB 2015, S. 2641–2642.

*Kocher*, Dirk/*Feigen*, Jan Philipp: Hilfspersonen des Versammlungsleiters, NZG 2015, S. 620–623.

*Kocher*, Dirk/*Lönner*, Andreas: Anforderungen an Bestimmtheit und Verdachtsmomente bei Beschlüssen über die Bestellung eines besonderen Vertreters nach § 147 AktG, ZIP 2016, S. 653–658.

*Kornblum*, Udo: Bundesweite Rechtstatsachen zum Unternehmens- und Gesellschaftsrecht (Stand: 1. 1. 2021), GmbHR 2021, S. 681–692.

*Kort*, Michael: Infotechnologie im Aktienrecht: Zum Stand der „elektronischen Hauptversammlung“, NZG 2007, S. 653–656.

*Krause*, Nils: Managerhaftung und Strategien zur Haftungsvermeidung, BB 2009, S. 1370–1375.

*Krause*, Nils/*Jenderek*, Fabian: Rechtsprobleme einer fremdsprachigen deutschen Hauptversammlung, NZG 2007, S. 246–248.

*Kremer*, Thomas: Zur Praxis der Hauptversammlungsleitung, in: Krieger, Gerd/Lutter, Marcus/Schmidt, Karsten (Hrsg.), Festschrift für Michael Hoffmann-Becking zum 70. Geburtstag, München 2013, S. 697–709.

*Krieger*, Gerd: Abwahl des satzungsmäßigen Versammlungsleiters?, AG 2006, S. 355–363.

*Krieger*, Gerd: Muss der Hauptversammlungsnotar die Stimmauszählung überwachen?, ZIP 2002, S. 1597–1601.

*Krieger*, Gerd: Unbeantwortete Aktionärsfragen im notariellen Hauptversammlungsprotokoll, in: Hommelhoff, Peter/Rawert, Peter/Schmidt, Karsten (Hrsg.), Festschrift für Hans-Joachim Priester zum 70. Geburtstag, Köln 2007, S. 387–404.

*Krieger*, Gerd: Wie viele Rechtsberater braucht ein Geschäftsleiter?, ZGR 2012, S. 496–504.

*Krieger*, Gerd/*Schneider*, Uwe H. (Hrsg.): Handbuch Managerhaftung, 3. Auflage, Köln 2017 (zit.: *Bearbeiter*, in Hdb. Managerhaftung).

*Kropff*, Bruno: Aktiengesetz – Textausgabe des Aktiengesetzes vom 6. 9. 1965 mit Begründung des Regierungsentwurfs und Bericht des Rechtsausschusses des Deutschen Bundestags, Düsseldorf 1965 (zit.: *Kropff*, AktG).

*Kruchen*, Carsten: Virtuelle Hauptversammlungen, DZWIR 2020, S. 431–465.

*Krüger*, Wolfgang/*Rauscher*, Thomas (Hrsg.): Münchener Kommentar zur Zivilprozessordnung (Band 1: §§ 1–354); 6. Auflage, München 2020 (zit.: *Bearbeiter*, in: MünchKomm. ZPO).

*Kühn*, Manfred: Der Minderheitenschutz nach dem neuen Aktiengesetz, BB 1965, S. 1170–1173.

*Kuhnt*, Dietmar: Geschäftsordnungsanträge und Geschäftsordnungsmaßnahmen bei Hauptversammlungen in: Niederleithinger, Ernst/Werner, Rosemarie/Wiedemann, Gerhard (Hrsg.), Festschrift für Otfried Lieberknecht zum 70. Geburtstag, München 1997, S. 45–66.

*Kuthe*, Thorsten: Umgang mit Anmeldefehlern bei einer (Publikums-)Hauptversammlung, BB 2019, S. 776–779.

*Lamers*, Manfred: Die Beurkundung der Hauptversammlung einer Aktiengesellschaft, DNotZ 1962, S. 287–303.

*Langenbach*, David Maximilian: Der Versammlungsleiter in der Aktiengesellschaft, Tübingen 2018, zugl. Diss. Köln 2017 (zit.: *Langenbach*, VersL in der AG).

*Leuering*, Dieter/*Rubner*, Daniel: Beschlussfassungen mittels Additions- und Subtraktionsmethode, NJW-Spezial 2016, S. 591–592.

*Leuering*, Dieter/*Rubner*, Daniel: Die gerichtliche Bestimmung des Versammlungsleiters im AktG, NJW-Spezial 2018, S. 15–16.

*Leuering*, Dieter/*Simon*, Stefan: Vorbeugender Rechtsschutz bei Gesellschafterbeschlüssen, NJW-Spezial 2005, S. 411–412.

*Lieder*, Jan: Die Absage der Hauptversammlung und ihre Folgen, NZG 2016, S. 81–90.

*Lieder*, Jan: Virtuelle Hauptversammlungen im Jahre 2021 und danach, ZIP 2021, S. 161–171.

*Lieder*, Jan: Virtuelle Versammlungen, in: Grunewald, Barbara/Koch, Jens/Tielmann, Jörgen (Hrsg.), Festschrift für Eberhard Vetter zum 70. Geburtstag, Köln 2019, S. 419–445.

*Linden*, Klaus von der: Die Abwahl des Hauptversammlungsleiters – Irrwege, Umwege, Auswege, DB 2017, S. 1371–1374.

*Linden*, Klaus von der: Die gerichtliche Bestimmung eines neutralen Versammlungsleiters – ein betagtes Instrument im Lichte des Shareholder Activism, in: Spindler, Gerald/Wilsing, Hans-Ulrich/Butzke, Volker (Hrsg.), Festschrift für Reinhard Marsch-Barner zum 75. Geburtstag, München 2018, S. 303–315.

*Linden*, Klaus von der: Haftung für Fehler bei der Leitung der Hauptversammlung, NZG 2013, S. 208–212.

*Linden*, Klaus von der: Kurzkommentar zu LG Ravensburg, Urt. v. 8. 5. 2014 – 7 O 51/13 KfH 1 (rechtskräftig), EWiR 2014, S. 551–552.

*Linden*, Klaus von der: Wer entscheidet über die Form der Stimmrechtsausübung in der Hauptversammlung?, NZG 2012, S. 930–934.

*Linden*, Klaus von der/*Wilsing*, Hans-Ulrich: Statutarische Ermächtigungen des Hauptversammlungsleiters zur Beschränkung des Frage- und Rederechts, DB 2010, S. 1277–1280.

*Link*, Simon Patrick/*Hess*, Christian: Beschlussfeststellung in der (virtuellen) Hauptversammlung – Ausgewählte Fragen zu § 130 Abs. 2 Satz 3 AktG, DB 2022, S. 851–854.

*Linnerz*, Markus: Ort, Terminierung und Dauer einer Hauptversammlung, NZG 2006, S. 208–211.

*Linnerz*, Markus/*Hoppe*, Axel: Die Form der Anmeldung zur Hauptversammlung – eine in der Praxis unterschätzte Formalie?, BB 2016, S. 1098–1102.

*Lochner*, Daniel/*Beneke*, Moritz: Der Besondere Vertreter in Hauptversammlung und Prozess: aktuelle Praxisfragen, ZIP 2015, S. 2010–2016.

*Loitz*, Rüdiger: Die Hauptversammlung – Vorbereitung und Durchführung, DB 2014, S. 133–137.

*Lorz*, Rainer/*Pfisterer*, Benedikt/*Gerber*, Olaf (Hrsg.): Beck'sches Formularbuch Aktienrecht, 2. Auflage, München 2020 (zit.: *Bearbeiter*, in: BeckFormB AktR).

*Ludwig*, Frank: Formanforderungen an die individuell erteilte Stimmrechtsvollmacht in der Aktiengesellschaft und in der GmbH, AG 2002, S. 433–443.

*Lutter*, Marcus: Das neue „Gesetz für kleine Aktiengesellschaften und zur Deregulierung des Aktienrechts“, AG 1994, S. 429–447.

*Lutter*, Marcus: Defizite für eine effiziente Aufsichtsratstätigkeit und gesetzliche Möglichkeiten der Verbesserung, ZHR (159) 1995, S. 287–321.

*Lutter*, Marcus: Die Business Judgment Rule und ihre praktische Anwendung, ZIP 2007, S. 841–848.

*Lutter*, Marcus: Interessenkonflikte und Business Judgment Rule, in: Heldrich, Andreas/Koller, Ingo/Prölss, Jürgen/Langenbucher, Katja/Grigoleit, Hans Christoph/Hager, Johannes/Hey, Felix/Neuner, Jörg/Petersen, Jens/Singer, Reinhard (Hrsg.), Festschrift für Claus-Wilhelm Canaris zum 70. Geburtstag (Band II), München 2007, S. 245–256.

*Lutter*, Marcus: Zur Abwehr räuberischer Aktionäre, in: Der Betrieb (Hrsg.), Festschrift 40 Jahre Der Betrieb, Stuttgart 1988, S. 193–210.

*Lutter*, Marcus/*Hommelhoff*, Peter (Hrsg.): GmbH-Gesetz Kommentar, 20. Auflage, Köln 2020 (zit.: *Bearbeiter*, in: Lutter/Hommelhoff).

*Maaß*, Eike: Zur Beurteilung formaler „Mängel“ von Hauptversammlungsprotokollen, ZNotP 2005, S. 50–57.

*Marsch-Barner*, Reinhard: Treuepflichten zwischen Aktionären und Verhaltenspflichten bei der Stimmrechtsbündelung, ZHR (157) 1993, S. 172–191.

*Marsch-Barner*, Reinhard: Zu den Rechtsfolgen von Fehlern bei der Leitung der Hauptversammlung, in: Rheinische Notarkammer (Hrsg.), Festschrift für Günter Brambring zum 70. Geburtstag, München 2011, S. 267–282.

*Marsch-Barner*, Reinhard/*Schäfer*, Frank (Hrsg.): Handbuch börsennotierte AG, 5. Auflage, Köln 2022 (zit.: *Bearbeiter*, in: Marsch-Barner/Schäfer, Hdb. börsennotierte AG).

*Martens*, Klaus-Peter: Die Leitungskompetenzen auf der Hauptversammlung einer Aktiengesellschaft, WM 1981, S. 1010–1021.

*Martens*, Klaus-Peter: Die Reform der aktienrechtlichen Hauptversammlung, AG 2004, S. 238–245.

*Martens*, Klaus-Peter: Leitfaden für die Leitung der Hauptversammlung einer Aktiengesellschaft, 3. Auflage 2003 (zit.: *Martens*, Leitfaden HV).

*Max*, Dietrich H.: Die Leitung der Hauptversammlung, AG 1991, S. 77–94.

*Mayer*, Barbara/*Jenne*, Moritz: Hauptversammlungen in Zeiten von Epidemien und sonstigen Gefahrenlagen – zugleich Besprechung des COVID-19-Pandemie-Gesetzes, BB 2020, S. 835–844.

*Mayer*, Barbara/*Jenne*, Moritz/*Miller*, Matthias: Die virtuelle Hauptversammlung 2021 – 20 Praxisfragen zur Durchführung der Hauptversammlung nach den Änderungen des COVMG, BB 2021, S. 899–905.

*Merkt*, Hanno/*Mylich*, Falk: Einlage eigener Aktien und Rechtsrat durch den Aufsichtsrat – Zwei aktienrechtliche Fragen im Lichte der ISION-Entscheidung des BGH, NZG 2012, S. 525–530.

*Mertens*, Hans-Joachim: Das Minderheitsrecht nach § 122 Abs. 2 AktG und seine Grenzen, AG 1997, S. 481–491.

*Messer*, Herbert: Der Vertreter des verhinderten Leiters der Hauptversammlung in der mitbestimmten AG, in: Goerdeler, Reinhard/Hommelhoff, Peter/Lutter, Marcus/Odersky, Walter/Wiedemann, Herbert (Hrsg.), Festschrift für Alfred Kellermann zum 70. Geburtstag, Berlin/New York 1991, S. 299–307.

*Mock*, Sebastian: Der besondere Vertreter zwischen gesetzlicher Vertretung, eigener Klagebefugnis und Nebenintervention, AG 2015, S. 652–659.

*Mohamed*, Jean: Die Sprachverwirrung in der ausländisch geprägten Hauptversammlung von AG oder SE, NZG 2015, S. 1263–1267.

*Musielak*, Hans-Joachim/*Voit*, Wolfgang (Hrsg.): Kommentar ZPO, 17. Auflage, München 2020 (zit.: *Bearbeiter*, in: Musielak/Voit ZPO).

*Muthers*, Christof/*Ulbrich*, Martin: Internet und Aktiengesellschaft – Ungelöste Probleme bei der Durchführung der Hauptversammlung, WM 2005, S. 215–222.

*Mutter*, Stefan: Auskunftsansprüche des Aktionärs in der HV, Köln 2002.

*Mutter*, Stefan: Der Deutsche Governance Kodex als „Eingriffsgrundlage“ in das Rede- und Fragerecht des Aktionärs, AG-Report 2006, R380 – R382.

*Mutter*, Stefan: Gekommen um zu bleiben – der Referentenentwurf des Bundesministeriums der Justiz zur Einführung virtueller Hauptversammlungen von Aktiengesellschaften, AG 2022, R57 – R58.

*Mutter*, Stefan: Versammlungsleitung – nur noch was für Mutige?, AG-Report 2013, R161.

*Nagel*, Peter/*Ziegenhahn*, Dominik: Die Dauer von Hauptversammlungen als Rechtsproblem, WM 2010, S. 1005–1010.

*Niemz*, Katharina: Der Versammlungsleiter im Aktienrecht, Berlin 2020, zugl. Diss. Mainz 2019 (zit.: *Niemz*, VL im AktR).

*Nietsch*, Michael: Klageinitiative und besondere Vertretung in der Aktiengesellschaft, ZGR 2011, S. 589–637.

*Noack*, Ulrich: Der Vorsitzende des Aufsichtsrats als Leiter der Hautversammlung, BOARD 2011, S. 120–123.

*Noack*, Ulrich: Die Hauptversammlung der Aktiengesellschaft in Zeiten der Corona-Krise, DB 2020, S. 658–664.

*Noack*, Ulrich: Die privatschriftliche Niederschrift über die Hauptversammlung einer nicht börsennotierten Aktiengesellschaft – Inhalt und Fehlersanktionen, in: Hoffmann-Becking, Michael/Ludwig, Rüdiger (Hrsg.), Liber amicorum Wilhelm Happ zum 70. Geburtstag, Köln 2006, S. 201–211.

*Noack*, Ulrich: Fragen über Fragen ... in der virtuellen Hauptversammlung, in: Gehle, Burkhard/Hirte, Heribert/Lochner, Daniel (Hrsg.), Festschrift für Thomas Heidel zum 65. Geburtstag, Baden-Baden 2021, S. 307–327.

*Noack*, Ulrich: Hauptversammlung und Neue Medien, BB 1998, S. 2533–2540.

*Noack*, Ulrich: Identifikation der Aktionäre, neue Rolle der Intermediäre – zur Umsetzung der Aktionärsrechte-Richtlinie II, NZG 2017, S. 561–567.

*Noack*, Ulrich: Moderne Kommunikationsformen vor den Toren des Unternehmensrechts, ZGR 1998, S. 592–616.

*Noack*, Ulrich: Neue Entwicklungen im Aktienrecht und moderne Informationstechnologie 2003–2005, NZG 2004, S. 297–303.

*Noack*, Ulrich: Online Hauptversammlung – Stand der Dinge und wichtige Reformvorschläge, NZG 2001, S. 1057–1065.

*Noack*, Ulrich: Virtuelle Hauptversammlungen auch im Jahr 2022 – und was danach?, NZG 2021, S. 1233–1234.

*Noack*, Ulrich/*Spindler*, Gerald: Unternehmensrecht und Internet, München 2001.

*Noack*, Ulrich/*Zetsche*, Dirk: Die virtuelle Hauptversammlung nach dem COVID-19-Pandemie-Gesetz, AG 2020, S. 265–278.

*Noack*, Ulrich/*Zetsche*, Dirk: (Virtuelle) Hauptversammlung mit und nach Corona, AG 2020, S. 721–729.

*Obermüller*, Werner: Einsichtnahme in das Teilnehmerverzeichnis durch Pressevertreter in der Hauptversammlung einer AG, NJW 1969, S. 265.

*Oelrichs*, Carsten P.: Muß der Versammlungsleiter bei der Feststellung von Haupt- oder Gesellschafterversammlungsbeschlüssen treuwidrig abgegebene Stimmen mitzählen?, GmbHR 1995, S. 863–869.

*Ott*, Steffen: Die Hauptversammlung einer Einpersonen-Aktiengesellschaft, RNotZ 2014, S. 423–430.

*Paefgen*, Walter G.: Organhaftung: Bestandsaufnahme und Zukunftsperspektiven, AG 2014, S. 554–584.

*Paschos*, Nikolaos/*Goslar*, Sebastian: Der Regierungsentwurf des Gesetzes zur Umsetzung der Aktionärsrechterichtlinie (ARUG), AG 2009, S. 14–21.

*Paudtke*, Bernd/*Glauer*, Christian: Nachforschungspflichten der Emittentin hinsichtlich der Richtigkeit der Meldungen nach §§ 21 ff. WpHG, NZG 2016, S. 125–132.

*Petersen*, Sven/*Schulze De la Cruz*, Julian: Das Stimmverbot nach § 136 I AktG bei der Entlastung von Vorstandsdoppelmandatsrägern, NZG 2012, S. 453–459.

*Pielke*, Walther: Die virtuelle Hauptversammlung, Baden-Baden 2009, zugl. Diss. Lausanne 2008 (zit.: *Pielke*, Die virtuelle HV).

*Piper*, Bernd: Die Haftung von ehrenamtlich tätigen Organen und § 31a BGB – Anwendungsbereich und Regelungsgehalt der Vorschrift, WM 2011, S. 2211–2216.

*Pliquett*, Sebastian: Die Haftung des Hauptversammlungsleiters, Frankfurt am Main 2015, zugl. Diss. Berlin 2015 (zit.: *Pliquett*, Haftung des HVL).

*Poelzig*, Dörte: Die Haftung des Leiters der Hauptversammlung – Grundlage, Grenzen und Durchsetzung der Haftung, AG 2015, S. 476–488.

*Pospiech*, Lutz/*Schiller*, Claus Christopher: Virtuelle Hauptversammlungen auch in 2022, NJW-Spezial 2021, S. 719–720.

*Priester*, Hans-Joachim: Aufgaben und Funktionen des Notars in der Hauptversammlung, DNotZ 2001, S. 661–671.

*Priester*, Hans-Joachim: Neue Entwicklungen im Recht der Hauptversammlung – UMAG und jüngste Rechtsprechung, DNotZ 2006, S. 403–418.

*Priester*, Hans-Joachim: Reichweite der Bindung an die bekannt gemachte Tagesordnung der Hauptversammlung, in: Hoffmann-Becking, Michael/Ludwig, Rüdiger (Hrsg.), Liber amicorum Wilhelm Happ zum 70. Geburtstag, Köln 2006, S. 213–226.

*Quack*, Karlheinz: Beschränkungen der Redezeit und des Auskunftsrechts des Aktionärs, AG 1985, S. 145–149.

*Quack*, Karlheinz: Das Rederecht des Aktionärs in der Hauptversammlung – Eine Selbstverständlichkeit?, in: Pfeiffer, Gerd/Kummer, Joachim/Scheuch, Silke (Hrsg.), Festschrift für Hans Erich Brandner zum 70. Geburtstag, Köln 1996, S. 113–119.

*Quack*, Karlheinz: Die Mitteilungspflichten des § 20 AktG und ihr Einfluß auf das Verhalten der Organe des Mitteilungsadressaten, in: Bierich, Marcus/Hommelhoff, Peter/Kropff, Bruno (Hrsg.), Festschrift für Johannes Semler zum 70. Geburtstag am 28. April 1993, Berlin 1993, S. 581–591.

*Quass*, Guido: Gestaltungen für die Teilhabe der Aktionäre an der virtuellen Hauptversammlung, NZG 2021, S. 261–270.

*Rechenberg*, Wolf-Georg Frhr. von: Die Hauptversammlung als oberstes Organ der Aktiengesellschaft, Heidelberg 1986, zugl. Diss. Freiburg im Breisgau 1985/86.

*Redeke*, Julian: Virtuelle Hauptversammlungen börsennotierter Aktiengesellschaften – „Virtual Insanity"?, AG 2022, S. 98–110.

*Redenius-Hövermann*, Julia: Der RefE zur virtuellen HV – eine verpasste Chance ..., NZG 2022, S. 337.

*Redenius-Hövermann*, Julia/*Bannier*, Christina: (Online) Hauptversammlungssaison 2020: Nachlese und Ausblick, ZIP 2020, S. 1885–1896.

*Reichard*, Michael: Neues zum Nachweis des Mindestaktienbesitzes im Freigabeverfahren, NZG 2011, S. 775–777.

*Reichert*, Jochem (Hrsg.): Arbeitshandbuch für die Hauptversammlung, 5. Auflage, München 2021 (zit.: *Bearbeiter*, in: ArbeitsHdb. HV).

*Reinicke*, Jürgen: Rechtsstellung, Rechte und Pflichten des Vorsitzenden einer Hauptversammlung, Bamberg 1982, zugl. Diss. Hamburg 1982 (zit.: *Reinicke*, Rechtsstellung des Vorsitzenden einer HV).

*Reul*, Adolf: Die notarielle Beurkundung einer Hauptversammlung, AG 2002, S. 543–551.

*Reul*, Adolf/*Zetsche*, Dirk: Zwei Notare – eine Hauptversammlung, AG 2007, S. 561–572.

*Reuter*, Alexander: Das Auskunftsrecht des Aktionärs – neuere Rechtsprechung zu § 131 AktG, DB 1988, S. 2615–2620.

*Rieckers*, Oliver: Der fehlbesetzte Aufsichtsrat und seine Folgen – Zum Umgang mit anfechtbaren und nichtigen Aufsichtsratswahlen de lege lata und de lege ferenda, ZGR 2022, S. 61–106.

*Rieckers*, Oliver: Der gerichtlich bestellte Versammlungsleiter in: Hoffmann-Becking, Michael/Hommelhoff, Peter (Hrsg.), Festschrift für Gerd Krieger zum 70. Geburtstag, München 2020, S. 753–766.

*Rieckers*, Oliver: Nachlese zur Hauptversammlungssaison 2015 und Ausblick auf 2016, DB 2015, S. 2131–2139.

*Rieckers*, Oliver: Nachlese zur Hauptversammlungssaison 2020 und Ausblick auf 2021, DB 2021, S. 98–110.

*Rieckers*, Oliver: Nachlese zur Hauptversammlungssaison 2021 und Ausblick auf 2022, DB 2022, S. 172–184.

*Riegger*, Bodo: Hauptversammlung und Internet, ZHR (165) 2001, S. 204–218.

*Ritter*, Carl/*Ritter*, Justus (Hrsg.): Aktiengesetz vom 30. Januar 1937, Berlin und München 1939 (zit.: *C. Ritter*/*J. Ritter*, AktG 1937).

*Roellecke*, Gerd: Tonbandgeräte in Hauptversammlungen, BB 1959, S. 514.

*Rollin*, Felix: Einzelentlastungsbeschlüsse auf Grund Anordnung des Versammlungsleiters in der AG, NZG 2004, S. 804–806.

*Rose*, Michael: Anträge auf Abwahl des durch die Satzung bestimmten Versammlungsleiters, NZG 2007, S. 241–245.

*Roth*, Markus: Deutsches Aktienrecht nach der COVID-19-Pandemie, NZG 2021, S. 393–394.

*Rubner*, Daniel/*Pospiech*, Lutz: Modifikationen für die virtuelle Hauptversammlung 2021, NJW-Spezial 2021, S. 79–80.

*Säcker*, Franz Jürgen/*Rixecker*, Roland/*Oetker*, Hartmut/*Limperg*, Bettina (Hrsg.): Münchener Kommentar zum Bürgerlichen Gesetzbuch (Band 2: §§ 241–310), 8. Auflage, München 2019 (zit.: *Bearbeiter*, in: MünchKomm. BGB).

*Säcker*, Franz Jürgen/*Rixecker*, Roland/*Oetker*, Hartmut/*Limperg*, Bettina (Hrsg.): Münchener Kommentar zum Bürgerlichen Gesetzbuch (Band 5: §§ 535–630 h), 8. Auflage, München 2020 (zit.: *Bearbeiter*, in: MünchKomm. BGB).

*Säcker*, Franz Jürgen/*Rixecker*, Roland/*Oetker*, Hartmut/*Limperg*, Bettina (Hrsg.): Münchener Kommentar zum Bürgerlichen Gesetzbuch (Band 7: §§ 705–853), 8. Auflage, München 2020 (zit.: *Bearbeiter*, in: MünchKomm. BGB).

*Sangs*, André/*Eibenstein*, Henrik: Die epidemische Lage von nationaler Tragweite – Eine Analyse der aktuellen Pandemiegesetzgebung, JZ 2021, S. 710–719.

*Sauerwald*, Matthias: Der Versammlungsleiter im Aktienrecht, Baden-Baden 2018, zugl. Diss. Mannheim 2017 (zit.: *Sauerwald*, VersL im AktR).

*Schaaf*, Andreas: Die Geschäftsordnung der AG-Hauptversammlung – eine praktische Notwendigkeit?, ZIP 1999, S. 1339–1344.

*Schaaf*, Andreas (Hrsg.): Praxis der Hauptversammlung – Erfolgreiche Vorbereitung und Durchführung, 4. Auflage, Köln 2018 (zit.: *Bearbeiter*, in: Schaaf, Praxis HV).

*Schaaf*, Andreas: Publikumshauptversammlung und Rederecht, ZIP 1997, S. 1324–1328.

*Schäfer*, Carsten: Die virtuelle Hauptversammlung nach dem Corona-Gesetz, NZG 2020, S. 481–488.

*Schatz*, Matthias: Beschlussvereitelung durch den Versammlungsleiter und Reaktionsmöglichkeiten der Aktionäre, AG 2015, S. 696–708.

*Schatz*, Matthias/*Stein*, Philip: Die Abwahl des Versammlungsleiters durch die Hauptversammlung, NJW-Spezial 2016, S. 335–336.

*Schenck*, Karsten v./*Wilsing*, Hans-Ulrich (Hrsg.): Arbeitshandbuch für Aufsichtsratsmitglieder, 5. Auflage, München 2021 (zit.: *Bearbeiter*, in: Semler/v. Schenck/Wilsing, ArbeitsHdb. AR).

*Schindler*, Hendrik/*Schaffner*, Petra: Virtuelle Beschlussfassung in Kapitalgesellschaften und Vereinen, München 2021 (zit.: *Schindler/Schaffner*, Virtuelle Beschlussfasssung).

*Schmidt*, Karsten: Gesellschaftsrecht, 4. Auflage, Köln 2002 (zit.: *K. Schmidt*, GesR).

*Schmidt*, Karsten/*Lutter*, Marcus (Hrsg.): Aktiengesetz Kommentar – I. Band (§§ 1–132 AktG), 4. Auflage, Köln 2020 (zit.: *Bearbeiter*, in: K. Schmidt/Lutter, AktG).

*Schmidt*, Karsten/*Lutter*, Marcus (Hrsg.): Aktiengesetz Kommentar – II. Band (§§ 133–410 AktG), 4. Auflage, Köln 2020 (zit.: *Bearbeiter*, in: K. Schmidt/Lutter, AktG).

*Schneider*, Sven H./*Schneider*, Uwe H.: Der Rechtsverlust gemäß § 28 WpHG bei Verletzung der kapitalmarktrechtlichen Meldepflichten – zugleich eine Untersuchung zu § 20 Abs. 7 AktG und § 59 WpÜG, ZIP 2006, S. 493–500.

*Schneider*, Uwe H.: Anwaltlicher Rat zu unternehmerischen Entscheidungen bei Rechtsunsicherheit – Ein Beitrag zum Management der Organhaftung, DB 2011, S. 99–103.

*Schneider*, Uwe H.: Der mühsame Weg der Durchsetzung der Organhaftung durch den besonderen Vertreter nach § 147 AktG, ZIP 2013, S. 1985–1991.

*Schneider*, Uwe H.: Die Erfüllung der kapitalmarktrechtlichen Mitteilungspflichten in der Hauptversammlung, AG 2021, S. 58–65.

*Schneider*, Uwe H.: Geheime Abstimmung in der Hauptversammlung einer Aktiengesellschaft, in: Lutter, Marcus/Scholz, Manfred/Sigle, Walter (Hrsg.), Festschrift für Martin Peltzer zum 70. Geburtstag, Köln 2001, S. 425–435.

*Schneider*, Uwe H./*Burgard*, Ulrich: Maßnahmen zur Verbesserung der Präsenz auf der Hauptversammlung einer Aktiengesellschaft – Überlegungen auf dem Weg in den Pensionskassenkorporatismus, in: Beisse, Heinrich/Lutter, Marcus/Närger, Heribald (Hrsg.), Festschrift für Karl Beusch zum 68. Geburtstag, Berlin / New York 1993, S. 783–804.

*Schockenhoff*, Martin: Die nachgeschobene Nichtigkeitsklage gegen den Hauptversammlungsbeschluss einer AG, ZIP 2008, S. 1945–1951.

*Scholz*, Kai-Steffen: Unzulässigkeit der Beschlussfassung der Hauptversammlung gem. § 124 Abs. 4 AktG, AG 2008, S. 11–17.

*Schubert*, Werner/*Hommelhoff*, Peter (Hrsg.): Hundert Jahre modernes Aktienrecht – Eine Sammlung von Texten und Quellen zur Aktienrechtsreform 1884 mit zwei Einführungen, ZGR-Sonderheft 4, Berlin 1985.

*Schulte*, Helmut: Die Niederschrift über die Verhandlung der Hauptversammlung einer Aktiengesellschaft, AG 1985, S. 33–40.

*Schüppen*, Matthias/*Schaub*, Bernhard (Hrsg.): Münchener Anwalts Handbuch Aktienrecht, 3. Auflage, München 2018 (zit.: *Bearbeiter*, in: MAH AktR).

*Schüppen*, Matthias/*Tretter*, Alexandra: Die Absage der Hauptversammlung – Abschied von einem Mythos und viele offene Fragen, ZIP 2015, S. 2097–2104.

*Schürnbrand*, Jan: Organschaft im Recht der privaten Verbände, Tübingen 2007, zugl. Habil. Mainz 2007.

*Schürnbrand*, Jan: Rechtsstellung und Verantwortlichkeit des Leiters der Hauptversammlung, NZG 2014, S. 1211–1213.

*Schütz*, Carsten: UMAG Reloaded – Der Regierungsentwurf eines Gesetzes zur Unternehmensintegrität und Modernisierung des Anfechtungsrechts (UMAG) vom 17.11.2004, NZG 2005, S. 5–11.

*Schwartzkopff*, Michael: Vorbereitung und Durchführung der Hauptversammlung, Köln 2012 (zit.: *Schwartzkopff*, HV).

*Schwintowski*, David: Räuberische Aktionäre: Konsequenzen der empirischen Forschung, DB 2007, S. 2695–2700.

*Seibert*, Ulrich: Der Referentenentwurf eines Gesetzes zur Umsetzung der Aktionärsrechterichtlinie (ARUG), ZIP 2008, S. 906–910.

*Seibert*, Ulrich: UMAG und Hauptversammlung – Der Regierungsentwurf eines Gesetzes zur Unternehmensintegrität und Modernisierung des Anfechtungsrechts (UMAG), WM 2005, S. 157–161.

*Seibert*, Ulrich/*Kiem*, Roger/*Schüppen*, Matthias (Hrsg.): Handbuch der kleinen AG, 5. Auflage, Köln 2008 (zit.: *Bearbeiter*, in: Seibert/Kliem/Schüppen, Hdb. d. kl. AG).

*Seibt*, Christoph: Sanierungsgesellschaftsrecht: Mitgliedschaftliche Treuepflicht und Grenzen der Stimmrechtsausübung in der Aktiengesellschaft, ZIP 2014, S. 1909–1916.

*Seibt*, Christoph/*Danwerth*, Christopher: Aktionärskommunikation und (Online-)Hauptversammlung: Das Vorfeld ist Hauptfeld!, AG 2021, S. 369–379.

*Seibt*, Christoph/*Danwerth*, Christopher: Die Zukunft der virtuellen Hauptversammlung während und nach der COVID-19-Pandemie, NZG 2020, S. 1241–1280.

*Seibt*, Christoph/*Danwerth*, Christopher: Referentenentwurf des Gesetzes zur Einführung virtueller Hauptversammlungen: Eine kritische Analyse, AG 2022, S. 177–191.

*Seiler*, Christian: Pandemiebedingte Maßnahmen zur Kontaktvermeidung als verfassungsrechtliche Herausforderung, JZ 2021, S. 924–931.

*Selter*, Wolfgang: Absage der Hauptversammlung nach Einberufung auf Grund Aktionärsverlangens, NZG 2013, S. 1133–1136.

*Siepelt*, Stefan: Das Rederecht des Aktionärs in der Hauptversammlung, Frankfurt am Main 1992, zugl. Diss. Köln 1991.

*Siepelt*, Stefan: Das Rederecht des Aktionärs und dessen Beschränkung, AG 1995, S. 254–261.

*Sigel*, Peter/*Schäfer*, Achim: Die Hauptversammlung der Aktiengesellschaft aus notarieller Sicht, BB 2005, S. 2137–2144.

*Simons*, Cornelius/*Hauser*, Johanna: „Corona-Hauptversammlung", die Zweite, NZG 2020, S. 1406–1411.

*Simons*, Cornelius/*Hauser*, Johanna: Die virtuelle Hauptversammlung, NZG 2020, S. 488–500.

*Simons*, Cornelius/*Hauser*, Johanna: Zu Form und Ausgestaltung der Hauptversammlung in der HV-Saison 2022, NZG 2021, S. 1340–1344.

*Spindler*, Gerald: Die Reform der Hauptversammlung und der Anfechtungsklage durch das UMAG, NZG 2005, S. 825–831.

*Spindler*, Gerald: Internet und Corporate Governance – ein neuer virtueller (T)Raum, ZGR 2000, S. 420–445.

*Spindler*, Gerald/*Stilz*, Eberhard (Hrsg.): beck-online.Grosskommentar Aktienrecht (Band 1: §§ 1–132 AktG), 5. Auflage, München 2022 (zit.: *Bearbeiter*, in: Spindler/Stilz BeckOGK AktG).

*Spindler*, Gerald/*Stilz*, Eberhard (Hrsg.): beck-online.Grosskommentar Aktienrecht (Band 2: §§ 133–410 AktG), 5. Auflage, München 2022 (zit.: *Bearbeiter*, in: Spindler/Stilz BeckOGK AktG).

*Staudinger*, Julius von (Begr.): J. von Staudingers Kommentar zum Bürgerlichen Gesetzbuch mit Einführungsgesetz und Nebengesetzen, Internationales Gesellschaftsrecht, Neubearbeitung 1998, Berlin 1998 (zit.: *Bearbeiter*, in: Staudinger IntGesR).

*Staudinger*, Julius von (Begr.): J. von Staudingers Kommentar zum Bürgerlichen Gesetzbuch mit Einführungsgesetz und Nebengesetzen, Buch 2: Recht der Schuldverhältnisse (§§ 241–243), Neubearbeitung 2019, Berlin 2019 (zit.: *Bearbeiter*, in: Staudinger BGB).

*Staudinger*, Julius von (Begr.): J. von Staudingers Kommentar zum Bürgerlichen Gesetzbuch mit Einführungsgesetz und Nebengesetzen, Buch 2: Recht der Schuldverhältnisse (§§ 662–675b), Neubearbeitung 2017, Berlin 2017 (zit.: *Bearbeiter*, in: Staudinger BGB).

*Steiner*, Klaus: Die Hauptversammlung der Aktiengesellschaft, München 1995 (zit.: *Steiner*, HV).

*Stelmaszcyk*, Peter: Die virtuelle Hauptversammlung nach dem COVID-19-Gesetz vor dem Start in die Hauptversammlungssaison 2022, DNotZ 2021, S. 930–964.

*Strohn*, Lutz: Beratung der Geschäftsleitung durch Spezialisten als Ausweg aus der Haftung?, ZHR (176) 2012, S. 137–143.

*Stützle*, Rudolf/*Walgenbach*, Joachim: Leitung der Hauptversammlung und Mitspracherechte der Aktionäre in Fragen der Versammlungsleitung, ZHR (155) 1991, S. 516–544.

*Teichmann*, Christoph: Digitalisierung und Gesellschaftsrecht, ZfPW 2019, S. 247–272.

*Teichmann*, Christoph/*Krapp*, Hannah: Die virtuelle Hauptversammlungssaison 2020: Umsetzungspraxis in DAX und MDAX, DB 2020, S. 2169–2181.

*Teichmann*, Christoph/*Wicke*, Hartmut: Zukunftsmodell „Hybride Hauptversammlung", ZGR 2021, S. 173–200.

*Than*, Jürgen: Auf dem Weg zur virtuellen Hauptversammlung – Eine Bestandsaufnahme, in: Lutter, Marcus/Scholz, Manfred/Sigle, Walter (Hrsg.), Festschrift für Martin Peltzer zum 70. Geburtstag, Köln 2001, S. 577–597.

*Theusinger*, Ingo/*Schilha*, Ralph: Die Leitung der Hauptversammlung – eine Aufgabe frei von Haftungsrisiken?, BB 2015, S. 131–141.

*Theusinger*, Ingo/*Schilha*, Ralph: Gerichtliche Bestimmung eines unparteiischen Versammlungsleiters für einzelne Tagesordnungspunkte der Hauptversammlung, NZG 2016, S. 56–59.

*Thole*, Christoph: Managerhaftung für Gesetzesverstöße – Die Legalitätspflicht des Vorstands gegenüber seiner Aktiengesellschaft, ZHR (173) 2009, S. 504–535.

*Thümmel*, Roderich C.: Persönliche Haftung von Managern und Aufsichtsräten, 5. Auflage, Stuttgart 2016 (zit.: *Thümmel*, Haftung von Managern u. Aufsichtsräten).

*Tielmann*, Jörgen/*Gahr*, Christian: Erstreckung des Stimmverbots der Verwaltungsorganmitglieder auf den beherrschenden Aktionär – Sippenhaft im Konzern?, AG 2016, S. 199–208.

*Timm*, Wolfram: Treuepflichten im Aktienrecht, WM 1991, S. 481–494.

*Trescher*, Karl: Die Auskunftspflicht des Aufsichtsrats in der Hauptversammlung, DB 1990, S. 515–516.

*Tröger*, Tobias: Virtuelle Hauptversammlung 2020 und Aktionärsinteressen, BB 2020, S. 1091–1098.

*Unmuth*, Nikolai: Anwesenheitspflicht der Organmitglieder in der Hauptversammlung, NZG 2020, S. 448–450.

*Verhoeven*, Thomas: Der Besondere Vertreter nach § 147 AktG: Erwacht ein schlafender Riese?, ZIP 2008, S. 245–255.

*Verse*, Dirk A.: Organhaftung bei unklarer Rechtslage – Raum für eine Legal Judgment Rule?, ZGR 2017, S. 174–195.

*Vetter*, Eberhard: Auskünfte des Aufsichtsrates in der Hauptversammlung – Gedanken de lege ferenda, in: Aderhold, Lutz/Grunewald, Barbara/Klingberg, Dietgard/Paefgen, Walter G. (Hrsg.), Festschrift für Harm Peter Westermann zum 70. Geburtstag, Köln 2008, S. 1589–1604.

*Vetter*, Eberhard: Unternehmensexterne als Versammlungsleiter der Hauptversammlung, in: Dreher, Meinrad/Drescher, Ingo/Mülbert, Peter O./Verse, Dirk A. (Hrsg.), Festschrift für Alfred Bergmann zum 65. Geburtstag am 13. Juli 2018, Berlin 2018, S. 799–825.

*Vetter*, Eberhard/*Tielmann*, Jörgen: Unternehmensrechtliche Gesetzesänderungen in Zeiten von Corona, NJW 2020, S. 1175–1180.

*Vossius*, Oliver: It's procedure, stupid!, in: Bergmann, Alfred/Noack, Ulrich/Hoffmann-Becking, Michael (Hrsg.), Festschrift für Ulrich Seibert zum 65. Geburtstag, Köln 2019, S. 1041–1056.

*Wachter*, Thomas (Hrsg.): Kommentar zum Aktienrecht, 3. Auflage, Köln 2018 (zit.: *Bearbeiter*, in: Wachter AktG).

*Wachter*, Thomas: Beschränkung des Frage- und Rederechts von Aktionären, DB 2010, S. 829–835.

*Wagner*, Gerhard: Organhaftung im Interesse der Verhaltenssteuerung – Skizze eines Haftungsregimes, ZHR (178) 2014, S. 227–281.

*Wälzholz*, Eckhard/*Bayer*, Julia: Auswirkungen des „Corona-Gesetzes" auf die notarielle Praxis, DNotZ 2020, S. 285–309.

*Wardenbach*, Frank: Keine Haftung des Aufsichtsratsmitglieds für fehlerhafte Leitung der Hauptversammlung, GWR 2014, S. 503.

*Weber*, Robert: Absage einer auf ein Aktionärsverlangen einberufenen Hauptversammlung und Abhaltung einer Hauptversammlung durch die Aktionäre, NZG 2013, S. 890–892.

*Weber*, Robert: Rechtssicherer Ablauf der HV, in: Rosen, Rüdiger von (Hrsg.), Studien des Deutschen Aktieninstituts, Heft 41, Frankfurt am Main 2008, S. 37–65.

*Weißhaupt*, Frank: Informationsmängel in der Hauptversammlung: die Neuregelungen durch das UMAG, ZIP 2005, S. 1766–1773.

*Wenck*, Rudolf Adolf: Grundlagen des Rechtes der Einberufung einer Generalversammlung, Marburg 1912, zugl. Diss. Marburg 1912.

*Werner*, Winfried: Bekanntmachung der Tagesordnung und bekanntmachungsfreie Anträge, in: Goerdeler, Reinhard/Hommelhoff, Peter/Lutter, Marcus/Wiedemann, Herbert (Hrsg.), Festschrift für Hans-Joachim Fleck zum 70. Geburtstag, Berlin / New York 1988, S. 401–421.

*Westermann*, Harm Peter: Der Besondere Vertreter im Aktienrecht, AG 2009, S. 237–247.

*Wettich*, Carsten: Virtuelle Haupt-, Gesellschafter- und Mitgliederversammlungen in Zeiten von COVID-19, WPg 2020, S. 535–540.

*Wicke*, Hartmut: Amtsbeendigung des Versammlungsleiters, NZG 2018, S. 161–164.

*Wicke*, Hartmut: Die Leitung der Hauptversammlung einer Aktiengesellschaft – Praxisrelevante Fragen und neuere Entwicklungen, NZG 2007, S. 771–774.

*Wicke*, Hartmut: Die virtuelle Hauptversammlung während der Corona-Pandemie – aktienrechtlicher Ausnahmezustand, DStR 2020, S. 885–889.

*Wilhelmi*, Carl-Heinz: Der Notar in der Hauptversammlung der Aktiengesellschaft, BB 1987, S. 1331–1338.

*Wilsing*, Hans-Ulrich: Der Regierungsentwurf des Gesetzes zur Unternehmensintegrität und Modernisierung des Anfechtungsrechts, DB 2005, S. 35–41.

*Wilsing*, Hans-Ulrich/*Kleemann*, Marcel: Kurzkommentar zu BGH, Beschl. v. 28.4.2015 – II ZB 19/14, EWiR 2015, S. 503–504.

*Wilsing*, Hans-Ulrich/*Linden*, Klaus von der: Debatte und Abstimmung über Geschäftsordnungsanträge in der Hauptversammlung der Aktiengesellschaft, ZIP 2010, S. 2321–2330.

*Wilsing*, Hans-Ulrich/*Linden*, Klaus von der: Hauptversammlungsleitung durch einen Unternehmensfremden, ZIP 2009, S. 641–651.

*Winkler*, Karl: Beurkundungsgesetz Kommentar, 19. Auflage, München 2019 (zit.: *Winkler*, BeurkG).

*Wirth*, Andreas/*Pospiech*, Lutz: Der besondere Vertreter gem. § 147 Abs. 2 Satz 1 AktG als Organ der Aktiengesellschaft?, DB 2008, S. 2471–2475.

*Wohlwend*, Corrado: Die Hauptversammlung im Wandel der Kommunikationsformen, Frankfurt am Main 2001, zugl. Diss. Frankfurt am Main 2000 (zit.: *Wohlwend*, HV im Wandel).

*Wolff*, Hans Julius: Organschaft und juristische Person: Untersuchung zur Rechtstheorie und zum öffentlichen Recht, Band 2: Theorie der Vertretung: (Stellvertretung, Organschaft und Repräsentation als soziale und juristische Vertretungsformen), Aalen 1968, Berichtigter Neudruck der Berliner Ausgabe von 1934, zugl. teilw. Habil. Frankfurt am Main 1929 (zit.: *Wolff*, Organschaft und juristische Person, Bd. 2).

*Würdinger*, Hans: Aktienrecht und das Recht der verbundenen Unternehmen, 4. Auflage, Heidelberg, Karlsruhe 1981.

*Zetsche*, Dirk: Aktionärsidentifikation, Aktionärslegitimation und das Hauptversammlungsverfahren nach ARUG II, AG 2020, S. 1–17.

*Zetsche*, Dirk (Hrsg.): Die Virtuelle Hauptversammlung – Aktionärsbeteiligung via Internet aus juristischer und betriebswirtschaftlicher Sicht mit Erfahrungsberichten, Berlin 2002 (zit.: *Bearbeiter*, in: Zetsche, Virtuelle HV).

*Zetsche*, Dirk: Die Virtuelle Hauptversammlung – Momentaufnahme und Ausblick, BKR 2003, S. 736–743.

*Ziemons*, Hildegard/*Binnewies*, Burkhard (Hrsg.): Handbuch der Aktiengesellschaft, 89. Ergänzungslieferung (Stand: Oktober 2021), Köln 2021 (zit.: *Bearbeiter*, in: Ziemons/Binnewies, Handb. AG).

*Zöllner*, Wolfgang/*Noack*, Ulrich (Hrsg.): Kölner Kommentar zum Aktiengesetz (Band 2/1: §§ 76–94 AktG), 3. Auflage, Köln 2010 (zit.: *Bearbeiter*, in: KölnKomm. AktG).

*Zöllner*, Wolfgang/*Noack*, Ulrich (Hrsg.): Kölner Kommentar zum Aktiengesetz (Band 2/2: §§ 95–117 AktG), 3. Auflage, Köln 2013 (zit.: *Bearbeiter*, in: KölnKomm. AktG).

*Zöllner*, Wolfgang/*Noack*, Ulrich (Hrsg.): Kölner Kommentar zum Aktiengesetz (Band 3/1: §§ 118–130 AktG), 3. Auflage, Köln 2021 (zit.: *Bearbeiter*, in: KölnKomm. AktG).

*Zöllner*, Wolfgang/*Noack*, Ulrich (Hrsg.): Kölner Kommentar zum Aktiengesetz (Band 3/1a: §§ 131–141 AktG), 3. Auflage, Köln 2021 (zit.: *Bearbeiter*, in: KölnKomm. AktG).

*Zöllner*, Wolfgang/*Noack*, Ulrich (Hrsg.): Kölner Kommentar zum Aktiengesetz (Band 3/2: §§ 142–178 AktG), 3. Auflage, Köln 2015 (zit.: *Bearbeiter*, in: KölnKomm. AktG).

# Stichwortverzeichnis

# Curriculum Vitae

| | |
|---|---|
| 04/2021 – 09/2022 | Promotionsstudium der Rechtswissenschaften an der Universität zu Köln (Lehrstuhl für Bürgerliches Recht und Wirtschaftsrecht) |
| 09/2016 – 03/2021 | Anwaltliche Tätigkeit bei Latham & Watkins LLP in Frankfurt am Main und Düsseldorf |
| 04/2015 – 03/2016 | Korrekturassistent beim Examens- und Klausrenkurs des Fachbereichs Rechtswissenschaften an der Rheinischen Friedrich-Wilhelms-Universität Bonn |
| 12/2012 – 01/2015 | Rechtsreferendariat beim Landgericht Wuppertal<br>Zweite Juristische Staatsprüfung |
| 03/2011 – 07/2014 | Aufbaustudium der Betriebswirtschaftslehre an der FernUniversität in Hagen<br>Betriebswirt (IWW) |
| 12/2010 – 05/2011 | Wissenschaftlicher Mitarbeiter bei Cleary Gottlieb Steen & Hamilton LLP in Köln |
| 10/2010 – 11/2012 | Promotionsstudium der Rechtswissenschaften an der Universität zu Köln (Lehrstuhl für Bürgerliches Recht und Wirtschaftsrecht) |
| 04/2006 – 06/2010 | Studium der Rechtswissenschaften an der Universität zu Köln (Schwerpunktbereich „Unternehmensrecht“)<br>Erste Juristische Prüfung |
| 10/2004 – 03/2006 | Studium der Rechtswissenschaften an der Rheinischen Friedrich-Wilhelms-Universität Bonn<br>Zwischenprüfung |
| 09/2003 – 06/2004 | Zivildienst bei der Unteren Wasser-, Abfallwirtschafts- und Bodenschutzbehörde in Bonn |
| 06/2003 | Abitur am Aloisiuskolleg in Bonn-Bad Godesberg |